D1696539

Microsoft®
Windows 2000 – Design der Directory Services Infrastruktur – Original Microsoft Training

Microsoft Press

Dieses Buch ist die deutsche Übersetzung von:
Microsoft Corporation, Designing a Microsoft Windows 2000 Directory Services Infrastructure
Microsoft Press, Redmond, Washington 98052-6399
Copyright 2001 by Microsoft Corporation

Das in diesem Buch enthaltene Programmmaterial ist mit keiner Verpflichtung oder Garantie irgendeiner Art verbunden. Autor, Übersetzer und der Verlag übernehmen folglich keine Verantwortung und werden keine daraus folgende oder sonstige Haftung übernehmen, die auf irgendeine Art aus der Benutzung dieses Programmmaterials oder Teilen davon entsteht.

Das Werk einschließlich aller Teile ist urheberrechtlich geschützt. Jede Verwertung außerhalb der engen Grenzen des Urheberrechtsgesetzes ist ohne Zustimmung des Verlags unzulässig und strafbar. Das gilt insbesondere für Vervielfältigungen, Übersetzungen, Mikroverfilmungen und die Einspeicherung und Verarbeitung in elektronischen Systemen.

15 14 13 12 11 10 9 8 7 6 5 4 3 2
03 02 01

ISBN: 3-86063-913-7
© Microsoft Press Deutschland
(ein Unternehmensbereich der Microsoft GmbH)
Konrad-Zuse-Str. 1, D-85716 Unterschleißheim
Alle Rechte vorbehalten

Übersetzung, Satz & Grafik: Lemoine International GmbH, Köln (www.lemoine-international.com)
Umschlaggestaltung: HommerDesign, Haar (www.HommerDesign.com)
Herstellung, Druck und Bindung: Kösel, Kempten (www.KoeselBuch.de)

Inhaltsverzeichnis

Über dieses Buch   ix
    Zielgruppe x
    Voraussetzungen x
    Referenzmaterial xi
    Informationen zur Begleit-CD-ROM xi
    Aufbau des Buches xii
       Hinweise xii
       Konventionen xii
       Kursüberblick xiv
       Ermitteln des geeigneten Einstiegspunktes xvi
       Erste Schritte xix
    Das Microsoft Certified Professional-Programm xxxi
       Vorteile des Microsoft Certified Professional-Programms xxxii
       Voraussetzungen für den Erhalt eines MCP-Zertifikats xxxiv
       Technische Schulung für Computerspezialisten xxxiv
    Technischer Support xxxvi
       Support für die Evaluierungssoftware xxxvi

Kapitel 1   Einführung in Active Directory   1
    Über dieses Kapitel 1
    Bevor Sie beginnen 1
    Lektion 1: Überblick über Active Directory 2
       Windows 2000-Active Directory 2
       Active Directory-Objekte 3
       Active Directory-Komponenten 5
       Logische Strukturen 5
       Physischer Aufbau 9

   Katalogdienste – Der globale Katalog 12
   Zusammenfassung der Lektion 14
  Lektion 2: Grundlagen und Konzepte von Active Directory 16
   Replikation 16
   Vertrauensstellungen 19
   Gruppenrichtlinien 21
   DNS-Namespace 24
   Namensserver 29
   Namenskonventionen 30
   Zusammenfassung der Lektion 32
  Lernzielkontrolle 34

Kapitel 2 Einführung in das Design einer Active Directory-Infrastruktur 35

  Über dieses Kapitel 35
  Bevor Sie beginnen 35
  Lektion 1: Designüberblick 36
   Was ist ein Active Directory-Infrastrukturdesign? 36
   Ressourcen für das Design 37
   Der Designprozess 41
   Grundlegende Designrichtlinien 44
   Zusammenfassung der Lektion 45
  Lektion 2: Analyse der aktuellen Geschäftsumgebung 46
   Analyse der aktuellen Geschäftsumgebung 46
   Analyse der Produkte und Kunden 47
   Analyse der aktuellen Geschäftsstruktur 50
   Analyse der aktuellen Geschäftsprozesse 54
   Analysieren der Einflüsse auf die Geschäftsstrategie 61
   Analyse des IT-Managements 64
   Zusammenfassung der Lektion 67
  Lektion 3: Analyse der aktuellen technischen Umgebung 68
   Analyse der aktuellen technischen Umgebung 68
   Analyse der aktuellen Netzwerkarchitektur 69
   Analyse der aktuellen Hard- und Software 71
   Analyse der aktuellen technischen Standards 73
   Analyse der aktuellen DNS-Umgebung 76
   Analyse der aktuellen Windows NT-Domänenarchitektur 77
   Zusammenfassung der Lektion 78
  Workshop 2.1: Analyse der Geschäftsumgebung 80
   Zielsetzungen des Workshops 80
   Über diesen Workshop 80
   Bevor Sie beginnen 80
   Übung: Analyse der aktuellen Geschäftsstruktur 80
  Lernzielkontrolle 84

Kapitel 3 Planen der Gesamtstruktur   85

Über dieses Kapitel 85
Bevor Sie beginnen 86
Lektion 1: Erstellen eines Gesamtstrukturmodells 87
   Grundlegendes zu Gesamtstrukturen 87
   Designschritt: Erstellen eines Gesamtstrukturmodells 88
   Designschritt – Beispiel: Erstellen eines Gesamtstrukturmodells 92
   Zusammenfassung der Lektion 93
Übung 3.1 Erstellen eines Gesamtstrukturmodells 94
   Szenario: Adventure Works 94
Lektion 2: Entwerfen eines Plans zur Schemabearbeitung 96
   Grundlegendes zum Schema 96
   Designschritt: Entwerfen eines Plans zur Schemabearbeitung 100
   Designschritt – Beispiel: Entwerfen eines Plans zur
   Schemabearbeitung 106
   Zusammenfassung der Lektion 107
Workshop 3.1: Erstellen eines Gesamtstrukturmodells und eines
Plans zur Schemabearbeitung 108
   Zielsetzungen des Workshops 108
   Über diesen Workshop 108
   Bevor Sie beginnen 108
   Übung 1: Erstellen eines Gesamtstrukturmodells 108
   Übung 2: Entwerfen eines Plans zur Schemabearbeitung 109
Lernzielkontrolle 111

Kapitel 4 Planen der Domänen   113

Über dieses Kapitel 113
Bevor Sie beginnen 114
Lektion 1: Definieren von Domänen 115
   Grundlegendes zu Domänen 115
   Designschritt: Definieren von Domänen 117
   Designschritt – Beispiel: Definieren von Domänen 122
   Zusammenfassung der Lektion 124
Übung 4.1: Definieren von Domänen 125
   Szenario 1: Friendship Vineyards 125
   Szenario 2: Awesome Computers 127
Lektion 2: Definieren einer Stammdomäne der Gesamtstruktur 129
   Grundlegendes zur Stammdomäne der Gesamtstruktur 129
   Designschritt: Definieren einer Stammdomäne der Gesamtstruktur .. 130
   Designschritt – Beispiel: Definieren einer Stammdomäne
   der Gesamtstruktur 133
   Zusammenfassung der Lektion 134
Lektion 3: Definieren einer Domänenhierarchie 135
   Grundlegendes zu Domänenhierarchien 135

Designschritt: Definieren einer Domänenhierarchie 139
Designschritt – Beispiel: Definieren einer Domänenhierarchie 142
Zusammenfassung der Lektion 143
Lektion 4: Benennen von Domänen 144
Grundlegendes zu Domänennamen 144
Designschritt: Benennen von Domänen 144
Designschritt – Beispiel: Benennen von Domänen 147
Zusammenfassung der Lektion 147
Übung 4.2: Definieren einer Stammdomäne, Definieren einer
Domänenhierarchie und Benennen von Domänen 148
Szenario 1: Friendship Vineyards 148
Szenario 2: Awesome Computers 150
Lektion 5: Planen der DNS-Serverbereitstellung 154
Grundlegendes zu DNS-Servern 154
Designschritt: Planen der DNS-Serverbereitstellung 160
Designschritt – Beispiel: Planen der DNS-Serverbereitstellung 163
Zusammenfassung der Lektion 163
Workshop 4.1: Planen der Domänen 165
Zielsetzungen des Workshops 165
Über diesen Workshop 165
Bevor Sie beginnen 165
Übung: Planen der Domänen 165
Lernzielkontrolle 169

Kapitel 5 Planen der Organisationseinheiten   171

Über dieses Kapitel 171
Bevor Sie beginnen 172
Lektion 1: Definieren von OU-Strukturen 173
Grundlegendes zu Organisationseinheiten 173
Designschritt: Definieren von OU-Strukturen 182
Designschritt - Beispiel: Definieren von OU-Strukturen 186
Zusammenfassung der Lektion 190
Übung 5.1: Definieren von OU-Strukturen 191
Szenario: Arbor Shoes 191
Lektion 2: Planen von Benutzerkonten und Gruppen 193
Grundlegendes zu Benutzern und Gruppen 193
Designschritt: Planen von Benutzerkonten und Gruppen 197
Designschritt – Beispiel: Planen von Benutzerkonten und Gruppen . 203
Zusammenfassung der Lektion 208
Übung 5.2: Planen von Benutzerkonten 210
Szenario: Dearing School of Fine Art 210
Übung 5.3: Planen von Gruppen 213
Szenario: Das Ski-Haus 213

Workshop 5.1: Definieren von OU-Struktur und Sicherheitsgruppen ... 214
    Zielsetzungen des Workshops 214
    Über diesen Workshop 214
    Bevor Sie beginnen 214
    Übung 5.1: Definieren einer OU-Struktur 214
    Übung 5.2: Definieren von Gruppen 216
Lernzielkontrolle 219

Kapitel 6 Planen der Standorttopologie   221

Über dieses Kapitel 221
Bevor Sie beginnen 222
Lektion 1: Definieren von Standorten 223
    Grundlegendes zu Standorten 223
    Designschritt: Definieren von Standorten 224
    Designschritt – Beispiel: Definieren von Standorten 226
    Zusammenfassung der Lektion 227
Lektion 2: Platzieren von Domänencontrollern an Standorten 228
    Grundlegendes zur Platzierung von Domänencontrollern 228
    Designschritt: Platzieren von Domänencontrollern 229
    Designschritt – Beispiel: Platzieren von Domänencontrollern 232
    Zusammenfassung der Lektion 233
Übung 6.1: Definieren von Standorten und Platzieren von
Domänencontrollern an Standorten 234
    Szenario: Ramona Publishing 234
Lektion 3: Definieren einer Replikationsstrategie 236
    Grundlegendes zur Replikation 236
    Designschritt: Definieren einer Replikationsstrategie 242
    Designschritt – Beispiel: Definieren einer Replikationsstrategie 245
    Zusammenfassung der Lektion 247
Lektion 4: Platzieren von globalen Katalogservern und
Betriebsmastern 248
    Grundlegendes zu globalen Katalogservern 248
    Grundlegendes zu Betriebsmastern 249
    Designschritt: Platzieren von globalen Katalogservern und
    Betriebsmastern 251
    Designschritt – Beispiel: Platzieren von globalen Katalogservern
    und Betriebsmastern 255
    Zusammenfassung der Lektion 256
Übung 6.2: Verwenden von Active Directory Sizer 258
    Szenario: Margo Tea Company 258
Workshop 6.1: Planen der Standorttopologie 261
    Zielsetzungen des Workshops 261
    Über diesen Workshop 261

Bevor Sie beginnen 261
Übung: Planen der Standorttopologie 261
Lernzielkontrolle 264

Kapitel 7 Planen der Implementierung von Active Directory   265

Über dieses Kapitel 265
Bevor Sie beginnen 266
Lektion 1: Planen einer Migration der Windows NT 4.0-
Verzeichnisdienste auf Windows 2000 Active Directory 267
   Grundlegendes zur Migration 267
   Designschritt: Planen einer Migration der Windows NT 4.0-
   Verzeichnisdienste auf Windows 2000 Active Directory 275
   Designschritt – Beispiel: Planen einer Migration der
   Windows NT 4.0-Verzeichnisdienste auf Windows 2000
   Active Directory 282
   Zusammenfassung der Lektion 288
Lektion 2: Planen einer Verzeichnisdienstsynchronisierung mit
Active Directory 289
   Grundlegendes zur Verzeichnisdienstsynchronisierung 289
   Designschritt: Planen einer Verzeichnisdienstsynchronisierung
   mit Active Directory 294
   Designschritt – Beispiel: Planen einer Verzeichnisdienstintegration
   in Active Directory 301
   Zusammenfassung der Lektion 304
Workshop 7.1: Planen einer Migration der Windows NT 4.0-
Verzeichnisdienste auf Windows 2000 Active Directory 305
   Zielsetzungen des Workshops 305
   Über diesen Workshop 305
   Bevor Sie beginnen 305
   Übung: Planen einer Migration der Windows NT 4.0-
   Verzeichnisdienste auf Windows 2000 Active Directory 305
Lernzielkontrolle 308

Anhang A Fragen und Antworten   309

Anhang B Klassenobjekte des Basisschemas   345

Anhang C Attributobjekte des Basisschemas   351

Glossar   377

Index   403

Über dieses Buch

Willkommen zu *Microsoft Windows 2000 – Design der Directory Services Infrastruktur – Original Microsoft Training*. In diesem Training analysieren Sie die geschäftlichen und technischen Anforderungen einer Organisation und werden so auf den Entwurf einer Windows 2000-Verzeichnisdienstinfrastruktur vorbereitet.

Sie lernen den aus vier Phasen bestehenden Entwurfsprozess für die Active Directory-Infrastruktur kennen, bei dem Sie Pläne für die Gesamtstruktur, die Domäne, die Organisationseinheiten (Organizational Unit, OU) und die Sitetopologie erstellen. Des Weiteren planen Sie die Active Directory-Implementierung und bereiten hierbei die Migration der Windows NT 4.0-Verzeichnisdienste auf Active Directory sowie die Verzeichnisdienstsynchronisierung mit Active Directory vor.

Dieses Training kann im Rahmen des Microsoft Certified Systems Engineer-Programms (MCSE) eingesetzt werden.

Anmerkung Weitere Informationen zur Ausbildung zum Microsoft Certified Systems Engineer finden Sie im Abschnitt „Das Microsoft Certified Professional-Programm" in diesem Kapitel.

Jedes Kapitel dieses Buches ist in Lektionen, praktische Übungen, Workshops und eine Lernzielkontrolle unterteilt. In den Lektionen werden die wichtigsten Entwurfsziele erläutert und mögliche Entscheidungsfragen vorgestellt, die im Rahmen des jeweiligen Entwurfszieles getroffen werden müssen. Jede Lektion endet mit einer Zusammenfassung. In den praktischen Übungen und Workshops können Sie den vermittelten Lernstoff praktisch umsetzen, um ein besseres Verständnis der behandelten Entwurfsziele zu erhalten. Jedes Kapitel endet mit einer Reihe von Lernzielkontrollfragen, mit denen Ihre Kenntnisse des Kapitelinhalts geprüft werden.

Der Abschnitt „Erste Schritte" in diesem Kapitel enthält wichtige Anweisungen zum Setup, in denen die Hard- und Softwareanforderungen zum Einsatz der mitgelieferten Evaluierungssoftware aufgeführt werden.

Zielgruppe

Dieses Training richtet sich an IT-Experten (Informationstechnologie), zu deren Arbeitsbereich der Netzwerkentwurf gehört (Netzwerkarchitekten, Spezialisten für die Netzwerkunterstützung oder Consultants) und die über mindestens ein Jahr Erfahrung hinsichtlich Implementierung, Verwaltung und Konfiguration von Netzwerkbetriebssystemen, einschließlich Novell NetWare-, UNIX- oder Macintosh-Netzwerken, verfügen. Der Netzwerkdesigner sollte seine oder ihre Kenntnisse in Umgebungen erworben haben, die folgende Merkmale aufweisen:

- Die Anzahl der unterstützten Benutzer reicht von 200 bis über 25.000.
- Die Anzahl der physischen Standorte reicht von 5 bis über 150.
- Zu den typischen Netzwerkdiensten und -anwendungen zählen Datei- und Druckdienste, Datenbanken, Messaging, Proxyserver oder Firewall, DFÜ-Server, Desktopverwaltung und Webhosting.
- Die Konnektivität umfasst die Einbindung von einzelnen Standorten und Benutzern an Remotestandorten in das Unternehmensnetzwerk sowie die Anbindung von Unternehmensnetzwerken an das Internet.

Dieses Buch richtet sich an Experten aus dem Bereich der Informationstechnologie (IT), zu deren Tätigkeitsbereich das Design, die Planung, die Implementierung und Unterstützung von Windows 2000 Active Directory gehören oder die beabsichtigen, die MCSE-Prüfung 70-219: *Designing a Microsoft Windows 2000 Directory Services Infrastructure* abzulegen.

Voraussetzungen

Dieses Training erfordert die folgenden Vorkenntnisse:

- Praktische Erfahrung im Umgang mit der aktuellsten Netzwerktechnologie
- Eine mindestens einjährige Erfahrung bezüglich Implementierung, Verwaltung und Konfiguration von Netzwerkbetriebssystemen
- Erfolgreiche Teilnahme an der MSCE-Prüfung 70-217: *Implementing and Administering a Microsoft Windows 2000 Directory Services Infrastructure*
- Eine erfolgreiche Teilnahme an einer der folgenden Microsoft Windows 2000-MSCE-Prüfungen ist von Vorteil: Prüfung 70-210: *Installing, Configuring, and Administering Microsoft Windows 2000 Professional*; Prüfung 70-215: *Installing, Configuring, and Administering Microsoft Windows 2000 Server*; Prüfung 70-216: *Implementing and Administering a Microsoft Windows 2000 Network Infrastructure*

Referenzmaterial

Das folgende Referenzmaterial kann als hilfreiche Ergänzung eingesetzt werden:

- Microsoft Corporation. *Microsoft Windows 2000 Server – Die technische Referenz*. Unterschleißheim: Microsoft Press, 2000.
- Microsoft Corporation. Microsoft Windows 2000 Active Directory Services – Original Microsoft Training: MCSE 70-217. Unterschleißheim: Microsoft Press, 2000.
- Iseminger, David. *Active Directory Services for Microsoft Windows 2000 Technical Reference*. Redmond, Washington: Microsoft Press, 2000.
- Microsoft Corporation. *Microsoft Windows 2000 Active Directory planen und einführen*. Unterschleißheim: Microsoft Press, 2000.
- Lowe-Norris, Alistair G. *Windows 2000 Active Directory*. Köln: O'Reilly & Associates, 2000.
- Windows 2000-Whitepapers und Fallstudien, verfügbar unter *http://www.microsoft.com/windows2000/library/default.asp*

Informationen zur Begleit-CD-ROM

Die Kursmaterialien-CD enthält eine Vielzahl zusätzlicher Informationen, die bei der Bearbeitung dieses Trainings eingesetzt werden können. Die CD enthält Interviews mit Programm-Managern und Beratern der Microsoft Consulting Services, Windows 2000-Whitepapers (in englischer Sprache), Arbeitsblattvorlagen zur Analyse der geschäftlichen und technischen Umgebung einer Organisation, Onlineseminare sowie eine Onlineversion dieses Buches (Onlineseminare und Onlinebuch liegen in englischer Sprache vor). Die Dateien können direkt von der CD-ROM aufgerufen oder auf die Festplatte kopiert werden. Weitere Informationen zum Inhalt der CD-ROM finden Sie im Abschnitt „Erste Schritte" in diesem Kapitel.

Die Materialien auf der CD-ROM dienen als Unterstützung zu den in diesem Training behandelten Konzepten. Bei entsprechenden Hinweisen im Training sollten Sie die Informationen anzeigen und als Lernzielkontrolle einsetzen.

Weitere Informationen zur Onlineversion des Buches finden Sie im Abschnitt „Die Onlinedokumentation". (Die zweite CD-ROM enthält eine Evaluierungsedition von Windows 2000 Advanced Server.)

Aufbau des Buches

Jedes Kapitel wird mit dem Abschnitt „Bevor Sie beginnen" eingeleitet, in dem die zur Bearbeitung des Kapitels erforderlichen Informationen bereitgestellt werden.

Die Kapitel sind in Lektionen unterteilt. Viele Kapitel enthalten praktische Übungen und Workshops, in denen Sie den vermittelten Lernstoff umsetzen können.

Am Kapitelende befindet sich der Abschnitt „Lernzielkontrolle", anhand dessen Sie Ihre in den Lektionen erworbenen Kenntnisse überprüfen können.

Anhang A, „Fragen und Antworten", enthält sämtliche der im Buch enthaltenen Übungs- und Lernzielkontrollfragen sowie die zugehörigen Antworten.

Hinweise

Innerhalb der Lektionen werden die folgenden Benutzerhinweise verwendet.

- Hinweise mit der Überschrift **Tipp** enthalten Erläuterungen möglicher Ergebnisse oder alternative Methoden.
- Hinweise mit der Überschrift **Wichtig** enthalten Informationen, die zur Ausführung einer Aufgabe von besonderer Bedeutung sind.
- Hinweise mit der Überschrift **Anmerkung** enthalten zusätzliche Informationen.
- Hinweise mit der Überschrift **Achtung** enthalten Warnungen vor einem möglichen Datenverlust.
- Hinweise mit der Überschrift **Weitere Info** enthalten Querverweise auf weiteres wichtiges Referenzmaterial.
- Hinweise mit der Überschrift **Praxistipp** enthalten Verweise auf Dokumentationsmaterial von MCS-Consultants, Programm-Managern oder anderen Experten des jeweiligen Themenbereichs.

Konventionen

Im vorliegenden Buch werden die nachstehend aufgeführten Konventionen verwendet.

Typografische Konventionen

- Zeichen oder Befehle, die durch den Benutzer eingegeben werden, erscheinen in **Fettformatierung** und in Kleinbuchstaben.

- In Syntaxanweisungen werden Platzhalter für variable Informationen durch *Kursivformatierung* hervorgehoben. Buchtitel und Internetadressen werden ebenfalls *kursiv* formatiert.
- Datei- und Ordnernamen werden in Großbuchstaben angegeben, es sei denn, diese müssen direkt eingegeben werden. Bei der Eingabe von Dateinamen in einem Dialogfeld oder an einer Eingabeaufforderung können Sie Kleinbuchstaben verwenden, sofern nicht ausdrücklich anders angegeben.
- Dateierweiterungen werden in Kleinbuchstaben angegeben.
- Akronyme werden durch Großbuchstaben gekennzeichnet.
- `Nicht proportionale Schrift` wird für Beispielcode und Beispielbildschirmtext sowie für an einer Eingabeaufforderung oder in Initialisierungsdateien einzugebenden Text verwendet.
- Optionale Elemente in Syntaxanweisungen werden von eckigen Klammern [ ] umschlossen. In einer Befehlssyntax bedeutet beispielsweise [*Dateiname*], dass ein beliebiger Dateiname mit dem Befehl eingegeben werden kann. Geben Sie nur die in der Klammer enthaltenen Informationen an, nicht die Klammern selbst.
- Erforderliche Elemente werden in Syntaxanweisungen von geschweiften Klammern { } umschlossen. Geben Sie nur die in der Klammer enthaltenen Informationen an, nicht die Klammern selbst.
- Die verschiedenen Buchabschnitte werden durch die folgenden Symbole gekennzeichnet:

Symbol	Bedeutung
	Begleitendes Kursmaterial. Hierzu zählen Interviews mit Programm-Managern und Beratern der Microsoft Consulting Services, Windows 2000-Whitepapers, Arbeitsblattvorlagen zur Analyse der geschäftlichen und technischen Umgebung einer Organisation sowie Onlineseminare (in englischer Sprache). Sie finden diese Dateien auf der Begleit-CD-ROM zum Training.
	Eine praktische Übung oder ein Workshop. Sie sollten die Übung durchführen, um den in der Lektion vermittelten Lernstoff umzusetzen.
	Fragen zur Lernzielkontrolle. Diese Fragen befinden sich am Kapitelende und bieten Ihnen die Möglichkeit, die in einer Lektion erworbenen Kenntnisse zu testen. Die Antworten zu den Lernzielkontrollfragen finden Sie in Anhang A, „Fragen und Antworten".

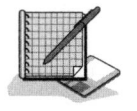

Benennungskonventionen für fiktive Organisationsnamen

Im Rahmen dieses Trainings werden fiktive Unternehmens- und Domänennamen verwendet. Es wurde versucht, möglichst keine Domänennamen zu verwenden, die eine tatsächlich vorhandene Website repräsentieren. Die Domänennamen der fiktiven Unternehmen setzen sich daher aus dem ersten Buchstaben der Organisation und einem angehängten „-100times" zusammen. Die Hauptdomäne für das fiktive Unternehmen Parnell Aerospace beispielsweise lautet „p-100times.com". In einer realen Umgebung sollten die Domänennamen jedoch die Identität einer Organisation widerspiegeln.

Kursüberblick

In diesem Selbststudium werden Erläuterungen, Hinweise, praktische Übungen, Experteninterviews, Arbeitsblätter und Lernzielkontrollfragen miteinander kombiniert, um Ihnen eine optimale Vorbereitung auf das Design einer Windows 2000-Verzeichnisdienstinfrastruktur zu bieten. Der Kurs sollte in der vorgegebenen Reihenfolge durchgearbeitet werden; es ist jedoch auch möglich, ein individuelles Lernziel auszuwählen und nur die Abschnitte zu bearbeiten, die für Sie von Interesse sind. (Weitere Informationen finden Sie im nächsten Abschnitt, „Ermitteln des geeigneten Einstiegspunktes".) Wenn Sie eine individuelle Lernmethode wählen, sollten Sie sich den Abschnitt „Bevor Sie beginnen" sämtlicher Kapitel durchlesen. Zur Bearbeitung eines Kapitels sind unter Umständen vorbereitende Aufgaben durchzuführen.

Das vorliegende Buch ist in die folgenden Kapitel unterteilt:

- Der Abschnitt „Über dieses Buch" enthält einen Überblick über das Training und stellt die einzelnen Trainingskomponenten vor. Lesen Sie diesen Abschnitt sorgfältig, um bei diesem Selbststudium einen optimalen Lernerfolg zu erzielen und die Lektionen auszuwählen, die Sie bearbeiten möchten.

- Kapitel 1, „Einführung in Active Directory", stellt Informationen zu den Active Directory-Komponenten bereit. Hierzu gehören Objekte, Schema, Domänen, Organisationseinheiten (OUs), Strukturen, Gesamtstrukturen, Sites, Domänencontroller und der globale Katalog.
  Des Weiteren erhalten Sie eine Einführung in die Active Directory-Konzepte. Hierzu zählen die Replikation, Vertrauensstellungen, Gruppenrichtlinien, DNS-Namespaces sowie Benennungskonventionen.

- Kapitel 2, „Einführung in das Design einer Active Directory-Infrastruktur", stellt die Aufgaben vor, die Sie durchführen müssen, bevor Sie mit dem Design einer Active Directory-Infrastruktur beginnen können. Zu diesen Aufgaben gehören das Zusammenstellen eines Designteams, die Analyse der Geschäftsumgebung und der technischen Voraussetzungen sowie das Einrichten einer Testumgebung. In diesem Kapitel werden außerdem die einzelnen Schritte beim Entwurf einer Active Directory-Infrastuktur vorgestellt: das Erarbeiten von Plänen für Gesamtstruktur, Domäne, Organisationseinheiten (OUs) und Sitetopologie.

- In Kapitel 3, „Planen der Gesamtstruktur", wird die Erarbeitung eines Plans für die Gesamtstruktur erläutert, hierzu gehören u. a. ein Gesamtstrukturmodell und ein Plan zur Schemamodifizierung. Sie lernen, wie Sie die Strukturanforderungen einer Organisation ermitteln und die Anzahl der benötigten Gesamtstrukturen festlegen. Des Weiteren erfahren Sie, wie Sie eine Richtlinie zur Schemabearbeitung erstellen, die Schemaanforderungen einer Organisation und die Erforderlichkeit einer Schemabearbeitung bestimmen.

- Kapitel 4, „Planen der Domänen", zeigt Ihnen, wie Sie einen Domänenplan erstellen, indem Sie Domänen definieren, die Stammdomäne für die Gesamtstruktur festlegen, eine Domänenhierarchie erstellen, Domänen benennen und die DNS-Serverbereitstellung planen.

- Kapitel 5, „Planen der Organisationseinheiten", beschreibt, wie Sie einen Organisationseinheitenplan erstellen, indem Sie eine OU-Struktur definieren und anschließend Benutzerkonten und -gruppen planen.

- In Kapitel 6, „Planen der Standorttopologie", erfahren Sie, wie Sie einen Plan für die Sitetopologie erarbeiten, indem Sie die Standorte definieren, Domänencontroller platzieren, eine Replikationsstrategie definieren sowie globale Katalogserver und Betriebsmasterfunktionen innerhalb einer Gesamtstruktur festlegen.

- Kapitel 7, „Planen der Active Directory-Implementierung", erläutert die Aufgaben, die im Rahmen der Verzeichnisdienstmigration und -synchronisierung des derzeitigen Verzeichnisdienstes auf bzw. mit Active Directory durchgeführt werden müssen.

- Anhang A, „Fragen und Antworten", enthält sämtliche Fragen zur Lernzielkontrolle mit den jeweiligen Seitenzahlen sowie die entsprechenden Antworten.

- Anhang B, „Klassenobjekte des Basisschemas", enthält eine Liste mit dem Basissatz an Schemaklassenobjekten, die zum Lieferumfang von Windows 2000 Server gehören. Anhand dieses Basissatzes können Sie ermitteln, ob eine Schemaänderung erforderlich ist und welche Auswirkungen eine Änderung hat.

- Anhang C, „Attributobjekte des Basisschemas", enthält eine Liste mit dem Basissatz an Schemaattributobjekten, die zum Lieferumfang von Windows 2000 Server gehören. Anhand dieses Basissatzes können Sie ermitteln, ob eine Schemaänderung erforderlich ist und welche Auswirkungen eine Änderung hat.

- Das Glossar enthält die Begriffe, die im Zusammenhang mit dem Infrastrukturdesign der Windows 2000-Verzeichnisdienste von Bedeutung sind.

Ermitteln des geeigneten Einstiegspunktes

Da es sich bei dem vorliegenden Training um ein Selbststudium handelt, können Sie einige der Lektionen überspringen und diese zu einem späteren Zeitpunkt bearbeiten. Verwenden Sie die folgende Tabelle zur Ermittlung des geeigneten Einstiegspunktes.

Situation	Vorgehen
Sie bereiten sich auf die MCP-Prüfung 70-219 vor, *Designing a Microsoft Windows 2000 Directory Services Infrastructure*	Bearbeiten Sie die Kapitel 1 bis 7 in der vorgegebenen Reihenfolge.
Sie möchten spezielle Prüfungsthemen wiederholen	Ermitteln Sie die gewünschten Informationen anhand des nachstehenden Abschnitts „Auffinden spezifischer Informationen in diesem Buch".

Auffinden spezifischer Informationen in diesem Buch

Die folgende Tabelle bietet einen Überblick über die in der MCP-Prüfung 70-219, *Designing a Microsoft Windows 2000 Directory Services Infrastructure*, geprüften Fähigkeiten. Auf der linken Seite der Tabelle werden die geprüften Fähigkeiten aufgelistet, während auf der rechten Seite das entsprechende Kapitel angegeben ist.

Anmerkung Prüfungsthemen liegen im Ermessen von Microsoft und können jederzeit ohne vorherige Ankündigung geändert werden.

Analysieren der Geschäftsanforderungen

Geprüfte Fähigkeiten	Kapitel
Analyse der vorhandenen und geplanten Geschäftsmodelle	
Analyse des Unternehmensmodells und des geografischen Handlungsbereiches	Kapitel 2, Lektion 2
Analyse der Unternehmensprozesse	Kapitel 2, Lektion 2
Analyse der vorhandenen und geplanten Organisationsstrukturen	
Analyse des Verwaltungsmodells	Kapitel 2, Lektion 2
Analyse des Unternehmensaufbaus	Kapitel 2, Lektion 2
Analyse der Lieferanten-, Partner- und Kundenbeziehungen	Kapitel 2, Lektion 2
Analyse der Akquisitionspläne	Kapitel 2, Lektion 2

Analyse der Faktoren, die Einfluss auf die Unternehmensstrategien haben

Ermitteln der Unternehmensprioritäten	Kapitel 2, Lektion 2
Ermitteln des angestrebten Wachstums und der Wachstumsstrategie	Kapitel 2, Lektion 2
Ermitteln relevanter Gesetze und Bestimmungen	Kapitel 2, Lektion 2
Ermitteln der Risikobereitschaft des Unternehmens	Kapitel 2, Lektion 2
Ermitteln der Gesamtbetriebskosten	Kapitel 2, Lektion 2

Analyse der Struktur des IT-Managements

Analyse des Verwaltungstyps, z. B. zentralisiert oder dezentralisiert	Kapitel 2, Lektion 2
Analyse des Finanzierungsmodells	Kapitel 2, Lektion 2
Analyse der Ressourcenauslagerung (Outsourcing)	Kapitel 2, Lektion 2
Analyse des Entscheidungsfindungsprozesses	Kapitel 2, Lektion 2
Analyse des Änderungsmanagementprozesses	Kapitel 2, Lektion 2

Analyse der technischen Anforderungen

Geprüfte Fähigkeiten	Kapitel
Auswerten der vorhandenen und geplanten technischen Umgebung eines Unternehmens	
Analyse der Unternehmensgröße sowie der Benutzer- und Ressourcenverteilung	Kapitel 2, Lektion 3
Einschätzen der verfügbaren Verbindungsfähigkeit zwischen den geografisch entfernten Standorten	Kapitel 2, Lektion 3
Bestimmen der verfügbaren Nettobandbreite	Kapitel 2, Lektion 3
Analyse der Leistungsanforderungen	Kapitel 2, Lektion 3
Analyse der Daten- und Systemzugriffsmuster	Kapitel 2, Lektion 3
Analyse der Netzwerkfunktionen und Verantwortlichkeiten	Kapitel 2, Lektion 3
Analyse der Sicherheitsüberlegungen	Kapitel 2, Lektion 3
Analyse der Auswirkung von Active Directory auf die vorhandene und geplante technische Umgebung	
Bestimmen der vorhandenen Systeme und Anwendungen	Kapitel 2, Lektion 3
Ermitteln der vorhandenen und geplanten Upgrades und Rollouts	Kapitel 2, Lektion 3
Analyse der technischen Supportstruktur	Kapitel 2, Lektion 3
Analyse der vorhandenen und geplanten Netzwerk- und Systemverwaltung	Kapitel 2, Lektion 3

Analyse der Geschäftsanforderungen für die Desktop-verwaltung von Clientcomputern	
Analyse der Endbenutzeranforderungen	Kapitel 2, Lektion 3
Ermitteln der technischen Supportanforderungen für die Endbenutzer	Kapitel 2, Lektion 3
Etablieren der erforderlichen Clientcomputerumgebung	Kapitel 2, Lektion 3

Entwurf einer Verzeichnisdienstarchitektur

Geprüfte Fähigkeiten	Kapitel
Entwurf einer Active Directory-Gesamtstruktur und -Domänenstruktur	
Design einer Gesamt- und Schemastruktur	Kapitel 3, Lektionen 1 und 2
Entwurf einer Domänenstruktur	Kapitel 4, Lektionen 1, 2 und 3
Analyse und Optimierung der Vertrauensstellungen	Kapitel 4, Lektion 3
Entwurf einer Active Directory-Benennungsstrategie	
Etablieren des Active Directory-Bereichs	Kapitel 4, Lektion 4
Entwurf des Namespace	Kapitel 4, Lektion 4
Planen der DNS-Strategie	Kapitel 4, Lektion 5
Entwurf und Planung der OU-Struktur	
Entwickeln eines Plans zur OU-Delegierung	Kapitel 5, Lektion 1
Planen der GPO-Verwaltung (Group Policy Objekt)	Kapitel 5, Lektion 1
Planen der Richtlinienverwaltung für Clientcomputer	Kapitel 5, Lektionen 1 und 2
Planen des parallelen Einsatzes von Active Directory und anderen Verzeichnisdiensten	
Planen der Verzeichnisdienstsynchronisierung mit Active Directory	Kapitel 7, Lektion 2
Entwurf einer Active Directory-Sitetopologie	
Entwurf einer Replikationsstrategie	Kapitel 6, Lektion 3
Definieren der Sitegrenzen	Kapitel 6, Lektion 1
Entwurf einer Richtlinie für die Schemaänderung	
Erstellen einer Richtlinie für die Schemaänderung, die festlegt, wer das Schema kontrolliert und wie Änderungen verwaltet werden.	Kapitel 3, Lektion 2

Entwurf eines Active Directory-Implementierungsplans

Erarbeiten eines Implementierungsplans, der die Aspekte der Verzeichnisdienstmigration und -synchronisierung berücksichtigt, auf die bei der Aktualisierung auf Active Directory geachtet werden muss	Kapitel 7, Lektionen 1 und 2

Planen der Dienststandorte

Geprüfte Fähigkeiten	Kapitel
Festlegung von Betriebsmasterfunktionen	
Festlegen der Betriebsmaster unter Berücksichtigung von Leistung, Fehlertoleranz, Funktionalität und Verwaltbarkeit	Kapitel 6, Lektion 4
Platzierung von globalen Katalogservern	
Platzieren der globalen Katalogserver unter Berücksichtigung von Leistung, Fehlertoleranz, Funktionalität und Verwaltbarkeit	Kapitel 6, Lektion 4
Platzierung der Domänencontroller	
Platzieren der Domänencontroller unter Berücksichtigung von Leistung, Fehlertoleranz, Funktionalität und Verwaltbarkeit	Kapitel 6, Lektion 2
Platzierung der DNS-Server	
Platzieren der DNS-Server unter Berücksichtigung von Leistung, Fehlertoleranz, Funktionalität und Verwaltbarkeit	Kapitel 4, Lektion 5
Planen der Interoperabilität mit vorhandenen DNS-Servern	Kapitel 4, Lektion 5

Erste Schritte

Dieses Selbststudium enthält praktische Übungen und Workshops, anhand derer Sie lernen, eine Windows 2000-Verzeichnisdienstinfrastruktur zu entwerfen. Zur Bearbeitung aller praktischen Übungen und Workshops müssen Sie über einen Computer mit dem Betriebssystem Windows 2000 Advanced Server verfügen.

Es wird empfohlen, den Server in einem eigenen Netzwerk speziell für dieses Training einzurichten, da so im Falle einer unbeabsichtigten Serveränderung eine negative Auswirkung auf das Hauptnetzwerk vermieden wird.

Hardwarevoraussetzungen

Um die Evaluierungsedition von Windows 2000 Advanced Server nutzen zu können, sollte sichergestellt werden, dass alle Hardwarekomponenten auf der Microsoft Windows 2000-Hardwarekompatibilitätsliste (Hardware Compatibility List, HCL) aufgeführt sind. Die aktuellste Version der HCL kann von der Webseite *http://www.microsoft.com/hwtest/hcl/* heruntergeladen werden. Jeder Computer muss über die folgende Mindestkonfiguration verfügen.

- 32-Bit-166MHz-Pentium-Prozessor

- 64 MB Arbeitsspeicher für ein Netzwerk mit bis zu fünf Clientcomputern; für die meisten Netzwerkumgebungen werden jedoch mindestens 128 MB empfohlen
- 2 GB freier Festplattenspeicher
- 12fach CD-ROM-Laufwerk oder schneller
- SVGA-Monitor mit einer Auflösung von 800 x 600 (1024 x 768 empfohlen)
- HD-3,5-Zoll-Diskettenlaufwerk, wenn Ihr CD-ROM-Laufwerk nicht startfähig ist und das Ausführen des Setupprogramms von einer CD-ROM nicht unterstützt
- Microsoft-Maus oder kompatibles Zeigegerät

Softwarevoraussetzungen

Zur Bearbeitung aller praktischen Übungen und Workshops in diesem Training ist eine Kopie der 120-Tage-Evaluierungsedition von Windows 2000 Advanced Server erforderlich.

Achtung Die diesem Training beiliegende 120-Tage-Evaluierungsedition von Windows 2000 Advanced Server ist keine vollwertige Einzelhandelsversion und nur für den Einsatz mit diesem Training vorgesehen. Der technische Support von Microsoft steht für Evaluierungseditionen nicht zur Verfügung. Weitere Supportinformationen zu diesem Buch und den beiliegenden CD-ROMs (z. B. Errata) finden Sie auf der Website des technischen Supports von Microsoft Press unter *http://www.microsoft.com/germany/mspress/*. Sie haben darüber hinaus die Möglichkeit, eine E-Mail an PRESSCD@MICROSOFT.COM zu senden oder sich unter der Adresse
Microsoft Press
Betrifft: *Microsoft Windows 2000 – Design der Directory Services Infrastruktur – Original Microsoft Training*
Konrad-Zuse-Straße 1
85716 Unterschleißheim
schriftlich an uns zu wenden.

Setupanweisungen

Die folgenden Informationen stellen eine Prüfliste der Aufgaben dar, die zur Vorbereitung Ihres Computers auf die Bearbeitung der Lektionen durchzuführen sind. Wenn Sie keine Erfahrung im Hinblick auf die Installation von Windows 2000 oder ein anderes Netzwerkbetriebssystem besitzen, benötigen Sie möglicherweise Hilfe durch einen erfahrenen Netzwerkadministrator. Versehen Sie eine Aufgabe mit einem Häkchen, wenn Sie diese durchgeführt haben. In den nachfolgenden Abschnitten finden Sie Schrittanweisungen zu den jeweiligen Aufgaben.

☐ Erstellen der Windows 2000 Advanced Server-Setupdisketten

☐ Ausführen der Windows 2000 Server-Setuproutinen „Vor dem Kopieren" und „Textmodus"

☐ Ausführen des GUI-Modus und die Phase der Informationszusammenstellung beim Windows 2000 Advanced Server-Setup

☐ Abschließen Installationsphase, in der die Windows-Netzwerkkomponenten von Windows 2000 Server installiert werden

☐ Abschließen der Hardwareinstallationsphase beim Windows 2000 Advanced Server-Setup

Hinweis Mit Hilfe der hier aufgeführten Installationsinformationen können Sie Ihren Computer für den Einsatz mit diesem Training vorbereiten. Die Informationen stellen jedoch keine umfassende Beschreibung der Installationsvorgänge dar.

Installieren von Windows 2000 Advanced Server

Zur Bearbeitung der Übungen in diesem Training sollten Sie Windows 2000 Advanced Server auf einem Computer installieren, der keine formatierten Partitionen aufweist. Während der Installation verwenden Sie das Setupprogramm von Windows 2000 Advanced Server zum Erstellen einer Partition auf Ihrer Festplatte, auf der Sie Windows 2000 Advanced Server anschließend als eigenständigen Server in einer Arbeitsgruppe installieren.

▶ **So erstellen Sie die Windows 2000 Advanced Server-Setupdisketten**

Führen Sie diese Schritte auf einem Computer aus, auf dem MS-DOS oder eine Version von Windows ausgeführt wird, die auf das Verzeichnis **Bootdisk** auf der Installations-CD-ROM von Windows 2000 Advanced Server zugreifen kann. Wenn Ihr Computer mit einem startfähigen CD-ROM-Laufwerk ausgestattet ist, können Sie Windows 2000 ohne Verwendung der Startdisketten installieren.
Bei der hier beschriebenen Vorgehensweise muss die Unterstützung startfähiger CD-ROMs im BIOS deaktiviert sein.

Wichtig Zur Erstellung der Setupdisketten werden vier formatierte 1,44 MB-Disketten benötigt. Wenn Sie Disketten verwenden, die Daten enthalten, werden diese Daten ohne Vorwarnung überschrieben.

1. Beschriften Sie die vier leeren, formatierten 1,44 MB-Disketten wie folgt:
   - Windows 2000 Advanced Server-Setupstartdiskette
   - Windows 2000 Advanced Server-Setupdiskette 2
   - Windows 2000 Advanced Server-Setupdiskette 3
   - Windows 2000 Advanced Server-Setupdiskette 4

2. Legen Sie die Microsoft Windows 2000 Advanced Server-CD-ROM in das CD-ROM-Laufwerk ein.
3. Klicken Sie auf **Nein**, wenn das Windows 2000-Dialogfeld angezeigt wird, in dem Sie gefragt werden, ob Sie Windows 2000 installieren oder aktualisieren möchten.
4. Öffnen Sie eine Eingabeaufforderung.
5. Wechseln Sie an der Eingabeaufforderung zum CD-ROM-Laufwerk. Lautet der Laufwerkbuchstabe für das CD-ROM-Laufwerk beispielsweise E, geben Sie **e:** ein, und drücken Sie die EINGABETASTE.
6. Wechseln Sie an der Eingabeaufforderung zum Verzeichnis **Bootdisk**, indem Sie **cd bootdisk** eingeben und die EINGABETASTE drücken.
7. Wenn Sie die Setupstartdisketten auf einem Computer erstellen, der MS-DOS, ein Windows 16-Bit-Betriebssystem oder Windows 9*x* ausführt, geben Sie **makeboot a:** ein (wobei **a:** Ihr Diskettenlaufwerk bezeichnet), und drücken Sie die EINGABETASTE. Wenn Sie die Setupdisketten auf einem Computer erstellen, auf dem Windows NT oder Windows 2000 ausgeführt wird, geben Sie **makebt32 a:** ein (hierbei steht **a:** für Ihr Diskettenlaufwerk), und drücken Sie die EINGABETASTE. Windows 2000 zeigt eine Meldung an, dass das Programm die vier Setupdisketten zum Installieren von Windows 2000 erstellt. Außerdem wird darauf hingewiesen, dass vier leere, formatierte HD-Disketten erforderlich sind.
8. Drücken Sie zum Fortfahren eine beliebige Taste. Windows 2000 zeigt eine Meldung an, in der Sie aufgefordert werden, die erste der bereitgehaltenen Windows 2000-Setupdisketten einzulegen.
9. Legen Sie die Diskette mit der Beschriftung *Windows 2000 Advanced Server-Setupstartdiskette* in das Laufwerk ein, und drücken Sie zum Fortfahren eine beliebige Taste. Nachdem Windows 2000 das Datenträgerabbild erstellt hat, werden Sie aufgefordert, die zweite Diskette (*Windows 2000 Advanced Server-Setupdiskette 2*) einzulegen.
10. Entfernen Sie die erste Diskette, legen Sie die leere, formatierte Diskette mit der Aufschrift *Windows 2000 Advanced Server-Setupdiskette 2* in das Diskettenlaufwerk ein und drücken Sie auf eine beliebige Taste, um den Vorgang fortzusetzen. Nachdem Windows 2000 das Datenträgerabbild erstellt hat, werden Sie aufgefordert, die dritte Diskette (*Windows 2000 Advanced Server-Setupdiskette 3*) einzulegen.
11. Entfernen Sie die zweite Diskette, legen Sie die leere, formatierte Diskette mit der Aufschrift *Windows 2000 Advanced Server-Setupdiskette 3* in das Diskettenlaufwerk ein und drücken Sie auf eine beliebige Taste, um den Vorgang fortzusetzen. Nachdem Windows 2000 das Datenträgerabbild erstellt hat, werden Sie aufgefordert, die vierte Diskette (*Windows 2000 Advanced Server-Setupdiskette 4*) einzulegen.

12. Entfernen Sie die dritte Diskette, legen Sie die leere, formatierte Diskette mit der Aufschrift *Windows 2000 Advanced Server-Setupdiskette 4* in das Diskettenlaufwerk ein und drücken Sie auf eine beliebige Taste, um den Vorgang fortzusetzen. Nachdem Windows 2000 das Datenträgerabbild erstellt hat, werden Sie in einer Meldung darüber informiert, dass das Imaging abgeschlossen wurde.
13. Geben Sie an der Cursorposition **exit** ein, und drücken Sie die EINGABETASTE.
14. Entfernen Sie die Diskette aus dem Diskettenlaufwerk, und entnehmen Sie die CD-ROM.

▶ **So führen Sie die Windows 2000 Advanced Server-Setuproutinen „Vor dem Kopieren" und „Textmodus" aus**

Für diesen Übungsschritt wird angenommen, dass auf Computer 1 kein Betriebssystem installiert, die Festplatte nicht partitioniert und die Unterstützung für startfähige CD-ROMs (falls vorhanden) deaktiviert ist.

1. Legen Sie die mit *Windows 2000 Advanced Server-Setupstartdiskette* beschriftete Diskette in das Diskettenlaufwerk ein, legen Sie die Windows 2000 Server-CD-ROM in Ihr CD-ROM-Laufwerk ein und starten Sie den Computer neu.

    Nach dem Start des Computers wird vom Windows 2000-Setupprogramm eine kurze Meldung angezeigt, in der Sie darüber informiert werden, dass Ihre Systemkonfiguration geprüft wird. Anschließend wird der Windows 2000-Setupbildschirm angezeigt.

    Die graue Leiste am unteren Bildschirmrand zeigt an, dass der Computer geprüft und die Windows 2000 Executive geladen wird (eine Minimalversion des Windows 2000-Kernels).

2. Legen Sie nach entsprechender Aufforderung Setupdiskette 2 in das Diskettenlaufwerk ein, und drücken Sie die EINGABETASTE.

    Das Setupprogramm weist darauf hin, dass die Hardwareabstraktionsschicht (Hardware Abstraction Layer, HAL), Schriftarten, gebietsspezifische Daten, Bustreiber und andere Softwarekomponenten zur Unterstützung von Hauptplatine, Bus und anderen Hardwarekomponenten Ihres Computers geladen werden. Das Setupprogramm lädt außerdem die Windows 2000-Setupprogrammdateien.

3. Legen Sie nach entsprechender Aufforderung Setupdiskette 3 in das Diskettenlaufwerk ein, und drücken Sie die EINGABETASTE.

    Das Setupprogramm weist darauf hin, dass die Controllertreiber für die Diskettenlaufwerke geladen werden. Nachdem die Laufwerkcontroller geladen sind, initialisiert das Setupprogramm die Treiber, die für den Zugriff auf die Laufwerke erforderlich sind. Während dieses Vorgangs pausiert das Setupprogramm ggf. mehrmals.

4. Legen Sie nach entsprechender Aufforderung Setupdiskette 4 in das Diskettenlaufwerk ein, und drücken Sie die EINGABETASTE.

   Das Setupprogramm lädt die Treiber zur Unterstützung der Peripheriegeräte (vergleichbar mit den Treibern für das Diskettenlaufwerk und die Dateisysteme), initialisiert dann die Windows 2000 Executive und lädt den verbleibenden Teil des Windows 2000-Setupprogramms.

   Wenn Sie die Evaluierungsversion von Windows 2000 installieren, zeigt das Setup einen Bildschirm an, mit dem darauf hingewiesen wird, dass Sie eine Evaluierungsversion von Windows 2000 installieren.

5. Lesen Sie den Bildschirm **Setupmeldung**, und drücken Sie zum Fortfahren die EINGABETASTE.

   Es wird der Willkommensbildschirm für das Setup angezeigt. Beachten Sie, dass Sie das Windows 2000-Setupprogramm neben der Neuinstallation von Windows 2000 auch zur Reparatur oder Wiederherstellung einer beschädigten Windows 2000-Installation verwenden können.

6. Lesen Sie den Bildschirm **Willkommen bei Setup**, und drücken Sie zum Starten der Installationsphase von Windows 2000-Setup die EINGABETASTE. Die Lizenzbestimmungen werden angezeigt.

7. Lesen Sie die Lizenzbestimmungen, und verwenden Sie die BILD-AB-TASTE, um auch die Informationen am unteren Bildschirmrand anzuzeigen.

8. Akzeptieren Sie die Lizenzbestimmungen, indem Sie die Taste F8 drücken.

   Der Windows 2000 Server-Setupbildschirm wird angezeigt, und Sie werden aufgefordert, einen freien Speicherbereich oder eine vorhandene Partition für die Installaton von Windows 2000 auszuwählen. Diese Phase des Setups ermöglicht Ihnen das Erstellen und Löschen von Partitionen auf Ihrer Festplatte.

   Enthält Ihr Computer keine Festplattenpartitionen (für diese Übung Voraussetzung), wird die auf dem Bildschirm aufgeführte Festplatte mit einer nicht formatierten Partition angezeigt.

9. Stellen Sie sicher, dass der nicht partitionierte Speicherplatz markiert ist, und geben Sie **C** ein.

   Das Setupprogramm zeigt den Windows 2000-Setupbildschirm an, in dem bestätigt wird, dass Sie unter Verwendung des nicht partitionierten Speicherplatzes eine Partition erstellen möchten. Weiterhin werden die minimale und die maximale Größe der zu erstellenden Partition angezeigt.

10. Geben Sie die Größe der zu erstellenden Partition an (mindestens 2 MB), und drücken Sie zum Fortfahren die EINGABETASTE.

    Das Setupprogramm zeigt den Windows 2000-Setupbildschirm mit der neuen Partition **C: New (Unformatted)** an.

> **Anmerkung** Obwohl Sie während des Setups anhand des verbleibenden nicht partitionierten Speichers zusätzliche Partitionen erstellen können, wird empfohlen, dass Sie diese Partitionierungen erst nach der Installation von Windows 2000 durchführen. Verwenden Sie zur Partitionierung der Festplatte nach der Installation das Snap-In **Datenträgerverwaltung**.

11. Stellen Sie sicher, dass die neue Partition markiert ist, und drücken Sie die EINGABETASTE.

    Sie werden aufgefordert, ein Dateisystem für die Partition auszuwählen.

12. Verwenden Sie die Pfeiltasten zur Auswahl von **Partition mit dem NTFS-Dateisystem formatieren**, und drücken Sie die EINGABETASTE.

    Das Setupprogramm formatiert die Partition mit NTFS. Nach dem Formatieren der Partition überprüft das Setupprogramm die Festplatte auf physische Fehler, die zum Fehlschlagen des Setups führen können. Anschließend werden die Dateien auf die Festplatte kopiert. Dieser Vorgang nimmt einige Minuten in Anspruch.

    Es wird der Windows 2000 Advanced Server-Setupbildschirm angezeigt. Es wird eine rote Statusleiste eingeblendet, die anzeigt, dass der Computer in 15 Sekunden neu gestartet wird.

13. Entfernen Sie die Setupdiskette aus dem Diskettenlaufwerk.

> **Wichtig** Falls Ihr Computer das Starten von einem CD-ROM-Laufwerk unterstützt und diese Funktion nicht im BIOS deaktiviert wurde, wird der Computer nach dem Neustart des Windows 2000-Setups von der Windows 2000 Advanced Server-CD-ROM gestartet. Dies führt dazu, dass das Setupprogramm wieder von Beginn an ausgeführt wird. Sollte dieser Fall eintreten, entfernen Sie die CD-ROM, und starten Sie den Computer neu.

14. Das Setupprogramm kopiert zusätzliche Dateien und führt dann einen Neustart durch. Der Setup-Assistent von Windows 2000 wird geladen.

▶ **So führen Sie den GUI-Modus und die Phase der Informationszusammenstellung beim Windows 2000 Advanced Server-Setup aus**

Dieser Vorgang initialisiert den grafischen Abschnitt des Setups auf Ihrem Computer.

1. Klicken Sie im Willkommensbildschirm des Setup-Assistenten von Windows 2000 auf **Weiter**, um die Informationen über Ihren Computer zu sammeln.

    Über das Setup werden NTFS-Ordner und Dateiberechtigungen für die Betriebssystemdateien konfiguriert, die Hardwaregeräte im Computer ermittelt und anschließend die Gerätetreiber für die ermittelte Hardware installiert und konfiguriert. Dieser Vorgang dauert einige Minuten.

2. Stellen Sie auf der Seite **Ländereinstellungen** sicher, dass die System- und Benutzergebietsschemas sowie die Tastatureinstellungen für Ihre Sprache und den Standort richtig sind. Klicken Sie dann auf **Weiter**.

Anmerkung Sie können die Ländereinstellungen nach der Installation von Windows 2000 bearbeiten, indem Sie in der Systemsteuerung die Funktion **Ländereinstellungen** verwenden.

Die Seite **Benutzerinformationen** wird angezeigt, und Sie werden aufgefordert, einen Benutzer- und Organisationsnamen anzugeben. Der angegebene Organisationsname wird zur Erstellung des standardmäßigen Computernamens verwendet. Die hier eingegebenen Informationen werden von später installierten Anwendungen zur Produktregistrierung und zur Dokumentidentifikation eingesetzt.

3. Geben Sie im Feld **Name** Ihren Namen, in das Feld **Organisation** den Organisationsnamen ein, und klicken Sie auf **Weiter**.

Anmerkung Wenn der Bildschirm **Produkt-ID** eingeblendet wird, geben Sie den Produktschlüssel ein. Sie finden den Produktschlüssel auf der Hülle der Windows 2000 Advanced Server-Evaluierungs-CD, die zum Lieferumfang dieses Trainings gehört.

Das Setupprogramm zeigt den Bildschirm **Lizenzierungsmodi** an. Wählen Sie einen Lizenzierungsmodus aus. Standardmäßig ist der Pro-Server-Lizenzierungsmodus ausgewählt. Das Setupprogramm fordert Sie auf, die Anzahl der Lizenzen anzugeben, die Sie für diesen Server erworben haben.

4. Aktivieren Sie die Optionsschaltfläche zur Bestimmung der Anzahl gleichzeitiger Verbindungen für den Pro-Server-Modus, geben Sie für die Anzahl gleichzeitiger Verbindungen den Wert **5** ein, und klicken Sie auf **Weiter**.

Wichtig Die Option für die Anzahl der gleichzeitigen Verbindungen und der Wert 5 für die gleichzeitigen Verbindungen sind empfohlene Werte, die zum Zweck dieses Selbststudiums verwendet werden sollten.
Sie sollten die Anzahl der gleichzeitigen Verbindungen basierend auf den von Ihnen erworbenen Lizenzen auswählen. Sie können auch **Pro-Arbeitsplatz** anstelle von **Pro-Server** auswählen.

Die Assistentenseite **Computername und Administratorkennwort** wird eingeblendet.

Der angegebene Organisationsname wird zur Erstellung eines Standardcomputernamens verwendet.

5. Geben Sie in das Feld **Computername** den Wert **Server1** ein.

   Windows 2000 zeigt den Computernamen in Großbuchstaben an, gleichgültig, wie Sie diesen eingeben.

   Warnung Wenn Ihr Computer Teil eines Netzwerks ist, wenden Sie sich an den Netzwerkadministrator, bevor Sie einen Computernamen zuweisen.
   ---

6. Geben Sie in den Feldern **Administratorenkennwort** und **Kennwort bestätigen** das Kennwort **password** (nur Kleinbuchstaben) ein, und klicken Sie auf **Weiter**. Kennwörter unterscheiden Groß- und Kleinschreibung. Stellen Sie deshalb sicher, dass Sie das Kennwort nur in Kleinbuchstaben eingeben.

   Für die praktischen Übungen in diesem Training verwenden Sie das Kennwort **password** für das Administratorkonto. In einer realen Produktionsumgebung sollten Sie immer ein komplexes Kennwort für das Administratorenkonto wählen (das von anderen Personen nicht erraten werden kann). Microsoft empfiehlt, sowohl Groß- als auch Kleinbuchstaben, Zahlen und Symbole zu verwenden (beispielsweise **Lp6*g9**).

   Das Setupprogramm zeigt den Bildschirm mit den Windows 2000-Komponenten an. Hier ist gekennzeichnet, welche Windows 2000-Systemkomponenten das Setupprogramm installieren wird.

7. Klicken Sie auf der Seite der Windows 2000-Komponten auf **Weiter**.

   Sie können nach der Installation von Windows 2000 über die Systemsteuerung und die Funktion **Software** weitere Komponenten installieren. Stellen Sie sicher, dass Sie während des Setups nur Komponenten installieren, die standardmäßig ausgewählt sind. Im Verlauf des Trainings werden Sie zusätzliche Komponenten installieren.

   Wenn während des Setups ein Modem erkannt wird, wird die Seite **Modemwählinformationen** angezeigt.

8. Wird der Bildschirm **Modemwählinformationen** angezeigt, geben Sie eine Ortskennzahl oder Vorwahl ein, und klicken Sie auf **Weiter**.

   Die Seite **Datum- und Uhrzeiteinstellungen** wird eingeblendet.

   Wichtig Windows 2000-Dienste führen viele Aufgaben aus, deren erfolgreicher Abschluss von den Datums- und Uhrzeiteinstellungen des Computers abhängt. Sie sollten die richtige Zeitzone für Ihren Standort auswählen, damit später in den praktischen Übungen keine Probleme auftreten.
   ---

9. Geben Sie das richtige Datum, die richtige Uhrzeit und die richtige Zeitzone ein. Klicken Sie dann auf **Weiter**.

   Der Bildschirm **Netzwerkeinstellungen** wird angezeigt, und das Setupprogramm installiert die Netzwerkkomponenten.

▶ **So schließen Sie die Installationsphase ab, in der die Windows-Netzwerkkomponenten von Windows 2000 Advanced Server installiert werden**

Die Netzwerkkomponente ist ein integraler Bestandteil von Windows 2000 Advanced Server. Hier steht eine Vielzahl von Auswahl- und Konfigurationsoptionen zur Verfügung. Nachfolgend wird eine grundlegende Netzwerkkonfiguration eingerichtet. In einer späteren Übung installieren Sie dann weitere Netzwerkkomponenten.

1. Stellen Sie sicher, dass im Bildschirm **Netzwerkeinstellungen** die Option **Standardeinstellungen** ausgewählt ist. Klicken Sie dann auf **Weiter**, um mit der Installation der Windows-Netzwerkkomponenten zu beginnen.

   Mit dieser Einstellung werden Netzwerkkomponenten installiert, die für den Zugriff auf und die Freigabe von Ressourcen in einem Netzwerk verwendet werden. Außerdem wird TCP/IP (Transmission Control Protocol/Internet Protocol) so konfiguriert, dass von einem DHCP-Server im Netzwerk automatisch eine IP-Adresse bezogen wird.

   Das Setupprogramm zeigt den Bildschirm **Arbeitsgruppe oder Computerdomäne** an. Sie werden aufgefordert, einer Arbeitsgruppe oder Domäne beizutreten.

2. Stellen Sie sicher, dass im Bildschirm **Arbeitsgruppe oder Computerdomäne** die Optionsschaltfläche **Nein, dieser Computer ist entweder nicht im Netzwerk oder im Netzwerk ohne Domäne** aktiviert ist und der Arbeitsgruppenname WORKGROUP lautet, und klicken Sie anschließend auf **Weiter**.

   Der Bildschirm **Komponenten installieren** mit dem Status der Installation und Konfiguration der verbleibenden Betriebssystemkomponenten gemäß Ihrer Optionsauswahl wird angezeigt. Dieser Vorgang nimmt einige Minuten in Anspruch.

   Das Setupprogramm zeigt dann den Bildschirm **Abschließende Vorgänge durchführen** an. Hier wird der Status des Setupprogramms angezeigt – Abschließen des Kopierens von Dateien, Durchführen und Speichern von Konfigurationsänderungen und Löschen von temporären Dateien. Bei Computern, die nur die minimalen Hardwareanforderungen erfüllen, kann diese Installationsphase 30 Minuten oder mehr in Anspruch nehmen.

   Anschließend wird die Seite **Fertigstellen des Assistenten** eingeblendet.

3. Entfernen Sie die Windows 2000 Advanced Server-CD-ROM aus dem CD-ROM-Laufwerk, und klicken Sie auf **Fertig stellen**.

> **Wichtig** Falls Ihr Computer das Starten von einem CD-ROM-Laufwerk unterstützt und diese Funktion nicht im BIOS deaktiviert wurde, wird der Computer nach dem Neustart des Windows 2000-Setups von der Windows 2000 Advanced Server-CD-ROM gestartet. Dies führt dazu, dass das Setupprogramm wieder von Beginn an ausgeführt wird. Sollte dieser Fall eintreten, entfernen Sie die CD-ROM, und starten Sie den Computer neu.

Windows 2000 wird neu gestartet, und die soeben installierte Version von Windows 2000 Advanced Server wird ausgeführt.

▶ **So schließen Sie die Hardwareinstallationsphase des Windows 2000 Advanced Server-Setups ab**

Während dieser letzten Phase der Installation wird Plug&Play-Hardware, die in den vorherigen Phasen nicht gefunden wurde, vom Setupprogramm ermittelt.

1. Melden Sie sich nach Abschluss der Startphase durch Drücken von STRG+ALT+ENTF an.
2. Geben Sie im Dialogfeld **Kennwort eingeben** im Feld **Benutzername** den Wert **Administrator** und im Feld **Kennwort** den Wert **password** ein.
3. Klicken Sie auf **OK**.

   Falls Windows 2000 Hardware ermittelt, die während des Setupvorgangs nicht gefunden wurde, wird der Assistent für das Suchen neuer Hardware geöffnet. Es wird darauf hingewiesen, dass Windows 2000 die entsprechenden Treiber installiert.
4. Wird der Assistent für das Suchen neuer Hardware geöffnet, sollten Sie sicherstellen, dass das Kontrollkästchen **Computer beim Klicken auf „Fertig stellen" neu starten** deaktiviert ist. Klicken Sie dann auf **Fertig stellen**, um den Assistenten für das Suchen nach neuer Hardware abzuschließen.

   Windows 2000 zeigt das Dialogfeld **Windows 2000 Advanced Server konfigurieren** an. In diesem Dialogfeld können Sie verschiedene erweiterte Optionen und Dienste konfigurieren.
5. Klicken Sie auf die Option **Diesen Server später konfigurieren**, und klicken Sie auf **Weiter**.
6. Deaktivieren Sie im nun angezeigten Bildschirm das Kontrollkästchen **Diesen Dialog beim Start anzeigen**.
7. Schließen Sie das Fenster zur Serverkonfiguration.

   Sie haben die Installation von Windows 2000 Advanced Server nun abgeschlossen und sind als Administrator angemeldet.

> **Anmerkung** Klicken Sie zum ordnungsgemäßen Herunterfahren von Windows 2000 Advanced Server auf **Start** und **Beenden** und folgen Sie den Anweisungen.

Achtung Wenn Ihre Computer zu einem größeren Netzwerk gehören, *müssen* Sie in Absprache mit Ihrem Netzwerkadministrator dafür Sorge tragen, dass die für das Setup von Windows 2000 verwendeten Computer- und Domänennamen sowie die weiteren Informationen in diesem Kapitel nicht zu Konflikten bei den Netzwerkoperationen führen. Sollten derartige Konflikte auftreten, bitten Sie Ihren Netzwerkadministrator um die Bereitstellung alternativer Werte. Verwenden Sie in diesem Fall die alternativen Werte für sämtliche Übungen in diesem Buch.

Die Onlineseminare

Die Kursmaterialien-CD enthält Onlineseminare (in englischer Sprache), die Sie durch Ausführen der entsprechenden Datei von der CD-ROM anzeigen können. Sie finden einen entsprechenden Hinweis im Buch, wenn die Demonstrationsdatei ausgeführt werden sollte. Sie müssen den Media Player und einen Internetbrowser auf Ihrem Computer installiert haben, um die Datei anzeigen zu können. (Internet Explorer und Media Player sind zu diesem Zweck auf der CD enthalten. Anweisungen zum Installieren dieser Softwareprodukte finden Sie in den **Readme.txt**-Dateien auf der CD.)

▶ **So zeigen Sie die Onlineseminare an**

1. Legen Sie die Kursmaterialien-CD in das CD-ROM-Laufwerk ein.
2. Öffnen Sie eine der in der nachstehenden Tabelle beschriebenen Dateien:

Name des Onlineseminars	Datei
Designing the Active Directory Structure	\chapt06\OnlineSeminars\Designing\Portal_ActiveDirectory Structure
Comparative Active Directory Designs	\chapt06\OnlineSeminars\Comparative\Portal_ActiveDirectory Designs
How to Migrate Your Windows NT 4 Directory Services to Windows 2000 Active Directory	\chapt06\Migration\Portal_Migration

Auf diese Weise wird das gewählte Onlineseminar in Ihrem Internetbrowser ausgeführt.

Die Onlinedokumentation

Die CD-ROM enthält darüber hinaus eine Onlineversion dieses Buches (in englischer Sprache), die Sie mit Hilfe von Microsoft Internet Explorer 4.0 oder höher anzeigen können.

▶ **So verwenden Sie die Onlineversion dieses Buches**

1. Legen Sie die Kursmaterialien-CD in das CD-ROM-Laufwerk ein.

2. Wählen Sie im Menü **Start** auf Ihrem Desktop die Option **Ausführen** und geben Sie **D:\Ebook\desiserv.chm** ein (**D:** steht hierbei für den Namen Ihres CD-ROM-Laufwerks).

   Auf diese Weise wird im Startmenü eine Verknüpfung für die Onlinedokumentation erstellt.

3. Klicken Sie auf **OK**, um den Installations-Assistenten zu schließen.

Anmerkung Zum Aufrufen der Onlinedokumentation muss die Kursmaterialien-CD in Ihr CD-ROM-Laufwerk eingelegt sein.

Das Microsoft Certified Professional-Programm

Das Microsoft Certified Professional-Programm (MCP) bietet Ihnen eine optimale Möglichkeit, Ihre Kenntnisse der aktuellen Microsoft-Produkte und -Technologien unter Beweis zu stellen. Microsoft ist hinsichtlich Zertifizierung und Testmethoden marktführend. Die Prüfungen und entsprechenden Zertifikate dienen als Nachweis Ihrer Kompetenz in Bezug auf Entwurf, Entwicklung, Implementierung und Unterstützung von Lösungen mit Microsoft-Produkten und -Technologien. Computerspezialisten, die über Microsoft-Zertifikate verfügen, sind als Experten anerkannt und in der gesamten Industrie äußerst gefragt.

Im Rahmen des Microsoft Certified Professional-Programms werden verschiedene Zertifikate angeboten, die verschiedene Spezialgebiete des technischen Wissens abdecken:

- *Microsoft Certified Professional (MCP).* Ein MCP verfügt über umfangreiche Kenntnisse mindestens eines Microsoft-Betriebssystems. Auf Wunsch können Kandidaten, die sich zusätzlich qualifizieren möchten, weitere Zertifizierungsprüfungen für Microsoft BackOffice-Produkte, Entwicklungstools oder Desktopprogramme ablegen.

- *Microsoft Certified Systems Engineer (MCSE).* Ein MCSE ist qualifiziert, Informationssysteme in einem breiten Feld von Computerumgebungen mit Microsoft Windows NT Server und dem in Microsoft BackOffice integrierten Serversoftwarepaket effektiv zu planen, zu implementieren, zu verwalten und zu unterstützen.

- *Microsoft Certified Database Administrator (MCDBA).* Besondere Zertifizierung für Fachleute, die physische Datenbankentwürfe erarbeiten, logische Datenmodelle entwickeln, physische Datenbanken erstellen, Datendienste unter Verwendung von Transact-SQL erstellen, Datenbanken verwalten und warten, die Sicherheit konfigurieren und verwalten, Datenbanken überwachen und optimieren sowie Microsoft SQL Server installieren und konfigurieren.

- *Microsoft Certified Solution Developer (MCSD).* Ein MCSD ist qualifiziert, kundenspezifische Geschäftslösungen mit den Entwicklungstools, Technologien und Plattformen von Microsoft einschließlich Microsoft Office und Microsoft BackOffice zu entwerfen und zu entwickeln.
- *Microsoft Certified Trainer (MCT).* Ein MCT verfügt über die didaktischen und technischen Kenntnisse, die für einen Einsatz als Schulungsleiter im Rahmen des Microsoft Official Curriculum in Microsoft Certified Technical Education Centers (CTECs) erforderlich sind.

Vorteile des Microsoft Certified Professional-Programms

Die Microsoft-Zertifizierung ist eines der umfassendsten Zertifizierungsprogramme für die Beurteilung und Vertiefung von Kenntnissen im Softwarebereich und stellt darüber hinaus einen zuverlässigen Maßstab für technische Fähigkeiten und Fachwissen dar. Um ein Microsoft-Zertifikat zu erhalten, muss der Bewerber anspruchsvolle Zertifizierungsprüfungen bestehen, in denen die Fähigkeit, mit Hilfe von Microsoft-Produkten bestimmte Aufgaben auszuführen und Lösungen zu implementieren, unter Beweis zu stellen ist. Auf diese Weise wird nicht nur ein objektiver Maßstab für Arbeitgeber bereitgestellt, sondern auch gewisse Richtlinien in Bezug auf die Kenntnisse, über die ein Fachmann verfügen muss. Die Zertifizierung bringt somit zahlreiche Vorteile für Bewerber, Arbeitgeber und Unternehmen mit sich.

Vorteile für den Einzelnen

Als Microsoft Certified Professional genießen Sie eine Reihe von Vorteilen:

- Industrieweite Anerkennung von Kenntnissen und Fähigkeiten im Umgang mit Microsoft-Produkten und -Technologien.
- Zugriff auf direkt von Microsoft bereitgestellte technische Informationen und Produktinformationen über den abgesicherten Bereich der MCP-Website.
- Zertifizierungsmitgliedschaft bei MSDN Online, durch die Sie Zugang zu den besten technischen Ressourcen erhalten, Kontakt zu anderen MCPs herstellen können sowie weitere wertvolle Ressourcen und Dienste in Anspruch nehmen können. (Einige dieser Dienste von MSDN Online werden nur in englischer Sprache angeboten bzw. stehen nicht in allen Ländern zur Verfügung.) Auf der MSDN-Website finden Sie eine Liste der weiteren Vorteile, die sich durch die Zertifizierung bieten.
- Logos, mit denen Sie Ihren Status als Microsoft Certified Professional nachweisen können.
- Einladungen zu Microsoft-Konferenzen, technischen Schulungen und speziellen Veranstaltungen.
- Ein Microsoft Certified Professional-Zertifikat.

Abhängig von Ihrem Zertifikat und Wohnort bieten sich noch weitere Vorteile:

- Microsoft TechNet und TechNet Plus: Falls Sie die CD-Version von TechNet bevorzugen, erhalten Sie im ersten Jahr nach der MCSE-Zertifizierung einen Rabatt von 50% auf den herkömmlichen Preis eines Ein-Jahres-Abonnements. (Die jeweiligen Lieferbedingungen entnehmen Sie bitte dem Begrüßungskit.)

Vorteile für Arbeitgeber und Unternehmen

Durch den Erwerb von Zertifikaten wird die Investitionsrentabilität von Microsoft-Technologie maximiert. Forschungsergebnisse bestätigen die folgenden Vorteile für Unternehmen:

- Sehr hohe Rentabilität im Hinblick auf die Investitionen in Schulungen und Prüfungen durch Bereitstellen eines Standards für Schulungsanforderungen und Ergebnisbewertung.
- Gesteigerte Kundenzufriedenheit und sinkende Supportkosten durch verbesserten Service, Produktivitätssteigerung und größere technische Unabhängigkeit.
- Verlässliche Bewertungsmaßstäbe für Einstellung, Bewerbung und Karriereplanung.
- Anerkennung der Mitarbeiterproduktivität durch Bestätigung ihres Fachwissens.
- Weiterbildungsmöglichkeiten für bereits länger beschäftigte Mitarbeiter, damit diese den effektiven Einsatz neuer Technologien erlernen.
- Qualitätssicherung beim Auslagern von Computerdiensten.

Weitere Informationen zu den Vorteilen, die eine Zertifizierung Ihrem Unternehmen bietet, finden Sie in den folgenden Hintergrundartikeln, Whitepapers und Fallstudien, die unter der Adresse *http://www.microsoft.com/mcp/mktg/bus_bene.htm* abgerufen werden können.

- Financial Benefits to Supporters of Microsoft Professional Certification, IDC Whitepaper (1998wpidc.doc, 1.608 KB)
- Prudential Case Study (prudentl.exe, 70 KB, selbstextrahierende Datei)
- Microsoft Certified Professional Program Corporate Backgrounder (mcpback.exe, 50 KB)
- Ein Whitepaper (mcsdwp.doc, 158 KB) mit der Bewertung des Zertifikats Microsoft Certified Solution Developer (MCSD).
- Ein Whitepaper (mcsestud.doc, 161 KB) mit der Bewertung des Zertifikats Microsoft Certified Systems Engineer (MCSE).
- Jackson Hole High School Case Study (jhhs.doc, 180 KB)
- Lyondel Case Study (lyondel.doc, 21 KB)
- Stellcom Case Study (stellcom.doc, 132 KB)

Voraussetzungen für den Erhalt eines MCP-Zertifikats

Die Zertifizierungsanforderungen unterscheiden sich je nach Zertifikat und sind auf die spezifischen Produkte und die jeweiligen Zielgruppen abgestimmt.

Der Erhalt des MCP-Titels (Microsoft Certified Professional) setzt das Bestehen zahlreicher anspruchsvoller Prüfungen voraus. Auf diese Weise können die technische Kompetenz und das Fachwissen des Bewerbers zuverlässig eingeschätzt werden. Anhand der in Zusammenarbeit mit Spezialisten aus der Industrie entwickelten Prüfungen werden das Fachwissen und die Fähigkeit zur Durchführung einer Aufgabe unter Verwendung eines bestimmten Produkts getestet. In den Prüfungsfragen wird die Verwendung von Microsoft-Produkten in einem Unternehmen demonstriert, wodurch die Aufgaben realistische Sachverhalte widerspiegeln.

Microsoft Certified Product Specialists müssen eine Prüfung zu einem Betriebssystem bestehen. Auf Wunsch können Kandidaten, die sich zusätzlich qualifizieren möchten, weitere Zertifizierungsprüfungen für Microsoft BackOffice-Produkte, Entwicklungstools oder Desktopprogramme ablegen.

Microsoft Certified Systems Engineers müssen eine Reihe von Prüfungen zu den wichtigsten Betriebs- und Netzwerksystemen von Microsoft Windows sowie zu den verschiedenen BackOffice-Themen nach Wahl absolvieren.

Microsoft Certified Database Administrators legen drei Hauptprüfungen und eine Wahlprüfung ab, durch die technische Kompetenz und ein umfassendes Fachwissen unter Beweis gestellt werden müssen.

Microsoft Certified Solution Developers müssen zwei Prüfungen zu zentralen Technologien der Microsoft Windows-Betriebssysteme sowie zwei Prüfungen nach Wahl zu BackOffice-Technologien absolvieren.

Microsoft Certified Trainers müssen die didaktischen und technischen Voraussetzungen erfüllen, die für die Leitung des entsprechenden Kurses aus dem Microsoft Official Curriculum erforderlich sind. Weitere Informationen zum Erwerb dieses Titels finden Sie auf der Microsoft-Website unter *http://www.microsoft.com/germany/training/trainer/mct*, oder Sie wenden sich an eine Microsoft-Niederlassung in Ihrer Nähe.

Technische Schulung für Computerspezialisten

Die technische Schulung wird auf verschiedene Arten durchgeführt: Kurse zum Selbststudium, Onlineschulungen oder von Ausbildern geleitete Kurse, die weltweit besucht werden können.

Kurse zum Selbststudium

Für motivierte Lerner, die sich gerne Herausforderungen stellen, ist das Selbststudium der flexibelste und kostengünstigste Weg zur Aneignung von Kenntnissen und Fähigkeiten.

Microsoft Press stellt ein umfassendes Angebot an Schulungsmaterialien für das Selbststudium bereit. Die Kurspakete des Microsoft Official Curriculum werden für Computerspezialisten entworfen und von Microsoft Press sowie der Microsoft Developer Division angeboten. Die Kurse zum Selbststudium von Microsoft Press bestehen aus gedrucktem Lehrmaterial, in der Regel verbunden mit Evaluierungsversionen der behandelten Software auf CD-ROM, Multimediapräsentationen, Fallbeispielen und Übungsdateien. Beide Unterrichtsformen stellen effektive Vorbereitungsmöglichkeiten für die MCP-Prüfungen dar.

Onlinetraining

Eine flexible Alternative zu den Schulungen durch Ausbilder stellen die Onlineschulungen dar. Sie benötigen lediglich einen Internetanschluss – und los geht's. Sie arbeiten in einem virtuellen Klassenzimmer, stellen Ihren eigenen Lehrplan auf und bestimmen das Tempo der Schulung. Häufig ist auch ein Onlinekursleiter verfügbar. Sie können sich auf diese Weise das benötigte Wissen aneignen, ohne Ihren Schreibtisch zu verlassen. In der Onlineschulung werden zahlreiche Microsoft-Produkte und -Technologien abgedeckt. Hierzu zählen auch das Microsoft Official Curriculum und viele andere Möglichkeiten, die nur hier verfügbar sind. Die Schulung kann bei Bedarf in Anspruch genommen werden und steht rund um die Uhr zur Verfügung. Das Onlinetraining wird von einigen Microsoft Certified Techical Education Centers bereitgestellt.

Microsoft Certified Technical Education Centers (CTECs)

Microsoft Certified Technical Education Centers (CTECs) sind die beste Quelle für Schulungen mit fachlicher Anleitung, die Sie bei der Vorbereitung auf die Prüfung zum Microsoft Certified Professional unterstützen. Das Microsoft CTEC-Programm ist ein weltweites Netzwerk qualifizierter technischer Schulungsorganisationen, die autorisiert sind, Schulungen des Microsoft Official Curriculum für Computerfachleute unter Anleitung von zertifizierten Kursleitern durchzuführen.

Weitere Informationen zu den CTEC-Standorten in Ihrer Nähe erhalten Sie unter *http://www.microsoft.com/germany/training/* oder bei Ihrer lokalen Microsoft-Niederlassung.

Technischer Support

Microsoft Press bemüht sich um die Richtigkeit der in diesem Buch sowie der auf der Begleit-CD enthaltenen Informationen. Anmerkungen, Fragen oder Verbesserungsvorschläge bezüglich dieses Buches oder der Begleit-CD können Sie an Microsoft Press weiterleiten:

E-Mail:
PRESSCD@MICROSOFT.COM

Per Post:
Microsoft Press
Betrifft: *Microsoft Windows 2000 – Design der Directory Services Infrastruktur – Original Microsoft Training*
Konrad-Zuse-Straße 1
85716 Unterschleißheim

Korrekturen zu Microsoft Press-Büchern sind im World Wide Web unter der folgenden Adresse verfügbar:

http://www.microsoft.com/germany/mspress/

Beachten Sie, dass unter den oben aufgeführten Adressen kein technischer Softwaresupport verfügbar ist. Weitere Informationen zum technischen Support von Microsoft erhalten Sie unter der Adresse *http://www.microsoft.com/germany/support/*.

Support für die Evaluierungssoftware

Für die diesem Training beiliegende Evaluierungsedition von Microsoft Windows 2000 Advanced Server stellen weder Microsoft noch Microsoft Press Support zur Verfügung; verwenden Sie die Testversion nicht auf Ihrem primären Arbeitscomputer. Informationen zum Onlinesupport für die Vollversion von Microsoft Windows 2000 Advanced Server finden Sie unter der Adresse

http://www.microsoft.com/germany/support/

Informationen zum Erwerb der Vollversion eines beliebigen Microsoft-Softwareprodukts erhalten Sie unter *http://www.microsoft.com/germany/mspress*. Informationen zu besonderen Verwendungsaspekten der zum Lieferumfang des Trainingskits gehörenden Evaluierungsedition werden im Supportabschnitt der Microsoft Press-Website bereitgestellt (*http://www.microsoft.com/germany/support/*).

KAPITEL 1

Einführung in Active Directory

Lektion 1: Übersicht über Active Directory . . . 2

Lektion 2: Grundlagen und Konzepte von Active Directory . . . 16

Lernzielkontrolle . . . 34

Über dieses Kapitel

Ein Verzeichnisdienst wird zur eindeutigen Identifizierung von Benutzern in einem Netzwerk eingesetzt. Die Active Directory-Verzeichnisdienste von Microsoft Windows 2000 stellen eine erhebliche Verbesserung gegenüber den Verzeichnisdiensten früherer Windows-Versionen dar. Active Directory stellt einen zentralen Punkt für die Netzwerkverwaltung bereit, mit dem Sie Benutzer und Ressourcen auf einfache Weise hinzufügen, entfernen und neu strukturieren können. In diesem Kapitel erhalten Sie eine Einführung in Active Directory. Die hier vorgestellten Konzepte werden im Rahmen der späteren Kapitel noch ausführlich behandelt.

Bevor Sie beginnen

Zur Bearbeitung dieses Kapitels müssen Sie die grundlegenden Verwaltungs- und Designkonzepte von Windows NT oder Windows 2000 kennen und verstehen.

Lektion 1: Überblick über Active Directory

Active Directory bietet eine Methode zur Erstellung einer Verzeichnisstruktur, die genau auf die Anforderungen einer Organisation zugeschnitten ist. In dieser Lektion erhalten Sie einen Überblick über die in Active Directory verwendeten Objekte und lernen die Funktionen der einzelnen Active Directory-Komponenten kennen.

Am Ende dieser Lektion werden Sie in der Lage sein, die folgenden Aufgaben auszuführen:
- Erläutern des Zwecks von Active Directory
- Erläutern des Zwecks von Objektattributen und des in Active Directory verwendeten Schemas
- Benennen der Komponenten von Active Directory
- Beschreiben der Funktion der Active Directory-Komponenten
- Erläutern des Zwecks des globalen Katalogs in Active Directory

Veranschlagte Zeit für diese Lektion: 30 Minuten

Windows 2000-Active Directory

Ein *Verzeichnis* stellt das Mittel zur Speicherung von Informationen zu den Ressourcen in einem Netzwerk dar, mit dem das Auffinden und Verwalten dieser Ressourcen erleichtert wird. Ein *Verzeichnisdienst* ist ein Netzwerkdienst, mit dem sämtliche Ressourcen in einem Netzwerk identifiziert und den Benutzern und Anwendungen zugänglich gemacht werden können. Ein Verzeichnisdienst unterscheidet sich von einem Verzeichnis dahingehend, dass der Dienst sowohl die Quelle der Informationen ist als auch die Dienste bereitstellt, mit denen dem Benutzer die Informationen zugänglich gemacht werden.

Active Directory ist der in Windows 2000 Server integrierte Verzeichnisdienst. Active Directory umfasst sowohl das Verzeichnis, in dem Informationen zu den Netzwerkressourcen gespeichert werden, sowie sämtliche Dienste, mit denen die Informationen verfügbar und einsetzbar gemacht werden. Die im Verzeichnis gespeicherten Informationen, beispielsweise Benutzerdaten, Drucker, Server, Datenbanken, Gruppen, Computer und Sicherheitsrichtlinien, werden Objekte genannt.

Active Directory-Objekte

Ein *Objekt* ist ein individueller, benannter Attributsatz, der eine bestimmte Netzwerkressource repräsentiert. Als *Objektattribute* werden die Eigenschaften der Verzeichnisobjekte bezeichnet. Die Attribute eines Benutzerkontos beispielsweise können den Vornamen, den Nachnamen und den Anmeldenamen umfassen, während die Attribute eines Computerkontos den Computernamen und eine Beschreibung beinhalten können (siehe Abbildung 1.1).

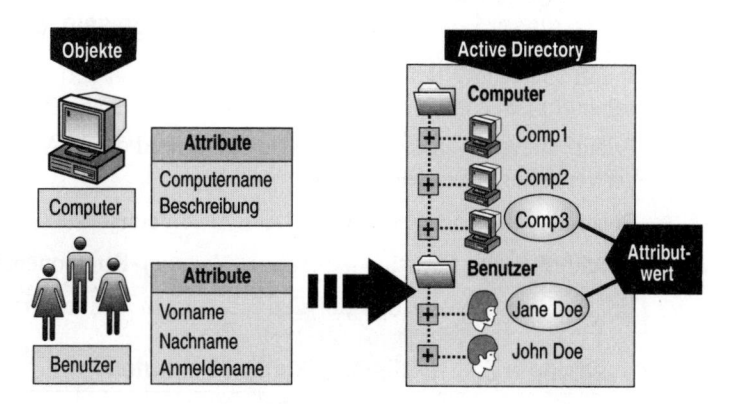

Abbildung 1.1 Active Directory-Objekte und Attribute

Einige Objekte, die so genannten *Containerobjekte*, können andere Objekte enthalten. Eine Domäne ist beispielsweise ein Containerobjekt, das Informationen zu Benutzern, Computern und weiteren Objekten enthalten kann. In Abbildung 1.1 ist der Ordner **Benutzer** ein Container, der Benutzerobjekte enthält.

Active Directory-Schema

Das Active Directory-Schema definiert die Objekte, die in Active Directory gespeichert werden können. Das Schema ist eine Liste, mit der definiert wird, welche Objekttypen und welche Art von Informationen zu diesen Objekten in Active Directory gespeichert werden können. Da die Schemadefinitionen selbst als Objekte gespeichert werden, können sie genauso verwaltet werden wie die übrigen Active Directory-Objekte.

Das Schema enthält zwei Arten von Definitionsobjekten, Schemaklassenobjekte und Schemaattributobjekte. Wie in Abbildung 1.2 dargestellt, werden Klassen- und Attributobjekte innerhalb des Schemas in separaten Listen definiert. Schemaklassen- und Attributobjekte werden auch als *Schemaobjekte* oder *Metadaten* bezeichnet.

Schemaklassenobjekte beschreiben die Active Directory-Objekte, die erstellt werden können. Ein Schemaklassenobjekt fungiert als Vorlage zur Erstellung neuer Active Directory-Objekte. Jede Schemaklasse ist eine Sammlung von Schemaattributobjekten. Wenn Sie eine Schemaklasse erstellen, speichern die Schemaattribute die Informationen, mit denen das Objekt beschrieben wird. Die Benutzerklasse z. B. setzt sich aus vielen Attributen zusammen. Hierzu zählen etwa Netzwerkadresse, Basisverzeichnis usw. Jedes Objekt in Active Directory stellt eine Instanz eines Schemaklassenobjekts dar.

Schemaattributobjekte definieren die Schemaklassenobjekte, mit denen sie verknüpft sind. Jedes Schemaattribut wird nur einmal definiert, kann jedoch in mehreren Schemaklassen verwendet werden. Das Beschreibungsattribut beispielsweise wird in vielen Klassen eingesetzt, ist zur Gewährleistung der Konsistenz im Schema jedoch nur einmal definiert.

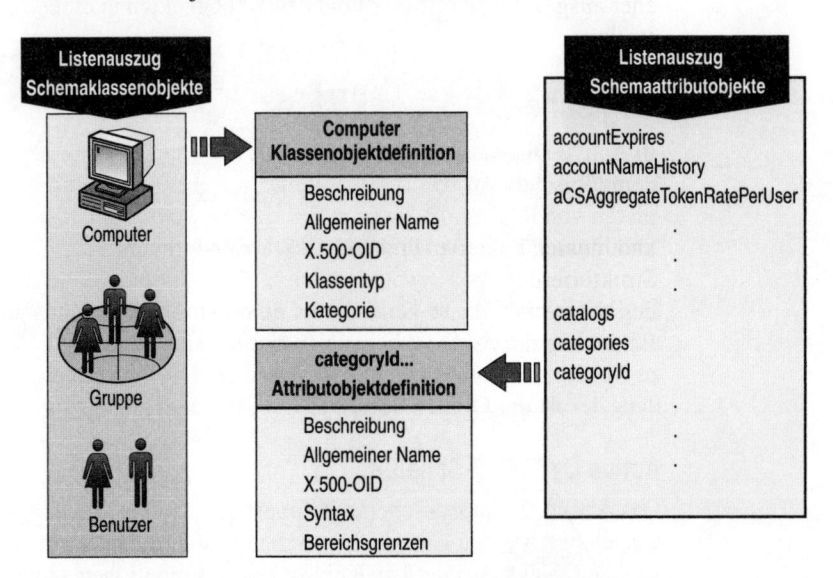

Abbildung 1.2 Schemaklassen- und Attributobjekte

Im Lieferumfang von Windows 2000 Server ist ein Basissatz an Schemaklassen und Attributen enthalten. Erfahrene Entwickler und Netzwerkadministratoren können das Schema durch die Definition neuer Klassen und Attribute für vorhandene Klassen dynamisch erweitern. Wenn Sie z. B. Informationen zu Benutzern angeben müssen, die gegenwärtig nicht im Schema definiert sind, müssen Sie das Schema der Benutzerklasse erweitern. Das Erweitern des Schemas ist jedoch eine erweiterte Operation, die schwerwiegende Folgen haben kann. Ein Schema kann nur deaktiviert, jedoch nicht gelöscht werden und wird automatisch repliziert. Aus diesem Grund sollten Sie eine Schemaerweiterung sorgfältig planen und vorbereiten. Die Schemaerweiterung wird in Kapitel 3, „Planen der Gesamtstruktur", behandelt.

Active Directory-Komponenten

Active Directory verwendet zum Erstellen einer für Sie geeigneten Verzeichnisstruktur verschiedene Komponenten. Der logische Aufbau einer Organisation kann hierbei durch die folgenden Active Directory-Komponenten dargestellt werden: Domänen, Organisationseinheiten (Organizational Units, OUs), Strukturen und Gesamtstrukturen. Der physische Aufbau einer Organisation kann durch folgende Active Directory-Komponenten dargestellt werden: Standorte (physische Subnetze) und Domänencontroller. Active Directory trennt hierbei den logischen und den physischen Aufbau einer Organisation vollständig voneinander.

Neben den Komponenten, die die logische und physische Struktur Ihrer Organisation repräsentieren, erstellt Active Directory auf dem ersten Domänencontroller automatisch den globalen Katalog. Der globale Katalog dient als zentraler Speicher ausgewählter Informationen zu den Objekten in einer Struktur oder Gesamtstruktur.

Logische Strukturen

In Active Directory organisieren Sie Ressourcen in einer logischen Struktur, die dem logischen Aufbau Ihrer Organisation entspricht. Durch das logische Gruppieren von Ressourcen können Sie eine Ressource anhand ihres Namens suchen und müssen nicht den physischen Standort kennen. Aufgrund der logischen Strukturierung der Ressourcen macht Active Directory den physischen Aufbau des Netzwerks für die Benutzer transparent. Abbildung 1.3 veranschaulicht die Beziehung der Active Directory-Komponenten zueinander.

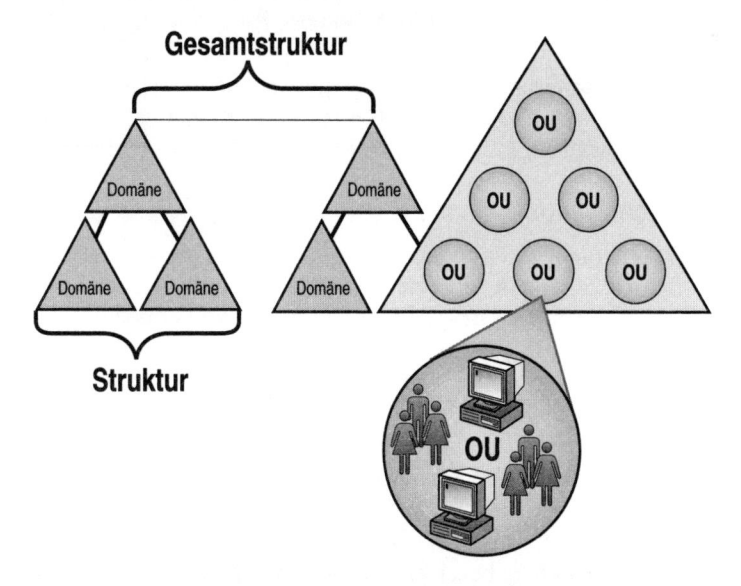

Abbildung 1.3 In einer logischen, hierarchischen Struktur angeordnete Ressourcen

Domänen

In Active Directory stellt die *Domäne* den Kernpunkt der logischen Strukturierung dar. In einer Domäne können Millionen von Objekten gespeichert werden. Die in einer Domäne gespeicherten Objekte sind diejenigen, die als wichtig für das Netzwerk betrachtet werden. Diese Objekte sind Komponenten, die für eine Netzwerkumgebung unerlässlich sind: Drucker, Dokumente, E-Mail-Adressen, Datenbanken, Benutzer, verteilte Komponenten und weitere Ressourcen. Alle Netzwerkobjekte sind in einer Domäne enthalten, jede Domäne speichert ausschließlich Informationen zu den in ihr enthaltenen Objekten. Active Directory umfasst mindestens eine Domäne. Eine Domäne kann mehrere physische Standorte umspannen. Domänen besitzen folgende Merkmale:

- Alle Netzwerkobjekte sind in einer Domäne enthalten, jede Domäne speichert ausschließlich Informationen zu den in ihr enthaltenen Objekten. Theoretisch kann ein Domänenverzeichnis bis zu 10 Millionen Objekte enthalten, es sollten jedoch nicht mehr als 1 Million Objekte pro Domäne eingesetzt werden.

- Eine Domäne stellt eine Sicherheitsbarriere dar. Zugriffssteuerungslisten (Access Control Lists, ACLs) steuern den Zugriff auf die Domänenobjekte. ACLs enthalten mit Objekten verknüpfte Berechtigungen, die steuern, welche Benutzer auf ein Objekt zugreifen dürfen und welche Art von Zugriff den Benutzern für ein Objekt erteilt wird. Unter Windows 2000 gehören zu diesen Objekten Dateien, Ordner, Freigaben, Drucker und weitere Active Directory-Objekte. Die Sicherheitsrichtlinien und -einstellungen, beispielsweise Verwaltungsrechte, Sicherheitsrichtlinien und ACLs gelten immer nur für eine Domäne, nicht jedoch domänenübergreifend. Der Domänenadministrator kann nur innerhalb seiner Domäne Richtlinien einstellen.

Durch das Gruppieren von Objekten in einer oder mehreren Domänen kann das Netzwerk der Struktur einer Organisation angepasst werden. Informationen zum Domänendesign finden Sie in Kapitel 4, „Planen der Domäne".

Organisationseinheiten

Eine *Organisationseinheit* (Organizational Unit, OU) ist ein Container, mit dessen Hilfe Objekte innerhalb einer Domäne in logische Verwaltungsgruppen gegliedert werden. Diese Strukturierung spiegelt üblicherweise die funktionelle oder geschäftliche Struktur einer Organisation wider. Eine Organisationseinheit kann Objekte wie Benutzerkonten, Gruppen, Computer, Drucker, Anwendungen, Dateifreigaben sowie weitere Organisationseinheiten derselben Domäne enthalten. Die Hierarchie einer Organisationseinheit innerhalb einer Domäne ist unabhängig von der Hierarchiestruktur der Organisationseinheiten anderer Domänen, d. h. jede Domäne kann eine eigene Organisationseinheitenhierarchie implementieren. Durch das Hinzufügen von OUs zu anderen OUs, ein Vorgang, der als *Verschachtelung* bezeichnet wird, können Sie die Verwaltung auf hierarchischer Ebene steuern. Informationen zum OU-Design finden Sie in Kapitel 5, „Planen der Organisationseinheiten".

OUs stellen den kleinsten Bereich dar, innerhalb dessen Sie die Verwaltung delegieren können, daher können Sie über Organisationseinheiten Verwaltungsaufgaben handhaben, etwa die Benutzer- und Ressourcenverwaltung. Informationen zum Delegieren von Verwaltungsaufgaben finden Sie in Kapitel 5, „Planen der Organisationseinheiten".

In Abbildung 1.4 spiegelt die Domäne **microsoft.com** den Aufbau einer kleinen Softwarefirma mit drei Organisationseinheiten wider: **US**, **Auftrag** und **Verkauf**, wobei die zwei letztgenannten sich innerhalb der OU **US** befinden. In den Sommermonaten erhöht sich die Zahl der Aufträge, weshalb die Geschäftsleitung einen Unteradministrator für die Auftragsabteilung angefordert hat. Der Unteradministrator benötigt nur Berechtigungen zum Erstellen von Benutzerkonten und zum Versorgen der Benutzer mit Zugriffsrechten für die Dateien und freigegebenen Drucker der Auftragsabteilung. Statt eine neue Domäne zu erstellen, können Sie diesen Anforderungen gerecht werden, indem Sie dem Unteradministrator innerhalb der OU **Auftrag** geeignete Berechtigungen zuweisen.

Wenn der Unteradministrator später Benutzerkonten in den Organisationseinheiten **US**, **Auftrag** und **Verkauf** erstellen soll, können Sie ihm die Berechtigungen innerhalb der einzelnen Organisationseinheiten erteilen. Da sich jedoch die OUs **Auftrag** und **Verkauf** innerhalb der OU **US** befinden, ist es effizienter, die Berechtigungen auf Ebene der OU **US** zu erteilen und anschließend eine Berechtigungsvererbung an die OUs **Auftrag** und **Verkauf** zuzulassen. Standardmäßig erben in Active Directory alle untergeordneten Objekte (die OUs **Auftrag** und **Verkauf**) die Berechtigungen der übergeordneten Objekte (die OU **US**). Das Erteilen von Berechtigungen auf einer höheren Ebene bei Einsatz der Vererbung kann den Verwaltungsaufwand reduzieren.

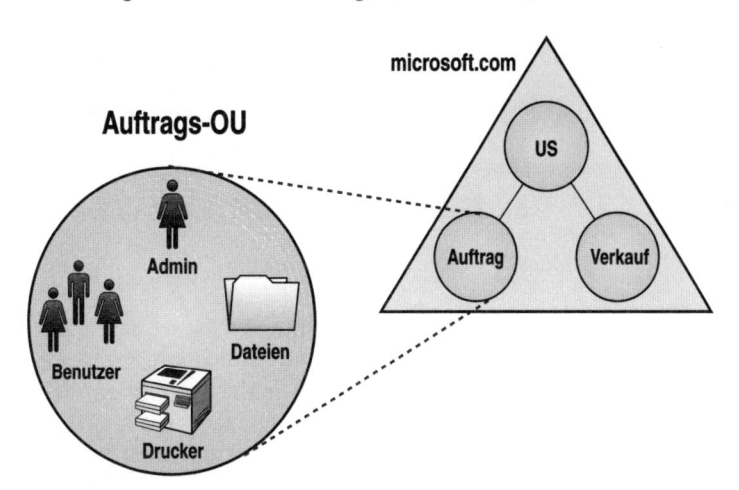

Abbildung 1.4 Verwenden einer Organisationseinheit zur Handhabung von Verwaltungsaufgaben

Strukturen

Eine *Struktur* ist eine Gruppierung bzw. hierarchische Anordnung einer oder mehrerer Windows 2000-Domänen, die Sie erstellen, indem Sie einer vorhandenen Domäne mindestens eine untergeordnete Domäne hinzufügen. Die Domänen einer Struktur verwenden einen gemeinsamen zusammenhängenden Namespace und eine hierarchische Namensstruktur. Namespaces werden in der nächsten Lektion ausführlich behandelt. Strukturen besitzen folgende Merkmale:

- Gemäß den DNS-Standards (Domain Name System, Domänennamenssystem) handelt es sich bei dem Domänennamen einer untergeordneten Domäne um den relativen Namen dieser untergeordneten Domäne, an den der Name der übergeordneten Domäne angehängt wird. In Abbildung 1.5 stellt **microsoft.com** die übergeordnete Domäne dar, der die Domänen **us.microsoft.com** und **uk.microsoft.com** untergeordnet sind. Die untergeordnete Domäne von **uk.microsoft.com** lautet **sls.uk.microsoft.com**.

- Alle Domänen einer Struktur stützen sich auf ein gemeinsames *Schema*, das eine formale Definition aller Objekttypen darstellt, die Sie in einer Active Directory-Bereitstellung speichern können.

- Alle Domänen einer Struktur nutzen einen gemeinsamen *globalen Katalog*, bei dem es sich um den zentralen Speicherort für Informationen zu den Objekten einer Struktur handelt.

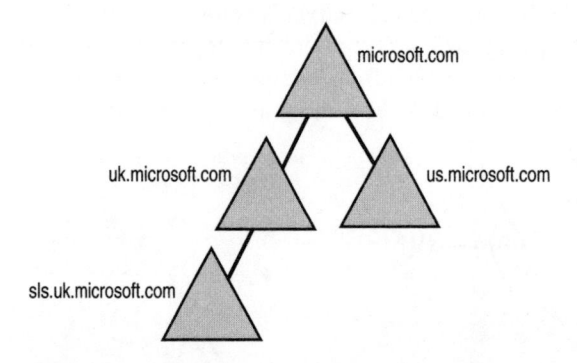

Abbildung 1.5 Eine Domänenstruktur

Durch das Erstellen einer Domänenhierarchie in einer Struktur können Sie die Sicherheit gewährleisten und die Verwaltung innerhalb einer Organisationseinheit oder einer einzelnen Domäne einer Struktur ermöglichen. In einer Struktur können Organisationsänderungen mühelos umgesetzt werden. Das Strukturdesign wird in Kapitel 3, „Planen der Gesamtstruktur", behandelt.

Gesamtstrukturen

Eine *Gesamtstruktur* ist eine Gruppierung oder hierarchische Anordnung einer oder mehrerer Strukturen, die in einer Domänenstruktur separat und vollständig unabhängig voneinander vorliegen. Gesamtstrukturen weisen folgende Merkmale auf:

- Alle Strukturen einer Gesamtstruktur basieren auf einem gemeinsamen Schema.
- Die Strukturen einer Gesamtstruktur haben entsprechend ihren Domänen unterschiedliche Namensstrukturen.
- Alle Domänen einer Gesamtstruktur nutzen einen gemeinsamen globalen Katalog.
- Die Domänen in einer Gesamtstruktur agieren unabhängig, die Gesamtstruktur ermöglicht jedoch die Kommunikation innerhalb der gesamten Organisation.
- Zwischen den Domänen und Domänenstrukturen liegen implizite, zweiseitige, transitive Vertrauensstellungen vor.

In Abbildung 1.6 bilden die Strukturen **microsoft.com** und **msn.com** eine Gesamtstruktur. Der Namespace ist hierbei nur innerhalb der jeweiligen Struktur zusammenhängend.

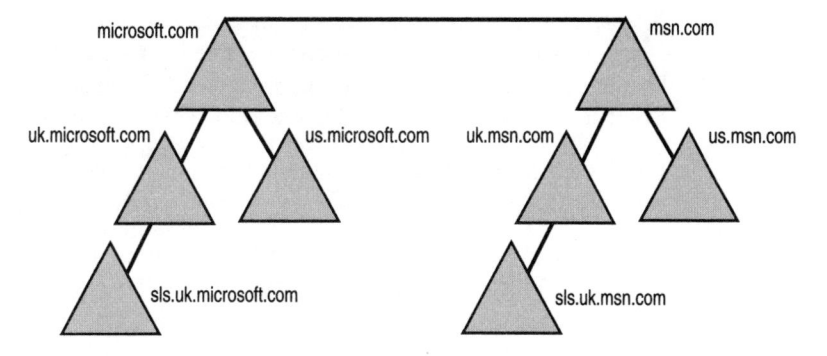

Abbildung 1.6 Eine aus Einzelstrukturen bestehende Gesamtstruktur

Das Gesamtstrukturdesign wird in Kapitel 3, „Planen der Gesamtstruktur", näher erläutert.

Physischer Aufbau

Die physischen Komponenten von Active Directory sind Standorte und Domänencontroller. Mit diesen Komponenten entwickeln Sie eine Verzeichnisstruktur, die genau auf die physische Struktur einer Organisation zugeschnitten ist.

Standorte

Ein *Standort* ist eine Kombination mehrerer IP-Subnetze (Internet Protocol), die über eine sehr zuverlässige und schnelle Verbindung miteinander verbunden sind, um auch große Datenmengen verarbeiten zu können. Ein Standort weist üblicherweise die gleichen Grenzen wie ein lokales Netzwerk auf (Local Area Network, LAN). Wenn Sie in Ihrem Netzwerk Subnetze gruppieren, sollten Sie nur die Subnetze miteinander kombinieren, die schnelle, kostengünstige und zuverlässige Netzwerkverbindungen besitzen. Eine schnelle Netzwerkverbindung sollte mindestens 512 KBit/s (Kilobits pro Sekunde) übertragen können. Eine verfügbare Bandbreite von 128 KBit/s und höher ist ausreichend.

Bei Active Directory stellen Standorte keinen Bestandteil des Namespace dar. Wenn Sie den logischen Namespace durchsuchen, werden Computer und Benutzer in einer Struktur von Domänen und OUs angezeigt, nicht jedoch in einer Gliederung nach Standorten. Die Standorte enthalten lediglich Computer- und Verbindungsobjekte, die zur Konfiguration der Replikation zwischen den Standorten verwendet werden. Eine einzelne Domäne kann mehrere geografische Standorte umspannen, und ein einzelner Standort kann Benutzerkonten und Computer enthalten, die mehreren Domänen angehören. Informationen zum Standortdesign finden Sie in Kapitel 6, „Planen der Standorttopologie".

Domänencontroller

Ein *Domänencontroller* ist ein Computer, auf dem Windows 2000 Server ausgeführt wird, und auf dem ein Replikat des Domänenverzeichnisses (der lokalen Domänendatenbank) gespeichert ist. Da eine Domäne einen oder mehrere Domänencontroller enthalten kann, besitzen alle Domänencontroller einer Domäne ein vollständiges Replikat des Domänenabschnitts des Verzeichnisses.

In der nachstehenden Liste werden die Funktionen eines Domänencontrollers aufgeführt:

- Auf jedem Domänencontroller wird eine vollständige Kopie der Active Directory-Informationen für die jeweilige Domäne gespeichert. Außerdem werden hier die Änderungen an diesen Informationen verwaltet und auf die weiteren Domänencontroller in der Domäne repliziert.

- Die Domänencontroller innerhalb einer Domäne replizieren gegenseitig und füreinander alle Objekte in der Domäne. Wenn Sie eine Operation ausführen, durch die eine Aktualisierung von Active Directory nötig wird, werden die Änderungen tatsächlich auf einem der Domänencontroller vorgenommen. Der Domänencontroller repliziert diese Änderungen für alle weiteren Domänencontroller innerhalb der Domäne. Sie können den bei der Replikation verursachten Datenverkehr zwischen den Domänencontrollern steuern, indem Sie die Häufigkeit der Replikation sowie die Datenmenge festlegen, die von Windows 2000 in einem Arbeitsschritt repliziert wird.

- Domänencontroller nehmen eine sofortige Replikation bestimmter wichtiger Aktualisierungen vor, beispielsweise die Deaktivierung eines Benutzerkontos.

- Active Directory verwendet die so genannte *Multimasterreplikation*, bei der keiner der Domänencontroller als Masterdomänencontroller fungiert. Stattdessen handelt es sich bei allen Domänencontrollern innerhalb einer Domäne um gleichberechtigte Peers, und jeder Domänencontroller besitzt eine Kopie der Verzeichnisdatenbank, in die Daten geschrieben werden können. Die Domänencontroller speichern unter Umständen für kurze Zeiträume unterschiedliche Informationen, jedoch nur solange, bis alle Domänencontroller die Active Directory-Änderungen synchronisiert haben.

- Domänencontroller ermitteln Konflikte, die auftreten können, wenn ein Attribut auf einem Domänencontroller geändert wird, bevor eine Änderung desselben Attributs auf einem anderen Domänencontroller vollständig repliziert wurde. Derartige Konflikte werden ermittelt, indem die Versionsnummern der Attributeigenschaften verglichen werden. Hierbei handelt es sich um eine attributspezifische Nummer, die dem Attribut bei Erstellung zugewiesen wird. Active Directory beseitigt Konflikte, indem das geänderte Attribut mit der höheren Eigenschaftenversionsnummer repliziert wird.

- Durch das Bereitstellen von mehr als einem Domänencontroller in einer Domäne sorgen Sie für Fehlertoleranz. Befindet sich ein Domänencontroller im Offlinemodus, können sämtliche Funktionen in dieser Zeit durch einen anderen Domänencontroller erfüllt werden, beispielsweise das Aufzeichnen von Active Directory-Änderungen.

- Domänencontroller steuern alle Aspekte der Interaktion zwischen Benutzern und Domäne, z. B. die Suche nach Active Directory-Objekten und das Validieren von Benutzeranmeldungen.

Es gibt zwei Domänenmodi, den gemischten Modus und den einheitlichen Modus. Der gemischte Modus ermöglicht dem Domänencontroller eine Interaktion mit beliebigen anderen Domänencontrollern in Domänen, in denen frühere Versionen von Windows NT ausgeführt werden. Im einheitlichen Modus dürfen keine Domänencontroller der Domäne frühere Windows NT-Versionen ausführen.

Im Allgemeinen sollte zu Authentifizierungszwecken ein Domänencontroller für jede Domäne eines Standortes vorhanden sein. Die Unternehmensanforderungen hinsichtlich der Authentifizierung bestimmen die Anzahl der Domänencontroller und deren Standorte. In Kapitel 6, „Planen der Standorttopologie", wird die Platzierung der Domänencontroller behandelt.

Katalogdienste – Der globale Katalog

Active Directory ermöglicht den Benutzern und Administratoren das Auffinden von Objekten in der eigenen Domäne, z. B. Dateien, Drucker oder Benutzer. Das Auffinden von Objekten außerhalb der Domäne und innerhalb der Organisation erfordert jedoch einen Mechanismus, in dem die Domänen als eine Einheit agieren. Ein *Katalogdienst* enthält ausgewählte Informationen zu allen Objekten in allen Domänen des Verzeichnisses, wodurch Suchläufe innerhalb der gesamten Organisation durchgeführt werden können. Der von Active Directory bereitgestellte Katalogdienst wird als *globaler Katalog* bezeichnet.

Der globale Katalog dient als zentraler Speicher von Informationen zu den Objekten in einer Struktur oder Gesamtstruktur. Standardmäßig wird auf dem ersten Domänencontroller der ersten Domäne einer Gesamtstruktur ein globaler Katalog erstellt. Dieser Domänencontroller wird als *globaler Katalogserver* bezeichnet. Unter Verwendung der Multimasterreplikation von Active Directory werden die Informationen des globalen Katalogs auf alle globalen Katalogserver der weiteren Domänen repliziert. Der globale Katalogserver speichert für seine Hostdomäne ein vollständiges Replikat aller Objektattribute im Verzeichnis und ein Teilreplikat aller Objektattribute, die im Verzeichnis jeder Domäne der Gesamtstruktur enthalten sind. Das Teilreplikat speichert Attribute, die in Suchoperationen häufig eingesetzt werden (beispielsweise Vor- und Nachname eines Benutzers, Anmeldename usw.). Attribute werden bei der Definition im Active Directory-Schema entweder für die Replikation markiert oder nicht markiert. Objektattribute, die in den globalen Katalog repliziert werden, erben die Berechtigungen der Quelldomänen, um die Sicherheit der Daten im globalen Katalog zu gewährleisten.

Funktionen des globalen Katalogs

Der globale Katalog erfüllt zwei Hauptaufgaben im Verzeichnis:

- Er ermöglicht die Netzwerkanmeldung, indem einem Domänencontroller bei Initialisierung eines Anmeldeprozesses Informationen zu Mitgliedschaften in universellen Gruppen zur Verfügung gestellt werden.

- Er ermöglicht das Auffinden von Informationen im Verzeichnis, unabhängig davon, welche Domäne in der Gesamtstruktur die Daten tatsächlich enthält.

Wenn ein Benutzer sich am Netzwerk anmeldet, stellt der globale Katalog dem Domänencontroller, der die Anmeldeinformationen verarbeitet, Informationen zu Mitgliedschaften in universellen Gruppen zum jeweiligen Konto zur Verfügung. Befindet sich nur ein Domänencontroller in der Domäne, enthält dieser Domänencontroller den globalen Katalog. Befinden sich mehrere Domänencontroller im Netzwerk, ist mindestens einer der Domänencontroller als globaler Katalogserver konfiguriert. Ist kein globaler Katalogserver verfügbar, wenn ein Benutzer versucht, sich am Netzwerk anzumelden, ist nur eine Anmeldung am lokalen Computer möglich.

> **Wichtig** Wenn ein Benutzer Mitglied der Gruppe **Domänen-Admins** ist, kann er/sie sich auch dann am Netzwerk anmelden, wenn der globale Katalog nicht verfügbar ist.

Der globale Katalog ist so konzipiert, dass auf Benutzer- und Programmanforderungen zu Objekten an beliebigen Standorten in der Domänenstruktur oder Gesamtstruktur mit maximaler Geschwindigkeit und minimalem Netzwerkverkehr reagiert werden kann. Da ein globaler Katalog Informationen zu allen Objekten in allen Domänen der Gesamtstruktur enthält, kann eine Anforderung zu einem Objekt, das nicht in der lokalen Domäne vorliegt, von einem globalen Katalogserver in der Domäne verarbeitet werden, in der die Anforderung initialisiert wurde. Daher verursacht die Suche nach Informationen im Verzeichnis keinen unnötigen Datenverkehr über die Domänengrenzen hinaus.

Der Abfrageprozess

Eine *Abfrage* ist eine spezifische Anforderung, die ein Benutzer an den globalen Katalog richtet, um Active Directory-Daten abzurufen, zu ändern oder zu löschen. Der Abfrageprozess kann durch die folgenden Schritte beschrieben werden (siehe auch Abbildung 1.7):

1. Der Client fordert beim zugehörigen DNS-Server die Ermittlung des globalen Katalogservers an.

2. Der DNS-Server sucht nach dem Standort des globalen Katalogservers und gibt die IP-Adresse des Domänencontrollers zurück, der als globaler Katalogserver konfiguriert wurde.

3. Der Client fordert die IP-Adresse des Domänencontrollers an, der als globaler Katalogserver konfiguriert wurde. Die Abfrage wird an Anschluss (Port) 3268 auf dem Domänencontroller weitergeleitet; Active Directory-Standardabfragen werden an Anschluss 389 gesendet.

4. Der globale Katalogserver verarbeitet die Abfrage. Enthält der globale Katalog das Attribut des gesuchten Objekts, antwortet der globale Katalogserver dem Client. Ist im globalen Katalog kein Attribut des gesuchten Objekts vorhanden, wird die Abfrage an Active Directory weitergegeben.

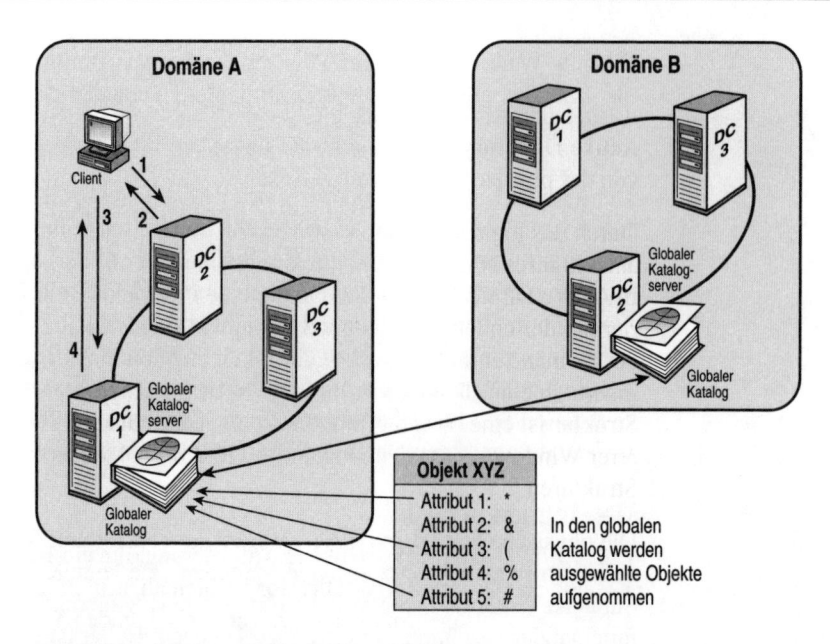

Abbildung 1.7 Der Abfrageprozess

Sie können optional auch beliebige weitere existierende Domänencontroller oder zusätzlich installierte Domänencontroller als globale Katalogserver konfigurieren. Berücksichtigen Sie bei der Auswahl der Domänencontroller, die als globale Katalogserver fungieren sollen, die Kapazität Ihres Netzwerks im Hinblick auf die Verarbeitung des Replikations- und Abfrageverkehrs. Der Einsatz zusätzlicher Server kann zu kürzeren Antwortzeiten auf Benutzerabfragen führen und gleichzeitig die Fehlertoleranz erhöhen. Es wird empfohlen, jeden größeren Standort innerhalb eines Unternehmens mit mindestens einem globalen Katalogserver auszustatten. Informationen zur Platzierung der globalen Katalogserver finden Sie in Kapitel 6, „Planen der Standorttopologie".

Zusammenfassung der Lektion

In dieser Lektion haben Sie erfahren, dass ein Objekt ein eindeutiger Satz von Attributen ist, mit dem in Active Directory eine Netzwerkressource repräsentiert wird. Als Objektattribute werden die Eigenschaften der Verzeichnisobjekte bezeichnet. Das Active Directory-Schema ist eine Liste mit der definiert wird, welche Objekttypen und welche Art von Informationen zu diesen Objekten in einer Active Directory-Gesamtstruktur gespeichert werden können. Da die Schemadefinitionen selbst als Objekte gespeichert werden, können sie genauso verwaltet werden wie die übrigen Active Directory-Objekte. Das Schema enthält zwei Arten von Definitionsobjekten: Schemaklassenobjekte und Schemaattributobjekte.

In dieser Lektion haben Sie außerdem erfahren, dass Sie mit Hilfe von Active Directory eine Verzeichnisstruktur anlegen können, mit der sich Aufbau und Arbeitsabläufe Ihres Unternehmens widerspiegeln lassen. In Active Directory ist die logische Struktur der Domänenhierarchie vollständig von der physischen Struktur getrennt.

Durch das logische Gruppieren von Ressourcen können Sie eine Ressource anhand ihres Namens suchen und müssen nicht den physischen Standort kennen. In Active Directory stellt die Domäne den Kernpunkt der logischen Strukturierung dar und speichert ausschließlich Informationen zu den Objekten, die in der Domäne enthalten sind. Eine OU ist ein Container, mit dessen Hilfe Objekte innerhalb einer Domäne in logische Verwaltungsgruppen gegliedert werden. Eine Struktur ist eine Gruppierung bzw. eine hierarchische Anordnung einer oder mehrerer Windows 2000-Domänen, eine Gesamtstruktur umfasst eine oder mehrere Strukturen.

Die physische Struktur von Active Directory basiert auf Standorten und Domänencontrollern. Ein Standort ist ein Subnetz oder eine Kombination mehrerer IP-Subnetze (Internet Protocol), die durch eine Hochgeschwindigkeitsverbindung miteinander verbunden sind. Ein Domänencontroller ist ein Computer, auf dem Windows 2000 Server ausgeführt wird, und auf dem ein Replikat des Domänenverzeichnisses gespeichert ist.

Abschließend haben Sie erfahren, dass es sich bei dem globalen Katalog um einen Dienst und einen physischen Speicherort handelt, der für jedes Objekt in Active Directory ein Replikat ausgewählter Attribute enthält. Aus diesem Grund können Sie den globalen Katalog zum Auffinden von Objekten innerhalb des gesamten Netzwerkes einsetzen, ohne eine Replikation aller Domäneninformationen zwischen den DCs durchführen zu müssen.

Lektion 2: Grundlagen und Konzepte von Active Directory

Windows 2000 und Active Directory wartet gegenüber Windows NT mit einigen neuen Konzepten und Änderungen auf. Zu diesen Konzepten zählen die Replikation, Vertrauensstellungen, Gruppenrichtlinien, DNS-Namespaces und Namenskonventionen. Es ist wichtig, die Bedeutung dieser Konzepte und deren Anwendung auf Active Directory zu verstehen.

Am Ende dieser Lektion werden Sie in der Lage sein, die folgenden Aufgaben auszuführen:
- Erläutern der Active Directory-Replikation
- Erläutern der sicherheitstechnischen Beziehungen zwischen den Domänen in einer Struktur (Vertrauensstellungen)
- Erläutern von Zweck und Funktion einer Gruppenrichtlinie
- Beschreiben des von Active Directory verwendeten DNS-Namespace
- Beschreiben der in Active Directory verwendeten Namenskonventionen

Veranschlagte Zeit für diese Lektion: 20 Minuten

Replikation

Die Benutzer und Dienste sollten in der Lage sein, jederzeit und von einem beliebigen Computer in der Domänenstruktur oder Gesamtstruktur aus auf die Informationen im Verzeichnis zuzugreifen. Durch die *Replikation* wird sichergestellt, dass Änderungen an einem Domänencontroller auch auf allen weiteren Domänencontrollern der Domäne vorgenommen werden. Die Verzeichnisinformationen werden sowohl auf den Domänencontroller innerhalb eines Standortes als auch auf den Domänencontrollern anderer Standorte repliziert.

Welche Informationen werden repliziert?

Die im Verzeichnis gespeicherten Informationen werden in drei Kategorien unterteilt. Jede dieser Informationskategorien wird *Verzeichnispartition* genannt. Die Verzeichnispartitionen stellen die Einheiten der Replikation dar. In den einzelnen Verzeichnispartitionen sind folgende Informationen enthalten:

- Die Schemainformationen definieren, welche Objekte im Verzeichnis erstellt werden können und welche Attribute die Objekte besitzen können. Diese Informationen gelten für alle Domänen in der Domänenstruktur oder Gesamtstruktur.

- Die Konfigurationsinformationen beschreiben die logische Struktur der Bereitstellung, einschließlich von Informationen wie z. B. Domänenstruktur oder Replikationstopologie. Diese Informationen gelten für alle Domänen in der Domänenstruktur oder Gesamtstruktur.

- Die Domänendaten beschreiben alle Objekte in einer Domäne. Diese Daten sind domänenspezifisch und gelten nicht für andere Domänen. Zum Auffinden von Informationen innerhalb einer Domänen- oder Gesamtstruktur wird ein Teilsatz der Eigenschaften aller Objekte in allen Domänen im globalen Katalog gespeichert.

Schema- und Konfigurationsinformationen werden auf allen Domänencontrollern in der Domänen- oder Gesamtstruktur repliziert. Alle Domänendaten einer einzelnen Domäne werden auf jedem Domänencontroller in dieser Domäne repliziert. Sämtliche Objekte aller Domänen sowie ein Teilsatz der Attribute aller Objekte der Gesamtstruktur werden in den globalen Katalog repliziert.

Ein Domänencontroller speichert und repliziert folgende Informationen

- Die Schemainformationen für die Domänen- oder Gesamtstruktur
- Die Konfigurationsinformationen für alle Domänen einer Domänen- oder Gesamtstruktur
- Alle Verzeichnisobjekte und Eigenschaften der eigenen Domäne (diese Daten werden auf alle zusätzlichen Domänencontroller der Domäne repliziert; für die Informationssuche wird ein Teilsatz der Eigenschaften aller Domänenobjekte in den globalen Katalog repliziert)

Ein globaler Katalog speichert und repliziert folgende Informationen

- Die Schemainformationen einer Gesamtstruktur
- Die Konfigurationsinformationen aller Domänen einer Gesamtstruktur
- Einen Teilsatz der Attribute aller Verzeichnisobjekte in der Gesamtstruktur (wird nur zwischen globalen Katalogservern repliziert)
- Alle Verzeichnisobjekte und alle Eigenschaften der Domäne, in der sich der globale Katalogserver befindet

Achtung Eine Erweiterung des Schemas in einem globalen Katalog sollte sorgfältig bedacht und vorbereitet werden. Schemaerweiterungen können in großen Netzwerken fatale Folgen haben, da eine Erweiterung nie gelöscht, sondern nur deaktiviert werden kann. Darüber hinaus steigt der Netzwerkdatenverkehr bei der Synchronisierung der Gesamtstruktur erheblich an.

Funktionsweise der Replikation

Active Directory repliziert Informationen auf zwei Arten – es gibt die *standortinterne* und die *standortübergreifende* Replikation. Die Häufigkeit, mit der eine Aktualisierung der Verzeichnisinformationen vorgenommen werden kann, muss mit der verfügbaren Netzwerkbandbreite abgestimmt werden.

Standortinterne Replikation

Innerhalb eines Standortes generiert der Windows 2000-Dienst KCC (Knowledge Consistency Checker, Konsistenzprüfung) eine Topologie für die Replikation zwischen den Domänencontrollern einer Domäne. Bei dieser Topologie wird eine Ringstruktur verwendet. Die Topologie definiert den Pfad der Verzeichnisaktualisierungen so, dass diese von einem Domänencontroller zum nächsten geleitet werden, bis alle Domänencontroller die Verzeichnisaktualisierungen empfangen haben.

Durch die Ringstruktur wird sichergestellt, dass mindestens zwei Replikationspfade von einem Domänencontroller zu einem anderen verfügbar sind. Wenn einer der Domänencontroller vorübergehend nicht verfügbar ist, kann die Replikation dennoch für alle verbleibenden Domänencontroller vorgenommen werden (siehe Abbildung 1.8).

Abbildung 1.8 Topologie für die standortinterne Replikation

Über die Konsistenzprüfung wird alle 15 Minuten die Replikationstopologie des Standortes analysiert, um deren Funktion und Effizienz sicherzustellen. Wenn Sie einem Netzwerk oder Standort einen Domänencontroller hinzufügen bzw. einen Domänencontroller entfernen, wird die Replikationstopologie über den KCC-Dienst entsprechend rekonfiguriert.

Standortübergreifende Replikation

Zur Sicherstellung der Replikation zwischen den Standorten müssen diese durch das Erstellen von *Standortverknüpfungen* miteinander verbunden werden. Standortverknüpfungen repräsentieren Netzwerkverbindungen und machen eine Replikation möglich. Active Directory verwendet die Netzwerkverbindungsinformationen zum Erzeugen von Verbindungsobjekten, die eine effiziente Replikation und Fehlertoleranz gewährleisten (siehe Abbildung 1.9).

Sie geben hierbei Informationen zum verwendeten Transportprotokoll für die Replikation, zu den Kosten einer Standortverknüpfung, zu den Zeiten sowie der Häufigkeit der Verbindungsnutzung an. Active Directory greift auf diese Informationen zurück, um zu bestimmen, welche Standortverknüpfung zum Replizieren von Informationen verwendet wird. Sie können die Replikation effektiver gestalten, indem Sie die Replikationspläne so anpassen, dass die Replikation zu Zeiten mit niedrigem Datenverkehr erfolgt. Die Replikation und die Konfiguration von Standortverknüpfungen werden in Kapitel 6, „Planen der Standorttopologie", ausführlich besprochen.

Anmerkung Wenn Sie im einheitlichen Modus arbeiten, ist eine Datenreplikation von Windows 2000-Domänencontrollern auf Prä-Windows 2000-Domänencontroller nicht möglich.

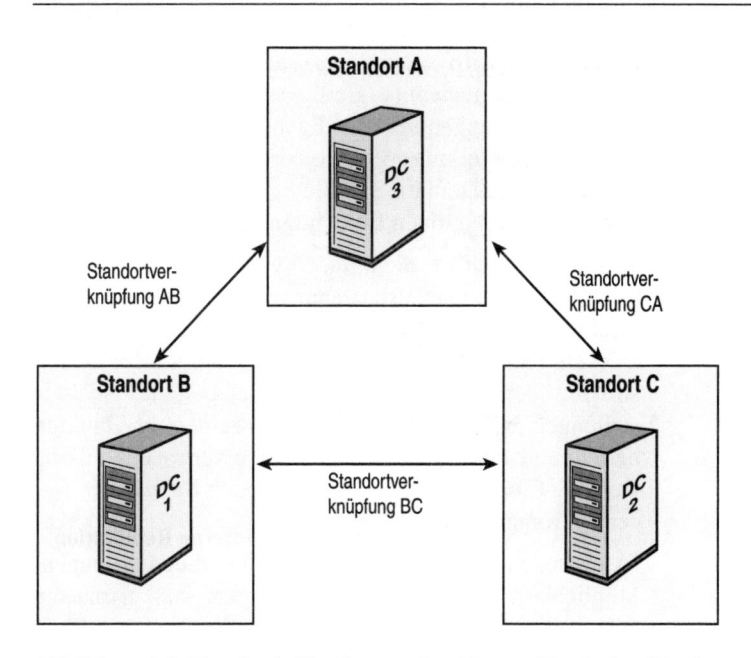

Abbildung 1.9 Topologie für die standortübergreifende Replikation

Vertrauensstellungen

Eine *Vertrauensstellung* ist eine Verknüpfung zwischen zwei Domänen, bei der die vertrauende Domäne bei Anmeldungen die Authentifizierung der vertrauten Domäne übernimmt. Active Directory unterstützt zwei Formen von Vertrauensstellungen:

- Implizite, zweiseitige, transitive Vertrauensstellungen. Diese Art der Vertrauensbeziehung wird zwischen übergeordneten und untergeordneten Domänen innerhalb einer Struktur und zwischen den Domänen erster Ebene in einer Gesamtstruktur etabliert. Hierbei handelt es sich um die Standardeinstellung – Vertrauensstellungen zwischen den Domänen einer Struktur werden automatisch erstellt und verwaltet. Transitive Vertrauensstellungen sind eine Funktion des Kerberos-Authentifizierungsprotokolls, das auf Computern mit Windows 2000 die verteilte Authentifizierung und Autorisierung bereitstellt.

  Aus Abbildung 1.10 geht beispielsweise Folgendes hervor: Wenn Domäne A Domäne B vertraut und Domäne B Domäne C vertraut, vertraut Domäne A auch Domäne C. Demzufolge hat eine Domäne, die einer Gesamtstruktur beitritt, Vertrauensstellungen zu allen Domänen in der Gesamtstruktur. Durch diese Vertrauensbeziehungen stehen alle Objekte in sämtlichen Domänen der Struktur auch allen Domänen in der Struktur zur Verfügung.

  Durch die transitiven Vertrauensstellungen zwischen Domänen entfällt die Verwaltung domänenübergreifender Vertrauenskonten. Domänen, die der gleichen Struktur angehören, verfügen automatisch über eine transitive, zweiseitige Vertrauensstellung zur übergeordneten Domäne. Als Ergebnis können die Benutzer einer Domäne auf alle Ressourcen in allen Domänen einer Struktur zugreifen, für die ihnen Berechtigungen zugewiesen wurden.

- Explizite, einseitige, nicht transitive Vertrauensstellungen. Hierbei handelt es sich um eine Vertrauensbeziehung zwischen Domänen, die nicht derselben Struktur angehören. Eine nicht transitive Vertrauensstellung wird zwischen zwei Domänen etabliert und geht nicht auf andere Domänen in der Gesamtstruktur über. In den meisten Fällen müssen diese nicht transitiven Vertrauensstellungen explizit (manuell) erstellt werden. In Abbildung 10 beispielsweise besteht eine einseitige, nicht transitive Vertrauensstellung zwischen Domäne C und Domäne 1, daher können Benutzer in Domäne 1 auf Ressourcen in Domäne C zugreifen.

  Explizite, einseitige, nicht transitive Vertrauenstellungen sind die einzige Möglichkeit, für folgende Komponenten eine Vertrauensbeziehung einzurichten:

  - Eine Windows 2000-Domäne und eine Windows NT-Domäne.
  - Eine Windows 2000-Domäne in einer Gesamtstruktur und eine Windows 2000-Domäne in einer anderen Gesamtstruktur.
  - Eine Windows 2000-Domäne und ein MIT Kerberos v5-Bereich (Management Information Tree). Hierbei wird einem Client im Kerberos-Bereich die Authentifizierung an einer Active Directory-Domäne ermöglicht, damit dieser Zugriff auf die Netzwerkressourcen in dieser Domäne erhält.

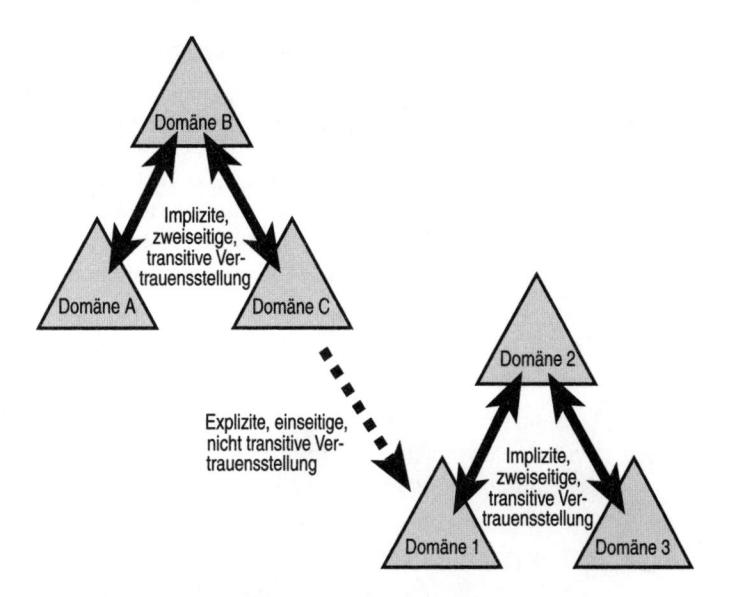

Abbildung 1.10 Active Directory unterstützt zwei Formen von Vertrauensstellungen

Gruppenrichtlinien

Gruppenrichtlinien sind Sammlungen von Benutzer- und Computerkonfigurationseinstellungen, die mit Computern, Standorten, Domänen und OUs verknüpft werden können, um das Verhalten des Benutzerdesktops zu steuern. Mit Hilfe von Gruppenrichtlinien können Sie beispielsweise festlegen, welche Programme dem Benutzer zur Verfügung stehen, welche Programme auf dem Benutzerdesktop erscheinen und welche Startmenüoptionen verfügbar sind.

Zum Einrichten einer speziellen Desktopkonfiguration für eine bestimmte Benutzergruppe erstellen Sie Gruppenrichtlinienobjekte (Group Policy Objects, GPOs). GPOs stellen eine Sammlung von Gruppenrichtlinieneinstellungen dar. Jeder Windows 2000-Computer verfügt über ein lokales GPO und kann darüber hinaus verschiedenen nicht lokalen (Active Directory-basierten) GPOs unterliegen. Lokale GPOs werden durch nicht lokale GPOs außer Kraft gesetzt. Die nicht lokalen GPOs sind mit Active Directory-Objekten verknüpft (Standorten, Domänen oder OUs) und können entweder auf Benutzer oder Computer angewendet werden. Gemäß der Active Directory-Vererbung werden nicht lokale GPOs der Hierarchie folgend von der Gruppe mit den meisten Berechtigungen (Standort) bis hin zur Gruppe mit den wenigsten Berechtigungen (OU) angewendet und sind kumulativ.

Wie werden Gruppenrichtlinien angewendet?

Da nicht lokale GPOs hierarchisch angewendet werden, stellt die Konfiguration eines Benutzers oder Computers das Ergebnis der GPOs dar, die auf den zugehörigen Standort, die Domäne und OU angewendet wurden. Gruppenrichtlinieneinstellungen werden in der folgenden Reihenfolge angewendet:

1. Lokales GPO. Jeder Windows 2000-Computer verfügt über exakt ein GPO, das lokal gespeichert wird.
2. Standort-GPOs. Sämtliche GPOs, die mit dem Standort verknüpft sind, werden als Nächstes angewendet. Die GPO-Anwendung erfolgt synchron; der Administrator bestimmt die Reihenfolge der GPOs eines Standorts.
3. Domänen-GPOs. Mehrere mit der Domäne verknüpfte GPOs werden synchron angewendet; der Administrator legt die Reihenfolge der Anwendung für die Domänen-GPOs fest.
4. OU-GPOs. GPOs, die mit OUs verknüpft sind, die sich am höchsten in der Active Directory-Hierarchie befinden, werden zuerst angewendet, gefolgt von GPOs, die mit untergeordneten OUs verknüpft sind usw. Abschließend kommen die GPOs zur Anwendung, die mit der OU verknüpft sind, die dem Benutzer oder Computer zugeordnet sind. Auf allen OU-Ebenen in der Active Directory-Hierarchie können ein GPO, mehrere GPOs oder kein GPO angewendet werden. Sind mehrere Gruppenrichtlinien mit einer OU verknüpft, werden sie synchron und in der Reihenfolge angewendet, die vom Administrator festgelegt wurde.

Abbildung 1.11 zeigt am Beispiel der OUs **Marketing** und **Server**, wie Gruppenrichtlinien angewendet werden.

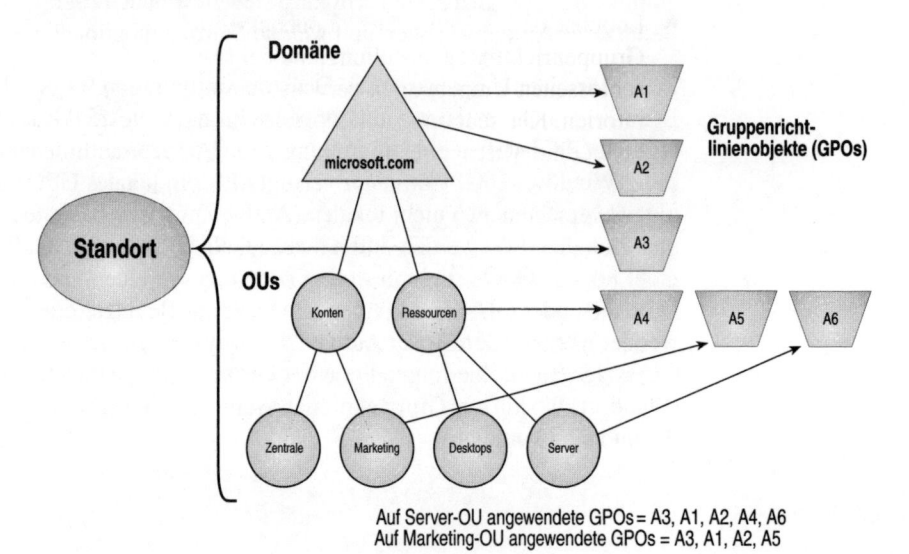

Abbildung 1.11 Anwendung von Gruppenrichtlinien

Für die Standardreihenfolge bei der Anwendung von Gruppenrichtlinien gelten folgende Ausnahmen:

- Ein Computer, der Mitglied einer Arbeitsgruppe ist, verarbeitet nur das lokale GPO.
- Option **Kein Vorrang**. Jedes mit einem Standort, einer Domäne oder OU verbundene GPO (oder nicht lokale GPO) kann in Bezug auf diesen Standort, diese Domäne oder OU auf **Kein Vorrang** gesetzt werden, sodass keine der Richtlinieneinstellungen außer Kraft gesetzt werden können. Wenn mehr als ein GPO auf **Kein Vorrang** gesetzt wurde, erhält das GPO den Vorzug, das sich in der Active Directory-Hierarchie an der höchsten Position befindet (oder an höherer Position in der Hierarchie, die durch den Administrator auf jeder festen Ebene in Active Directory festgelegt wurde). Die Option **Kein Vorrang** wird auf die GPO-Verknüpfung angewendet.
- Option **Richtlinienvererbung deaktivieren**. Auf Ebene eines beliebigen Standortes, einer Domäne oder OU kann die Gruppenrichtlinienvererbung mit der Option **Richtlinienvererbung deaktivieren** selektiv außer Kraft gesetzt werden. Die auf **Kein Vorrang** gesetzten GPO-Verknüpfungen werden jedoch immer angewendet und können nicht blockiert werden. Die Deaktivierung der Richtlinienvererbung wird direkt auf den Standort, die Domäne oder OU angewendet. Diese Option wird weder auf GPOs noch auf GPO-Verknüpfungen angewendet. Die Option **Richtlinienvererbung deaktivieren** weist somit *alle* Gruppenrichtlinieneinstellungen ab, die von oben beim Standort, der Domäne oder der OU ankommen (über eine Verknüpfung mit übergeordneten Objekten in der Active Directory-Hierarchie). Es ist dabei unwichtig, welche GPOs Ursprung dieser Einstellungen sind.
- Loopback-Einstellung. Die Loopback-Einstellung ist eine erweiterte Gruppenrichtlinieneinstellung, die bei Computern von Nutzen ist, die in geschlossenen Umgebungen verwaltet werden, beispielsweise für Kioske, Laboratorien, Klassenräume und Empfangsbereiche. Die Loopback-Einstellung bietet eine Alternative zur Standardmethode beim Empfang der sortierten GPO-Liste, deren Benutzerkonfigurationseinstellungen sich auf einen Benutzer auswirken. Standardmäßig stammen die Benutzereinstellungen von einer GPO-Liste, die sich nach dem Benutzerstandort in Active Directory richtet. Diese Liste reicht von dem mit dem Standort verknüpften GPO über die Domänen-GPOs bis zu den OU-GPOs. Hierbei bestimmt der Standort des Benutzers in Active Directory und die von einem Administrator für jede Ebene festgelegte Anwendungsreihenfolge die Vererbung. Die Loopback-Option kann auf **Nicht konfiguriert**, **Aktiviert** oder **Deaktiviert** eingestellt werden, genau wie jede andere Gruppenrichtlinieneinstellung. Im Status **Aktiviert** kann das Loopback in den Modus **Ersetzen** oder **Zusammenführen** versetzt werden.

- **Ersetzen.** Bei dieser Einstellung wird die GPO-Liste für den Benutzer vollständig durch die GPO-Liste ersetzt, die bereits beim Start für den Benutzer empfangen wurde. Die Computer-GPOs ersetzen die Benutzer-GPOs, die normalerweise auf den Benutzer angewendet werden.

- **Zusammenführen.** Bei dieser Einstellung werden die GPO-Listen verknüpft. Die beim Start des lokalen Computers empfangene GPO-Liste wird an die GPO-Liste angehängt, die bei der Anmeldung für den Benutzer empfangen wurde. Da die für den Computer empfangene GPO-Liste später angewendet wird, hat diese Liste Vorrang, wenn Konflikte mit den Einstellungen in der Benutzerliste auftreten.

Sie sollten die GPO-Einstellungen und die Active Directory-Objekte, auf die diese Einstellungen angewendet werden, sorgfältig planen, um eine effiziente Gruppenrichtlinienverwaltung innerhalb Ihrer Organisation zu gewährleisten. In Kapitel 5, „Planen der Organisationseinheiten", wird die Planung der Gruppenrichtlinien ausführlich behandelt.

DNS-Namespace

Active Directory ist, wie alle Verzeichnisdienste, hauptsächlich ein Namespace. Ein *Namespace* ist ein begrenzter Bereich, in dem ein Name aufgelöst werden kann. Bei der *Namensauflösung* wird ein Name in ein Objekt oder eine Information übersetzt, das/die der Name repräsentiert. Der Active Directory-Namespace basiert auf den DNS-Namenskonventionen (Domain Name System), die eine Interoperabilität mit den Internettechnologien gewährleisten. In privaten Netzwerken wird DNS häufig eingesetzt, um Computernamen aufzulösen und innerhalb vorhandener lokaler Netzwerke und im Internet nach Computern zu suchen. DNS bietet die folgenden Vorteile:

- DNS-Namen sind benutzerfreundlich, d. h. sie sind einfacher zu merken als IP-Adressen.

- DNS-Namen sind dauerhafter als IP-Adressen. Die IP-Adresse eines Servers kann sich ändern, sein Name jedoch bleibt gleich.

- DNS ermöglicht es den Benutzern, bei der Verbindungsherstellung zu einem lokalen Server dieselbe Namenskonvention zu nutzen wie im Internet.

Anmerkung Weitere Informationen zu DNS erhalten Sie, indem Sie unter Verwendung eines Webbrowsers und einer Internetsuchmaschine einen Suchlauf nach den Schlüsselbegriffen *RFC 1034* und *RFC 1035* durchführen. RFCs (Request for Comments, Anforderung zur Kommentierung) sind die offiziellen Dokumente des IETF (Internet Engineering Task Force), mit denen die Details neuer Internetspezifikationen oder -protokolle festgelegt werden. RFC 1034 trägt den Titel „Domain Names – Concepts and Facilities", RFC 1035 trägt den Titel „Domain Names – Implementation and Specification".

Da Active Directory DNS als Dienst für die Benennung und Standortermittlung von Domänen einsetzt, sind Windows 2000-Domänennamen gleichzeitig DNS-Namen. Unter Windows 2000 Server wird DDNS (Dynamic DNS) verwendet. Durch DDNS wird den Clients mit dynamisch zugewiesenen Adressen die direkte Registrierung und dynamische Aktualisierung der DNS-Tabelle über einen Server mit DNS-Dienst ermöglicht. Dank DDNS sind in homogenen Umgebungen keine weiteren Internetnamensdienste, wie z. B. Windows Internet Naming Service (WINS), erforderlich.

Anmerkung Weitere Informationen zu DDNS erhalten Sie, indem Sie unter Verwendung eines Webbrowsers und einer Internetsuchmaschine einen Suchlauf nach dem Schlüsselbegriff *RFC 2136* durchführen. RFC 2136 trägt den Titel „Dynamic Updates in the Domain Name System (DNS Update)".

Wichtig Zur einwandfreien Ausführung von Active Directory und der zugehörigen Clientsoftware muss der DNS-Dienst installiert und konfiguriert sein.

Domänennamespace

Der *Domänennamespace* ist das Namensschema, das die hierarchische Struktur für die DNS-Datenbank bereitstellt. Jeder Knoten repräsentiert eine Partition der DNS-Datenbank. Diese Knoten werden als *Domänen* bezeichnet.

Der Index der DNS-Datenbank basiert auf Namen, daher muss jede Domäne einen Namen aufweisen. Beim Hinzufügen von Domänen zur Hierarchie wird der Name der übergeordneten Domäne an den der untergeordneten Domäne (genannt *Subdomäne*) angefügt. Infolgedessen kann über den Namen einer Domäne deren Position in der Hierarchie ermittelt werden. In Abbildung 1.12 bestimmt der Domänenname **sales.microsoft.com** beispielsweise die Domäne **sales** als Subdomäne der Domäne **microsoft** und **microsoft** als Subdomäne der Domäne **com**.

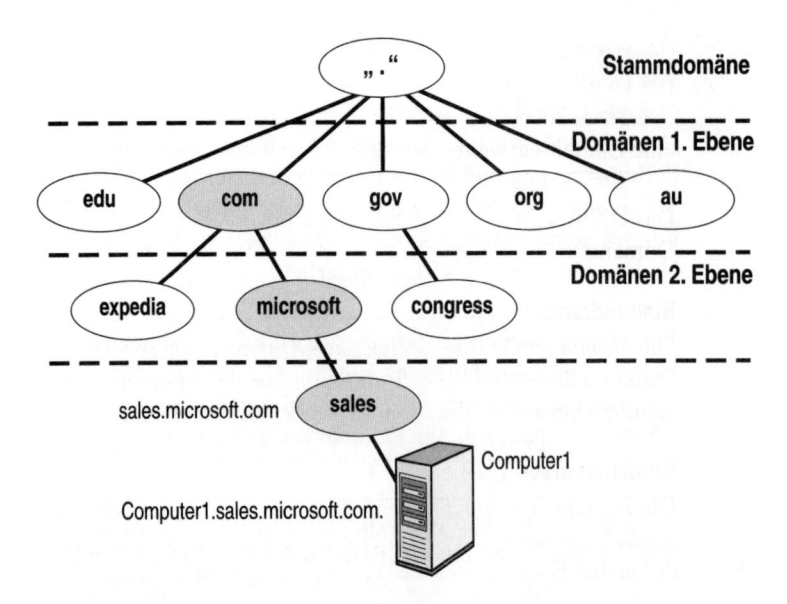

Abbildung 1.12 Hierarchische Struktur eines Domänennamespace

Die hierarchische Struktur des Domänennamespace umfasst eine Stammdomäne, Domänen der ersten und zweiten Ebene sowie Hostnamen.

Es wird zwischen zwei Arten von Namespaces unterschieden:

- **Zusammenhängender Namespace**. Der Name des untergeordneten Objekts in einer Objekthierarchie enthält stets den Namen der übergeordneten Domäne. Eine Struktur ist ein zusammenhängender Namespace.
- **Nicht zusammenhängender Namespace**. Die Namen eines übergeordneten Objekts und der zugehörigen untergeordneten Objekte für dasselbe übergeordnete Objekt stehen nicht in direkter Verbindung zueinander. Bei einer Gesamtstruktur handelt es sich um einen nicht zusammenhängenden Namespace. Sehen Sie sich beispielsweise folgende Domänennamen an:
  - www.microsoft.com
  - msdn.microsoft.com
  - www.msn.com

Die ersten zwei Domänennamen bilden einen zusammenhängenden Namespace innerhalb von **microsoft.com**, die dritte Domäne gehört zu einem nicht zusammenhängenden Namespace.

Anmerkung Der Begriff *Domäne* im Zusammenhang mit DNS hat nichts mit der *Domäne* in Bezug auf die Windows 2000-Verzeichnisdienste zu tun. Eine Windows 2000-Domäne ist eine Gruppe von Computern und Geräten, die als eine Einheit verwaltet werden.

Das DNS-Namensschema wird ausführlich in Kapitel 4 behandelt, „Planen der Domäne".

Stammdomäne

Die *Stammdomäne* ist die oberste Domäne einer Hierarchie und wird durch einen Punkt (.) dargestellt. Die Stammdomäne des Internets wird von mehreren Organisationen verwaltet, darunter Network Solutions, Inc.

Domänen erster Ebene

Die *Domänen erster Ebene* werden nach Organisationstyp oder der geografischen Lage strukturiert. Tabelle 1.1 enthält einige Beispiele für Domänennamen der ersten Ebene.

Tabelle 1.1 Beispiele für Domänen erster Ebene

Domäne der ersten Ebene	Beschreibung
gov	Regierungsorganisationen
com	Kommerzielle Organisationen
edu	Bildungsinstitutionen
org	Nicht kommerzielle Organisationen
net	Kommerzielle Sites oder Netzwerke

Anmerkung Ländernamen können auch Teil der Domänen erster Ebene sein. Als Beispiel können hier „au" für Australien oder „fr" für Frankreich genannt werden.

Domänen erster Ebene können Domänen zweiter Ebene und Hostnamen enthalten.

Domänen zweiter Ebene

Organisationen wie beispielsweise Network Solutions, Inc. weisen Einzelpersonen und Organisationen im Internet *Domänen zweiter Ebene* zu und registrieren diese. Der Name einer Domäne zweiter Ebene setzt sich aus zwei Bestandteilen zusammen: einem Namen erster Ebene und einem eindeutigen Namen zweiter Ebene. In Tabelle 1.2 werden einige Beispiele für Domänennamen zweiter Ebene angeführt.

Tabelle 1.2 Beispiele für Domänen zweiter Ebene

Domäne der zweiten Ebene	Beschreibung
ed.gov	US-Department für Erziehung
microsoft.com	Microsoft Corporation
stanford.edu	Stanford-Universität
w3.org	World Wide Web-Konsortium
pm.gov.au	Premierminister von Australien

Anmerkung In den Beispielen mit Ländernamen, beispielsweise **gov.au**, **edu.au** und **com.au**, handelt es sich um Domänen erster Ebene. Ist der Name jedoch nach dem Muster *firma*.**au** strukturiert, dann (und nur dann) bezeichnet „.au" die erste Ebene.

Hostnamen

Hostnamen beziehen sich auf bestimmte Computer im Internet oder in einem privaten Netzwerk. In Abbildung 1.12 ist z. B. **Computer1** ein Hostname. Ein Hostname ist der äußerste linke Bestandteil eines *vollqualifizierten Domänennamens* (Fully Qualified Domain Name, FQDN), der die exakte Position eines Hosts innerhalb der Domänenhierarchie angibt. In Abbildung 1.12 handelt es sich bei **Computer1.sales.microsoft.com.** (einschließlich des letzten Punktes, der die Stammdomäne repräsentiert) beispielsweise um einen solchen FQDN.

Anmerkung Der Hostname muss weder mit dem Computernamen, NetBIOS noch einem Namensprotokoll übereinstimmen.

Zonen

Eine *Zone* ist eine Datenbank, die Ressourceneinträge für einen Bestandteil eines DNS-Namespace enthält. Zonen bieten die Möglichkeit zur Aufteilung des Domänennamespace in verwaltbare Abschnitte.

In einem Domänennamespace werden mehrere Zonen zur Delegierung von Verwaltungsaufgaben an verschiedene Gruppen verwendet. In Abbildung 1.13 wird der Namespace **microsoft.com** beispielsweise in zwei Zonen unterteilt. Die beiden Zonen ermöglichen, dass ein Administrator die Domänen **microsoft** und **sales** und ein anderer Administrator die Domäne **development** verwaltet.

Eine Zone muss einen zusammenhängenden Domänennamespace bilden. In Abbildung 1.13 könnten Sie beispielsweise keine Zone erstellen, die nur die Domänen **sales.microsoft.com** und **development.microsoft.com** enthält, da diese zwei Domänen nicht direkt zusammenhängend sind.

Die Zuordnungen von Namen zu IP-Adressen für eine Zone werden in der Zonendatenbankdatei gespeichert. Jede Zone ist mit einer bestimmten Domäne verknüpft, die als *Stammdomäne* der Zone bezeichnet wird. Die Zonendatenbankdatei enthält nicht notwendigerweise Informationen zu allen Subdomänen der Stammdomäne einer Zone, sondern nur zu den Subdomänen innerhalb der Zone.

In Abbildung 1.13 lautet die Stammdomäne für Zone1 **microsoft.com**, die Zonendatei enthält die Zuordnungen von Namen zu IP-Adressen für die Domänen **microsoft** und **sales**. Die Stammdomäne für Zone2 ist **development**. Die Zonendatei enthält nur die Zuordnungen von Namen zu IP-Adressen für die Domäne **development**. Die Zonendatei für Zone1 enthält keine Zuordnungen von Namen zu IP-Adressen für die Domäne **development**, obwohl es sich bei **development** um eine untergeordnete Domäne der Domäne **microsoft** handelt.

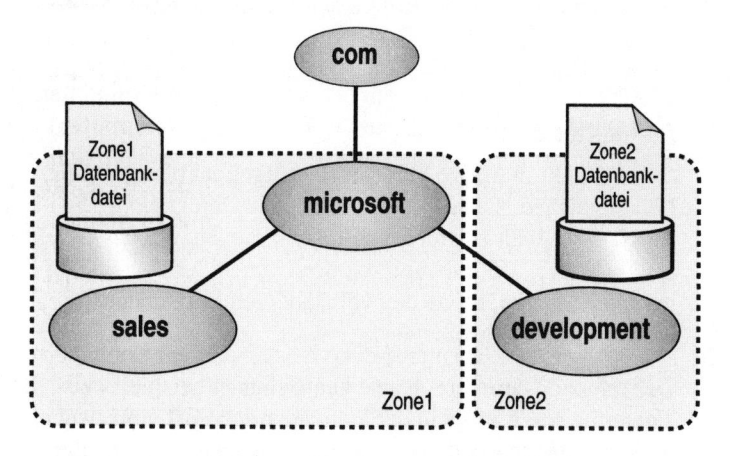

Abbildung 1.13 Ein in Zonen unterteilter Domänennamespace

Namensserver

Ein DNS-Namensserver speichert die Zonendatenbankdatei. DNS-Namensserver verwenden die Zonendatenbankdatei zur Verarbeitung von DNS-Namensauflösungen. Namensserver können Daten für eine oder mehrere Zonen speichern. Ein Namensserver ist sozusagen „verantwortlich" für den Domänennamespace, den diese Zone umfasst. Empfängt ein DNS-Namensserver eine DNS-Anforderung, kann er auf drei Arten antworten: er gibt den angeforderten Namen oder IP-Auflösungsinformationen zurück, er verweist auf einen weiteren DNS-Namensserver oder er teilt mit, dass die Informationen nicht verfügbar sind. Es gibt drei verschiedene DNS-Namensserver: primäre, sekundäre oder Masterserver.

Ein *primärer Namensserver* erhält Daten von der lokalen Zone und ist autorisiert für die Zone (der Server führt Verwaltungsaufgaben durch). Ein *sekundärer Namensserver* ist ein DNS-Sicherungsserver und erhält die Daten eines anderen Namensservers. Eine Zone kann über mehrere sekundäre Namensserver verfügen, sollte zur Durchführung von Zonenübertragungen, zur Bereitstellung von Fehlertoleranz, zur Verbesserung der Zugriffsgeschwindigkeit und zur Verringerung der Datenlast für den primären Namensserver jedoch wenigstens einen sekundären Namensserver aufweisen. Ein *Masternamensserver* ist ein primärer oder ein sekundärer Namensserver einer Zone, der zur Bereitstellung aktualisierter DNS-Informationen für einen sekundären Server konfiguriert wurde.

Namenskonventionen

Jedes Objekt in Active Directory wird durch einen Namen identifiziert. Active Directory verwendet verschiedene Namenskonventionen: definierte Namen (DNs), relativ definierte Namen (RDNs), global eindeutige Kennungen (Global Unique Identifier, GUID) und User Principal Names (UPNs).

Definierter Name

Jedes Objekt in Active Directory verfügt über einen *definierten Namen* (Distinguished Name, DN), mit dem das Objekt eindeutig identifiziert wird. Dieser Name enthält ausreichende Informationen, um das Objekt aus dem Verzeichnis abzurufen. Der DN umfasst den Namen der Domäne, in der das Objekt gespeichert wird, sowie den vollständigen Pfad in der Containerhierarchie, der zu diesem Objekt führt.

Der folgende definierte Name kennzeichnet beispielsweise das Benutzerobjekt **Vorname Nachname** in der Domäne **microsoft.com** (wobei *Vorname* und *Nachname* für den tatsächlichen Vor- und Nachnamen eines Benutzerkontos stehen):

```
/DC=COM/DC=microsoft/OU=dev/CN=Benutzer/CN=Vorname Nachname
```

In Tabelle 1.3 werden die Attribute in diesem Beispiel beschrieben.

Tabelle 1.3 Attribute eines definierten Namens

Attribut	Beschreibung
DC	Name der Domänenkomponente (Domain Component)
OU	Name der Organisationseinheit (Organizational Unit)
CN	Allgemeiner Name (Common Name)

Ein DN muss eindeutig sein. Die doppelte Vergabe von DNs ist in Active Directory nicht erlaubt.

> **Anmerkung** Sie erhalten weitere Informationen zu definierten Namen, wenn Sie im Internet nach dem Begriff *RFC 1779* suchen. RFC 1779 trägt den Titel „A String Representation of Distinguished Names".

Relativ definierter Name

Active Directory unterstützt die Abfrage nach Attribut, daher kann ein Objekt sogar dann aufgefunden werden, wenn der exakte DN nicht bekannt ist oder sich geändert hat. Der *relativ definierte Name* (Relative Distinguished Name, RDN) eines Objekts ist der Bestandteil des Namens, der ein Attribut des Objekts selbst darstellt. Im obigen Beispiel lautet der relativ definierte Name des Benutzerobjekts *Vorname Nachname* **Vorname Nachname**. Der relativ definierte Name des übergeordneten Objekts lautet **Benutzer**.

In Active Directory dürfen relativ definierte Namen mehrfach verwendet werden. Zwei Objekte mit gleichem relativ definierten Namen in derselben Organisationseinheit sind dagegen nicht zulässig. Wenn ein Benutzerkonto z. B. **Daria Klisch** heißt, darf es in derselben Organisationseinheit kein weiteres Benutzerkonto mit dem Namen **Daria Klisch** geben. Objekte mit doppelten relativ definierten Namen dürfen jedoch in getrennten Organisationseinheiten vorhanden sein, da diese unterschiedliche definierte Namen (DNs) aufweisen (siehe Abbildung 1.14).

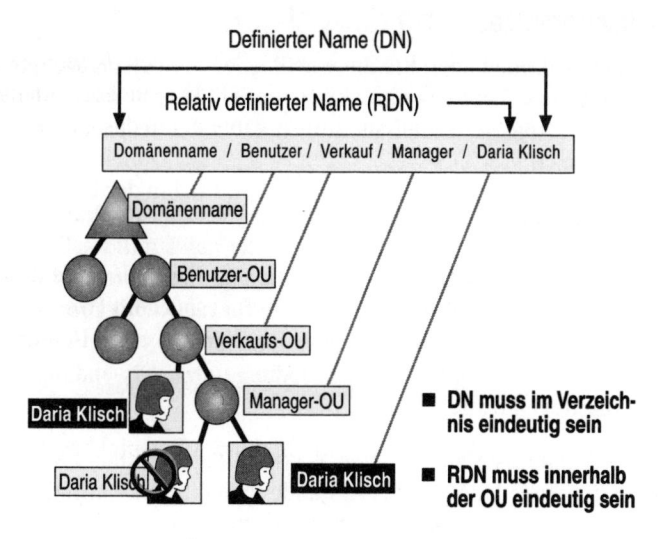

Abbildung 1.14 Definierte Namen und relativ definierte Namen

Global eindeutige Kennung

Eine *global eindeutige Kennung* (GUID) ist ein 128-Bit-Zahlenwert, der innerhalb einer Organisation stets eindeutig ist. Jedem Objekt wird bei dessen Erstellung eine GUID zugewiesen. Die GUID ändert sich niemals, auch wenn Sie das Objekt verschieben oder umbenennen. Anwendungen können die GUID eines Objekts speichern und diese zum Abrufen des Objekts ohne Berücksichtigung des aktuellen definierten Namens des Objekts verwenden.

In früheren Versionen von Windows NT wurden Domänenressourcen mit einer in der Domäne erstellten Sicherheitskennung (Security Identifier, SID) verknüpft. Dies bedeutete, dass die SID nur in der Domäne auf jeden Fall eindeutig war. Eine GUID ist in allen Domänen eindeutig, d. h., Sie können Objekte zwischen verschiedenen Domänen verschieben, ohne dass der eindeutige Bezeichner verloren geht.

User Principal Name

Benutzerkonten verfügen über benutzerfreundliche Namen, die so genannten *User Principal Names* (UPNs). Dieser Name besteht aus einem kurzen Namen für das Benutzerkonto und dem DNS-Namen der Struktur, in der sich das Benutzerkontenobjekt befindet. Beispielsweise könnte der Benutzer ***Vorname Nachname*** (Platzhalter für den Vor- und Nachnamen eines tatsächlichen Benutzers) in der Struktur **microsoft.com** den UPN **VornameN@microsoft.com** aufweisen (es wird also der vollständige Vorname und der erste Buchstabe des Nachnamens verwendet).

Zusammenfassung der Lektion

In dieser Lektion haben Sie die verschiedenen neuen Konzepte kennen gelernt, die mit Active Directory eingeführt werden. Hierzu zählen der globale Katalog, die Replikation, Vertrauensstellungen, DNS-Namespaces und Namenskonventionen.

Sie haben erfahren, dass Active Directory mit der Replikation sicherstellt, dass Änderungen an einem Domänencontroller auf sämtliche Domänencontroller der Domäne übertragen werden. Innerhalb eines Standortes wird über den KCC-Dienst automatisch eine Ringtopologie für die Replikation zwischen den Domänencontrollern einer Domäne generiert. Zwischen verschiedenen Standorten müssen Sie die Standortverbindung unter Verwendung von Standortverknüpfungen festlegen.

Eine Vertrauensstellung ist eine Verknüpfung zwischen zwei Domänen, bei der die vertrauende Domäne bei Anmeldungen die Authentifizierung der vertrauten Domäne übernimmt. Active Directory unterstützt zwei Formen von Vertrauensstellungen: implizite, zweiseitige, transitive Vertrauensstellungen und explizite, einseitige, nicht transitive Vertrauensstellungen.

Des Weiteren haben Sie erfahren, dass Gruppenrichtlinien Sammlungen von Benutzer- und Computerkonfigurationseinstellungen sind, die mit Computern, Standorten, Domänen und OUs verknüpft werden können, um das Verhalten des Benutzerdesktops zu steuern. Zum Einrichten einer speziellen Desktopkonfiguration für eine bestimmte Benutzergruppe erstellen Sie Gruppenrichtlinienobjekte (Group Policy Objects, GPOs), Sammlungen von Gruppenrichtlinieneinstellungen. Jeder Windows 2000-Computer verfügt über ein lokales GPO und kann darüber hinaus verschiedenen nicht lokalen (Active Directory-basierten) GPOs unterliegen. Lokale GPOs werden durch nicht lokale GPOs außer Kraft gesetzt. Die nicht lokalen GPOs sind mit Active Directory-Objekten verknüpft (Standorten, Domänen oder OUs) und können entweder auf Benutzer oder Computer angewendet werden. Gemäß der Active Directory-Vererbung werden nicht lokale GPOs der Hierarchie folgend von der Gruppe mit den meisten Berechtigungen (Standort) bis hin zur Gruppe mit den wenigsten Berechtigungen (OU) angewendet und sind kumulativ.

In dieser Lektion haben Sie ferner gelernt, dass Active Directory zur Benennung und Standortermittlung der Domänen DNS einsetzt. Aus diesem Grund sind Windows 2000-Domänennamen gleichzeitig DNS-Namen. Unter Windows 2000 Server wird DDNS (Dynamic DNS) verwendet. Durch DDNS wird den Clients mit dynamisch zugewiesenen Adressen die direkte Registrierung und dynamische Aktualisierung der DNS-Tabellen über einen Server mit DNS-Dienst ermöglicht. Es gibt zusammenhängende und getrennte Namespaces.

Abschließend haben Sie die von Active Directory verwendeten Namenskonventionen kennen gelernt: DNs, RDNs, GUIDs und UPNs.

Lernzielkontrolle

Die folgenden Fragen dienen dazu, die wichtigsten Lehrinhalte dieses Kapitels zu vertiefen. Wenn Sie eine Frage nicht beantworten können, wiederholen Sie den entsprechenden Abschnitt und versuchen Sie dann erneut, die Frage zu beantworten. Die Antworten zu den Fragen finden Sie in Anhang A, „Fragen und Antworten".

1. Ihre Organisation möchte alle Sprachen in die Active Directory-Datenbank aufnehmen, die von den Angestellten gesprochen werden. Wie gehen Sie vor? Begründen Sie Ihre Antwort.

2. Wie würden Sie die zwei OUs **Auftrag** und **Auslieferung** anordnen, damit die OU **Auftrag** Verwaltungsrechte für die OU **Auslieferung** erhält, die OU **Auslieferung** jedoch keine Verwaltungsrechte in Bezug auf die OU **Auftrag** besitzt?

3. Sie ziehen in Betracht, Ihrem Netzwerk einen globalen Katalogserver hinzuzufügen. Welche Vorteile bietet ein globaler Katalogserver? Welche Nachteile ergeben sich?

4. Ein Kunde möchte auf allen Windows-Computern innerhalb seines Unternehmens das Firmenlogo als Hintergrundbild anzeigen. Wie gehen Sie vor?

5. Ihr Netzwerk verfügt über die übergeordnete Domäne namens **hochschule.microsoft.com**. Sie möchten eine untergeordnete Domäne mit dem Namen **hochschule.expedia.com** hinzufügen, um eine Struktur zu bilden. Können diese Domänen in einer Struktur angeordnet werden? Begründen Sie Ihre Antwort.

KAPITEL 2

Einführung in das Design einer Active Directory-Infrastruktur

Lektion 1: Designüberblick . . . 36

Lektion 2: Analyse der aktuellen Geschäftsumgebung . . . 46

Lektion 3: Analyse der aktuellen technischen Umgebung . . . 68

Workshop 2.1: Analyse der Geschäftsumgebung . . . 80

Lernzielkontrolle . . . 84

Über dieses Kapitel

In diesem Kapitel erhalten Sie eine Einführung in die Aufgaben, die Sie ausführen müssen, bevor Sie mit dem Design der Active Directory-Infrastruktur beginnen können. Vor Entwurfsbeginn müssen Sie ein Designteam zusammenstellen, eine Analyse der Geschäftsumgebung und der technischen Umgebung durchführen sowie eine Testumgebung einrichten. In diesem Kapitel erhalten Sie außerdem eine Einführung in den Designprozess für eine Active Directory-Infrastruktur.

Bevor Sie beginnen

Zur Bearbeitung der Lektionen in diesem Kapitel müssen Sie die in Kapitel 1, „Einführung in Active Directory", vorgestellten Active Directory-Konzepte und -Grundlagen kennen und verstehen.

Lektion 1: Designüberblick

In dieser Lektion erhalten Sie einen Überblick über das Design einer Active Directory-Infrastruktur. Ferner lernen Sie die Ressourcen kennen, die Sie für den Entwurf einer Infrastruktur benötigen und erhalten einen ersten Einblick in den Designprozess.

Am Ende dieser Lektion werden Sie in der Lage sein, die folgenden Aufgaben auszuführen:

- Benennen der Funktionen eines Active Directory-Infrastrukturdesigns
- Erläutern der Vorteile eines Active Directory-Infrastrukturdesigns
- Beschreiben der erforderlichen Ressourcen zum Erstellen eines Active Directory-Infrastrukturdesigns
- Beschreiben des Designprozesses für eine Active Directory-Infrastruktur
- Aufzählen der beim Design zu berücksichtigenden Richtlinien

Veranschlagte Zeit für diese Lektion: 10 Minuten

Was ist ein Active Directory-Infrastrukturdesign?

Sie müssen eine Planung erstellen, bevor Sie Active Directory in Ihrer Organisation implementieren. Ein *Active Directory-Infrastrukturdesign* ist ein Plan, der die Netzwerkinfrastruktur Ihrer Organisation darstellt. Sie verwenden diesen Plan, um festzulegen, wie in Active Directory Informationen zu den Netzwerkobjekten gespeichert und den Benutzern und Netzwerkadministratoren zugänglich gemacht werden. Dieses Training bietet den Rahmen für die Entwicklung eines auf Ihre Organisation zugeschnittenes Active Directory-Infrastrukturdesign.

Da das Active Directory-Infrastrukturdesign der Schlüssel für den Erfolg Ihrer Windows 2000-Bereitstellung ist, müssen Sie vor der Bereitstellung Informationen für das Design zusammentragen, das Design entwickeln und testen. An verschiedenen Punkten im Designprozess können Neustrukturierungen, Überarbeitungen und erneute Testläufe erforderlich sein, um sicherzustellen, dass das Design den Anforderungen Ihrer Organisation gerecht wird. Ein effizientes Infrastrukturdesign ermöglicht eine kosteneffektive Bereitstellung und verhindert eine unter Umständen zeit- und kostenaufwendige spätere Umgestaltung Ihrer Infrastruktur.

Ressourcen für das Design

Zur Entwicklung eines effektiven Active Directory-Infrastrukturdesigns benötigen Sie Folgendes:

- Designteam
- Geschäftliche und technische Analyse
- Testumgebung

Zusammenstellen eines Designteams

Bevor Sie mit dem Design der Active Directory-Infrastruktur beginnen, müssen Sie die Personen innerhalb der Organisation auswählen, die am Designprozess beteiligt sein sollen und diese in einem *Designteam* zusammenstellen. Die ersten Kandidaten für das Designteam sind natürlich die System- und Netzwerkadministratoren. Da Ihr Infrastrukturdesign jedoch auch unternehmensweite Geschäftsanforderungen erfüllen muss, sollten dem Designteam auch Belegschafts- und Managementvertreter aller Abteilungen Ihrer Organisation angehören. Damit Ihre Active Directory-Implementierung alle Aspekte einer spezifischen Organisation berücksichtigt, sollte das Designteam sich aus Mitgliedern aller Organisationsebenen zusammensetzen, die grundsätzlich in drei Gruppen gegliedert werden können:

- Infrastrukturdesigner
- Belegschaftsrepräsentanten
- Managementrepräsentanten

Die Gruppe der *Infrastrukturdesigner* umfasst die Schlüsselpersonen beim Entwurf der Active Directory-Infrastruktur. Je mehr Personen an einer Entscheidung beteiligt sind, desto schwieriger und langsamer wird der Prozess der Entscheidungsfindung. Um diesem Umstand aus dem Weg zu gehen, erhalten die Infrastrukturdesigner die nötige Autorität, um den Infrastrukturdesignprozess effizient vorantreiben zu können. Obwohl die Anzahl der Infrastrukturdesigner je nach Organisationsgröße unterschiedlich sein kann, sollten in dieser Gruppe die Systemadministratoren, die Netzwerkadministratoren sowie die Mitglieder des IT-Managements vertreten sein. Während des Designprozesses fungieren die Infrastrukturdesigner als Berater mit folgendem Aufgabenbereich:

- Führen von Gesprächen mit Belegschafts- und Managementvertretern, um die Geschäftsabläufe und das Kundengeschäft kennen zu lernen
- Führen von Gesprächen mit Belegschafts- und Managementvertretern, um die Systemanforderungen zu ermitteln
- Auswerten der Systemanforderungen und Umsetzen dieser in Entscheidungen hinsichtlich des Infrastrukturdesigns
- Fördern abteilungsübergreifender Einscheidungen hinsichtlich des Infrastrukturdesigns

Die Infrastrukturdesigner müssen sowohl über technische Kenntnisse zu Windows 2000 als auch über *soziale Kompetenz* verfügen: Ein Infrastrukturdesigner muss gut im Team arbeiten können und in der Lage sein, auf die Anforderungen und Wünsche einer Person eingehen zu können. Obwohl es unerlässlich ist, dass die Gruppe der Infrastrukturdesigner über umfassende Windows 2000- und Active Directory-Kenntnisse verfügt, ist es darüber hinaus extrem wichtig, dass ein Infrastrukturdesigner kompetent im Umgang mit den Organisationsangestellten ist und in der Lage, die Geschäftsanforderungen zu verstehen sowie die Zusammenarbeit zwischen einzelnen Abteilungen einer Organisation zu fördern. Nahezu 75% der Zeit, die das Entwickeln eines Infrastrukturdesigns erfordert, entfällt auf die Zusammenarbeit mit den Organisationsangestellten, um die geschäftlichen Anforderungen zu erarbeiten. Gegebenenfalls müssen die Infrastrukturdesigner ein entsprechendes Training durchlaufen, um den Erfolg des Active Directory-Infrastrukturdesign zu gewährleisten.

Anmerkung In diesem Training wird angenommen, dass Sie ein Infrastrukturdesigner bzw. eine Schlüsselperson im Designprozess für die Active Directory-Infrastruktur Ihrer Organisation sind.

Die Gruppe der *Belegschaftsrepräsentanten* besteht aus Organisationsangestellten, die für täglich anfallende Aufgaben verantwortlich sind. In diese Gruppe sollte ein Vertreter jeder Geschäftseinheit oder Abteilung der Organisation aufgenommen werden. Während des Designprozesses fungieren die Belegschaftsrepräsentanten als Berater mit folgenden Aufgaben:

- Weitergabe von Informationen zu Geschäftsfunktionen und Kunden an die Infrastrukturdesigner
- Weitergabe von Informationen zu den Geschäftsanforderungen an die Infrastrukturdesigner
- Kommunikation und Zusammenarbeit mit den Belegschaftsrepräsentanten anderer Abteilungen der Organisation, um gemeinsame Entscheidungen bezüglich der Infrastruktur zu treffen
- Überprüfen der Designentscheidungen, die von den Infrastrukturdesignern getroffen werden

Die Mitgliedschaft in dieser Gruppe erfordert eine aktive Teilnahme am Infrastrukturdesign; ein Belegschaftsrepräsentant muss außerdem die Geschäftsanforderungen seiner/ihrer Abteilung kennen und in der Lage sein, diese zu benennen. Umfassende technische Kenntnisse zu Windows 2000 sind für die Aufnahme in diese Gruppe nicht erforderlich.

Die Gruppe der *Managementrepräsentanten* setzt sich aus Personen aus der Managementebene zusammen, die geschäftliche Entscheidungen innerhalb der Organisation treffen. Hier sollten ausgewählte Abteilungsmanager mit weit reichenden Befugnissen vertreten sein. Ein Managementrepräsentant muss *in jeder Phase des Designprozesses* über die Autorität und Fähigkeit zur Genehmigung und Unterstützung der von den Infrastrukturdesignern getroffenen Designentscheidungen verfügen. Die Anforderung, während jeder Phase des Designprozesses die Zustimmung des Managements einzuholen, führt zu einer genauen Prüfung aller Entscheidungen und fördert die Akzeptanz für das abschließende Design auf der Managementebene. Während des Designprozesses fungieren die Managementrepräsentanten als Berater und Prüfer mit folgenden Aufgaben:

- Weitergabe von Informationen zu Geschäftsfunktionen und Kunden an die Infrastrukturdesigner
- Weitergabe von Informationen zu den Geschäftsanforderungen an die Infrastrukturdesigner
- Kommunikation und Zusammenarbeit mit den Managementrepräsentanten anderer Abteilungen der Organisation, um gemeinsame Entscheidungen bezüglich der Infrastruktur zu treffen
- Überprüfen und Genehmigen der Designentscheidungen, die von den Infrastrukturdesignern getroffen werden

Die Mitgliedschaft in dieser Gruppe erfordert eine aktive Teilnahme am Infrastrukturdesign; ein Belegschaftsrepräsentant muss außerdem die Geschäftsanforderungen seiner/ihrer Abteilung kennen und in der Lage sein, diese zu benennen. Umfassende technische Kenntnisse zu Windows 2000 sind für die Aufnahme in diese Gruppe nicht erforderlich.

Abbildung 2.1 zeigt das Designteam, das für die fiktive Spielzeugfirma Hiabuv Toys zusammengestellt wurde. Beachten Sie, dass der Kommunikations- und Informationsfluss zwischen den Vertretern von Belegschaft und Management in beide Richtungen verläuft und letztlich zur Gruppe der Infrastrukturdesigner führt.

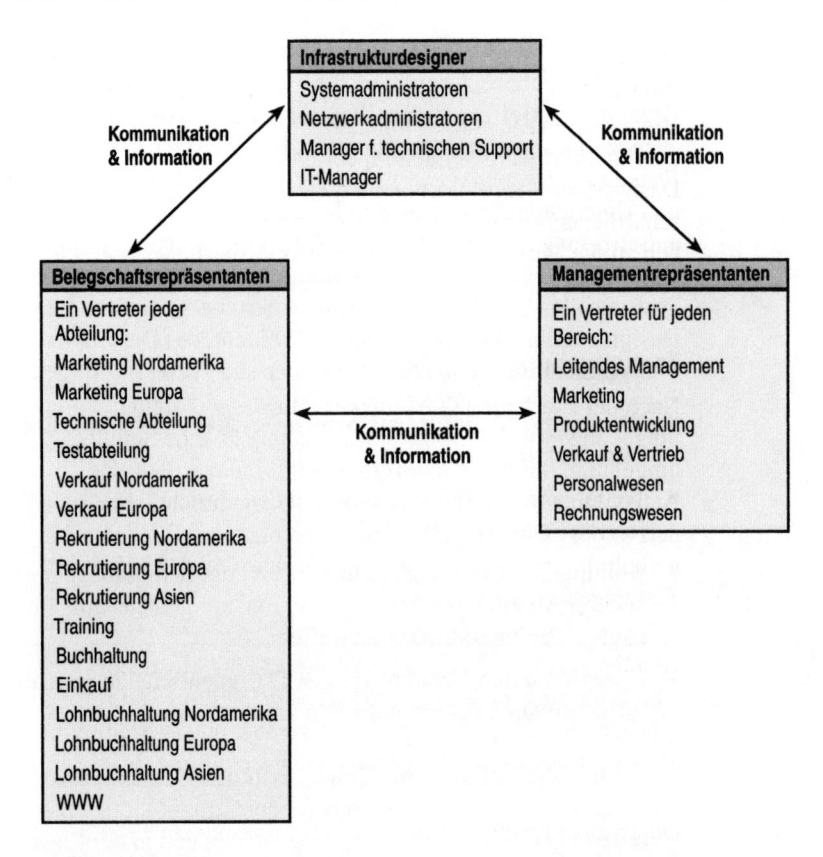

```
                    ┌─────────────────────────────┐
                    │ Infrastrukturdesigner       │
                    ├─────────────────────────────┤
                    │ Systemadministratoren       │
   Kommunikation    │ Netzwerkadministratoren     │   Kommunikation
   & Information    │ Manager f. technischen Support │ & Information
                    │ IT-Manager                  │
                    └─────────────────────────────┘
```

┌─────────────────────────────────┐   ┌─────────────────────────────────┐
│ Belegschaftsrepräsentanten   │   │ Managementrepräsentanten   │
├─────────────────────────────────┤   ├─────────────────────────────────┤
│ Ein Vertreter jeder   │   │ Ein Vertreter für jeden   │
│ Abteilung: │   │ Bereich: │
│ Marketing Nordamerika   │   │ Leitendes Management   │
│ Marketing Europa   │   │ Marketing   │
│ Technische Abteilung   │ Kommunikation │ Produktentwicklung   │
│ Testabteilung   │ & Information │ Verkauf & Vertrieb   │
│ Verkauf Nordamerika   │   │ Personalwesen   │
│ Verkauf Europa   │   │ Rechnungswesen   │
│ Rekrutierung Nordamerika   │   └─────────────────────────────────┘
│ Rekrutierung Europa   │
│ Rekrutierung Asien   │
│ Training   │
│ Buchhaltung   │
│ Einkauf   │
│ Lohnbuchhaltung Nordamerika   │
│ Lohnbuchhaltung Europa   │
│ Lohnbuchhaltung Asien   │
│ WWW   │
└─────────────────────────────────┘

Abbildung 2.1 Das aus mehreren Gruppen bestehende Designteam von Hiabuv Toys

Die für jede Gruppe des Designteams ausgewählten Mitglieder müssen willens und hinsichtlich ihrer Arbeitszeit in der Lage sein, sich aktiv in den Designprozess einzubringen, um sicherzustellen, dass das entwickelte Infrastrukturdesign genau auf die Organisationsanforderungen zugeschnitten ist.

Analyse der geschäftlichen und technischen Umgebung

Nachdem Sie ein Designteam zusammengestellt haben, müssen Sie als Nächstes eine Analyse der geschäftlichen und der technischen Umgebung der Organisation vornehmen. Häufig verfügt eine Organisation bereits über eine geschäftliche Infrastruktur oder ein Geschäftsnetzwerk; Sie als Infrastrukturdesigner müssen die Mitglieder des Designteams dazu mobilisieren, eine Dokumentation dieser Umgebungen zusammenzutragen. Die Durchführung einer Analyse der geschäftlichen und technischen Umgebung wird in den Lektionen 2 und 3 besprochen.

Praxistipp Lesen Sie das Interview „Designing in der Praxis: Pre-Design-Prozesse" mit Dave Trulli, Programm-Manager bei der Microsoft Corporation. Hier erhalten Sie einen Einblick in die Prozesse, die vor der Designentwicklung durchgeführt werden müssen, einschließlich der Zusammenstellung eines Designteams, des Zusammentragens von Informationen zur Analyse der geschäftlichen und technischen Umgebung sowie der Weitergabe von Informationen an die Mitglieder des Designteams. Sie finden dieses Interview auf der Kursmaterialien-CD (**\chapt02\Interview**).

Testumgebung

Nach der Erarbeitung des Infrastrukturdesigns sollten Sie dieses in einer Testumgebung erproben. Eine *Testumgebung* ist eine Simulation Ihrer Produktionsumgebung, die Ihnen das Testen von Windows 2000-Komponenten (wie dem Active Directory-Infrastrukturdesign) ermöglicht, ohne dass Ihr Organisationsnetzwerk gefährdet wird. Um den Erfolg einer Windows 2000-Bereitstellung innerhalb Ihrer Organisation zu gewährleisten, sollten Sie deshalb eine Testumgebung einrichten.

Wichtig Das Einrichten eines Windows 2000-Testlabors sowie die Planung und Durchführung von Tests wird im Rahmen dieses Trainings nicht behandelt. Ausführliche Informationen zu Testumgebung und -verfahren finden Sie im Teilband *Microsoft Windows 2000 Server – Die technische Referenz: Einsatzplanung*.

Durch das Erproben Ihres Infrastrukturdesigns in einer Testumgebung können Sie prüfen, ob das Design wunschgemäß funktioniert und eventuell erforderliche Änderungen aufspüren. Die Einrichtung einer Testumgebung ist eine wichtige Komponente bei der Entwicklung eines effektiven Designs.

Der Designprozess

Sobald Sie das Designteam zusammengestellt, eine geschäftliche und technische Analyse durchgeführt und eine Testumgebung eingerichtet haben, können Sie mit der Planung Ihres Infrastrukturdesigns beginnen. Der Designprozess für eine Active Directory-Infrastruktur umfasst (wie in Abbildung 2.2 dargestellt) vier Phasen:

1. Planen der Gesamtstruktur
2. Planen der Domänen
3. Planen der Organisationseinheiten
4. Planen der Standorttopologie

1. Planen der Gesamtstruktur

   Gesamtstruktur-modell
   Gesamtstruktur A
   Gesamtstruktur B

   Plan zur Schemabearbeitung
   1.
   2.
   3.

2. Planen der Domänen

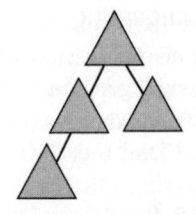

3. Planen der Organisationseinheiten

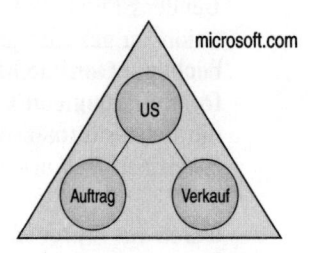

   microsoft.com
   US
   Auftrag Verkauf

4. Planen der Standorttopologie

   Butte Verwaltung
   Boise Verkauf
   Laramie Verkauf
   Reno Produktion
   Salt Lake City Wartung

Abbildung 2.2 Die vier Phasen im Designprozess einer Active Directory-Infrastruktur

Sie sollten immer im Auge behalten, dass das Design einer Active Directory-Infrastruktur ein iterativer Prozess ist, d. h., jede Phase in diesem Prozess wird verschiedene Male wiederholt, bevor das endgültige Design implementiert werden kann.

Phase 1 – Planen der Gesamtstruktur

Während dieser Phase ermitteln Sie anhand der Dokumentation zur geschäftlichen und technischen Analyse die für Ihre Organisation benötigte Gesamtstruktur. Neben den in den Arbeitsblättern enthaltenen Informationen müssen Sie auch derzeit geplante Änderungen berücksichtigen, die sich an Wachstum und Flexibilität der Organisation sowie idealen Designspezifikationen orientieren. Aus diesen Einschätzungen erarbeiten Sie ein Gesamtstrukturmodell.

Darüber hinaus erstellen Sie in dieser Phase eine Richtlinie für die Schemaänderung. Hierbei handelt es sich um einen Plan, der festlegt, wer das Schema kontrolliert und wie Änderungen gehandhabt werden, die sich auf die komplette Gesamtstruktur auswirken. Sie ermitteln die Schemaanforderungen der Organisation und legen anhand der Richtlinie zur Schemaänderung fest, ob das Schema bearbeitet werden sollte. Ist eine Schemaänderung erforderlich, erarbeiten Sie einen Plan für die Schemabearbeitung.

Phase 2 – Planen der Domänen

Bei der Erarbeitung eines Domänenplans ermitteln Sie anhand der Dokumentation zur geschäftlichen und technischen Analyse die für Ihre Organisation benötigte Domänenstruktur. Neben den in den Arbeitsblättern enthaltenen Informationen müssen Sie auch derzeit geplante Änderungen berücksichtigen, die sich an Wachstum und Flexibilität der Organisation sowie idealen Designspezifikationen orientieren. Anhand dieser Informationen definieren Sie die Domänen, die Stammdomäne für die Gesamtstruktur und eine Domänenhierarchie. Anschließend ermitteln Sie die Anforderungen hinsichtlich der Domänenbenennung und wählen für jede Domäne der Organisation geeignete Namen. Abschließend planen Sie die Verteilung der DNS-Server. Hierzu bewerten Sie die aktuelle DNS-Serverumgebung der Organisation und legen fest, wie Sie die DNS-Server platzieren. Im Rahmen der Platzierung der DNS-Server planen Sie zusätzliche Zonen, ermitteln die derzeitige Verteilung der DNS-Dienste auf den DNS-Servern und legen die zu verwendende Zonenreplikationsmethode fest. Das Endergebnis der Domänenplanung umfasst ein Diagramm der Domänenhierarchie, in der die Domänennamen und die geplanten Zonen aufgeführt werden.

Phase 3 – Planen der Organisationseinheiten

Während dieser Phase ermitteln Sie anhand der Dokumentation zur geschäftlichen und technischen Analyse die benötigte Organisationseinheitenstruktur (OU-Struktur) sowie die geeignete Strukturierung der Benutzer und Gruppen innerhalb Ihrer Organisation. Neben den in den Arbeitsblättern enthaltenen Informationen müssen Sie auch derzeit geplante Änderungen berücksichtigen, die sich an Wachstum und Flexibilität der Organisation sowie idealen Designspezifikationen orientieren. Von diesen Informationen ausgehend definieren Sie die OU-Struktur und planen die Benutzerkonten und -gruppen. Das Endergebnis einer OU-Planung umfasst ein Diagramm der OU-Strukturen für jede Domäne, eine Liste der Benutzer in jeder OU sowie eine Liste der Gruppen in jeder Domäne.

Phase 4 – Planen der Standorttopologie

Während der abschließenden Phase des Designprozesses ermitteln Sie anhand der Dokumentation zur geschäftlichen und technischen Analyse die für Ihre Organisation benötigte Standorttopologie. Neben den in den Arbeitsblättern enthaltenen Informationen müssen Sie auch derzeit geplante Änderungen berücksichtigen, die sich an Wachstum und Flexibilität der Organisation sowie idealen Designspezifikationen orientieren. Von diesen Informationen ausgehend entwerfen Sie eine logische Darstellung des physischen Organisationsnetzwerks. Im Rahmen der Erstellung eines Standorttopologieplans definieren Sie Standorte, platzieren Domänencontroller, definieren eine Replikationsstrategie und legen die globalen Katalogserver sowie die Betriebsmaster innerhalb der Gesamtstruktur fest. Das Endergebnis einer Standorttopologieplanung umfasst ein Diagramm mit den Domänencontrollern, den Betriebsmastern und Standortverknüpfungen sowie eine Standorttabelle, die Details zu den Standortverknüpfungskonfigurationen enthält. Je nach den Anforderungen einer Organisation kann der Plan zur Standorttopologie auch eine Tabelle der Standortverknüpfungsbrücken sowie eine Tabelle der bevorzugten Bridgeheadserver beinhalten.

Grundlegende Designrichtlinien

Beim Design einer Active Directory-Infrastruktur sollten Sie die folgenden Richtlinien berücksichtigen:

- **Erstellen Sie ein einfaches Design.** Bei einer einfachen Infrastruktur vereinfachen sich auch Handhabung, Verwaltung und Fehlerbehandlung. Komplexere Strukturen können andererseits Vorteile bieten, die mit einfacheren Designs nicht erreicht werden können. Ihr Designteam muss die Vor- und Nachteile einer komplexeren Struktur und die eines einfachen Designs gegeneinander abwägen.

- **Erstellen Sie ein Design, das mögliche Änderungen begünstigt.** Änderungen wirken sich auf Ihre Organisation aus. Ihr Designteam sollte berücksichtigen, wie sich Änderungen auf die Active Directory-Infrastruktur auswirken und ein Design erarbeiten, in dem eventuelle Änderungen leicht umgesetzt werden können.

- **Streben Sie ein Idealdesign an.** Erarbeiten Sie einen ersten Entwurf des Infrastrukturdesigns, der den Anforderungen eines idealen Infrastrukturdesigns entspricht. Das Designteam kann im Anschluss daran die Kosten eines solchen Designs ermitteln und dessen Realisierbarkeit untersuchen. Anschließend kann das Design gemäß den verfügbaren Ressourcen umgestaltet werden.

- **Ziehen Sie Alternativen in Betracht.** Erstellen Sie verschiedene Entwürfe für das Design. Das Designteam kann die Entwürfe anschließend vergleichen und die verschiedenen Ideen in einem Design zusammenfließen lassen, dass am ehesten den Organisationsanforderungen gerecht wird.

Weitere Informationen Eine Diskussion zu den internen Design- und Bereitstellungsaufgaben im Zusammenhang mit der erfolgreichen Aktualisierung des Microsoft-Unternehmensnetzwerkes auf Windows 2000 finden Sie im Whitepaper „Windows 2000: Designing and Deploying Active Directory Service for the Microsoft Internal Corpnet". Sie finden dieses Whitepaper auf der Kursmaterialien-CD (**\chapt02\Corpnet**). Sie können dieses Dokument im Designprozess einer Active Directory-Infrastruktur als Referenz heranziehen.

Zusammenfassung der Lektion

In dieser Lektion haben Sie gelernt, dass ein Active Directory-Infrastrukturdesign ein Plan ist, der die Netzwerkinfrastruktur Ihrer Organisation darstellt. Anhand dieses Plans wird die Konfiguration von Active Directory festgelegt. Sie haben ferner erfahren, dass der Zweck bei der Erstellung eines Active Directory-Infrastrukturdesigns darin besteht, vor der tatsächlichen Implementierung von Active Directory die Infrastruktur in einer vom Netzwerk abgetrennten Umgebung zu testen und zu verbessern. Auf diese Weise wird der Zeit- und Kostenfaktor ausgeschaltet, der sich bei einer erforderlichen Umgestaltung der tatsächlichen Netzwerkumgebung ergeben würde.

Des Weiteren haben Sie erfahren, dass zur Erarbeitung eines effektiven Active Directory-Infrastrukturdesigns ein Designteam, eine Analyse der geschäftlichen und technischen Umgebung sowie eine Testumgebung erforderlich sind. Sie haben außerdem gelernt, dass der Designprozess vier Phasen umfasst: das Planen der Gesamtstruktur, das Planen der Domänen, das Planen der Organisationseinheiten und das Planen der Standorttopologie. Abschließend wurden die grundlegenden Richtlinien für das Design einer Infrastruktur vorgestellt.

Lektion 2: Analyse der aktuellen Geschäftsumgebung

Im Rahmen dieses Trainings ist die *Geschäftsumgebung* einer Organisation gleichbedeutend mit der Art der Strukturierung und Verwaltung der nicht technischen Ressourcen. Bevor Sie mit der Planung der Active Directory-Infrastruktur beginnen können, müssen Sie den aktuellen Status der Geschäftsumgebung analysieren. In dieser Lektion erfahren Sie, was Sie bei der Analyse der Geschäftsumgebung beachten müssen.

Am Ende dieser Lektion werden Sie in der Lage sein, die folgenden Aufgaben auszuführen:
- Analyse der Produkte und Kunden einer Organisation
- Analyse der Geschäftsstrukturen einer Organisation
- Analyse der Geschäftsprozesse einer Organisation
- Analyse der Faktoren, die sich auf die Geschäftsstrategie einer Organisation auswirken
- Analyse des IT-Managements einer Organisation

Veranschlagte Zeit für diese Lektion: 40 Minuten

Analyse der aktuellen Geschäftsumgebung

Die Geschäftsumgebung einer Organisation wirkt sich direkt auf die Active Directory-Infrastruktur aus. Zur Analyse der aktuellen Geschäftsumgebung müssen folgende Komponenten untersucht werden:

- Produkte und Kunden
- Geschäftsstrukturen
- Geschäftsprozesse
- Faktoren, die die Unternehmensstrategie beeinflussen
- IT-Management (Information Technology)

Sie erreichen eine umfassenden Analyse jeder dieser Komponenten über ausführliche Gespräche mit verschiedenen Mitgliedern des Designteams, in denen Sie die benötigten Informationen zusammentragen. Eine besonders geeignete Methode der Informationsbeschaffung stellt die Verwendung von Arbeitsblättern dar. In einem Arbeitsblatt können Sie notieren, welche Informationen Sie zu einer Komponente benötigen; das Arbeitsblatt kann während der Gespräche eingesetzt werden.

Anmerkung Die Kursmaterialien-CD enthält Vorlagen für Arbeitsblätter (**\chapt02\Worksheets**). Sie können diese Vorlagen im Rahmen von Gesprächen zur Analyse Ihrer eigenen Geschäftsumgebung einsetzen. Die Arbeitsblätter dienen jedoch nur als Einstiegshilfe und sollten vor Gebrauch an die spezifischen Analyseanforderungen angepasst werden.

Nachdem Sie im Rahmen der Analyse verschiedene Gespräche geführt und unter Verwendung von Arbeitsblättern Informationen gesammelt haben, erhalten Sie eine so genannte *Dokumentation zur Analyse der Geschäftsumgebung*, die den aktuellen Status aller Komponenten einer Geschäftsumgebung beschreibt. Nach Fertigstellung kann diese Dokumentation an die einzelnen Mitglieder des Designteams verteilt werden und als Ausgangspunkt für die Diskussion sowie zur Feststellung zukünftiger Anforderungen dienen. In dieser Lektion untersuchen Sie die bereits ausgefüllten Arbeitsblätter zur Analyse der Geschäftsumgebung von Hiabuv Toys, einer fiktiven Spielzeugfirma, deren Designteam in der vorherigen Lektion vorgestellt wurde.

Anhand der Dokumentation zur Analyse der Geschäftsumgebung und den ermittelten Anforderungen hinsichtlich der Geschäftsumgebung legen Sie die Standorte und Funktionen der einzelnen Komponenten in Ihrem Active Directory-Infrastrukturplan fest. Die Vorgehensweise bei der Ermittlung der geschäftlichen Anforderungen lernen Sie im Rahmen der einzelnen Phasen des Designprozesses kennen, die in den Kapiteln 3 bis 6 behandelt werden.

Analyse der Produkte und Kunden

Grundlegende Kenntnisse zu Produktpalette und Kundenstamm einer Organisation stellen den Startpunkt für die Analyse einer Geschäftsumgebung dar. Produkte bezeichnen eine Zusammenstellung materieller und immaterieller Komponenten, aus denen ein Kunde Nutzen zieht. Hierbei kann es sich um Güter, Dienste, Orte, Personen und Ideen handeln. Der Kunde stellt in diesem Zusammenhang die Partei dar, die ein Produkt erwirbt. Das nachstehende Produkt- und Kundenarbeitsblatt für die Firma Hiabuv Toys analysiert die Produkte und Kunden des Unternehmens.

Arbeitsblatt zu Produkten und Kunden – Hiabuv Toys

Verwenden Sie das nachfolgende Arbeitsblatt als Referenz bei der Informationenzusammenstellung zu den Produkten und Kunden Ihrer Organisation.

1. Listen Sie die Produkte oder Dienste auf, die von Ihrer Organisation bereitgestellt werden, und geben Sie jeweils eine kurze Beschreibung.

   Actionfiguren aus Plastik, Plastikspielzeug, Gartendekorationen aus Kunststoff, Modellautos aus Plastik, Pflanzen- und Tiermodelle aus Kunststoff.

2. Beschreiben Sie, wie innerhalb Ihrer Organisation neue Produkte oder Dienste entwickelt werden.

   Potenzielle neue Produkte müssen eine von Mitgliedern des leitenden Managements der Marketingabteilungen gesteuerte Konzeptphase durchlaufen. Die technische Abteilung entwickelt einen Prototyp des Produkts. In der Testabteilung wird der Prototyp im Hinblick auf Marktpotenzial, Sicherheit und Lebensdauer geprüft. Sind die Ergebnisse zufriedenstellend, wird das Produkt hergestellt und auf dem Einzelhandelsmarkt vertrieben.

3. Benennen und beschreiben Sie kurz den aktuellen Stand aller Produkte oder Dienste im Hinblick auf ihren Lebenszyklus (Einführung, Wachstum, Reife, Rückgang). Notieren Sie das Lebensalter aller Produkte oder Dienste (in Jahren).

   Die Actionfiguren aus Plastik und die Modellautos werden von Hiabuv Toys seit fünf Jahren hergestellt; sie befinden sich in der Wachstumsphase ihres Lebenszyklus. Die Actionfiguren von Hiabuv Toys sind für ihre lebensechte Nachbildung bekannt. Die Modellautoserie weist eine hohe Qualität auf und umfasst seltene Modelle sowie Einzelstücke.

   Hiabuv Toys stellt seit über 20 Jahren Plastikspielzeug und Gartendekorationen aus Kunststoff her; diese Produkte befinden sich in der Reifephase ihres Lebenszyklus. Dekor und Farben für Spielzeug und Gartendekoration werden in regelmäßigen Abständen den aktuellen Markttrends angepasst.

   Hiabuv Toys stellt seit 20 Jahren Pflanzen- und Tiermodelle aus Kunststoff her; diese Produkte befinden sich in der Rückgangsphase ihres Lebenszyklus. Zur Veranschaulichung von Pflanzen und Tieren im Unterricht wird heute eher die Computertechnologie eingesetzt.

4. Beschreiben Sie die Verpackung für Ihre Produkte bzw. die Art der Bereitstellung von Diensten.

   Die Actionfiguren aus Plastik erhalten eine Schutzverpackung; Plastikspielzeug und Gartendekorationen werden im Display vertrieben; die Modellautos und Pflanzen- und Tiermodelle aus Kunststoff werden in Einzelverpackungen verkauft.

Arbeitsblatt zu Produkten und Kunden – Hiabuv Toys *(Fortsetzung)*

5. Nennen Sie die Preise für Ihre Produkte oder Dienste.

   Die Actionfiguren aus Plastik kosten 5$; das Plastikspielzeug und die Gartendekorationsartikel kosten zwischen 4 und 10$; der Preis für die Modellautos beträgt zwischen 30 und 100$; die Pflanzen- und Tiermodelle kosten zwischen 20 und 200$.

6. Beschreiben Sie die Herstellung/Bereitstellung Ihrer Produkte oder Dienste.

   Alle Produkte von Hiabuv Toys werden in der Produktionsanlage in Taipeh, Taiwan, hergestellt.

7. Beschreiben Sie den Vertrieb Ihrer Produkte oder Dienste.

   In Nordamerika werden die Produkte von Hiabuv Toys über die Vertriebsniederlassung in Seattle an die Einzelhändler verkauft. In Europa wird der Absatz der Produkte von Hiabuv Toys an die Einzelhändler über die Vertriebsniederlassung in London abgewickelt.

8. Beschreiben Sie, wie Ihre Produkte oder Dienste vermarktet werden.

   Für die Actionfiguren aus Plastik und die Modellautos wird im Fernsehen, in Kinderzeitschriften und im Internet geworben. Für das Plastikspielzeug und die Gartendekoration wird nicht geworben. Für die Pflanzen- und Tiermodelle werden Anzeigen in Fachzeitschriften für Lehranstalten und Lehrpersonen geschaltet.

9. Beschreiben Sie die Kunden, die von Ihrer Organisation mit Produkten oder Diensten beliefert werden.

   Einzelhandelsgeschäfte aus der Spielzeugbranche und Markendiscounter erwerben Actionfiguren, Plastikspielzeug und Gartendekoration für den Wiederverkauf an Kinder und Erwachsene. Spielzeug- und Hobbyfachgeschäfte erwerben die Modellautos für den Wiederverkauf an Modellsammler. Die Pflanzen- und Tiermodelle werden von Lehranstalten und Lehrkräften gekauft und als Veranschaulichungsmaterial an Grundschulen und weiterführenden Schulen eingesetzt.

10. Beschreiben Sie die Interaktion zwischen Kunde und Organisation.

    Der Kundenkontakt wird für alle Produkte durch die Vertriebsabteilung aufrechterhalten, üblicherweise mit dem jeweiligen Vertriebsmitarbeiter des Einzelhändlers. Der Kontakt zum Endkunden für die Actionfiguren aus Plastik, die Modellautos sowie die Pflanzen- und Tiermodelle wird über eine gebührenfreie Hotline sichergestellt. Angelegenheiten, die die Produktsicherheit betreffen, werden in allen Fällen an das Management der Produktentwicklung weitergeleitet.

Arbeitsblatt zu Produkten und Kunden – Hiabuv Toys *(Fortsetzung)*

11. Beschreiben Sie, wie Kunden die von Ihrer Organisation bereitgestellten Produkte oder Dienste nutzen.

    Die Actionfiguren werden von kleinen Kindern zum Spielen verwendet. Die Gartendekoration und die Modellautos werden von Jugendlichen oder Erwachsenen zu Dekorations- und Ausstellungszwecken verwendet. Die Pflanzen- und Tiermodelle werden von Schulen und Lehrkräften zu Lehrzwecken eingesetzt.

12. Wo sind Ihre Kunden ansässig?

    Sowohl die Kunden aus dem Einzelhandel als auch die Endkunden sind in Nordamerika und Europa ansässig. Über eine neue Hiabuv Toys-Website findet in begrenztem Umfang auch ein Vertrieb an Kunden statt, die nicht in diesem Bereich angesiedelt sind.

Anmerkung Sie finden auf der Kursmaterialien-CD eine Vorlage für dieses Arbeitsblatt (**\chapt02\Worksheets\Products&Customers**).

Analyse der aktuellen Geschäftsstruktur

Eine *Geschäftsstruktur* beschreibt die täglichen Betriebsabläufe innerhalb einer Organisation. Zum Ermitteln der aktuellen Geschäftsstrukturen Ihrer Organisation müssen Sie verstehen, wie die täglichen Betriebsabläufe innerhalb Ihres Unternehmens verwaltungstechnisch und geografisch abgewickelt werden.

Die *Verwaltungsstruktur* einer Organisation spiegelt die Funktionen, Unternehmensbereiche, Abteilungen oder Positionen innerhalb einer Organisation sowie deren Zusammenspiel wider, einschließlich Organisationshierarchie und Autoritätsverteilung. Die Verwaltungsstruktur verdeutlicht, in welcher Weise eine Organisation verwaltet wird, und wie Verwaltungsoperationen durchgeführt werden. Besonderheiten, beispielsweise die Beziehungen einer Organisation zu Lieferanten, Partnern, Kunden oder eine geplante Übernahme können ebenfalls in der Verwaltungsstruktur aufgeführt werden. Möglicherweise müssen solche Besonderheiten innerhalb der Active Directory-Infrastruktur berücksichtigt werden.

Die *geografische Struktur* einer Organisation umfasst die physischen Standorte der Funktionen, Unternehmensbereiche, Abteilungen oder Positionen innerhalb einer Organisation. Mit dieser Struktur wird der geografische Aufbau eines Unternehmens auf regionaler, nationaler oder internationaler Ebene dargestellt.

Das nachstehende Geschäftsstrukturenarbeitsblatt für Hiabuv Toys zeigt die verwaltungstechnische und geografische Struktur der Firma auf.

Arbeitsblatt zu den Geschäftsstrukturen – Hiabuv Toys

Verwenden Sie das nachfolgende Arbeitsblatt als Referenz bei der Informationenzusammenstellung zu den Geschäftsstrukturen Ihrer Organisation.

1. Skizzieren Sie die Verwaltungsstruktur Ihrer Organisation.

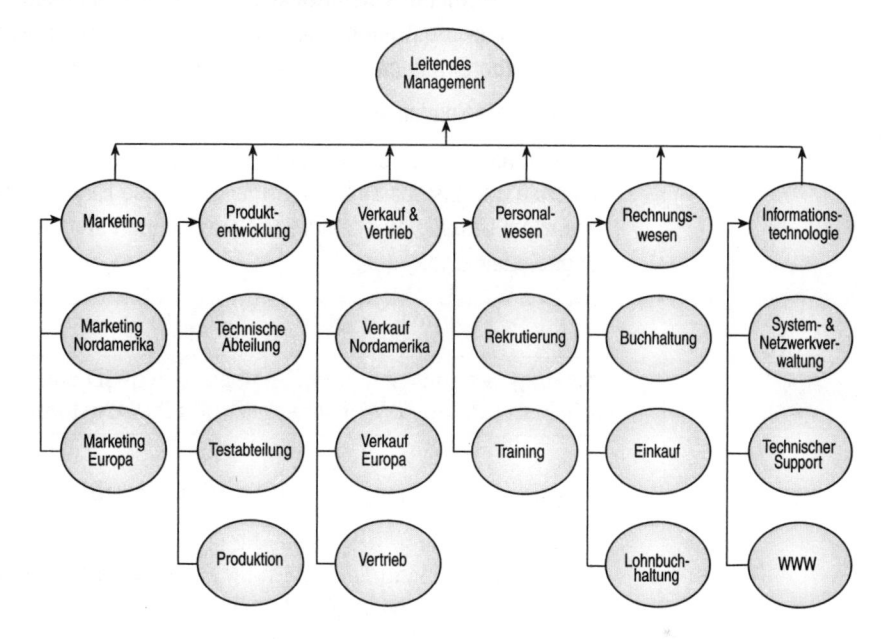

```
                              Leitendes
                             Management
     ┌──────────┬──────────┬──────┴─────┬──────────┬──────────┐
  Marketing   Produkt-   Verkauf &   Personal-  Rechnungs-  Informations-
            entwicklung  Vertrieb     wesen      wesen      technologie
     │          │          │            │           │            │
  Marketing  Technische  Verkauf     Rekrutierung Buchhaltung  System- &
 Nordamerika  Abteilung Nordamerika                            Netzwerkver-
                                                                 waltung
     │          │          │            │           │            │
  Marketing  Testabteilung Verkauf      Training   Einkauf     Technischer
   Europa                  Europa                                Support
                │          │                        │            │
             Produktion  Vertrieb                Lohnbuch-      WWW
                                                  haltung
```

2. Benennen und beschreiben Sie kurz den Zweck aller Bereiche oder Abteilungen in der Verwaltungsstruktur. An wen berichten die Bereiche?

Das leitende Management umfasst Managementrepräsentanten aus jedem Unternehmensbereich; hier werden die Enscheidungen für die gesamte Organisation getroffen. Der Marketingbereich umfasst Abteilungen für das Marketing in Nordamerika und Europa. Die Bereich für die Produktentwicklung enthält eine technische Abteilung, eine Testabteilung und die Produktionsabteilung. Der Unternehmensbereich für Verkauf und Vertrieb umfasst Abteilungen für Nordamerika und Europa sowie eine Vertriebsabteilung. Der Bereich für das Personalwesen umfasst die Abteilungen für Personalrekrutierung und -training. Der Bereich für das Rechnungswesen gliedert sich in die Abteilungen Buchhaltung, Einkauf und Lohnbuchhaltung. Der Bereich Informationstechnologie enthält die Abteilungen für System- und Netzwerkverwaltung, den technischen Support und eine Abteilung für das Worl Wide Web. Alle Unternehmensbereiche berichten an das leitende Management.

Arbeitsblatt zu den Geschäftsstrukturen – Hiabuv Toys *(Fortsetzung)*

3. Geben Sie die Anzahl der Netzwerkbenutzer in jedem Bereich der Verwaltungsstruktur sowie die Gesamtzahl der Netzwerkbenutzer innerhalb der Organisation an.

   Geschätzte Benutzeranzahl pro Unternehmensbereich: Leitendes Management (60); Marketing (200); Produktentwicklung (360); Verkauf & Vertrieb (600); Personalwesen (130); Rechnungswesen (200); Informationstechnologie (200). Gesamtzahl der Netzwerkbenutzer: ca. 1.750. Gesamtzahl der Beschäftigten: etwa 2.385.

4. Skizzieren Sie die geografische Struktur Ihrer Organisation.

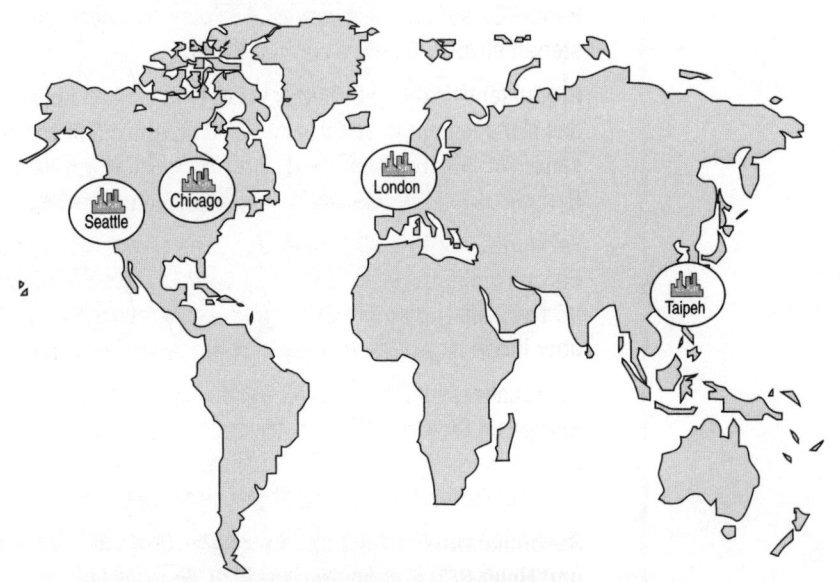

5. Listen Sie sämtliche Verwaltungsbereiche auf und beschreiben Sie deren Standort in der geografischen Struktur.

   Standorte der Verwaltungsbereiche

   Leitendes Management: Chicago. Marketing: Marketing Nordamerika – Chicago; Marketing Europa – London. Produktentwicklung: Technische Abteilung und Testabteilung – Chicago; Produktion – Taipeh. Verkauf: Verkauf Nordamerika – Chicago; Vertrieb Nordamerika – Seattle; Verkauf und Vertrieb Europa – London. Personalwesen: Rekrutierung Nordamerika – Chicago; Rekrutierung Europa – London; Einstellung Asien – Taipeh; Training: Chicago. Rechnungswesen: Buchhaltung, Einkauf, Lohnbuchhaltung Nordamerika – Chicago; Lohnbuchhaltung Europa – London; Lohnbuchhaltung Asien – Taipeh. Informationstechnologie: System- & Netzwerkverwaltung Nordamerika – Chicago; System- & Netzwerkverwaltung Europa – London; System- & Netzwerkverwaltung Asien – Taipeh.

Arbeitsblatt zu den Geschäftsstrukturen – Hiabuv Toys *(Fortsetzung)*

6. Listen Sie die Anzahl der Netzwerkbenutzer an den jeweiligen Standorten auf.

    Geschätzte Benutzeranzahl pro Standort: Taipeh (240); Seattle (100); Chicago (1.030); London (380). Gesamtzahl der Netzwerkbenutzer: etwa 1.750. Gesamtzahl der Beschäftigten: etwa 2.385.

7. Beschreiben Sie, wie die Netzwerkbenutzer der einzelnen Abteilungen momentan das Netzwerk nutzen.

    Marketing: Die Benutzer greifen über ihnen zugewiesene Arbeitsstationen und Heim-PCs auf das Netzwerk zu. Für den Remotezugriff auf geschäftlichen Reisen stehen etwa 15 Laptops zur Verfügung.

    Produktentwicklung: Benutzer in der technischen Abteilung, der Testabteilung und das Managementpersonal in der Produktionsabteilung greifen über ihnen zugewiesene Arbeitsstationen und Ihre Heim-PCs auf das Netzwerk zu. Für den Remotezugriff auf geschäftlichen Reisen stehen etwa 20 Laptops zur Verfügung.

    Verkauf & Vertrieb: Die Benutzer der Verkaufsabteilungen in Nordamerika und Europa greifen unter Verwendung Ihrer Laptops per Remotezugriff und über Heim-PCs auf das Netzwerk zu. Das Managementpersonal der Vertriebsabteilung greift über ihnen zugewiesene Arbeitsstationen auf das Netzwerk zu.

    Personalwesen: Die Benutzer in den Rekrutierungsabteilungen für Nordamerika, Europa und Asien greifen über ihnen zugewiesene Arbeitsstationen und Heim-PCs auf das Netzwerk zu. Die Beschäftigten der Trainingsabteilung greifen über Laptops per Remotezugriff und über Heim-PCs auf das Netzwerk zu.

    Rechnungswesen: Die Benutzer greifen über ihnen zugewiesene Arbeitsstationen und Heim-PCs auf das Netzwerk zu. Für den Remotezugriff auf geschäftlichen Reisen stehen etwa 25 Laptops zur Verfügung.

    Informationstechnologie: Die Benutzer greifen über ihnen zugewiesene Arbeitsstationen oder Server und Heim-PCs auf das Netzwerk zu. Für den Remotezugriff auf geschäftlichen Reisen stehen etwa 20 Laptops zur Verfügung.

> **Arbeitsblatt zu den Geschäftsstrukturen – Hiabuv Toys** *(Fortsetzung)*
>
> 8. Fügen Sie dem Diagramm der Verwaltungsstruktur eventuell zu berücksichtigende Besonderheiten hinzu.
>
> ```
>   Leitendes
>   Management
>   Hiabuv Toys
>      (60)
>         \
>          \
>       Mightyflight Toys
>            (85)
>      /      |      |      \
>   Produkt- Produktion Rechnungs- Personal-
>   entwicklung  (30)   wesen      wesen
>      (40)              (10)       (5)
> ```
>
> Hiabuv Toys hat sich vor kurzem mit Mightyflight Toys zusammengeschlossen, einer kleinen, in Miami angesiedelten Firma, die Nylondrachen entwickelt und produziert. Mightyflight Toys ist ein kleines Unternehmen mit 135 Beschäftigten und 85 Benutzern. Laut Partnerschaftsvereinbarung nutzt Mightyflight Toys Hiabuv Toys-Ressourcen der Abteilungen für Marketing, Verkauf, Vertrieb und Informationstechnologie. Die übrigen Abteilungen von Mightyflight Toys bleiben intakt, um eine unveränderte Produktqualität zu gewährleisten.

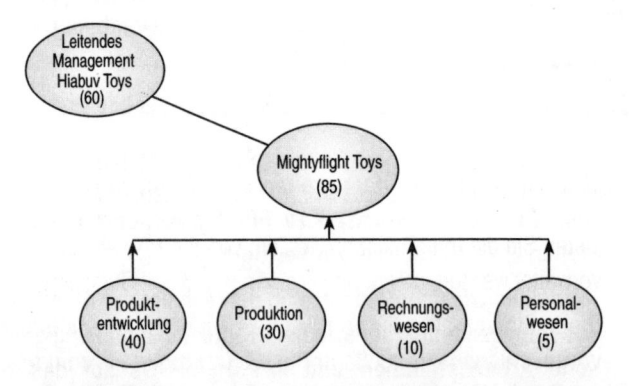

Anmerkung Sie finden auf der Kursmaterialien-CD eine Vorlage für dieses Arbeitsblatt (**\chapt02\Worksheets\BusinessStructures**).

Analyse der aktuellen Geschäftsprozesse

Ein *Geschäftsprozess* bezeichnet eine Reihe von Schritten, die unternommen werden müssen, um ein gewünschtes Ziel innerhalb der Organisation zu erreichen. Zur Bestimmung der aktuellen Geschäftsprozesse in Ihrer Organisation müssen Sie Folgendes untersuchen:

- Informationsfluss
- Kommunikationsfluss
- Entscheidungsfindungsprozesse

Die Geschäftsprozesse einer Organisation wirken sich direkt auf die Active Directory-Infrastruktur aus.

Informationsfluss

Als *Informationsfluss* wird der Prozess bezeichnet, in dessen Verlauf die Daten ihr Ziel erreichen. Das nachstehende Arbeitsblatt zum Informationsfluss untersucht den Informationsfluss innerhalb der technischen Abteilung von Hiabuv Toys.

Arbeitsblatt zum Informationsfluss – technische Abteilung von Hiabuv Toys

Verwenden Sie das nachfolgende Arbeitsblatt als Referenz bei der Informationenzusammenstellung zum Informationsfluss in Ihrer Organisation.

1. Listen Sie die Informationen auf, die von Ihrer Abteilung im Netzwerk gespeichert und verwaltet werden, und geben Sie den jeweiligen Standort dieser Informationen an.

   Die technische Abteilung speichert zurzeit folgende Informationen im Netzwerk: vorgeschlagene, aktuelle und zurückgezogene Produktentwürfe; Dokumentation zur Produktentwicklung; Dokumentation für Endkunden (für Modellautos sowie Pflanzen- und Tiermodelle); eine Datenbank; Verwaltungsinformationen für die leitenden Mitarbeiter. Entwürfe werden im Unterordner „Entwurf" des Ordners „Produktentw\Tech" gespeichert. Die Dokumentation wird im Unterordner „Doku" im Ordner „Produktentw\Tech" gespeichert. Die Datenbank wird im Unterordner „Datenbank" des Ordners „Produktentw\Tech" gespeichert. Die leitenden Mitarbeiter speichern Verwaltungsinformationen im Unterordner „Admin" des Ordners „Produktentw\Tech".

2. Listen Sie die Benutzer oder Benutzergruppen auf, die Zugriff auf die Informationen benötigen, die von Ihrer Abteilung im Netzwerk gespeichert werden. Begründen Sie kurz, warum die Benutzer Zugang zu diesen Informationen benötigen.

   Es gibt fünf Gruppen von Ingenieuren in der technischen Abteilung: KPIngenieure (Kunststoffprodukte), AFIngenieure (Actionfiguren), MAIngenieure (Modellautos), PTIngenieure (Pflanzen- und Tiermodelle) und LeitIngenieure (leitende Ingenieure). Innerhalb des Unterordners „Entwurf" im Ordner „Produktentw\Tech" benötigt jede Gruppe nur Zugriff auf die Ordner, die die Produktentwürfe für die jeweilige Gruppe enthalten, „Kunststoffprodukte", „Actionfiguren", „Modellautos" oder „PTModelle". Die leitenden Ingenieure benötigen Zugriff auf alle Entwurfsordner und den Unterordner „Admin" im Ordner „Produktentw\Tech".

3. Notieren Sie, wie die Benutzer zurzeit auf diese Informationen zugreifen und ob es Zugriffsbeschränkungen gibt.

   Die Benutzer der technischen Abteilung greifen über ihre Arbeitsstationen auf die Informationen zu. Wenn Sie geschäftlich unterwegs sind, müssen Sie von einem Laptopcomputer aus per Remotezugriff auf die Informationen zugreifen können.

Arbeitsblatt zum Informationsfluss – technische Abteilung von Hiabuv Toys
(Fortsetzung)

Für die technische Abteilung gelten keinerlei zeitliche Beschränkungen für den Informationszugriff.

4. Listen Sie weitere Netzwerkinformationen auf, die von den Abteilungen genutzt, jedoch von einer anderen Abteilung gespeichert und verwaltet werden. Benennen Sie die Abteilung, die für die Speicherung und Verwaltung der Informationen verantwortlich ist und notieren Sie den Standort der Informationen.

   Die technische Abteilung nutzt Quelldokumente, die von den Marketingabteilungen für Nordamerika und Europa vorbereitet werden und sich im Ordner „Quelldoku" im Ordner „Marketing\Spezifika" befinden.

5. Listen Sie die Benutzer und Benutzergruppen auf, die Zugriff auf Informationen benötigen, die von allen Abteilungen genutzt, jedoch durch eine andere Abteilung gespeichert und verwaltet werden. Begründen Sie kurz, warum die Benutzer Zugang zu diesen Informationen benötigen.

   Alle Ingenieurgruppen benötigen Zugriff auf den Ordner „Marketing\Spezifika\Quelldoku", um die aktuellen Anforderungen und Spezifikationen für neu entwickelte Produkte anzuzeigen.

6. Notieren Sie, wie die Benutzer zurzeit auf diese Informationen zugreifen und ob es Zugriffsbeschränkungen gibt.

   Die Mitarbeiter der technischen Abteilung greifen über ihre Arbeitsstationen auf Marketingquelldokumente zu. Wenn Sie geschäftlich unterwegs sind, müssen Sie von einem Laptopcomputer aus per Remotezugriff auf die Dokumente zugreifen können. Für die technische Abteilung gelten keinerlei zeitliche Beschränkungen für den Zugriff auf die Marketingdokumente.

7. Geben Sie an, wer innerhalb Ihrer Abteilung für die Steuerung des Informationsflusses zuständig ist.

   Der Informationsfluss innerhalb der technischen Abteilung wird von der Abteilung für System- & Netzwerkverwaltung gesteuert.

8. Notieren Sie bekannte Schwierigkeiten oder Probleme im aktuellen Informationsfluss Ihrer Abteilung.

   Der Ordner „Produktentw\Tech\Entwurf" enthält nicht immer die aktuellsten Entwürfe. Darüber hinaus haben die Benutzer Zugriff auf die Entwürfe anderer Ingenieurgruppen, wenn Sie sich per Remotezugriff anmelden. Dieser Zugriff sollte eigentlich nicht möglich sein.

Anmerkung Sie finden auf der Kursmaterialien-CD eine Vorlage für dieses Arbeitsblatt (**\chapt02\Worksheets\InformationFlow**).

Kommunikationsfluss

Als *Kommunikationsfluss* wird der Prozess bezeichnet, in dessen Verlauf Ideen, Mitteilungen oder Daten ihr Ziel erreichen. Das nachstehende Arbeitsblatt zum Kommunikationsfluss untersucht den Kommunikationsfluss innerhalb der technischen Abteilung von Hiabuv Toys.

Arbeitsblatt zum Kommunikationsfluss – technische Abteilung von Hiabuv Toys

Verwenden Sie das nachfolgende Arbeitsblatt als Referenz bei der Informationenzusammenstellung zum Kommunikationsfluss in Ihrer Organisation.

1. Listen Sie die Kommunikationsdienste auf, die von Ihrer Abteilung verwendet und im Netzwerk verwaltet werden.

   E-Mail, Microsoft NetMeeting

2. Notieren Sie, wie auf diese Kommunikationsdienste zugegriffen wird.

   Die Mitarbeiter der technischen Abteilung greifen über ihre Arbeitsstationen auf das E-Mail-Programm und NetMeeting zu. Wenn Sie geschäftlich unterwegs sind, müssen Sie von einem Laptopcomputer aus per Remotezugriff auf diese Dienste zugreifen können.

3. Listen Sie die Benutzer und Benutzergruppen auf, die die im Netzwerk verwalteten Kommunikationsdienste nutzen. Begründen Sie kurz, warum die Benutzer die einzelnen Kommunikationsdienste benötigen.

   KPIngenieure (Kunsstoffprodukte), AFIngenieure (Actionfiguren), MAIngenieure (Modellautos), PTIngenieure (Pflanzen- und Tiermodelle) und LeitIngenieure (leitende Ingenieure) benötigen Zugriff auf das E-Mail-Programm, um Nachrichten und Dateien zu versenden. Diese Gruppen benötigen außerdem Zugriff auf NetMeeting, um an Meetings mit den Marketingabteilungen für Nordamerika und Europa teilnehmen, Dateien gemeinsam nutzen und Informationen per Internet oder Intranet austauschen zu können.

4. Notieren Sie eventuell bestehende Zugriffsbeschränkungen für jeden Kommunikationsdienst.

   Für die technische Abteilung bestehen keinerlei zeitliche Einschränkungen für den Zugriff auf das E-Mail-Programm oder NetMeeting.

Arbeitsblatt zum Kommunikationsfluss – technische Abteilung von Hiabuv Toys
(Fortsetzung)

5. Geben Sie an, wer innerhalb Ihrer Abteilung für die Verwaltung der Kommunikationsdienste zuständig ist.

   Die Kommunikationsdienste der technischen Abteilung (E-Mail-Programm und NetMeeting) werden von der Abteilung für System- & Netzwerkverwaltung verwaltet.

6. Notieren Sie bekannte Schwierigkeiten oder Probleme mit den aktuell in Ihrer Abteilung verwendeten Kommunikationsdiensten.

   Die Mitarbeiter der technischen Abteilung können über Ihre Laptops per Remotezugriff nicht immer auf das E-Mail-Programm zugreifen.

Anmerkung Sie finden auf der Kursmaterialien-CD eine Vorlage für dieses Arbeitsblatt (**\chapt02\worksheets\CommunicationFlow**).

Entscheidungsfindungsprozesse

Die *Entscheidungsfindung* bezeichnet den Prozess, in dessen Verlauf verfügbare Optionen untersucht und anschließend eine Maßnahme ergriffen wird, um ein vorgegebenes Problem zu lösen. Das Ermitteln der verfügbaren Optionen und das Ergreifen geeigneter Maßnahmen wirkt sich auf die Geschäftsumgebung einer Organisation aus. Ähnlich stellen die von Ihrem Designteam ermittelten Optionen und die schließlich getroffenen Entscheidungen der Infrastrukturdesigner die Grundlage für Ihr Active Directory-Infrastrukturdesign dar. Es ist wichtig, den Prozess der Entscheidungsfindung innerhalb einer Organisation zu kennen, um Entscheidungen vorauszusehen, die sich möglicherweise auf die Geschäftsumgebung auswirken, und einen Entscheidungsfindungsprozess für Ihr Designteam zu entwickeln.

Zur Ermittlung der verfügbaren Optionen müssen Sie Informationen zu einem Problem zusammentragen und das Problem analysieren. Um Entscheidungen zu treffen, bei denen nur zwei Optionen zur Auswahl stehen, können Sie das Pro und Kontra der jeweiligen Lösung auflisten oder diese gegeneinander abwägen. Bei Entscheidungen, für die mehrere Lösungsvorschläge zur Auswahl stehen, können Sie eine Entscheidungsmatrix erstellen. Eine *Entscheidungsmatrix* ist ein Vergleich der Kriterien, anhand derer mit den verfügbaren Optionen eine Entscheidung getroffen wird. Untersuchen, definieren und gewichten Sie zunächst die Kriterien, die bei der Entscheidung eine Rolle spielen. Verteilen Sie anschließend für jede Option Punkte, gemessen an der Eignung bezüglich der Entscheidungskriterien. Bei Tabelle 2.1 handelt es sich um eine Entscheidungsmatrix, die Hiabuv Toys bei der Entscheidung eingesetzt haben könnte, wo sich der Produktionsstandort befinden soll. Die erste Zahl stellt die Gewichtung dar. Die Zahl in Klammern stellt den nicht gewichteten Wert dar.

Tabelle 2.1 Beispiel einer Entscheidungsmatrix

Kriterium	Gewichtung (von 1[niedrig] bis 5[hoch])	Taipeh	Tokyo	Sydney
Grundstückskosten	2	3 (6)	1 (2)	3 (6)
Steuern	4	3 (12)	1 (4)	3 (12)
Lohnkosten	5	3 (15)	1 (5)	2 (10)
Heizkosten	4	5 (20)	3 (12)	4 (16)
Laufende Kosten	4	2 (8)	4 (16)	3 (12)
Zugang zu Verkehrsinfrastruktur	3	5 (15)	5 (15)	4 (12)
Versandzeit	3	5 (15)	4 (12)	2 (6)
Gesamt: Gewichtung (nicht gewichtet)	Max.: 25 (125)	26 (91)	19 (66)	21 (74)

Nachdem Sie die Optionen festgelegt haben, besteht der nächste Schritt darin, eine Maßnahme zu ergreifen bzw. die Entscheidung zu treffen, die zur Problemlösung führt. Innerhalb einer Organisation gibt es grundsätzlich fünf Möglichkeiten der Entscheidungsfindung: auf Anweisung, per Konsultation, per Delegierung, im Konsens oder per Abstimmung. *Anweisungsentscheidungen* werden von einer Person getroffen. Obwohl eine Person in der Lage ist, schnell eine Entscheidung zu treffen, kann diese Form der Entscheidung Nachteile bergen, da sie nur die Betrachtungsweise einer Person berücksichtigt. *Beratungsbasierte Entscheidungen* werden ebenfalls von einer Person getroffen, doch erst nachdem diese Person Fakten, Ideen und Meinungen von anderen Personen gesammelt hat. In diesen Prozess sind zwar mehrere Personen einbezogen, er ist jedoch immer noch von Analyse und Beurteilung einer Person abhängig. *Delegierte Entscheidungen* sind Entscheidungen, die in der Anweisungshierarchie einer Organisation nach unten verschoben wurden. Der Delegierte muss die Entscheidung treffen. Konsensentscheidungen werden durch eine Übereinkunft innerhalb der von der Entscheidung betroffenen Gruppe getroffen. Da diese Entscheidungen erst getroffen werden können, wenn alle Mitglieder der Gruppe zustimmen, ist dieses Verfahren sehr zeitaufwendig und bietet keine Garantie, dass eine wirksame Entscheidung getroffen wird. Bei Entscheidungen, die per *Abstimmung* getroffen werden, entscheidet die Mehrheit der betroffenen Gruppe. Die Abstimmung ist keine effektive Methode der Entscheidungsfindung, da keine Unterstützung der Gruppe erforderlich ist.

Es wird empfohlen, die Entscheidungsfindungsprozesse für die Infrastruktur festzulegen und alle Mitglieder des Designteams über die Festlegung zu informieren. Es ist wichtig, dass die Teammitglieder verstehen, ob Sie an den Entscheidungen in Bezug auf das Infrastrukturdesign direkt beteiligt sind oder nur Empfehlungen für die Entscheidungsfindung aussprechen. Das nachstehende Arbeitsblatt zur Entscheidungsfindung analysiert die Entscheidungsfindungsprozesse von Hiabuv Toys.

Arbeitsblatt zur Entscheidungsfindung – Hiabuv Toys

Verwenden Sie das nachfolgende Arbeitsblatt als Referenz bei der Informationenzusammenstellung zum Entscheidungsfindungsprozess Ihrer Organisation.

1. Welche Entscheidungen werden innerhalb Ihrer Organisation auf Bereichsebene getroffen?

   Entscheidungen, die auf Abteilungsebene getroffen werden, müssen der Geschäftsstrategie entsprechen und Unternehmensbelange betreffen. Das leitende Management kann beispielsweise entscheiden, dass Informationen zu der Frage gesammelt werden sollen, ob die Produktionsabteilung einen eigenen Unternehmensbereich erhalten sollte.

2. Welche Entscheidungen werden innerhalb Ihrer Organisation auf Abteilungsebene getroffen?

   Entscheidungen, die auf Abteilungsebene getroffen werden, müssen der Geschäftsstrategie entsprechen und die Belange der jeweiligen Abteilung betreffen. Die Trainingsabteilung könnte beispielsweise Informationen dazu sammeln, ob ein Onlinetrainingssystem für die Beschäftigten umsetzbar wäre.

3. Welche Entscheidungen werden von den Mitarbeitern getroffen?

   Entscheidungen, die von den Mitarbeitern getroffen werden, müssen der Geschäftsstrategie des Unternehmens entsprechen und für einzelne Projekte innerhalb der jeweiligen Abteilung von Bedeutung sein. Ein Vertriebsmitarbeiter kann beispielsweise Informationen dazu sammeln, ob es sich bei einem durch einen Mitbewerber belieferten Einzelhändler möglicherweise um einen potenziellen Kunden handelt.

4. Welchen Entscheidungsfindungsprozess wird das Active Directory-Infrastruktur-Designteam einsetzen?

   Innerhalb des Designteams treffen die Infrastrukturdesigner die Entscheidungen, die das Infrastrukturdesign betreffen. Die Entscheidungen werden auf Konsensebene getroffen, nachdem alle benötigten Informationen zusammengetragen wurden. Treten während des Entscheidungsfindungsprozesses Probleme auf, werden diese ermittelt und beseitigt. Entscheidungen werden dem Mitarbeiterstab und den Managementrepräsentanten mitgeteilt, die Gelegenheit erhalten, sich zu den getroffenen Entscheidungen zu äußern.

5. Notieren Sie bekannte Schwierigkeiten oder Probleme, die im Entscheidungsfindungsprozess Ihrer Organisation auftreten.

   Das Treffen von Geschäftsentscheidungen erfordert häufig zu viel Zeit.

Anmerkung Sie finden auf der Kursmaterialien-CD eine Vorlage für dieses Arbeitsblatt (**\chapt02\Worksheets\DecisionMaking**).

Analysieren der Einflüsse auf die Geschäftsstrategie

Eine *Geschäftsstrategie* ist ein umfangreicher Plan, in dem die Ziele einer Organisation definiert und die Methoden zu ihrer Durchsetzung dargelegt sind. Die Faktoren in Bezug auf die Zielsetzungen, die Umgebung sowie die Ressourcen einer Organisation haben Einfluss auf die jeweiligen Geschäftsstrategien.

- Zu den Zielsetzungen einer Organisation, die sich auf die Geschäftsstrategie auswirken können, gehören Unternehmensprioritäten, angestrebtes Wachstum und Wachstumsstrategien sowie die Risikobereitschaft.

- Zu den Faktoren hinsichtlich der Organisationsumgebung, die sich auf die Geschäftsstrategie auswirken können, gehören der Status der lokalen, regionalen, nationalen und internationalen Wirtschaft; sich ändernde Technologien, soziale und kulturelle Faktoren; Gesetze und Bestimmungen; Mitbewerber; Kunden; Lieferanten und Regierungsbehörden.

- Zu den ressourcenbedingten Faktoren, die sich auf die Geschäftsstrategie auswirken können, gehören finanzielle Ressourcen, z. B. die Gesamtbetriebskosten; Personalkosten und technische Ressourcen.

Die Faktoren, die Einfluss auf die Geschäftsstrategie haben, wirken sich auch direkt auf die Active Directory-Infrastruktur aus. Das nachstehende Arbeitsblatt zu den Einflüssen auf die Geschäftsstrategie untersucht die Faktoren, die sich auf die Geschäftsstrategie von Hiabuv Toys auswirken.

Arbeitsblatt zu den Einflüssen auf die Geschäftsstrategie – Hiabuv Toys

Verwenden Sie das nachfolgende Arbeitsblatt als Referenz bei der Analyse der Faktoren, die sich auf die Geschäftsstrategien Ihrer Organisation auswirken.

1. Benennen Sie die für Ihre Organisation geltenden Prioritäten.

    Für Hiabuv Toys stehen die Entwicklung neuer Produkte, die Erhaltung der derzeitigen Mitarbeiterzahl sowie eine kosteneffektive Produktion im Vordergrund.

2. Welche Wachstumspläne hat Ihre Organisation? Beschreiben Sie die von Ihrer Organisation verwendete Wachstumsstrategie.

    Hiabuv Toys strebt innerhalb der nächsten drei Jahre ein Wachstum von 20% an. Verschiedene neue Projekte, die sich in der Konzeptphase befinden, sollen die Erträge steigern.

Arbeitsblatt zu den Einflüssen auf die Geschäftsstrategie – Hiabuv Toys *(Fortsetzung)*

Hiabuv Toys sieht Wachstumschancen in neuen Produkten und konzentriert daher seine Anstrengungen auf die Bereiche Marketing und Produktentwicklung. Da die Pflanzen- und Tiermodelle aus Kunststoff sich in der Rückgangsphase ihres Lebenszyklus befinden, werden die für diese Produktlinie aufgewendeten Ressourcen nach und nach neuen Produkten zugewiesen.

3. Beschreiben Sie die Risikobereitschaft Ihrer Organisation.

   Hiabuv Toys hat nur eine geringe Risikobereitschaft; alle neuen Richtlinien, Prozesse und Systeme werden in Stufen implementiert und dies nur dann, wenn abgesichert ist, dass bei eventuellen Problemen eine Rückkehr in den vorherigen Zustand ohne weiteres möglich ist.

4. Welche Ereignisse im Bereich der lokalen, regionalen, nationalen und internationalen Wirtschaft sind für Ihre Organisation relevant?

   Für Hiabuv Toys sind politische, wirtschaftliche und marktwirtschaftliche Ereignisse von Bedeutung, die Asien betreffen, insbesondere Taiwan, Nordamerika, hierbei ganz besonders die Vereinigten Staaten, die Europäische Union und vor allem Großbritannien.

5. Welche Technologien sind für die einzelnen Bereiche Ihrer Organisation von Bedeutung?

   Marketing: Kommunikationstechnologien und Technologien für das Internetmarketing. **Produktentwicklung:** Technologien für die Herstellung und das Recycling von Kunststoffen, umweltfreundliche Verpackungen, Technologien für den computergestützten Entwurf und die computergesteuerte Produktion sowie die Robotertechnik. **Verkauf:** Kommunikationstechnologien, Technologien für den Internetvertrieb und Auftragsverfolgungssysteme. **Personalwesen:** Personalwerbung über das Internet, internetbasiertes Training. **Rechnungswesen:** Kommunikationstechnologien, Einkauf über das Internet. **Informationstechnologie:** ein unternehmensweites Betriebssystem, unternehmensweit eingesetzte Anwendungen, computergestützter Support, Internettechnologien, die im ganzen Unternehmen eingesetzt werden.

6. Welche sozialen und kulturellen Faktoren spielen innerhalb Ihrer Organisation eine Rolle?

   (1) Die für Taiwan, Nordamerika und die Europäische Union geltenden Geschäftsnormen müssen eingehalten werden. (2) Die Tatsache, dass Hiabuv Toys vor allem Produkte für Kinder herstellt, und die Einschätzung, dass die Zahl der Kinder in den Zielländern rückläufig ist, wird bei der Planung neuer Produkte berücksichtigt.

Arbeitsblatt zu den Einflüssen auf die Geschäftsstrategie – Hiabuv Toys *(Fortsetzung)*

7. Welche Regierungsbehörden, Gesetze und Bestimmungen sind für Ihre Organisation von Bedeutung?

   Hiabuv Toys unterliegt den Regierungsbehörden und Gesetzen von Taiwan, den Vereinigten Staaten und Großbritannien. Hiabuv Toys unterliegt ferner den für die Vereinigten Staaten und Großbritannien geltenden Handelsverordnungen. Daher dürfen beispielsweise keine Produkte in Länder verkauft werden, für die ein Handelsembargo gilt. Die Produkte von Hiabuv Toys müssen den Sicherheitsbestimmungen für Nordamerika und den Ländern der Europäischen Union entsprechen.

8. Welche Mitbewerber hat Ihre Organisation?

   In Bezug auf die Produktlinien der Actionfiguren und Modellautos muss Hiabuv Toys sich gegen zwei Hauptkonkurrenten durchsetzen. Einer der Mitbewerber ist zweimal so groß wie Hiabuv Toys und vertreibt seine Produkte weltweit, der zweite Mitbewerber ist kleiner als Hiabuv Toys und verkauft seine Produkte nur in Australien. Im Bereich der Pflanzen- und Tiermodelle gibt es ein Konkurrenzunternehmen, das in etwa die gleiche Größe aufweist wie Hiabuv Toys, jedoch auch Gesteinsmodelle sowie Nachbildungen von Mineralen und Edelsteinen anbietet. In Bezug auf die Plastikprodukte hat Hiabuv Toys einen Konkurrenten, ein großes Unternehmen mit internationalem Vertrieb, das auch Outdoor-Spielzeug für Kinder produziert.

9. Wie hoch liegen die Gesamtbetriebskosten für jedes Produkt? (Berechnen Sie die Summe der Fixkosten, z. B. Miete, Gehälter und Vermögenssteuer sowie die variablen Kosten, z. B. Arbeitskraft und Material für verschiedene bereitgestellte Produkte oder Dienste.)

   Die Gesamtbetriebskosten für jedes Produkt liegen bei: 1,11$ pro Stück für die Actionfiguren aus Plastik; zwischen 1,22 und 5,02$ pro Stück für das Plastikspielzeug und die Gartendekorationen; zwischen 13,40 und 100 pro Stück für die Modellautos; zwischen 11,50 und 200$ pro Stück für die Pflanzen- und Tiermodelle aus Plastik.

10. Über welche Personalressourcen verfügt Ihre Organisation?

    Aufgrund eines engen Arbeitsmarktes sind die für die Abteilungen im Chicagoer Bereich verfügbaren qualifizierten Arbeitskräfte momentan sehr begrenzt. Kunststoffingenieure sind nur schwer zu finden, genau wie Worl Wide Web-Programmierer. Arbeitskräfte für den Produktionsbereich sind in Taiwan momentan ausreichend verfügbar, aufgrund eines allgemeinen Schwenks zu computerbasierten Jobs zeichnet sich hier jedoch eine Verschärfung der Situation ab. Die Zahl der verfügbaren Arbeitskräfte für den Vertrieb in Seattle ist ebenfalls rückläufig. Ein ausgeglichener Arbeitsmarkt im Bereich von London sorgt für ausreichend verfügbares qualifiziertes Personal und Vertriebspersonal. Die Erhaltung des aktuell weltweit beschäftigten Personals ist eine Hauptpriorität von Hiabuv Toys.

Anmerkung Sie finden auf der Kursmaterialien-CD eine Vorlage für dieses Arbeitsblatt (**\chapt02\Worksheets\BusinessStrategy**).

Analyse des IT-Managements

Die *Informationstechnologie* (Information Technology, IT) ist eine Technologie, die zur Verwaltung und Verarbeitung von Daten eingesetzt wird. Innerhalb einer Organisation wird mit IT-Management die Instanz bezeichnet, die für die Verwaltung der Computerumgebung verantwortlich ist. Diese Aufgabe wird üblicherweise von der IT-, IS- (Information Services, Informationsdienste) oder MIS-Abteilung (Management Information Services, Management-Informationsdienste) wahrgenommen. Die Strukturierung des IT-Managements und der eingesetzten Prozesse kann sich auf die Active Directory-Infrastruktur auswirken.

Zur Analyse Ihres aktuellen IT-Managements müssen Sie Informationen zu der verwendeten Verwaltungsstruktur zusammentragen. Das IT-Management kann zentral oder dezentral strukturiert sein oder diese Verwaltungsformen miteinander kombinieren. Bei der *zentralen* Verwaltungsstruktur werden Dienst- und Netzwerkverwaltung durch ein Team bereitgestellt. In der *dezentralen* Verwaltungsstruktur werden diese Dienste von verschiedenen Teams bereitgestellt. Diese Teams werden häufig nach Standort oder Geschäftsfunktion getrennt. Einige Verwaltungsmodelle bieten eine Kombination aus zentraler und dezentraler Verwaltung, je nach Geschäftsanforderungen. Es ist hilfreich, die Form des IT-Managements innerhalb Ihrer Organisation sowie die Entscheidungsfindung und die Handhabung von Organisationsänderungen innerhalb des IT-Managements zu analysieren. Das nachstehende Arbeitsblatt zum IT-Management untersucht die IT-Abteilung von Hiabuv Toys.

Arbeitsblatt zum IT-Management – Hiabuv Toys

Verwenden Sie das nachfolgende Arbeitsblatt als Referenz bei der Informationenzusammenstellung zum IT-Management Ihrer Organisation.

1. Skizzieren Sie die Verwaltungsstruktur des IT-Managements in Ihrer Organisation.

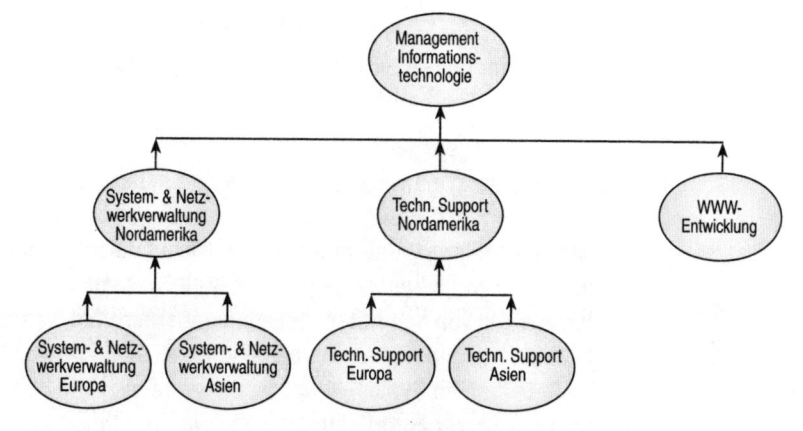

```
                    Management
                  Informations-
                   technologie
                 /      |      \
    System- & Netz-  Techn. Support   WWW-
    werkverwaltung   Nordamerika     Entwicklung
    Nordamerika
       /    \            /    \
  System- System-    Techn.  Techn.
  & Netz- & Netz-    Support Support
  werkv.  werkv.     Europa  Asien
  Europa  Asien
```

2. Handelt es sich um eine zentrale oder dezentrale Verwaltungsstruktur oder werden diese Konzepte kombiniert?

   Da die IT-Dienste durch verschiedene Teams bereitgestellt werden, die auf der Grundlage von Geschäftsfunktion und Standort zusammengestellt werden, handelt es sich bei der von Hiabuv Toys verwendeten Verwaltungsstruktur für das IT-Management um eine dezentrale Lösung.

3. Wer ist für die Budgetierung verantwortlich? Wer genehmigt das Budget?

   Die Leiter der Abteilungen für System- & Netzwerkverwaltung in Nordamerika, den technischen Support in Nordamerika und das World Wide Web erstellen ein Abteilungsbudget. Die leitenden IT-Manager genehmigen das Abteilungsbudget.

4. In welchem Monat wird das Budget erstellt? Wann beginnt in Ihrer Organisation das Geschäftsjahr?

   Der IT-Bereich erstellt sein Budget für das nächste Geschäftsjahr im Juli. Das Geschäftsjahr beginnt am 1. September.

5. Welche Budgetangelegenheiten wirken sich auf die Planung der Active Directory-Infrastruktur aus?

   Die Ressourcen für neue Serverhardware sind knapp; es stehen nur begrenzte Ressourcen für bessere Netzwerkverbindungen zur Verfügung.

Arbeitsblatt zum IT-Management – Hiabuv Toys *(Fortsetzung)*

6. Listen Sie alle ausgelagerten IT-Dienste auf und geben Sie die entsprechenden Lieferanten an.

    Ein kleiner Teil der Softwareentwicklung wird von der A. Datum Corporation geleistet. Die Firma ProElectron, Inc. stellt Verkabelungsdienste bereit; Transportdienste werden von der Fa. Costoso, Ltd. übernommen.

7. Beschreiben Sie den Entscheidungsfindungsprozess für das IT-Management Ihrer Organisation.

    Entscheidungen, die sich auf das gesamte Unternehmen auswirken, werden nach einer Beratung mit weiteren Organisationsmitarbeitern von den leitenden IT-Managern getroffen. Die leitenden IT-Manager können beispielsweise entscheiden, dass eine Aktualisierung des unternehmensweiten Betriebssystems oder eine Änderung des im Unternehmen verwendeten E-Mail-Systems vorgenommen wird. Entscheidungen, die von den Abteilungsmanagern getroffen werden, betreffen die jeweilige Abteilung und werden in Übereinkunft mit den Abteilungsmitgliedern getroffen. Die Abteilung für System- & Netzwerkverwaltung kann beispielsweise entscheiden, dass ein Server zur effektiveren Nutzung durch die Benutzer an einen anderen Standort verlegt wird. Entscheidungen von IT-Mitarbeitern betreffen einzelne Projekte innerhalb einer Abteilung. Ein Mitglied der Abteilung für technischen Support könnte beispielsweise eine Liste mit häufig gestellten Fragen zur Verteilung innerhalb der Organisation erstellen, um so Antworten auf häufig auftretende Supportfragen bereitzustellen.

8. Wie werden IT-Änderungen innerhalb des IT-Managements gehandhabt?

    Zunächst muss die Abteilung ermitteln, ob eine IT-bezogene Änderung notwendig ist, indem überprüft wird, inwiefern die IT-Funktionen den Anforderungen der Organisation entsprechen. Werden bestimmte Anforderungen nicht erfüllt, und ist somit eine Änderung erforderlich, sammelt die Abteilung Daten zu möglichen Lösungen und erarbeitet eine Lösung. Anschließend wird ein Implementierungsplan für die Änderung erstellt. Der Plan wird getestet, indem die Änderung in einer Testumgebung umgesetzt wird. Es werden solange Umgestaltungen vorgenommen, bis die Änderung in der Testumgebung erfolgreich implementiert ist. Liefern Plan und Änderung zufrieden stellende Ergebnisse, wird die Änderung in einem kleinen Bereich der Organisation implementiert. Die Änderung wird überwacht; sind die Ergebnisse zufrieden stellend, wird die Änderung stufenweise in den verbleibenden Sektoren der Organisation implementiert.

Arbeitsblatt zum IT-Management – Hiabuv Toys *(Fortsetzung)*

9. Notieren Sie bekannte Schwierigkeiten oder Probleme, die in der Struktur des IT-Managements Ihrer Organisation auftreten.

   Es ist häufig unklar, wer für die Systemverwaltungsaufgaben zuständig ist, die in der Abteilung für System- & Netzwerkverwaltung in Nordamerika anfallen. Die Abteilung für technischen Support in Europa ist im Hinblick auf Supportanforderungen häufig überlastet.

Anmerkung Sie finden auf der Kursmaterialien-CD eine Vorlage für dieses Arbeitsblatt (**\chapt02\Worksheets\ITManagement**).

Zusammenfassung der Lektion

In dieser Lektion haben Sie gelernt, jede einzelne Komponente Ihrer Geschäftsumgebung zu analysieren, z. B. die aktuellen Produkte und Kunden, Geschäftsstrukturen, Geschäftsprozesse, das IT-Management und Faktoren, die Einfluss auf die Unternehmensstrategien haben. Die Geschäftsumgebung einer Organisation definiert, wie die nicht technischen Ressourcen eines Unternehmens strukturiert und verwaltet werden. Die Geschäftsumgebung einer Organisation wirkt sich direkt auf die Active Directory-Infrastruktur aus.

Ferner haben Sie gelernt, wie Sie eine Dokumentation zur Analyse der Geschäftsumgebung erstellen. Anhand dieser Dokumentation kann der aktuelle Status jeder Komponente der Geschäftsumgebung einer Organisation beschrieben werden. Die Dokumentation zur Analyse der Geschäftsumgebung umfasst ausgefüllte Arbeitsblätter zu Produkten und Kunden, Geschäftsstrukturen, Informationsfluss, Kommunikationsfluss, Entscheidungsfindung, Einflüssen auf die Geschäftsstrategie und das IT-Management. Nach Fertigstellung kann diese Dokumentation an die einzelnen Mitglieder des Designteams verteilt werden und als Ausgangspunkt für die Diskussion sowie zur Feststellung zukünftiger Anforderungen dienen.

Lektion 3: Analyse der aktuellen technischen Umgebung

Im Rahmen dieses Trainings ist die *technische Umgebung* einer Organisation gleichbedeutend mit der Art der Strukturierung und Verwaltung der technischen Ressourcen. Bevor Sie mit der Planung der Active Directory-Infrastruktur beginnen können, müssen Sie den aktuellen Status der technischen Umgebung analysieren. In dieser Lektion erfahren Sie, was Sie bei der Analyse der technischen Umgebung beachten müssen.

Am Ende dieser Lektion werden Sie in der Lage sein, die folgenden Aufgaben auszuführen:
- Analyse der aktuellen Netzwerkarchitektur Ihrer Organisation
- Analyse der aktuell in Ihrer Organisation verwendeten Hardware
- Analyse der aktuell in Ihrer Organisation verwendeten Software
- Analyse der aktuell in Ihrer Organisation verwendeten technischen Standards
- Analyse der aktuellen DNS-Umgebung Ihrer Organisation
- Analyse der aktuellen Windows NT-Domänenarchitektur Ihrer Organisation

Veranschlagte Zeit für diese Lektion: 40 Minuten

Analyse der aktuellen technischen Umgebung

Durch eine Analyse der aktuellen technischen Umgebung Ihrer Organisation können Sie die technischen Voraussetzungen für die Implementierung von Active Directory ermitteln. Bei der Analyse der aktuellen technischen Umgebung Ihrer Organisation müssen Sie jede Komponente der technischen Umgebung untersuchen:

- Netzwerkarchitektur
- Hardware
- Software
- Technische Standards
- DNS-Umgebung (falls vorhanden)
- Windows NT-Domänenarchitektur (falls vorhanden)

Sie erreichen eine umfassenden Analyse jeder dieser Komponenten über ausführliche Gespräche mit verschiedenen Mitgliedern des Designteams, in denen Sie die benötigten Informationen zusammentragen. Eine besonders geeignete Methode der Informationsbeschaffung stellt die Verwendung von Arbeitsblättern dar. In einem Arbeitsblatt können Sie notieren, welche Informationen Sie zu einer Komponente benötigen; das Arbeitsblatt kann während der Gespräche eingesetzt werden. Die Kursmaterialien-CD enthält Vorlagen für Arbeitsblätter. Sie können diese Vorlagen im Rahmen von Gesprächen zur Analyse Ihrer eigenen technischen Umgebung einsetzen. Die Arbeitsblätter dienen jedoch nur als Einstiegshilfe und sollten vor Gebrauch an die spezifischen Analyseanforderungen angepasst werden.

Nachdem Sie im Rahmen der Analyse verschiedene Gespräche geführt und unter Verwendung von Arbeitsblättern Informationen gesammelt haben, erhalten Sie eine so genannte *Dokumentation zur Analyse der technischen Umgebung*, die den aktuellen Status aller Komponenten einer technischen Umgebung beschreibt. Nach Fertigstellung kann diese Dokumentation an die einzelnen Mitglieder des Designteams verteilt werden und als Ausgangspunkt für die Diskussion sowie zur Feststellung zukünftiger Anforderungen dienen. In dieser Lektion untersuchen Sie die bereits ausgefüllten Arbeitsblätter zur Analyse der technischen Umgebung von Hiabuv Toys, einer fiktiven Spielzeugfirma, deren Designteam in der ersten Lektion vorgestellt wurde.

Anhand der Dokumentation zur Analyse der technischen Umgebung und den ermittelten Anforderungen hinsichtlich der technischen Umgebung legen Sie die Standorte und Funktionen der einzelnen Komponenten in Ihrem Active Directory-Infrastrukturplan fest. Die Vorgehensweise bei der Ermittlung Anforderungen an die technische Umgebung lernen Sie im Rahmen der Phasen des Designprozesses kennen, die in den Kapiteln 3 bis 6 behandelt werden.

Analyse der aktuellen Netzwerkarchitektur

Durch eine Analyse der Netzwerkarchitektur zeichnen Sie die physische Umgebung des Organisationsnetzwerks nach, das folgende Komponenten umfasst:

- Standorte im Netzwerk
- Anzahl der Benutzer an jedem Standort
- An jedem Standort verwendeter Netzwerktyp
- Standort, Verbindungsgeschwindigkeit und verfügbare Bandbreite in Prozent für Remotenetzwerkverbindungen

---

Anmerkung Mit verfügbarer Bandbreite ist die Bandbreite gemeint, die verbleibt, wenn Sie von der Gesamtbandbreite einer Verbindung den Netzwerkverkehr abziehen, der bei Spitzenbelastungszeiten auftritt.

- TCP/IP-Subnetze an jedem Standort
- Geschwindigkeit der lokalen Netzwerkverbindungen
- Standort der Domänencontroller
- Liste der Server an jedem Standort und der darauf ausgeführten Dienste
- Standort von Firewalls im Netzwerk

Das nachstehende Arbeitsblatt zur Netzwerkarchitektur untersucht die Netzwerkarchitektur von Hiabuv Toys.

Arbeitsblatt zur Netzwerkarchitektur – Hiabuv Toys

Verwenden Sie das nachfolgende Arbeitsblatt als Referenz bei der Informationenzusammenstellung zur Netzwerkarchitektur Ihrer Organisation.

1. Skizzieren Sie die Netzwerkarchitektur Ihrer Organisation. Geben Sie hier die Netzwerkstandorte, die Anzahl der Benutzer pro Standort, die Verbindungen zwischen den Standorten, die Verbindungsgeschwindigkeit sowie für jeden Standort die verfügbare Bandbreite in Prozent bei normalem Geschäftsbetrieb an. Geben Sie an, ob für Verbindungen Gebühren auf Nutzungsebene anfallen, ob diese bekannterweise unzuverlässig oder nicht ständig verfügbar sind bzw. ob eine Verbindung nur über SMTP (Simple Mail Transfer Protocol) möglich ist.

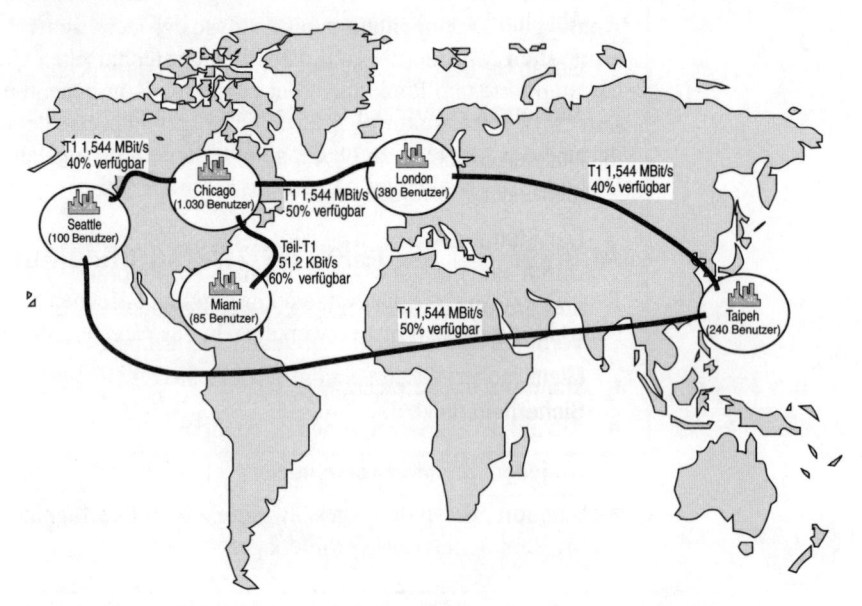

   [Weltkarte mit folgenden Standorten und Verbindungen:
   - Seattle (100 Benutzer)
   - Chicago (1.030 Benutzer)
   - Miami (85 Benutzer)
   - London (380 Benutzer)
   - Taipeh (240 Benutzer)

   Verbindungen:
   - Seattle – Chicago: T1 1,544 MBit/s, 40% verfügbar
   - Chicago – London: T1 1,544 MBit/s, 50% verfügbar
   - Chicago – Miami: Teil-T1 51,2 KBit/s, 60% verfügbar
   - London – Taipeh: T1 1,544 MBit/s, 40% verfügbar
   - Miami – Taipeh: T1 1,544 MBit/s, 50% verfügbar*

2. Listen Sie die an jedem Standort verwendeten Netzwerktypen (Windows, Novell) auf.

   Alle Server an allen Standorten nutzen ein Windows NT 4.0-Netzwerk.

3. Listen Sie die TCP/IP-Subnetze an jedem Standort auf.

   Seattle: 140.10.*x.x*. Chicago: 141.10.*x.x*. Miami: 143.20.*x.x*. London: 144.31.*x.x*. Taipeh: 150.30.*x.x*.

4. Geben Sie die Verbindungsgeschwindigkeit für alle lokalen Netzwerke an allen Standorten an.

   Alle Standorte verfügen über eine Hochgeschwindigkeits-Backboneverbindung, mit dem 10 MB-bis 100 MB-LANs verbunden werden.

Arbeitsblatt zur Netzwerkarchitektur – Hiabuv Toys *(Fortsetzung)*

5. Geben Sie die Standorte der Domänencontroller im Netzwerk an.

Seattle:	2 Domänencontroller.	Taipeh:	2 Domänencontroller.
Chicago:	4 Domänencontroller.	Miami:	2 Domänencontroller.
London:	3 Domänencontroller.		

6. Listen Sie die Server an jedem Standort, deren Zweck und die darauf ausgeführten Dienste auf.

    Jeder Standort verfügt über einen Exchange-Server und mindestens einen Dateiserver. Die Standorte London und Chicago verfügen jeweils über einen SQL-Server zur Handhabung von Personal-, Finanz- und Kundendaten sowie Daten zum technischen Support. An den Standorten in Seattle und London ist jeweils ein SQL-Server zur Handhabung der Vertriebsdaten vorhanden. Der Standort in Chicago verfügt über einen CAD-Server für die Produktentwicklungsdaten der technischen Abteilung. Am Standort in Taipeh ist ein Server für die Produktionsdaten vorhanden.

7. Geben Sie die Standorte aller Firewalls im Netzwerk an.

    Momentan verfügt nur der Standort Chicago über eine Firewall.

8. Notieren Sie bekannte Schwierigkeiten oder Probleme, die in der aktuellen Netzwerkarchitektur Ihrer Organisation auftreten.

    Der Standort Chicago verfügt derzeit über keine direkte Verbindung zu Taipeh. Durch eine direkte Verbindung könnte Bandbreite zwischen Chicago und Seattle sowie zwischen Chicago und London freigegeben werden. Des Weiteren ist nur eine Verbindung mit Miami vorhanden; bei eventuellen Ausfällen wäre der Standort Miami isoliert. Die fehlenden Firewalls an den verschiedenen Standorten stellen ein Sicherheitsrisiko dar.

Anmerkung Sie finden auf der Kursmaterialien-CD eine Vorlage für dieses Arbeitsblatt (**\chapt02\Worksheets\NetworkArch**).

Analyse der aktuellen Hard- und Software

Der Grund für die Analyse der aktuell verwendeten Hard- und Software in einem Netzwerk liegt darin, die Kompatibilität mit Windows 2000 Server sicherzustellen. Der erste Schritt bei der Analyse sollte darin bestehen, eine Inventurliste der installierten Hard- und Software zu erstellen. Im zweiten Schritt vergleichen Sie die Inventurliste mit der Kompatibilitätsliste für Windows 2000 Server, auf der alle kompatiblen Hard- und Softwarekomponenten aufgeführt werden. Sie finden diese Liste unter *http://www.microsoft.com/windows2000/upgrade/compat/default.asp.*

Bei der Hardwareinventur sollten Sie alle Gerätenamen sowie den Namen des Herstellers und die Modellnummer erfassen. Je nach Gerätetyp können weitere Informationen gesammelt werden, beispielsweise Prozessortyp, Speicher- oder Festplattenkapazität. Bei der Inventur sollten Sie zwischen den einzelnen Gerätetypen unterscheiden, z. B. Sound- oder Grafikkarten, Computer, Kameras oder digitale Kameras, CD-R/RW-Laufwerke, Controllerkarten, DVD, Eingabegeräte, Modems, Monitore, Netzwerkgeräte, Drucker, Scanner, SmartCard-Lesegeräte, Speichergeräte, TV-Tuner, USV-Geräte (Unterbrechungsfreie Stromversorgung), USB/1394-Geräte, Grafikgeräte oder weitere installierte Geräte.

Die Softwareinventur sollte den Namen des Produkts, die Versionsnummer, Herstellername und verwendete Sprache (z. B. Englisch oder Französisch) umfassen. Je nach Software können weitere Informationen erfasst werden, z. B. Informationen dazu, ob es sich um ein Service Pack oder ein Patch handelt. Bei der Softwareinventur sollte zwischen den Softwarekategorien unterschieden werden, die für Ihre Organisation relevant sind, z. B. Grafik & Unterhaltung, geschäftlich genutzte Software, Verbindung und Kommunikation, plattformübergreifende Tools/Integration, Datenverarbeitung, Data Warehousing, Multimedia, Netzwerkinfrastruktur, Betriebssysteme, Systemverwaltung, Benutzerschnittstellenerweiterungen und Zugänglichkeit, Dienstprogramme und Serversoftware, Workflow- und Konferenzsoftware.

Das nachstehende Arbeitsblatt zu Hard- und Software erstellt eine Inventur für Hiabuv Toys, bei der die Standort in Seattle installierte Hardware sowie die in der Trainingsabteilung installierte Software erfasst und angegeben wird, inwieweit die Hard- und Software mit Windows 2000 Server kompatibel ist.

Arbeitsblatt zu Hard- und Software – Hiabuv Toys

Verwenden Sie dieses Arbeitsblatt als Referenz bei Inventur und Analyse der in Ihrer Organisation installierten Hard- und Software.

1. Listen Sie die in Ihrer Organisation verwendeten Hardwaregeräte nach Standort auf. Markieren Sie alle Komponenten mit einem Sternchen (*), die nicht mit Windows 2000 Server kompatibel sind.

   Hardware – Standort Seattle

   4 Server: (2) Generic Pentium-CPUs (64 MB RAM*), (2) Dell PowerEdge 4400 (Pentium III, 2 GB ECC RAM)

   105 Arbeitsstationen: (30) Generic Pentium-CPUs (64 MB RAM*), (25) Dell Dimension XPS B (Pentium III, 512 MB RDRAM), (50) Dell Optiplex GX110 (Pentium III, 512 MB SDRAM)

   10 Drucker: (9) HP Laserjet 7550+, (1) HP Color Laserjet 4500N

   2 Scanner: (2) UMAX Astra 1220S

   1 SCSI-Speichereinheit: Dell Power Vault 210S

Arbeitsblatt zu Hard- und Software – Hiabuv Toys *(Fortsetzung)*

1 USV-Einheit: APC Smart-UPS 3000RM

2. Listen Sie die in Ihrer Organisation eingesetzte Software nach Abteilung auf. Markieren Sie alle Komponenten mit einem Sternchen (*), die nicht mit Windows 2000 Server kompatibel sind.

<u>Software – Trainingsabteilung (Standort Chicago)</u>

Microsoft Windows NT Workstation 4.0

Microsoft Office 2000 Professional, Englisch

Microsoft Internet Explorer 5.01

Adobe Acrobat 4, Englisch

Adobe Photoshop 5.5, Englisch

Visio Professional 5, Englisch

McAfee VirusScan 4, Englisch*

WinZip 8

3. Notieren Sie bekannte Schwierigkeiten oder Probleme, die bei der aktuell in Ihrer Organisation installierten Hard- und Software auftreten.

Die zwei älteren Server in Seattle überhitzen sich gelegentlich und müssen ausgetauscht werden.

Anmerkung Sie finden auf der Kursmaterialien-CD eine Vorlage für dieses Arbeitsblatt (**\chapt02\Worksheets\Hardware&Software**).

Analyse der aktuellen technischen Standards

Die technischen Standards einer Organisation bezeichnen die aktuell geltenden Konventionen für die technische Umgebung. Zu den technischen Standards gehören:

- Standardhardwarekonfigurationen für Desktops, Server und weitere Geräte
- Standardkonfigurationen für Benutzerdesktops
- Namenskonventionen für Benutzer, Gruppen, Geräte und Domänen
- Standards im Hinblick auf die Netzwerkleistung
- Sicherheitsstandards

Das nachstehende Arbeitsblatt zu den technischen Standards für Hiabuv Toys untersucht die technischen Standards, die aktuell für die technische Abteilung der Organisation gelten.

Arbeitsblatt zu den technischen Standards – Hiabuv Toys

Verwenden Sie dieses Arbeitsblatt als Referenz bei der Informationenzusammenstellung zu den technischen Standards, die aktuell in Ihrer Organisation eingesetzt werden.

1. Listen Sie die Standardhardwarekonfiguration für die Desktops in jeder Abteilung Ihrer Organisation auf.

   Technische Abteilung: 800EB MHz Pentium III-Prozessor (128 MB RDRAM, 30 GB-Festplatte), 21-Zoll-Monitor (32 MB-Grafikkarte), DVD-ROM-Laufwerk (max. 12-fach), CD-RW-Laufwerk (max. 8x/4x/32x), digitale Soundkarte, Lautsprecher, Maus und Modem. Dieser Standard wurde vor 6 Monaten implementiert; die Hardware wird in den nächsten 12 Monaten kontinuierlich aktualisiert.

2. Geben Sie die Standardhardwarekonfiguration der Server in Ihrer Organisation an.

   Standardserverkonfiguration für die Abteilungen (inkl. technische Abteilung): 2 80 MHz Pentium III-Prozessoren, 133 MHz Systembus, 32 KB-Level 1-Cache, 256 KB-Fullspeed-Level 2-Cache, 2 GB ECC 133 MHz SDRAM-Speicher, 36 GB-Festplatte, externe

   Speichereinheit, Bandsicherungseinheit, 21-Zoll-Monitor, CD-ROM-Laufwerk, 3,5-Zoll-Diskettenlaufwerk, Maus und Modem. Dieser Standard wurde vor 6 Monaten implementiert; die Hardware wird in den nächsten 12 Monaten kontinuierlich aktualisiert.

3. Listen Sie die Standarddesktopkonfiguration der Benutzer in jeder Abteilung Ihrer Organisation auf.

   Auf allen Benutzercomputern in der technischen Abteilung wird beim Start das Hiabuv Toys-Logo angezeigt, auf den Computern ist ein Hiabuv Toys-Standardbildschirmschoner installiert. Auf den Benutzerdesktops werden Softwareverknüpfungen angezeigt, beispielsweise zu dem für den Produktentwurf verwendeten CAD-Programm. Auf dem Desktop erscheint außerdem die Microsoft Office-Leiste. Die Benutzer dürfen keine Änderungen an ihren Desktops vornehmen.

4. Geben Sie die Standardsicherheitseinstellungen für die Organisation an, beispielsweise Kennwort-, Kontosperrungs- und Kerberos-bezogene Einstellungen. Geben Sie außerdem an, wenn diese Standards in bestimmten Bereichen der Organisation abweichen.

   Das maximale Kennwortalter beträgt innerhalb der gesamten Organisation 45 Tage, das Kennwort muss hierbei mindestens 8 Zeichen umfassen. Für die technische Abteilung beträgt das maximale Kennwortalter 30 Tage, das Kennwort muss hier mindestens 12 Zeichen umfassen. Innerhalb der gesamten Organisation werden Konten nach drei ungültigen Anmeldeversuchen gesperrt. In der technischen Abteilung werden Konten bereits nach zwei ungültigen Anmeldeversuchen gesperrt.

Arbeitsblatt zu den technischen Standards – Hiabuv Toys *(Fortsetzung)*

5. Geben Sie an, welche Namenskonventionen in Ihrer Organisation für Benutzer, Gruppen, Geräte und Domänen gelten.

   Benutzer: Der Benutzername entspricht dem Nachnamen des Benutzers. Sind mehrere Benutzer mit gleichem Nachnamen vorhanden, wird dem Nachnahmen der erste Buchstabe des Vornamens vorangestellt. Gibt es mehrere Benutzer, deren Initialen und Nachnamen übereinstimmen, werden dem Nachnamen die ersten zwei Buchstaben des Vornamens vorangestellt.

   Gruppen: Ein Gruppenname setzt sich aus dem Namen der Gruppe sowie dem abgekürzten Abteilungsnamen zusammen.

   Geräte: Ein Gerätename setzt sich aus dem Namen des Geräts sowie dem abgekürzten Abteilungsnamen zusammen. Gibt es innerhalb derselben Abteilung mehrere Geräte des gleichen Typs, werden Nummern an den Abteilungsnamen gehängt.

   Domänen: Der Name einer Domäne ist beschreibend.

6. Listen Sie die Netzwerkleistungsstandards auf, die in Ihrer Organisation gelten.

   Hiabuv Toys strebt folgende Leistungsziele an: 100% Verfügbarkeit, ausgenommen die Zeit für Systemwartungen, 50% verfügbare Bandbreite zu Spitzenbelastungszeiten für alle Standortverknüpfungen, Änderungen müssen alle 20 Minuten zwischen allen Standorten repliziert werden.

7. Listen Sie Objekte auf, die vor den Benutzern verborgen werden und benennen Sie die Benutzer, vor denen die Objekte verborgen werden müssen.

   Die Server der technischen Abteilung sowie der Lohnbuchhaltung und deren Software darf den Benutzern nicht zugänglich sein.

8. Listen Sie die Sicherheitsstandards auf, die in Ihrer Organisation gelten.

   Kennwortstandards: Kennwortänderung alle 30 Tage, die letzten neun Kennwörter werden gespeichert; ein Kennwort muss mindestens 7 Zeichen umfassen.

   Kontenstandards: Konten werden nach drei ungültigen Anmeldeversuchen für 60 Minuten gesperrt; für Berater, Vertragspartner und vorübergehend beschäftigte Mitarbeiter gelten Anmeldezeiten und Datumseinstellungen für den Kontoablauf, es werden spezielle Arbeitsstationen eingerichtet.

   Dateien, Ordner und freigegebene Ordner: Die leitenden Mitarbeiter jeder Abteilung erhalten ein Training zur Standardisierung aller Berechtigungen in einer Abteilung.

9. Notieren Sie bekannte Schwierigkeiten oder Probleme, die bei den aktuell in Ihrer Organisation verwendeten Standards auftreten.

   Die Namenskonvention für Gruppen erschwert es den Benutzern, sich die Gruppennamen zu merken. Die Abteilungen benötigen weiterhin Hilfe bei der Einstellung der richtigen Berechtigungen für Dateien, Ordner und freigegebene Ordner.

Anmerkung Sie finden auf der Kursmaterialien-CD eine Vorlage für dieses Arbeitsblatt (**\chapt02\Worksheets\TechStandards**).

Analyse der aktuellen DNS-Umgebung

Ein DNS-Dienst (Domain Name System) ist ein Dienst zur Namensauflösung, mit dem in Active Directory Hostnamen in IP-Adressen übersetzt werden. Wie Sie bereits in Kapitel 1 erfahren haben, ist zur ordnungsgemäßen Funktion von Active Directory und der entsprechenden Clientsoftware die Installation und Konfiguration von Windows 2000-DNS erforderlich. Falls Ihre Organisation zurzeit keinen DNS-Dienst verwendet, entfällt die nachstehend beschriebene Analyse. Wird in Ihrer Organisation jedoch bereits ein anderer DNS-Dienst verwendet, müssen Sie ermitteln, ob eine Kompatibilität mit Active Directory gegeben und wie der Dienst strukturiert ist.

Die minimale Anforderung für die Kompatibilität eines DNS-Dienstes mit Active Directory ist die Unterstützung von Dienstressourceneinträgen (Service Resource Record, SRV-Ressourceneinträge) und der dynamischen Aktualisierung, wie beschrieben in RFC 2052 und RFC 2136. Viele DNS-Umgebungen arbeiten auf UNIX-Servern mit einer BIND-Implementierung (Berkeley Internet Name Domain) von DNS. Wenn in Ihrer DNS-Umgebung die BIND-Version 8.1.2 oder höher ausgeführt wird, werden Dienstressourceneinträge und die dynamische Aktualisierung unterstützt, d. h., die Kompatibilität mit Active Directory-DNS ist gegeben. Verwendet Ihre Organisation derzeit Windows NT 4.0-DNS, ist Ihr DNS-Dienst ebenfalls mit Active Directory kompatibel.

Anmerkung Weitere Informationen zu SRV-Ressourceneinträgen finden Sie, indem Sie unter Verwendung eines Internetbrowsers und einer Suchmaschine nach den Schlüsselwörtern *RFC 2025* und *RFC 2136* suchen. RFCs (Request for Comments, Anforderung zur Kommentierung) sind die offiziellen Dokumente des IETF (Internet Engineering Task Force), mit denen die Details neuer Internetspezifikationen oder -protokolle festgelegt werden. RFC 2025 trägt den Titel „A DNS RR for Specifying the Location of Services (DNS SRV)".
RFC 2136 trägt den Titel „Dynamic Updates in the Domain Name System (DNS Update)".

Obwohl die hier beschriebenen DNS-Dienste mit Active Directory kompatibel sind, ermöglicht Ihnen nur der Windows 2000-DNS-Dienst die Verwendung von Active Directory als Datenspeicher und Replikationsengine. Nach einer sorgfältigen Vorbereitung ist jedoch eine Migration von diesen kompatiblen DNS-Diensten auf Windows 2000-DNS möglich.

Das nachstehende Arbeitsblatt zur DNS-Umgebung analysiert die vorhandene DNS-Umgebung von Hiabuv Toys.

> **Arbeitsblatt zur DNS-Umgebung – Hiabuv Toys**
>
> Verwenden Sie das nachfolgende Arbeitsblatt als Referenz bei der Informationenzusammenstellung zu der DNS-Umgebung Ihrer Organisation.
>
> 1. Geben Sie an, welche Art von DNS-Dienst zurzeit in Ihrer Organisation verwendet wird.
> 2. Skizzieren Sie den in Ihrer Organisation vorhandenen DNS-Namespace. Geben Sie den Standort der Domänennamensserver an.
>
> *(Diagramm: h-100times.com mit DNS-Server, Asien.h-100times.com mit DNS-Server, Europa.h-100times.com mit DNS-Server)*

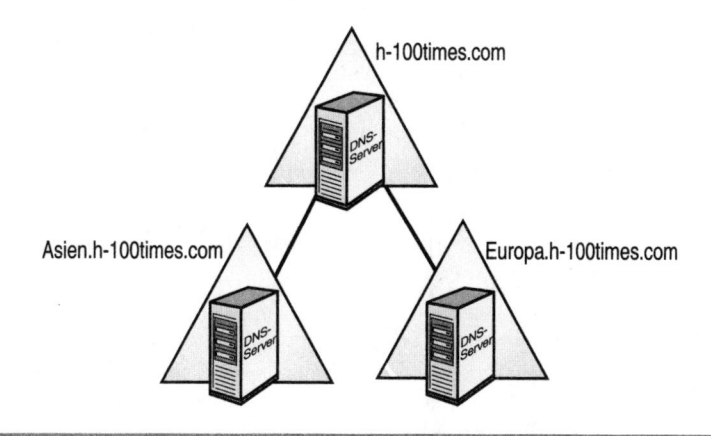

Anmerkung Sie finden auf der Kursmaterialien-CD eine Vorlage für dieses Arbeitsblatt (**\chapt02\Worksheets\DNSEnvironment**).

Analyse der aktuellen Windows NT-Domänenarchitektur

Unter Windows NT können Benutzer und Server zu Verwaltungszwecken in Domänen angeordnet werden. Unter Windows 2000 wurde zu Verwaltungszwecken das Konzept der Organisationseinheiten (Organizational Units, OUs) eingeführt. Domänen erfüllen weiterhin administrative Funktionen, enthalten jedoch OUs und weitere Objekte, die unter Windows NT nicht verwendet wurden. Sie nehmen eine Analyse der aktuellen Windows NT-Domänenarchitektur Ihrer Organisation vor, um das Zusammenspiel und die Abläufe in der aktuellen Domänenstruktur zu verstehen. Auf diese Weise kann anschließend jede Domäne in eine Active Directory-Domäne, -Struktur und -Gesamtstruktur konvertiert werden. Falls Ihre Organisation nicht das Betriebssystem Windows NT verwendet, entfällt die nachstehend beschriebene Analyse.

Das nachstehende Arbeitsblatt zur Windows NT-Domänenarchitektur untersucht die bestehende Windows NT-Domänenarchitektur von Hiabuv Toys.

Arbeitsblatt zur Windows NT-Domänenarchitektur – Hiabuv Toys

Verwenden Sie das nachfolgende Arbeitsblatt als Referenz bei der Informationenzusammenstellung zur Windows NT-Domänenarchitektur Ihrer Organisation.

1. Skizzieren Sie die Windows NT-Architektur Ihrer Organisation. Kennzeichnen Sie vorhandene Domänen hierbei als Ovale. Verwenden Sie Pfeile, um die Richtung der Vertrauensstellungen zwischen Domänen auszudrücken, und geben Sie den Namen jeder Domäne an.
2. Geben Sie die Standorte der Domänencontroller im Netzwerk an.

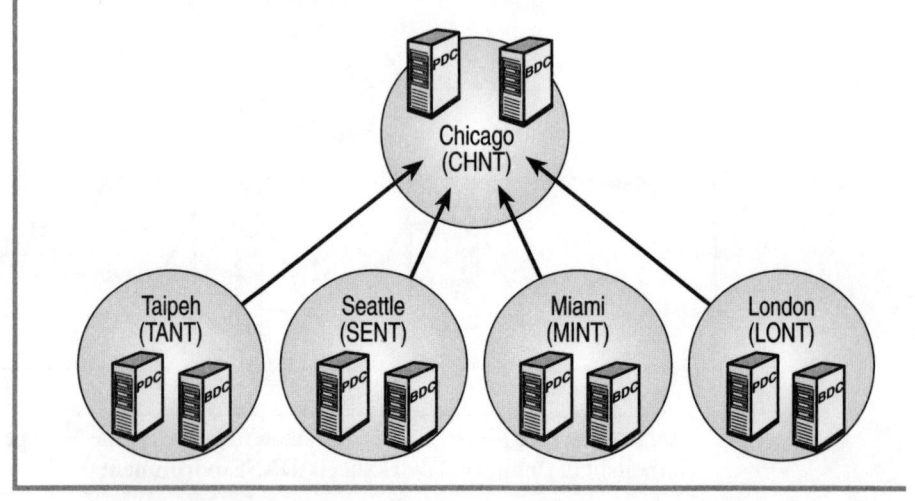

Anmerkung Sie finden auf der Kursmaterialien-CD eine Vorlage für dieses Arbeitsblatt (**\chapt02\Worksheets\NTDomain**).

Zusammenfassung der Lektion

In dieser Lektion haben Sie die gelernt, jede einzelne Komponente Ihrer technischen Umgebung zu analysieren, z. B. die aktuelle Netzwerkarchitektur, Hard- und Software, technische Standards, DNS-Umgebung und Windows NT-Domänenarchitektur. Die technische Umgebung einer Organisation bestimmt die Art und Weise, mit der technische Ressourcen strukturiert und verwaltet werden. Die technische Umgebung einer Organisation wirkt sich direkt auf die Active Directory-Infrastruktur aus.

Ferner haben Sie gelernt, wie Sie eine Dokumentation zur Analyse der technischen Umgebung erstellen. Anhand dieser Dokumentation kann der aktuelle Status jeder Komponente der technischen Umgebung einer Organisation beschrieben werden. Die Analysedokumentation zur technischen Umgebung umfasst die ausgefüllten Arbeitsblätter zu Netzwerkarchitektur, Hard- und Software, technischen Standards, DNS-Umgebung und Windows NT-Domänenarchitektur. Nach Fertigstellung kann diese Dokumentation an die einzelnen Mitglieder des Designteams verteilt werden und als Ausgangspunkt für die Diskussion sowie zur Feststellung zukünftiger Anforderungen dienen.

Workshop 2.1: Analyse der Geschäftsumgebung

Zielsetzungen des Workshops

Am Ende dieses Workshops werden Sie in der Lage sein, die folgenden Aufgaben auszuführen:

- Analyse der aktuellen Geschäftstruktur einer Organisation
- Skizzieren der verwaltungstechnischen und geografischen Strukturen einer Organisation

Über diesen Workshop

In diesem Workshop analysieren Sie einen Teil der vorhandenen Geschäftsumgebung eines kleinen Unternehmens.

Bevor Sie beginnen

Für die Bearbeitung dieses Workshops gelten folgende Voraussetzungen:

- Sie müssen wissen, aus welchen Komponenten sich die Geschäftsumgebung einer Organisation zusammensetzt

Übung: Analyse der aktuellen Geschäftsstruktur

Lesen Sie das folgende Szenario und füllen Sie anschließend das Arbeitsblatt zu den Geschäftsstrukturen aus.

Szenario

Sie sind einer der Infrastrukturplaner im Active Directory-Designteam für Vigor Airlines, einer regionalen Fluglinie mit fünf Niederlassungen in Montana, Idaho, Nevada, Utah und Wyoming. Sie arbeiten am Hauptsitz des Unternehmens in Butte, Montana. Ihre erste Aufgabe besteht darin, mit einigen der Belegschaftsrepräsentanten im Designteam Gespräche zu führen, um Informationen zur Geschäftstruktur von Vigor Airlines zu sammeln. Sie sprechen zunächst mit Greg Chapman, der von seinem Büro in Butte, Montana aus die IT-Abteilung leitet. Greg informiert Sie darüber, dass in der Verwaltungsabteilung am Hauptsitz über 100 Mitarbeiter beschäftigt, jedoch nur 75 von diesen Beschäftigten Netzwerkbenutzer sind. Die Verwaltungsabteilung dient innerhalb der Organisation als Entscheidungsträger und führt Verwaltungsaufgaben aus. Die Netzwerkbenutzer in der Verwaltung verwenden das Netzwerk zu Marketing-, Buchhaltungs-, Trainings- und IT-Zwecken. Greg gibt Ihnen darüber hinaus einen

Überblick über die weiteren Abteilungen. Die Wartungsabteilung befindet sich in Salt Lake City, Utah. Diese Niederlassung umfasst 50 Mitarbeiter, davon etwa 40 Netzwerkbenutzer. Die Betriebsabteilung befindet sich in Reno, Nevada. Diese Niederlassung umfasst 100 Mitarbeiter, die alle im Netzwerk arbeiten. Die Büros in Boise, Idaho und Laramie, Wyoming sind kleine Vertriebsniederlassungen. Hier sind insgesamt 50 Netzwerkbenutzer beschäftigt. Die Wartungs-, Betriebs- und Vertriebsabteilungen berichten alle an die Verwaltungsabteilung.

Sie sprechen mit Mitgliedern des Designteams, die die Vertriebs-, Wartungs- und Betriebsabteilungen vertreten, um sich die Anzahl der Benutzer bestätigen zu lassen, Informationen zum Aufgabenbereich der einzelnen Abteilungen zu sammeln und mehr über die Art der Nutzung des Netzwerks zu erfahren. Die Wartungsabteilung ist für die Instandhaltung der Flugzeuge von Vigor Airlines verantwortlich. Die Mitarbeiter in dieser Abteilung nutzen das Netzwerk zur Dokumentation der durchgeführten Wartungsaktivitäten und führen eine Datenbank zum Ersatzteilbestand. Die Betriebsabteilung ist für die Koordination der Dinge verantwortlich, die den Flugbetrieb aufrechterhalten, beispielsweise die Planung für das Catering, die Gepäckabfertigung, die Bereitstellung von Piloten und Flugbegleitern sowie den Einkauf von Treibstoff. Das Netzwerk wird dazu eingesetzt, sämtliche dieser Aktivitäten zu koordinieren. Die Vertriebsabteilung ist für die Werbung und den Verkauf von Flugtickets verantwortlich. Die Benutzer in dieser Abteilung setzen das System zu Buchungszwecken und bei der Entwicklung von Werbekampagnen ein. Sie erfahren über ein weiteres Mitglied im Designteam, die das Vertriebsbüro in Laramie vertritt, dass das Büro in Kürze nach Colorado Springs verlegt werden soll.

Übungsfragen

Füllen Sie das nachstehende Arbeitsblatt zu den Geschäftsstrukturen aus.

Arbeitsblatt zu den Geschäftsstrukturen

Verwenden Sie das nachfolgende Arbeitsblatt als Referenz bei der Informationenzusammenstellung zu den Geschäftsstrukturen Ihrer Organisation.

1. Skizzieren Sie die Verwaltungsstruktur Ihrer Organisation.

Arbeitsblatt zu den Geschäftsstrukturen *(Fortsetzung)*

2. Benennen und beschreiben Sie kurz den Zweck aller Bereiche oder Abteilungen in der Verwaltungsstruktur. An wen berichten die Bereiche?

   _____

   _____

   _____

   _____

3. Geben Sie die Anzahl der Netzwerkbenutzer in jedem Bereich der Verwaltungsstruktur sowie die Gesamtzahl der Netzwerkbenutzer innerhalb der Organisation an.

   _____

   _____

   _____

   _____

4. Skizzieren Sie die geografische Struktur Ihrer Organisation.

5. Listen Sie sämtliche Verwaltungsbereiche auf und beschreiben Sie deren Standort in der geografischen Struktur.

   _____

   _____

   _____

   _____

6. Listen Sie die Anzahl der Netzwerkbenutzer an den jeweiligen Standorten auf.

   _____

   _____

   _____

   _____

Kapitel 2 Einführung in das Design einer Active Directory-Infrastruktur   83

Arbeitsblatt zu den Geschäftsstrukturen *(Fortsetzung)*

7. Beschreiben Sie, wie die Netzwerkbenutzer der einzelnen Abteilungen momentan das Netzwerk nutzen.

   _____

   _____

   _____

   _____

8. Fügen Sie dem Diagramm der Verwaltungsstruktur eventuell zu berücksichtigende Besonderheiten hinzu.

Lernzielkontrolle

Die folgenden Fragen dienen dazu, die wichtigsten Lehrinhalte dieses Kapitels zu vertiefen. Wenn Sie eine Frage nicht beantworten können, wiederholen Sie den entsprechenden Abschnitt und versuchen Sie dann erneut, die Frage zu beantworten. Die Antworten zu den Fragen finden Sie in Anhang A, „Fragen und Antworten".

1. Sie sind der Manager der IT-Abteilung in Ihrem Unternehmen. Sie stellen ein Designteam zusammen, dass aus einem Systemadministrator, einer Netzwerkadministratorin, einem Mitglied des Helpdesks, einer Systemtrainerin aus der Trainingsabteilung und Ihnen selbst besteht. Inwiefern kann sich die aktuelle Teamzusammensetzung negativ auf den Designprozess auswirken?

2. Sie sind Mitglied des Designteams und erhalten eine vollständige Dokumentation zur Geschäftsumgebung, die Sie durchsehen sollen. Während der Durchsicht der Dokumentation bemerken Sie, dass in diesem Teil der Analyse nur das nachfolgende Diagramm enthalten ist. Welche weiteren Diagramme sollten zu einer Analyse der Geschäftsstruktur gehören?

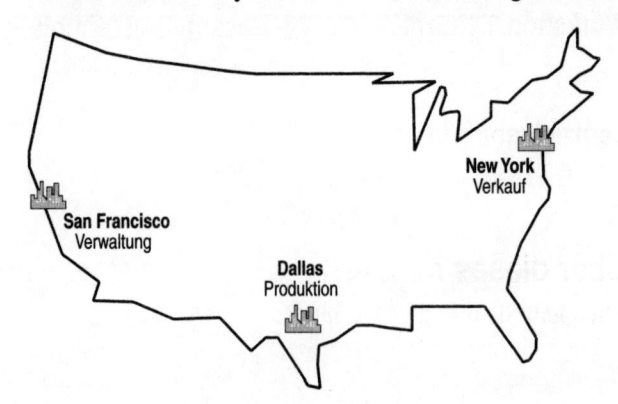

3. Sie haben eine Inventur für alle in Ihrer Organisation verwendeten Hardwaregeräte durchgeführt. Wie lautet der nächste Schritt bei der Analyse der verwendeten Hardware?

KAPITEL 3

Planen der Gesamtstruktur

Lektion 1: Erstellen eines Gesamtstrukturmodells . . . 87

Übung 3.1: Erstellen eines Gesamtstrukturmodells . . . 94

Lektion 2: Entwerfen eines Plans zur Schemabearbeitung . . . 96

Workshop 3.1: Erstellen eines Gesamtstrukturmodells und eines Plans zur Schemabearbeitung . . . 108

Lernzielkontrolle . . . 111

Über dieses Kapitel

Nachdem Sie und Ihr Designteam Informationen über die Organisation gesammelt haben, wird zum Erstellen einer Active Directory-Verzeichnisdienstinfrastruktur zunächst die Gesamtstruktur geplant. Das Planen der Gesamtstruktur beinhaltet das Erstellen eines Gesamtstrukturmodells sowie das Erarbeiten eines Plans zur Schemabearbeitung. Zum Erstellen eines Gesamtstrukturmodells ermitteln Sie die Strukturanforderungen einer Organisation und legen die Anzahl der benötigten Gesamtstrukturen fest. Zum Erstellen eines Plans zur Schemaänderung erarbeiten Sie eine Richtlinie für die Schemabearbeitung und bestimmen die Schemaanforderungen einer Organisation sowie die Erforderlichkeit einer Schemabearbeitung.

In dieser Lektion erfahren Sie, wie Sie eine solche Gesamtstruktur planen.

Bevor Sie beginnen

Für die Bearbeitung der Lektionen in diesem Kapitel gelten folgende Voraussetzungen:

- Sie müssen die in Kapitel 1, „Einführung in Active Directory", vorgestellten Active Directory-Komponenten und -Konzepte kennen.
- Sie müssen die in Kapitel 2, „Einführung in das Design einer Active Directory-Infrastruktur", vorgestellten Komponenten der Analyse einer geschäftlichen und technischen Umgebung kennen.

Lektion 1: Erstellen eines Gesamtstrukturmodells

Der erste Schritt bei der Planung einer Gesamtstruktur ist das Erstellen eines Gesamtstrukturmodells für die Active Directory-Infrastruktur einer Organisation. In dieser Lektion lernen Sie Schritt für Schritt, wie ein Gesamtstrukturmodell erstellt wird. Hierbei bestimmen Sie u. a. die Faktoren der geschäftlichen und technischen Umgebung einer Organisation, die deren Gesamtstrukturmodell beeinflussen. Darüber hinaus legen Sie die Anzahl der benötigten Gesamtstrukturen fest.

Am Ende dieser Lektion werden Sie in der Lage sein, die folgenden Aufgaben auszuführen:
- Bestimmen der Faktoren der geschäftlichen und technischen Umgebung einer Organisation, die das Gesamtstrukturmodell beeinflussen
- Benennen der Gründe für das Erstellen mehrerer Gesamtstrukturen innerhalb einer Active Directory-Infrastruktur
- Erläutern der Auswirkungen der Verwendung mehrerer Gesamtstrukturen
- Analysieren der geschäftlichen und technischen Umgebung einer Organisation, um deren Gesamtstrukturmodell zu erstellen

Veranschlagte Zeit für diese Lektion: 20 Minuten

Grundlegendes zu Gesamtstrukturen

In Active Directory handelt es sich bei einer Gesamtstruktur um eine verteilte Datenbank. Die Datenbank ist eine Zusammenstellung einer oder mehrerer Microsoft Windows 2000-Domänen mit einem gemeinsamen Schema, einem gemeinsamen Konfigurationscontainer und einem globalen Katalog. Die Domänen sind durch implizite, zweiseitige, transitive Vertrauensstellungen miteinander verbunden. Gesamtstrukturen ermöglichen den Benutzern die Interaktion mit Active Directory und erleichtern Administratoren die Verwaltung mehrerer Domänen.

Wie Sie bereits wissen, ist das Schema eine Liste, mit der definiert wird, welche Objekttypen und welche Art von Objektinformationen in Active Directory gespeichert werden können. Bei dem Schema handelt es sich um einen Namenskontext, der auf jedem Domänencontroller in der Gesamtstruktur repliziert wird. Ein *Namenskontext* ist eine in Active Directory gespeicherte Objektstruktur. Das Schema wird von der vordefinierten universellen Gruppe der Schema-Admins gesteuert.

Im *Konfigurationscontainer* werden Konfigurationsobjekte gespeichert, die die Active Directory-Struktur widerspiegeln. Hierzu zählen beispielsweise Anzeigebezeichner, erweiterte Rechte, Partitionen, Standorte, Domänencontroller, Dienste, gebräuchliche Sicherheitsprincipals und weitere Konfigurationsobjekte. Bei dem Konfigurationscontainer handelt es sich um einen Namenskontext, der auf jedem Domänencontroller in der Gesamtstruktur repliziert wird. Der Konfigurationscontainer wird von der vordefinierten universellen Gruppe der Schema-Admins gesteuert.

Der *globale Katalog* ist die zentrale Speicherdatenbank für Informationen zu den Objekten in einer Struktur oder Gesamtstruktur. Hier werden für die zugehörige Hostdomäne ein vollständiges Replikat aller Verzeichnisobjektattribute und ein Teilreplikat aller Objektattribute gespeichert, die im Verzeichnis jeder Domäne der Gesamtstruktur enthalten sind. Mit dem globalen Katalog können Benutzer und Administratoren sowohl außerhalb der Domäne als auch innerhalb des gesamten Unternehmens Objekte schnell und effizient auffinden. Darüber hinaus brauchen die Benutzer zur Anmeldung nicht den vollständigen Domänenpfad anzugeben, sondern können einen verkürzten *UPN (User Principal Name)* verwenden. Wenn beispielsweise für die Benutzerin Sherri in **sls.uk.microsoft.com** ein Benutzerkonto eingerichtet wurde, so gibt sie bei der Anmeldung **sherri@sls.uk.microsoft.com** ein. Durch die vom globalen Katalog vorgenommene Verkürzung des Domänennamens **sls.uk.microsoft.com** in der Domänenstruktur kann die Anmeldung über **sherri@microsoft.com** erfolgen.

Designschritt: Erstellen eines Gesamtstrukturmodells

So erstellen sie ein Gesamtstrukturmodell für Ihre Organisation:

1. Ermitteln Sie die Strukturanforderungen der Organisation.
2. Legen Sie die Anzahl der benötigten Gesamtstrukturen fest.

Ermitteln der Strukturanforderungen

Vor dem Erstellen eines Gesamtstrukturmodells müssen Sie zunächst die vom Designteam zusammengestellten Informationen zur Geschäftsumgebung und zu den technischen Voraussetzungen auswerten.

- **Arbeitsblatt zu den Geschäftsstrukturen** Bestimmen Sie die aktuelle Verwaltungsstruktur Ihrer Organisation.
- **Arbeitsblatt zum IT-Management der Organisation** Ermitteln Sie die aktuelle Verwaltungsstruktur sowie die Verwaltungsmethoden des IT-Managements Ihrer Organisation.
- **Arbeitsblatt zu den technischen Standards** Bestimmen Sie die vorhandenen Verwaltungs- und Sicherheitsstandards.

Zusätzlich müssen Sie müssen Sie unbedingt etwaige sonstige derzeit geplante Änderungen hinsichtlich der Standorte oder der Platzierung der Domänencontroller berücksichtigen, die sich an Wachstum und Flexibilität der Organisation sowie idealen Designspezifikationen orientieren.

Anmerkung Vorlagen für die genannten Arbeitsblätter finden Sie auf der Kursmaterialien-CD (**\chapt02\Worksheets**). Bereits ausgefüllte Arbeitsblattbeispiele finden Sie in Kapitel 2, „Einführung in das Design einer Verzeichnisdienstinfrastruktur".

Festlegen der Anzahl benötigter Gesamtstrukturen

Da Windows 2000-Domänen innerhalb einer Gesamtstruktur ein gemeinsames Schema, einen gemeinsamen Konfigurationscontainer sowie einen gemeinsamen globalen Katalog verwenden und durch zweiseitige, transitive Vertrauensstellungen miteinander verbunden sind, sollten Sie für ihre Organisation nur eine Gesamtstruktur festlegen. Im Idealfall sollten mehrere Gesamtstrukturen nur vorübergehend eingesetzt werden, z. B. bei der Fusion zweier Unternehmen, bei einer Übernahme oder bei Unternehmenszusammenschlüssen. Der Einsatz mehrerer Gesamtstrukturen innerhalb einer Organisation erfordert bereits bei der einfachen Verwendung des Verzeichnisses komplizierte Schritte von Seiten des Benutzers. Weitere Informationen zu diesem Thema finden Sie im Abschnitt „Auswirkungen der Verwendung mehrerer Gesamtstrukturen" später in dieser Lektion.

Gründe für die Verwendung mehrerer Gesamtstrukturen

Obwohl es im Allgemeinen ratsam ist, nur eine Gesamtstruktur für Ihre Organisation einzurichten, kann in einigen Fällen die Verwendung mehrerer Gesamtstrukturen von Vorteil sein. Die Verwendung mehrerer Gesamtstrukturen ist in folgenden Fällen empfehlenswert:

- Die Netzwerkverwaltung wird von mehreren autonomen Gruppen ausgeführt, die einander nicht vertrauen.
- Die Geschäftseinheiten sind aus unternehmenspolitischen Gründen in autonome Gruppen unterteilt.
- Die Geschäftseinheiten müssen getrennt verwaltet werden.
- Das Schema, der Konfigurationscontainer oder der globale Katalog müssen separat voneinander verwaltet werden.
- Die Vertrauensstellungen zwischen Domänen oder Domänenstrukturen müssen begrenzt werden.

Sollten Sie beabsichtigen, Geschäftseinheiten zu trennen oder bestimmten Benutzern den Zugriff auf Ressourcen zu verweigern, *und sollte Ihnen dies aufgrund Ihrer Domänen- oder OU-Struktur (Organizational Unit, OU) nicht möglich sein*, so können Datenschutz und Sicherheit durch das Einrichten mehrerer Gesamtstrukturen gewährleistet werden.

Wichtig Auch wenn die oben genannten Gründe das Einrichten mehrerer Gesamtstrukturen notwendig erscheinen lassen, sollten Sie sich grundsätzlich zunächst an Ihr Designteam wenden, bevor Sie ein Strukturmodell aus mehreren Gesamtstrukturen erarbeiten. Prüfen Sie zunächst, ob das angestrebte Modell eventuell auch durch eine Verwaltungsdelegierung mit Hilfe von Domänen oder Organisationseinheiten (Organizational Units, OUs) realisiert werden kann.

Auswirkungen der Verwendung mehrerer Gesamtstrukturen

Das Hinzufügen einer Gesamtstruktur erhöht den Verwaltungs- und Kostenaufwand. Beachten Sie bei der Verwendung mehrerer Gesamtstrukturen die folgenden Verwaltungsaspekte:

- **Schema.** Jede Gesamtstruktur hat ein eigenes Schema. Die Inhalte sowie die Verwaltungsgruppenmitgliedschaften müssen für jedes Schema getrennt verwaltet werden, auch wenn sie sich ähneln. Weitere Informationen zu diesem Thema finden Sie in Lektion 2, „Erstellen eines Plans zur Schemabearbeitung".

- **Konfigurationscontainer.** Jede Gesamtstruktur besitzt einen eigenen Konfigurationscontainer. Die Inhalte sowie die Verwaltungsgruppenmitgliedschaften müssen für jedes Schema getrennt verwaltet werden, auch wenn sie sich ähneln.

- **Vertrauensstellungen.** Zwischen den Domänen unterschiedlicher Gesamtstrukturen kann nur eine explizite, einseitige, nicht transitive Vertrauensstellung bestehen. Domänen mit strukturübergreifenden Vertrauensbeziehungen erfordern das manuelle Einrichten mehrerer einseitiger, nicht transitiver Vertrauensstellungen. In Abbildung 3.1 ist ein Beispiel für eine strukturübergreifende Vertrauensbeziehung dargestellt.

- **Replikation.** Die Replikation von Objekten zwischen einzelnen Gesamtstrukturen erfolgt manuell und erfordert neue Verwaltungsrichtlinien und -verfahren.

- **Zusammenführen von Gesamtstrukturen oder Verschieben von Domänen.** Gesamtstrukturen können nicht in einem Schritt zusammengeführt werden. Es ist erforderlich, Sicherheitsprincipals zu duplizieren, Objekte zu migrieren, Domänencontroller außer Betrieb zu nehmen, sie zu Mitgliedsservern herunterzustufen und der Gesamtstrukturdomäne jede einzelne der Gesamtstrukturen hinzuzufügen.

- **Verschieben von Objekten.** Obwohl Objekte zwischen Gesamtstrukturen verschoben werden können, ist eine Duplizierung von Sicherheitsprincipals nur über das Tool ClonePrincipal oder das Befehlszeilenprogramm **LDIF.EXE** (LDAP Data Interchange Format) möglich.

- **SmartCard-Anmeldung.** Die SmartCard-Anmeldung an unterschiedlichen Gesamtstrukturen erfordert die Verwaltung standardmäßiger UPNs (User Principal Names).

- **Zusätzliche Domänen.** Jede Gesamtstruktur muss mindestens eine Domäne enthalten. Zusätzliche Domänen erhöhen die Kosten für Hardware und Verwaltung. Kapitel 4, „Planen der Domäne", enthält weitere Informationen zu diesem Thema.

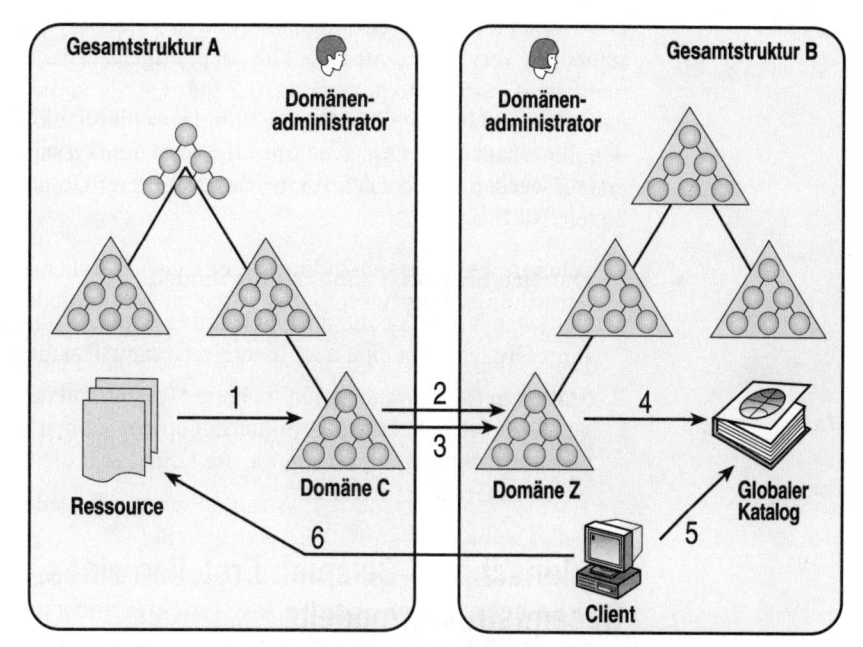

1. Ressource wird von Gesamtstruktur A in Active Directory veröffentlicht.
2. Für beide Domänen wird eine explizite, einseitige, nicht transitive Vertrauensstellung konfiguriert; Domäne C vertraut Domäne Z, Benutzer in Domäne Z haben Ressourcenzugriff in Domäne C.
3. Beide Domänenadministratoren importieren (mit Berechtigungen in beiden Gesamtstrukturen) unter Verwendung des LDIFDE-Befehlszeilenprogramms ein Ressourceobjekt in die Gesamtstruktur.
4. Das Ressourcenobjekt wird in den globalen Katalog von Gesamtstruktur B repliziert.
5. Benutzer können das Objekt durch Abfrage des globalen Katalogs in Gesamtstruktur B ermitteln.
6. Benutzer greifen auf die Ressource in Gesamtstruktur A zu.

Abbildung 3.1 Eine strukturübergreifende Vertrauensstellung

Berücksichtigen Sie vor der Einrichtung mehrerer Gesamtstrukturen auch folgende Nutzungsaspekte:

- **Benutzername.** Meldet sich ein Benutzer an einem Computer außerhalb seiner Gesamtstruktur an, muss der Standard-UPN mit dem vollständigen Domänenpfad für das Benutzerkonto angegeben werden, die Verwendung des verkürzten UPNs (User Principal Name) ist nicht möglich. Der Standard-UPN ist erforderlich, da der globale Katalog des Domänencontrollers dieser Gesamtstruktur nicht die verkürzten UPNs enthält. Der verkürzte UPN ist nur im globalen Katalog der Gesamtstruktur gespeichert, der der Benutzer angehört.

- **Benutzerabfragen.** Benutzer müssen geschult werden, um Abfragen in allen Gesamtstrukturen einer Organisation durchführen zu können. Unvollständige oder falsche Abfragen können sich negativ auf die Produktivität der Benutzer auswirken.

Das Einrichten mehrerer Gesamtstrukturen stützt sich im Allgemeinen auf verschiedene Verwaltungsaspekte. Die nachteiligen Auswirkungen beim Einsatz mehreren Gesamtstrukturen betreffen aber vor allem die Benutzer. Bedenken Sie, dass sich die Nutzungsaspekte von Administratoren und Benutzern unterscheiden. Innerhalb einer Organisation sollten separate Gesamtstrukturen nur dann erstellt werden, wenn das Strukturmodell für die Benutzer weiterhin Transparenz bietet.

▶ **So erstellen Sie ein Gesamtstrukturmodell**

1. Berücksichtigen Sie die oben genannten Aspekte, um zu entscheiden, ob in Ihrer Organisation eine oder mehrere Gesamtstrukturen benötigt werden.
2. Sollten in Ihrer Organisation mehrere Gesamtstrukturen erforderlich sein, versehen Sie jede Gesamtstruktur mit einem Namen (Gesamtstruktur A, Gesamtstruktur B) und listen Sie die Gründe für die Notwendigkeit der jeweiligen Gesamtstruktur auf.

Designschritt – Beispiel: Erstellen eines Gesamtstrukturmodells

In Abbildung 3.2 ist das Gesamtstrukturmodell der Firma A. Datum Corporation dargestellt. Dabei handelt es sich um einen Internetdienstanbieter (Internet Service Provider, ISP), der für einige seiner Kunden Active Directory bereitstellt. Bisher wurde nur die Anzahl der benötigten Gesamtstrukturen ermittelt. Es wurde weder die Gesamtstruktur benannt noch wurden die darin enthaltenen Domänen hierarchisch geordnet.

> **A. Datum Corporation**
> **Gesamtstrukturmodell**
>
> Gesamtstruktur A
>
> Gesamtstruktur B
>
> Gesamtstruktur C
>
> Gesamtstruktur D
>
> Gesamtstruktur E
>
> Jede der Gesamtstrukturen repräsentiert einen Client, für den die A. Datum Corporation Active Directory verwaltet. Die Clients verfügen über keine Verbindung zueinander und werden separat verwaltet. Schema, Konfigurationscontainer und globaler Katalog der Clients müssen getrennt voneinander verwaltet werden. Für jeden Client müssen Sicherheit und Datenschutz gewährleistet werden. Kein Benutzer darf domänenübergreifenden Zugriff besitzen. Nur die Organisations-Admins von A. Datum Corp. können alle Gesamtstrukturen verwalten.

Abbildung 3.2 Gesamtstrukturmodell der A. Datum Corporation

Zusammenfassung der Lektion

In dieser Lektion haben Sie die einzelnen Schritte zum Erstellen eines Gesamtstrukturmodells wie das Bestimmen der einzelnen Faktoren der geschäftlichen und technischen Umgebung einer Organisation kennen gelernt, die deren Gesamtstrukturmodell beeinflussen. Des Weiteren haben Sie die Anzahl der benötigten Gesamtstrukturen festgelegt. Sie haben erfahren, dass zu den Faktoren, die das Gesamtstrukturmodell beeinflussen können, u. a. administrative Strukturen, IT-Management, Verwaltungsmethoden sowie die vorhandenen Verwaltungs- und Sicherheitsstandards zählen. Darüber hinaus können sich sonstige derzeit geplante Änderungen, die sich an Wachstum und Flexibilität der Organisation sowie idealen Designspezifikationen orientieren, ebenfalls auf das Gesamtstrukturmodell auswirken.

Sie haben ferner gelernt, dass Sie im Allgemeinen nur eine Gesamtstruktur für Ihre Organisation erstellen sollten. In einigen Fällen kann jedoch die Verwendung mehrerer Gesamtstrukturen von Vorteil sein. Sie haben die Vorteile der Verwendung mehrerer Gesamtstrukturen sowie die damit verbundenen Auswirkungen kennen gelernt. Abschließend haben Sie gelernt, dass Sie sich grundsätzlich zunächst an Ihr Designteam wenden sollten, bevor Sie ein Strukturmodell mit mehreren Gesamtstrukturen erstellen. Prüfen Sie zunächst immer, ob Verwaltungsdelegierung mit Hilfe von Domänen oder Organisationseinheiten (Organizational Units, OU) realisierbar ist.

Übung 3.1 Erstellen eines Gesamtstrukturmodells

In dieser Übung gehören Sie zu einem Designteam, das die Active Directory-Infrastruktur einer Organisation plant. Ihre Aufgabe besteht darin, die Organisationsinformationen zu analysieren und anschließend das für die Active Directory-Infrastruktur benötigte Gesamtstrukturmodell festzulegen.

Szenario: Adventure Works

Sie gehören als Infrastrukturplaner dem Designteam an, das die Active Directory-Infrastruktur für Adventure Works erarbeiten soll. Bei Adventure Works handelt es sich um ein Einzelhandelsunternehmen für Camping- und Outdoorausrüstungen, dessen Hauptgeschäftsstelle in Salt Lake City angesiedelt ist und das über regionale Geschäftsstellen in Portland, Denver, Austin und Atlanta sowie insgesamt 200 Verkaufsniederlassungen in den USA verfügt. Die Dokumente zur Analyse der Geschäftsumgebung und der technischen Voraussetzungen wurden gesammelt und jedem Mitglied des Teams als Kopie ausgehändigt. Anhand dieser Informationen muss nun ein Gesamtstrukturmodell für die Organisation erarbeitet werden.

Bei der Auswertung der vorhandenen Geschäftsstrukturen und des IT-Managements stellen Sie Folgendes fest: Seit der Gründung von Adventure Works wird ein separates Netzwerk mit einer separaten IT-Management-Abteilung für die Verkaufsniederlassungen verwaltet. Diese Abteilung verwaltet alle Windows NT-Arbeitsstationen an den Verkaufsstandorten sowie die großen Datenbankserver, über die wiederum der Warenbestand jeder Verkaufsniederlassung verwaltet wird. In der Hauptfiliale und den regionalen Nebengeschäftsstellen wurde das Netzwerk der Verkaufsstellen immer als separate Einheit betrachtet. Während einer Telefonkonferenz mit mehreren Mitgliedern der IT-Management-Abteilung erfahren Sie, dass diese entschlossen sind, auch weiterhin die Netzwerkverwaltung für die Verkaufsniederlassungen zu übernehmen.

Um auch etwaige sonstige derzeit geplante Änderungen zu berücksichtigen, die sich an Wachstum und Flexibilität der Organisation sowie idealen Designspezifikationen orientieren, befragen Sie vier Mitglieder des leitenden Managements und erfahren, dass diese das Bestandsdatenbanksystem mit den Einkaufs- und Vertriebssystemen zusammenlegen möchten, um eine Gesamtübersicht über alle Produkte und Systeme zu erhalten. Das aktuell verwendete System hatte in der Vergangenheit häufig zu großen Unterschieden hinsichtlich der Produktverfügbarkeit in den einzelnen Verkaufsniederlassungen geführt. Ein weiteres Ziel besteht darin, die Mitarbeiter aus den Verkaufsniederlassungen auf eine eventuelle Beschäftigung in der Hauptgeschäftsstelle vorzubereiten. Aus diesem Grund möchte die Geschäftsführung diesen Mitarbeitern Zugriff auf das gesamte Intranet und das E-Mail-System des Unternehmens gewähren und so gleichzeitig das Gemeinschaftsgefühl innerhalb des Unternehmens stärken.

1. Listen Sie die Vorteile auf, die ein Modell mit mehreren Gesamtstrukturen im Fall von Adventure Works bietet.

2. Listen Sie die Nachteile auf, die ein Modell mit mehreren Gesamtstrukturen im Fall von Adventure Works bietet.

3. Welches Modell würden Sie wählen? Begründen Sie Ihre Antwort.

Lektion 2: Entwerfen eines Plans zur Schemabearbeitung

Nach dem Entwurf eines Gesamtstrukturmodells für Ihre Organisation müssen Sie entscheiden, welche Schemaänderungen vorzunehmen sind, um den Anforderungen der Organisation gerecht zu werden. Da Active Directory für nahezu jede Organisation geeignete Verzeichnisdienste bereitstellt, ist eine Schemaänderung nur in wenigen Fällen erforderlich. Gelegentlich kann jedoch eine Änderung des Schemas erforderlich sein. Das Ändern des Schemas ist ein komplexer Vorgang, der eine detaillierte Planung sowie ein gutes Verständnis der Funktionsweise des Schemas voraussetzt. In dieser Lektion werden Sie schrittweise durch die Planung einer Schemabearbeitung geführt. Hierbei erstellen Sie u. a. eine Richtlinie zur Schemabearbeitung, ermitteln die Anforderungen einer Organisation und entscheiden, ob eine Schemaänderung erforderlich ist.

Am Ende dieser Lektion werden Sie in der Lage sein, die folgenden Aufgaben auszuführen:

- Entwerfen einer Richtlinie für die Schemabearbeitung
- Bestimmen der Faktoren der geschäftlichen und technischen Umgebung einer Organisation, die deren Schema beeinflussen
- Benennen der Gründe für die Schemabearbeitung
- Erläutern der Auswirkungen einer Schemabearbeitung
- Analysieren der geschäftlichen und technischen Umgebung einer Organisation, um einen zugehörigen Plan für die Schemabearbeitung zu erstellen

Veranschlagte Zeit für diese Lektion: 20 Minuten

Grundlegendes zum Schema

Wie Sie wissen, umfasst das Active Directory-Schema eine Liste von Objekten, die festlegen, welche Objekttypen und welche Art von Objektinformationen in Active Directory gespeichert werden können. Das Schema wird als Schematabelle in der Datenbankdatei **NTDS.DIT** gespeichert. Im Schema gibt es zwei Arten von Objekten: Schemaklassenobjekte (**classSchema**) und Schemaattributobjekte (**attributeSchema**). Unter Schemaklassenobjekten versteht man die Active Directory-Objekte, die als Vorlage für neue Active Directory-Objekte eingesetzt werden können. Für Schemaklassenobjekte gilt eine Hierarchie aus Klassen, Unterklassen und übergeordneten Klassen. Sie bestehen aus verbindlichen bzw. erforderlichen Schemaattributen (**mustContain**) und optionalen Schemaattributen (**mayContain**). Jedes Schemaattribut wird nur einmal definiert, kann jedoch in mehreren Schemaobjektklassen verwendet werden. Schemaklassenobjekte und -attributobjekte werden innerhalb des Schemas in separaten Listen definiert.

Im Lieferumfang von Windows 2000 Server ist ein Basissatz der grundlegenden Schemaklassen und Attribute enthalten, der auch als *Basisschema* oder *Basis-DIT (Directory Information Tree)* bezeichnet wird. Im Basissatz sind etwa 200 Schemaklassenobjekte sowie mehr als 900 Schemaattributobjekte enthalten. Durch das Hinzufügen weiterer Objekte können Sie zusätzliche Instanzen bereits bestehender Basisschemaklassen erstellen.

Entspricht das Basisschema nicht den Anforderungen Ihrer Organisation, müssen Sie die Erforderlichkeit einer Schemaänderung prüfen bzw. über die Erstellung zusätzlicher Schemaklassen und/oder Attributklassen entscheiden. Dieses Vorgehen wird als *Schemaerweiterung* bezeichnet. Ein hinzugefügtes Schema kann nur deaktiviert, nicht jedoch gelöscht werden und wird automatisch repliziert. Aus diesem Grund sollten Sie eine Schemaerweiterung sorgfältig planen und vorbereiten. Durch Änderungen entstandene Inkonsistenzen innerhalb des Schemas können zu Problemen führen, die Active Directory beeinträchtigen oder sogar funktionsunfähig machen können. Vor einer Schemaerweiterung muss eine Richtlinie zur Schemabearbeitung entworfen werden, die den Ablauf der Schemabearbeitung festlegt. Auf diese Weise können potenzielle Probleme vermieden werden.

Um festzustellen, ob das Basisschema den Ansprüchen Ihrer Organisation gerecht wird, müssen Sie sich mit den Klassen- und Attributobjekten des Basisschemas vertraut machen. Wenn Sie wissen, welche Arten von Daten in Active Directory gespeichert werden, können Sie schneller entscheiden, ob Sie das Basisschema ändern müssen und welche Auswirkungen dies hat.

Anmerkung In Anhang B, „Klassenobjekte des Basisschemas", finden Sie eine Liste der Basisschemaklassenobjekte. Eine Liste der Basisschemaattributobjekte finden Sie in Anhang C, „Attributobjekte des Basisschemas".

Anzeigen des Basisschemas

Zur Anzeige des Basisschemas in Windows 2000 müssen Sie zunächst das Schema-Snap-In von Active Directory installieren, das wiederum erst nach der Installation aller Windows 2000-Verwaltungstools verfügbar ist. Nach der Installation der Verwaltungstools müssen Sie der MMC (Microsoft Management Console) das Schema-Snap-In hinzufügen, indem Sie über das Konsolenmenü auf das Dialogfeld **Snap-In hinzufügen/entfernen** zugreifen. Danach erhalten Sie über die MMC Zugang zum Schema-Snap-In von Active Directory.

Achtung Aufgrund der schwerwiegenden Folgen, die eine Schemaänderung nach sich ziehen kann, ist das Schema standardmäßig schreibgeschützt. Wenn Sie das Schema-Snap-In im weiteren Verlauf dieser Lektion öffnen möchten, muss der zuständige Administrator zuvor sicherstellen, dass eine Schemaänderung nicht möglich ist.

Anzeigen von Schemaklassenobjekten

Nach dem Öffnen des Ordners **Klassen** im Active Directory-Snap-In **Schema** können Sie einen Bildlauf durch die Liste der Schemaklassenobjekte durchführen, wie auszugsweise in Abbildung 3.3 dargestellt. Die vollständige Liste finden Sie auf der Kursmaterialien-CD. Für jede Klasse werden Name, Typ und eine Beschreibung aufgeführt. Der Typ (abstrakte Klasse, Erweiterungsklasse, strukturelle Klasse) dient der Erstellung einer hierarchischen Struktur der Schemaklassenobjekte.

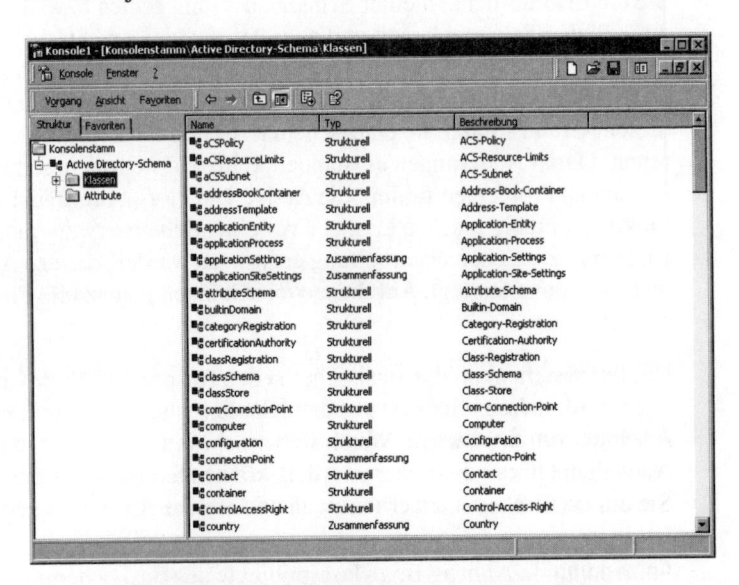

Abbildung 3.3 Schemaklassenobjekte in Active Directory

Abstrakte Klassen sind Klassen, mit deren Hilfe strukturelle Klassen gebildet werden können. *Erweiterungsklassen* dienen der Gruppierung von Schemaattributen, die Sie als Gruppe auf eine *strukturelle Klasse* anwenden möchten. Mit Hilfe einer Erweiterungsklasse können Sie die Definition einer erbenden Klasse erweitern, die Erweiterungsklassen können jedoch keine eigenständige Klasse bilden. *Strukturelle Klassen* sind hierarchisch geordnet. Die oberste Objektklasse erhält hierbei den Namen **top**. Alle strukturellen Schemaklassenobjekte sind Unterkomponenten der Klasse **top** und erben deren Attribute. In Abbildung 3.4 ist dargestellt, wie die **user**-Klasse Beispielattribute von den übergeordneten Klassen **organizationalPerson**, **person** und **top** erbt. Darüber hinaus erbt sie Attribute von den Erweiterungsklassen **mailRecipient** und **securityPrincipal**. Die übergeordnete Klasse sowie die erweiterten Klassen eines Schemaklassenobjekts finden Sie auf der Registerkarte **Beziehung** im Eigenschaftendialogfeld des Schemaklassenobjekts. Wenn Sie im Schema eine neue Klasse erstellen möchten, werden über das Klassenobjekt **classSchema** die verbindlichen und optionalen Objekte definiert.

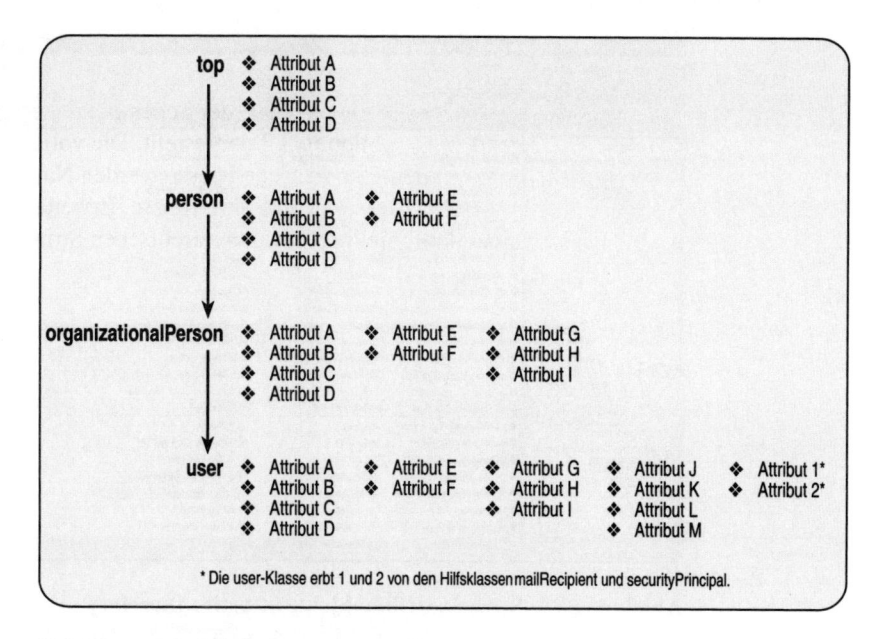

```
top      ❖ Attribut A
         ❖ Attribut B
         ❖ Attribut C
         ❖ Attribut D
  ↓
person   ❖ Attribut A   ❖ Attribut E
         ❖ Attribut B   ❖ Attribut F
         ❖ Attribut C
         ❖ Attribut D
  ↓
organizationalPerson  ❖ Attribut A   ❖ Attribut E   ❖ Attribut G
                      ❖ Attribut B   ❖ Attribut F   ❖ Attribut H
                      ❖ Attribut C                  ❖ Attribut I
                      ❖ Attribut D
  ↓
user     ❖ Attribut A   ❖ Attribut E   ❖ Attribut G   ❖ Attribut J   ❖ Attribut 1*
         ❖ Attribut B   ❖ Attribut F   ❖ Attribut H   ❖ Attribut K   ❖ Attribut 2*
         ❖ Attribut C                  ❖ Attribut I   ❖ Attribut L
         ❖ Attribut D                                 ❖ Attribut M

* Die user-Klasse erbt 1 und 2 von den Hilfsklassen mailRecipient und securityPrincipal.
```

Abbildung 3.4 Attributvererbung für das „user"-Klassenobjekt

Anzeigen von Schemaattributobjekten

Nach dem Öffnen des Ordners **Attribute** im Active Directory Snap-In können Sie einen Bildlauf durch die Liste der Schemaattributobjekte durchführen, wie auszugsweise in Abbildung 3.5 dargestellt. Die vollständige Liste finden Sie auf der Kursmaterialien-CD. Jedes Attribut hat einen Namen, eine Syntax und eine Beschreibung. Die Syntax verweist auf das Format des Attributs. Wenn Sie im Schema ein neues Attribut erstellen möchten, werden über das **attributeSchema**-Objekt die verbindlichen und optionalen Objekte definiert.

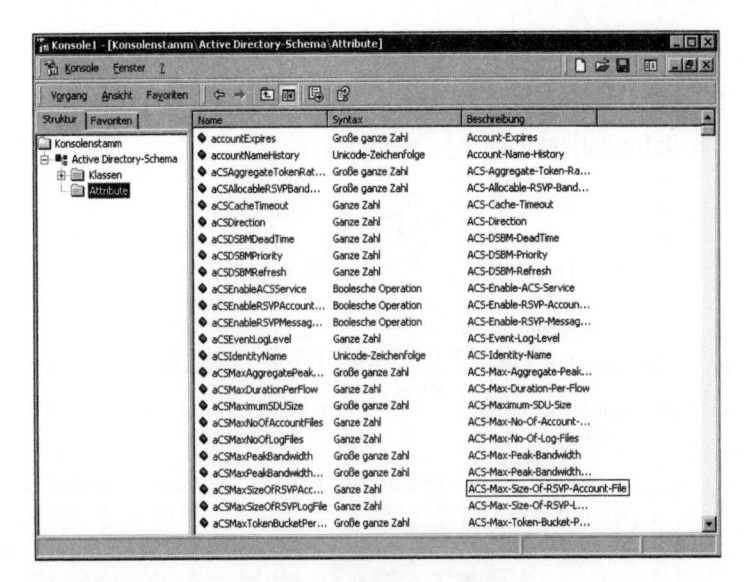

Abbildung 3.5 Schemaattributobjekte in Active Directory

Anmerkung Eine ausführliche Besprechung des Active Directory-Schemas ist im Rahmen dieses Trainings nicht möglich. Weitere Informationen finden Sie im Handbuch *Microsoft Windows 2000 Server – Die technische Referenz: Verteilte Systeme*.

Die Gruppe der Schema-Admins

Die vordefinierte universelle Gruppe der Schema-Admins ist als einzige zum Vornehmen von Änderungen am Active Directory-Schema berechtigt. Die Mitglieder der Gruppe der Schema-Admins wird jedoch von den Mitgliedern der Gruppen der lokalen Administratoren, der Domänen-Admins und der Organisations-Admins aus der Stammdomäne der Gesamtstruktur festgelegt. Um den Überblick über die zur Schemaänderung berechtigten Personen zu behalten, sollten Sie die Mitgliedschaft dieser Gruppen kontrollieren und gegebenenfalls mit Hilfe von Gruppenrichtlinien begrenzen.

Designschritt: Entwerfen eines Plans zur Schemabearbeitung

Zur Planung einer Schemaänderung innerhalb Ihrer Organisation sind folgende Schritte erforderlich:

1. Entwerfen Sie eine Richtlinie für die Schemabearbeitung.
2. Ermitteln Sie die Schemaanforderungen der Organisation.
3. Bestimmen Sie die Erforderlichkeit einer Schemabearbeitung.

Entwerfen einer Richtlinie für die Schemabearbeitung

Ein *Plan zur Schemabearbeitung* dient dazu, die Schemaänderungen zu verwalten, die sich auf alle Bereiche der Gesamtstruktur auswirken. Er enthält Informationen darüber, wer zur Schemabearbeitung berechtigt ist und wie die Änderungen verwaltet werden. Da das Schema von verschiedenen Domänen innerhalb der Gesamtstruktur gemeinsam genutzt wird, wirken sich Änderungen auf das gesamte Netzwerk aus und sollten sorgfältig geplant und überprüft werden. Die Unterlagen zur Planung der Gesamtstruktur sollten jeweils für jede Gesamtstruktur eine Richtlinie zur Schemabearbeitung beinhalten.

▶ **So erstellen Sie eine Richtlinie für die Schemabearbeitung**

1. Bennen Sie die Einheit (Bereich, Abteilung), die die vordefinierte Gruppe der Schema-Admins überwacht.
2. Listen Sie die Mitglieder der vordefinierten universellen Gruppe der Schema-Admins auf.
3. Ernennen Sie ein Komitee, das über die Genehmigung von Schemaänderungen entscheidet. Listen Sie dessen Mitglieder auf.
4. Führen Sie die Schritte auf, die zur Vorbereitung einer Schemabearbeitung erforderlich sind.
5. Führen Sie die Schritte auf, die zum Testen einer Schemabearbeitung notwendig sind.
6. Führen Sie die Schritte auf, die zur Implementierung einer Schemabearbeitung erforderlich sind.

Um Ihnen das Entwerfen einer Richtlinie zur Schemabearbeitung zu erleichtern, wurde ein Arbeitsblatt zur Schemabearbeitungsrichtlinie erstellt. Es folgt ein bereits ausgefülltes Arbeitsblattbeispiel für die fiktive A. Datum Company.

Arbeitsblatt zur Schemabearbeitungsrichtlinie – A. Datum Company

Verwenden Sie das nachfolgende Arbeitsblatt als Referenz bei der Erarbeitung einer Richtlinie zur Schemabearbeitung für Ihre Organisation.

1. Benennen Sie die Einheit (Bereich, Abteilung), die die vordefinierte Gruppe der Schema-Admins überwacht.

   Abteilung für das IT-Management

2. Listen Sie die Mitglieder der vordefinierten universellen Gruppe der Schema-Admins auf.

   Fuller, Joanna

   Price, Jeff

Arbeitsblatt zur Schemabearbeitungsrichtlinie – A. Datum Company *(Fortsetzung)*

3. Ernennen Sie ein Komitee, das über die Genehmigung von Schemaänderungen entscheidet. Listen Sie dessen Mitglieder auf.

   Martin, Mindy

   Nash, Mike

4. Führen Sie die Schritte auf, die beim Planen einer Schemabearbeitung erforderlich sind.

   Entwerfen eines Antrags zur Vorlage beim Komitee für Schemaänderungen. Der Antrag muss folgende Angaben enthalten:

   - eine Beschreibung der Änderung
   - eine Begründung für die Änderung
   - eine Beurteilung der Auswirkungen, die die Änderung auf bestehende Objekte, den Netzwerkverkehr und die Erstellung neuer Objekte hat

   Sollten Sie eine neue Schemaobjektklasse hinzufügen, machen Sie folgende Angaben:

   - Objektkennungen (Object Identifiers, OIDs) für die neue Klasse (vergeben von Ihrer ISO-Namensregistrierungsinstanz)
   - Klassentyp
   - die Position der Klasse innerhalb der Hierarchie
   - Hält die neue Klasse den Konsistenz- und Sicherheitsprüfungen des Systems stand?

5. Führen Sie die Schritte auf, die zum Testen einer Schemabearbeitung notwendig sind.

   1. Testen Sie die vorgeschlagene Änderung in einer genehmigten Testumgebung.
   2. Prüfen Sie, ob die vorgeschlagene Änderung die gewünschte Wirkung erzielt.
   3. Entwickeln und testen Sie eine Wiederherstellungsmethode.
   4. Beantragen Sie beim zuständigen Komitee eine Genehmigung zur Durchführung der Änderung.

6. Führen Sie die Schritte auf, die zur Implementierung einer Schemabearbeitung erforderlich sind.

   1. Schränken Sie die Mitgliederzahl der Gruppe der Schema-Admins ein.
   2. Heben Sie den Schreibschutz für die Schemakopie auf dem Schemamaster auf.
   3. Stellen Sie sicher, dass alle Domänencontroller die Änderung erhalten.
   4. Belegen Sie die Schemakopie auf dem Schemamaster wieder mit einem Schreibschutz.

> **Anmerkung** Auf der Kursmaterialien-CD finden Sie eine Vorlage für dieses Arbeitsblatt (**\chapt03\Worksheets\SchemaMod**).

Ermitteln der Schemaanforderungen

Um zu entscheiden, ob in Ihrer Organisation eine Planung der Schemabearbeitung erforderlich ist, ermitteln Sie zunächst, welche Daten in der Active Directory-Datenbank gespeichert werden müssen. Dazu prüfen Sie die zuvor von ihrem Designteam zusammengestellte Dokumentation zur Analyse der Geschäftsumgebung und der technischen Voraussetzungen. Darüber hinaus sollten Sie prüfen, ob für etwaige sonstige derzeit geplante Änderungen, die sich an Wachstum und Flexibilität der Organisation sowie idealen Designspezifikationen orientieren, eine Schemabearbeitung erforderlich ist.

Bestimmen der Erforderlichkeit einer Schemabearbeitung

Im Active Directory-Schema sind bereits die gängigsten Objektklassen und Attribute für Serversysteme enthalten. Eine Schemaänderung ist daher nur selten erforderlich. Es kann jedoch vorkommen, dass eine Organisation Objektklassen oder Attribute benötigt, die im Standardschema nicht vorgesehen sind. In diesem Fall sollte der Administrator die Schemabearbeitung sorgfältig planen und testen, denn neue Objektklassen oder Attribute werden dem Schema dauerhaft hinzugefügt. Dem Schema hinzugefügte Objektklassen und Attribute können nicht gelöscht, sondern nur deaktiviert werden.

Folgende Änderungen können am Schema vorgenommen werden:

- Erstellen einer neuen Klasse
- Ändern einer vorhandenen Klasse
- Deaktivieren einer Klasse
- Erstellen eines neuen Attributs
- Ändern eines vorhandenen Attributs
- Deaktivieren eines Attributs

Gründe für die Bearbeitung des Schemas

Obwohl es im Allgemeinen ratsam ist, das Schema einer Organisation nicht zu ändern, kann einen Schemabearbeitung in einigen Fällen erforderlich sein. Die Änderung des Schemas ist in folgenden Fällen empfehlenswert:

- Ein vorhandenes Schemaklassenobjekt entspricht Ihren Anforderungen erst durch Hinzufügen eines oder mehrerer Attribute. Das Hinzufügen von Attributen ist die einfachste Form der Schemabearbeitung. Um Attribute hinzuzufügen, können Sie ein neues Attribut erstellen und es anschließend einer

Klasse hinzufügen oder das neue Attribut direkt aus der Liste der für die Klasse verfügbaren Attribute auswählen. Sie können allerdings auch einer vorhandenen Schemaobjektklasse eine Klasse überordnen, um die benötigten Funktionen bereitzustellen. Darüber hinaus können Sie für eine bestehende Klasse eine Unterklasse erstellen. Wenn Sie die neuen Attribute der Unterklasse hinzufügen, erbt diese auch die Attribute der ursprünglichen Klasse.

- Für ein vorhandenes Schemaklassenobjekt wird ein neuer, eindeutiger Attributsatz benötigt. Zur Handhabung neuer, eindeutiger Attributsätze legen Sie eine Erweiterungsklasse an, die mit einer vorhandenen Klasse verbunden ist, und fügen den eindeutigen Attributsatz der Erweiterungsklasse hinzu. Anschließend fügen Sie die Erweiterungsklasse dem Schemaklassenobjekt hinzu.

- Keines der vorhandenen Schemaklassenobjekte entspricht Ihren Anforderungen. Wenn keines der vorhandenen Schemaklassenobjekte Ihren Anforderungen entspricht, müssen Sie eine neue Schemaklasse erstellen. Das Erstellen einer neuen Klasse ist die komplexeste Form der Schemabearbeitung und erfordert bei der Planung die folgenden Schritte:

    - Erwerben Sie von ISO-Namensregistrierungsinstanz Objektkennungen (OIDs) für die neue Klasse
    - Wählen Sie einen geeigneten Klassentyp
    - Legen Sie die Position der Klasse innerhalb der Hierarchie fest
    - Legen Sie die Attribute für die Klasse fest
    - Prüfen Sie, ob die neue Klasse den Konsistenz- und Sicherheitsprüfungen des Systems standhalten wird

- Ein vorhandenes Schemaklassenobjekt oder -attributobjekt wird von Ihrer Organisation nicht mehr benötigt. Wird ein Attributobjekt nicht mehr benötigt, so können Sie es deaktivieren.

Automatische Schemabearbeitung

Wenn Sie sich für die Installation einer verzeichnisfähigen Anwendung entscheiden, wird das Schema automatisch bearbeitet. Bei einer *verzeichnisfähigen Anwendung* (directory-enabled application) handelt es sich um eine Softwarekomponente, die über die Fähigkeit verfügt, Active Directory-Objekte (und ihre Attribute) zu lesen, oder über die Fähigkeit, Schemaklassen- oder Attributobjekte zu erstellen. Aufgrund dieser Fähigkeiten kann die Anwendung direkt in Active Directory implementiert werden. Auf diese Weise werden Dienste zusammengefasst, die Gesamtbetriebskosten sowie der Netzwerkoverhead sinken. Verzeichnisfähige Anwendungen, die Schemaänderungen vornehmen, sollten vor der Installation getestet werden.

Auswirkungen der Schemabearbeitung

Jede Schemabearbeitung wirkt sich auf die komplette Gesamtstruktur aus. Bevor Sie entscheiden, ob eine Schemabearbeitung vorzunehmen ist, sind die Auswirkungen auf folgende Bereiche zu bedenken:

- **Vorhandene Objektinstanzen.** Durch die Bearbeitung eines Schemas werden vorhandene Objektinstanzen möglicherweise ungültig. Wird einem Schemaklassenobjekt ein Schemaattributobjekt hinzugefügt oder entnommen, verlieren alle vorhandenen Instanzen des Klassenobjekts ihre Gültigkeit, da sie nicht mehr der Klassendefinition entsprechen. Mit Hilfe von Active Directory können Sie zwar nach ungültigen Attributen suchen und sie aus vorhandenen Objektinstanzen entfernen, es ist allerdings nicht möglich, über eine Suchfunktion vorhandenen Objektinstanzen Attributobjekte hinzuzufügen.

- **Replikation.** Eine Schemabearbeitung kann zeitweise zu Inkonsistenzen im Schema führen. Diese wiederum können Fehler bei der Replikation hervorrufen, wenn vor der neuen Klasse zunächst die Instanz eines neu erstellten Klassenobjektes auf einem Domänencontroller repliziert wird. Im Falle eines Fehlers bei der Schemareplikation repliziert Active Directory das Schema automatisch vom Schemamaster auf den Zieldomänencontroller und aktualisiert den Schemacache. Anschließend wird die Instanz des neu erstellten Klassenobjekts auf den Zieldomänencontroller repliziert.

- **Netzwerkverkehr.** Wenn Sie eine Schemabearbeitung vornehmen und anschließend Attribute in den globalen Katalog replizieren, vermindern Sie dadurch möglicherweise die Netzwerkleistung bei der Replikation. Wenn Sie Attribute in den globalen Katalog replizieren, replizieren sämtliche globalen Kataloge nicht nur die bearbeiteten Schemaattribute, sondern alle Objekte. Dadurch wird der Netzwerkverkehr bedeutend erhöht.

▶ **So erstellen Sie einen Plan zur Schemabearbeitung**

1. Entwerfen Sie eine Richtlinie für die Schemabearbeitung.

2. Überlegen Sie sich, welche Gründe für eine Schemabearbeitung sprechen, und entscheiden Sie, ob diese Maßnahme im Falle Ihrer Organisation erforderlich ist.

3. Falls Sie sich für eine Schemabearbeitung entscheiden, beachten Sie die einzelnen Schritte, die Sie bezüglich der Planung in der Richtlinie zur Schemabearbeitung für Ihre Organisation festgelegt haben.

Designschritt – Beispiel: Entwerfen eines Plans zur Schemabearbeitung

Anhand des folgenden Beispiels der fiktiven A. Datum Company wird die Planung einer Schemaänderung verdeutlicht.

Plan zur Schemabearbeitung der A. Datum Company

Während der Informationsbeschaffung für den Active Directory-Infrastrukturplan wird das Designteam der A. Datum Company von der Personalabteilung eines Kunden (Gesamtstruktur) darüber informiert, dass verschiedene Benutzersprachen in das Verzeichnis aufgenommen werden sollen. Da die Objektklasse des Benutzerschemas bisher noch kein Attribut beinhaltet, mit dessen Hilfe Benutzersprachen festgelegt werden können, denkt das Designteam über die Durchführung einer Schemabearbeitung nach. Bei der Planung einer Schemabearbeitung muss sich das Designteam an folgende in der Richtlinie zur Schemabearbeitung der A. Datum Company festgelegten Vorgaben halten:

- Beim Komitee für Schemaänderungen ist eine Genehmigung zur Schemabearbeitung zu beantragen. Dem Antrag sind eine Beschreibung und eine Begründung der Änderung sowie eine Beurteilung der Auswirkungen beizufügen, die die Änderung auf bestehende Objekte, den Netzwerkverkehr und die Erstellung neuer Objekte hat.
- Soll eine neue Schemaobjektklasse hinzugefügt werden, sind folgende Angaben zu machen: Objektkennungen (OIDs) für die neue Klasse (vergeben von der ISO-Namensregistrierungsinstanz), der Klassentyp, die Position der Klasse innerhalb der Hierarchie und eine Einschätzung, ob die neue Klasse den Konsistenz- und Sicherheitsprüfungen des Systems standhalten wird.
- Beim Komitee für Schemaänderungen ist eine Genehmigung zum Testen der Schemaänderung(en) zu beantragen.

Nachfolgend wird der Plan des Designteams zur Schemabearbeitung dargelegt:

- **Beschreibung der Änderung.** In das Verzeichnis soll ein Attribut zur Festlegung der Benutzersprachen eingefügt werden. Den Anforderungen der Organisation kann bereits durch Hinzufügen eines Attributs zu einem vorhandenen Schemaklassenobjekt entsprochen werden. Daher muss dem vorhandenen **user**-Schemaklassenobjekt voraussichtlich nur ein Schemaattributobjekt für die Benutzersprachen (**languagesSpoken**) hinzugefügt.
- **Begründung der Schemabearbeitung.** Nach Rücksprache mit der Personalabteilung wird deutlich, dass tatsächlich ein Benutzersprachenattribut erforderlich ist, um den von der A. Datum Company angestrebten Globalisierungsprozess zu fördern.

- **Einschätzung der Auswirkungen.** Das neue Benutzersprachenattribut kann nur als optionales Attribut definiert werden, da andernfalls (wäre es erforderlich) alle vorhandenen Benutzer ungültig werden. Darüber hinaus wäre das Hinzufügen von Benutzern über das Snap-In **Active Directory-Benutzer und -Computer** nicht mehr möglich, wenn das Benutzersprachenattribut ein erforderliches wäre. Das Hinzufügen des Benutzersprachenattributs sollte den Netzwerkverkehr nur bei der erstmaligen Replikation auf alle Domänencontroller beeinflussen.

Zusammenfassung der Lektion

In dieser Lektion wurden Sie schrittweise durch die Planung einer Schemabearbeitung geführt. Hierbei haben Sie u. a. eine Richtlinie zur Schemabearbeitung erstellt, die Schemaanforderungen einer Organisation ermittelt und entschieden, ob eine Schemaänderung erforderlich ist. Ein Plan zur Schemabearbeitung dient dazu, die Schemaänderungen zu verwalten, die sich auf alle Bereiche der Gesamtstruktur auswirken. Er beinhaltet Informationen darüber, wer zur Schemabearbeitung berechtigt ist und wie die Änderungen verwaltet werden. Sie haben erfahren, dass Sie zunächst die von Ihrem Designteam zusammengestellte Dokumentation zur Analyse der Geschäftsumgebung und der technischen Voraussetzungen prüfen sollten um zu ermitteln, welche Daten die Organisation im Active Directory-Schema speichern muss.

Ferner haben Sie erfahren, dass im Active Directory-Schema bereits die gängigsten Objektklassen und Attribute vorhanden sind, die die Benutzer eines Serversystems benötigen, daher ist eine Änderung des Schemas nur selten erforderlich. Sie haben die verschiedenen Arten der Schemabearbeitung und Gründe kennen gelernt, die für eine Schemabearbeitung sprechen. Abschließend haben Sie gelernt, bei der Planung der Schemabearbeitung die diesbezüglich in der Richtlinie zur Schemabearbeitung festgelegten Schritte zu beachten.

Workshop 3.1: Erstellen eines Gesamtstrukturmodells und eines Plans zur Schemabearbeitung

Zielsetzungen des Workshops

Am Ende dieses Workshops werden Sie in der Lage sein, die folgenden Aufgaben auszuführen:

- Erstellen eines Gesamtstrukturmodells
- Entwerfen eines Plans zur Schemabearbeitung

Über diesen Workshop

In diesem Workshop analysieren Sie einen Teil der vorhandenen Umgebung eines mittelständischen Unternehmens, um anschließend ein Gesamtstrukturmodell und einen Plan zur Schemabearbeitung zu erstellen.

Bevor Sie beginnen

Für die Bearbeitung dieses Workshops gelten folgende Voraussetzungen:

- Sie können eine Analyse der geschäftlichen und technischen Umgebung einer Organisation durchführen, um ein entsprechendes Gesamtstrukturmodell zu erstellen
- Sie können eine Analyse der geschäftlichen und technischen Umgebung einer Organisation durchführen, um einen Plan für die Schemabearbeitung zu erstellen

Übung 1: Erstellen eines Gesamtstrukturmodells

In dieser Übung werden Sie die vorhandene Umgebung eines mittelständischen Unternehmens analysieren, um ein Gesamtstrukturmodell zu erstellen. Lesen Sie das folgende Szenario und erstellen Sie anschließend ein Gesamtstrukturmodell.

Szenario

Ihr Designteam plant die Active Directory-Infrastruktur für LitWare, Inc., einem Verlag, der neben Büchern auch Onlineliteratur für Kinder veröffentlicht. Die Onlineliteratur für Kinder veröffentlicht LitWare, Inc. in Französisch. Vor einem Jahr hat der Verlag Lucerne Publishing übernommen, einen großen Verlag, der Bücher in deutscher Sprache veröffentlicht. Die Verlage sind sehr unterschiedlich strukturiert, es müssen mehrere Sprachen unterstützt werden. Daher hat Lucerne Publishing seine Abteilung für IT-Management beibehalten. Des Weiteren nimmt LitWare, Inc. kaum Einfluss auf den Geschäftsablauf von Lucerne Publishing. Es sind diesbezüglich keine Änderungen geplant.
LitWare, Inc. hat 10.000 Mitarbeiter in Paris. Lucerne Publishing beschäftigt 3.000 Mitarbeiter in Berlin und 4.000 Mitarbeiter in Luzern.

Übungsfragen

Beantworten Sie die folgenden Fragen zur Erstellung eines Gesamtstrukturmodells:

1. Listen Sie die Vorteile auf, die ein Modell mit mehreren Gesamtstrukturen im Fall von LitWare, Inc. bietet.

2. Listen Sie die Nachteile auf, die ein Modell mit mehreren Gesamtstrukturen im Fall von LitWare, Inc. bietet.

3. Würden Sie für LitWare, Inc. ein Modell mit einer oder mehreren Gesamtstrukturen wählen? Begründen Sie Ihre Antwort.

Übung 2: Entwerfen eines Plans zur Schemabearbeitung

In dieser Übung werden Sie weiterhin mit dem Szenario der Litware, Inc. arbeiten und die vorhandene Umgebung analysieren, um einen Plan zur Schemabearbeitung zu erstellen. Lesen Sie das Szenario und erstellen Sie anschließend einen Plan zur Schemabearbeitung.

Szenario

Während der Informationsbeschaffung für den Active Directory-Infrastrukturplan wird das Designteam von der Vertriebsabteilung bei Lucerne Publishing darüber informiert, dass der Titel jeder Veröffentlichung sowie die zugehörige ISBN-Nummer in Active Directory aufgenommen werden sollen. Bisher gibt es noch keine Schemaattribute oder -klassen, die zur Verwaltung von Buchtiteln und ISBN-Nummern verwendet werden können. Daher denkt das Designteam über eine Schemabearbeitung nach. Die Leiter der Vertriebsabteilung hoffen, durch die Aufnahme der Buchtitel und ISBN-Nummern in Active Directory auf die Installation einer neuen verzeichnisfähigen Bestandsanwendung vorbereitet zu sein.

Bei der Planung einer Schemabearbeitung muss sich das Designteam an folgende in der Richtlinie zur Schemabearbeitung der LitWare, Inc. festgelegten Vorgaben halten:

- Beim Komitee für Schemaänderungen bei Lucerne Publishing ist eine Genehmigung zur Schemabearbeitung zu beantragen. Dem Antrag sind eine Beschreibung und eine Begründung der Änderung sowie eine Beurteilung der Auswirkungen beizufügen, die die Änderung auf bestehende Objekte, den Netzwerkverkehr und die Erstellung neuer Objekte hat.
- Soll eine neue Schemaobjektklasse hinzugefügt werden, sind folgende Angaben zu machen: Objektkennungen (OIDs) für die neue Klasse (vergeben von der ISO-Namensregistrierungsinstanz), der Klassentyp sowie die Position der Klasse innerhalb der Hierarchie.
- Beim Komitee für Schemaänderungen bei Lucerne Publishing ist eine Genehmigung zum Testen der Schemaänderung(en) zu beantragen.

Übungsfragen

Beantworten Sie die folgenden Fragen bezüglich der Erstellung eines Plans zur Schemabearbeitung:

1. Welche Elemente sollte ein Plan zur Schemabearbeitung für LitWare, Inc. beinhalten?

2. Sollte das Designteam einen Plan zur Schemabearbeitung erstellen? Begründen Sie Ihre Antwort.

Lernzielkontrolle

Die folgenden Fragen dienen dazu, die wichtigsten Lehrinhalte dieses Kapitels zu vertiefen. Wenn Sie eine Frage nicht beantworten können, wiederholen Sie den entsprechenden Abschnitt und versuchen Sie dann erneut, die Frage zu beantworten. Die Antworten zu den Fragen finden Sie in Anhang A, „Fragen und Antworten".

1. Wie viele Gesamtstrukturen sollten Sie im Allgemeinen anlegen? Begründen Sie Ihre Antwort.

2. Ihre Organisation denkt darüber nach, 4 Gesamtstrukturen zu implementieren, um Geschäftseinheiten zu verwalten, die nicht zusammenarbeiten möchten. Die Entscheidungsträger sind sich der Auswirkungen mehrerer Gesamtstrukturen auf die Benutzer nicht bewusst. Wie können Sie vorgehen, um den Benutzerwünschen gerecht zu werden?

3. Ihre Organisation hat 2 Gesamtstrukturen implementiert. Einem Benutzer in der Domäne **Buchhaltung** in Gesamtstruktur 1 soll der Zugriff auf Ressourcen in der Domäne **Finanzen** in Gesamtstruktur 2 ermöglicht werden. Allerdings dürfen die Benutzer der Domäne **Finanzen** in Gesamtstruktur 2 keinen Zugang zu den Ressourcen der Domäne **Buchhaltung** in Gesamtstruktur 1 erhalten. Wie gehen Sie vor?

4. Warum sollten Sie eine Änderung des Active Directory-Schemas vermeiden?

5. Sie haben dem Schema Ihrer Organisation ein Schemaklassenobjekt und einen Satz Schemaattributobjekte hinzugefügt, um die in einer der Abteilungen der Organisation hergestellten Produkte darzustellen. Nach einem Jahr wird die Abteilung ausgegliedert und die Attribute werden nicht mehr benötigt. Was sollten Sie tun?

6. Ihre Organisation hat Active Directory erst kürzlich implementiert und hat sich bisher noch nicht zu einer Schemabearbeitung entschlossen. Warum ist es sinnvoll, dass Sie sich mit den Basisschemaklassen und Attributobjekten vertraut machen?

KAPITEL 4

Planen der Domänen

Lektion 1: Definieren von Domänen . . . 115

Übung 4.1: Definieren von Domänen . . . 125

Lektion 2: Definieren einer Stammdomäne der Gesamtstruktur . . . 129

Lektion 3: Definieren einer Domänenhierarchie . . . 135

Lektion 4: Benennen von Domänen . . . 144

Übung 4.2: Definieren einer Stammdomäne, Definieren einer Domänenhierarchie und Benennen von Domänen . . . 148

Lektion 5: Planen der DNS-Serverbereitstellung . . . 154

Workshop 4.1: Planen der Domänen . . . 165

Lernzielkontrolle . . . 169

Über dieses Kapitel

Nachdem Sie und Ihr Designteam einen Plan für die Gesamtstruktur erstellt haben, muss zum Design einer Infrastruktur für Active Directory ein Domänenplan erstellt werden. Zu diesem Zweck werden Domänen, die Stammdomäne der Gesamtstruktur und eine Domänenhierarchie definiert sowie Domänen benannt und die DNS-Serverbereitstellung geplant. Das Endergebnis der Domänenplanung umfasst ein Diagramm der Domänenhierarchie. In diesem Kapitel wird die Erstellung eines Domänenplans vorgestellt.

Praxistipp Lesen Sie das Interview „Domänendesign in der Praxis" mit Darron Inman, Microsoft Consulting Services. Dieses gibt einen praxisorientierten Überblick über die Erstellung eines Domänenplans. Sie finden dieses Interview auf der Kursmaterialien-CD (**\chapt04\DomainPlanInterview**).

Bevor Sie beginnen

Für die Bearbeitung der Lektionen in diesem Kapitel gelten folgende Voraussetzungen:

- Sie müssen die in Kapitel 1, „Einführung in Active Directory", vorgestellten Active Directory-Komponenten und -Konzepte kennen.
- Sie müssen die in Kapitel 2, „Einführung in das Design einer Active Directory-Infrastruktur", vorgestellten Komponenten der Analyse einer geschäftlichen und technischen Umgebung kennen.
- Sie müssen über die in Kapitel 3, „Planen der Gesamtstruktur", vermittelten Kenntnisse und Fertigkeiten verfügen.

Lektion 1: Definieren von Domänen

Der erste Schritt beim Erstellen eines Domänenplans ist die Definition von Domänen. Sie legen dabei fest, welche Domänen für die einzelnen Gesamtstrukturen in Ihrer Organisation benötigt werden. Diese Lektion erläutert, wie Domänen definiert werden. Dies beinhaltet die Bewertung der Domänenanforderungen der Organisation und die Ermittlung der benötigten Anzahl von Domänen.

Am Ende dieser Lektion werden Sie in der Lage sein, die folgenden Aufgaben auszuführen:
- Identifizierung der Faktoren in der Organisationsumgebung, die sich auf die Domänenanforderungen auswirken
- Benennen der Gründe für die Verwendung mehrerer Domänen in einer Active Directory-Infrastruktur
- Erläutern der Auswirkungen einer Definition mehrerer Domänen
- Analysieren der Organisationsumgebung zur Definition der Domänen

Veranschlagte Zeit für diese Lektion: 30 Minuten

Grundlegendes zu Domänen

In Active Directory stellt eine Domäne einen Bestandteil der Gesamtstruktur oder eine Teildatenbank dar. Bei der Definition einer Domäne werden Daten an verschiedenen Stellen in Form von kleinen Datenbanken gespeichert. Sie erhalten auf diese Weise eine große Datenbank, die im Netzwerk effizient verteilt ist. Wie Sie wissen, stellen Domänen in Windows 2000 und Active Directory Sicherheitsgrenzen dar. Jede Domäne hat einen eindeutigen Namen und bietet Zugriff auf zentrale Benutzer- und Gruppenkonten, die vom Domänenadministrator verwaltet werden. Active Directory umfasst eine oder mehrere Domänen, von denen sich jede einzelne über mehrere Standorte erstrecken kann.

Ziele bei der Definition von Domänen

Sie sollten bei der Definition von Domänen für Ihre Organisation zwei Ziele im Auge behalten:

- Definieren Sie Domänen basierend auf der geografischen Struktur der Organisation
- Halten Sie die Anzahl der Domänen möglichst gering

Definieren von Domänen basierend auf der geografischen Struktur

In Kapitel 2, „Einführung in das Design einer Active Directory-Infrastruktur", haben Sie unter anderem erfahren, wie die geografische Struktur einer Organisation durch ein Diagramm der Netzwerkarchitektur des Unternehmens dargestellt werden kann. Verwenden Sie dieses Diagramm der Netzwerkarchitektur zur Definition der Domänen für Ihre Organisation. Beachten Sie auch andere aktuell in der Organisation eingesetzte Infrastrukturen. Wenn Ihre Organisation beispielsweise bereits in eine DNS-Struktur investiert hat, sollte diese beibehalten werden. Oder wenn Ihre Organisation umfangreichen Gebrauch von Microsoft Exchange macht, sollten Sie die Domänenstruktur auf Grundlage des gleichen Modells erstellen. Bevor Sie vorhandene Infrastrukturen ändern, müssen die Kosten der Änderung und der potenzielle Nutzen gegeneinander abgewogen werden.

Da Funktionsstrukturen wie Bereiche, Abteilungen oder Projektteams kontinuierlichen Änderungen unterliegen, wird von einer Definition der Domänen auf Grundlage dieser Strukturen abgeraten. Die in Windows 2000 erstellten Domänenstrukturen sind weniger flexibel als Ihre Geschäftsumgebung. Wenn Sie eine Domäne erstellt und einer Hierarchie zugeordnet haben, kann diese nur schwer verschoben oder umbenannt werden. Stammdomänen der Gesamtstruktur können *nie* verschoben oder umbenannt werden.

Minimieren der Domänenanzahl

Ein Grundprinzip für das Design einer Active Directory-Infrastruktur ist ein möglichst einfaches Design und die Minimierung der Domänenanzahl. Sie sollten Ihr Infrastrukturdesign wenn möglich auf eine Domäne beschränken, die über Organisationseinheiten (OUs) verwaltet wird. Je mehr Domänen die Gesamtstruktur enthält, desto so höher sind die Verwaltungs- und Hardwarekosten.

Wenn Sie eine Aktualisierung von Windows NT vornehmen, müssen wahrscheinlich Domänen konsolidiert werden. Die folgenden Richtlinien für die Definition mehrerer Domänen in Windows NT sind in Windows 2000 nicht mehr gültig:

- **Größenbeschränkung der Sicherheitskontenverwaltung (Security Accounts Manager, SAM).** Unter Windows NT war die SAM-Datenbank auf etwa 40.000 Objekte pro Domäne beschränkt. Unter Windows 2000 kann jede Domäne über eine Millionen Objekte enthalten. Es ist daher nicht mehr notwendig, eine neue Domäne zu definieren, um mehr Objekte verwalten zu können.

- **Verfügbarkeitsanforderungen des primären Domänencontrollers (PDC).** Unter Windows NT konnte nur ein Computer in der Domäne (der PDC) Aktualisierungen der Domänendatenbank verarbeiten. Unter Windows 2000 können alle Domänencontroller diese Aufgabe übernehmen, wodurch die Definition neuer Domänen zur Bereitstellung von Fehlertoleranz entfällt.

- **Begrenzte Verwaltungsdelegierung innerhalb von Domänen.** Unter Windows NT waren Domänen die kleinste Einheit für die Verwaltungsdelegierung. Unter Windows 2000 können Sie Domänen in Organisationseinheiten unterteilen, um die Verwaltung zu delegieren. Es entfällt somit die Notwendigkeit, Domänen nur zu Delegierungszwecken zu erstellen.

Weitere Informationen zum Design von Organisationseinheiten für die Verwaltungsdelegierung erhalten Sie in Kapitel 5, „Planen der Organisationseinheiten".

Designschritt: Definieren von Domänen

Die Definition von Domänen umfasst folgende Aufgaben:

1. Ermitteln Sie den Domänenbedarf der Organisation.
2. Legen Sie die Anzahl der Domänen für Ihre Organisation fest.

Ermitteln des Domänenbedarfs

Zur Definition der Domänen für Ihre Organisation müssen Sie zunächst die folgenden Dokumente analysieren, die zuvor von Ihrem Designteam zusammengestellt wurden:

- Arbeitsblatt zu den Geschäftsstrukturen. Bewerten Sie die aktuelle Verwaltungsstruktur und die geografische Struktur, um potenzielle Domänenstandorte festzulegen.
- Arbeitsblatt zur Netzwerkarchitektur. Analysieren Sie die aktuelle Netzwerkarchitektur, um potenzielle Domänenstandorte festzulegen.
- Arbeitsblatt zu den technischen Standards. Analysieren Sie die aktuellen Verwaltungs- und Sicherheitsstandards, um den Domänenbedarf zu ermitteln.
- Arbeitsblatt zu Hard- und Software. Ermitteln Sie die Hardwaregeräte und die Softwarekomponenten, die nicht mit Windows 2000 kompatibel sind.
- Arbeitsblatt zur Windows NT-Domänenarchitektur. Analysieren Sie die aktuelle Domänenstruktur, um Möglichkeiten zur Konsolidierung der Domänen festzulegen.
- Gesamtstrukturmodell. Bestimmen Sie die Anzahl der für die Organisation geplanten Gesamtstrukturen, um Domänenstandorte festzulegen.

Anmerkung Vorlagen für die genannten Arbeitsblätter finden Sie auf der Kursmaterialien-CD (**\chapt02\Worksheets**). Bereits ausgefüllte Arbeitsblattbeispiele finden Sie in Kapitel 2, „Einführung in das Design einer Verzeichnisdienstinfrastruktur". Das Gesamtstrukturmodell wird in Kapitel 3, „Planen der Gesamtstruktur", behandelt.

Neben diesen Informationen müssen Sie unbedingt etwaige sonstige derzeit geplante Änderungen der Geschäftsstrukturen, Netzwerkarchitektur, technischen Standards und der vorhandenen Domänenarchitektur berücksichtigen, die sich an Wachstum und Flexibilität der Organisation sowie idealen Designspezifikationen orientieren.

Festlegen der Anzahl benötigter Domänen

Sie müssen die Anzahl der Domänen für jede Gesamtstruktur in Ihrer Organisation festlegen. Für ein kleines oder mittelständisches Unternehmen ist möglicherweise eine Domäne ausreichend, bei größeren und komplexeren Organisationen reicht eine Domäne jedoch unter Umständen nicht aus. Um die Anzahl der Domänen für die Active Directory-Infrastruktur Ihrer Organisation zu bestimmen, müssen Sie die Gründe für die Definition mehrerer Domänen sorgfältig abwägen. Bevor Domänen hinzugefügt werden, sollten Sie sich des Zwecks der neuen Domäne bewusst sein und die damit verbundenen Hardware- und Verwaltungskosten rechtfertigen können.

Gründe für die Definition mehrerer Domänen

Folgende Gründe sprechen dafür, mehrere Domänen einzusetzen:

- Erfüllung von Sicherheitsanforderungen
- Erfüllung von Verwaltungsanforderungen
- Optimierung des Replikationsverkehrs
- Beibehalten von Windows NT-Domänen

Berücksichtigen Sie bei der Rechtfertigung einer neuen Domäne alle der genannten Gründe. Es spricht möglicherweise mehr als ein Grund für die Definition der Domäne.

Tipp Verwenden Sie nicht mehrere Domänen, um polarisierte Gruppen oder einzelne Ressourcen, die nur schlecht in andere Domänen eingefügt werden können, zu integrieren. Sowohl die Gruppen als auch die Ressourcen können besser einer Organisationseinheit hinzugefügt werden.

Erfüllen von Sicherheitsanforderungen

Die Einstellungen im Unterverzeichnis **Kontorichtlinien** des Knotens **Sicherheitseinstellungen** eines Gruppenrichtlinienobjekts können nur auf Domänenebene definiert werden. Wenn die Sicherheitsanforderungen im Unterverzeichnis **Kontorichtlinien** innerhalb Ihrer Organisation variieren, müssen separate Domänen für die unterschiedlichen Anforderungen definiert werden. Das Unterverzeichnis **Kontorichtlinien** enthält die folgenden Richtlinien:

- **Kennwortrichtlinien.** Enthält Kennworteinstellungen, z. B. eine Kennwortchronik, Einstellungen zu Kennwortalter und -länge, Komplexität und Speicherung.
- **Kontosperrungsrichtlinien.** Enthält Einstellungen für Kontosperrungen, z. B. Sperrungsdauer, Schwellenwert und Sperrungszähler.
- **Kerberos-Richtlinie.** Enthält Kerberos-bezogene Einstellungen, z. B. Einschränkungen für Benutzeranmeldungen, die Gültigkeitsdauer von Dienst- und Benutzertickets und die Erzwingung.

Erfüllen von Verwaltungsanforderungen

Manche Organisationen müssen Grenzen definieren, um bestimmte Verwaltungsanforderungen zu erfüllen, die nicht mit Hilfe von OUs und einer Domäne umgesetzt werden können. Zu diesen speziellen Anforderungen kann beispielsweise die Wahrung bestimmter Rechts- oder Datenschutzvorgaben zählen. Eine Organisation kann beispielsweise aus Datenschutzgründen verlangen, dass externe Administratoren keinen Zugriff auf vertrauliche Produktentwicklungsdateien haben. In einem Szenario mit einer Domäne hätten Mitglieder der vordefinierten globalen Gruppe **Domänen-Admins** Zugriff auf alle Objekte in der Domäne, einschließlich vertraulicher Dateien. Durch die Erstellung einer neuen Domäne mit diesen Dateien ist die erste Gruppe **Domänen-Admins** nicht in der neuen Domäne und hat keinen Zugriff auf die Dateien.

Optimieren des Replikationsverkehrs

Bei Organisationen mit einem oder mehreren Standorten müssen Sie überprüfen, ob Standortverbindungen den mit einer einzelnen Domäne verbundenen Replikationsverkehr verarbeiten können. In einer Gesamtstruktur mit einer Domäne werden alle Objekte der Struktur auf jeden einzelnen Domänencontroller in der Gesamtstruktur repliziert. Werden Objekte an Standorten repliziert, an denen sie nicht benötigt werden, wird unnötig Bandbreite belegt. Mit Hilfe der Definition mehrerer kleiner Domänen und der ausschließlichen Replikation der für einen Standort relevanten Objekte kann der Netzwerkverkehr reduziert und die Replikation optimiert werden. Sie müssen jedoch die Einsparungen durch eine Replikationsoptimierung und die Hardware- und Verwaltungskosten für die zusätzlichen Domänen gegeneinander abwägen.

Berücksichtigen Sie vor einer Domänendefinition zur Optimierung des Replikationsverkehrs folgende Punkte:

- **Verbindungskapazität und Verfügbarkeit.** Wenn die Kapazität einer Verbindung annähernd ausgeschöpft ist oder die Verbindung zu bestimmten Tageszeiten für den Replikationsverkehr nicht verfügbar ist, sollten Sie die Definition einer weiteren Domäne in Betracht ziehen. Befinden sich Verbindungen jedoch zu bestimmten Tageszeiten im Leerlauf, sollte die Replikation für diese Zeiten geplant werden; vorausgesetzt die erforderliche Bandbreite ist verfügbar.

- **Konflikt des Replikationsverkehrs mit anderem Verkehr.** Wenn eine Verbindung andere, wichtigere Daten verarbeitet und Sie diese Datenverarbeitung nicht durch den Replikationsverkehr stören möchten, sollten Sie die Definition einer zusätzlichen Domäne in Erwägung ziehen.
- **Verbindungsgebühren auf Nutzungsebene.** Wenn der Replikationsverkehr über eine Verbindung erfolgt, für die auf Nutzungsebene Gebühren anfallen, sollten Sie die Definition einer zusätzlichen Domäne in Betracht ziehen.
- **Verbindung nur über SMTP.** Wenn der Standort nur über Verbindung verfügt, die ausschließlich SMTP verwenden können, muss der Standort über eine eigene Domäne verfügen. Die Mailbasierte Replikation kann nur zwischen Domänen erfolgen, eine Nutzung zwischen Domänencontrollern in der gleichen Domäne ist nicht möglich.

Beibehalten von Windows NT-Domänen

Organisationen mit umfangreichen Windows NT-Infrastrukturen möchten unter Umständen eine vorhandene Windows NT-Domäne beibehalten. Es besteht die Möglichkeit, vorhandene Windows NT-Domänen auf Windows 2000 zu aktualisieren. Dieser Vorgang wird auch als *In-Place-Upgrade (Upgrade an Ort und Stelle oder ersetzende Aktualisierung)* bezeichnet. Sie müssen die mit der Aktualisierung oder Konsolidierung der Windows NT-Domäne verbundenen Kosten und die Einsparungen bei einer Beibehaltung und Verwaltung weniger Domänen gegeneinander abwägen. Es wird empfohlen, die Anzahl der Domänen zu minimieren, indem Sie Windows NT-Domänen konsolidieren, bevor Sie auf Windows 2000 aktualisieren.

Weitere Informationen zur Aktualisierung vorhandener Windows NT-Domänen auf Windows 2000 und zur Konsolidierung von Windows NT-Domänen erhalten Sie in Lektion 1, „Planen einer Migration der Windows NT 4.0-Verzeichnisdienste auf Windows 2000 Active Directory", in Kapitel 7, „Planen der Active Directory-Implementierung".

Auswirkungen der Definition mehrerer Domänen

Das Hinzufügen einer Domäne erhöht die Verwaltungs- und Hardwarekosten. Beachten Sie vor der Definition mehrerer Domänen die folgenden Kostenfaktoren:

- **Domänenadministratoren.** Bei jedem Hinzufügen einer Domäne wird auch eine vordefinierte globale Gruppe **Domänen-Admins** hinzugefügt. Zur Überwachung der Mitglieder dieser Gruppe ist ein höherer Verwaltungsaufwand erforderlich.

- **Sicherheitsprincipals.** Durch das Hinzufügen von Domänen erhöht sich die Wahrscheinlichkeit, dass Sicherheitsprincipals zwischen den Domänen verschoben werden müssen. Das Verschieben von Sicherheitsprincipals zwischen OUs einer Domäne ist zwar relativ einfach, das Verschieben von Sicherheitsprincipals zwischen Domänen ist jedoch wesentlich komplexer und kann sich negativ auf die Endbenutzer auswirken.
- **Gruppenrichtlinien- und Zugriffssteuerung.** Die Gruppenrichtlinien- und Zugriffssteuerung erfolgt auf Domänenebene. Wenn Sie also innerhalb Ihrer Organisation verschiedene Gruppenrichtlinien verwenden bzw. starken Gebrauch von der Verwaltungsdelegierung machen, müssen die hierzu erforderlichen Arbeitsschritte für jede Domäne einzeln durchgeführt werden.
- **Domänencontrollerhardware und Sicherheitseinrichtungen.** Pro Windows 2000-Domäne sind mindestens zwei Domänencontroller erforderlich, um Fehlertoleranz und Multimasteranforderungen zu unterstützen. Zudem wird empfohlen, die Domänencontroller an einem sicheren Ort mit eingeschränktem Zugang unterzubringen, um einen Zugriff durch Unbefugte zu verhindern.
- **Vertrauensstellungen.** Wenn sich ein Benutzer einer Domäne an einer anderen Domäne anmelden muss, muss der Domänencontroller der zweiten Domäne in der Lage sein, eine Verbindung zu dem Domänencontroller der Originaldomäne des Benutzers herzustellen. Schlägt diese Verbindung fehl, kann der Domänencontroller den Dienst unter Umständen nicht bereitstellen. Aus diesem Grund sind zusätzliche Vertrauensstellungen erforderlich, die wiederum eingerichtet und verwaltet werden müssen.

▶ **So definieren Sie Domänen**

1. Ermitteln Sie den Domänenbedarf für die Organisation. Domänen können zur Erfüllung von Sicherheits- und Verwaltungsanforderungen sowie zur Optimierung des Replikationsverkehrs und zur Beibehaltung von Windows NT-Domänen definiert werden.

2. Besorgen Sie sich eine Kopie des Netzwerkarchitekturdiagramms des Designteams. Kennzeichnen Sie die zu definierenden Domänen im Netzwerkarchitekturdiagramm durch Dreiecke.

Designschritt – Beispiel: Definieren von Domänen

In Abbildung 4.1 ist das Netzwerkarchitekturdiagramm für Pacific Musical Instruments zu sehen, einem Hersteller traditioneller Instrumente aus dem pazifischen Raum.

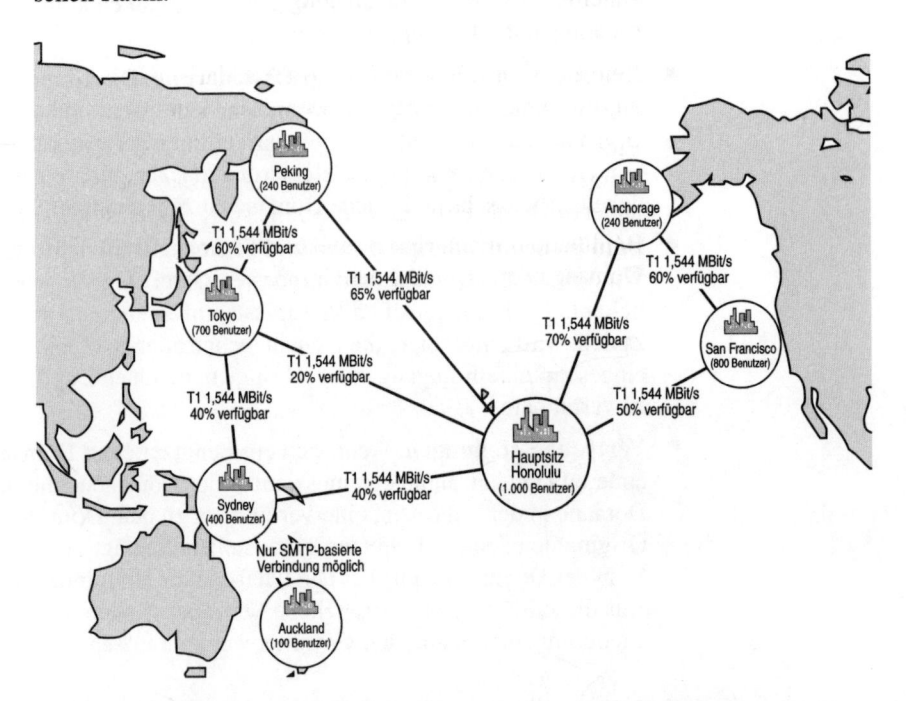

Abbildung 4.1 Netzwerkarchitekturdiagramm für Pacific Musical Instruments

Abbildung 4.2 zeigt die für Pacific Musical Instruments definierten Domänen. Diese Domänen wurden aus den folgenden Gründen definiert:

- Eine Domäne wurde für die speziellen Kennwort- und Kontosperrungseinstellungen definiert, die Pacific Musical Instruments am Standort Peking benötigt.

- Eine Domäne wurde am Hauptsitz in Honolulu definiert, um die rechtlichen Anforderungen an die Personaldateien von Pacific Musical Instruments zu erfüllen.

- Eine Domäne wurde am Standort Tokio definiert, da die Verbindung zum Hauptsitz nur zu 20% verfügbar ist und den Replikationsverkehr nicht effektiv verarbeiten kann.

- Eine Domäne wurde am Standort Sydney definiert, da die Verbindung zum Hauptsitz nur zu 40% verfügbar ist und den Replikationsverkehr möglicherweise effektiv verarbeiten kann. Darüber hinaus wird Pacific Musical Instruments eine neue Produktionsstätte in Singapur eröffnen, wodurch sich der Datenverkehr für die Verbindung zwischen Sydney und dem Hauptsitz wahrscheinlich erhöht.
- Eine Domäne wurde am Standort Auckland definiert, da dieser von Sydney aus nur per SMTP-Mail erreicht werden kann.
- Eine Domäne wurde am Standort San Francisco definiert, da dieser von der Domäne in Honolulu getrennt werden musste und die Verbindungen zu den anderen Domänenstandorten bereits stark ausgelastet waren, sodass der Replikationsverkehr nicht effektiv hätte verarbeitet werden können. Diese Domäne bedient zudem den Standort Anchorage.

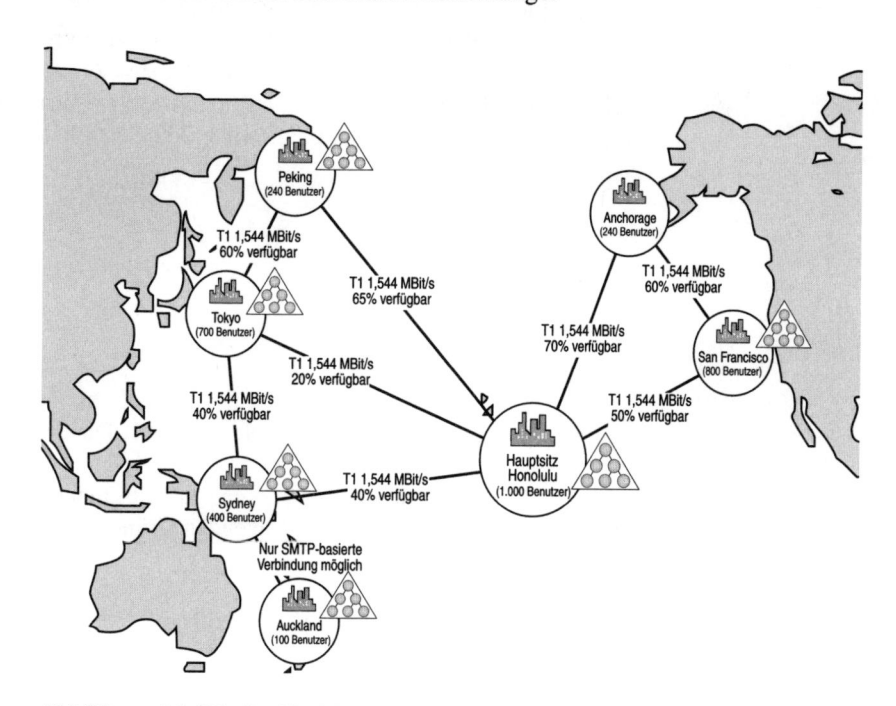

Abbildung 4.2 Für Pacific Musical Instruments definierte Domänen

Zusammenfassung der Lektion

In dieser Lektion haben Sie erfahren, dass Domänen für jede Gesamtstruktur in einer Organisation definiert werden, indem Sie die Domänenanforderungen der Organisation feststellen und die Anzahl der erforderlichen Domänen bestimmen. Sie sollten bei der Definition von Domänen für Ihre Organisation zwei Ziele im Auge behalten: Definieren Sie Domänen auf Grundlage der geografischen Struktur der Organisationsumgebung, und minimieren Sie die Anzahl der Domänen. Unter Windows 2000 ist die Minimierung der Domänenanzahl leichter, da die für Windows NT aufgestellten Richtlinien für die Definition mehrerer Domänen nicht mehr gelten.

Zudem wurden Gründe für die Definition mehrerer Domänen vorgestellt, z. B. die Erfüllung von Sicherheits- und Verwaltungsanforderungen, die Optimierung des Replikationsverkehrs und die Beibehaltung von Windows NT-Domänen. Die Auswirkungen einer Definition mehrerer Domänen wurden erläutert, z. B. die Steigerung der Verwaltungs- und Hardwarekosten durch das Hinzufügen einer Domäne. Abschließend haben Sie erfahren, wie Sie Domänen unter Verwendung des Netzwerkarchitekturdiagramms einer Organisation definieren.

Übung 4.1: Definieren von Domänen

In dieser Übung werden zwei Organisationen vorgestellt, die ihre Active Directory-Infrastruktur planen. Ihre Aufgabe besteht darin, die Umgebung der Organisationen zu analysieren und die Domänen zu definieren, die in der Active Directory-Infrastruktur benötigt werden.

Szenario 1: Friendship Vineyards

Sie gehören als Infrastrukturplaner dem Designteam an, das die Active Directory-Infrastruktur für Friendship Vineyards plant, einem Weingut mit vier Standorten in Südafrika. Die Dokumentation zur Analyse der Geschäftsumgebung und der technischen Voraussetzungen wurden gesammelt und jedem Mitglied des Teams als Kopie ausgehändigt. Sie müssen nun die Domänen für die Organisation definieren.

Friendship Vineyards ist eine zentral verwaltete Organisation, deren IT-Management vom Hauptsitz in Kapstadt aus geleitet wird. Zudem verfügen die vier Standorte über einige wenige IT-Mitarbeiter, die grundlegende Supportaufgaben übernehmen. Es besteht eine spezielle Anforderung: Die Desktops der Vertriebsmitarbeiter an allen vier Standorten müssen auf Vertriebssoftware beschränkt werden. Friendship Vineyards verwendet derzeit zwar Windows NT 4.0, das Management hat jedoch entschieden, die aktuelle Domänenstruktur der Organisation nicht in die Windows 2000-Umgebung zu übertragen. Eine Prüfung des vorhandenen DNS-Namespace hat gezeigt, dass Friendship Vineyards eine Website mit dem DNS-Namen **f-100times.com** nutzt. Ihr Designteam hat das in Abbildung 4.3 dargestellte Diagramm der Netzwerkarchitektur erstellt.

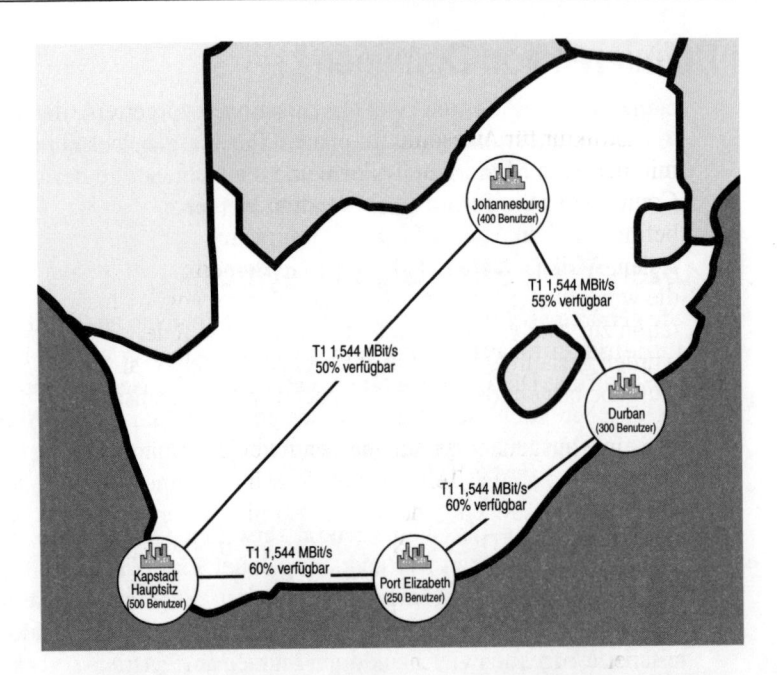

Abbildung 4.3 Netzwerkarchitektur für Friendship Vineyards

1. Kennzeichnen Sie die Domäne(n), die Sie für Friendship Vineyards definieren würden, im Netzwerkarchitekturdiagramm durch Dreiecke.

2. Begründen Sie die Definition der Domäne(n).

Szenario 2: Awesome Computers

Sie gehören als Infrastrukturplaner dem Designteam an, das die Active Directory-Infrastruktur für Awesome Computers plant, einem globalen Computerhersteller mit mehreren Milliarden Dollar Umsatz pro Jahr und über 65.000 Benutzern und Computern an mehr als 30 Standorten. Der Hauptsitz von Awesome Computers befindet sich in Atlanta. Mit dem Hauptsitz sind sechs Niederlassungen für Asien, Afrika, Australien, Europa, Nordamerika und Südamerika verbunden, an die wiederum (insgesamt) 26 Vertriebsbüros angeschlossen sind. Die Dokumentation zur Analyse der Geschäftsumgebung und der technischen Voraussetzungen wurden gesammelt und jedem Mitglied des Teams als Kopie ausgehändigt. Ihre Aufgabe besteht darin, die Domänen für die Organisation zu definieren.

Die einzelnen Niederlassungen von Awesome Computers werden unabhängig geführt, sind jedoch Teil des globalen Unternehmens. Der Hauptsitz überwacht alle Niederlassungen, indem er die Administratoren auswählt und die Netzwerkstruktur festlegt. Die einzelnen Vertriebsbüros werden von dem angebundenen Niederlassungen verwaltet.

Bei der Durchsicht der Dokumentation zur Analyse der geschäftlichen und technischen Umgebung fallen Ihnen folgende Punkte auf:

- Jede Niederlassung benötigt eine separate Kennwort- und Kontosperrungsrichtlinie.
- Die Vertriebsbüros in Deutschland, Frankreich, Spanien, den Niederlanden, Italien und der Schweiz benötigen lokalisierte Spracheinstellungen.
- Im brasilianischen Vertriebsbüro wird eine wichtige Buchhaltungsdatenbank unter Windows NT 4.0 ausgeführt, die zwingend in die neue Domäne integriert werden muss. Zudem greift das Büro regelmäßig auf Entwicklungsressourcen am europäischen Standort zu.
- Das Vertriebsbüro in Thailand führt verschiedene asiatische Vertriebsanwendungen aus, die unter Windows 2000 nicht eingesetzt werden können.
- Awesome Computers wird in Kürze Bits, Bytes & Chips, Inc. übernehmen, einen Hersteller von Speichermedien. Bits, Bytes & Chips, Inc. erzielt 75% seiner Gewinne durch den Verkauf im Internet, der über die Website *b-100times.com* abgewickelt wird. Die Unternehmensstruktur von Bits, Bytes & Chips, Inc. soll auch nach der Übernahme durch Awesome Computers intakt bleiben. Bits, Bytes & Chips, Inc. wird jedoch zu einem Teil der gleichen Gesamtstruktur wie Awesome Computers.
- Eine Prüfung des vorhandenen DNS-Namespace hat gezeigt, dass Awesome Computers eine Website nutzt, deren DNS-Name **a-100times.com** lautet.

Ihr Designteam hat das in Abbildung 4.4 dargestellte Diagramm der Netzwerkarchitektur erstellt.

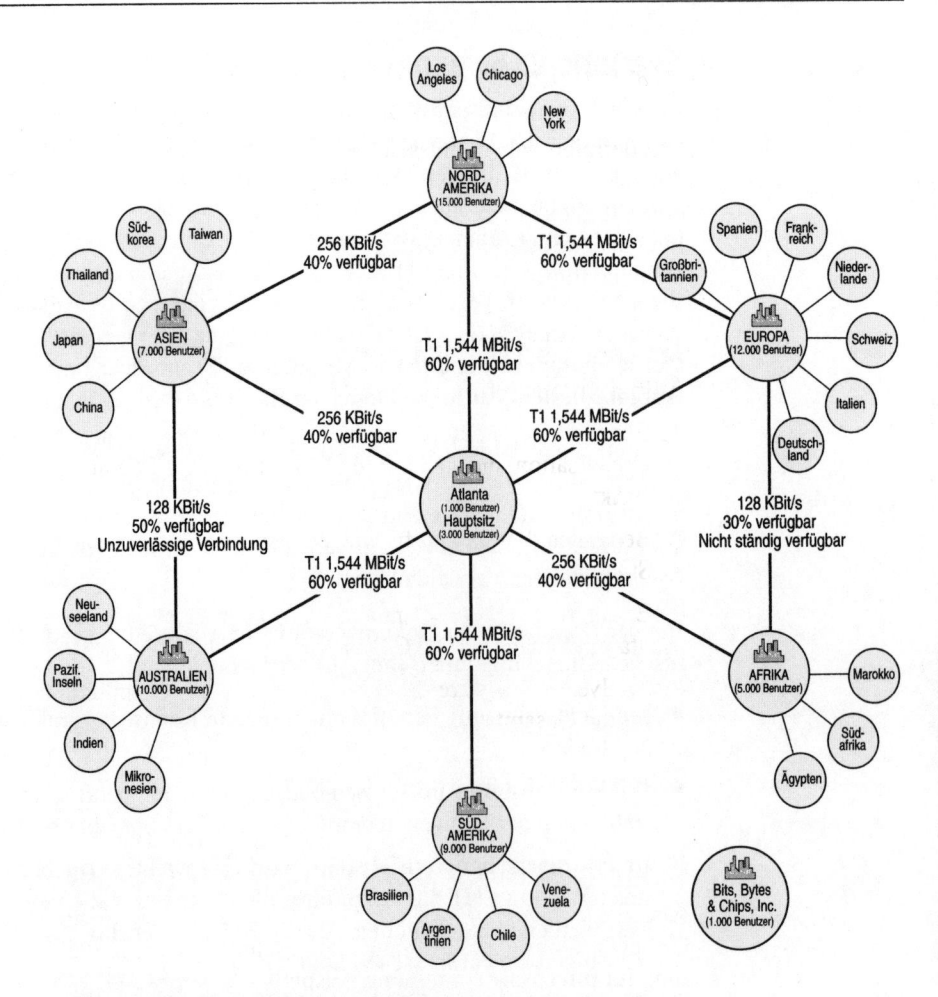

Abbildung 4.4 Netzwerkarchitektur für Awesome Computers

1. Kennzeichnen Sie die Domäne(n), die Sie für Awesome Computers definieren würden, im Netzwerkarchitekturdiagramm durch Dreiecke.

2. Begründen Sie die Definition der Domäne(n).

Lektion 2: Definieren einer Stammdomäne der Gesamtstruktur

Nachdem Sie die Domänen für die Active Directory-Infrastruktur Ihrer Organisation definiert haben, müssen Sie zur Erstellung eines Domänenplans die Stammdomäne der Gesamtstruktur definieren. In dieser Lektion wird die Definition einer Stammdomäne für die Gesamtstruktur erläutert. Hierzu ist u. a. eine Ermittlung der Anforderungen sowie die Auswahl einer vorhandenen oder dezidierten Domäne für den Stamm der Gesamtstruktur erforderlich.

Am Ende dieser Lektion werden Sie in der Lage sein, die folgenden Aufgaben auszuführen:
- Benennen der Faktoren der geschäftlichen und technischen Umgebung einer Organisation, die sich auf die Definition einer Stammdomäne für die Gesamtstruktur auswirken
- Benennen der Gründe für die Verwendung vorhandener oder dezidierter Stammdomänen für die Gesamtstruktur
- Erläutern der Vorteile und Auswirkungen der Verwendung einer dezidierten Stammdomäne für die Gesamtstruktur
- Analysieren der Organisationsumgebung zur Definition der Stammdomäne für die Gesamtstruktur

Veranschlagte Zeit für diese Lektion: 10 Minuten

Grundlegendes zur Stammdomäne der Gesamtstruktur

Als *Stammdomäne der Gesamtstruktur* wird die erste in einer Active Directory-Gesamtstruktur erstellte Domäne bezeichnet. In der Active Directory-Bereitstellung für **microsoft.com** wurde beispielsweise die Domäne **Microsoft** zuerst erstellt. Sie ist somit die Stammdomäne der Gesamtstruktur in der Hierarchie. Die Stammdomäne der Gesamtstruktur muss von einer IT-Abteilung zentral verwaltet werden, die Entscheidungen zur Domänenhierarchie, -benennung und -richtlinie trifft. Die vordefinierten globalen Gruppen **Organisations-Admins** und **Schema-Admins** gibt es nur in dieser Domäne. Die Administratoren dieser Domäne haben den größten Einfluss auf das Netzwerkdesign.

Wichtig Nach Erstellen der Stammdomäne der Gesamtstruktur (der ersten Domäne in der Gesamtstruktur) können Sie weder eine neue Stammdomäne der Gesamtstruktur noch ein übergeordnetes Objekt für die vorhandene Stammdomäne der Gesamtstruktur erstellen noch die Stammdomäne der Gesamtstruktur umbenennen. Aus diesem Grund sollten Sie die Stammdomäne der Gesamtstruktur sorgfältig auswählen.

Designschritt: Definieren einer Stammdomäne der Gesamtstruktur

Die Definition einer Stammdomäne der Gesamtstruktur umfasst folgende Aufgaben:

1. Ermitteln Sie die für die Organisation und deren IT-Management definierten Domänen.
2. Wählen Sie eine Stammdomäne der Gesamtstruktur für Ihre Organisation aus.

Ermitteln der Anforderungen an eine Stammdomäne der Gesamtstruktur

Zur Definition der Stammdomäne für die Gesamtstruktur einer Organisation müssen Sie zunächst die folgenden Dokumente analysieren, die zuvor von Ihrem Designteam zusammengestellt wurden:

- **Arbeitsblatt zu den Geschäftsstrukturen.** Analysieren Sie die aktuelle Verwaltungsstruktur und stellen Sie fest, wie das IT-Management aufgebaut ist.
- **Arbeitsblatt zur Netzwerkarchitektur.** Bewerten Sie die aktuelle Netzwerkarchitektur und die bereits definierten Domänen.
- **Arbeitsblatt zum IT-Management der Organisation.** Untersuchen Sie die Struktur des aktuellen IT-Managements der Organisation, und analysieren Sie, wie das IT-Management Entscheidungen trifft und Änderungen handhabt, um den Standort des Gesamtstrukturstamms zu bestimmen.

Anmerkung Vorlagen für die genannten Arbeitsblätter finden Sie auf der Kursmaterialien-CD (**\chapt02\Worksheets**). Bereits ausgefüllte Arbeitsblattbeispiele finden Sie in Kapitel 2, „Einführung in das Design einer Verzeichnisdienstinfrastruktur".

Neben den Informationen dieser Arbeitsblätter müssen Sie unbedingt etwaige sonstige derzeit geplante Änderungen der Geschäftsstrukturen, Netzwerkarchitektur und des IT-Managements berücksichtigen, die sich an Wachstum und Flexibilität der Organisation sowie idealen Designspezifikationen orientieren.

Auswahl einer Stammdomäne für die Gesamtstruktur

Bei der Auswahl einer Stammdomäne für die Gesamtstruktur können Sie entweder eine vorhandene Domäne oder eine zusätzliche, dezidierte Domäne als Stammdomäne der Gesamtstruktur verwenden. Letztere Methode bietet einige Vorteile, die im späteren Verlauf des Kapitels erläutert werden. Die Stammdomäne der Gesamtstruktur muss von einer IT-Abteilung zentral verwaltet werden, die Entscheidungen zu Namenskonventionen und zu Richtlinien trifft.

Gründe für die Verwendung einer vorhandenen Domäne
Verwenden Sie eine vorhandene Domäne als Stammdomäne der Gesamtstruktur, wenn folgende Voraussetzungen erfüllt sind:

- Die Gesamtstruktur enthält nur eine Domäne.
- Die Gesamtstruktur enthält mehrere Domänen, aus denen Sie die für den Betriebsablauf Ihrer Organisation wichtigste Domäne auswählen können, Sie möchten jedoch folgende Aufgaben nicht ausführen:
    - Steuern der Mitgliedschaft in den vordefinierten globalen Gruppen **Organisations-Admins** und **Schema-Admins** in der Stammdomäne der Gesamtstruktur
    - Erstellen einer kleinen Stammdomäne der Gesamtstruktur zur Vereinfachung der Replikation
    - Verhindern der Veralterung des Strukturstammdomänen-Namens

Gründe für die Verwendung einer dezidierten Domäne
Erstellen Sie eine neue, dezidierte Domäne als Stammdomäne der Gesamtstruktur, wenn folgende Voraussetzungen erfüllt sind:

- Die Gesamtstruktur enthält mehrere Domänen, aus denen Sie *nicht* die für den Betriebsablauf Ihrer Organisation wichtigste Domäne auswählen können. Die neue Domäne wird für Operationen des Organisationsmanagements reserviert und darf weder Benutzerkonten noch mehrere Computerkonten enthalten.
- Die Gesamtstruktur enthält mehrere Domänen, aus denen Sie die für den Betriebsablauf Ihrer Organisation wichtigste Domäne auswählen *können*, Sie möchten jedoch folgende Aufgaben ausführen:
    - Steuern der Mitgliedschaft in den vordefinierten globalen Gruppen **Organisations-Admins** und **Schema-Admins** in der Stammdomäne der Gesamtstruktur
    - Erstellen einer kleinen Stammdomäne der Gesamtstruktur zur Vereinfachung der Replikation
    - Verhindern der Veralterung des Stammdomänennamens

Vorteile der Verwendung einer dezidierten Domäne
Die Verwendung einer dezidierten Domäne ist mit Mehrkosten für die zusätzliche Domäne verbunden, die in Lektion 1, „Definieren von Domänen", unter „Auswirkungen der Definition mehrerer Domänen" begründet werden. Sie bietet Ihrer Organisation jedoch die folgenden Vorteile:

- Die Domänenadministratoren in der Stammdomäne der Gesamtstruktur können die Mitgliedschaft in den vordefinierten globalen Gruppen **Organisations-Admins** und **Schema-Admins** steuern. Durch die Verwendung einer dezidierten Stammdomäne kann die Mitgliedschaft der organisationsweiten Administratorengruppen auf solche beschränkt werden, die organisationsweite Rechte benötigen. Diejenigen, die nur für bestimmte Aufgaben Administratorrechte benötigen, sind auf die Mitgliedschaft in Administratorgruppen auf Domänenebene beschränkt.

- Da dezidierte Stammdomänen der Gesamtstruktur klein sind, können Sie problemlos in der gesamten Organisation repliziert werden, um den Stamm vor einem Systemausfall zu schützen. Diese Möglichkeit ist von entscheidender Bedeutung, da bei einem Verlust aller Domänencontroller in der Stammdomäne der Gesamtstruktur aufgrund eines Systemausfalls auch die vordefinierten Gruppen **Organisations-Admins** und **Schema-Admins** verloren gehen und die Stammdomäne der Gesamtstruktur nicht wiederhergestellt werden kann.

- Da die Stammdomäne der Gesamtstruktur ausschließlich als Stamm dient, kann diese kaum obsolet werden. Verwenden Sie hingegen eine vorhandene Domäne als Stammdomäne der Gesamtstruktur (da diese die wichtigste Domäne in der Organisation ist), besteht die Gefahr, dass die Domäne aufgrund von Änderungen der Organisation an Bedeutung verliert und veraltet. Nachdem Sie die Stammdomäne benannt haben, kann der Name nicht mehr geändert werden, ohne die gesamte Active Directory-Struktur neu aufzubauen.

▶ **So definieren Sie eine Stammdomäne der Gesamtstruktur**

1. Besorgen Sie sich eine Kopie des Arbeitsblattes zum IT-Management von Ihrem Designteam. Analysieren Sie die Arbeitsblattinformationen, um festzulegen, welche Domäne als Stammdomäne der Gesamtstruktur verwendet werden soll.

2. Markieren Sie die Domäne, die Sie als Stammdomäne der Gesamtstruktur definieren, auf dem Netzwerkarchitekturdiagramm mit den Organisationsdomänen durch ein Rechteck.

Designschritt – Beispiel: Definieren einer Stammdomäne der Gesamtstruktur

Abbildung 4.5 zeigt einen Auszug aus dem Arbeitsblatt zum IT-Management für Pacific Musical Instruments.

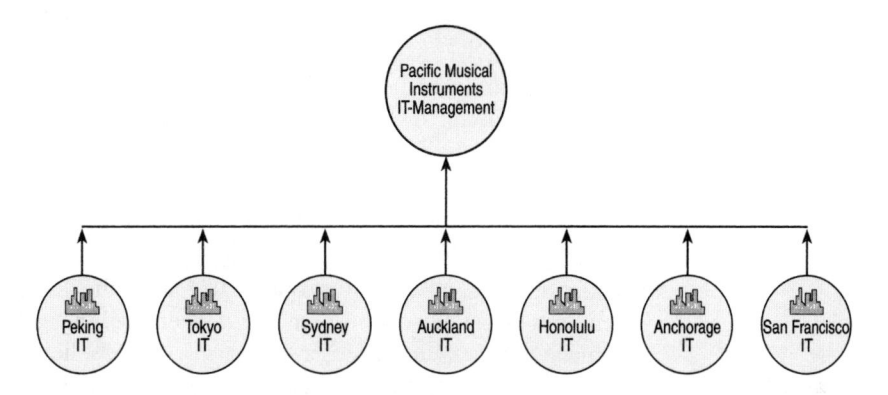

```
                    Pacific Musical
                      Instruments
                     IT-Management

   Peking   Tokyo   Sydney   Auckland   Honolulu   Anchorage   San Francisco
     IT       IT      IT        IT         IT          IT           IT
```

- Für regionale IT-Entscheidungen und -Änderungen ist die regionale IT-Abteilung verantwortlich.
- Unternehmensweite IT-Entscheidungen trifft die übergeordnete IT-Abteilung.

Abbildung 4.5 IT-Management-Informationen zu Pacific Musical Instruments

In Abbildung 4.2 wurden die für Pacific Musical Instruments definierten Domänen dargestellt. Die Domäne des Hauptsitzes in Honolulu wurde zwar kurzzeitig als Stammdomäne der Gesamtstruktur in Betracht gezogen, dann jedoch nicht ausgewählt, da die Stammdomäne der Gesamtstruktur zentral durch eine IT-Abteilung verwaltet werden sollte, die in der Lage ist, Namens- und Richtlinienentscheidungen zu treffen. Am Hauptsitz in Honolulu sind jedoch zwei Abteilungen für das IT-Management zuständig. Die eine Abteilung kümmert sich ausschließlich um das IT-Management für das Büro in Honolulu, die andere ist für das IT-Management der gesamten Organisation verantwortlich. Das Designteam beschloss daraufhin, eine dezidierte Domäne als Stammdomäne der Gesamtstruktur hinzuzufügen, um die beiden IT-Abteilungen in Honolulu zu trennen und die Vorteile einer dezidierten Domäne zu nutzen. Abbildung 4.6 zeigt die für Pacific Musical Instruments definierte Stammdomäne der Gesamtstruktur.

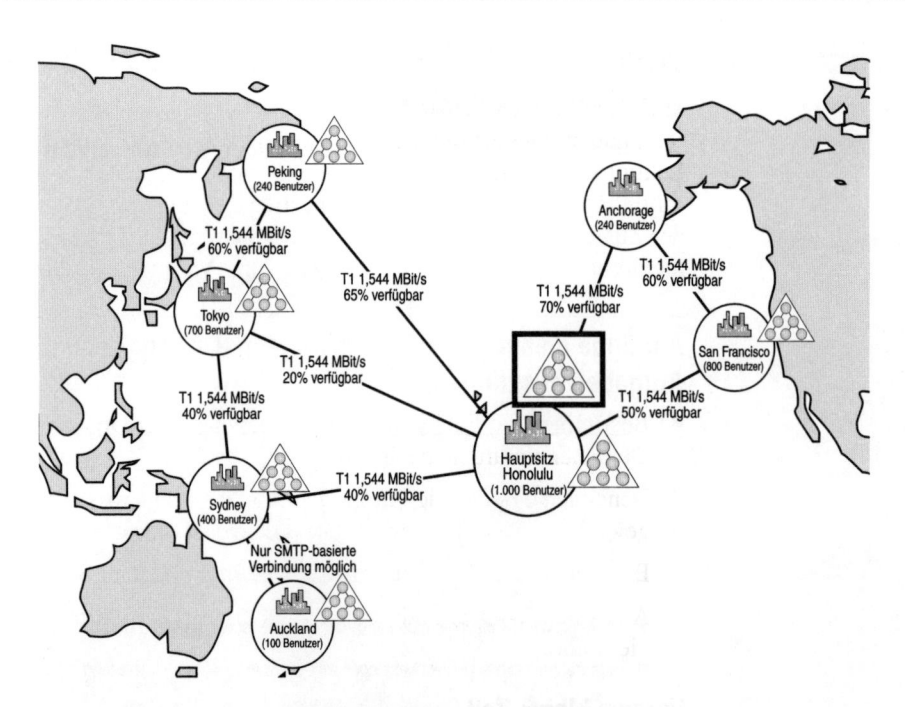

Abbildung 4.6 Für Pacific Musical Instruments definierte Stammdomäne der Gesamtstruktur

Zusammenfassung der Lektion

In dieser Lektion haben Sie erfahren, dass Stammdomänen der Gesamtstruktur für jede Gesamtstruktur einer Organisation definiert werden, indem Sie die Anforderungen an die Stammdomäne einer Organisation ermitteln und eine Stammdomäne auswählen. Bei der Auswahl einer Stammdomäne für die Gesamtstruktur können Sie entweder eine vorhandene Domäne oder eine zusätzliche, dezidierte Domäne als Stammdomäne der Gesamtstruktur verwenden. Die zuletzt genannte Methode kann Ihrer Organisation einige Vorteile bieten. Die Stammdomäne der Gesamtstruktur muss von einer IT-Abteilung zentral verwaltet werden, die Entscheidungen zu Namenskonventionen und zu Richtlinien trifft.

Lektion 3: Definieren einer Domänenhierarchie

Nachdem Sie die Stammdomäne der Gesamtstruktur für Ihre Organisation definiert haben, müssen die Domänen in einer Hierarchie organisiert werden. Diese Lektion erläutert die Definition einer Domänenhierarchie, einschließlich der Ermittlung von Anforderungen, der Festlegung der Anzahl von Domänenstrukturen, der Zuweisung von Strukturstammdomänen, der Organisation der Subdomänenhierarchie und der Planung von Cross-Link-Vertrauensstellungen.

Am Ende dieser Lektion werden Sie in der Lage sein, die folgenden Aufgaben auszuführen:

- Bestimmen der Faktoren in der Umgebung einer Organisation, die deren Domänenhierarchie beeinflussen
- Benennen der Gründe für die Verwendung von Cross-Link-Vertrauensstellungen
- Benennen der Gründe für die Verwendung mehrerer Strukturen
- Analysieren der Organisationsumgebung zur Definition der Domänenhierarchie

Veranschlagte Zeit für diese Lektion: 15 Minuten

Grundlegendes zu Domänenhierarchien

Eine Domänenhierarchie ist eine Struktur über- und untergeordneter Domänen. Die Rangfolge der Domänen in der Hierarchie bestimmt die Vertrauensstellungen zwischen den Domänen. Windows 2000 erstellt Überordnungs-Unterordnungs-Vertrauensstellungen zwischen unter- und übergeordneten Domänen in einer Gesamtstruktur oder Strukturhierarchie. *Überordnungs-Unterordnungs-Vertrauensstellungen (Parent-child trusts)* sind implizite, zweiseitige, transitive Vertrauensstellungen, die beim Hinzufügen einer Domäne zu der Hierarchie automatisch erstellt werden (siehe Abbildung 4.7).

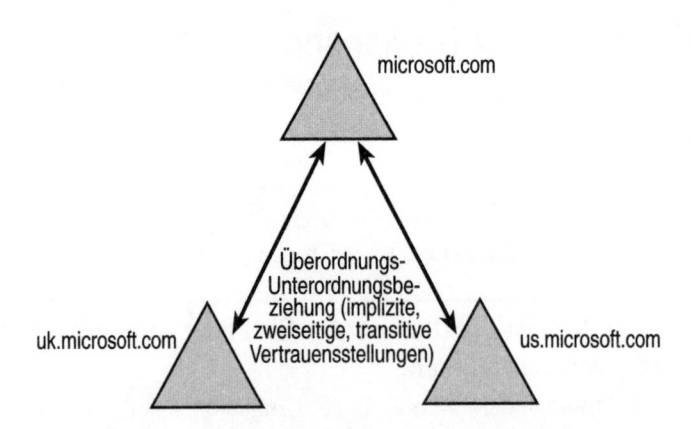

Abbildung 4.7 Überordnungs-Unterordnungs-Vertrauensstellungen

Die Organisation der Domänen in einer Hierarchie muss nicht zwingend auf der Grundlage der Verwaltungsstruktur der Organisation erfolgen. Domänen, die als gleichberechtigte Peers fungieren, können unter- und übergeordnete Beziehungen aufweisen, ohne die Verwaltung zu beeinflussen. Administratoren in einer übergeordneten Domäne können zwar Verwaltungsrechte für die untergeordnete Domäne haben, diese erhalten sie jedoch nicht automatisch. Sie müssen vielmehr explizit eingerichtet werden. Ebenso werden Gruppenrichtlinien in einer übergeordneten Domäne nicht automatisch auf untergeordnete Domänen in der Gesamtstruktur angewendet. Sie müssen explizit verknüpft werden. Sie sollten zudem berücksichtigen, dass nur die vordefinierte globale Gruppe **Organisations-Admins** standardmäßig über domänenübergreifende Verwaltungsrechte verfügt. Sie sollten Domänen nicht in Bezug auf die Verwaltungsfunktionen organisieren, sondern eine Hierarchie erstellen, die die impliziten, zweiseitigen, transitiven Vertrauensstellungen zwischen über- und untergeordneten Domänen nutzt und somit die Authentifizierung optimiert. In dem Beispiel aus Abbildung 4.7 benötigen die Domänen **uk.microsoft.com** und **us.microsoft.com** häufig Zugriff auf die Ressourcen in der Domäne **microsoft.com**. Die dargestellte Organisation gewährleistet einen kurzen, optimalen Authentifizierungspfad.

Die Überordnungs-Unterordnungs-Vertrauensstellungen in Windows 2000 erfordern zwar einen geringeren Verwaltungsaufwand als die expliziten, einseitigen, nicht-transitiven Vertrauensstellungen von Windows NT, die domänenübergreifende Authentifizierung muss jedoch dem bereitgestellten Vertrauenspfad folgen, um Authentifizierungsanforderungen überprüfen zu können. Ein *Vertrauenspfad* wird durch eine Reihe von Vertrauensstellungen zwischen Domänen definiert, über die Authentifizierungsanforderungen weitergeleitet werden. Wenn in dem Beispiel aus Abbildung 4.6 ein Benutzer in Domäne **M** Zugriff auf eine Ressource in Domäne **P** anfordert, muss der Domänencontroller in Domäne **M** zur Kommunikation mit dem Domänencontroller in Domäne **P** den Vertrauenspfad einhalten, um die Authentifizierungsanforderung prüfen zu können.

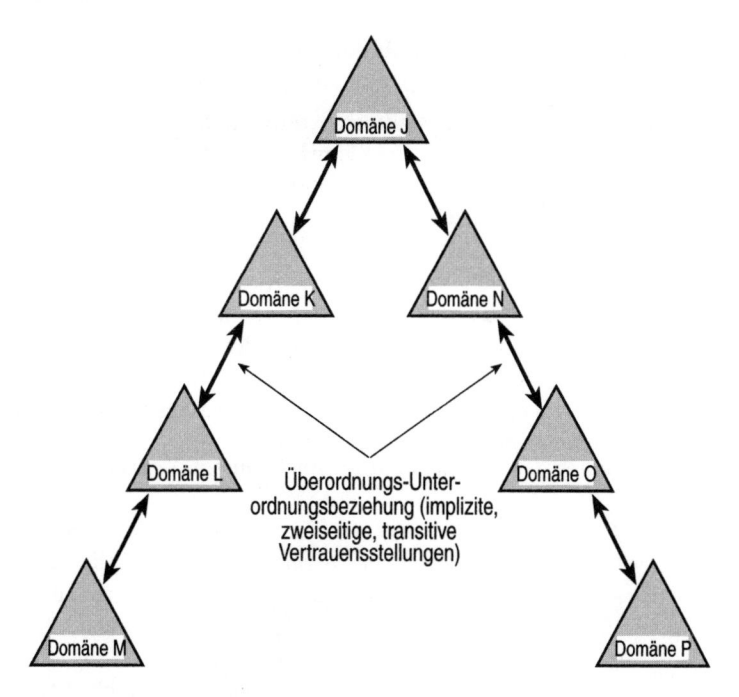

Abbildung 4.8 Vertrauenspfade

Der Kommunikationsprozess umfasst die folgenden Schritte:

1. Windows 2000 versucht, die Ressource in Domäne **M** aufzufinden. Wird die Ressource nicht gefunden, verweist der Domänencontroller in Domäne **M** den Client an den Domänencontroller in Domäne **L**.
2. Windows 2000 versucht, die Ressource in Domäne **L** aufzufinden. Wird die Ressource nicht gefunden, verweist der Domänencontroller in Domäne **L** den Client an den Domänencontroller in Domäne **K**.
3. Dieser Prozess wird auf der linken Seite der Hierarchie von Domäne **K** bis Domäne **J** und auf der rechten Seite der Hierarchie bis zu Domäne **P** fortgesetzt.

Obwohl dem Benutzer über diesen Prozess zwar möglicherweise der Zugriff auf die angeforderte Ressource ermöglicht wird, erfordert dieser Vorgang viel Zeit und beeinträchtigt die Abfrageleistung. Zudem steigt bei jedem Verweis eines Clients an einen anderen Domänencontroller die Gefahr, dass ein Fehler auftritt oder eine langsame Verbindung besteht.

Cross-Link-Vertrauensstellungen

Die Abfrageleistung kann unter Windows 2000 durch die Verwendung von Cross-Link-Vertrauensstellungen verbessert werden. Eine *Cross-Link-Vertrauensstellung* (eine Querverbindung) ist eine zweiseitige, transitive Vertrauensstellung, die Sie zur Optimierung des domänenübergreifenden Authentifizierungsprozesses zwischen zwei Windows 2000-Domänen explizit erstellen, die in einer Gesamtstruktur oder Strukturhierarchie logisch voneinander entfernt sind. Cross-Link-Vertrauensstellungen werden auch als *Shortcutvertrauensstellungen* bezeichnet. Diese Art der Vertrauensstellung kann nur zwischen Windows 2000-Domänen derselben Gesamtstruktur erstellt werden. In Abbildung 4.9 wird eine Cross-Link-Vertrauensstellung dargestellt, die zur Verkürzung des Vertrauenspfads und zur Verbesserung der Abfrageleistung zwischen den zuvor beschriebenen Domänen **M** und **P** erstellt wurde.

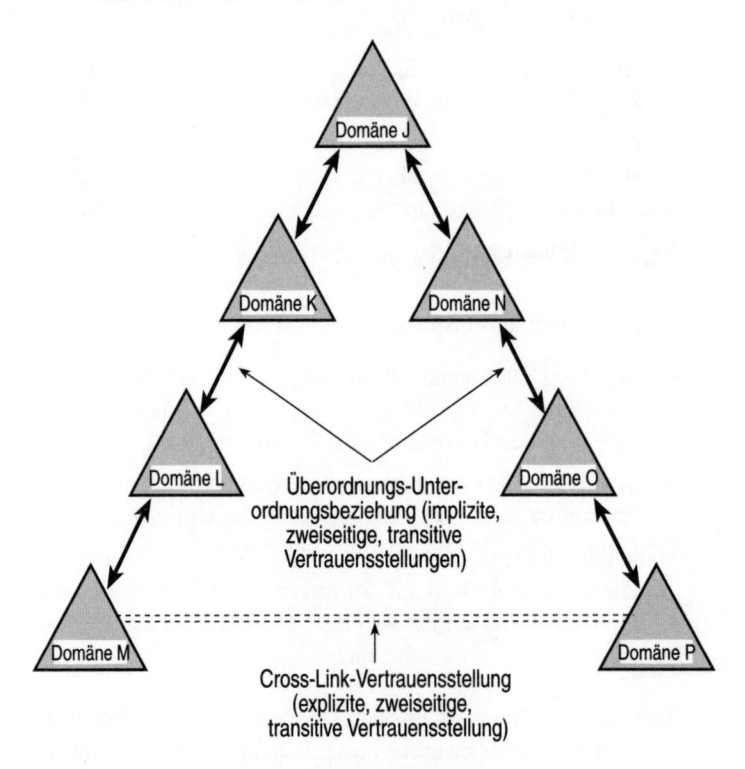

Abbildung 4.9 Cross-Link-Vertrauensstellung

Da Cross-Link-Vertrauensstellungen explizit eingerichtet werden müssen, sollten Sie ermitteln, ob der Authentifizierungsverkehr zwischen den entfernten Domänen ausreicht, um den Verwaltungsaufwand zu rechtfertigen.

Designschritt: Definieren einer Domänenhierarchie

Durch die Definition einer Domänenhierarchie für Ihre Organisation stellen Sie eine Namensstruktur für Domänen bereit, die in Lektion 4, „Benennen von Domänen", näher erläutert wird. Die Definition einer Domänenhierarchie umfasst folgende Aufgaben:

1. Ermitteln Sie die Organisationsanforderungen an eine Domänenhierarchie.
2. Legen Sie die Domänenhierarchie fest.

Ermitteln der Anforderungen an die Domänenhierarchie

Zur Definition der Domänenhierarchie für eine Organisation müssen Sie zunächst die folgenden Dokumente analysieren, die zuvor von Ihrem Designteam zusammengestellt wurden:

- **Arbeitsblatt zum Informationsfluss.** Analysieren Sie, welche Domänen Zugriff auf Ressourcen in anderen Domänen benötigen.
- **Arbeitsblatt zur Netzwerkarchitektur.** Bewerten Sie die aktuelle Netzwerkarchitektur, einschließlich der definierten Domänen und des Standortes der Stammdomäne der Gesamtstruktur.
- **Arbeitsblatt zur DNS-Umgebung.** Untersuchen Sie die aktuelle Domänenstruktur, um vorhandene DNS-Namen zu ermitteln, die ggf. separate Strukturen erfordern.

Anmerkung Vorlagen für die genannten Arbeitsblätter finden Sie auf der Kursmaterialien-CD (**\chapt02\Worksheets**). Bereits ausgefüllte Arbeitsblattbeispiele finden Sie in Kapitel 2, „Einführung in das Design einer Verzeichnisdienstinfrastruktur".

Neben den Informationen dieser Arbeitsblätter müssen Sie unbedingt etwaige sonstige derzeit geplante Änderungen des Informationsflusses oder der Netzwerkarchitektur berücksichtigen, die sich an Wachstum und Flexibilität der Organisation sowie idealen Designspezifikationen orientieren.

Festlegen einer Domänenhierarchie

Zur Festlegung einer Domänenhierarchie müssen Informationen zur Organisation analysiert werden. Anschließend können Sie die Anzahl der Domänenstrukturen festlegen, Stammdomänen der Gesamtstruktur definieren, die Subdomänenhierarchie organisieren und Cross-Link-Vertrauensstellungen planen.

Festlegen der Anzahl benötigter Domänenstrukturen

Eine *Struktur* ist eine Gruppierung bzw. hierarchische Anordnung einer oder mehrerer Windows 2000-Domänen mit zusammenhängenden Namen, die Sie erstellen, indem Sie einer vorhandenen Domäne mindestens eine untergeordnete Domäne hinzufügen. Eine Gesamtstruktur kann eine oder mehrere Strukturen umfassen. Eine Struktur pro Gesamtstruktur wird jedoch als ideal betrachtet, da dies weniger Verwaltungsaufwand erfordert. Obwohl der Einsatz von nur einer Struktur pro Gesamtstruktur empfohlen wird, kann es unter Umständen notwendig sein, mehrere Domänen zu definieren, beispielsweise dann, wenn Ihre Organisation über mehrere DNS-Namen verfügt.

Auswirkungen der Verwendung mehrerer Strukturen

Die Verwendung mehrerer Strukturen erhöht die Verwaltungskosten. Beachten Sie vor der Definition mehrerer Strukturen die folgenden Faktoren:

- DNS-Namen. Da jede Struktur einen separaten DNS-Namen erfordert, muss Ihre Organisation mehrere DNS-Namen verwalten.

- Ausschlussliste oder Konfigurationsdatei des Proxyclients (Proxy Autoconfiguration, PAC). Da jede Struktur einen separaten DNS-Namen erfordert, müssen Sie der Liste oder Datei diese Namen hinzufügen.

- Nicht-Microsoft-LDAP-Clients. Diese Clients sind möglicherweise nicht in der Lage, eine globale Katalogsuche durchzuführen, sondern verwenden eine LDAP-Suche des Unterstrukturbereichs, die alle Strukturen einzeln durchsucht.

Zuweisen von Strukturstammdomänen

Nachdem Sie die Anzahl der Strukturen für alle Gesamtstrukturen Ihrer Organisation festgelegt haben, müssen Sie entscheiden, welche Domäne als Stammdomäne für die einzelnen Strukturen verwendet werden soll. Die *Strukturstammdomäne* ist die Domäne höchster Ebene in der Struktur, unter der die untergeordneten Domänen zusammengefasst sind. Im Allgemeinen wird die für den Betrieb der Struktur wichtigste Domäne ausgewählt. Als Strukturstammdomäne kann auch die Stammdomäne der Gesamtstruktur verwendet werden (siehe Abbildung 4.10).

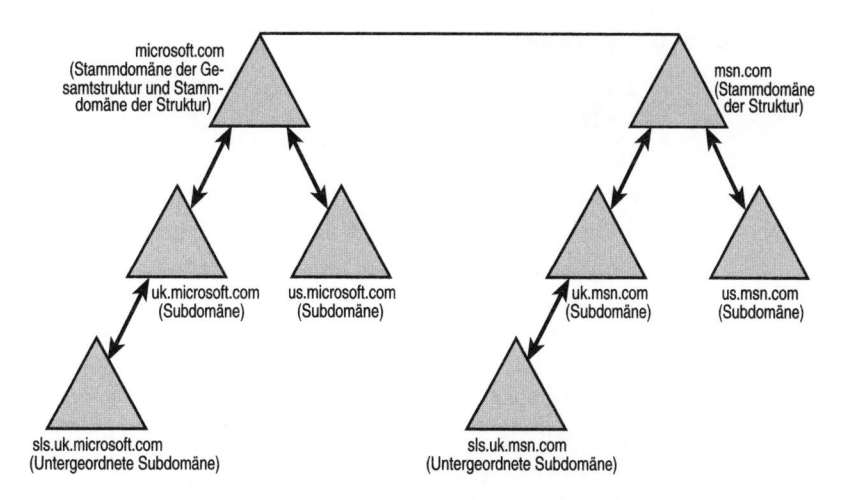

Abbildung 4.10 Strukturstammdomäne und Stammdomäne der Gesamtstruktur

Strukturieren der Subdomänenhierarchie

Nachdem Sie die Anzahl der Domänenstrukturen und die Stammdomäne für jede Struktur festgelegt haben, müssen zur Definition der Domänenhierarchie die verbleibenden Subdomänen in einer Hierarchie unter den Stammdomänen organisiert werden. Denken Sie daran, dass Domänen nicht auf Grundlage der Verwaltungsstruktur angeordnet werden müssen. Die Verwaltungsstruktur kann durch die Einrichtung von Organisationseinheiten und Gruppen widergespiegelt werden (siehe Kapitel 5, „Planen der Organisationseinheiten"). Strukturieren Sie die Domänen stattdessen so, dass sie die impliziten, zweiseitigen, transitiven Vertrauensstellungen zwischen unter- und übergeordneten Domänen nutzen. Darüber hinaus sollte die Domänenhierarchie möglichst flach gehalten werden. Im Idealfall verfügt jede Struktur nur über eine Domänenebene. Aus Leistungsgründen sollte die Anzahl der Ebenen auf maximal drei bis vier beschränkt werden.

Planen von Cross-Link-Vertrauensstellungen

Der letzte Schritt bei der Definition einer Domänenhierarchie besteht darin, die Domänen zu ermitteln, die über Cross-Link-Vertrauensstellungen verknüpft werden müssen. Bestimmen Sie mit Hilfe des Arbeitsblattes zum Informationsfluss, welche Domänen Zugriff auf Ressourcen in anderen Domänen benötigen. Wenn sich diese Domänen in der Hierarchie nicht bereits nah beieinander platziert wurden, können Sie die Vertrauensbeziehungen durch Cross-Link-Vertrauensstellungen optimieren.

▶ **So definieren Sie eine Domänenhierarchie**

1. Skizzieren Sie zunächst die Stammdomäne der Gesamtstruktur an oberster Stelle in der Hierarchie.

2. Ermitteln Sie die Anzahl der DNS-Namen, die Ihre Organisation nach der Implementierung von Windows 20000 verwenden wird. Ihre Active Directory-Infrastruktur verfügt über die gleiche Anzahl an Strukturen.

3. Skizzieren Sie die Strukturstammdomäne jeder Struktur in Abhängigkeit zur vorhandenen Stammdomäne der Gesamtstruktur. Wählen Sie als Strukturstammdomänen die Domänen mit der größten Bedeutung für den Betrieb der Struktur aus. Wenn Sie über nur eine Struktur verfügen, sind die Strukturstammdomäne und die Stammdomäne der Gesamtstruktur identisch.

4. Besorgen Sie sich eine Kopie des Arbeitsblattes zum Informationsfluss Ihres Designteams. Diese sollte eine Liste der Informationen im Netzwerk enthalten, z. B. Dateien, Ordner oder Anwendungen, die von einer Abteilung zwar benötigt, jedoch nicht von dieser gespeichert und verwaltet werden. Skizzieren Sie mit Hilfe dieser Informationen die verbleibenden Subdomänen unterhalb der Strukturstammdomäne und der Stammdomäne der Gesamtstruktur, so dass die impliziten, zweiseitigen, transitiven Vertrauensstellungen zwischen über- und untergeordneten Domänen genutzt wird.

5. Zeichnen Sie in das Diagramm Cross-Link-Vertrauensstellungen mit einer gestrichelten Linie ein, wenn die betreffenden Domänen in der Hierarchie nicht bereits nah beieinander platziert wurden.

Designschritt – Beispiel: Definieren einer Domänenhierarchie

Pacific Musical Instruments nutzt derzeit nur einen registrierten DNS-Namen, **pac-100times.com**. Die Organisation geht davon aus, dass keine weiteren DNS-Namen benötigt werden. Die Active Directory-Infrastruktur enthält somit nur eine Struktur. Aus diesem Grund fungiert die Stammdomäne der Gesamtstruktur ebenfalls als Strukturstammdomäne.

Die Abteilungen für Rechnungswesen, Personalwesen und Vertrieb aller Niederlassungen benötigen Zugriff auf am Hauptsitz in Honolulu gespeicherte Ressourcen. Obwohl alle Niederlassungen über die Stammdomäne auf Ressourcen im Hauptsitz in Honolulu zugreifen müssen, sind in diesem Szenario keine Cross-Link-Vertrauensstellungen erforderlich, da die Domänen in der Hierarchie nah beieinander liegen. Das Diagramm der Domänenhierarchie für Pacific Musical Instruments ist in Abbildung 4.11 zu sehen.

```
                    Stammdomäne der Gesamtstruktur
                    Stammdomäne der Struktur
```

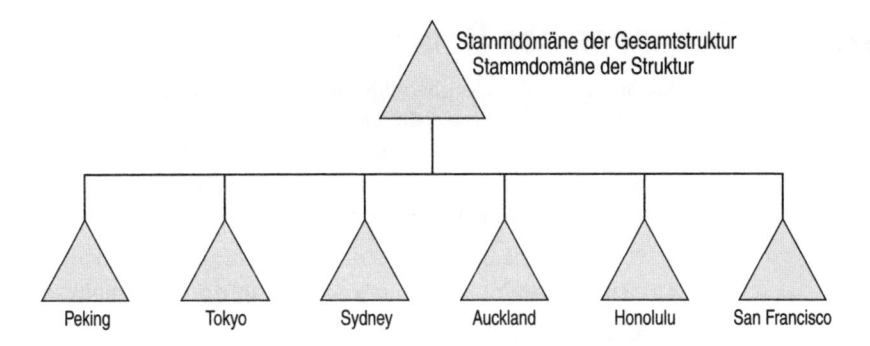

Abbildung 4.11 Diagramm der Domänenhierarchie für Pacific Musical Instruments

Zusammenfassung der Lektion

In dieser Lektion haben Sie erfahren, wie Sie für jede Gesamtstruktur in einer Organisation eine Domänenhierarchie definieren, indem Sie die Anforderungen ermitteln, die Anzahl der Domänenstrukturen festlegen, Strukturstammdomänen zuweisen, die Subdomänenhierarchie in einem Diagramm organisieren und Cross-Link-Vertrauensstellungen planen.

Darüber hinaus haben Sie gelernt, dass zwar nur eine Struktur pro Gesamtstruktur empfohlen wird, letztendlich jedoch die Anzahl der von Ihrer Organisation verwendeten DNS-Namen die Anzahl der Domänenstämme in der Domänenhierarchie bestimmt. Die Strukturstammdomäne ist die Domäne höchster Ebene in der Struktur, unter der die untergeordneten Domänen zusammengefasst sind. Als Strukturstammdomäne kann auch die Stammdomäne der Gesamtstruktur verwendet werden. Nachdem Sie die Anzahl der Strukturen und der Strukturstammdomänen festgelegt haben, sollten Sie die Domänen so strukturieren, dass die impliziten, zweiseitigen, transitiven Vertrauensstellungen zwischen unter- und übergeordneten Domänen genutzt werden. Zur Optimierung des domänenübergreifenden Authentifizierungsprozesses können Sie explizite Cross-Link-Vertrauensstellungen einrichten. Dabei handelt es sich um zweiseitige, transitive Vertrauensstellungen zwischen Windows 2000-Domänen, die in einer Gesamtstruktur oder Strukturhierarchie logisch voneinander entfernt sind. Es wird eine flache Domänenstrukturhierarchie mit maximal drei bis vier Domänenebenen empfohlen.

Lektion 4: Benennen von Domänen

Nachdem Sie die Domänenhierarchie für die Gesamtstruktur Ihrer Organisation definiert haben, müssen die Domänen benannt werden. In dieser Lektion wird erläutert, wie Domänen benannt werden, einschließlich der Bewertung von Benennungsanforderungen für die Domänen und der Auswahl von Namen für die einzelnen Domänen in der Organisation.

Am Ende dieser Lektion werden Sie in der Lage sein, die folgenden Aufgaben auszuführen:
- Bestimmen der Faktoren in der Umgebung einer Organisation, die deren Domänennamen beeinflussen
- Benennen der Richtlinien für die Benennung von Domänen
- Analysieren der Organisationsumgebung zur Benennung der Domänen

Veranschlagte Zeit für diese Lektion: 15 Minuten

Grundlegendes zu Domänennamen

Unter Windows 2000 und in Active Directory handelt es sich bei dem *Domänennamen* um einen Namen, der durch einen Administrator für eine Reihe von Netzwerkcomputern bereitgestellt wird, die ein gemeinsames Verzeichnis verwenden. Berücksichtigen Sie, dass Active Directory DNS (Domain Name System) als Benennungs- und Standortdienst für Domänen verwendet, wodurch die Interoperabilität mit den Internettechnologien gewährleistet wird. Daher handelt es sich bei Windows 2000-Domänennamen auch um DNS-Namen. Bei der Anmeldung am Netzwerk fragen Active Directory-Clients die zugehörigen DNS-Server ab, um Domänencontroller zu lokalisieren.

In DNS werden Namen in einer Hierarchie strukturiert und können gemäß der Hierarchie partitioniert werden. Die Hierarchie lässt eine Rangfolge der Namen zu, wobei sich der Name der untergeordneten Domäne aus dem Namen der übergeordneten Domäne und einer diesem vorangehenden Bezeichnung zusammensetzt. Bei **uk.microsoft.com** handelt es sich beispielsweise um eine untergeordnete Domäne von **microsoft.com**. Im Namen der untergeordneten Domäne wird dem Namen der übergeordneten Domäne **microsoft.com** die Bezeichnung „uk" vorangestellt. Der Domänenname kennzeichnet somit die Position der Domäne in der Hierarchie.

Designschritt: Benennen von Domänen

Die Benennung von Domänen umfasst folgende Aufgaben:

1. Ermitteln Sie die Benennungsanforderungen für Domänen der Organisation.
2. Wählen Sie für jede Domäne in Ihrer Organisation einen Namen aus.

Ermitteln der Benennungsanforderungen für Domänen

Zur Definition der Domänennamen für Ihre Organisation müssen Sie zunächst die folgenden Dokumente analysieren, die zuvor von Ihrem Designteam zusammengestellt wurden:

- **Diagramm der Domänenhierarchie.** Ermitteln Sie die Position der Domänen in der Hierarchie, um geeignete DNS-Namen festzulegen.
- **Arbeitsblatt zur DNS-Umgebung.** Ermitteln Sie die vorhandenen DNS-Namen.

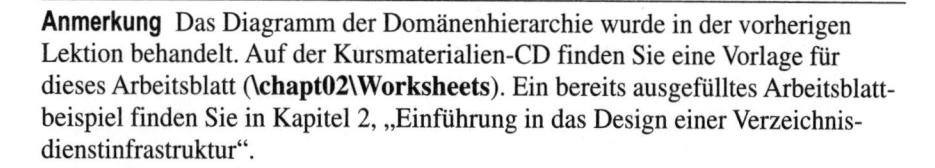

Anmerkung Das Diagramm der Domänenhierarchie wurde in der vorherigen Lektion behandelt. Auf der Kursmaterialien-CD finden Sie eine Vorlage für dieses Arbeitsblatt (**\chapt02\Worksheets**). Ein bereits ausgefülltes Arbeitsblattbeispiel finden Sie in Kapitel 2, „Einführung in das Design einer Verzeichnisdienstinfrastruktur".

Neben den Informationen dieser Arbeitsblätter müssen Sie unbedingt etwaige sonstige derzeit geplante Änderungen der Domänennamen und -hierarchien berücksichtigen, die sich an Wachstum und Flexibilität der Organisation sowie idealen Designspezifikationen orientieren.

Auswählen von Domänennamen

Es ist nahezu unmöglich, Domänennamen zu ändern. Daher müssen Sie die Namen sorgfältig auswählen. Vor allem bei der Stammdomäne der Gesamtstruktur ist die Auswahl des richtigen Namens von großer Bedeutung, da dieser nicht mehr geändert werden kann und die Grundlage für alle untergeordneten Domänen darstellt. Wenn Sie einige Grundprinzipien beherzigen, können die Domänennamen für die Anforderungen Ihrer Organisationen problemlos bestimmt werden. Im Folgenden sind die Richtlinien für die Benennung von Domänen aufgeführt:

- Verwenden Sie ausschließlich Internetstandardzeichen. Hierzu zählen die folgenden Zeichen: A–Z, a–z, 0–9 und Bindestrich (-). Windows 2000 DNS unterstützt zwar die Verwendung fast aller Unicode-Zeichen im Namen, durch die Verwendung von Internetstandardzeichen gewährleisten Sie jedoch, dass die Active Directory-Domänennamen auch mit anderen Versionen von DNS kompatibel sind.

- Unterscheiden Sie interne und externe Namespaces. Da die meisten Organisationen im Internet präsent sind, sollten Sie für interne und externe Stammdomänen unterschiedliche Namen verwenden. Sie können so öffentliche Ressourcen klar von privaten Ressourcen abgrenzen und verhindern, dass Unbefugte auf Ressourcen im internen Netzwerk zugreifen. Beispiel: Das Unternehmen Just Togs ist im Internet unter dem DNS-Namen **j-100times.com** vertreten. Für Active Directory-Stammdomänennamen der Gesamtstruktur sollte das Unternehmen daher einen anderen Namen verwenden, z. B. **untern.j-100times.com**.

- Legen Sie den internen DNS-Namen auf Grundlage des externen DNS-Namens fest. Den Benutzern wird auf diese Weise das Verständnis für die Navigationsstruktur erleichtert. Ziehen Sie in Betracht, den externen DNS-Namen als Suffix für Active Directory-Domänennamen zu verwenden. **untern.j-100times.com** ist beispielsweise leicht als Erweiterung von **j-100times.com** zu erkennen.

- Verwenden Sie nie zweimal den gleichen Domänennamen. Just Togs sollte den Namen **j-100times.com** beispielsweise nicht für die Stammdomänen in Internet und Intranet verwenden. Wenn ein Client von **j-100times.com** versucht, eine Verbindung zu der Site **j-100times.com** im Internet oder Intranet herzustellen, wird er mit der Domäne verbunden, die zuerst antwortet.

- Verwenden Sie nur registrierte Domänennamen. Registrieren Sie alle Domänennamen zweiter Ebene bei InterNIC oder einer anderen zuständigen Namensstelle, egal ob es sich um interne oder externe Namespaces handelt. Just Togs sollte beispielsweise den Domänennamen zweiter Ebene, **j-100times.com**, registrieren. Der Name **untern.j-100times.com** muss nicht registriert werden, da dies kein Domänenname zweiter Ebene ist. Interne Namen für Domänen zweiter Ebene sollten registriert werden, um einen Zugriff von außerhalb der firmeneigenen Firewall zu gewährleisten. Weitere Informationen zur Registrierung von Domänennamen finden Sie unter *http://internic.net/*.

Achtung Stellen Sie sicher, dass Sie die Domänennamen registrieren und eine Bestätigung der Namen erhalten, *bevor* Sie den Active Directory-Domänennamespace erstellen. Sie können den Namen einer Stammdomäne für die Gesamtstruktur nach seiner Erstellung nicht mehr ändern, und das Ändern anderer Domänennamen ist mit erheblichen Schwierigkeiten verbunden.

- Verwenden Sie kurze, eindeutige und aussagekräftige Namen. Wählen Sie einfach zu verwendende Domänennamen, die für Ihre Organisation repräsentativ sind.

- Verwenden Sie international überprüfte Namen. Überprüfen Sie Domänennamen, um sicherzustellen, dass sie in einer anderen Sprache nicht missverständlich oder beleidigend sind.

- Verwenden Sie statische Namen. Setzen Sie anstelle spezifischer Namen besser generische Namen ein. Just Togs sollte für die Domäne des Hauptsitzes in Atlanta beispielsweise besser **hs.untern.j-100times.com** als **atlanta.untern.j-100times.com** verwenden, damit bei einer Verlagerung des Hauptsitzes keine Änderungen erforderlich sind.

- Verwenden Sie ISO-Standards (International Standards Organization) für Namen, die Länder oder US-Bundesstaaten enthalten. Die ISO hat Ländercodes und Codes für die US-Bundesstaaten mit zwei Buchstaben definiert (siehe ISO 3166). Weitere Informationen zu ISO 3166 erhalten Sie unter *http://www.din.de/gremien/nas/nabd/iso3166ma/*.

▶ **So benennen Sie Domänen**

1. Weisen Sie der Stammdomäne aller Gesamtstrukturen in Ihrer Organisation im Diagramm der Domänenhierarchie einen DNS-Namen zu.
2. Weisen Sie allen Strukturstammdomänen einen DNS-Namen zu.
3. Weisen Sie allen verbleibenden Subdomänen einen DNS-Namen zu. Benennen Sie alle untergeordneten Domänen gemäß deren Position in der Hierarchie.

Designschritt – Beispiel: Benennen von Domänen

In Abbildung 4.11 wurde das Diagramm der Domänenhierarchie für Pacific Musical Instruments vorgestellt. Da die Organisation bereits mit dem DNS-Namen **pac-100times.com** im Internet vertreten ist, erhält die Stammdomäne der Gesamtstruktur den Namen **untern.pac-100times.com**. Da nur eine Struktur vorhanden ist, sind die Strukturstammdomäne und die Stammdomäne der Gesamtstruktur identisch (**untern.pac-100times.com**). Die untergeordneten Subdomänen werden unter Verwendung der Codes in ISO 3166 nach den Niederlassungen benannt. Das Diagramm der Domänenhierarchie mit den Domänennamen wird in Abbildung 4.12 dargestellt.

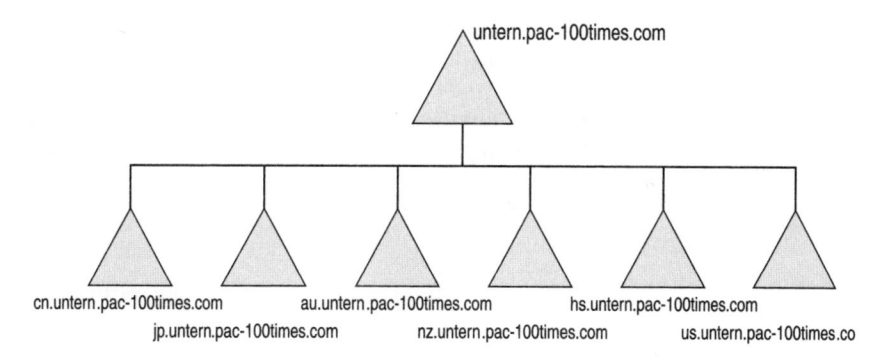

Abbildung 4.12 Diagramm der Domänenhierarchie mit Domänennamen für Pacific Musical Instruments

Zusammenfassung der Lektion

In dieser Lektion haben Sie erfahren, wie Domänen benannt werden, nämlich indem Sie die Benennungsanforderungen für die Domänen ermitteln und Namen für die einzelnen Domänen in der Organisation auswählen. Ferner haben Sie gelernt, dass die Benennung von Domänen von großer Bedeutung ist, da Domänennamen nur schwer geändert werden können und eine Änderungen der Stammdomäne der Gesamtstruktur sogar unmöglich ist. Des Weiteren wurden Richtlinien für die Benennung von Domänen vorgestellt.

Übung 4.2: Definieren einer Stammdomäne, Definieren einer Domänenhierarchie und Benennen von Domänen

In dieser Übung setzen Sie die Erstellung eines Domänenplans für zwei Organisationen fort, die ihre Active Directory-Infrastruktur planen. Ihre Aufgabe besteht darin, die Umgebung der Organisationen zu analysieren und die Stammdomänen, Domänenhierarchien und Domänennamen für die Active Directory-Infrastruktur zu definieren.

Szenario 1: Friendship Vineyards

In der letzten Übung (nach Lektion 1) haben Sie als Infrastrukturplaner die Active Directory-Infrastruktur für Friendship Vineyards geplant, einem Weingut mit vier Standorten in Südafrika. Friendship Vineyards ist eine zentral verwaltete Organisation, deren IT-Management vom Hauptsitz in Kapstadt aus geleitet wird. Die vier Standorte verfügen über einige wenige IT-Mitarbeiter, die grundlegende Supportaufgaben übernehmen. Es besteht eine spezielle Anforderung: Die Desktops der Vertriebsmitarbeiter an allen vier Standorten müssen auf Vertriebssoftware beschränkt werden. Friendship Vineyards verwendet derzeit zwar Windows NT 4.0, das Management hat jedoch entschieden, die aktuelle Domänenstruktur der Organisation nicht in die Windows 2000-Umgebung zu übertragen. Eine Prüfung des vorhandenen DNS-Namespace hat gezeigt, dass Friendship Vineyards eine Website mit dem DNS-Namen **f-100times.com** nutzt.

Für die Organisation wurde eine Domäne definiert. Sie werden nun Stammdomäne und Domänenhierarchie definieren und die Domäne benennen.

Ihr Designteam hat die in Abbildung 4.13 dargestellte Domäne definiert.

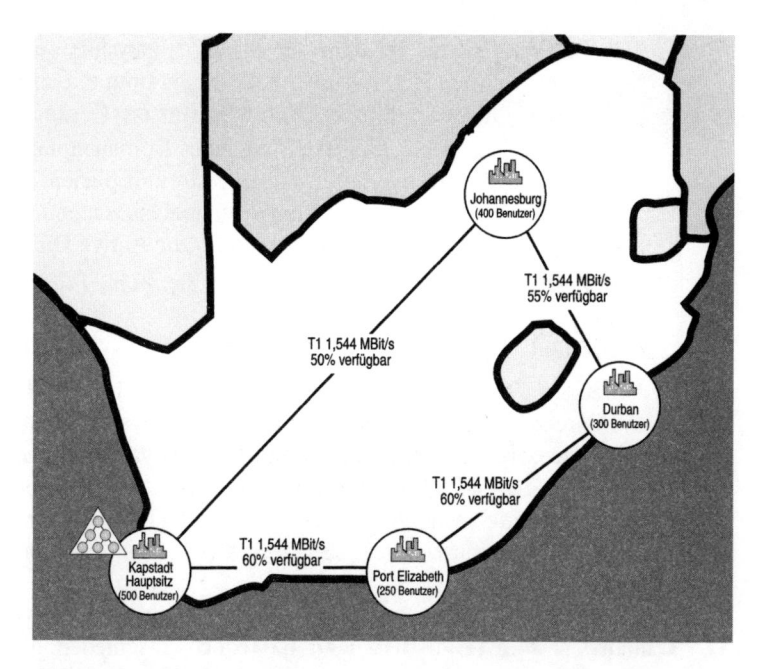

Abbildung 4.13 Für Friendship Vineyards definierte Domäne

Abbildung 4.14 zeigt einen Teil des Arbeitsblattes zum IT-Management für Friendship Vineyards.

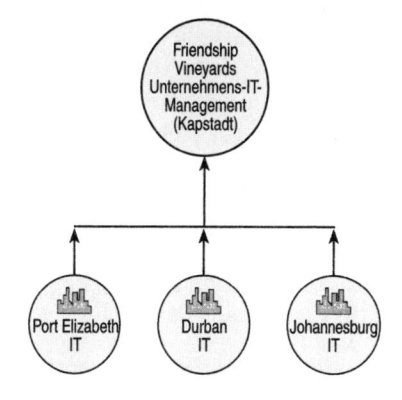

- Grundlegender Support wird von den regionalen IT-Abteilungen bereitgestellt.
- Unternehmensweite IT-Entscheidungen werden von der IT-Managementabteilung am Hauptsitz getroffen.

Abbildung 4.14 Informationen zum IT-Management von Friendship Vineyards

1. Kennzeichnen Sie die Domäne, die Sie als Stammdomäne der Gesamtstruktur definieren, auf dem Netzwerkarchitekturdiagramm mit einem Rechteck. Begründen Sie die Definition der Stammdomäne der Gesamtstruktur.

2. Erstellen Sie ein Diagramm der Domänenhierarchie für Friendship Vineyards.

3. Benennen Sie die Stammdomäne der Gesamtstruktur

Szenario 2: Awesome Computers

In der letzten Übung (nach Lektion 1) haben als Infrastrukturplaner die Active Directory-Infrastruktur für Awesome Computers geplant, einem globalen Computerhersteller mit mehreren Milliarden Dollar Umsatz und über 65.000 Benutzern und Computern an mehr als 30 Standorten. Der Hauptsitz von Awesome Computers befindet sich in Atlanta. Mit dem Hauptsitz sind sechs Niederlassungen für Asien, Afrika, Australien, Europa, Nordamerika und Südamerika verbunden, an die wiederum (insgesamt) 26 Vertriebsbüros angeschlossen sind. Die einzelnen Niederlassungen von Awesome Computers werden unabhängig geführt, sind jedoch Teil des globalen Unternehmens. Der Hauptsitz überwacht alle Niederlassungen, indem er die Administratoren auswählt und die Netzwerkstruktur festlegt. Die einzelnen Vertriebsbüros werden von dem angebundenen Niederlassungen verwaltet.

Bei der Durchsicht der Dokumentation zur Analyse der geschäftlichen und technischen Umgebung fallen Ihnen folgende Punkte auf:

- Jede Niederlassung benötigt eine separate Kennwort- und Kontosperrungsrichtlinie.
- Die Abteilungen für Personalwesen, Rechnungswesen und Vertrieb aller Niederlassungen benötigen Zugriff auf am Hauptsitz in Atlanta gespeicherte Ressourcen.

- Die Vertriebsbüros in Deutschland, Frankreich, Spanien, den Niederlanden, Italien und der Schweiz benötigen unterschiedliche Spracheinstellungen.
- Im brasilianischen Vertriebsbüro wird eine wichtige Buchhaltungsdatenbank unter Windows NT 4.0 ausgeführt, die zwingend in die neue Domäne integriert werden muss. Zudem greift das Büro regelmäßig auf Entwicklungsressourcen am europäischen Standort zu.
- Das Vertriebsbüro in Thailand führt verschiedene asiatische Vertriebsanwendungen aus, die unter Windows 2000 nicht eingesetzt werden können.
- Awesome Computers wird in Kürze Bits, Bytes & Chips, Inc. übernehmen, einen Hersteller von Speichermedien. Bits, Bytes & Chips, Inc. erzielt 75% seiner Gewinne durch den Verkauf im Internet, der über die Website *b-100times.com* abgewickelt wird. Die Unternehmensstruktur von Bits, Bytes & Chips, Inc. soll auch nach der Übernahme durch Awesome Computers intakt bleiben. Bits, Bytes & Chips, Inc. wird jedoch zu einem Teil der gleichen Gesamtstruktur wie Awesome Computers.
- Eine Prüfung des vorhandenen DNS-Namespace hat gezeigt, dass Awesome Computers eine Website nutzt, deren DNS-Namen **a-100times.com** lautet.

Für die Organisation wurden zehn Domänen definiert. Sie werden nun Stammdomäne und Domänenhierarchie definieren und die Domänen benennen.

Ihr Designteam hat die in Abbildung 4.15 dargestellten Domänen definiert.

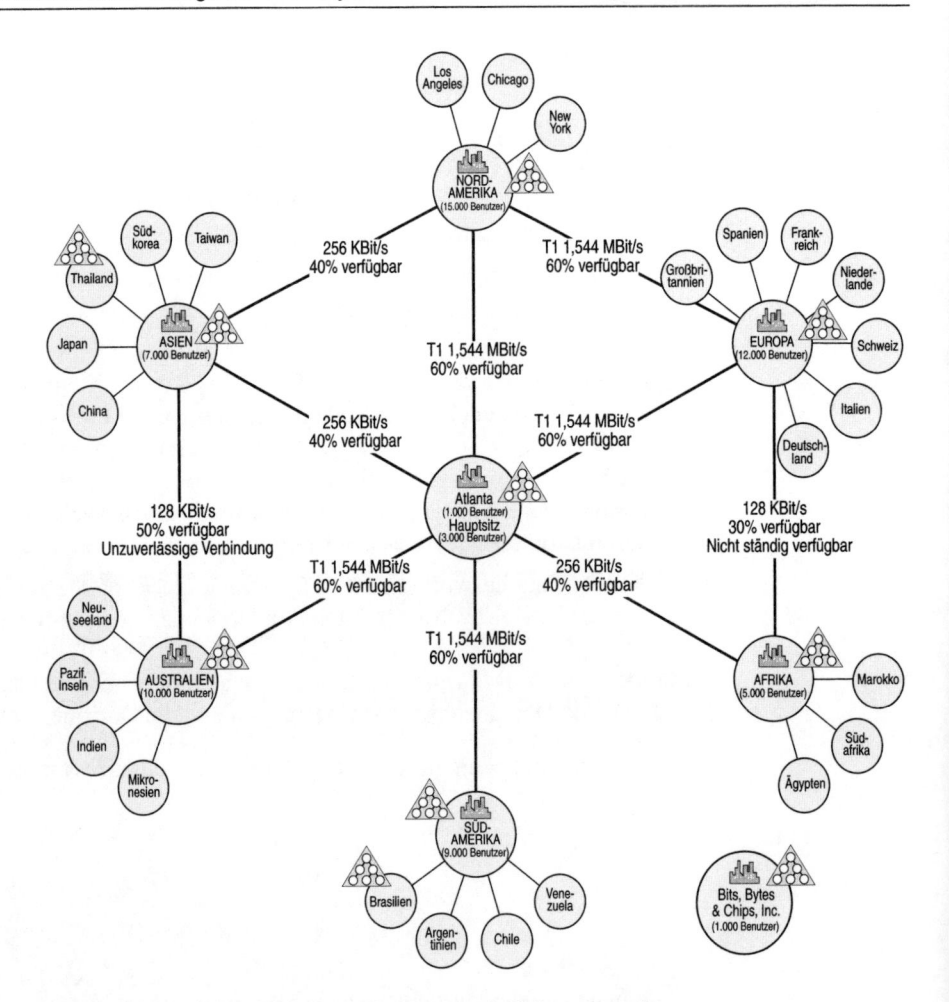

Abbildung 4.15 Für Awesome Computers definierte Domänen

Abbildung 4.16 zeigt einen Teil des Arbeitsblattes zum IT-Management für Awesome Computers.

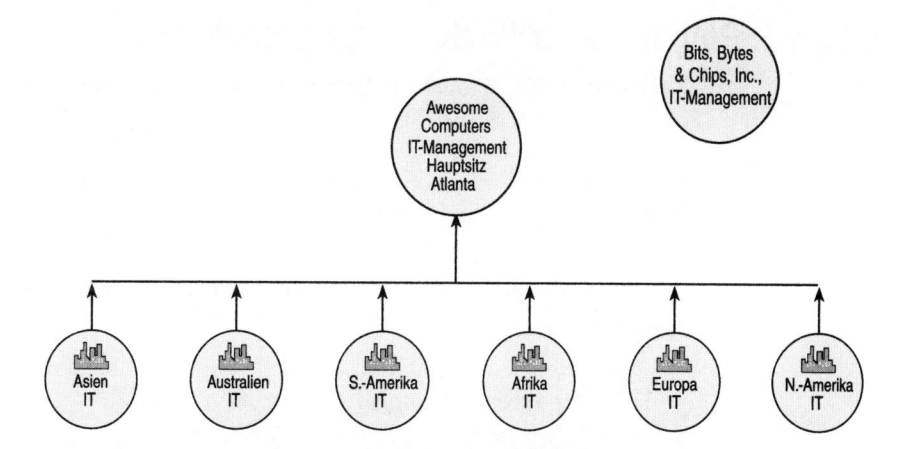

- Für regionale IT-Entscheidungen und -Änderungen ist die regionale IT-Abteilung verantwortlich.
- IT-Entscheidungen, die Bits, Bytes & Chips, Inc. betreffen, werden von deren eigenem IT-Management getroffen.
- Organisationsweite IT-Entscheidungen trifft das übergeordnete IT-Management von Awesome Computers.

Abbildung 4.16 Informationen zum IT-Management von Awesome Computers

1. Kennzeichnen Sie die Domäne, die Sie als Stammdomäne der Gesamtstruktur definieren, auf dem Netzwerkarchitekturdiagramm mit einem Rechteck. Begründen Sie die Definition der Stammdomäne der Gesamtstruktur.

2. Erstellen Sie ein Diagramm der Domänenhierarchie für Awesome Computers, einschließlich der Stammdomäne der Gesamtstruktur, der Strukturstammdomäne und der verbleibenden Subdomänen. Kennzeichnen Sie alle erforderlichen Cross-Link-Vertrauensstellungen durch eine gestrichelte Linie.

3. Benennen Sie die Domänen in der Domänenhierarchie, einschließlich der Stammdomäne der Gesamtstruktur, der Strukturstammdomäne und der verbleibenden Subdomänen.

Lektion 5: Planen der DNS-Serverbereitstellung

Nachdem Sie die Domänenhierarchie für die Gesamtstruktur Ihrer Organisation definiert und die Domänen benannt haben, muss die DNS-Serverbereitstellung geplant werden. In dieser Lektion planen Sie die DNS-Serverbereitstellung. Hierzu bewerten Sie die aktuelle DNS-Serverumgebung der Organisation und legen fest, wie Sie die DNS-Server platzieren.

Am Ende dieser Lektion werden Sie in der Lage sein, die folgenden Aufgaben auszuführen:
- Bestimmen der Faktoren in der Umgebung einer Organisation, die deren DNS-Serverbereitstellung beeinflussen
- Planen zusätzlicher Zonen
- Ermitteln der vorhandenen DNS-Dienste, die auf dem DNS-Server verwendet werden
- Bestimmen der Replikationsmethode für die Zone
- Analysieren der Umgebung einer Organisation, um die DNS-Serverbereitstellung zu planen

Veranschlagte Zeit für diese Lektion: 20 Minuten

Grundlegendes zu DNS-Servern

Ein *DNS-Server* löst für Hostgeräte in einem Teil des Namespace Namen in IP-Adressen und IP-Adressen in Namen auf. Wenn ein Client bei einem DNS-Server einen Namen oder eine IP-Adresse anfordert, führt der Server eine der folgenden Aufgaben durch: Er liefert den Namen bzw. die IP-Adresse, verweist den Client an einen anderen DNS-Server oder informiert ihn darüber, dass die Anforderung nicht beantwortet werden kann. DNS-Server werden auch als *DNS-Namensserver* bezeichnet.

Anmerkung Im Rahmen dieses Trainings kann DNS nicht erschöpfend behandelt werden. Detaillierte Informationen zu DNS finden Sie in *Microsoft Windows 2000 Server – Die technische Referenz: TCP/IP-Netzwerke*.

DNS-Server verwenden für die Namensauflösung gespeicherte Zoneninformationen. Jeder DNS-Server kann Informationen zu keiner, zu einer oder zu mehreren Zonen speichern. Eine *Zone* ist ein zusammenhängender Teil des DNS-Namespace, der von einem DNS-Server separat verwaltet wird. Der DNS-Namespace repräsentiert den logischen Aufbau Ihrer Netzwerkressourcen, die DNS-Zonen stellen den physischen Speicherort für diese Ressourcen bereit.

Zonen können eine einzelne Domäne oder eine Domäne und Subdomänen umfassen. Jede Zone beinhaltet eine *Zonendatenbankdatei*. Dies ist eine Textdatei mit Ressourceneinträgen für die Zone. *Ressourceneinträge* sind Datensätze mit Informationen für die Verarbeitung von Clientanforderungen. Es steht eine große Auswahl an Ressourceneintragstypen zur Verfügung. DNS fügt beim Erstellen einer Zone automatisch zwei Ressourceneinträge hinzu: Autoritätsursprung (Start of Authority, SOA) und Namensserver (NS). Tabelle 4.1 enthält Beschreibungen der gängigsten Ressourceneinträge.

Tabelle 4.1 Häufig verwendete Ressourceneintragstypen

Ressourceneintragstyp	Beschreibung
Host (A)	Enthält die Zuordnungen von Hostnamen zu IP-Adressen für eine Forward-Lookupzone.
Alias (CNAME)	Erstellt einen Alias (einen alternativen Namen) für den angegebenen Hostnamen. Sie können einen CNAME-Eintrag (Canonical Name) verwenden, um mit mehreren Namen auf eine einzige IP-Adresse zu verweisen. Sie können so einen FTP-Server (File Transfer Protocol) wie beispielsweise *ftp.microsoft.com* und einen Webserver wie *www.microsoft.com* auf demselben Computer verwalten.
Host Information (HINFO)	Identifiziert die vom Host verwendete CPU sowie das verwendete Betriebssystem. Verwenden Sie diesen Eintrag als kostengünstiges Tool für die Ressourcenverfolgung.
Mail Exchanger (MX)	Kennzeichnet, mit welchem Mail-Exchanger für eine angegebene Domäne Kontakt aufgenommen werden soll, und in welcher Reihenfolge die Mailhosts zu verwenden sind.
Name Server (NS)	Listet die Namensserver auf, die einer bestimmten Domäne zugeordnet sind.
Pointer (PTR)	Verweist auf einen anderen Teil des Domänennamespace. In einer Reverse-Lookupzone enthält dieser Ressourceneintrag beispielsweise die Zuordnung von IP-Adressen zu Namen.
Service (SRV)	Gibt an, welche Server bestimmte Dienste verwalten. Wenn ein Client beispielsweise einen Server zur Validierung von Anmeldeanforderungen sucht, kann der Client beim DNS-Server eine Liste der Domänencontroller und der zugehörigen IP-Adressen anfordern.
Start of Authority (SOA)	Dieser Eintrag kennzeichnet, welcher Namensserver die autorisierte Informationsquelle für Daten innerhalb der Domäne darstellt. Beim SOA-Eintrag handelt es sich um den ersten Eintrag in einer Zonendatenbankdatei.

Abbildung 4.17 zeigt die Beziehung zwischen DNS-Servern, Domänen, Zonen, Zonendatenbankdateien und Ressourceneinträgen.

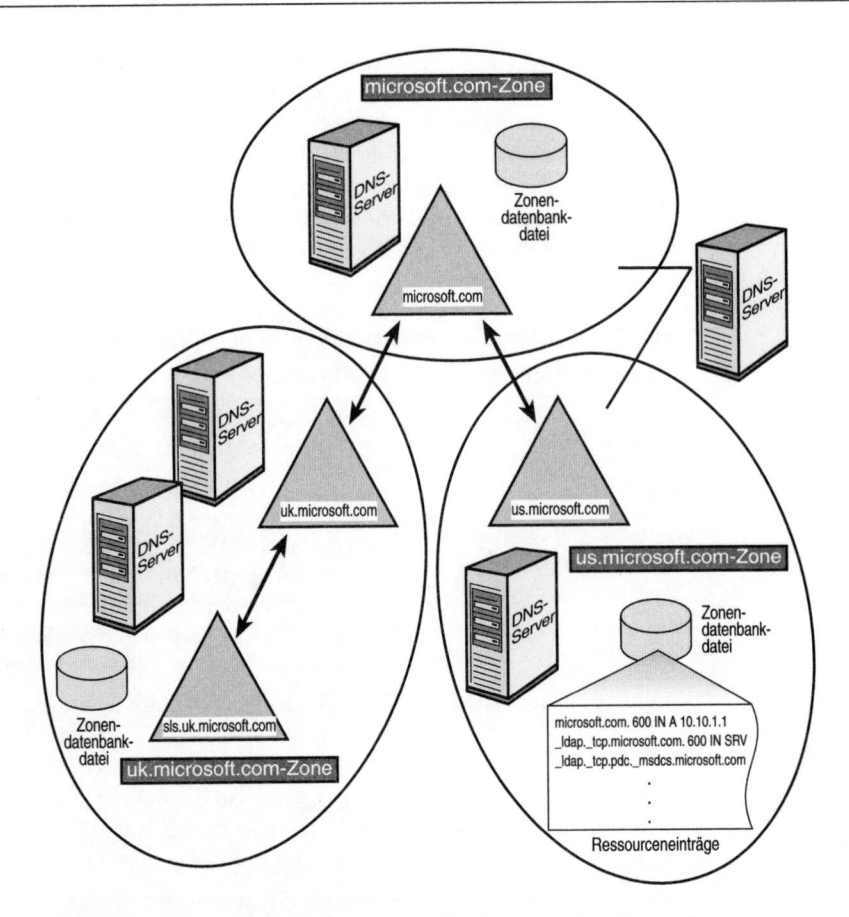

Abbildung 4.17 Beziehung zwischen DNS-Servern, Domänen, Zonen, Zonendatenbankdateien und Ressourceneinträgen

Zonenreplikation

Als Zonenreplikation wird die Synchronisierung von DNS-Daten zwischen DNS-Servern innerhalb einer bestimmten Zone bezeichnet. Die Zonenreplikation bietet folgende Vorteile:

- **Fehlertoleranz.** Wenn ein DNS-Server ausfällt, können Clients Anforderungen an andere DNS-Server senden.
- **Verteilung der Abfragelast.** Abfragen können zwischen den DNS-Servern gleichmäßig verteilt werden.
- **Verringerung des WAN-Verkehrs.** DNS-Server können an Remotestandorten hinzugefügt werden, sodass Clients keine Abfragen über langsame Verbindungen senden müssen.

Für die Zonenreplikation stehen zwei Methoden zur Verfügung: Standardzonenreplikation und Active Directory-Zonenreplikation. Es wird empfohlen, die Active Directory-Zonenreplikation zu verwenden.

Standardzonenreplikation

Bei der Standardzonenreplikation erfolgt die Zonenreplikation durch primäre und sekundäre Zonen sowie über primäre und sekundäre DNS-Server. Eine *primäre Zone* bezeichnet die Masterkopie einer Zone, die in einer Standardtextdatei auf einem primären DNS-Server gespeichert wird. Der *primäre DNS-Server* ist der autorisierende Server für eine primäre Zone. Primäre Zonen müssen auf dem primären DNS-Server für die Zone verwaltet werden. Eine *sekundäre Zone* ist eine schreibgeschützte Kopie einer vorhandenen primären Standardzone, die in einer Standardtextdatei auf einem sekundären DNS-Server gespeichert wird. Ein *sekundärer DNS-Server* dient als Sicherungs-DNS-Server. Er erhält durch eine Zonenübertragung die Zonendatenbankdateien vom primären DNS-Server. Als *Zonenübertragung* wird der Vorgang bezeichnet, bei dem die DNS-Server interagieren, um Namensdaten zu verwalten und zu synchronisieren. Eine Zone kann über mehrere sekundäre Server verfügen, und jeder sekundäre Server kann mehrere Zonen bedienen. In Abbildung 4.18 wird die Verwendung von primären und sekundären DNS-Servern dargestellt.

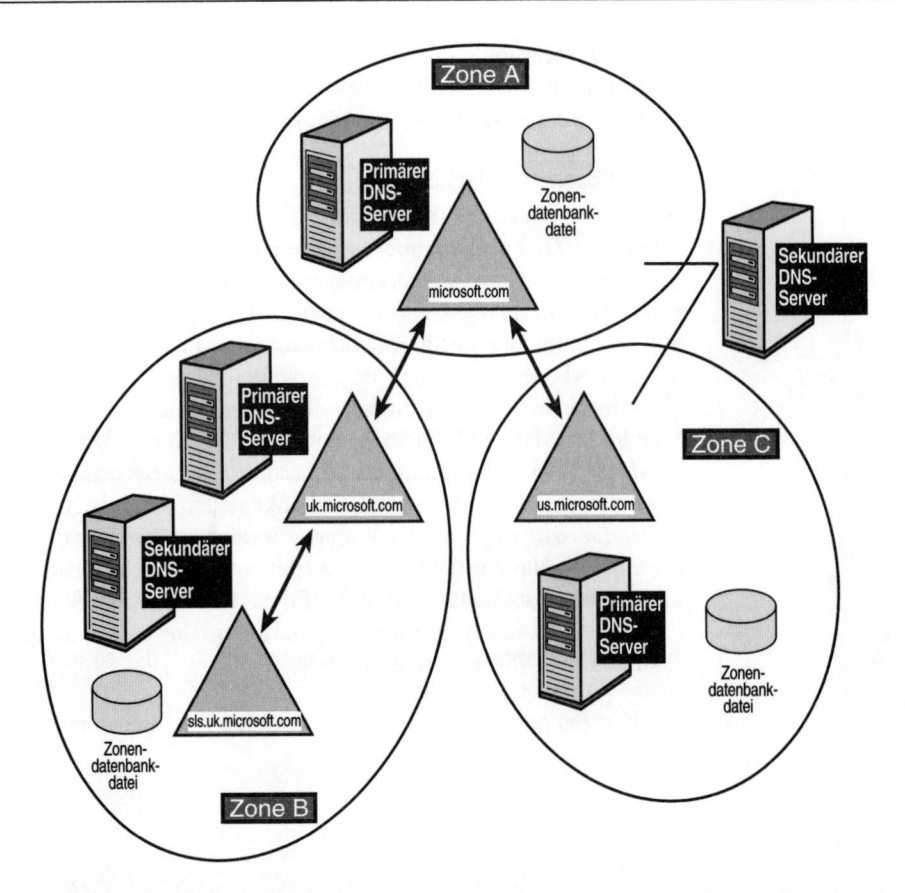

Abbildung 4.18 Verwendung von primären und sekundären DNS-Servern in Zonen

Es stehen drei Arten von Zonenübertragungen zur Verfügung: vollständige Zonenübertragungen, inkrementelle Zonenübertragungen und Übertragungen, die den Vorgang DNS-Benachrichtigung verwenden. Bei einer *vollständigen Zonenübertragung (AXFR-Abfrage)* überträgt der primäre DNS-Server die gesamte Zonendatenbankdatei der primären Zone an den sekundären DNS-Server. Bei der *inkrementellen Zonenübertragung (IXFR-Abfrage)* verfolgen die Server die Ressourceneinträge und übertragen nur Änderungen der Ressourceneinträge zwischen den Versionen der Zonendatenbankdatei.

Wichtig Zur Verwendung von inkrementellen Zonenübertragungen müssen Sie einen DNS-Dienst implementieren, der RFC 1995 unterstützt, einschließlich Windows 2000 Server. In früheren Versionen des DNS-Dienstes, die beispielsweise unter Windows NT 4.0 ausgeführt werden, steht die inkrementelle Zonenübertragung nicht zur Verfügung. Zum Replizieren von Zonen wird nur die vollständige Zonenübertragung (AXFR) verwendet.

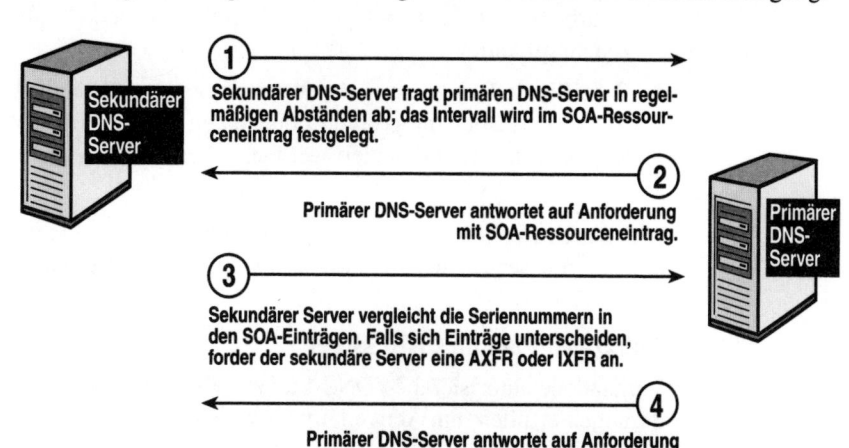

Abbildung 4.19 zeigt die vollständige und inkrementelle Zonenübertragung.

Sekundärer DNS-Server

① Sekundärer DNS-Server fragt primären DNS-Server in regelmäßigen Abständen ab; das Intervall wird im SOA-Ressourceneintrag festgelegt.

② Primärer DNS-Server antwortet auf Anforderung mit SOA-Ressourceneintrag.

③ Sekundärer Server vergleicht die Seriennummern in den SOA-Einträgen. Falls sich Einträge unterscheiden, forder der sekundäre Server eine AXFR oder IXFR an.

④ Primärer DNS-Server antwortet auf Anforderung mit AXFR- oder IXFR-Zonenübertragung.

Primärer DNS-Server

Abbildung 4.19 Vollständige und inkrementelle Zonenübertragung

Bei Verwenden der DNS-Benachrichtigung wird die Zonenübertragung nicht vom sekundären, sondern vom primären Server initiiert. Nachfolgend wird die Replikation per DNS-Benachrichtigung kurz zusammengefasst:

1. Die Zone auf einem primären DNS-Server wird aktualisiert, wodurch sich die Seriennummer im SOA-Ressourceneintrag in der primären Zone ändert.
2. Der primäre DNS-Server sendet als Teil des Benachrichtigungssatzes eine Benachrichtigung an die sekundären DNS-Server (von einem Administrator angegeben).
3. Wenn die sekundären DNS-Server die Benachrichtigung erhalten, initiieren sie eine AXFR- oder IXFR-Zonenübertragung.

Active Directory-Zonenreplikation

Bei der Active Directory-Zonenreplikation erfolgt die Zonenreplikation durch Active Directory-integrierte Zonen und Domänencontroller. Die einzelnen Domänencontroller fungieren als primäre DNS-Server und verwenden Active Directory, um primäre Zonendateien zu speichern und replizieren. Die Active Directory-Zonenreplikation bietet gegenüber der Standardzonenreplikation folgende Vorteile:

- **Die Replikationsplanung wird vereinfacht.** Da DNS-Ressourceneinträge Bestandteil von Active Directory sind und auf alle Domänencontroller repliziert werden, entfällt die Verwendung von Zonendatenbankdateien und Zonenübertragungen.
- **Die Replikation ist multimasterfähig.** Zonen können nicht nur auf primären, sondern auf allen DNS-Servern bzw. Domänencontrollern aktualisiert werden.

- **Effizienz.** Da die Active Directory-Zonenreplikation auf Eigenschaftenebene verarbeitet wird, entsteht weniger Replikationsverkehr als bei der Standardzonenreplikation.
- **Detaillierte Delegierung der Verwaltung.** Die Verwaltung von Active Directory-integrierten Zonendaten kann für die Benutzer pro Ressourceneintrag delegiert werden.

Wichtig Um Zonen mit der Active Directory-Zonenreplikation replizieren zu können, müssen Sie den Windows 2000 DNS-Dienst implementieren.

Anforderungen an DNS-Server

Vorhandene autorisierende DNS-Server müssen die folgenden Mindestanforderungen erfüllen, um Active Directory zu unterstützen:

- Sie müssen Dienstressourceneinträge (SRV) unterstützen (siehe RFC 2052).
- Sie müssen dynamische Aktualisierungen unterstützen (siehe RFC 2136).

Es wird empfohlen, den mit Windows 2000 Server gelieferten Windows 2000 DNS-Dienst einzurichten. Dieser erfüllt die Mindestanforderungen und bietet zudem zwei Zusatzfunktionen:

- Active Directory-integrierte Zonen
- Sichere dynamische Aktualisierungen

Server, die nicht autorisierend sind, müssen die Anforderungen an DNS-Server nicht erfüllen. Sie können im Allgemeinen SRV-Eintragsabfragen beantworten, obwohl sie diesen Eintragstyp nicht unterstützen.

Designschritt: Planen der DNS-Serverbereitstellung

Die Planung der DNS-Serverbereitstellung umfasst folgende Aufgaben:

1. Bewerten Sie die aktuelle DNS-Serverumgebung der Organisation.
2. Legen Sie die Platzierung der DNS-Server fest.

Bewerten der DNS-Serverumgebung

Zur Planung der DNS-Serverbereitstellung für Ihre Organisation müssen Sie zunächst folgende Dokumente anaylisieren, die zuvor von Ihrem Designteam zusammengestellt wurden:

- **Arbeitsblatt zum IT-Management der Organisation.** Bewerten Sie die aktuelle Organisationsstruktur des IT-Managements, um zu ermitteln, ob die Verwaltung eines Teils des DNS-Namespace an eine andere Abteilung oder einen anderen Standort innerhalb der Organisation verlagert werden sollte.

- **Arbeitsblatt zur DNS-Umgebung.** Bewerten Sie die aktuelle DNS-Serverumgebung der Organisation.

> **Anmerkung** Vorlagen für die genannten Arbeitsblätter finden Sie auf der Kursmaterialien-CD (**\chapt02\Worksheets**). Bereits ausgefüllte Arbeitsblattbeispiele finden Sie in Kapitel 2, „Einführung in das Design einer Verzeichnisdienstinfrastruktur".

Neben den Informationen dieser Arbeitsblätter müssen Sie unbedingt etwaige sonstige derzeit geplante Änderungen der DNS-Serverumgebung berücksichtigen, die sich an Wachstum und Flexibilität der Organisation sowie idealen Designspezifikationen orientieren.

Festlegen der Platzierung von DNS-Servern

Im Rahmen der Platzierung der DNS-Server müssen Sie zusätzliche Zonen planen, die derzeitige Verteilung der DNS-Dienste auf den DNS-Servern ermitteln und die zu verwendende Zonenreplikationsmethode festlegen.

Planen zusätzlicher Zonen

Die folgenden Faktoren beeinflussen Ihre Entscheidung, ob der DNS-Namespace in Zonen unterteilt werden muss:

- Die Verwaltung eines Teils des DNS-Namespace muss an einen anderen Standort oder eine andere Abteilung innerhalb der Organisation verlagert werden.

- Große Zonen müssen in kleinere Zonen aufgeteilt werden, um die Datenlast zwischen den Servern zu verteilen, die Leistung der DNS-Namensauflösung zu verbessern oder eine DNS-Umgebung mit höherer Fehlertoleranz bereitzustellen.

- Der Namespace muss ausgeweitet werden, indem zahlreiche Subdomänen gleichzeitig hinzugefügt werden, beispielsweise als Reaktion auf die Eröffnung einer Zweigstelle oder eines neuen Standortes.

Wenn eine dieser Überlegungen auf Sie zutrifft, ist es sinnvoll, den Namespace in zusätzliche Zonen zu unterteilen.

Ermitteln vorhandener DNS-Dienste

Wenn Ihre Organisation bereits einen anderen DNS-Dienst als Windows 2000 DNS einsetzt, sollten Sie feststellen, ob dieser mit Active Directory kompatibel ist und wie er aktuell strukturiert ist. Die folgenden DNS-Dienste erfüllen die Anforderungen an DNS-Server zur Unterstützung von Active Directory:

- DNS BIND 8.1.2 oder höher
- Windows NT 4.0 DNS

Diese DNS-Dienste sind zwar mit Active Directory kompatibel, die Verwendung von Active Directory-integrierten Zonen, inkrementellen Zonenübertragungen und sicheren dynamischen Aktualisierungen stehen Ihnen jedoch nur im Windows 2000 DNS-Dienst zur Verfügung. Um diese Funktionen zu verwenden, können Sie DNS-Server mit kompatiblen DNS-Diensten auf Windows 2000 DNS aktualisieren.

Beachten Sie, dass DNS BIND 4.*x* die Anforderungen an DNS-Server zur Unterstützung von Active Directory nicht erfüllt. Zur Implementierung von Windows 2000 in einer DNS BIND 4.*x*-Umgebung müssen Sie BIND 4.*x* auf BIND 8.1.2 oder höher aktualisieren. Anschließend können Sie Ihre DNS-Server auf Windows 2000 DNS aktualisieren.

Ist eine Aktualisierung der DNS-Server auf Windows 2000 DNS nicht möglich, sollten Sie eine delegierte Subdomäne erstellen. Eine *delegierte Subdomäne* ist eine separate Windows 2000 DNS-Subdomäne, die im vorhandenen DNS-Namespace eingerichtet wird. Der DNS-Server in der Windows 2000 DNS-Subdomäne ist für diese Subdomäne autorisierend. Sie können der Subdomäne bei Bedarf untergeordnete Domänen hinzufügen.

Bestimmen der Zonenreplikationsmethode

Nachdem Sie den vorhandenen DNS-Dienst ermittelt und den DNS-Dienst für Ihre Active Directory-Implementierung festgelegt haben, kann die zu verwendende Replikationsmethode problemlos bestimmt werden. Wenn Sie den Windows 2000-DNS-Dienst verwenden, können Sie die Active Directory-integrierte Zonenreplikation einsetzen. In diesem Fall fungieren alle Domänencontroller als primäre DNS-Server. Wenn Sie DNS BIND 8.1.2 oder höher oder Windows NT 4.0 DNS verwenden, müssen Sie die Standardzonenreplikation einsetzen. In diesem Fall müssen Sie primäre und sekundäre DNS-Server und Zonen definieren.

▶ **So planen Sie die DNS-Serverbereitstellung**

1. Ermitteln Sie, ob Ihre Organisation zusätzliche Zonen benötigt.

2. Ermitteln Sie die vorhandenen DNS-Dienste, die auf den DNS-Servern verwendet werden.

3. Ermitteln Sie, ob Sie die Standardzonenreplikation oder die Active Directory-integrierte Zonenreplikation verwenden müssen.

4. Definieren Sie bei Verwendung der Standardzonenreplikation primäre und sekundäre DNS-Server und Zonen.

Designschritt – Beispiel: Planen der DNS-Serverbereitstellung

Pacific Musical Instruments möchte die Verwaltung der Domäne **us.untern.pac-100times.com** an den Standort Anchorage auslagern. Das Designteam plant daher, die Domäne in zwei Zonen zu unterteilen. Da Pacific Musical Instruments Windows 2000-DNS einsetzt, kann das Unternehmen die Active Directory-integrierte Zonenreplikation verwenden. Hierbei fungieren alle Domänencontroller als primäre DNS-Server, d. h., der Standort von primären und sekundären Zonen sowie DNS-Servern muss nicht definiert werden. Das Diagramm der Domänenhierarchie mit den geplanten Zonen ist in Abbildung 4.20 zu sehen.

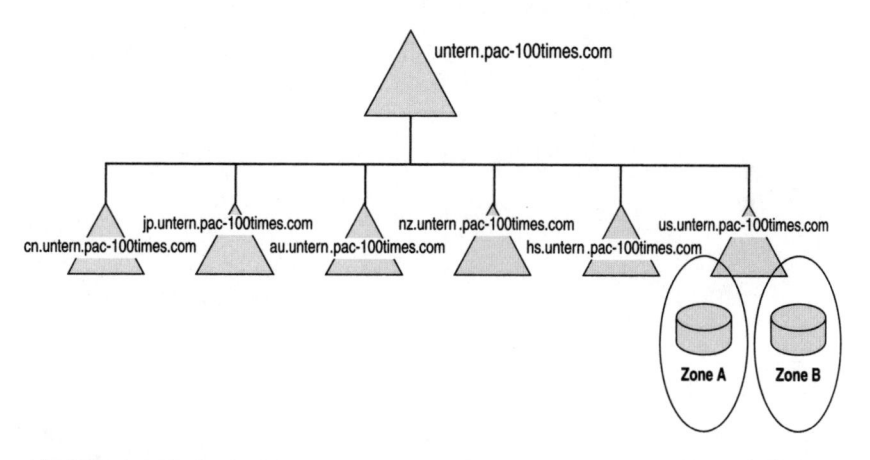

Abbildung 4.20 Diagramm der Domänenhierarchie mit den geplanten Zonen für Pacific Musical Instruments

Zusammenfassung der Lektion

In dieser Lektion haben Sie erfahren, dass Sie die DNS-Serverbereitstellung planen, indem Sie die aktuelle DNS-Serverumgebung der Organisation bewerten und festlegen, wie Sie die DNS-Server platzieren. Im Rahmen der Platzierung der DNS-Server haben Sie gelernt, dass Sie zusätzliche Zonen planen, die derzeitige Verteilung der DNS-Dienste auf den DNS-Servern ermitteln und die zu verwendende Zonenreplikationsmethode festlegen müssen.

Ferner wurden die Gründe für eine Unterteilung des DNS-Namespace in Zonen vorgestellt. Darüber hinaus haben Sie gelernt, dass die vorhandenen DNS-Dienste von DNS BIND 8.1.2 oder höher und Windows NT 4.0 DNS mit Active Directory kompatibel sind. Die Verwendung von Active Directory-integrierten Zonen, inkrementellen Zonenübertragungen und sicheren dynamischen Aktualisierungen ist jedoch nur bei Einsatz des Windows 2000 DNS-Dienstes möglich. Um diese Funktionen zu verwenden, können Sie DNS-Server mit kompatiblen DNS-Diensten auf Windows 2000 DNS aktualisieren. Sie haben außerdem erfahren, dass DNS BIND 4.*x* die Anforderungen an DNS-Server zur Unterstützung von Active Directory *nicht* erfüllt und Sie BIND 4.*x* auf BIND 8.1.2 oder höher aktualisieren müssen, um Windows 2000 in einer DNS BIND 4.*x*-Umgebung zu implementieren. Abschließend haben Sie gelernt, dass Sie die Active Directory-integrierte Zonenreplikation einsetzen können, wenn Sie den Windows 2000-DNS-Dienst verwenden. Wenn Sie DNS BIND 8.1.2 oder höher bzw. Windows NT 4.0 DNS verwenden, müssen Sie die Standardzonenreplikation einsetzen.

Workshop 4.1: Planen der Domänen

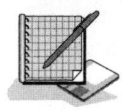

Zielsetzungen des Workshops

Am Ende dieses Workshops werden Sie in der Lage sein, die folgenden Aufgaben auszuführen:

- Definieren von Domänen
- Definieren einer Stammdomäne der Gesamtstruktur
- Definieren einer Domänenhierarchie
- Benennen von Domänen

Über diesen Workshop

In diesem Workshop analysieren Sie einen Teil der vorhandenen Umgebung eines mittelständischen Unternehmens, um Domänen, eine Stammdomäne der Gesamtstruktur und eine Domänenhierarchie zu definieren sowie die Domänen zu benennen und die DNS-Serverbereitstellung zu planen.

Bevor Sie beginnen

Für die Bearbeitung dieses Workshops gelten folgende Voraussetzungen:

- Sie können eine Analyse einer Organisationsumgebung zur Definition geeigneter Domänen durchführen
- Sie können eine Analyse einer Organisationsumgebung zur Definition einer Stammdomäne der Gesamtstruktur durchführen
- Sie können eine Analyse einer Organisationsumgebung zur Definition einer Domänenhierarchie durchführen
- Sie können eine Analyse einer Organisationsumgebung zur Definition einer Namenskonvention für Domänen durchführen

Übung: Planen der Domänen

In dieser Übung analysieren Sie die vorhandene Umgebung eines mittelständischen Unternehmens, um einen Domänenplan zu erstellen. Dieser soll ein Diagramm der Netzwerkarchitektur mit Kennzeichnung der Domänen und der Stammdomäne der Gesamtstruktur sowie ein Diagramm der Domänenhierarchie mit benannten Domänen umfassen. Lesen Sie das Szenario, und folgen Sie anschließend den Anweisungen zur Erstellung des Domänenplans.

Szenario

Ihr Designteam plant die Active Directory-Infrastruktur für Parnell Aerospace, einen Entwickler und Hersteller kommerzieller und militärischer Flugzeuge. Der Hauptsitz von Parnell befindet sich in Phoenix, Arizona. Im vergangenen Jahr hat Parnell Aerospace Lakes & Sons übernommen, einen Entwickler und Hersteller kleiner Privatflugzeuge. Parnell Aerospace beschäftigt weltweit etwa 63.000 Mitarbeiter. Mit dem Hauptsitz sind sechs Niederlassungen in New York, Tokyo, Berlin, London, Paris und Rio de Janeiro verbunden, die jeweils über 5 bis 10 Vertriebsbüros verfügen. Lakes & Sons hat 5.000 Mitarbeiter in Seattle und 3.000 Mitarbeiter in Minneapolis. Beide Standorte verfügen über zwei Vertriebsbüros.

Bei der Durchsicht der Dokumentation zur Analyse der geschäftlichen und technischen Umgebung fallen Ihnen folgende Punkte auf:

- Da Parnell Aerospace Verträge mit den Verteidigungsministerien zahlreicher Länder hat, muss das Unternehmen bei der Lagerung von Produktentwicklungsdateien am Hauptsitz besondere rechtliche Voraussetzungen erfüllen.

- Der Standort Tokyo benötigt spezielle Kennwort- und Kontosperrungseinstellungen.

- Die deutsche Gesetzgebung legt fest, dass der Standort Berlin nur von einem Büro in Deutschland oder dem Hauptsitz in Phoenix verwaltet werden darf.

- Die französische Gesetzgebung verlangt, dass der Standort Paris über weniger restriktive Kerberos-Einstellungen verfügt als alle anderen Standorte.

- Lakes & Sons wird unabhängig geführt und ist unter einem eigenen Namen im Internet präsent. Das vom Designteam erstellte Gesamtstrukturmodell erfordert jedoch nur eine Gesamtstruktur.

- Am Hauptsitz in Phoenix sind zwei Abteilungen für das IT-Management zuständig. Eine Abteilung kümmert sich ausschließlich um das IT-Management für die Niederlassung in Phoenix, die andere ist für das IT-Management der gesamten Organisation verantwortlich.

- Bei Lakes & Sons sind zwei Abteilungen für das IT-Management zuständig. Eine Abteilung kümmert sich ausschließlich um das IT-Management für die Niederlassung in Minneapolis, die andere ist für das IT-Management der gesamten Organisation verantwortlich.

Abbildung 4.21 zeigt einen Teil des Arbeitsblattes zum IT-Management von Parnell Aerospace.

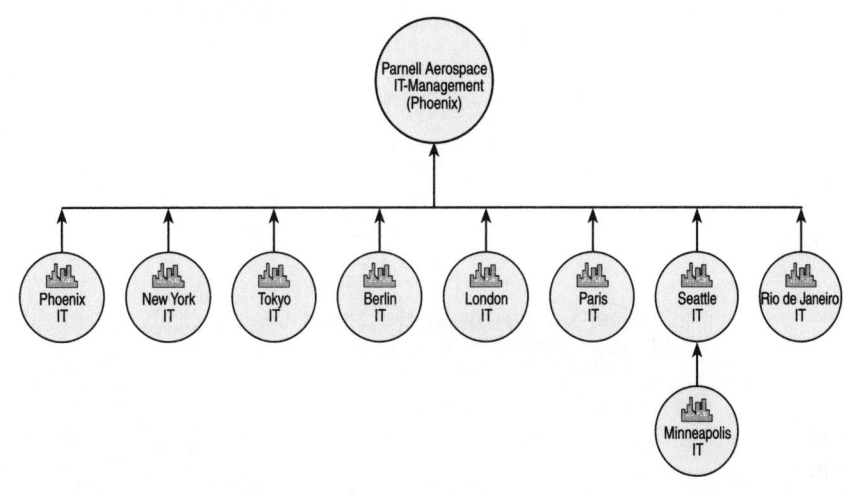

```
                    Parnell Aerospace
                     IT-Management
                       (Phoenix)
                          ↑
    ┌──────┬──────┬──────┼──────┬──────┬──────┐
    ↑      ↑      ↑      ↑      ↑      ↑      ↑
  Phoenix New York Tokyo Berlin London Paris Seattle Rio de Janeiro
    IT     IT     IT     IT     IT     IT     IT         IT
                                              ↑
                                          Minneapolis
                                              IT
```

- Für regionale IT-Entscheidungen und -Änderungen ist die regionale IT-Abteilung verantwortlich.
- Unternehmensweite IT-Entscheidungen trifft die übergeordnete IT-Abteilung.

Abbildung 4.21 IT-Management von Parnell Aerospace

- Benutzer an allen Standorten greifen häufig auf technische Ressourcen am Standort Phoenix zu.
- Die technische Abteilung in Phoenix verfügt über eine eigene Windows NT 4.0-Domäne. Sie möchten diese Domäne beibehalten, es gelten jedoch keine speziellen Sicherheits-, Verwaltungs- oder Replikationsanforderungen, die eine separate Domäne rechtfertigen würden.
- Parnell Aerospace ist im Internet mit dem DNS-Namen **p-100times.com** präsent.
- Lakes & Sons ist ebenfalls im Internet präsent und verwendet den DNS-Namen **l-100times.com**.

Abbildung 4.22 zeigt das Netzwerkarchitekturdiagramm für Parnell Aerospace.

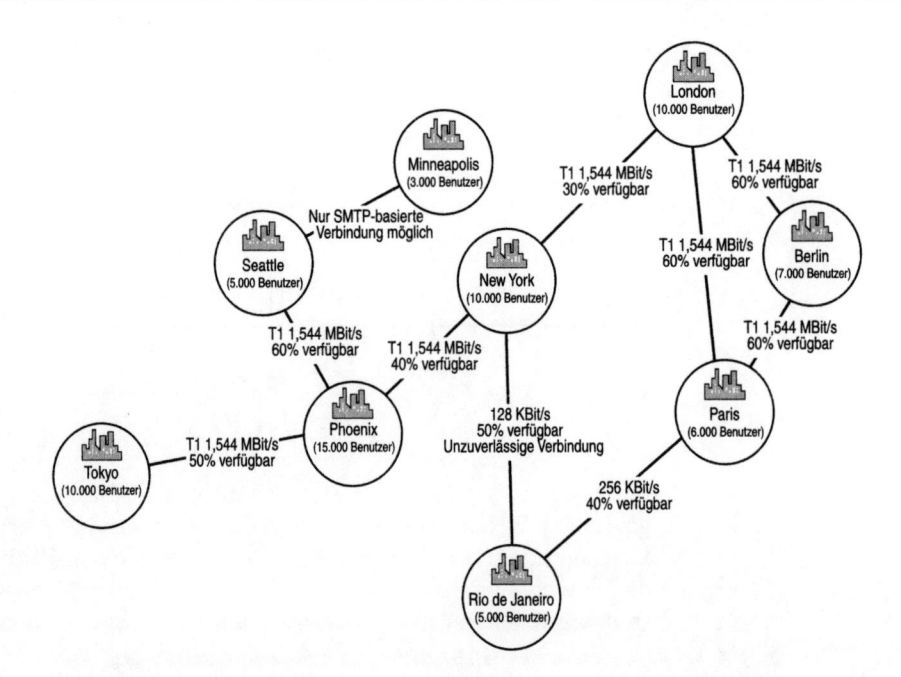

Abbildung 4.22 Netzwerkarchitekturdiagramm von Parnell Aerospace

Übungsfragen

Beantworten Sie die folgenden Fragen zur Erstellung eines Domänenplans.

1. Kennzeichnen Sie die Domäne(n), die Sie für Parnell Aerospace definieren würden, im Netzwerkarchitekturdiagramm durch Dreiecke. Begründen Sie die Definition der Domäne(n).

2. Kennzeichnen Sie die Domäne, die Sie als Stammdomäne der Gesamtstruktur definieren, auf dem Netzwerkarchitekturdiagramm mit einem Rechteck. Begründen Sie die Definition der Stammdomäne der Gesamtstruktur.

3. Erstellen Sie ein Diagramm der Domänenhierarchie für Parnell Aerospace. Benennen Sie die Domänen in der Domänenhierarchie.

Lernzielkontrolle

? Die folgenden Fragen dienen dazu, die wichtigsten Lehrinhalte dieses Kapitels zu vertiefen. Wenn Sie eine Frage nicht beantworten können, wiederholen Sie den entsprechenden Abschnitt und versuchen Sie dann erneut, die Frage zu beantworten. Die Antworten zu den Fragen finden Sie in Anhang A, „Fragen und Antworten".

1. Ihr Designteam definiert Domänen für eine Organisation. Welche vier Gründe sprechen für die Definition mehrerer Domänen?

2. Ihr Designteam definiert die Stammdomäne der Gesamtstruktur für eine Organisation. Welche Gründe sprechen für die Verwendung einer vorhandenen Domäne als Stammdomäne der Gesamtstruktur? Welche Gründe sprechen für die Verwendung einer dezidierten Domäne als Stammdomäne der Gesamtstruktur?

3. Ihr Designteam definiert die Domänenstruktur für eine Organisation. Welcher Grund spricht für die Verwendung mehrerer Domänenstrukturen?

4. Ihr Designteam bereitet die Erstellung einer Gesamtstruktur-Stammdomäne namens **w-100times.com** für Wingtip Toys vor. Welche Schritte sind vor dem Erstellen der Domäne erforderlich?

5. Ihr Designteam ermittelt den vorhandenen DNS-Dienst einer Organisation. Welche DNS-Dienste erfüllen die Anforderungen an DNS-Server zur Unterstützung von Active Directory? Welcher DNS-Dienst ermöglicht die Verwendung von Active Directory-integrierten Zonen?

KAPITEL 5

Planen der Organisationseinheiten

Lektion 1: Definieren von OU-Strukturen ... 173

Übung 5.1: Definieren von OU-Strukturen ... 191

Lektion 2: Planen von Benutzerkonten und Gruppen ... 193

Übung 5.2: Planen von Benutzerkonten ... 210

Übung 5.3: Planen von Gruppen ... 213

Workshop 5.1: Definieren von OU-Struktur und Sicherheitsgruppen ... 214

Lernzielkontrolle ... 219

Über dieses Kapitel

Nachdem Sie und Ihr Designteam einen Domänenplan erarbeitet haben, besteht der nächste Schritt beim Entwurf einer Active Directory-Infrastruktur darin, die Organisationseinheiten (Organizational Units, OUs) zu planen. Zur Erstellung eines OU-Plans definieren Sie eine OU-Struktur und planen anschließend die Benutzerkonten und Gruppen. Das Endergebnis einer OU-Planung umfasst ein Diagramm der OU-Strukturen für jede Domäne, eine Liste der Benutzer in jeder OU sowie eine Liste der Gruppen in jeder Domäne. In diesem Kapitel lernen Sie den Prozess der Erarbeitung eines OU-Plans kennen.

Praxistipp Lesen Sie das Interview „OU-Planung in der Praxis" mit Xavier Minet, Microsoft Consulting Services, Belgien. Hier erhalten Sie eine praxisorientierte Darstellung der Planung von Organisationseinheiten. Sie finden dieses Interview auf der Kursmaterialien-CD (**\chapt05\OUPlanInterview**).

Bevor Sie beginnen

Für die Bearbeitung der Lektionen in diesem Kapitel gelten folgende Voraussetzungen:

- Sie müssen die in Kapitel 1, „Einführung in Active Directory", vorgestellten Active Directory-Komponenten und -Konzepte kennen.

- Sie müssen die in Kapitel 2, „Einführung in das Design einer Active Directory-Infrastruktur", vorgestellten Komponenten der Analyse einer geschäftlichen und technischen Umgebung kennen.

- Sie müssen über die in Kapitel 3, „Planen der Gesamtstruktur", vermittelten Kenntnisse und Fertigkeiten verfügen.

- Sie müssen über die in Kapitel 4, „Planen der Domänen", vermittelten Kenntnisse und Fähigkeiten verfügen.

Lektion 1: Definieren von OU-Strukturen

Bei der Planung der Organisationseinheiten definieren Sie zunächst OU-Strukturen. Hierbei müssen Sie als Erstes die OUs (Organizational Units, OUs) für jede Domäne Ihrer Organisation definieren. In dieser Lektion werden Sie an den Prozess der Definition von OU-Strukturen herangeführt. OU-Strukturen werden zur Delegierung von Verwaltungsaufgaben, zum Verbergen von Objekten und zur Verwaltung von Gruppenrichtlinien definiert.

Am Ende dieser Lektion werden Sie in der Lage sein, die folgenden Aufgaben auszuführen:

- Benennen der drei Gründe für das Definieren einer Organisationseinheit
- Erläutern der Richtlinien für das Definieren von OU-Strukturen
- Benennen der Faktoren der geschäftlichen und technischen Umgebung einer Organisation, die sich auf die OU-Anforderungen auswirken
- Benennen der Aufgaben bei der Definition von OU-Strukturen
- Analysieren einer Organisationsumgebung zur Definition von Organisationseinheiten

Veranschlagte Zeit für diese Lektion: 30 Minuten

Grundlegendes zu Organisationseinheiten

Wie Sie bereits wissen, ist eine *Organisationseinheit* ein Container, mit dessen Hilfe Objekte innerhalb einer Domäne in logische Verwaltungsgruppen gegliedert werden. Eine Organisationseinheit kann Objekte wie Benutzerkonten, Gruppen, Computer, Drucker, Anwendungen, Dateifreigaben sowie weitere Organisationseinheiten derselben Domäne enthalten. Es gibt drei Gründe für das Definieren einer Organisationseinheit:

- Delegierung von Verwaltungsaufgaben
- Verbergen von Objekten
- Verwalten von Gruppenrichtlinien

Zur Bildung einer hierarchischen Struktur können Sie einer Organisationseinheit weitere OUs hinzufügen; dieser Prozess wird als *Verschachtelung* bezeichnet. Für jede Domäne wird eine eigene OU-Struktur definiert – die OU-Struktur innerhalb einer Domäne ist unabhängig von der anderer Domänen.

Definieren von OUs zur Verwaltungsdelegierung

Der Hauptgrund bei der Definition einer OU besteht darin, Verwaltungsaufgaben zu delegieren. Das *Delegieren von Verwaltungsaufgaben* bezeichnet die Zuweisung von IT-Verwaltungsverantwortlichkeit für einen Teil des Namespace (z. B. einer OU) an einen Administrator, einen Benutzer oder eine Gruppe von Administratoren oder Benutzern. Unter Windows 2000 können Sie die Verwaltung der Inhalte eines OU-Containers (alle Benutzer, Computer oder Ressourcenobjekte innerhalb der OU) delegieren, indem Sie den Administratoren in der Zugriffssteuerungsliste der OU spezielle Berechtigungen für diese OU erteilen. Eine *Zugriffssteuerungsliste* (Access Control List, ACL) ist ein Mechanismus zur Einschränkung des Zugriffs auf bestimmte Informations- oder Steuerelemente, basierend auf der Identität der Benutzer oder ihrer Mitgliedschaft in verschiedenen vordefinierten Gruppen. Die *ACEs (Access Control Entries)* in einer Zugriffssteuerungsliste legen fest, welche Benutzer oder Gruppen auf die OU zugreifen können und welche Art von Zugriff möglich ist.

Da die ACEs standardmäßig an die untergeordneten OUs in einer hierarchischen Struktur vererbt werden, können Sie Berechtigungen auf eine vollständige OU-Struktur anwenden, wie dargestellt in Abbildung 5.1. Die geerbten ACEs gelten nur für eine Domäne und werden nicht an untergeordnete Domänen weitergegeben. Um zu verhindern, dass Berechtigungen auch für untergeordnete Objekte gelten, können Sie das Kontrollkästchen **Vererbbare übergeordnete Berechtigungen übernehmen** deaktivieren. Diese Option befindet sich auf der Registerkarte **Sicherheitseinstellungen** des Eigenschaftendialogfeldes einer OU.

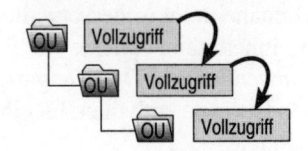

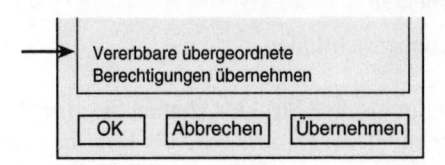

Abbildung 5.1 Berechtigungsvererbung und Deaktivierung der Berechtigungsvererbung

Zum Delegieren von Verwaltungsaufgaben können Sie entweder den Assistenten zum Zuweisen der Objektverwaltung verwenden oder die ACEs einer OU auf der Registerkarte **Sicherheitseinstellungen** des Eigenschaftendialogfelds manuell bearbeiten.

OU-Hierarchiemodelle für die Verwaltungsdelegierung

Nachdem Sie die für Ihre Organisation benötigten OUs festgelegt haben, können Sie unterhalb jeder OU weitere OUs erstellen und so eine hierarchische Verwaltungsstruktur erstellen. Die Hierarchie für die Verwaltungsdelegierung kann auf unterschiedlichen Organisationsmodellen basieren:

- **Standort**. Diese Struktur kann eingesetzt werden, wenn die Verwaltung einer Domäne sich nach den Standorten einer Organisation richtet, wie dargestellt in Abbildung 5.2. Die OUs der ersten Ebene – **West**, **Central**, **East** – entsprechen den Regionen, in denen die Organisation microsoft.com ansässig ist. Die OUs der zweiten Ebene repräsentieren die physischen Standorte der acht Unternehmensniederlassungen.

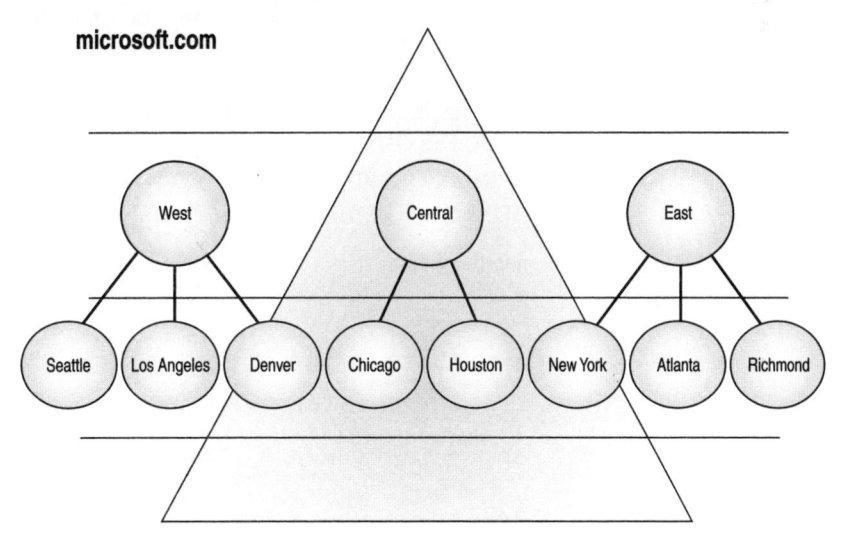

Abbildung 5.2 Eine standortbasierte OU-Struktur

- **Geschäftsfunktion**. Bei dieser Struktur richtet sich die Verwaltung innerhalb einer Domäne nach der jeweiligen Geschäftsfunktion, wie dargestellt in Abbildung 5.3. Die Organisationseinheiten erster Ebene – **Admin**, **Devel** und **Sales** – entsprechen den Geschäftsbereichen von microsoft.com. Die OUs zweiter Ebene repräsentieren die funktionalen Abteilungen innerhalb der Geschäftsbereiche.

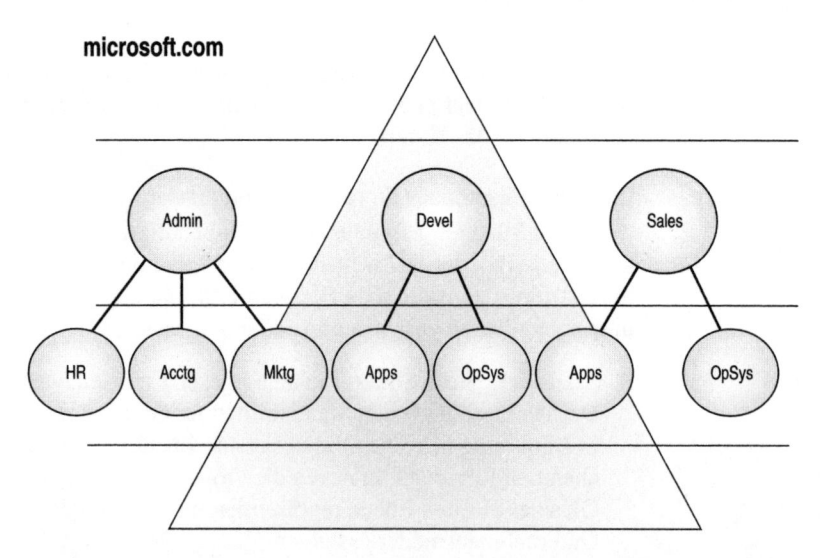

Abbildung 5.3 Eine auf den Geschäftsfunktionen basierende OU-Struktur

- **Objekttyp**. Diese Struktur kann eingesetzt werden, wenn sich die Domänenverwaltung nach den zu verwaltenden Objekten richtet, wie dargestellt in Abbildung 5.4. Die OUs der ersten Ebene – **Users**, **Computers** und **Resources** – entsprechen den bei microsoft.com verwendeten Objekten. Die OUs zweiter Ebene repräsentieren weitere Unterkategorien dieser Objekttypen.

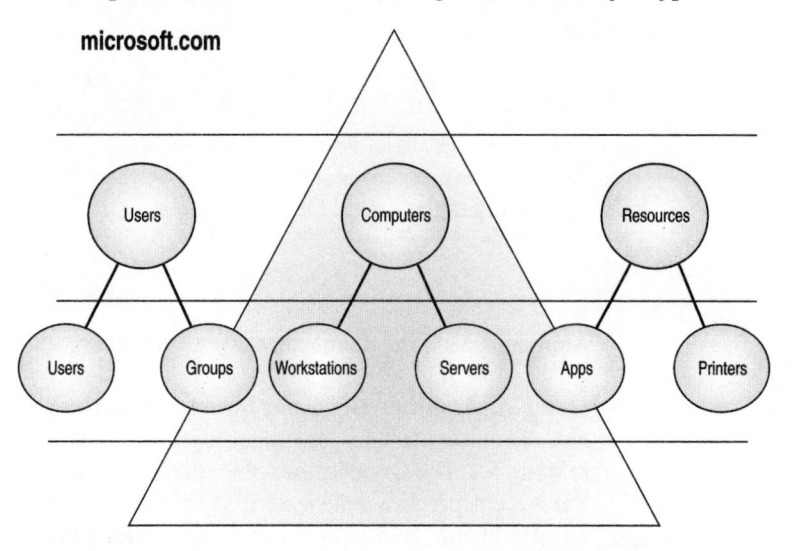

Abbildung 5.4 Eine auf den Objekttypen basierende OU-Struktur

- **Kombination aus Standort, Geschäftsfunktion und Objekttyp**. Diese Struktur kann eingesetzt werden, wenn die Domänenverwaltung eine Kombination der zuvor genannten Hierarchiemodelle darstellt, siehe Abbildung 5.5.

Die Organisationseinheiten erster Ebene – **North America** und **Europe** – entsprechen den Kontinenten, in denen microsoft.com über Niederlassungen verfügt. Die OUs zweiter Ebene repräsentieren die funktionalen Abteilungen innerhalb des Unternehmens.

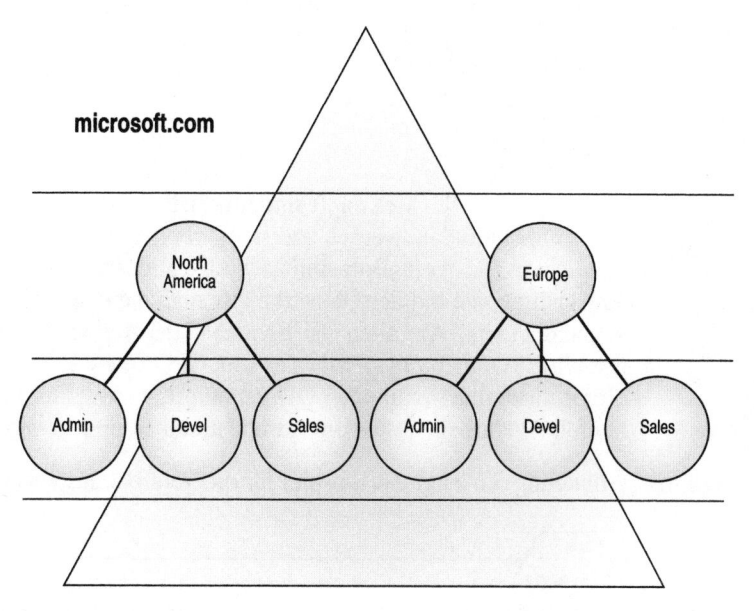

Abbildung 5.5 Eine auf Standort und Geschäftsfunktionen basierende OU-Struktur

Definieren von OUs zum Verbergen von Objekten

In Ihrer Organisation ist es möglicherweise erforderlich, spezielle Domänenobjekte vor bestimmten Benutzern zu verbergen. Selbst wenn ein Benutzer keine Leseberechtigungen für ein Objekt besitzt, kann der Benutzer dieses dennoch sehen, indem er die Inhalte des dem Objekt übergeordneten Containers anzeigt. Sie können Objekte innerhalb einer Domäne verbergen, indem Sie eine OU für die Objekte anlegen und nur wenigen Benutzern die Berechtigung **Inhalt auflisten** für diese OU erteilen.

Definieren von OUs zur Verwaltung von Gruppenrichtlinien

Wie Sie wissen, sind *Gruppenrichtlinien* Sammlungen von Benutzer- und Computerkonfigurationseinstellungen, die mit Computern, Standorten, Domänen und OUs verknüpft werden können, um das Verhalten des Benutzerdesktops zu steuern. Zum Einrichten einer speziellen Desktopkonfiguration für eine bestimmte Benutzergruppe erstellen Sie *Gruppenrichtlinienobjekte* (Group Policy Objects, GPOs), Sammlungen von Gruppenrichtlinieneinstellungen. Durch das Verknüpfen von GPOs mit OUs können Gruppenrichtlinienobjekte auf die Benutzer oder Computer in der OU angewendet werden.

Verarbeitung von Gruppenrichtlinien

Gruppenrichtlinieneinstellungen werden in der folgenden Reihenfolge verarbeitet:

1. Lokales GPO
2. Standort-GPOs
3. Domänen-GPOs
4. OU-GPOs

GPOs, die mit OUs verknüpft sind, die sich am höchsten in der Active Directory-Hierarchie befinden, werden zuerst verarbeitet, gefolgt von GPOs, die mit untergeordneten OUs verknüpft sind usw. Abschließend kommen die GPOs zur Anwendung, die mit der OU verknüpft sind, die dem Benutzer oder Computer zugeordnet sind. Auf allen OU-Ebenen in der Active Directory-Hierarchie können ein GPO, mehrere GPOs oder kein GPO angewendet werden. Sind mehrere Gruppenrichtlinien mit einer OU verknüpft, werden sie synchron und in der Reihenfolge verarbeitet, die vom Administrator festgelegt wurde.

Abbildung 5.6 zeigt ein Beispiel für die Verarbeitung von Gruppenrichtlinien.

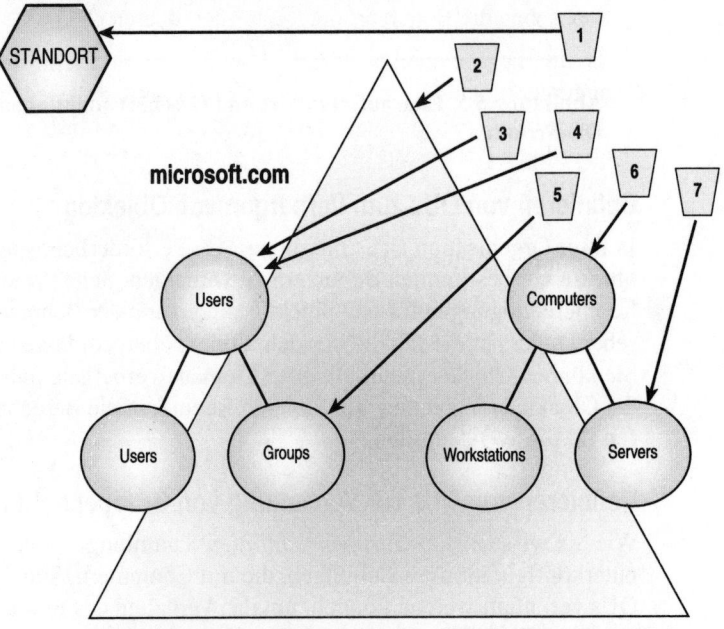

Verarbeitungsreihenfolge für Gruppenrichtlinien für die OU **Groups** = 1, 2, 3, 4, 5
Verarbeitungsreihenfolge für Gruppenrichtlinien für die OU **Servers** = 1, 2, 6, 7

Abbildung 5.6 Verarbeitung von Gruppenrichtlinien

Gruppenrichtlinienvererbung

Im Allgemeinen werden Gruppenrichtlinien von den übergeordneten Containern an die untergeordneten Container weitergegeben. Die Vererbung von Gruppenrichtlinien verläuft folgendermaßen:

- Ist eine Richtlinie für eine übergeordnete OU konfiguriert und wurde diese Richtlinie *nicht bereits* für die untergeordneten OUs konfiguriert, erbt die untergeordnete OU mit den Benutzer- und Computerobjekten die übergeordnete Richtlinieneinstellung.

- Wurde für eine übergeordnete OU eine Richtlinie definiert, und *ist* diese Richtlinie auch für die untergeordnete OU konfiguriert, setzen die Gruppenrichtlinieneinstellungen der untergeordneten OU die vererbte Einstellung der übergeordneten OU außer Kraft.

- Richtlinien werden vererbt, wenn Sie kompatibel sind. Sind die für eine übergeordnete OU und die für eine untergeordnete OU konfigurierten Richtlinien kompatibel, werden die Richtlinien der übergeordneten OU vererbt, außerdem werden die Richtlinieneinstellungen der untergeordneten OU angewendet. Wenn beispielsweise die Richtlinie der übergeordneten OU dazu führt, dass ein bestimmter Ordner auf dem Desktop platziert wird, und die Richtlinie der untergeordneten OU führt zur Anzeige eines weiteren Ordners auf dem Desktop, sehen die Benutzer in der untergeordneten OU beide Ordner.

- Ist die für eine übergeordnete OU konfigurierte Richtlinie nicht mit der für die untergeordnete OU konfigurierten Einstellung derselben Richtlinie kompatibel, wird die Richtlinieneinstellung der übergeordneten OU nicht an die untergeordnete OU vererbt. Es wird in diesem Fall nur die für die untergeordnete OU konfigurierte Einstellung angewendet.

- Wurden Richtlinieneinstellungen einer übergeordneten OU deaktiviert, erbt die untergeordnete OU diese als deaktivierte Einstellungen.

- Wurden Richtlinieneinstellungen einer übergeordneten OU nicht konfiguriert, werden diese nicht an die untergeordnete OU vererbt.

Ausnahmen in der Verarbeitungsreihenfolge

Nachfolgend werden Ausnahmen in der Standardverarbeitungsreihenfolge für Gruppenrichtlinieneinstellungen aufgeführt, die sich auf die Anwendung der GPOs auf die OUs auswirken können:

- Mitgliedscomputer einer Arbeitsgruppe. Diese Computer verarbeiten ausschließlich das lokale GPO.

- Option **Kein Vorrang**. Jedes mit einem Standort, einer Domäne oder OU verbundene GPO (oder nicht lokale GPO) kann in Bezug auf diesen Standort, diese Domäne oder OU auf **Kein Vorrang** gesetzt werden, sodass keine der Richtlinieneinstellungen außer Kraft gesetzt werden können. Wenn mehr als ein GPO auf **Kein Vorrang** gesetzt wurde, erhält das GPO den Vorzug, das sich in der Active Directory-Hierarchie an der höchsten Position befindet (oder an höherer Position in der Hierarchie, die durch den Administrator auf jeder festen Ebene in Active Directory festgelegt wurde). Die Option **Kein Vorrang** wird auf die GPO-Verknüpfung angewendet.

  In Abbildung 5.7 wurde die Option **Kein Vorrang** auf die GPO 4-Verknüpfung mit der Organisationseinheit für die Benutzer angewendet. Als Ergebnis können die Richtlinieneinstellungen in GPO 4 nicht durch andere GPOs außer Kraft gesetzt werden. Die Verarbeitung bleibt gleich.

- Option **Richtlinienvererbung deaktivieren**. Sie können die Vererbung der Gruppenrichtlinien verhindern, indem Sie für einen Standort, eine Domäne oder OU die Option **Richtlinienvererbung deaktivieren** auf der Registerkarte **Gruppenrichtlinie** des jeweiligen Eigenschaftendialogfeldes aktivieren. Die auf **Kein Vorrang** gesetzten GPO-Verknüpfungen werden jedoch immer angewendet und können nicht durch die Option **Richtlinienvererbung deaktivieren** blockiert werden.

  Die Deaktivierung der Richtlinienvererbung wird direkt auf den Standort, die Domäne oder OU angewendet. Diese Option wird weder auf GPOs noch auf GPO-Verknüpfungen angewendet. Die Option **Richtlinienvererbung deaktivieren** weist somit *alle* Gruppenrichtlinieneinstellungen ab, die beim Standort, der Domäne oder der OU von oben gesehen ankommen (über eine Verknüpfung mit übergeordneten Objekten in der Active Directory-Hierarchie). Es ist dabei unwichtig, welche GPOs Ursprung dieser Einstellungen sind.

  In Abbildung 5.7 wurde die Option **Richtlinienvererbung deaktivieren** auf die OU **Computer** angewendet. Als Ergebnis werden die GPOs 1 und 2, die auf den Standort und die Domäne angewendet werden sollen, abgewiesen und nicht auf die OU **Computer** angewendet. Aus diesem Grund werden auf die OU **Server** nur die GPOs 6 und 7 angewendet.

- Die Loopback-Einstellung. Die Loopback-Einstellung ist eine erweiterte Gruppenrichtlinieneinstellung, die bei Computern von Nutzen ist, die in geschlossenen Umgebungen verwaltet werden, beispielsweise für Kioske, Laboratorien, Klassenräume und Empfangsbereiche. Die Loopback-Einstellung bietet eine Alternative zur Standardmethode beim Empfang der sortierten GPO-Liste, deren Benutzerkonfigurationseinstellungen sich auf einen Benutzer auswirken.

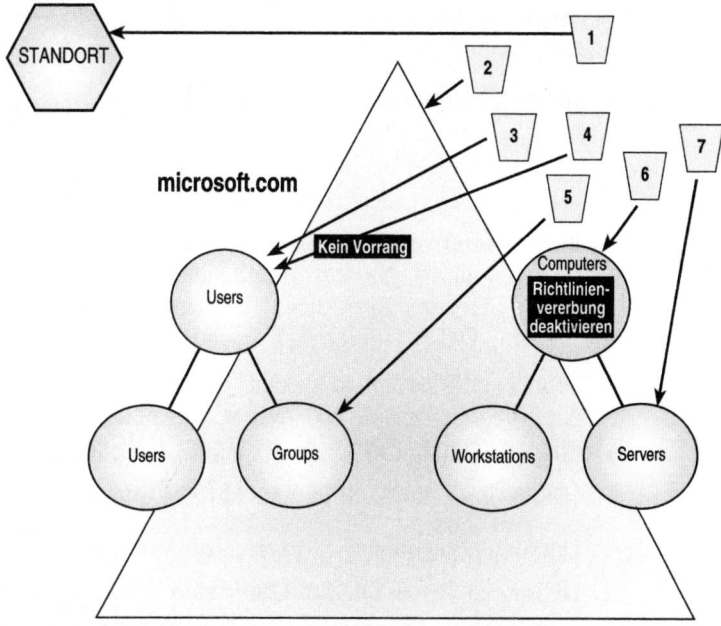

Verarbeitungsreihenfolge für Gruppenrichtlinien für die OU **Groups** = 1, 2, 3, 4, 5
Verarbeitungsreihenfolge für Gruppenrichtlinien für die OU **Servers** = 6, 7

Abbildung 5.7 Verwendung der Optionen „Kein Vorrang" und „Richtlinienvererbung deaktivieren"

Richtlinien für die Definition von OU-Strukturen

Es gelten für die Definition von OU-Strukturen folgende Richtlinien:

- Erstellen Sie ein einfaches OU-Design. In den vorangegangenen Kapiteln wurde darauf hingewiesen, dass Ihr Active Directory-Design möglichst wenige Gesamtstrukturen und Domänen aufweisen sollte. Zur Erfüllung der jeweiligen Verwaltungsanforderungen werden jedoch oft mehrere OUs für eine Domäne benötigt. Sie sollten Ihre Planung am besten mit einer OU beginnen und dieser anschließend nur OUs hinzufügen, deren Erstellung gerechtfertigt ist. Notieren Sie die Gründe für die Erstellung jeder einzelnen OU in Ihrem OU-Plan.

- Gewähren Sie im Hinblick auf eine einfachere Verwaltung nicht einzelnen Benutzern, sondern Gruppen Verwaltungsberechtigungen. Sie sollten darüber hinaus Verwaltungsaufgaben eher an lokale Gruppen als an globale oder universelle Gruppen delegieren. Lokale Gruppen eignen sich ideal für die Zuweisung von Ressourcenberechtigungen, da sie (im Gegensatz zu globalen Gruppen) Mitglieder beliebiger vertrauter Domänen enthalten können und (im Gegensatz zu universellen Gruppen) die Mitgliedschaften in lokalen Gruppen nicht in den globalen Katalog repliziert werden.

Bei der Definition der OU-Strukturen einer Organisation sollten Sie außerdem folgende Punkte berücksichtigen:

- Bei OUs handelt es sich nicht um Sicherheitsprincipals. Dies bedeutet, dass Sie Zugriffsberechtigungen nicht basierend auf der OU-Mitgliedschaft eines Benutzers zuweisen können. Die Zugriffssteuerung erfolgt über globale Gruppen, lokale Domänengruppen oder universelle Gruppen.
- Die Benutzer verwenden die OU-Struktur nicht zur Navigation. Obwohl die Benutzer die OU-Struktur einer Domäne anzeigen können, ist es effizienter, Active Directory-Ressourcen über den globalen Katalog zu suchen. Daher sollte die OU-Definition nicht nach Benutzern, sondern nach Verwaltungsaspekten erfolgen.

Designschritt: Definieren von OU-Strukturen

Die Definition von OU-Strukturen umfasst folgende Aufgaben:

1. Definieren Sie die OU-Strukturen zur Verwaltungsdelegierung.
2. Definieren Sie die OU-Strukturen zum Verbergen von Objekten.
3. Definieren Sie die OU-Strukturen zur Verwaltung der Gruppenrichtlinien.

Wichtig Da es nur eine Möglichkeit gibt, Verwaltungsaufgaben zu delegieren, bei der Verwaltung der Gruppenrichtlinien jedoch verschiedene Optionen zur Verfügung stehen, müssen die OU-Strukturen zur Verwaltungsdelegierung als erste definiert werden. Nachdem Sie die OU-Struktur zur Handhabung der Verwaltungsdelegierung definiert haben, können Sie zusätzliche OUs erstellen, mit denen Objekte verborgen bzw. Gruppenrichtlinien verwaltet werden.

Definieren von OU-Strukturen zur Verwaltungsdelegierung

Die Definition von OU-Strukturen zur Verwaltungsdelegierung umfasst folgende Aufgaben:

1. Ermitteln Sie die IT-Verwaltungsanforderungen Ihrer Organisation, um die zu delegierenden Verwaltungsaufgaben zu bestimmen.
2. Definieren Sie OUs für die Delegierung von Vollzugriffsrechten.
3. Definieren Sie OUs zur Delegierung der Objektklassenverwaltung.

Ermitteln der IT-Verwaltungsanforderungen

Um festlegen zu können, welche Verwaltungsbereiche delegiert werden sollen, müssen Sie zunächst anhand des Arbeitsblattes zum IT-Management ermitteln, wie Verwaltungsaufgaben gehandhabt werden. Neben den Informationen dieses Arbeitsblattes müssen Sie unbedingt etwaige sonstige derzeit geplante Änderungen des IT-Managements berücksichtigen, die sich an Wachstum und Flexibilität der Organisation sowie idealen Designspezifikationen orientieren. Die gesammelten Informationen helfen Ihnen bei der Auswahl der zu delegierenden Verwaltungsaufgaben.

Anmerkung Sie finden auf der Kursmaterialien-CD eine Vorlage für dieses Arbeitsblatt (**\chapt02\Worksheets**). Ein bereits ausgefülltes Arbeitsblattbeispiel finden Sie in Kapitel 2, „Einführung in das Design einer Verzeichnisdienstinfrastruktur".

Es gibt bei der Delegierung der OU-Verwaltung zwei Möglichkeiten:

- Sie erteilen Vollzugriff
- Sie erteilen Zugriff auf die Objektklassen

Standardmäßig verfügen nur Domänenadministratoren über Vollzugriff auf alle Objekte einer Domäne. Domänenadministratoren sind verantwortlich für das Erstellen der anfänglichen OU-Struktur, für die Korrektur von Fehlern und das Erstellen zusätzlicher Domänencontroller. Üblicherweise ist es ausreichend, nur einem Domänenadministrator Vollzugriff für die Objekte in einer Domäne zu erteilen. Wenn jedoch innerhalb einer Organisation Einheiten vorhanden sind, die eine eigene OU-Struktur und eigene Verwaltungsmodelle erfordern, können Sie diese Einheiten mit Vollzugriffsberechtigungen ausstatten.

Bevor Sie Vollzugriffsberechtigungen für eine OU delegieren, müssen Sie ermitteln, welche Bereiche innerhalb der Organisation Rechte zum Ändern von OU-Eigenschaften sowie zum Erstellen, Löschen oder Bearbeiten von Objekten in der OU erhalten sollen.

Wenn zusätzliche OUs erforderlich sind, um nur einen begrenzten Zugriffsumfang zu ermöglichen, können Sie die Verwaltung bestimmter Objektklassen für eine OU delegieren. Obwohl das Schema sehr viele Objektklassen enthält, müssen nur die Objektklassen berücksichtigt werden, in denen Administratoren Objekte erstellen. Zu diesen Objektklassen gehören in der Regel Benutzerkontenobjekte, Computerkontenobjekte, Gruppenobjekte und OU-Objekte. Stellen Sie sich vor der Verwaltungsdelegierung für Objektklassen, d. h. hinsichtlich jeder durch einen Administrator in Active Directory erstellten Objektklasse, folgende Fragen:

- Welche Organisationsbereiche sollten Vollzugriff für OU-Objekte dieser Klasse erhalten?
- Welche Organisationsbereiche sollten Objekte dieser Klasse erstellen dürfen und über Vollzugriff für diese Objekte verfügen?
- Welche Organisationsbereiche sollten nur bestimmte Attribute bearbeiten oder spezielle Aufgaben für vorhandene Objekte dieser Klasse ausführen dürfen?

Definieren von OUs zum Delegieren des Vollzugriffs oder der Verwaltung von Objektklassen

Nachdem Sie festgelegt haben, in welchem Umfang eine Verwaltungsdelegierung erfolgen soll, können Sie OUs erstellen, um Vollzugriffsrechte oder die Verwaltung von Objektklassen zu delegieren.

▶ **So definieren Sie OUs zum Delegieren von Vollzugriffsrechten oder der Verwaltung von Objektklassen**

1. Planen Sie die gewünschte OU.
2. Planen Sie eine Sicherheitsgruppe und listen Sie die Administratoren auf, die Vollzugriff oder Zugriff auf bestimmte Objektklassen der Gruppe benötigen.
3. Platzieren Sie die Administratorengruppe in der OU, wenn die OU ihre Mitgliedschaft selbst festlegen kann. Andernfalls platzieren Sie die Administratorengruppe außerhalb der OU.

Definieren von OU-Strukturen zum Verbergen von Objekten

Die Definition von OU-Strukturen zum Verbergen von Objekten umfasst folgende Aufgaben:

1. Bestimmen Sie anhand der IT-Verwaltungsanforderungen Ihrer Organisation, welche Objekte vor welchen Benutzern verborgen werden müssen.
2. Definieren Sie die OUs zum Verbergen von Objekten.

Ermitteln der Notwendigkeit zum Verbergen von Objekten

Bei der Definition von OU-Strukturen zum Verbergen von Objekten ermitteln Sie zunächst anhand des zuvor erstellten Arbeitsblattes zu den technischen Standards, welche Objekte vor welchen Benutzern verborgen werden müssen. Neben den Informationen dieses Arbeitsblattes müssen Sie unbedingt etwaige sonstige derzeit geplante Änderungen des IT-Managements berücksichtigen, die sich an Wachstum und Flexibilität der Organisation sowie idealen Designspezifikationen orientieren. Die gesammelten Informationen helfen Ihnen dabei, die OUs zum Verbergen von Objekten zu definieren.

Anmerkung Sie finden auf Kursmaterialien-CD eine Vorlage für dieses Arbeitsblatt (**\chapt02\Worksheets**). Ein bereits ausgefülltes Arbeitsblattbeispiel finden Sie in Kapitel 2, „Einführung in das Design einer Verzeichnisdienstinfrastruktur".

Bei der Definition von OUs zum Verbergen von Objekten müssen Sie folgende Punkte beachten:

- Welche Objekte müssen verborgen werden?
- Welche Gruppen benötigen zur Ausführung von Verwaltungsaufgaben Zugriff auf die OUs, in denen verborgene Objekte gespeichert werden?

- Welche Gruppen benötigen Lesezugriff auf die OUs, in denen verborgene Objekte gespeichert werden?
- Welche Gruppen benötigen Vollzugriff auf die OUs, in denen verborgene Objekte gespeichert werden?

Definieren von OUs zum Verbergen von Objekten

Nachdem Sie ermittelt haben, ob OUs zum Verbergen von Objekten definiert werden müssen, können Sie die erforderlichen OUs definieren.

▶ **So definieren Sie eine OU zum Verbergen von Objekten**

1. Planen Sie die OU, in der die zu verbergenden Objekte platziert werden sollen.
2. Listen Sie die Gruppen auf, die Vollzugriff für die OU erhalten sollen.
3. Listen Sie die Gruppen auf, die allgemeinen Lesezugriff für die OU und ihre Inhalte erhalten sollen.
4. Listen Sie Gruppen auf, die besondere Berechtigungen für die OU erhalten sollen, z. B. das Recht zum Erstellen einer bestimmten Objektklasse.
5. Geben Sie die Objekte an, die in der OU verborgen werden sollen.

Definieren von OU-Strukturen zur Verwaltung der Gruppenrichtlinien

Die Definition von OU-Strukturen zur Verwaltung der Gruppenrichtlinien umfasst folgende Aufgaben:

1. Ermitteln Sie die Gruppenrichtlinienanforderungen und die erstellte OU-Struktur zur Verwaltungsdelegierung, um festzulegen, welche Gruppenrichtlinien eine Erstellung zusätzlicher OUs zu Verwaltungszwecken erfordern.
2. Definieren Sie die OU-Strukturen zur Verwaltung der Gruppenrichtlinien.

Ermitteln der Notwendigkeit einer Definition von OU-Strukturen für die Gruppenrichtlinienverwaltung

Bei der Definition von OU-Strukturen zur Verwaltung von Gruppenrichtlinien muss Ihr Designteam zunächst anhand des Arbeitsblattes zu den technischen Standards sowie den vorhandenen OU-Strukturen zur Verwaltungsdelegierung und zum Verbergen von Objekten feststellen, welche Gruppenrichtlinien das Erstellen zusätzlicher OUs für die Verwaltung erfordern. Neben den Informationen dieses Arbeitsblattes müssen Sie unbedingt etwaige sonstige derzeit geplante Änderungen des IT-Managements berücksichtigen, die sich an Wachstum und Flexibilität der Organisation sowie idealen Designspezifikationen orientieren. Die gesammelten Informationen helfen Ihnen dabei, zusätzliche OUs für die Gruppenrichtlinienverwaltung zu definieren.

Anmerkung Sie finden auf der Kursmaterialien-CD eine Vorlage für dieses Arbeitsblatt (**\chapt02\Worksheets**). Ein bereits ausgefülltes Arbeitsblattbeispiel finden Sie in Kapitel 2, „Einführung in das Design einer Verzeichnisdienstinfrastruktur".

Bei der Definition von OUs zur Verwaltung von Gruppenrichtlinien müssen Sie folgende Punkte beachten:

- Welche Gruppenrichtlinieneinstellungen sind für die Domäne notwendig?
- Für welche Benutzer oder Computer gelten die Gruppenrichtlinieneinstellungen?
- Welche der Gruppenrichtlinieneinstellungen *werden nicht* über GPOs angewendet, die mit dem Standort, der Domäne oder vorhandenen OUs verknüpft sind, die im Rahmen der Verwaltungsdelegierung oder zum Verbergen von Objekten erstellt wurden?

Definieren von OUs zur Verwaltung von Gruppenrichtlinien

Nachdem Sie ermittelt haben, ob Sie zusätzliche OUs für die Gruppenrichtlinienverwaltung erstellen müssen, können Sie die benötigten OUs definieren.

▶ **So definieren Sie OUs zur Gruppenrichtlinienverwaltung**

1. Planen Sie die OU, mit der die gewünschten Gruppenrichtlinieneinstellungen verwaltet werden.
2. Listen Sie die Benutzer oder Computer auf, auf die die Gruppenrichtlinieneinstellung(en) der OU angewendet werden.
3. Planen Sie eine Sicherheitsgruppe und platzieren Sie die Administratoren in der Gruppe, die Zugriff auf die OU benötigen.
4. Planen Sie das GPO und legen Sie die zugehörigen Gruppenrichtlinieneinstellungen fest.
5. Legen Sie die Gruppen fest, die Verwaltungsrechte für das GPO besitzen.
6. Geben Sie Verarbeitungsausnahmen für das GPO an (beispielsweise mit den Optionen **Kein Vorrang** oder **Richtlinienvererbung deaktivieren**).
7. Verknüpfen Sie das GPO mit der OU.

Designschritt – Beispiel: Definieren von OU-Strukturen

Die nachfolgenden Szenarien geben Beispiele für die Definition von OU-Strukturen zur Verwaltungsdelegierung, zum Verbergen von Objekten sowie zum Verwalten von Gruppenrichtlinien.

Definieren von OU-Strukturen zur Verwaltungsdelegierung

Abbildung 5.8 zeigt ein Beispiel für die Definition einer OU-Struktur zur Delegierung von Vollzugriffsrechten für eine OU. Der Bereich **Seide** mit den Standorten Tokyo und Osaka wurde erst vor kurzem von der Firma Miller Textiles übernommen. Die Einheit **Seide** verfügt über eine eigene Abteilung für das IT-Management. Daher besitzt die Einheit **Seide** in der Stammdomäne **Asien.m-100times.com** eine eigene OU. Die Gruppe der Seide-Administratoren kann die eigenen Mitgliedschaften festlegen und wurde in der OU **Seide** platziert. Die Gruppen der Tokyo- und Osaka-Administratoren können Ihre eigenen Mitgliedschaften nicht festlegen und werden in der OU **Seide** platziert, außerhalb ihrer jeweiligen OUs.

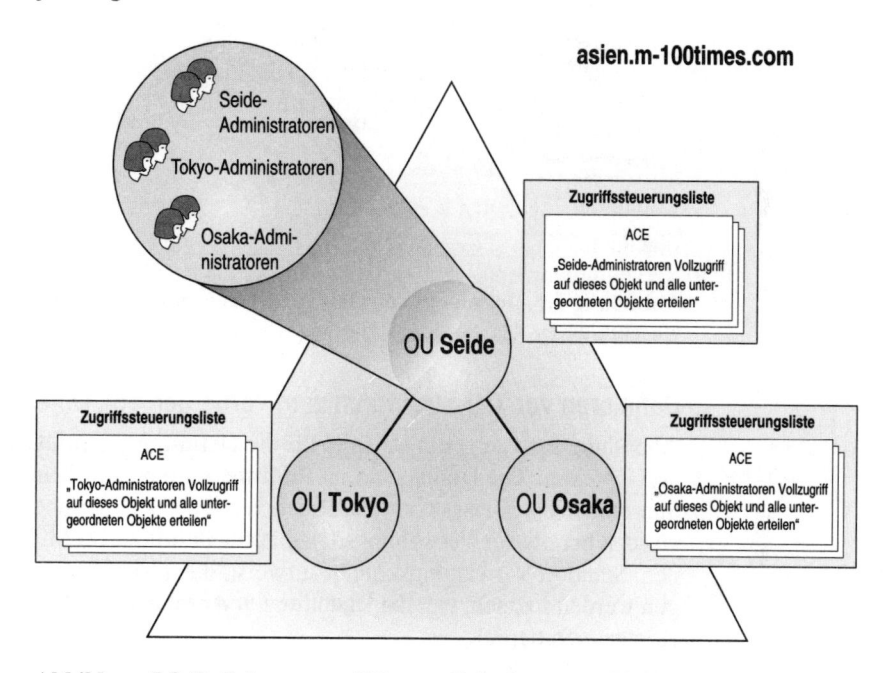

Abbildung 5.8 Definieren von OUs zum Delegieren von Vollzugriffsrechten

Abbildung 5.9 zeigt ein Beispiel für die Definition einer OU-Struktur zur Delegierung von Verwaltungsrechten für Objektklassen. Der Standort **Tokyo** der Einheit **Seide** von Miller Textiles enthält derzeit zwei Windows NT 4.0-Ressourcendomänen, **Naturfasern** und **Synthetik**. Bei der Migration der Organisation auf Windows 2000 erfolgt eine Konsolidierung und Ersetzung der Ressourcendomänen durch OUs. Die Administratoren für die Domänen **Naturfasern** und **Synthetik** nutzen ihre Domänen zur Freigabe von über Mitgliedschaften gesteuerte Dateien sowie zum Zurücksetzen von Kennwörtern für Teammitglieder. Gruppen wurden zur Verwaltung von Gruppen- und Benutzerobjekten erstellt, denen die benötigten Zugriffsrechte für die OUs **Naturfasern** und **Synthetik** erteilt wurden.

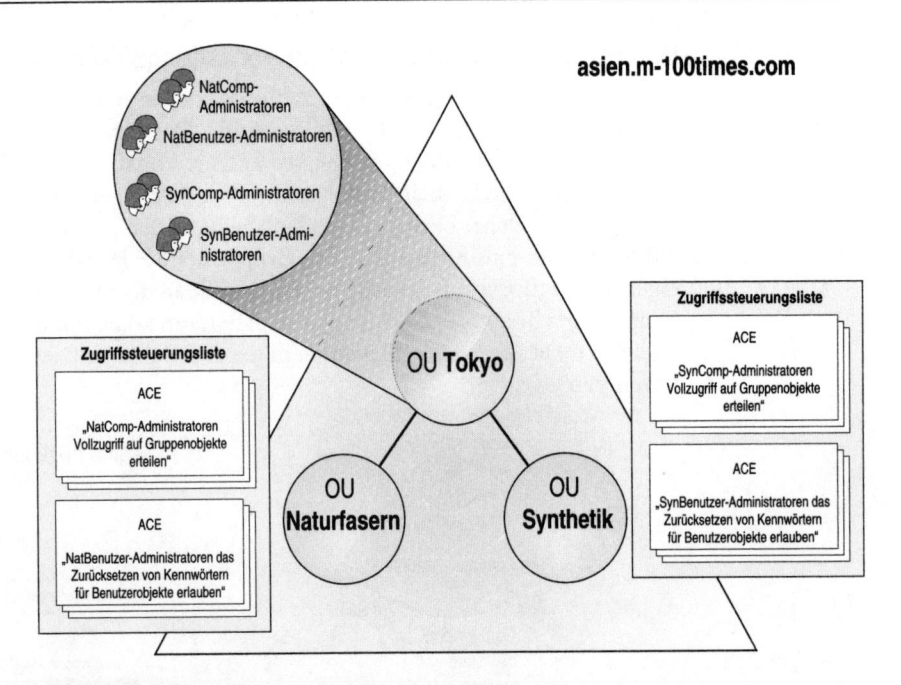

Abbildung 5.9 Definieren von OUs zur Delegierung der Verwaltung von Objektklassen

Definieren von OU-Strukturen zum Verbergen von Objekten

Abbildung 5.10 zeigt ein Beispiel für die Definition einer OU zum Verbergen von Objekten. Die Domäne **na.m-100times.com** enthält Standorte in San Francisco, Kansas City und Raleigh. Die OUs in der oberen Diagrammhälfte wurden bereits zur Verwaltungsdelegierung definiert. Da Miller Textiles an jedem Standort Verwaltungskonten aufweist, die gegenüber den Benutzern verborgen werden müssen, war die Erstellung von drei neuen OUs zum Verbergen der Konten erforderlich.

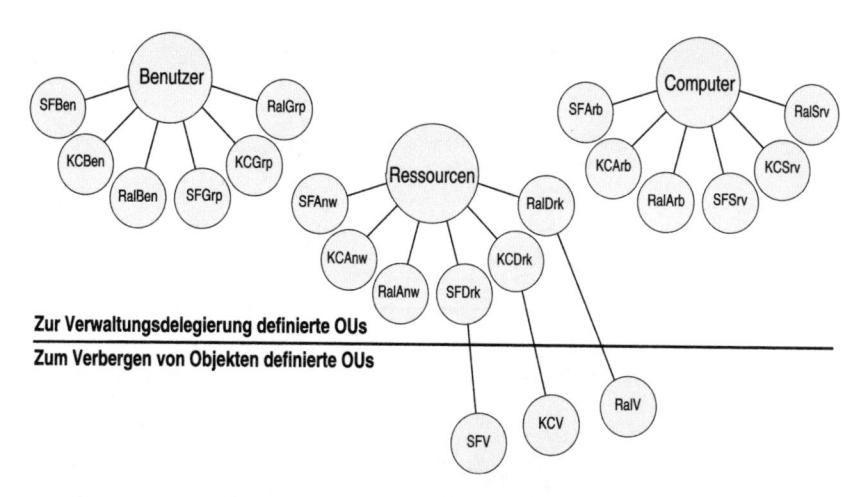

Abbildung 5.10 Definieren von OUs zum Verbergen von Objekten

Definieren von OU-Strukturen zur Verwaltung der Gruppenrichtlinien

Abbildung 5.11 zeigt ein Beispiel für die Definition von OUs zum Verwalten von Gruppenrichtlinien. Die Domäne **na.m-100times.com** enthält Standorte in San Francisco, Kansas City und Raleigh. Die OUs in der oberen Diagrammhälfte wurden bereits zur Verwaltungsdelegierung definiert. Da Miller Textiles eine Gruppenrichtlinie zur Bereitstellung einer Ordnerumleitung für Benutzer der Gruppe **Manager** und eine weitere Gruppenrichtlinie zum Veröffentlichen von Software auf den Arbeitsstationen des Managements benötigt, waren sechs neue OUs zur Verwaltung der Gruppenrichtlinien erforderlich. Mit Gruppenrichtlinie 1 werden die Ordner **Eigene Dokumente** der Gruppe **Manager** umgeleitet. Mit Gruppenrichtlinie 2 wird Software für die Installation auf den Arbeitsstationen der Manager veröffentlicht.

na.m-100times.com

```
                    Benutzer                                    Computer
  SFBen        ⬤              RalGrp            SFArb      ⬤           RalSrv
       KCBen          KCGrp           Ressourcen      KCArb         KCSrv
           RalBen  SFGrp     SFAnw   ⬤      RalDrk        RalArb  SFSrv
                              KCAnw      KCDrk
Zur Verwaltungs-                RalAnw  SFDrk
delegierung
definierte OUs
─────────────────────────────────────────────────────────────────────────
Zum Verbergen
von Objekten
definierte OUs   SFMgr                               SFMgrArb
                    KCMgr                               KCMgrArb
                        RalMgr                               RalMgrArb
```

|1| Gruppenrichtlinie 1 leitet den Ordner **Eigene Dokumente** nur für Manager um. |2| Gruppenrichtlinie 2 veröffentlicht Software zur Installation auf den Arbeitsstationen der Manager. |

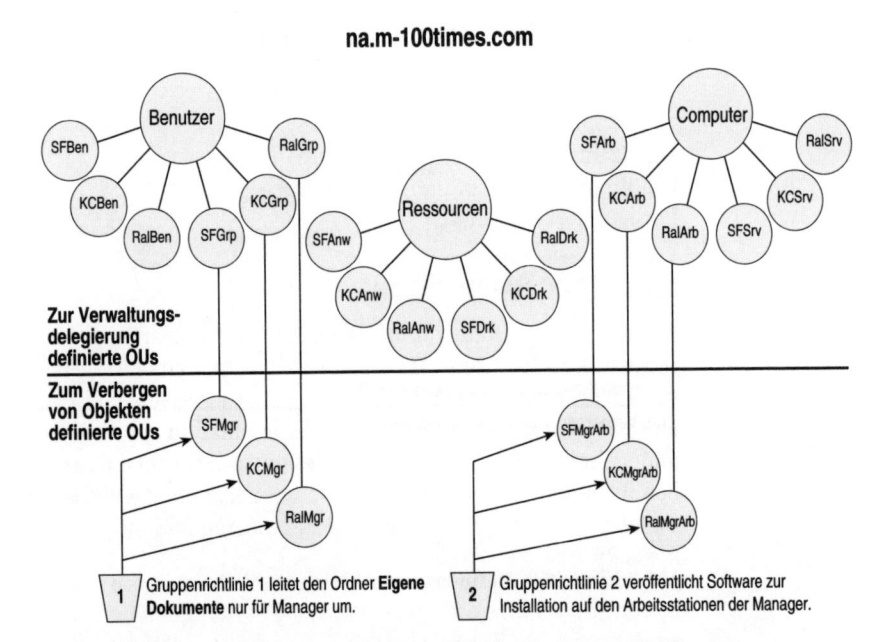

Abbildung 5.11 Definieren von OUs zur Gruppenrichtlinienverwaltung

Zusammenfassung der Lektion

In dieser Lektion haben Sie erfahren, dass die Definition von OU-Strukturen ein dreistufiger Prozess ist, bei dem (1) OU-Strukturen zur Verwaltungsdelegierung, (2) OU-Strukturen zum Verbergen von Objekten und (3) OU-Strukturen zur Gruppenrichtlinienverwaltung definiert werden. Da es nur eine Möglichkeit gibt, Verwaltungsaufgaben zu delegieren, bei der Verwaltung der Gruppenrichtlinien jedoch verschiedene Optionen zur Verfügung stehen, müssen die OU-Strukturen zur Verwaltungsdelegierung als erste definiert werden. Nachdem Sie die OU-Struktur zur Handhabung der Verwaltungsdelegierung definiert haben, können Sie zusätzliche OUs erstellen, mit denen Objekte verborgen bzw. Gruppenrichtlinien verwaltet werden.

Sie haben gelernt, wie OU-Strukturen zur Verwaltungsdelegierung in einer Hierarchie angeordnet werden können, die das jeweilige Organisationsmodell widerspiegelt: ein Aufbau nach Standort, Geschäftsfunktion oder Objekttyp bzw. eine Kombination aus diesen Modellen. Sie haben ferner erfahren, dass Sie Objekte innerhalb einer Domäne verbergen können, indem Sie eine OU für die Objekte anlegen und nur wenigen Benutzern die Berechtigung **Inhalt auflisten** für diese OU erteilen. Abschließend wurde erläutert, wie Sie GPOs mit OUs verknüpfen, um Gruppenrichtlinieneinstellungen entweder auf Benutzer oder Computer innerhalb der OU anzuwenden.

Übung 5.1: Definieren von OU-Strukturen

In dieser Übung wird ein Beispielunternehmen herangezogen, das seine Active Directory-Infrastruktur plant. Ihre Aufgabe besteht darin, die Organisationsumgebung zu analysieren, um die in der Active Directory-Infrastruktur benötigten OU-Strukturen zu definieren. Sie definieren die OU-Strukturen in Form eines Diagramms.

Szenario: Arbor Shoes

Sie gehören als Infrastrukturplaner dem Designteam an, das die Active Directory-Infrastruktur für Arbor Shoes entwirft, einem Händler für hochwertige Schuhe aus anderen Materialien als Leder, der Niederlassungen in San Francisco, Houston und Boston besitzt. Die Dokumentation zur Analyse der geschäftlichen und technischen Umgebung, der Gesamtstruktur- und der Domänenplan wurden bereits erstellt. Kopien dieser Pläne wurden an alle Mitglieder des Designteams verteilt. Anhand dieser Informationen müssen nun die OU-Strukturen für die Organisation erarbeitet werden.

Arbor Shoes ist zentral strukturiert, alle wichtigen IT-Verwaltungsaspekte werden am Hauptsitz in Boston abgewickelt. Jeder der drei Standorte verfügt über einen kleinen, autonom arbeitenden IT-Stab für Supportaufgaben. Ihr Designteam hat die in Abbildung 5.12 dargestellte Domänenhierarchie entworfen.

untern.a-100times.com

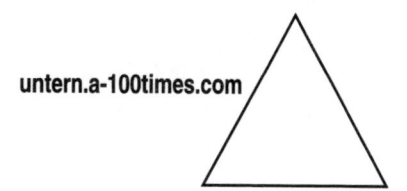

Abbildung 5.12 Domänenhierarchie für Arbor Shoes

Bei der Durchsicht der Dokumentation zur Analyse der geschäftlichen und technischen Umgebung fallen Ihnen folgende Punkte auf:

- Pro Standort ist eine administrative Gruppe für die Verwaltung der Benutzer verantwortlich.
- Eine zweite administrative Gruppe an jedem Standort sorgt für die Computerverwaltung.
- Pro Standort gibt es eine dritte administrative Gruppe, die sich um die Ressourcenverwaltung kümmert.
- Arbor Shoes benötigt für alle Benutzer an allen Standorten ein spezielles Anmelde- und Abmeldeskript. Hiervon ausgenommen sind die Benutzer in der Abteilung **Rechnungswesen**. Die Abteilungen für das Rechnungswesen an allen Standort benötigen ein separates Anmeldeskript, jedoch kein Skript für die Abmeldung.

1. Skizzieren Sie die OU-Strukturen zur Verwaltungsdelegierung, die für die Domäne **untern.a-100times.com** benötigt werden. Nennen Sie die Gründe für die Definition jeder einzelnen OU.

2. Skizzieren Sie die OU-Strukturen, die zum Verbergen von Objekten benötigt werden. Nennen Sie die Gründe für die Definition jeder einzelnen OU.

3. Skizzieren Sie die benötigten OU-Strukturen zur Verwaltung der Gruppenrichtlinien. Nennen Sie die Gründe für die Definition jeder einzelnen OU.

Lektion 2: Planen von Benutzerkonten und Gruppen

Zur Erarbeitung eines OU-Plans müssen Sie nach der Definition der OU-Strukturen die Benutzerkonten und Gruppen planen. Hierbei definieren Sie die für jede Domäne einer Organisation benötigten Benutzerkonten und Gruppen. In dieser Lektion werden Sie in die Planung von Benutzerkonten und Gruppen eingeführt. Hierbei müssen Sie u. a. Benutzerkonten benennen und platzieren sowie Gruppen benennen und definieren.

Am Ende dieser Lektion werden Sie in der Lage sein, die folgenden Aufgaben auszuführen:

- Bestimmen der Faktoren der geschäftlichen und technischen Umgebung einer Organisation, die deren Namenskonventionen beeinflussen
- Analyse einer Organisationsumgebung zum Etablieren von Namenskonventionen für Benutzer und Gruppen
- Benennen der Faktoren einer Organisationsumgebung, die sich auf die Platzierung von Benutzerkonten auswirken
- Analyse einer Organisationsumgebung zur Platzierung von Benutzerkonten
- Benennen der Faktoren der Organisationsumgebung, die sich auf die Gruppenanforderungen auswirken
- Analyse einer Organisationsumgebung zur Definition von Gruppen

Veranschlagte Zeit für diese Lektion: 25 Minuten

Grundlegendes zu Benutzern und Gruppen

Bevor näher auf Benutzer und Gruppen eingegangen werden kann, müssen Sie den Unterschied zwischen einer Organisationseinheit (Organizational Unit, OU) und einer Gruppe verstehen. In der vorangegangenen Lektion haben Sie gelernt, dass eine Organisationseinheit Objekte wie Benutzerkonten, Gruppen, Computer, Drucker, Anwendungen, Dateifreigaben sowie weitere Organisationseinheiten derselben Domäne enthalten kann. OUs werden vornehmlich zum Delegieren der Verwaltung ihrer Inhalte definiert. Gruppen enthalten ebenfalls Objekte wie Benutzerkonten, Kontakte, Computer sowie weitere Gruppen. Gruppen werden jedoch hauptsächlich dazu definiert, um Benutzern Zugriffsberechtigungen für verschiedene Objekte in der Domäne zu erteilen bzw. um ihren Zugriff auf Objekte zu beschränken. Die Planung der Benutzerkonten und Gruppen ist der zweite Schritt bei der Planung der Organisationseinheiten.

Benutzerkonten

Mit Hilfe eines *Domänenbenutzerkontos* kann sich ein Benutzer an einer Domäne anmelden und auf Netzwerkressourcen zugreifen. Jede Person, die regelmäßig auf das Netzwerk zugreift, sollte über ein solches Konto verfügen.

Sie erstellen ein Domänenbenutzerkonto in einem Container bzw. einer OU auf einem Domänencontroller. Der Domänencontroller repliziert die Informationen des neuen Benutzerkontos auf alle weiteren Domänencontroller innerhalb der Domäne. Nach der Replikation der Informationen zu einem neuen Benutzerkonto durch Windows 2000 können alle Domänencontroller in der Domänenstruktur den Benutzer bei seiner Anmeldung authentifizieren. Während der Anmeldung muss der Benutzer sein oder ihr Benutzerkennwort und das zugehörige Kennwort eingeben. Windows 2000 authentifiziert den Benutzer anhand der bereitgestellten Informationen und erstellt dann ein Zugriffstoken, das Informationen zum Benutzer und die Sicherheitseinstellungen enthält. Das Zugriffstoken identifiziert den Benutzer gegenüber anderen Windows 2000- und Prä-Windows 2000-Computern, auf deren Ressourcen der Benutzer zugreifen möchte. Windows 2000 stellt das Zugriffstoken für die Dauer der Anmeldesitzung zur Verfügung.

Gruppen

Eine *Gruppe* ist eine Sammlung von Benutzerkonten. Gruppen vereinfachen die Verwaltung, da auf diesem Wege nicht einzelnen Benutzerkonten, sondern Gruppen Berechtigungen zugewiesen werden. *Berechtigungen* legen fest, wie die verschiedenen Benutzer eine bestimmte Ressource, beispielsweise einen Ordner, eine Datei oder einen Drucker, nutzen dürfen. Durch die Zuweisung von Berechtigungen ermöglichen Sie Benutzern, auf bestimmte Ressourcen zuzugreifen; gleichzeitig wird die Art des Zugriffs definiert. Wenn beispielsweise mehrere Benutzer dieselbe Datei lesen müssen, können Sie ihre Konten zu einer Gruppe zusammenfassen. Anschließend können Sie dieser Gruppe Leseberechtigungen für die Datei zuweisen.

Neben Benutzerkonten können Sie einer Gruppe auch weitere Gruppen, Kontakte und Computer hinzufügen. Sie fügen einer Gruppe weitere Gruppen hinzu, um eine konsolidierte Gruppe zu erstellen und die Anzahl der zu erteilenden Berechtigungen zu senken. Sie sollten einer Gruppe jedoch nur die Gruppen hinzufügen, die absolut notwendig sind. Sie fügen einer Gruppe Computer hinzu, um einem an einem Computer angemeldeten Benutzer Zugriff auf eine Ressource eines anderen Computers zu gewähren.

Gruppentypen

Sie können eine Gruppe aufgrund sicherheitsbezogener Aspekte, z. B. bei der Zuweisung von Berechtigungen, oder aus Gründen erstellen, die nichts mit der Sicherheit zu tun haben, beispielsweise zum Versenden von E-Mail-Nachrichten. Aus diesem Grund stellt Windows 2000 zwei Arten von Gruppen bereit: *Sicherheitsgruppen* und *Verteilergruppen*. Der Gruppentyp bestimmt die Verwendung der Gruppe. Beide Gruppentypen werden in der Datenbankkomponente von Active Directory gespeichert, daher können Sie diese überall in Ihrem Netzwerk einsetzen.

Windows 2000 verwendet ausschließlich Sicherheitsgruppen, mit denen Berechtigungen für den Ressourcenzugriff gewährt werden können. Programme, die zum Durchsuchen von Active Directory konzipiert sind, können Sicherheitsgruppen auch für Aufgaben einsetzen, die nicht sicherheitsbezogen sind, beispielsweise das Abrufen von Benutzerinformationen für den Einsatz in einer Webanwendung. Eine Sicherheitsgruppe verfügt über sämtliche Funktionen einer Verteilergruppe. Da unter Windows 2000 ausschließlich Sicherheitsgruppen verwendet werden, werden in dieser Lektion insbesondere die Sicherheitsgruppen behandelt.

Gruppenbereiche

Bei der Erstellung einer Gruppe müssen Sie den Gruppentyp und den Gruppenbereich angeben. *Gruppenbereiche* ermöglichen Ihnen, Benutzern anhand von Gruppen auf verschiedene Arten Berechtigungen zuzuweisen. Der Bereich einer Gruppe bestimmt, wo im Netzwerk der Gruppe Berechtigungen zugewiesen werden können. Die drei Gruppenbereiche sind **Global**, **Lokale Domäne** und **Universal**.

Globale Sicherheitsgruppen werden häufig zur Gruppierung von Benutzern mit ähnlichen Anforderungen für den Netzwerkzugriff verwendet. Eine globale Gruppe weist folgende Merkmale auf:

- **Eingeschränkte Mitgliedschaft**. Sie können Mitglieder nur von der Domäne aus hinzufügen, in der die globale Gruppe erstellt wurde.
- **Zugriff auf die Ressourcen beliebiger Domänen**. Sie können über eine globale Gruppe Berechtigungen für den Zugriff auf Ressourcen erteilen, die sich ein einer beliebigen Domäne der Domänen- oder Gesamtstruktur befinden.

Lokale Domänensicherheitsgruppen werden häufig dazu eingesetzt, Berechtigungen für Ressourcen zu erteilen. Eine lokale Domänengruppe weist folgende Merkmale auf:

- **Offene Mitgliedschaft**. Einer lokalen Domänegruppe können Mitglieder aus beliebigen Domänen hinzugefügt werden.
- **Zugriff auf die Ressourcen einer Domäne**. Sie können mit einer lokalen Domänengruppe nur Berechtigungen für den Zugriff auf Ressourcen erteilen, die sich in derselben Domäne befinden, in der die lokale Domänengruppe erstellt wurde.

Universelle Sicherheitsgruppen werden häufig zur Erteilung von Berechtigungen für bezogene Ressourcen in mehreren Domänen eingesetzt. Eine universelle Sicherheitsgruppe weist folgende Merkmale auf:

- **Offene Mitgliedschaft**. Einer universellen Sicherheitsgruppe können Mitglieder aus beliebigen Domänen hinzugefügt werden.
- **Zugriff auf die Ressourcen beliebiger Domänen**. Sie können über universelle Gruppen Berechtigungen zuweisen, mit denen der Benutzer Zugriff auf die Ressourcen beliebiger Domänen erhält.
- Nur im einheitlichen Modus verfügbar. **Universelle Sicherheitsgruppen stehen im gemischten Modus nicht zur Verfügung.**

Gruppenverschachtelung

Das Hinzufügen weiterer Gruppen zu einer Gruppe, die so genannte *Verschachtelung*, führt zu einer konsolidierten Gruppe und kann den Netzwerkdatenverkehr zwischen Domänen senken sowie die Verwaltung einer Domänenstruktur vereinfachen. Sie könnten beispielsweise separate Gruppen für die Manager jeder Region erstellen. Anschließend fügen Sie alle Gruppen für regionale Manager einer Gruppe der weltweiten Manager hinzu. Wenn alle Manager Ressourcenzugriff benötigen, weisen Sie lediglich in einem Arbeitsschritt der Gruppe der weltweiten Manager die benötigten Berechtigungen zu.

Für die Gruppenverschachtelung gelten folgende Richtlinien:

- **Halten Sie die Verschachtelungstiefe möglichst gering**. Je mehr Verschachtelungsebenen, desto komplizierter ist die Ablaufverfolgung und Fehlerbehandlung. Im Idealfall sollte nur mit einer Verschachtelungsebene gearbeitet werden.
- **Dokumentieren Sie die Gruppenmitgliedschaften**. Auf diese Weise behalten Sie den Überblick über die Berechtigungszuweisung. Die Bereitstellung einer Dokumentation zu den Gruppenmitgliedschaften verhindert doppelte Zuweisungen von Benutzerkonten zu Gruppen und senkt das Risiko versehentlicher Gruppenzuweisungen.

Wenn Sie die Verschachtelung effizient nutzen möchten, müssen Sie die Mitgliedschaftsregeln kennen, die für Gruppen gelten.

Regeln für Gruppenmitgliedschaften

Die Gruppenmitgliedschaft wird durch den Gruppenbereich bestimmt. Über Mitgliedschaftsregeln wird festgelegt, welche Mitglieder eine Gruppe enthalten kann. Diese Regeln werden in Tabelle 5.1 aufgeführt, zusammen mit dem jeweiligen Gruppenbereich für den einheitlichen und den gemischten Modus.

Tabelle 5.1 Mitgliedschaftsregeln im Hinblick auf die Gruppenbereiche

Gruppenbereich	Mögliche Mitglieder im einheitlichen Modus	Mögliche Mitglieder im gemischten Modus
Global	Benutzerkonten und globale Gruppen derselben Domäne	Benutzer derselben Domäne
Lokale Domäne	Benutzerkonten, universelle Gruppen und globale Gruppen einer beliebigen Domäne; lokale Domänengruppen derselben Domäne	Benutzerkonten und globale Gruppen einer beliebigen Domäne
Universal	Benutzerkonten, weitere universelle Gruppen und globale Gruppen einer beliebigen Domäne	Nicht anwendbar; universelle Gruppen können im gemischten Modus nicht erstellt werden

Designschritt: Planen von Benutzerkonten und Gruppen

Das Planen von Benutzerkonten und Gruppen erfordert zwei Schritte.

1. Benennen und Platzieren der Benutzerkonten.
2. Benennen und Definieren der Gruppen.

Benennen und Platzieren der Benutzerkonten

Bei der Benennung und Platzierung der Benutzerkonten gehen Sie folgendermaßen vor:

1. Untersuchen Sie vorhandene Namenskonventionen für die Benutzerkonten und bestimmen Sie die OU-Struktur, um die aktuellen Namensanforderungen sowie die OU-Struktur zu ermitteln.
2. Legen Sie eine Namenskonvention für die Benutzerkonten fest.
3. Platzieren Sie die Benutzerkonten in den geeigneten OUs.

Ermitteln der Anforderungen bezüglich einer Namenskonvention für Benutzerkonten und der OU-Struktur

Zur Bestimmung vorhandener Namenskonventionen für Benutzerkonten ziehen Sie das Arbeitsblatt zu den technischen Standards heran. Anhand der gesammelten Informationen ermitteln Sie die Anforderungen bezüglich der Benutzerkontenbenennung. Neben den Informationen dieses Arbeitsblattes müssen Sie unbedingt etwaige sonstige derzeit geplante Änderungen der Namenskonventionen für die Benutzerkonten berücksichtigen, die sich an Wachstum und Flexibilität der Organisation sowie idealen Designspezifikationen orientieren.

Anmerkung Sie finden auf der Kursmaterialien-CD eine Vorlage für dieses Arbeitsblatt (**\chapt02\Worksheets**). Ein bereits ausgefülltes Arbeitsblattbeispiel finden Sie in Kapitel 2, „Einführung in das Design einer Verzeichnisdienstinfrastruktur".

Zur Platzierung der Benutzerkonten in den geeigneten OUs verwenden Sie das OU-Strukturdiagramm. Ermitteln Sie Folgendes:

- Die von jeder administrativen Gruppe verwalteten Benutzerkonten
- Die von den einzelnen GPOs beeinflussten Benutzerkonten

Festlegen einer Namenskonvention für Benutzerkonten

Durch das Etablieren einer Namenskonvention für Benutzerkonten können Sie die Identifizierung der Benutzer innerhalb der Domäne standardisieren. Eine konsistente Namenskonvention hilft Ihnen und den Benutzern, sich die Benutzernamen zu merken und sie in einer Liste leicht aufzufinden. Tabelle 5.2 fasste einige Punkte zusammen, die bei der Festlegung einer Namenskonvention für die Benutzerkonten in einer Organisation beachtet werden sollten.

Tabelle 5.2 Überlegungen zur Namenskonvention für Benutzerkonten

Überlegung	Erläuterung
Domänenbenutzerkonten	Der Anmeldename eines Benutzers (der definierte Name) muss innerhalb des Verzeichnisses eindeutig sein. Der vollständige Name des Benutzers (relativ definierter Name, auch als Anzeige- oder Kontenname bezeichnet) muss innerhalb der OU eindeutig sein, in der das Domänenbenutzerkonto erstellt wurde.
Maximal 20 Zeichen	Benutzeranmeldenamen können maximal 20 Zeichen (Groß- oder Kleinschreibung) umfassen. Obwohl Sie mehr als 20 Zeichen eintragen können, erkennt Windows 2000 nur die ersten 20 Zeichen.
Nicht zulässige Zeichen	Die folgenden Zeichen sind nicht zulässig: " / \ [ ] : ;	= , + * ? < >
Bei Benutzernamen wird nicht zwischen Groß- und Kleinschreibung unterschieden	Sie können eine Kombination aus Sonderzeichen und alphanumerischen Zeichen verwenden, um Benutzerkonten eindeutig zu identifizieren. Bei Benutzernamen wird zwar nicht zwischen Groß- und Kleinschreibung unterschieden, Windows 2000 behält jedoch die eingegebene Schreibweise bei.

(Fortsetzung)

Überlegung	Erläuterung
Handhabung doppelter Mitarbeiternamen	Wenn zwei Benutzer über denselben Namen verfügen, z. B. **Torsten Mallmann**, können Sie den Vornamen und den Anfangsbuchstaben des Nachnamens verwenden und dann Buchstaben des Nachnamens hinzufügen, um diese Namen unterscheiden zu können. In diesem Beispiel könnte ein Benutzerkonto den Anmeldenamen **TorstenM** erhalten, das zweite Konto verwendet den Anmeldenamen **TorstenMa**. Eine andere Möglichkeit wäre, die Benutzernamen zu nummerieren, z. B. **TorstenM1** und **TorstenM2**.
Bestimmen des Benutzertyps	In manchen Organisationen ist es nützlich, vorübergehend Beschäftigte anhand ihres Benutzerkontos zu kennzeichnen. Um befristet Beschäftigte zu identifizieren, können Sie ein T (für „temporär") und einen Bindestrich vor dem Benutzernamen verwenden, z. B. **T-TorstenM**. Alternativ können auch Klammern verwendet werden, z. B. **Torsten Mallmann (Temp)**.
E-Mail-Kompatibilität	Einige E-Mail-Systeme akzeptieren bestimmte Zeichen nicht, beispielsweise Leerzeichen und Klammern – „()".

Platzieren von Benutzerkonten in geeigneten OUs

Nach Festlegung einer Namenskonvention für die Benutzerkonten können Sie die Benutzerkonten in geeigneten OUs platzieren. Zur Ermittlung der OU für ein Benutzerkonto müssen Sie feststellen, von welchen administrativen Gruppen das Konto verwaltet wird und welche GPOs auf das Konto angewendet werden. Die für ein Benutzerkonto geeignete OU ist diejenige, die von der zugehörigen administrativen Gruppe verwaltet wird und für die das GPO gilt.

▶ **So benennen und platzieren Sie Benutzerkonten**

1. Wählen Sie ein Namensschema, mit dem sichergestellt ist, dass für alle Benutzer in der Gesamtstruktur eindeutige Benutzerkontennamen generiert werden.

2. Stellen Sie sicher, dass sich alle Administratoren an dieses Namensschema halten.

3. Listen Sie die administrativen Gruppen auf, die das Konto verwalten.

4. Listen Sie die GPOs auf, die auf das Konto angewendet werden müssen.

5. Platzieren Sie das Konto in der OU, die von der zugeordneten administrativen Gruppe verwaltet und auf die das erforderliche GPO angewendet wird. Listen Sie die in jeder OU enthaltenen Konten auf.

Benennen und Definieren von Gruppen

Bei der Benennung und und Definition von Gruppen gehen Sie folgendermaßen vor:

1. Untersuchen Sie die derzeitigen Namenskonventionen für Gruppen und die OU-Struktur, um die Anforderungen bezüglich einer Namenskonvention zu ermitteln und geeignete Gruppen zu definieren.
2. Legen Sie die zu verwendende Namenskonvention für Gruppen fest.
3. Definieren Sie geeignete globale Gruppen und lokale Domänengruppen.
4. Definieren Sie geeignete universelle Gruppen.

Ermitteln der Anforderungen bezüglich einer Namenskonvention für Gruppen und der OU-Struktur

Zur Ermittlung der Anforderungen an eine Namenskonvention für Gruppen ziehen Sie das Arbeitsblatt zu den technischen Standards heran. Neben den Informationen dieses Arbeitsblattes müssen Sie unbedingt etwaige sonstige derzeit geplante Änderungen der Namenskonventionen für die Gruppen berücksichtigen, die sich an Wachstum und Flexibilität der Organisation sowie idealen Designspezifikationen orientieren.

Anmerkung Sie finden auf der Kursmaterialien-CD eine Vorlage für dieses Arbeitsblatt (**\chapt02\Worksheets**). Ein bereits ausgefülltes Arbeitsblattbeispiel finden Sie in Kapitel 2, „Einführung in das Design einer Verzeichnisdienstinfrastruktur".

Definieren Sie anhand der Kontenliste für jede OU geeignete globale Gruppen, lokale Domänengruppen und universelle Gruppen.

Festlegen einer Namenskonvention für Gruppen

Durch das Etablieren einer Namenskonvention für Gruppen können Sie die Identifizierung der Gruppen innerhalb der Domäne standardisieren. Eine konsistente Namenskonvention hilft Ihnen und den Benutzern, sich die Gruppennamen zu merken und sie in einer Liste leicht aufzufinden. Tabelle 5.3 fasst einige Punkte zusammen, die bei der Festlegung einer Namenskonvention für die Gruppen einer Organisation beachtet werden sollten.

Tabelle 5.3 Überlegungen zu Namenskonventionen für Gruppen

Überlegung	Erläuterung
Gruppen	Die Gruppennamen müssen innerhalb des Verzeichnisses eindeutig sein.
Maximal 64 Zeichen	Gruppennamen können maximal 64 Zeichen (Groß- oder Kleinschreibung) umfassen.

(Fortsetzung)

Überlegung	Erläuterung
Nicht zulässige Zeichen	Die folgenden Zeichen sind nicht zulässig: " / \ [ ] : ; I = , + * ? < >
Keine Unterscheidung zwischen Groß- und Kleinschreibung	Sie können eine Kombination aus Sonderzeichen und alphanumerischen Zeichen verwenden, um Gruppen eindeutig zu identifizieren. Bei Gruppen wird zwar nicht zwischen Groß- und Kleinschreibung unterschieden, Windows 2000 behält jedoch die eingegebene Schreibweise bei.

Definieren von geeigneten globalen Gruppen und lokalen Domänengruppen

Je nach den für eine Gruppe geltenden Verwaltungsanforderungen können Sie globale Gruppen und lokale Domänengruppen entweder in Domänen oder Organisationseinheiten definieren. Der Gruppenbereich bestimmt, von welcher Domäne aus Gruppenmitglieder hinzugefügt werden können und in welcher Domäne die der Gruppe zugewiesenen Rechte und Berechtigungen gelten.

So definieren Sie geeignete globale Gruppen und lokale Domänengruppen:

- Ermitteln Sie Benutzer mit allgemeinen Tätigkeitsbereichen und fügen Sie die entsprechenden Benutzerkonten einer globalen Gruppe hinzu. In der Abteilung für Rechnungswesen könnten beispielsweise die Benutzerkonten aller Buchhalter einer Gruppe namens **Rechnungswesen** hinzugefügt werden.

- Ermitteln Sie die gemeinsam verwendeten Ressourcen, z. B. Dateien oder Drucker, und fügen Sie diese Ressourcen einer lokalen Domänengruppe für diesen Ressourcentyp hinzu. Sie können beispielsweise alle innerhalb der Organisation vorhandenen Farbdrucker einer lokalen Domänengruppe namens **Farbdrucker** hinzufügen.

- Ermitteln Sie alle globalen Gruppen, die gleiche Zugriffsberechtigungen für Ressourcen benötigen und machen Sie diese Gruppen zu Mitgliedern von geeigneten lokalen Domänengruppen. So könnten Sie beispielsweise die globalen Gruppen **Rechnungswesen**, **Verkauf** und **Management** der lokalen Domänengruppe **Farbdrucker** hinzufügen.

- Weisen Sie der lokalen Domänengruppe die für eine Ressource erforderlichen Berechtigungen zu. Erteilen Sie beispielsweise der Gruppe **Farbdrucker** die erforderlichen Berechtigungen zur Verwendung der Farbdrucker. Die Benutzer der globalen Gruppen **Rechnungswesen**, **Verkauf** und **Mangement** erhalten die erforderlichen Berechtigungen automatisch, da sie Mitglieder der lokalen Domänengruppe **Farbdrucker** sind.

Diese Strategie bietet Flexibilität im Hinblick auf Erweiterungen und verringert den Arbeitsaufwand bei der Berechtigungszuweisung. Es gibt weitere Methoden zur Definition von Gruppen, diese weisen jedoch Einschränkungen auf:

- Wenn Sie Benutzerkonten in lokalen Domänengruppen platzieren und der lokalen Domänengruppe anschließend Berechtigungen zuweisen, ist es nicht möglich, Berechtigungen für Ressourcen zu erteilen, die außerhalb der Domäne gespeichert werden. Dies schränkt die Flexibilität im Hinblick auf Netzwerkerweiterungen ein.
- Sie können Benutzerkonten in globalen Gruppen platzieren und der globalen Gruppe anschließend Berechtigungen zuweisen. Bei Einsatz mehrerer Domänen steigt jedoch der Verwaltungsaufwand erheblich an. Falls globale Gruppen verschiedener Domänen gleiche Zugriffsberechtigungen benötigen, müssen Sie die Berechtigungen für jede globale Gruppe einzeln zuweisen.

Definieren von geeigneten universellen Gruppen

Universelle Gruppen werden eingesetzt, um den Zugriff auf Ressourcen zu gewähren oder zu verweigern, die sich in mehr als einer Domäne befinden. Da universelle Gruppen und ihre Mitglieder im globalen Katalog aufgeführt werden, muss bei einer Mitgliedschaftsänderung innerhalb einer universellen Gruppe die Änderung in jedem globalen Katalog der Gesamtstruktur repliziert werden. Dieser Vorgang kann zu einem erheblichen Anstieg des Netzwerkdatenverkehrs führen. Setzen Sie daher universelle Gruppen nur nach sorgfältiger Planung ein.

Beachten Sie folgende Richtlinien, um den Replikationsverkehr so gering wie möglich zu halten:

- Fügen Sie einer universellen Gruppe keine Benutzer, sondern globale Gruppen hinzu. Die globalen Gruppen sind die Mitglieder der universellen Gruppe. Halten Sie die Anzahl der Mitgliedsgruppen in universellen Gruppen so gering wie möglich und minimieren Sie die Anzahl der einzelnen Benutzer.
- Ändern Sie die Mitgliedschaft universeller Gruppen so selten wie möglich. Befinden sich in einer universellen Gruppe ausschließlich globale Gruppen, werden eventuelle Mitgliedschaftsänderungen nur in der globalen Gruppe vorgenommen. Auf diese Weise bleiben die universellen Gruppen von Mitgliedschaftsänderungen, die an globalen Gruppen vorgenommen werden, unberührt und wirken sich nicht auf den Replikationsverkehr aus.

▶ **So benennen und definieren Sie Gruppen**

1. Wählen Sie ein Namensschema, mit dem sichergestellt ist, dass für alle Gruppen in der Gesamtstruktur eindeutige Gruppennamen generiert werden.

2. Stellen Sie sicher, dass sich alle Administratoren an dieses Namensschema halten.
3. Listen Sie die Benutzerkonten auf, die einer globalen Gruppe hinzugefügt werden müssen.
4. Listen Sie die Ressourcen auf, die einer lokalen Domänengruppe hinzugefügt werden müssen.
5. Listen Sie alle globalen Gruppen auf, die gleiche Zugriffsberechtigungen für Ressourcen benötigen und notieren Sie die lokalen Domänengruppen, denen sie hinzugefügt werden müssen.
6. Listen Sie die globalen Gruppen auf, die einer oder mehreren universellen Gruppen hinzugefügt werden müssen.

Designschritt – Beispiel: Planen von Benutzerkonten und Gruppen

Die nachfolgenden Szenarios geben Beispiele für das Benennen und Platzieren von Benutzerkonten sowie das Benennen und Definieren von Gruppen.

Benennen und Platzieren von Benutzerkonten

Consolidated Messenger, ein fiktiver, weltweit tätiger Zustellservice, muss an seinem Standort in Dallas 21 Benutzerkonten für neue Mitarbeiter einrichten. Consolidated Messenger hat ein Namensschema für Benutzerkonten gewählt, mit dem sichergestellt ist, dass für alle Benutzer in der Gesamtstruktur eindeutige Benutzerkontennamen generiert werden. Vor drei Jahren hat Consolidated Messenger eine Namenskonvention etabliert, bei dem der Anfangsbuchstabe des Vornamens und die ersten sechs Buchstaben des Nachnamens den Kontonamen bilden. Bei doppelten Nachnamen werden dem Kontonamen die ersten zwei Buchstaben des Vornamens vorangestellt. Die Benutzerkontennamen für vorübergehend beschäftigte Mitarbeiter werden durch ein dem Kontonamen vorangestelltes „t-" gekennzeichnet. Consolidated Messenger wird dieses Namensschema beibehalten. Alle Administratoren wurden entsprechend geschult und sind sich darüber bewusst, dass die Einhaltung des Namensschemas unerlässlich ist. Alle Administratoren kennen die Vorgehensweisen für Ausnahmen im Namensschema.

Tabelle 5.4 stellt fiktive Namen und Einstellungsinformationen für die neuen Mitarbeiter bereit. In der Tabelle werden darüber hinaus die administrativen Gruppen aufgeführt, die für die Verwaltung der einzelnen Konten verantwortlich sind, und es werden die eventuell anzuwendenden GPOs genannt.

Tabelle 5.4 Liste zur Einstellung neuer Mitarbeiter

Benutzer-name	Benutzer-anmelde-name	Tätigkeit	Abteilung	Status	Administrative Gruppe	GPOs
Alboucq, Steve	t-salbouc	Angestellter	Zustellung	Temp	ZusAdmin	1
Egert, Amy	aegert	Manager	Personalwesen	Perm	VerwAdmin	
Guo, Bei-Jing	bguo	Entwickler	IT	Perm	ITAdmin	
Hjellen, Robin	rhjelle	Angestellter	Versand	Perm	VersAdmin	
Koduri, Sunil	skoduri	Angestellter	Zustellung	Perm	ZusAdmin	
Lyon, Robert	rlyon	Angestellter	Personalwesen	Perm	PWAdmin	
Lysaker, Jenny	jlysake	Angestellte	Zustellung	Perm	ZusAdmin	
Miksovsky, Jan	t-jmiksov	Angestellter	Zustellung	Temp	ZusAdmin	1
Ota, Lani	lota	Angestellter	Versand	Perm	VersAdmin	
Ramirez, Francisco	t-framire	Angestellter	Zustellung	Temp	ZusAdmin	1
Richardson, Miles	mrichar	Systemadministrator	IT	Perm	ITAdmin	
Samarawickrama, Prasanna	psamara	Angestellte	Zustellung	Perm	ZusAdmin	
Smith, James	t-jasmith	Angestellte	Zustellung	Temp	ZusAdmin	1
Smith, Jeff	jesmith	Angestellter	Zustellung	Perm	ZusAdmin	
Smith, Jeff	jsmith	Angestellter	Lohnbuchhaltung	Perm	RechAdmin	4
Spencer, Phil	pspence	Angestellter	Zustellung	Perm	ZusAdmin	
Steiner, Alan	asteine	Manager	Versand	Perm	VersAdmin	
Thomas, Stephen	t-sthomas	Angestellter	Zustellung	Temp	ZusAdmin	1
Van Dam, Tanya	tvandam	Angestellte	Zustellung	Perm	ZusAdmin	
Wood, John	jwood	Angesteller	Versand	Perm	VersAdmin	
Yim, Kevin	kyim	Manager	Zustellung	Perm	BetAdmin	

Abbildung 5.13 zeigt das OU-Strukturdiagramm für die Domäne **untern.dallas.c-100times.com**.

Kapitel 5 Planen der Organisationseinheiten

untern.dallas.c-100times.com

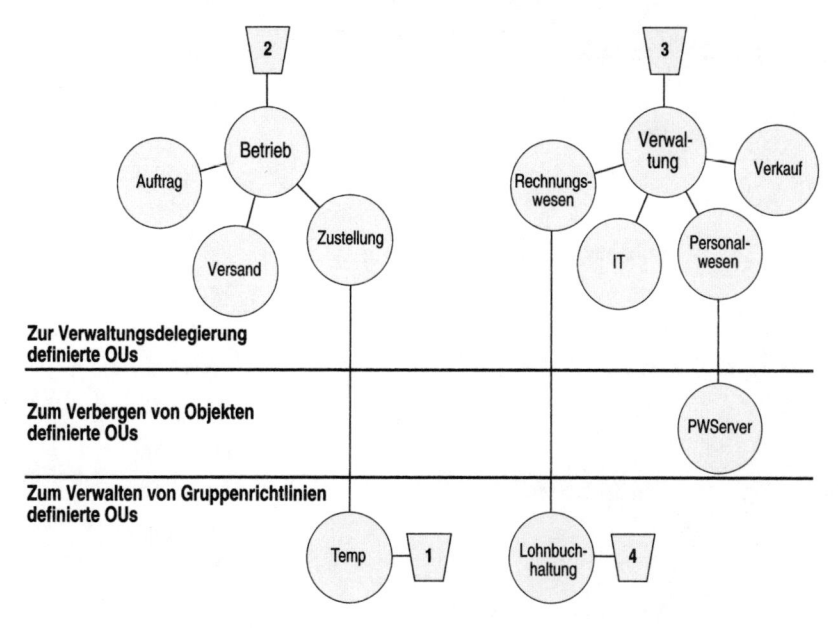

Abbildung 5.13 OU-Strukturdiagramm für die Domäne „untern.dallas.c-100times.com"

In Tabelle 5.5 werden die administrativen Gruppen aufgeführt, die die Benutzer in den einzelnen OUs verwalten.

Tabelle 5.5 Administrative Gruppen in den OUs von Consolidated Messenger

OU	Administrative Gruppen
Betrieb	SysAdmin
	BetAdmin
Auftrag	SysAdmin
	BetAdmin
	AufAdmin
Versand	SysAdmin
	BetAdmin
	VersAdmin
Zustellung	SysAdmin
	BetAdmin
	ZusAdmin

(Fortsetzung)

OU	Administrative Gruppen
Verwaltung	SysAdmin
	VerwAdmin
Rechnungswesen	SysAdmin
	VerwAdmin
	RechAdmin
Lohnbuchhaltung	SysAdmin
	VerwAdmin
	RechAdmin
IT	SysAdmin
	VerwAdmin
	ITAdmin
Personalwesen	SysAdmin
	VerwAdmin
	PWAdmin
Verkauf	SysAdmin
	VerwAdmin
	VerkAdmin
Temp	SysAdmin
	TmpAdmin

Tabelle 5.6 zeigt, in welchen OUs die neuen Benutzerkonten platziert wurden und führt die verantwortlichen administrativen Gruppen sowie zugewiesene GPOs an.

Tabelle 5.6 Neue Benutzerkonten nach der Platzierung in OUs

OU	Neues Benutzerkonto
Betrieb	mrichar (oder OU **Verwaltung**)
Versand	rhjelle, lota, asteine, jwood
Zustellung	skoduri, jlysake, psamara, jesmith, pspence, tvandam, kyim
Temp	t-salbouc, t-jmiksov, t-framire, t-jasmith, t-sthomas
Verwaltung	mrichar (oder OU **Betrieb**)
Lohnbuchhaltung	jsmith
IT	bguo
Personalwesen	aegert, rlyon

Benennen und Definieren von Gruppen

Consolidated Messenger hat ein Namensschema für Gruppen gewählt, mit dem sichergestellt ist, dass für alle Gruppen in der Gesamtstruktur eindeutige Gruppennamen generiert werden. Vor drei Jahren wurde ein Namensschema für administrative Gruppen eingeführt, bei dem ein Gruppenname aus einer aus zwei bis vier Buchstaben bestehenden Abkürzung für die Gruppe und einem angehängten „Admin" gebildet wird. Die Namen für Benutzergruppen bestehen aus einem Wort, mit dem die Gruppe beschrieben wird. Consolidated Messenger wird dieses Namensschema beibehalten. Alle Administratoren wurden entsprechend geschult und sind sich darüber bewusst, dass die Einhaltung des Namensschemas unerlässlich ist. Alle Administratoren kennen die Vorgehensweisen für Ausnahmen im Namensschema.

Tabelle 5.7 stellt Informationen zu Tätigkeitsbereich und Anzahl der Mitarbeiter pro Tätigkeitsbereich in der Betriebsabteilung von Consolidated Messenger bereit.

Tabelle 5.7 Informationen zu den Mitarbeitern der Betriebsabteilung von Consolidated Messenger

Tätigkeit	Anzahl der Mitarbeiter
Auftragsverfolgung	50
Auftragskoordination	100
Versand Inland	50
Versand Ausland	25
Zusteller	200
Manager	10

Tabelle 5.8 enthält Informationen zu den für die verschiedenen Tätigkeitsbereiche benötigten Zugriffsberechtigungen.

Tabelle 5.8 Benötigter Mitarbeiterzugriff

Mitarbeiter	Benötigter Zugriff
Versand Inland, Versand Ausland, Manager	Kundendatenbank, Vollzugriff
Zusteller	Kundendatenbank, Lesezugriff
Alle Mitarbeiter	Unternehmensrichtlinien, Lesezugriff
Auftragsverfolgung, Manager	Auftragsdatenbank, Vollzugriff
Auftragskoordination	Auftragsdatenbank, Lesezugriff
Alle Mitarbeiter	Unternehmensmitteilungen per E-Mail
Alle Mitarbeiter, ausgenommen Zusteller	Gemeinsam genutzte Microsoft Office-Anwendungen
Manager, Manager anderer Domänen	Berichte zur Lieferzeit

Um den in der Tabelle aufgeführten Anforderungen gerecht zu werden, hat Consolidated Messenger die in Tabelle 5.9 aufgelisteten Gruppen erstellt.

Tabelle 5.9 Gruppen für Consolidated Messenger

Gruppenname	Typ und Bereich	Mitglieder
Ablaufverfolgung	Sicherheit, global	Alle Mitarbeiter der Auftragsverfolgung
Koordination	Sicherheit, global	Alle Mitarbeiter der Auftragskoordination
VersandInland	Sicherheit, global	Alle Mitarbeiter Versand Inland
VersandAusland	Sicherheit, global	Alle Mitarbeiter Versand Ausland
Zusteller	Sicherheit, global	Alle Mitarbeiter in der Zustellung
Manager	Sicherheit, global	Alle Manager
AlleMitarbeiter	Sicherheit, global	Alle Mitarbeiter
KundDatenbank	Sicherheit, lokale Domäne	Mitarbeiter Versand Inland, Versand Ausland, Manager
KundDatenbank2	Sicherheit, lokale Domäne	Zusteller
UnternRichtl	Sicherheit, lokale Domäne	Alle Mitarbeiter
AuftrDatenbank	Sicherheit, lokale Domäne	Mitarbeiter der Auftragsverfolgung, Manager
AuftrDatenbank2	Sicherheit, lokale Domäne	Mitarbeiter Auftragskoordination
MSOffice	Sicherheit, lokale Domäne	Mitarbeiter Auftragsverfolgung, Auftragskoordination, Versand Inland, Versand Ausland, Manager
Lieferberichte	Sicherheit, lokale Domäne	Manager
E-Mail	Verteiler, lokale Domäne	Alle Mitarbeiter

Im Netzwerk von Consolidated Messenger sind keine universellen Gruppen erforderlich, da die bereitgestellten Informationen zeigen, dass keine der Gruppen Zugriff auf Ressourcen mehrerer Domänen benötigt, daher hat keine der Gruppen Mitglieder aus verschiedenen Domänen.

Zusammenfassung der Lektion

Zu Beginn dieser Lektion wurde daran erinnert, dass der Zweck bei der Definition von OUs darin besteht, Verwaltungsaufgaben zu delegieren, während der Zweck von Gruppen der ist, Benutzern den Zugang zu Ressourcen zu ermöglichen. Sie haben gelernt, dass die Planung von Benutzerkonten und Gruppen zwei Schritte umfasst: (1) das Benennen und Platzieren von Benutzerkonten (2) das Benennen und Definieren von Gruppen. Sie haben erfahren, dass eine konsistente Namenskonvention Ihnen und den Benutzern dabei hilft, sich die Benutzernamen zu merken und sie in einer Liste leicht aufzufinden. Zur Platzierung der Benutzerkonten in geeigneten OUs müssen Sie anhand des OU-Strukturdiagramms ermitteln, welche administrativen Gruppen für die Verwaltung der Benutzerkonten verantwortlich sind und welche GPOs auf die Benutzerkonten angewendet werden. Ferner haben Sie gelernt, dass eine konsistente Namenskonvention für Gruppen Ihnen und den Benutzern dabei hilft, sich die Gruppennamen zu merken und sie in einer Liste leicht aufzufinden. Zur Definition von geeigneten globalen Gruppen, lokalen Domänengruppen und universellen Gruppen ermitteln Sie zunächst die Benutzer, die globalen Gruppen hinzugefügt werden müssen. Anschließend bestimmen Sie die Ressourcen, die in lokalen Domänengruppen angeordnet werden. Abschließend ermitteln Sie Ressourcen, die in verschiedenen Domänen vorliegen und daher universellen Gruppen zugeordnet werden müssen.

Übung 5.2: Planen von Benutzerkonten

In dieser Übung wird eine Beispielorganisation herangezogen, die ihre Active Directory-Infrastruktur plant. Ihre Aufgabe besteht darin, die Organisationsumgebung zu analysieren, um die in der Active Directory-Infrastruktur benötigten Benutzerkonten zu definieren.

Szenario: Dearing School of Fine Art

Sie gehören als Infrastrukturplaner dem Designteam an, das die Active Directory-Infrastruktur für die Dearing School of Fine Art (DSFA) plant, einer Kunsthochschule in Washington, D.C. Jedem Teammitglied wurden die Dokumentation zur Analyse der geschäftlichen und technischen Umgebung, der Gesamtstrukturplan, der Domänenplan und ein OU-Strukturdiagramm ausgehändigt. Anhand dieser Informationen müssen nun die Benutzerkonten für neue Studenten in der Abteilung für Textilkunst benannt und platziert werden.

Bei der Durchsicht des Arbeitsblattes zu den technischen Standards erfahren Sie, dass die DSFA ein Namensschema für die Benutzerkonten eingeführt hat, mit dem sichergestellt wird, dass innerhalb der Gesamtstruktur eindeutige Benutzerkontennamen erzeugt werden. Bei diesem Namensschema werden die ersten acht Buchstaben des Vor- und Nachnamens der Benutzer verwendet. Im Falle doppelter Vor- und Nachnamen wird der Anfangsbuchstabe des zweiten Vornamens verwendet. Für Teilzeitstudenten wird dem Benutzerkontennamen ein „TZ" vorangestellt.

Tabelle 5.10 stellt fiktive Namen und Einschreibeinformationen für die neuen Studenten bereit. In der Tabelle werden außerdem die administrativen Gruppen aufgeführt, die für die Verwaltung der einzelnen Konten verantwortlich sind.

Tabelle 5.10 Liste der neuen Studenten

Name	Abteilung	Status	Administrative Gruppe
Akhtar, Sarah	Textilkunst	Teilzeit	TZTextilAdmin
Barnhill, Josh	Malerei	Vollzeit	VZMalAdmin
Berry, Jo	Textilkunst	Vollzeit	VZTextilAdmin
Dunn, Matthew	Zeichnen	Vollzeit	CompKuAdmin
Dunn, Micheal	Zeichnen	Teilzeit	TZZeichAdmin
Hart, Sherri	Malerei	Vollzeit	VZMalAdmin
Jacobson, Lisa	Zeichnen	Vollzeit	CompKuAdmin
Khanna, Karan	Malerei	Vollzeit	VZMalAdmin
Phua, Meng	Textilkunst	Vollzeit	VZTextilAdmin
Schäfer, Christina	Malerei	Teilzeit	TZMalAdmin
Tobey, Chris	Zeichnen	Vollzeit	VZZeichAdmin

(Fortsetzung)

Name	Abteilung	Status	Administrative Gruppe
Wolfe-Hellene, Marta	Textilkunst	Teilzeit	TZTextilAdmin
Young, Rob	Zeichnen	Vollzeit	VZZeichAdmin

Ihr Designteam hat das in Abbildung 5.14 dargestellte OU-Strukturdiagramm entworfen.

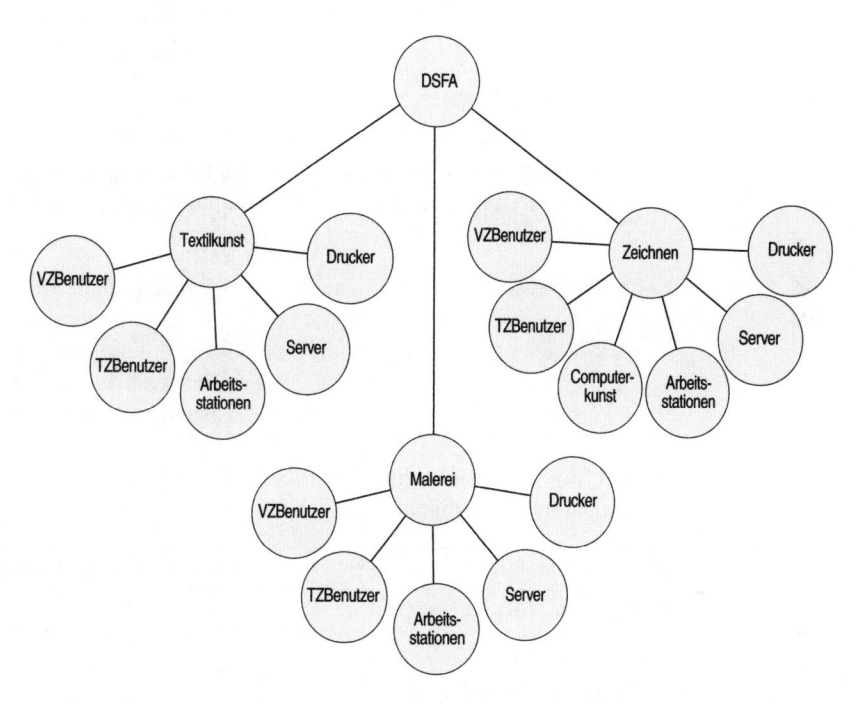

Abbildung 5.14 OU-Strukturdiagramm für die Dearing School of Fine Arts

In Tabelle 5.11 werden die administrativen Gruppen aufgeführt, die die Benutzer in den einzelnen OUs verwalten.

Tabelle 5.11 Administrative Gruppen für die OUs der DSFA

OU	Administrative Gruppen
VZBenutzer (Textilkunst)	SysAdmin
	TextilAdmin
	VZTextilAdmin
TZBenutzer (Textilkunst)	SysAdmin
	TextilAdmin
	TZTextilAdmin

(Fortsetzung)

OU	Administrative Gruppen
VZBenutzer (Malerei)	SysAdmin
	MalAdmin
	VZMalAdmin
TZBenutzer (Malerei)	SysAdmin
	MalAdmin
	TZMalAdmin
VZBenutzer (Zeichnen)	SysAdmin
	ZeichAdmin
	VZZeichAdmin
TZBenutzer (Zeichnen)	SysAdmin
	ZeichAdmin
	TZZeichAdmin
Computerkunst	SysAdmin
	ZeichAdmin
	CompKuAdmin

Tragen Sie in der nachstehenden Tabelle die Kontennamen der neuen Studenten entsprechend der geeigneten OUs ein.

OU	Konten der neuen Studenten
VZBenutzer (Textilkunst)	
TZBenutzer (Textilkunst)	
VZBenutzer (Malerei)	
TZBenutzer (Malerei)	
VZBenutzer (Zeichnen)	
TZBenutzer (Zeichnen)	
Computerkunst	

Übung 5.3: Planen von Gruppen

In dieser Übung wird ein Beispielunternehmen herangezogen, das seine Active Directory-Infrastruktur plant. Ihre Aufgabe besteht darin, die Organisationsumgebung zu analysieren, um die in der Active Directory-Infrastruktur benötigten Gruppen zu planen.

Szenario: Das Ski-Haus

Sie gehören als Infrastrukturplaner dem Designteam an, das die Active Directory-Infrastruktur für die Firma Das Ski-Haus plant, einem international tätigen Skibekleidungshersteller. Das Ski-Haus besitzt zwei Domänen, eine für Ressourcen am Standort Denver, Colorado, die zweite für Ressourcen am Standort Genf in der Schweiz.

Die Abteilung für Produktdesign an beiden Standorten verwaltet je eine separate Datenbank mit Entwürfen für Skihosen. Die Produktdesigner an beiden Standorten benötigen Vollzugriff auf die Entwurfsdatenbank für Skihosen in ihrer Domäne. Darüber hinaus benötigen die Produktdesigner an beiden Standorten Lesezugriff auf beide Entwurfsdatenbanken für Skihosen. Außerdem müssen die Produktdesigner an beiden Standorten Änderungsberechtigungen für die Entwurfsdatenbank für Skipullover besitzen, die in Genf gespeichert wird.

1. Erläutern Sie, wie Ihr Designteam den Produktdesignern jeder Domäne mit Hilfe von Sicherheitsgruppen Vollzugriff auf die Entwurfsdatenbank für Skihosen in der eigenen Domäne gewährt.

2. Erläutern Sie, wie Ihr Designteam den Produktdesignern in beiden Domänen mit Hilfe von Sicherheitsgruppen Lesezugriff auf die Entwurfsdatenbanken für Skihosen in Denver und Genf erteilt.

3. Erläutern Sie, wie Ihr Designteam den Produktdesignern in beiden Domänen mit Hilfe von Sicherheitsgruppen Änderungsberechtigungen für die Entwurfsdatenbanken für Skipullover in Genf zuweist.

Workshop 5.1: Definieren von OU-Struktur und Sicherheitsgruppen

Zielsetzungen des Workshops

Am Ende dieses Workshops werden Sie in der Lage sein, die folgenden Aufgaben auszuführen:

- Definieren einer OU-Struktur
- Definieren von Sicherheitsgruppen

Über diesen Workshop

In diesem Workshop analysieren Sie einen Teil der vorhandenen Umgebung eines mittleren Unternehmens, um anschließend eine OU-Struktur und die erforderlichen Sicherheitsgruppen zu definieren.

Bevor Sie beginnen

Für die Bearbeitung dieses Workshops gelten folgende Voraussetzungen:

- Sie können eine Analyse einer Organisationsumgebung zur Definition geeigneter Organisationseinheiten durchführen
- Sie können eine Analyse einer Organisationsumgebung zur Platzierung von Benutzerkonten durchführen
- Sie können eine Analyse einer Organisationsumgebung zur Definition von Gruppen durchführen

Übung 5.1: Definieren einer OU-Struktur

In dieser Übung analysieren Sie einen Teil der vorhandenen Umgebung eines mittelständischen Unternehmens, um anschließend eine OU-Struktur und die erforderlichen Sicherheitsgruppen zu definieren. Lesen Sie das folgende Szenario und folgen Sie dann den Anweisungen zur Definition einer OU-Struktur sowie der benötigten Sicherheitsgruppen.

Szenario

Sie gehören zu einem Designteam, das die Active Directory-Infrastruktur für Uncle Bob's Root Beer, einem weltweit tätigen Limonadenhersteller, entwirft. Uncle Bob's besitzt vier regionale Niederlassungen in Melbourne, Chicago, Berlin und Neu-Delhi. Weltweit besitzt Uncle Bob's 107 Abfüllanlagen. Der Hauptsitz des Unternehmens befindet sich in Melbourne. Jede regionale Niederlassung umfasst eine Abteilung für Personalwesen, Rechnungswesen, Verkauf, Produktion und Vertrieb. Der Standort Melbourne verfügt zusätzlich über eine Abteilung für die Produktentwicklung. Der Infrastrukturplan für Uncle Bob's sieht die Verwendung einer Domäne vor.

Bei der Durchsicht der Dokumentation zur Analyse der geschäftlichen und technischen Umgebung fallen Ihnen folgende Punkte auf:

- Das IT-Management der regionalen Niederlasssungen verwaltet die Benutzerkonten, die Konfiguration der Benutzerdesktops, die Server und sorgt für die Netzwerksicherheit.

- Am Hauptsitz des Unternehmens verfügen einige der Administratoren über Verwaltungsberechtigungen für das gesamte Netzwerk, um Leistungs- und Sicherheitsprüfungen durchführen zu können.

- Da Informationen zu neuen Produkten aufgrund des harten Konkurrenzkampfes in der Limonadenindustrie nicht nach außen dringen dürfen, verfügt die Abteilung für neue Produkte über ein eigenes IT-Management zur Verwaltung der Benutzerkonten und Server sowie zur Umsetzung der Netzwerksicherheit.

- Obwohl das IT-Management jeder regionalen Niederlassung für die Verwaltung der Benutzerkonten für die Produktionsabteilung verantwortlich ist, verwaltet die Produktionsabteilung den Zugriff auf die Produktionsserver.

- Alle Unternehmensmitarbeiter verwenden die gleichen E-Mail- und Textverarbeitungsanwendungen.

- Die Vertriebsabteilungen der regionalen Niederlassungen verwenden eigene, proprietäre Softwareanwendungen zur Ablaufverfolgung.

- Die Unternehmensleitung fordert, dass alle Server der Abteilung für Personalwesen (PW) vor Mitarbeitern verborgen werden, die nicht in der Personalabteilung beschäftigt sind.

- Jede der regionalen Niederlassungen verfügt über ein Helpdesk, deren Mitarbeiter befugt sind, Kennwörter zurückzusetzen.

Übungsfragen

Definieren Sie anhand Ihrer Notizen und der nachstehenden Anweisungen eine OU-Struktur.

1. Erstellen Sie ein OU-Strukturdiagramm für Uncle Bob's Root Beer, das den im Szenario beschriebenen Anforderungen gerecht wird.

2. Vervollständigen Sie die folgende Tabelle, um jede OU in Ihrem Design zu dokumentieren. Nennen Sie hierbei die Gründe für die Erstellung und die enthaltenen Benutzer und Computer.

Erstellte OU	Grund für Erstellung	In OU enthaltene Benutzer und Computer

Übung 5.2: Definieren von Gruppen

In dieser Übung planen Sie die Sicherheitsgruppen, um den Benutzern den benötigten Zugriff auf die Netzwerkressourcen zu gewähren.

Szenario

Ihr Designteam plant die Sicherheitsgruppen, die für die Produktionsabteilung der Chicagoer Niederlassung von Uncle Bob's Root Beer benötigt werden. Wie Sie bereits wissen, verfügt die Produktionsabteilung über ein eigenes IT-Management zur Verwaltung der Ressourcen, die Server eingeschlossen. Die Benutzer aller Abteilungen und Standorte im Unternehmen müssen in der Lage sein, auf die Informationen zuzugreifen, die auf den Servern der Produktionsabteilung in Chicago gespeichert werden. In der nachstehenden Tabelle werden die Ressourcen aufgeführt, die von der Produktionsabteilung verwaltet werden. Des Weiteren werden die Benutzer aufgelistet, die Zugriff auf diese Ressourcen benötigen, und es wird der erforderliche Zugriffsumfang genannt.

Ressource	Benutzer, die Zugriff benötigen	Erforderlicher Zugriffsumfang
Formeln	Produktion Chicago, Server-Administratoren	Vollzugriff
Formeln	Produktion Chicago, Manager	Ändern
Formeln	Produktion Chicago, Fachkräfte	Lesen
Formeln	Alle Produktionsmanager, unternehmensweit	Lesen
Produktionsprotokolle	Produktion Chicago, Server-Administratoren	Vollzugriff
Produktionsprotokolle	Produktion Chicago, Manager	Ändern
Produktionsprotokolle	Produktion Chicago, Fachkräfte	Lesen
Produktionsprotokolle	Vertrieb Chicago, Manager	Lesen
Produktionsprotokolle	Alle Produktionsmanager, unternehmensweit	Lesen
Abfüllprotokolle	Produktion Chicago, Server-Administratoren	Vollzugriff
Abfüllprotokolle	Produktion Chicago, Manager	Ändern
Abfüllprotokolle	Produktion Chicago, Fachkräfte	Lesen
Abfüllprotokolle	Vertrieb Chicago, Manager	Lesen
Abfüllprotokolle	Alle Produktionsmanager, unternehmensweit	Lesen
Kundendienstprotokolle	Produktion Chicago, Server-Administratoren	Vollzugriff
Kundendienstprotokolle	Produktion Chicago, Manager	Ändern
Kundendienstprotokolle	Produktion Chicago, Fachkräfte	Lesen
Kundendienstprotokolle	Vertrieb Chicago, Manager	Lesen
Kundendienstprotokolle	Alle Produktionsmanager, unternehmensweit	Lesen
Kundendienstprotokolle	Alle Vertriebsmanager, unternehmensweit	Lesen

Übungsfragen

Vervollständigen Sie zur Dokumentation der Sicherheitsgruppen in Ihrem Design die nachstehende Tabelle. Notieren Sie für jede Sicherheitsgruppe den Namen, den Bereich und die enthaltenen Mitglieder. Notieren Sie außerdem, ob es sich um einzelne Mitglieder handelt bzw. nennen Sie die Gruppennamen, wenn es sich bei den Mitgliedern um Gruppen handelt.

Gruppe	Bereich	Mitglieder

Lernzielkontrolle

Die folgenden Fragen dienen dazu, die wichtigsten Lehrinhalte dieses Kapitels zu vertiefen. Wenn Sie eine Frage nicht beantworten können, wiederholen Sie den entsprechenden Abschnitt und versuchen Sie dann erneut, die Frage zu beantworten. Die Antworten zu den Fragen finden Sie in Anhang A, „Fragen und Antworten".

1. Ihr Designteam plant die OU-Struktur für das Active Directory-Infrastrukturdesign Ihrer Organisation. Welche drei Gründe sprechen für das Definieren einer Organisationseinheit (Organizational Unit, OU)? Welcher ist der Hauptgrund?

2. Ihr Designteam hat eine OU definiert, mit der die Verwaltung von Benutzerobjekten delegiert wird. Sie haben die gewünschte OU skizziert, eine Sicherheitsgruppe geplant und die Administratoren aufgelistet, die Zugriff auf die Klasse der Benutzerobjekte in der Gruppe benötigen. Sie möchten der OU ermöglichen, die eigene Mitgliedschaft festzulegen. Wo sollte die Administratorgruppe platziert werden?

3. Ihr Designteam hat eine Gesamtstruktur, Domänen und OUs definiert. Wo sollten die Benutzerkonten platziert werden?

4. Ihr Designteam weist die Benutzer den verschiedenen Gruppen zu. Welcher Gruppenbereich wird bei der Zuweisung von Berechtigungen zu Ressourcen am häufigsten eingesetzt?

5. Ihre Organisation verwendet Windows 2000 im einheitlichen Modus. Das Designteam weist die Benutzer den verschiedenen Gruppen zu. Warum sollte das Designteam es vermeiden, universellen Gruppen Einzelbenutzer hinzuzufügen?

KAPITEL 6

Planen der Standorttopologie

Lektion 1: Definieren von Standorten . . . 223

Lektion 2: Platzieren von Domänencontrollern an Standorten . . . 228

Übung 6.1: Definieren von Standorten und Platzieren von Domänencontrollern an Standorten . . . 234

Lektion 3: Definieren einer Replikationsstrategie . . . 236

Lektion 4: Platzieren von globalen Katalogservern und Betriebsmastern . . . 248

Übung 6.2: Verwenden von Active Directory Sizer . . . 258

Workshop 6.1: Planen der Standorttopologie . . . 261

Lernzielkontrolle . . . 264

Über dieses Kapitel

Nachdem Sie und Ihr Designteam einen OU-Plan erarbeitet haben, besteht der nächste Schritt beim Entwurf einer Active Directory-Infrastruktur darin, einen Standorttopologieplan zu erstellen. Eine Active Directory-Standorttopologie ist eine logische Darstellung des physischen Netzwerks einer Organisation. Im Rahmen der Erstellung eines Standorttopologieplans definieren Sie Standorte, platzieren Domänencontroller, definieren eine Replikationsstrategie und legen die globalen Katalogserver sowie die Betriebsmaster innerhalb der Gesamtstruktur fest. In diesem Kapitel erfahren Sie, wie Sie eine Standorttopologie planen.

Bevor Sie beginnen

Für die Bearbeitung der Lektionen in diesem Kapitel gelten folgende Voraussetzungen:

- Sie müssen die in Kapitel 1, „Einführung in Active Directory", vorgestellten Active Directory-Komponenten und -Konzepte kennen.
- Sie müssen die in Kapitel 2, „Einführung in das Design einer Active Directory-Infrastruktur", vorgestellten Komponenten der Analyse einer geschäftlichen und technischen Umgebung kennen.
- Sie müssen über die in Kapitel 3, „Planen der Gesamtstruktur", vermittelten Kenntnisse und Fertigkeiten verfügen.
- Sie müssen über die in Kapitel 4, „Planen der Domänen", vermittelten Kenntnisse und Fähigkeiten verfügen.
- Sie müssen über die in Kapitel 5, „Planen der Organisationseinheiten", vermittelten Kenntnisse und Fähigkeiten verfügen.

Lektion 1: Definieren von Standorten

Der erste Schritt beim Erstellen eines Standorttopologieplans ist das Definieren von Standorten. Um Standorte zu definieren, müssen Sie den Bedarf der Organisation an Standorten ermitteln und anschließend für jede Gesamtstruktur in der Organisation die Standorte festlegen. In dieser Lektion wird die Definition von Standorten erläutert.

Am Ende dieser Lektion werden Sie in der Lage sein, die folgenden Aufgaben auszuführen:

- Erläutern des Zwecks von Standorten
- Benennen der Faktoren der geschäftlichen und technischen Umgebung einer Organisation, die sich auf den Bedarf an Standorten auswirken
- Analyse einer Organisationsumgebung zur Definition von Standorten

Veranschlagte Zeit für diese Lektion: 15 Minuten

Grundlegendes zu Standorten

Wie Sie wissen, handelt es sich bei einem *Standort* um eine Kombination mehrerer IP-Subnetze (Internet Protocol), die über eine sehr zuverlässige und schnelle Verbindung (üblicherweise ein LAN) miteinander verbunden sind. Netzwerke mit einer Bandbreite von mindestens 512 Kilobits pro Sekunde (KBit/s) werden in der Regel als schnelle Netzwerke eingestuft. Eine durchschnittliche verfügbare Bandbreite von 128 KBit/s und höher ist zur Zuweisung eines Standorts ausreichend. Die *durchschnittliche verfügbare Bandbreite* ist die Bandbreite, die nach Abwicklung des normalen Netzwerkverkehrs tatsächlich in Spitzenbelastungszeiten zur Verfügung steht.

In Active Directory reflektiert die Standortstruktur die Position der Benutzercommunitys. Die Standortstruktur bezieht sich auf die physische Umgebung und wird separat von der logischen Umgebung, der Domänenstruktur, verwaltet. Da Standorte von der Domänenstruktur unabhängig sind, kann eine einzelne Domäne einen einzelnen Standort oder mehrere Standorte umfassen, und ein einzelner Standort kann mehrere Domänen enthalten, wie in Abbildung 6.1 dargestellt.

Der Hauptzweck eines Standortes besteht in der physischen Gruppierung von Computern zur Optimierung des Netzwerkverkehrs. Standorte dienen dazu, Authentifizierung und Replikationsverkehr auf die zum Standort gehörenden Geräte zu begrenzen. Da verhindert wird, dass der Netzwerkverkehr unnötigerweise über langsame WAN-Verbindungen läuft, ist der Verkehr begrenzt. Die zwei wesentlichen Rollen von Standorten sind:

- Ermitteln des nächsten Domänencontrollers während der Arbeitsstationsanmeldung
- Optimieren der Datenreplikation zwischen Standorten

Da in den Einträgen, die vom Domänencontrollerlocator im DNS registriert werden, Standortnamen verwendet werden, muss es sich dabei um gültige DNS-Namen handeln. Berücksichtigen Sie, dass gültige DNS-Namen die Standardzeichen A–Z, a–z, 0–9 und den Bindestrich (-) enthalten können.

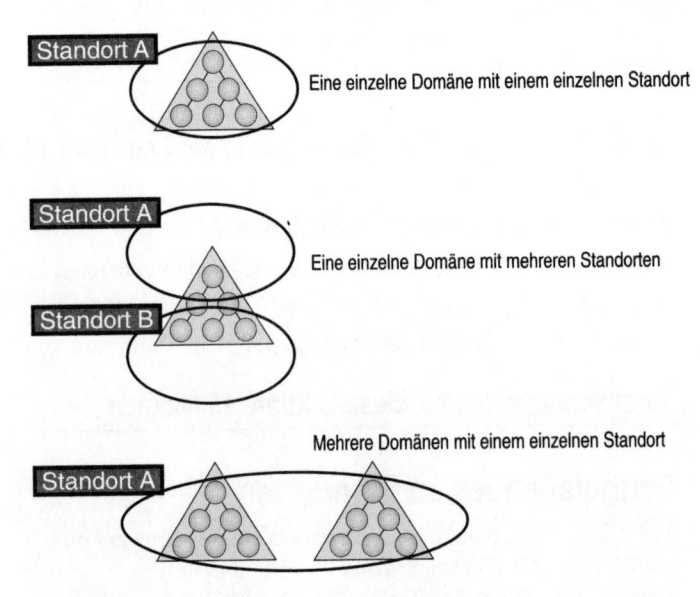

Abbildung 6.1 Die Beziehung zwischen Standort- und Domänenstrukturen

Designschritt: Definieren von Standorten

Die Definition von Standorten umfasst folgende Aufgaben:

1. Ermitteln Sie den Bedarf an Standorten in der Organisation.
2. Legen Sie die Standorte für die Organisation fest.

Ermitteln des Bedarfs an Standorten

Um Standorte zu definieren, müssen Sie zuerst das von Ihrem Designteam zusammengestellte Arbeitsblatt zur Netzwerkarchitektur konsultieren. Bestimmen Sie mit Hilfe des Arbeitsblatts zur Netzwerkarchitektur folgende Punkte:

- Die Orte, an denen die Organisation über Büros verfügt
- Die Geschwindigkeit der LANs an jedem Ort und den prozentualen Anteil der durchschnittlichen verfügbaren Bandbreite für jede Verbindung während der üblichen Geschäftszeiten
- Die TCP/IP-Subnetze an jedem Ort

Anmerkung Sie finden auf der Kursmaterialien-CD eine Vorlage für dieses Arbeitsblatt (**\chapt02\Worksheets**). Ein bereits ausgefülltes Arbeitsblattbeispiel finden Sie in Kapitel 2, „Einführung in das Design einer Verzeichnisdienstinfrastruktur".

Neben den Informationen dieses Arbeitsblattes müssen Sie unbedingt etwaige sonstige derzeit geplante Änderungen der Netzwerkarchitektur berücksichtigen, die sich an Wachstum und Flexibilität der Organisation sowie idealen Designspezifikationen orientieren.

Definieren der Standorte für die Organisation

Definieren Sie einen Standort für folgende Einheiten:

- Alle LANs oder Gruppen von LANs, die über eine Hochgeschwindigkeits-Backboneverbindung verbunden sind
- Jeden Standort, der nicht über die Fähigkeit zur direkten Verbindung mit dem übrigen Netzwerk verfügt und nur über SMTP-Mail erreichbar ist

Wenn ein gesamtes Netzwerk aus schnellen, zuverlässigen Verbindungen besteht, kann es als einzelner Standort betrachtet werden. In gleicher Weise können mehrere Netzwerke als einzelner Standort betrachtet werden, wenn die Bandbreite der Verbindung zwischen den Netzwerken ausreichend dimensioniert ist und für einen Client eines Netzwerks die Kommunikation mit einem Server eines anderen Netzwerks akzeptabel ist.

Nicht im Verzeichnis definierte Subnetze werden nicht als Teil eines Standortes betrachtet. Die Subnetze sind möglicherweise nicht definiert, weil sie noch nicht zum Netzwerk hinzugefügt wurden. Clients in nicht definierten Subnetzen müssen dann nach dem Zufallsprinzip mit allen Domänencontrollern in einer Domäne kommunizieren, was zu Verzögerungen bei der Authentifizierung führen kann. Um diese Verzögerungen zu vermeiden, können Sie die Clients einem Standort zuordnen, indem Sie Standardsubnetze erstellen, die Sie anschließend einem Standort zuordnen. Die Standardsubnetze werden in Tabelle 6.1 gezeigt.

Tabelle 6.1 Standardsubnetze

Subnetz-ID	Maske	Beschreibung
128.0.0.0	192.0.0.0	Erfasst alle Clients in Netzwerken der Klasse B, die noch nicht im Verzeichnis definiert sind.
192.0.0.0	224.0.0.0	Erfasst alle Clients in Netzwerken der Klasse C, die noch nicht im Verzeichnis definiert sind.

Für Clients in Netzwerken der Klasse A, die noch nicht im Verzeichnis definiert sind, wird kein Standardsubnetz bereitgestellt.

▶ **So definieren Sie Standorte**

1. Bestimmen Sie den/die erforderlichen Standort(e), damit jede der folgenden Einheiten einbezogen wird:
   - Alle LANs oder Gruppen von LANs, die über eine Hochgeschwindigkeits-Backboneverbindung verbunden sind.
   - Jede Position, die nicht über die Fähigkeit zur direkten Verbindung mit dem übrigen Netzwerk verfügt und nur über SMTP-Mail erreichbar ist.
2. Erstellen Sie ein Standortdiagramm:
   - Stellen Sie jeden Standort durch ein Oval dar.
   - Benennen Sie jeden Standort mit einem gültigen DNS-Namen.
   - Listen Sie jeweils die Gruppe von IP-Subnetzen auf, aus denen sich ein Standort zusammensetzt.

Designschritt – Beispiel: Definieren von Standorten

Abbildung 6.2 zeigt das Netzwerkarchitekturdiagramm der Margo Tea Company, eines Herstellers für Kräutertee mit Büros an sieben Orten. Der Hauptsitz des Unternehmens befindet sich in Cincinnati, regionale Geschäftsstellen befinden sich in Pittsburgh und Louisville. In Toledo, Lexington und Charleston verfügt das Unternehmen über Verkaufsniederlassungen, das Vertriebszentrum befindet sich in Columbus. Das Unternehmen agiert innerhalb einer einzigen Domäne. Jeder Standort ist an eine Hochgeschwindigkeits-Backboneverbindung angeschlossen, die eine Gruppe von 10–100 MBit/s-LANs verbindet.

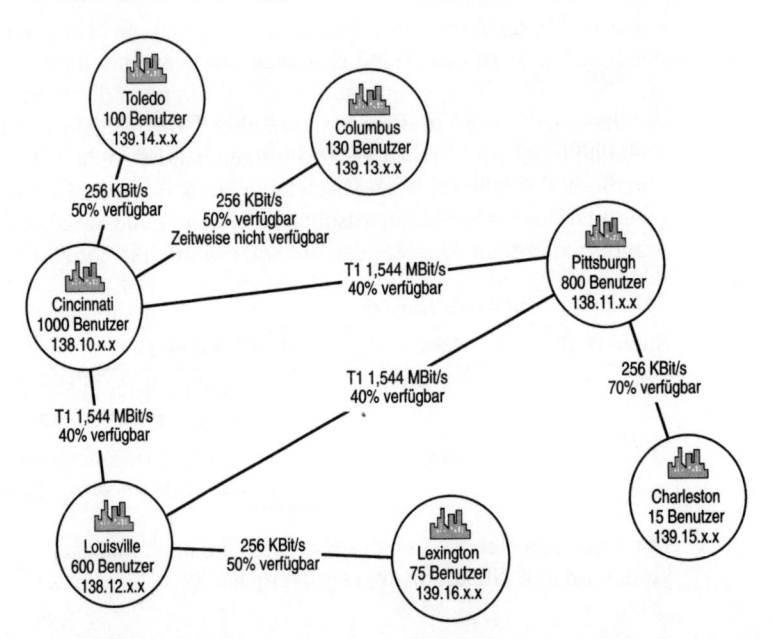

Abbildung 6.2 Netzwerkarchitekturdiagramm für die Margo Tea Company

Abbildung 6.3 zeigt das Standortdiagramm für die Margo Tea Company. Für jeden Geschäftsstandort wurde ein Standort definiert, da jede Niederlassung über eine Hochgeschwindigkeits-Backboneverbindung verfügt, die eine Gruppe von 10–100 Mbit/s-LANs verbindet.

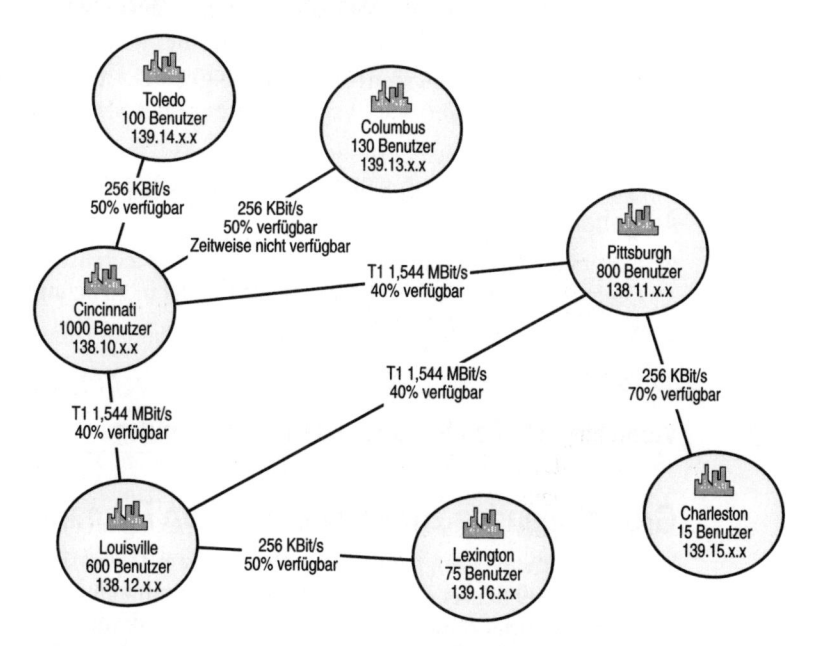

Abbildung 6.3 Standortdiagramm für die Margo Tea Company

Zusammenfassung der Lektion

In dieser Lektion haben Sie gelernt, Standorte für eine Organisation zu definieren, indem Sie den Bedarf der Organisation an Standorten ermitteln und die Positionen ihrer Standorte festlegen. Außerdem haben Sie die Richtlinien für die Definition eines Standortes kennen gelernt: Sie definieren je einen Standort für alle LANs oder Gruppen von LANs, die über eine Hochgeschwindigkeits-Backboneverbindung verbunden sind, und definieren einen Standort für jede Niederlassung, die nicht über die Fähigkeit zur direkten Verbindung mit dem übrigen Netzwerk verfügt und nur über SMTP-Mail erreichbar ist. Schließlich haben Sie gelernt, ein Standortdiagramm zu erstellen, das den Namen jedes Standortes und eine Auflistung der Gruppe von IP-Subnetzen enthält, aus denen sich jeder Standort zusammensetzt.

Lektion 2: Platzieren von Domänencontrollern an Standorten

Der zweite Schritt beim Erstellen eines Standorttopologieplans ist das Platzieren von Domänencontrollern an Standorten. Um Domänencontroller zu platzieren, müssen Sie den Bedarf der Organisation an Domänencontrollern ermitteln und anschließend die Position der Domänencontroller innerhalb der Organisation festlegen. In dieser Lektion wird das Platzieren von Domänencontrollern an Standorten erläutert.

Am Ende dieser Lektion werden Sie in der Lage sein, die folgenden Aufgaben auszuführen:
- Benennen der Faktoren der geschäftlichen und technischen Umgebung einer Organisation, die sich auf deren Bedarf an Domänencontrollern auswirken
- Analysieren der Umgebung einer Organisation, um Domänencontroller an Standorten zu platzieren

Veranschlagte Zeit für diese Lektion: 30 Minuten

Grundlegendes zur Platzierung von Domänencontrollern

Wie Sie bereits wissen, handelt es sich bei einem *Domänencontroller* um einen Windows 2000 Server-Computer, der Benutzeranmeldungen authentifiziert und die Sicherheitsrichtlinie sowie die Masterdatenbank für eine Domäne verwaltet. Da die Verfügbarkeit von Active Directory von der Verfügbarkeit von Domänencontrollern abhängt, muss ein Domänencontroller immer verfügbar sein, damit die Benutzer authentifiziert werden können. Der Bedarf an verfügbaren Domänencontrollern bestimmt, an welchen Standorten Domänencontroller platziert werden. Indem Sie Domänencontroller an Standorten platzieren und so Fehlertoleranz bereitstellen, können Sie die Verfügbarkeit der erforderlichen Funktionen sicherstellen.

Wenn Sie die erste Domäne in einer Gesamtstruktur installieren, wird im Standortcontainer ein Objekt namens **Standardname-des-ersten-Standortes** erstellt. Der erste Domänencontroller wird automatisch an diesem Standort erstellt. Sie können den Namen des ersten Standortobjekts ändern. Wenn Sie weitere Domänencontroller hinzufügen, bestimmt der Assistent zum Installieren von Active Directory, an welchem Standort sie installiert werden. Der Assistent überprüft vorhandene Standorte auf das Subnetz des Domänencontrollers, den Sie installieren. Wird das Subnetz an einem vorhandenen Standort gefunden, dann wird der Domänencontroller an diesem Standort installiert. Falls das Subnetz nicht an einem vorhandenen Standort gefunden wird, installiert der Assistent den neuen Domänencontroller am Standort des ersten Domänencontrollers. Wenn Sie für den neuen Domänencontroller einen neuen Standort erstellen müssen, können Sie den Standort nach der Installation von Active Directory erstellen und den Domänencontroller anschließend vom Standort des ersten Domänencontrollers an den neuen Standort verschieben.

Benennen von Domänencontrollern und Computern

Standardmäßig weist sich ein Windows 2000-Domänencontroller und/oder -Computer, der zu einer Domäne hinzugefügt wird, selbst einen vollqualifizierten DNS-Namen zu. Er setzt sich zusammen aus dem Hostnamen des Computers gefolgt vom DNS-Namen der Domäne, der er beigetreten ist. In Abbildung 6.4 befinden sich z. B. in der Domäne **uk.microsoft.com** die Domänencontroller DC01 und DC02 und in der Domäne **us.microsoft.com** der Domänencontroller DC01, sodass daraus die vollqualifizierten DNS-Namen **DC01.uk.microsoft.com**, **DC02.uk.microsoft.com** und **DC01.us.microsoft.com** für die Domänencontroller resultieren.

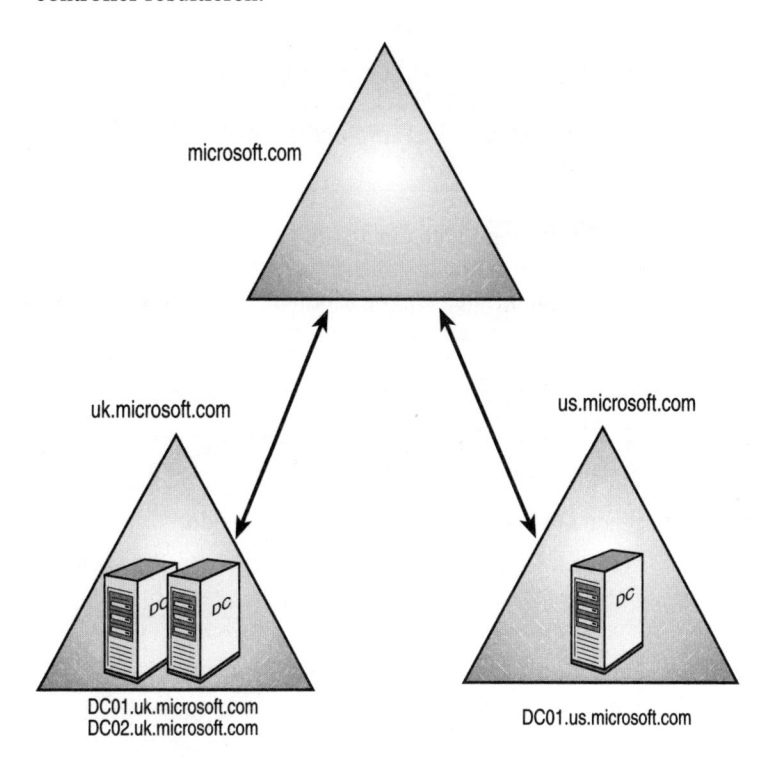

Abbildung 6.4 Benennen von Domänencontrollern

Designschritt: Platzieren von Domänencontrollern

Das Platzieren von Domänencontrollern umfasst folgende Aufgaben:

1. Ermitteln Sie den Bedarf an Domänencontrollern in der Organisation.
2. Legen Sie die Position der Domänencontroller für die Organisation fest.

Ermitteln des Bedarfs an Domänencontrollern

Um Domänencontroller zu platzieren, müssen Sie zunächst folgende Unterlagen zu Rate ziehen:

- Das zuvor von Ihrem Designteam zusammengestellte Standortdiagramm, um zu sehen, welche Standorte für Ihr Netzwerk definiert sind, und die möglichen Positionen für Domänencontroller festzulegen
- Das bereits vorher von Ihrem Designteam zusammengestellte Arbeitsblatt zur Netzwerkarchitektur, in dem definierte Domänen aufgeführt sind, um die Positionen von Domänen für die Organisation zu ermitteln

Anmerkung Sie finden auf der Kursmaterialien-CD eine Vorlage für dieses Arbeitsblatt (**\chapt02\Worksheets**). Ein bereits ausgefülltes Arbeitsblattbeispiel finden Sie in Kapitel 2, „Einführung in das Design einer Verzeichnisdienstinfrastruktur".

Neben den Informationen in diesen Dokumenten müssen Sie unbedingt etwaige sonstige derzeit geplante Änderungen bezüglich Standorten oder Domänen berücksichtigen, die sich an Wachstum und Flexibilität der Organisation sowie idealen Designspezifikationen orientieren.

Festlegen der Position von Domänencontrollern

Um eine optimale Netzwerkantwortzeit und Anwendungsverfügbarkeit zu gewährleisten, sollten Sie mindestens folgende Domänencontroller platzieren:

- Einen Domänencontroller an jedem Standort.

    Wenn an jedem Standort ein Domänencontroller vorhanden ist, verfügen die Benutzer über einen lokalen Computer, der Abfrageanforderungen für ihre Domäne über LAN-Verbindungen abwickeln kann.

- Zwei Domänencontroller in jeder Domäne.

    Indem Sie mindestens zwei Domänencontroller in jeder Domäne platzieren, sorgen Sie für Redundanz und reduzieren die Belastung des in einer Domäne bereits vorhandenen Domänencontrollers. Denken Sie daran, dass ein Domänencontroller nur eine Domäne bedienen kann.

Anmerkung Wenn ein einzelner Standort mehrere Domänen umfasst, können Sie nicht einen Domänencontroller am Standort platzieren und erwarten, dass er mehrere Domänen bedient.

Folgende Gründe sprechen dafür, zusätzliche Domänencontroller an einem Standort zu installieren:

- Der Standort verfügt über viele Benutzer, und die Verbindung zum Standort ist langsam bzw. ihre Kapazität nahezu ausgeschöpft.

  Wenn die Anmeldung an einem Standort viel Zeit in Anspruch nimmt und die Authentifizierung bei dem Versuch, auf Benutzerressourcen zuzugreifen, langsam verläuft, ist die Kapazität unter Umständen unzureichend. Durch Überwachen der Domänencontrollernutzung können Sie feststellen, ob genügend Verarbeitungsleistung und Bandbreite zur Abwicklung von Anforderungen zur Verfügung steht. Wenn die Leistung zu gering ist, sollten Sie erwägen, dem Standort einen weiteren Domänencontroller hinzuzufügen.

- Die Verbindung zu dem Standort ist in der Vergangenheit häufig unzuverlässig gewesen oder ist nur zeitweise verfügbar.

  Wenn ein einzelner Domänencontroller an einem Standort ausfällt, können Clients sich über Standortverknüpfungen mit anderen Domänencontrollern an anderen Standorten in der Domäne verbinden. Sind Standortverknüpfungen jedoch unzuverlässig, können Benutzer an diesem Standort sich nicht an ihren Computern anmelden. In diesem Fall sollten Sie erwägen, dem Standort einen weiteren Domänencontroller hinzuzufügen.

In manchen Situationen ist es unter Umständen *nicht* effizient, einen Domänencontroller an einem Standort zu platzieren. Hierzu zählen folgende Situationen:

- Standorte mit kleiner Benutzerzahl.

  Bei Standorten mit kleiner Benutzerzahl kann die Verwendung der verfügbaren Bandbreite zur Anmeldung und Verzeichnisabfrage ökonomischer sein als das Hinzufügen eines Domänencontrollers.

- Kleine Standorte, die über Clientcomputer, aber keine Server verfügen.

  Standorte ohne Server benötigen keinen Domänencontroller. Wenn die Standortverknüpfung ausfällt, können die Benutzer sich immer noch mit Hilfe zwischengespeicherter Anmeldeinformationen anmelden. Da am Standort keine serverbasierten Ressourcen verfügbar sind, ist eine weitere Authentifizierung nicht erforderlich.

Verwenden von Active Directory Sizer

Um die Anzahl der erforderlichen Domänencontroller zu bestimmen, können Sie Active Directory Sizer verwenden, ein Tool zum Einschätzen der zum Bereitstellen von Active Directory erforderlichen Hardware unter Berücksichtigung des Organisationsprofils, der Domäneninformationen und der Standorttopologie. In Lektion 4, „Platzieren von globalen Katalogservern und Betriebsmastern", werden Sie mit Active Directory Sizer experimentieren. Weitere Informationen zu Active Directory Sizer finden Sie unter *http://www.microsoft.com/windows2000/library/resources/reskit/tools/new/adsizer-o.asp.*

▶ **So platzieren Sie Domänencontroller**

1. Platzieren Sie im Standortdiagramm an jedem Standort einen Domänencontroller, mit Ausnahme der Standorte, die über eine geringe Benutzerzahl oder keine Server verfügen. Stellen Sie einen Domänencontroller mit Hilfe eines Rechtecks dar, das den Hostnamen des Domänencontrollers enthält.

2. Bestimmen Sie, ob Sie an einigen Standorten zusätzliche Domänencontroller platzieren müssen, und stellen Sie diese Domänencontroller in derselben Weise im Standortdiagramm dar.

3. Stellen Sie sicher, dass in jeder Domäne mindestens zwei Domänencontroller vorhanden sind, indem Sie zusätzliche, am entsprechenden Standort benötigte Domänencontroller platzieren.

Designschritt – Beispiel: Platzieren von Domänencontrollern

In Abbildung 6.3 wurde das Standortdiagramm für die Margo Tea Company gezeigt. Aus Lektion 1 wissen Sie, dass die Margo Tea Company nur eine Domäne benötigt. Abbildung 6.5 zeigt die Platzierung der Domänencontroller für die Margo Tea Company. Folgende Gründe waren für diese Platzierung der Domänencontroller ausschlaggebend:

- Mit Ausnahme des Vertriebsbüros in Charleston wurde an jedem Standort mindestens ein Domänencontroller platziert, um die minimalen Anforderungen zu erfüllen.

- In den regionalen Geschäftsstellen in Cincinnati, Louisville und Pittsburgh ist jeweils ein zweiter Domänencontroller platziert, um der relativ hohen Benutzerzahl an diesen Standorten gerecht zu werden.

- Im Vertriebszentrum in Columbus ist ein zweiter Domänencontroller platziert, da die Verbindung zum Hauptsitz in Cincinnati zeitweise nicht verfügbar ist.

- In Charleston wurde kein Domänencontroller platziert, da die Benutzerzahl an diesem Standort relativ gering ist und die Verbindung unterhalb der Kapazitätsgrenze gut funktioniert.

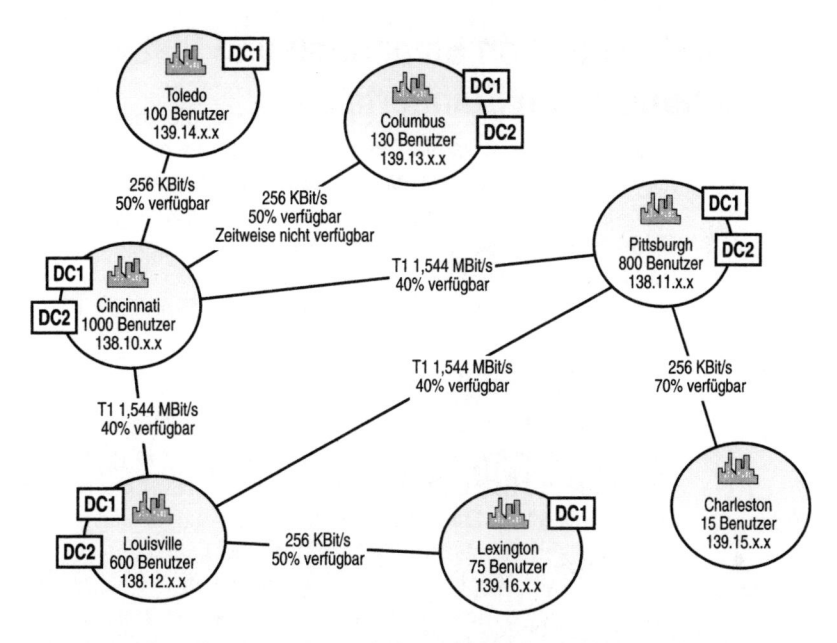

Abbildung 6.5 Domänencontrollerplatzierung für die Margo Tea Company

Zusammenfassung der Lektion

In dieser Lektion haben Sie gelernt, Domänencontroller für eine Organisation zu platzieren, indem Sie den Bedarf einer Organisation an Domänencontrollern ermitteln und bestimmen, wo Domänencontroller platziert werden sollen. Sie haben gelernt, dass Sie zum Erzielen einer optimalen Netzwerkantwortzeit und Anwendungsverfügbarkeit mindestens einen Domänencontroller an jedem Standort und zwei Domänencontroller in jeder Domäne platzieren sollten. Außerdem haben Sie gelernt, wann Sie erwägen sollten, zusätzliche Domänencontroller an einem Standort zu platzieren, z. B. wenn ein Standort eine hohe Benutzerzahl aufweist und die Verbindung zm Standort langsam ist oder nahezu die Kapazitätsgrenze erreicht, oder wenn die Verbindung zum Standort in der Vergangenheit häufig unzuverlässig gewesen oder nur zeitweise verfügbar ist. Schließlich haben Sie gelernt, die Platzierung der Domänencontroller im Standortdiagramm einzutragen.

Übung 6.1: Definieren von Standorten und Platzieren von Domänencontrollern an Standorten

In dieser Übung wird ein Beispielunternehmen herangezogen, das seine Active Directory-Infrastruktur plant. Ihre Aufgabe besteht darin, die Organisationsumgebung zu analysieren, um zu definieren, welche Standorte und Domänencontroller in einer Active Directory-Infrastruktur benötigt werden. Sie definieren Standorte und Domänencontroller, indem Sie ein Standortdiagramm erstellen und die Platzierung aller Domänencontroller eintragen.

Szenario: Ramona Publishing

Sie gehören als Infrastrukturplaner dem Active Directory-Designteam für Ramona Publishing an, einem Verlag für Bücher in spanischer Sprache mit sieben Büros in Miami, Mexico City, Buenos Aires, Los Angeles, New York, San Juan und Madrid. Die Dokumentation zur Analyse der geschäftlichen und technischen Umgebung, der Gesamtstruktur-, der Domänen- und der OU-Plan wurde bereits erstellt. Kopien dieser Pläne wurden an alle Mitglieder des Designteams verteilt. Anhand dieser Informationen müssen nun die Standorte für die Organisation definiert und die Domänencontroller platziert werden.

Ihr Designteam hat das in Abbildung 6.6 gezeigte Netzwerkarchitekturdiagramm für Ramona Publishing erstellt. Domänenpositionen wurden ebenfalls in das Diagramm eingetragen. Jede Position ist an eine Hochgeschwindigkeits-Backboneverbindung angeschlossen, die eine Gruppe von 10–100 MBit/s-LANs verbindet.

Kapitel 6 Planen der Standorttopologie

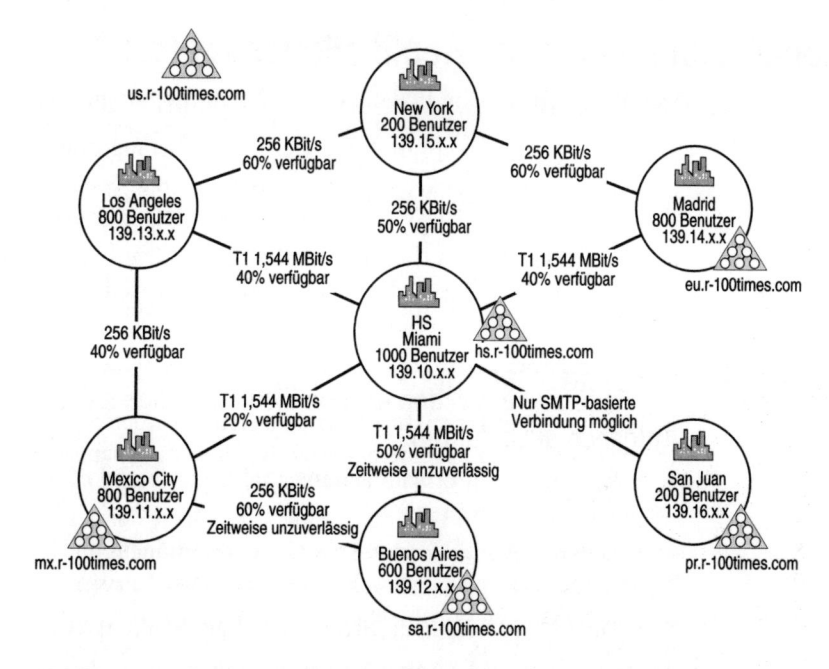

Abbildung 6.6 Netzwerkarchitekturdiagramm für Ramona Publishing

1. Erfassen Sie die erforderlichen Standorte für Ramona Publishing in einem Diagramm. Nennen Sie die Gründe für die Definition jedes einzelnen Standortes.

2. Platzieren Sie die für Ramona Publishing erforderlichen Domänencontroller. Nennen Sie die Gründe für die Platzierung jedes einzelnen Domänencontrollers.

Lektion 3: Definieren einer Replikationsstrategie

Der dritte Schritt beim Erstellen eines Standorttopologieplans ist das Definieren einer Replikationsstrategie. Um eine Replikationsstrategie zu definieren, müssen Sie die physische Konnektivität des Netzwerks der Organisation ermitteln, für jede Netzwerkverbindung eine Standortverknüpfungskonfiguration planen, außerdem planen, ob die transitive Eigenschaft einer Standortverknüpfung deaktiviert werden soll (falls erforderlich), und bevorzugte Bridgeheadserver einplanen (falls erforderlich). In dieser Lektion wird die Definition einer Replikationsstrategie erläutert.

Am Ende dieser Lektion werden Sie in der Lage sein, die folgenden Aufgaben auszuführen:
- Erläutern, wie Informationen innerhalb eines Standortes und zwischen Standorten repliziert werden
- Erläutern des Zwecks von Standortverknüpfungen, Standortverknüpfungsbrücken und Bridgeheadservern
- Erläutern der transitiven Eigenschaft einer Standortverknüpfung
- Bestimmen der Faktoren der geschäftlichen und technischen Umgebung einer Organisation, die deren Replikationsstrategie beeinflussen
- Analysieren einer Organisationsumgebung zur Definition ihrer Replikationsstrategie

Veranschlagte Zeit für diese Lektion: 40 Minuten

Grundlegendes zur Replikation

Die Replikation ist der Prozess, Daten aus einem Datenspeicher oder einem Dateisystem zum Zweck der Datensynchronisierung auf mehrere Computer zu kopieren. In Windows 2000 verwaltet jeder Domänencontroller ein Replikat aller Active Directory-Objekte, die in der Domäne enthalten sind, der er angehört. Die Replikation stellt sicher, dass Änderungen, die auf einem Domänencontroller an einem Replikat vorgenommen werden, mit den auf allen anderen Domänencontrollern innerhalb der Domäne vorhandenen Replikaten synchronisiert werden. Falls Domänen in einer Gesamtstruktur verknüpft sind, wird ein Teil der Daten mit Replikaten auf anderen Domänencontrollern in anderen Domänen synchronisiert.

Replikationsauslöser

Folgende Aktionen lösen die Replikation zwischen Domänencontrollern aus:
- Erstellen eines Objekts
- Bearbeiten eines Objekts

- Verschieben eines Objekts
- Löschen eines Objekts

Replizierte Informationen

Drei Objekttypen werden im Active Directory gespeichert. Jeder Objekttyp wird in einer als Namenskontext (Naming Context, NC) bezeichneten Struktur gespeichert. Es werden drei Namenskontexte unterschieden:

- **Schema-NC.** Enthält Objekte, die im Verzeichnis erstellt werden können, und die Attribute, die diese Objekte besitzen können. Objekte im Schema-NC müssen auf allen Domänencontrollern in allen Domänen der Gesamtstruktur repliziert werden.

- **Konfigurations-NC.** Enthält Objekte, die die logische Struktur der Bereitstellung darstellen, inklusive der Domänenstruktur sowie der Replikationstopologie. Objekte im Konfigurations-NC müssen auf allen Domänencontrollern in allen Domänen der Gesamtstruktur repliziert werden.

- **Domänen-NC.** Enthält alle Objekte in einer Domäne. Objekte im Domänen-NC können nur auf innerhalb der Domäne liegenden Domänencontrollern repliziert werden. Zum Auffinden von Informationen innerhalb einer Domänen- oder Gesamtstruktur wird ein Teilsatz der Eigenschaften aller Objekte in allen Domänen im globalen Katalog gespeichert.

Wie werden Informationen repliziert?

Wie Sie wissen, repliziert Active Directory Informationen auf zwei Arten: *standortintern* (innerhalb eines Standortes) und *standortübergreifend* (zwischen Standorten). In Tabelle 6.2 finden Sie einen Vergleich zwischen standortinterner und standortübergreifender Replikation.

Tabelle 6.2 Vergleich zwischen standortinterner und standortübergreifender Replikation

	Standortinterne Replikation	Standortübergreifende Replikation
Komprimierung	Um CPU-Zeit zu sparen, werden die Replikationsdaten nicht komprimiert.	Um WAN-Bandbreite zu sparen, werden Replikationsdaten, die größer sind als 50 KB, komprimiert.
Replikationsmodell	Um die Replikationslatenz zu reduzieren, benachrichtigen Replikationspartner sich gegenseitig, wenn Änderungen repliziert werden müssen, und senden dann Informationen zur Verarbeitung an den oder die jeweiligen Push-Partner.	Um WAN-Bandbreite zu sparen, benachrichtigen Replikationspartner sich nicht geseitig, wenn Änderungen repliziert werden müssen.

(Fortsetzung)

	Standortinterne Replikation	Standortübergreifende Replikation
Replikations-häufigkeit	Replikationspartner fragen sich gegenseitig in regelmäßigen Abständen ab.	Replikationspartner fragen sich gegenseitig in festgelegten Intervallen ab, jedoch nur während eingeplanter Zeiträume. Falls Aktualisierungen erforderlich sind, werden Operationen zur Abfrage der Informationen zur Verarbeitung geplant.
Transport-protokolle	Remoteprozeduraufruf (RPC)	IP oder SMTP

Bei der standortinternen Replikation wird über die Windows 2000-Konsistenzprüfung (Knowledge Consistency Checker, KCC) auf jedem Domänencontroller automatisch eine Replikationstopologie für die Domänencontroller derselben Domäne generiert und optimiert. Hierzu werden über die KCC automatisch Verbindungsobjekte zwischen den Domänencontrollern erstellt. Ein *Verbindungsobjekt* ist ein Active Directory-Objekt, das als Kommunikationskanal zur Replikation von Informationen eines Domänencontrollers auf einem anderen Domänencontroller eingesetzt wird. Unter normalen Bedingungen erstellt und löscht Active Directory Verbindungsobjekte automatisch. Sie können jedoch auch manuell Verbindungsobjekte erstellen, um die Replikation zu erzwingen, wenn Sie davon überzeugt sind, dass die Verbindung erforderlich ist und Sie selbst steuern möchten, wann die Verbindung entfernt wird.

Damit eine standortübergreifende Replikation stattfindet, müssen Sie die Art und Weise festlegen, mit der Active Directory Informationen repliziert. Dies geschieht über die Einrichtung von Standortverknüpfungen. *Standortverknüpfungen* sind logische, transitive Verbindungen zwischen mindestens zwei Standorten, die die Netzwerkverbindungen widerspiegeln und eine Replikation erlauben. Nachdem Sie die Standortverknüpfungen erstellt haben, wird über die KCC automatisch eine Standorttopologie mit geeigneten Verbindungsobjekten erstellt. Es ist wichtig, den Unterschied zwischen einer Standortverknüpfung und einem Verbindungsobjekt zu verstehen. Standortverknüpfungen werden von der KCC zur Festlegung des Replikationspfads zwischen zwei Standorten verwendet und *müssen* manuell erstellt werden. Verbindungsobjekte werden dienen der tatsächlichen Verbindung der Domänencontroller und werden über die KCC erstellt. Falls erforderlich, können Verbindungsobjekte auch manuell erstellt werden.

Konfigurieren von Standortverknüpfungen

Zur Sicherstellung einer effizienten Replikation und zur Bereitstellung von Fehlertoleranz müssen Sie für Standortverknüpfungen folgende Informationen konfigurieren:

- **Standortübergreifender Transport.** Die Transportmethode für die Replikation. Verfügbar sind:
  - Verzeichnisdienst-Remoteprozeduraufruf (Directory Service Remote Procedure Call, DS-RPC), in Windows 2000 als IP bezeichnet.

  oder

  - ISM-SMTP (Inter-Site Messaging-Simple Mail Transport Protocol), in Windows 2000 als SMTP bezeichnet.
- **Standortverknüpfungskosten.** Ein der Standortverknüpfung zugeordneter Wert, der die Kosten der Verbindung im Verhältnis zur Verbindungsgeschwindigkeit angibt. Langsame Verbindungen verursachen höhere Kosten als schnelle Verbindungen.
- **Replikationshäufigkeit.** Ein der Standortverknüpfung zugeordneter Wert. Dieser Wert gibt die Wartezeit in Minuten an, die verstreicht, bevor Active Directory über die Verbindung eine Prüfung auf Replikationsaktualisierungen durchführt.
- **Replikationsverfügbarkeit.** Ein der Standortverknüpfung zugeordneter Zeitplan, der anzeigt, wann die Verknüpfung für die Replikation zur Verfügung steht.

Transitive Eigenschaft von Standortverknüpfungen

Standardmäßig sind alle Standortverknüpfungen transitiv, d. h., wenn Standort A und Standort B sowie Standort B und Standort C miteinander verknüpft sind, sind Standort A und Standort C transitiv miteinander verknüpft. Die transitive Eigenschaft einer Standortverknüpfung kann aktiviert oder deaktiviert werden, indem das Kontrollkästchen **Brücke zwischen allen Standortverknüpfungen herstellen** im Eigenschaftendialogfeld für den standortübergreifenden IP- oder SMTP-Transport aktiviert bzw. deaktiviert wird. Standardmäßig ist die transitive Eigenschaft der Standortverknüpfungen für beide Transportprotokolle aktiviert.

Wenn Sie die transitive Eigenschaften der Standortverknüpfungen für ein Transportprotokoll deaktivieren, betrifft dies alle Standortverknüpfungen für dieses Transportprotokoll. Sie müssen in diesem Fall manuelle Standortverknüpfungsbrücken erstellen, um eine transitive Replikation zu ermöglichen. Nachfolgend werden die Gründe aufgeführt, aus denen die Deaktivierung der transitiven Eigenschaft von Standortverknüpfungen möglicherweise wünschenswert ist:

- Sie benötigen vollständige Kontrolle über das Replikationsmuster
- Sie möchten einen bestimmten Replikationspfad nicht verwenden, beispielsweise einen Pfad, der eine Firewall beinhaltet
- Ihr IP-Netzwerk ist nicht vollständig routingfähig

Achtung Sie sollten die Anforderungen Ihrer Organisation genau prüfen, bevor Sie die transitive Eigenschaft von Standortverknüpfungen deaktivieren.

Standortverknüpfungsbrücken

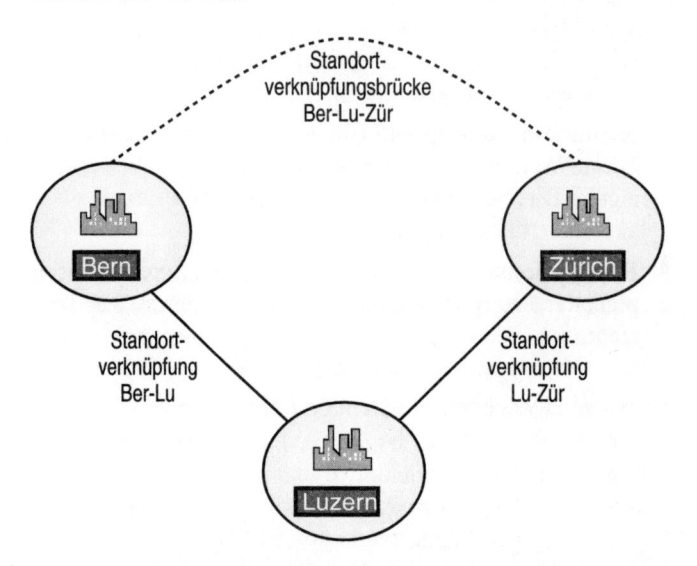

Eine *Standortverknüpfungsbrücke* verbindet mindestens zwei Standortverknüpfungen in einem Transport, bei dem die transitive Eigenschaft deaktiviert wurde, um eine transitive und logische Verbindung zwischen zwei Standorten ohne explizite Standortverknüpfung zu erstellen. In Abbildung 6.7 beispielsweise verbindet die Standortverknüpfung **Ber-Lu** die Standorte Bern und Luzern. Die Standortverknüpfung **Lu-Zür** verbindet die Standorte Luzern und Zürich. Die Standortverknüpfungsbrücke **Ber-Lu-Zür** verbindet die Standortverknüpfungen **Ber-Lu** und **Lu-Zür**.

Abbildung 6.7   Eine Standortverknüpfungsbrücke

Da Standortverknüpfungen standardmäßig transitiv sind, ist die Erstellung von Standortverknüpfungsbrücken nur selten erforderlich. Anders gesagt, wenn die transitive Eigenschaft einer Standortverknüpfung aktiviert ist, ist das manuelle Erstellen einer Standortverknüpfungsbrücke unnötig und hat keinerlei Auswirkungen. Wenn die transitive Eigenschaft einer Standortverknüpfung jedoch deaktiviert wurde, muss eine manuelle Standortverknüpfungsbrücke erstellt werden, wenn eine transitive Verknüpfung zur Umsetzung der Replikationsstrategie Ihrer Organisation erforderlich ist.

Bridgeheadserver

Nachdem Sie die Standortverknüpfungen konfiguriert haben, wird über die KCC für jeden Standort und jeden standortübergreifenden Transport automatisch ein Domänencontroller als Bridgeheadserver festgelegt. Als *Bridgeheadserver* wird ein Domänencontroller an jedem Standort festgelegt, der als Kontaktpunkt für die Replikation zwischen den Standorten dient. Über die KCC werden automatisch Verbindungsobjekte zwischen den Bridgeheadservern erstellt.

Wenn ein Bridgeheadserver Replikationsaktualisierungen eines anderen Standorts erhält, repliziert er die Daten auf die weiteren Domänencontroller innerhalb seines Standortes.

Der Bridgeheadserver wird über die KCC automatisch zugewiesen. Sie können einen bevorzugten Bridgeheadserver angeben, wenn Sie über einen Computer mit geeigneter Bandbreite zum Übertragen und Empfangen von Informationen verfügen. Wenn Sie anstelle eines durch die KCC zugewiesenen Bridgeheadservers einen bevorzugten Bridgeheadserver angeben, können Sie die optimalen Bedingungen für die Verbindung zwischen den Standorten angeben. Zur Zuweisung eines bevorzugten Bridgeheadservers wählen Sie das gewünschte Protokoll für den standortübergreifenden Transport auf der Registerkarte **Server** im Eigenschaftendialogfeld des Domänencontrollers aus, der als Bridgeheadserver fungieren soll. Sie können mehrere bevorzugte Bridgeheadserver angeben, innerhalb eines Standortes kann es jedoch immer nur einen aktiven bevorzugten Bridgeheadserver geben.

Achtung Durch Angabe eines bevorzugten Bridgeheadservers mindern Sie die Fähigkeit der KCC, Failoverfunktionen bereitzustellen, falls der zugewiesene bevorzugte Bridgeheadserver ausfällt. Ist ein aktiver bevorzugter Bridgeheadserver nicht verfügbar, wählt Active Directory einen anderen der als bevorzugt angegebenen Bridgeheadserver aus. Sind keine weiteren bevorzugten Bridgeheadserver vorhanden oder verfügbar, findet für diesen Standort keine Replikation statt.

Funktionsweise der standortübergreifenden Replikation

Die standortübergreifende Replikation läuft nach dem folgenden Muster ab (siehe auch Abbildung 6.8):

1. In einem als Replikationshäufigkeit festgelegten Intervall fragt der Bridgeheadserver am Standort Zürich den Bridgeheadserver in Luzern nach aktualisierten Daten ab.

2. Wenn der Bridgeheadserver am Standort Luzern aktualisierte Active Directory-Daten ermittelt, werden diese komprimiert (bei Datenmengen über 50 MB) und an den Bridgeheadserver am Standort Zürich gesendet.

3. Sobald der Bridgeheadserver in Zürich alle Daten empfangen hat, werden die Daten auf die weiteren Domänencontroller an diesem Standort repliziert. Bei diesem Vorgang werden die Informationen nicht komprimiert.

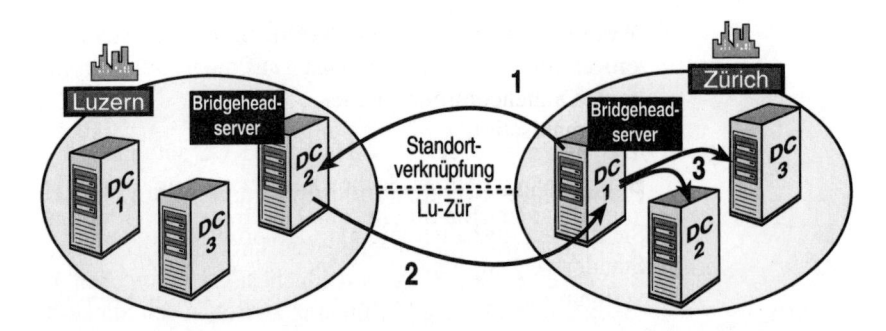

Abbildung 6.8 Die standortübergreifende Replikation

Beachten Sie, dass bei der standortübergreifenden Replikation zwischen den Bridgeheadservern nicht Benachrichtigung und Pushreplikation, sondern Abfrage und Pullreplikation verwendet werden. Für die standortübergreifende Replikation ist die Pullmethode die effizienteste, da der Zieldomänencontroller weiß, welche Replikationsdaten angefordert werden müssen. Die Replikation per Benachrichtigung und Pushmethode eignet sich besser für die standortinterne Replikation, da die Domänencontroller über gute Verbindungen verfügen und keinen Zeitplänen für die Standortverknüpfungen unterliegen.

Designschritt: Definieren einer Replikationsstrategie

Die Replikationsstrategie einer Organisation legt fest, wann und wie Informationen repliziert werden. Die Definition einer Replikationsstrategie umfasst folgende Aufgaben:

1. Bewerten Sie die physische Konnektivität des Organisationsnetzwerks.
2. Planen Sie die Standortverknüpfungskonfiguration für jede Netzwerkverbindung.
3. Planen Sie die Deaktivierung der transitiven Eigenschaft von Standortverknüpfungen (optional).
4. Planen Sie die bevorzugten Bridgeheadserver (optional).

Bewerten der physischen Konnektivität

Zur Definition einer Replikationsstrategie müssen Sie zunächst das Standortdiagramm mit den Positionen der Domänencontroller heranziehen, das zuvor von Ihrem Designteam erstellt wurde. Anhand des Diagramms ermitteln Sie die für das Netzwerk definierten Netzwerkverbindungen, Standorte und Domänencontroller und ermitteln, welche Standortverknüpfungen erforderlich sind. Sie sollten auch berücksichtigen, bei welchen Standortverknüpfungen die transitive Eigenschaft deaktiviert werden muss und ob Standortverknüpfungsbrücken erforderlich sind. Anschließend müssen Sie entscheiden, ob bevorzugte Bridgeheadserver eingesetzt werden sollten. Zusätzlich müssen Sie unbedingt etwaige sonstige derzeit geplante Änderungen hinsichtlich der Standorte oder der Platzierung der Domänencontroller berücksichtigen, die sich an Wachstum und Flexibilität der Organisation sowie idealen Designspezifikationen orientieren.

Planen einer Standortverknüpfungskonfiguration

Sie müssen für jede Standortverknüpfung die folgenden Informationen angeben: Standortverknüpfungsname, Methode des Replikationstransports, Standortverknüpfungskosten, Replikationshäufigkeit und Replikationsverfügbarkeit.

Für den Standortverknüpfungsnamen sollten Sie eine Namenskonvention etablieren. Die gewählte Namenskonvention sollte gemäß den Standorten gewählt werden, die durch die Verknüpfung verbunden werden: Wenn Ihre Standorte beispielsweise Chicago und Redmond lauten, können die Standortverknüpfungen die Namen **Chi-Red** oder **Red-Chi** tragen.

Zur Auswahl der Transportmethode für die Replikation einer Standortverknüpfung (entweder DS-RPC – Directory Service RPC – oder SMTP) müssen Sie wissen, wie die Standorte miteinander verbunden sind. Eine Standortverknüpfung, die den IP-Replikationstransport verwendet, eignet sich für schnelle Verbindungen und Remoteprozeduraufrufe (Remote Procedure Calls, RPCs) für eine direkte, synchrone Replikation über TCP/IP. Eine Standortverknüpfung, die den SMTP-Replikationstransport verwendet, eignet sich besonders für langsame und weniger zuverlässige Verbindungen und setzt zur Verarbeitung von Replikationsaktualisierungen E-Mail-Nachrichten ein. Da der SMTP-Replikationstransport asynchron ist und Aktualisierungen entsprechend dem E-Mail-System automatisch sendet und empfängt, werden Zeitpläne für die Replikation nicht berücksichtigt.

Wichtig Wenn Sie sich für den SMTP-Transport entscheiden, müssen Sie eine Zertifizierungsstelle installieren und konfigurieren. Es muss eine Organisations-CA (Certificate Authority, Zertifizierungsstelle) verfügbar sein, und SMTP muss auf allen Domänencontrollern installiert sein, die die Standortverknüpfung verwenden. Die CA signiert die zwischen Domänencontrollern ausgetauschten SMTP-Meldungen und stellt so die Authentizität der Verzeichnisaktualisierungen sicher.

Für die Standortverknüpfungskosten kann ein Wert zwischen 1 und 32.767 konfiguriert werden. Der Standardwert lautet 100. Niedrigere Werte kennzeichnen bessere Verbindungen mit höherer Nutzungspriorität. Die Werte, die Sie für die Standortverknüpfungskosten zuweisen, richten sich nach den Verbindungsgeschwindigkeiten und den in Ihrer Organisation verwendeten Replikationstransport. Wenn Sie beispielsweise über drei verschiedene Verbindungstypen verfügen (T1, 256 KBit/s und 64 KBit/s) benötigen Sie drei verschiedene Kostenwerte für die Standortverknüpfungen. Wenn Sie darüber hinaus jede dieser Verbindungstypen mit beiden Replikationstransportmethoden einsetzen, benötigen Sie sechs Kostenwerte für die Standortverknüpfungen. Die zugewiesenen Werte sollten die relative Bandbreite der Verbindungen widerspiegeln. Sie könnten beispielsweise für schnelle, kostengünstige Verbindungen die Werte 1-25; für Verbindungen mit höheren Kosten die Werte 26-50 und für Verbindungen mit hohen Kosten die Werte 51 und höher zuweisen. Active Directory wählt die Verbindung immer auf Kostenbasis, d. h., es wird stets die kostengünstigste Verbindung gewählt (sofern verfügbar). Sie können Standortverknüpfungen identische Kostenwerte zuweisen; die KCC betrachtet diese Standorte als gleichwertig.

Zur Festlegung der Replikationshäufigkeit geben Sie die Anzahl der Minuten an, die verstreicht, bevor die Replikationspartner für die Standortverknüpfung eventuell vorgenommene Änderungen anfordern.

Bei Festlegung der Replikationsverfügbarkeit müssen Sie berücksichtigen, wann eine Replikation über die Standortverknüpfungen sinnvoll ist. Verbindungen mit niedrigen Kosten können für längere Zeiträume verfügbar gemacht werden, die Nutzung von Verbindungen, bei denen hohe Kosten anfallen, sollte auf bestimmte Zeiten beschränkt bleiben. Damit die Replikation für alle Standortverknüpfungen erfolgen kann, müssen Sie einen Zeitplan festlegen, bei dem alle Verbindungen zum gleichen Zeitpunkt verfügbar sind.

Planen der Deaktivierung der transitiven Eigenschaft einer Standortverknüpfung (optional)

Standardmäßig ist die transitive Eigenschaft einer Standortverknüpfung in Windows 2000 aktiviert. Sie sollten die transitive Eigenschaft einer Standortverknüpfung nur deaktivieren, wenn es unbedingt erforderlich ist, dass Sie die vollständige Kontrolle über die Replikationsmuster benötigen. Die Deaktivierung der transitiven Eigenschaft von Standortverknüpfungen erhöht häufig den Verwaltungsaufwand für den Administrator und kann dazu führen, dass die Replikation zwischen zwei Standorten fehlschlägt. Wenn Sie die transitive Eigenschaft einer Standortverknüpfung deaktivieren, müssen Sie Standortverknüpfungsbrücken zwischen den Standorten erstellen, die über eine transitive Verknüpfung verfügen sollen.

Planen von bevorzugten Bridgeheadservern (optional)

Wenn Sie anstelle eines durch die KCC zugewiesenen Bridgeheadservers einen bevorzugten Bridgeheadserver angeben, können Sie die optimalen Bedingungen für die Verbindung zwischen den Standorten angeben.

▶ **So definieren Sie eine Replikationsstrategie**

1. Ermitteln Sie die Standorte, die über sehr schnelle (2 MBit/s oder höher), kostengünstige Verbindungen verfügen.

2. Ermitteln Sie die Standorte mit niedrigerer Geschwindigkeit und höheren Verbindungskosten.

3. Ermitteln Sie die Standorte mit sehr langsamen, unzuverlässigen Verbindungen bzw. sehr hohen Verbindungskosten.

4. Kennzeichnen Sie jede Verbindung als Standortverknüpfung im Standortdiagramm, indem Sie den Namen der Standortverknüpfung neben der Verbindung zweier Standorte eintragen.

5. Erstellen Sie eine Tabelle der Standortverknüpfungen, in der für jede Standortverknüpfung Standortverknüpfungsname, Methode des Replikationstransports, Standortverknüpfungskosten, Replikationshäufigkeit und Replikationsverfügbarkeit aufgeführt werden.

6. (Optional) Listen Sie auf der Standortverknüpfungstabelle den/die Transport(e) auf, für die Sie die transitive Eigenschaft der Standortverknüpfungen deaktivieren müssen.

7. (Optional) Erstellen Sie für jede aufgelistete Transportmethode eine Tabelle der Standortverknüpfungsbrücken, die den Namen aller erforderlichen Standortverknüpfungsbrücken sowie den Namen der enthaltenen Standortverknüpfungen angibt.

8. (Optional) Erstellen Sie in der Tabelle der Standortverknüpfungen eine Tabelle der bevorzugten Bridgeheadserver, in der die Namen der Domänencontroller aufgeführt werden, die als bevorzugte Bridgeheadserver für die verschiedenen Standorte eingesetzt werden sollen.

Designschritt – Beispiel: Definieren einer Replikationsstrategie

In Abbildung 6.5 wurde das Standortdiagramm einschließlich der Domänencontroller für die Margo Tea Company gezeigt. Abbildung 6.9 zeigt das Standortdiagramm nach dem Hinzufügen von Standortverknüpfungen für die Margo Tea Company. Die Standortverknüpfungen werden nach den ersten drei Buchstaben jedes angeschlossenen Standortes benannt.

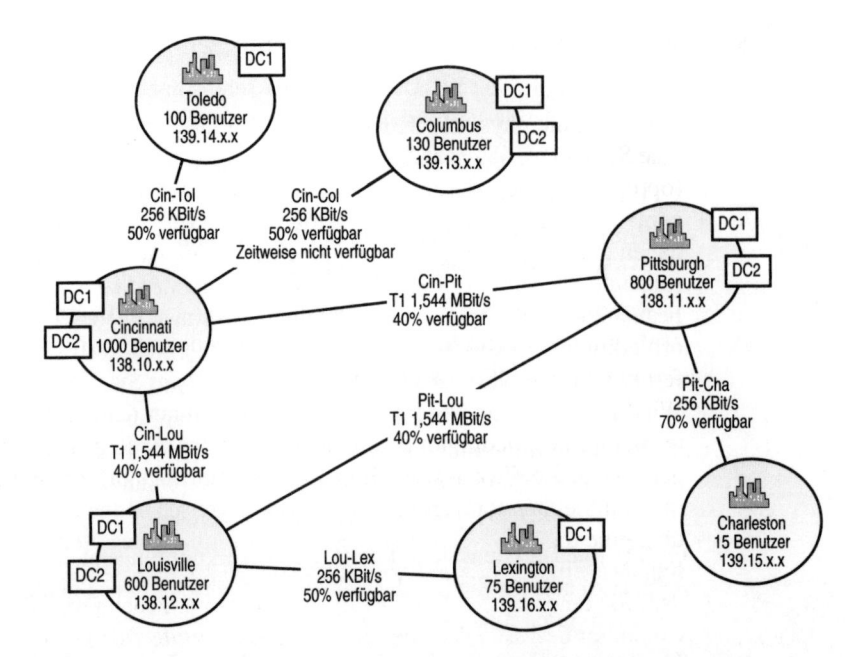

Abbildung 6.9 Standortverknüpfungen für die Margo Tea Company

Tabelle 6.3 zeigt die geplante Standortverknüpfungskonfiguration für die Margo Tea Company.

Tabelle 6.3 Standortverknüpfungskonfiguration für die Margo Tea Company

Standort-verknüpfung	Transport	Kosten	Häufigkeit	Verfügbarkeit
Cin-Pit	IP	25	15 min	immer
Pit-Lou	IP	25	15 min	immer
Cin-Lou	IP	25	15 min	immer
Pit-Cha	IP	50	1 Std.	Täglich 23.00 bis 05.00 Uhr
Cin-Tol	IP	50	1 Std.	Täglich 23.00 bis 05.00 Uhr
Cin-Col	IP	50	15 min	immer
Lou-Lex	IP	50	1 Std.	Täglich 23.00 bis 05.00 Uhr

Eine Deaktivierung der transitiven Eigenschaft der Standortverknüpfungen ist für die Margo Tea Company nicht vorgesehen. Das Unternehmen hat sich außerdem dafür entschieden, die Bridgeheadserver über die KCC festlegen zu lassen und keine bevorzugten Bridgeheadserver zu konfigurieren.

Zusammenfassung der Lektion

In dieser Lektion haben Sie gelernt, eine Replikationsstrategie zu definieren, indem Sie die physische Konnektivität des Organisationsnetzwerks untersucht, eine Standortverknüpfungskonfiguration für jede Netzwerkverbindung und die (optionale) Deaktivierung der transitiven Eigenschaft der Standortverknüpfungen geplant sowie die bevorzugten Bridgeheadserver festgelegt haben (optional). Sie haben gelernt, dass bei der Planung einer Standortverknüpfungskonfiguration folgende Schritte erforderlich sind: Benennung der Standortverknüpfungen, Festlegen der Methode für den Replikationstransport sowie Angaben von Standortverknüpfungskosten, Replikationshäufigkeit und -verfügbarkeit. Sie haben ferner erfahren, dass die transitive Eigenschaft der Standortverknüpfungen in Windows 2000 standardmäßig aktiviert ist und nur dann deaktiviert werden sollte, wenn Sie unbedingt die volle Kontrolle über die Replikationsmuster benötigen. Wenn Sie die transitive Eigenschaft einer Standortverknüpfung deaktivieren, müssen Sie Standortverknüpfungsbrücken zwischen den Standorten erstellen, die über eine transitive Verknüpfung verfügen sollen. Des Weiteren haben Sie erfahren, dass ein Bridgeheadserver automatisch durch die KCC zugewiesen wird und dass Sie einen bevorzugten Bridgeheadserver angeben können, wenn Sie einen Computer besitzen, der über genügend Bandbreite zum Übertragen und Empfangen von Informationen verfügt. Wenn Sie anstelle eines durch die KCC zugewiesenen Bridgeheadservers einen bevorzugten Bridgeheadserver angeben, können Sie die optimalen Bedingungen für die Verbindung zwischen den Standorten angeben. Abschließend haben Sie gelernt, dass Sie zur Angabe der Replikationsstrategie Standortverknüpfungen in das Standortdiagramm eintragen, eine Tabelle der Standortverknüpfungen, eine Tabelle der Standortverknüpfungsbrücken (optional) sowie eine Liste der bevorzugten Bridgeheadserver erstellen (optional).

Lektion 4: Platzieren von globalen Katalogservern und Betriebsmastern

Der letzte Schritt beim Erstellen einer Standorttopologie stellt die Platzierung der globalen Katalogserver und Betriebsmaster dar. Zur Platzierung der globalen Katalogserver und Betriebsmaster müssen Sie den Organisationsbedarf hinsichtlich globaler Katalogserver und Betriebsmaster ermitteln und anschließend deren Standort festlegen. In dieser Lektion erfahren Sie, wie globale Katalogserver und Betriebsmaster platziert werden.

Am Ende dieser Lektion werden Sie in der Lage sein, die folgenden Aufgaben auszuführen:

- Benennen der Faktoren einer Organisationsumgebung, die sich auf den Bedarf an globalen Katalogservern auswirken
- Benennen der Faktoren der Organisationsumgebung, die sich auf den Bedarf an Betriebsmastern auswirken
- Analysieren einer Organisationsumgebung, um globale Katalogserver an den Standorten zu platzieren
- Analysieren der Organisationsumgebung, um Betriebsmasterfunktionen zuzuweisen
- Verwenden von Active Directory Sizer zur Ermittlung von Anzahl und Platzierung der Domänencontroller und globalen Katalogserver

Veranschlagte Zeit für diese Lektion: 30 Minuten

Grundlegendes zu globalen Katalogservern

Wie Sie wissen, ist ein *globaler Katalogserver* ein Microsoft Windows 2000-Domänencontroller mit einer Kopie des globalen Katalogs für die Gesamtstruktur. Ein globaler Katalogserver muss verfügbar sein, damit ein Benutzer sich an einer im einheitlichen Modus ausgeführten Windows 2000-Domäne anmelden kann, oder damit sich ein Benutzer mit dem UPN (User Principal Name) anmelden kann, da ein Domänencontroller im einheitlichen Modus eine Anforderung an einen globalen Katalogserver senden muss, um die Mitgliedschaft des Benutzers in universellen Gruppen abzufragen. Da universelle Gruppen zur Verweigerung des Ressourcenzugriffs eingesetzt werden können, sind die Informationen über die Mitgliedschaft in universellen Gruppen im Rahmen der Zugriffssteuerung unerlässlich. Wenn also während der Benutzeranmeldung kein globaler Katalogserver zur Verfügung steht, verweigert der Domänencontroller die Anmeldeanforderung. Aus diesem Grund sollten Sie die Platzierung der globalen Katalogserver sorgfältig planen.

Standardmäßig fungiert der erste Domänencontroller in einer Gesamtstruktur als globaler Katalogserver. Sie können jedoch beliebige andere Domänencontroller oder zusätzliche Domänencontroller als globale Katalogserver einsetzen.

Grundlegendes zu Betriebsmastern

Betriebsmasterfunktionen sind spezielle Rollen, die einem oder mehreren Domänencontrollern in einer Active Directory-Domäne zugewiesen werden können, damit die Domänencontroller für bestimmte Operationen eine Einzelmasterreplikation ausführen. Active Directory unterstützt die Multimasterreplikation der Active Directory-Datenbank zwischen allen Domänencontrollern in der Domäne. Da sich einige Änderungen jedoch nur schwer im Multimastermodus vornehmen lassen, können von einzelnen oder mehreren Domänencontrollern Einzelmasteroperationen bzw. Operationen ausgeführt werden, die nicht an mehreren Stellen im Netzwerk gleichzeitig ausgeführt werden dürfen.

In einer Active Directory-Gesamtstruktur müssen fünf Betriebsmasterfunktionen vergeben werden. Diese können von einem Domänencontroller zugewiesen oder auf bis zu fünf Domänencontroller verteilt werden. Einige der Funktionen müssen in jeder Gesamtstruktur vergeben werden. Andere Funktionen müssen in jeder Domäne der Gesamtstruktur zugewiesen werden. Nach dem Setup kann die Zuweisung der Betriebsmasterfunktionen geändert werden, in den meisten Fällen ist dies jedoch nicht notwendig. Falls Probleme auftreten oder Sie einen Domänencontroller außer Betrieb nehmen möchten, müssen Sie wissen, welche Betriebsmasterfunktionen ein Domänencontroller innehat.

Gesamtstrukturweite Betriebsmasterfunktionen

In jeder Active Directory-Gesamtstruktur müssen folgende Funktionen vergeben werden:

- Schemamaster

  Der Schemamaster-Domänencontroller steuert alle Aktualisierungen und Änderungen in Bezug auf das Schema. Zur Aktualisierung des Gesamtstrukturschemas benötigen Sie Zugriff auf den Schemamaster. Es darf immer nur ein Schemamaster in der Gesamtstruktur vorhanden sein.

- Domänennamenmaster

  Der Domänencontroller mit der Funktion des Domänennamenmasters steuert das Hinzufügen oder Entfernen von Domänen in der Gesamtstruktur. Es darf immer nur ein Domänennamenmaster in der Gesamtstruktur vorhanden sein.

Domänenweite Betriebsmasterfunktionen

In jeder Active Directory-Domäne müssen folgende Funktionen vergeben werden:

- RID-Master

  Der RID-Master weist jedem der Domänencontroller in der zugehörigen Domäne relative Kennungen (Relative IDs, RIDs) zu. Sobald ein Domänencontroller ein Benutzer-, Gruppen- oder Computerobjekt erstellt, weist der Domänencontroller diesem Objekt eine eindeutige Sicherheitskennung zu. Die Sicherheitskennung (Security Identifier, SID) enthält eine Domänenkennung (die für sämtliche SIDs einer bestimmten Domäne verwendet wird) sowie einen relativen Bezeichner, der für jede in der Domäne erstellte SID eindeutig ist. In jeder Domäne einer Gesamtstruktur darf nur ein RID-Master vorhanden sein.

- PDC-Emulationsmaster

  Wenn die Domäne Computer umfasst, auf denen keine Windows 2000-Clientsoftware ausgeführt wird, oder wenn die Domäne Windows NT-Sicherungsdomänencontroller (Backup Domain Controller, BDCs) enthält, fungiert der PDC-Emulator als Windows NT-PDC. Dieser verarbeitet Kennwortänderungen auf Clients und repliziert Aktualisierungen auf den BDCs. In einer Windows 2000-Domäne, die im einheitlichen Modus betrieben wird, empfängt der PDC-Emulator bevorzugt Replikationen von Kennwortänderungen, die von anderen Domänencontrollern in der Domäne durchgeführt wurden. Wird ein Kennwort geändert, vergeht etwas Zeit, bevor das Kennwort auf allen Domänencontrollern der Domäne repliziert wird. Schlägt in dieser Zeit eine Anmeldeauthentifizierung auf einem anderen Domänencontroller aufgrund eines falschen Kennwortes fehl, leitet der betreffende Domänencontroller die Authentifizierungsanforderung an den PDC-Emulator weiter, bevor die Anmeldung verweigert wird. In jeder Domäne einer Gesamtstruktur darf nur ein PCD-Emulator vorhanden sein.

- Infrastrukturmaster

  Der Infrastrukturmaster ist für die Aktualisierung der Sicherheitskennungen und definierten Namen von domänenübergreifenden Objektverweisen zuständig, wenn sich der Name eines Objekts ändert. In jeder Domäne darf nur ein Domänencontroller als Infrastrukturmaster fungieren.

In Abbildung 6.10 wird dargestellt, wie die Betriebsmasterfunktionen standardmäßig in der Gesamtstruktur verteilt sind. Domäne A wurde als erste Domäne in der Gesamtstruktur erstellt (als Stammdomäne der Gesamtstruktur). Diese enthält beide der gesamtstrukturweiten Betriebsmasterfunktionen. Der erste Domänencontroller in jeder weiteren Domäne erhält drei domänenspezifische Funktionen.

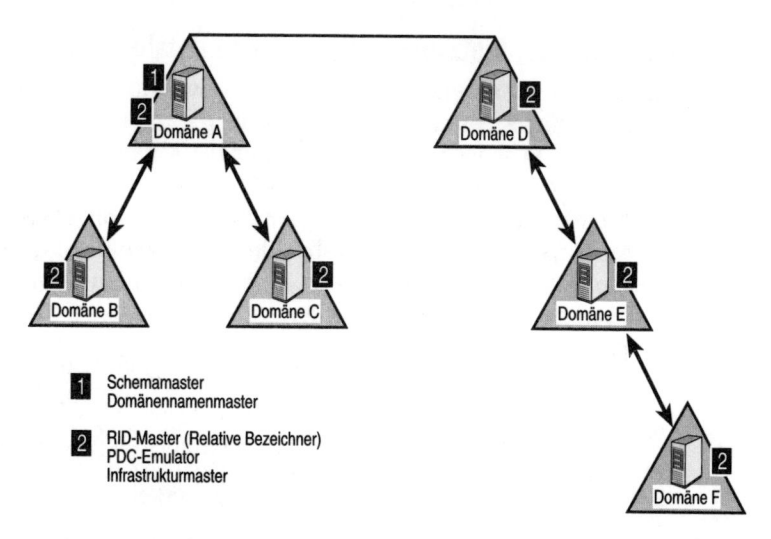

Abbildung 6.10 Standardmäßige Verteilung der Betriebsmasterfunktionen in einer Gesamtstruktur

Designschritt: Platzieren von globalen Katalogservern und Betriebsmastern

Das Platzieren der globalen Katalogserver und Betriebsmaster umfasst folgende Aufgaben:

1. Ermitteln Sie die Domänencontroller.
2. Legen Sie die Position der globalen Katalogserver für die Organisation fest.
3. Legen Sie die Position der Betriebsmaster für die Organisation fest.

Ermitteln der Domänencontroller

Zur Platzierung der globalen Katalogserver und Betriebsmaster müssen Sie zunächst das Standortdiagramm mit den Domänencontrollern und Standortverknüpfungen heranziehen, das zuvor von Ihrem Designteam erstellt wurde, um die für das Netzwerk definierten Netzwerkverbindungen, Standorte, Domänencontroller und Standortverknüpfungen anzuzeigen. Anhand dieses Diagramms können Sie festlegen, welche Domänencontroller als globale Katalogserver und Betriebsmaster eingesetzt werden sollen. Zusätzlich müssen Sie müssen Sie unbedingt etwaige sonstige derzeit geplante Änderungen hinsichtlich der Standorte oder der Platzierung der Domänencontroller berücksichtigen, die sich an Wachstum und Flexibilität der Organisation sowie idealen Designspezifikationen orientieren.

Festlegen der Platzierung von globalen Katalogservern

Für optimale Netzwerkantwortzeiten und Anwendungsverfügbarkeit sollte pro Standort mindestens ein Domänencontroller als globaler Katalogserver eingesetzt werden. Wenn an jedem Standort ein globaler Katalogserver vorhanden ist, verfügen die Benutzer über einen lokalen Computer, der Abfrageanforderungen für ihre Domäne über LAN-Verbindungen abwickeln kann. Berücksichtigen Sie bei der Auswahl der Domänencontroller, die als globale Katalogserver fungieren sollen, die Kapazität Ihres Netzwerks im Hinblick auf die Verarbeitung des Replikations- und Abfrageverkehrs.

Bei der Überlegung, ob an einem Standort zusätzliche Domänencontroller als globale Katalogserver eingesetzt werden sollten, gelten die gleichen Richtlinien wie bei der Zuweisung zusätzlicher Domänencontroller für einen Standort. Berücksichtigen Sie vor der Zuweisung zusätzlicher globaler Katalogserver, dass diese Server zu einem erhöhten Replikationsverkehr führen.

Falls Ihre Organisation Microsoft Exchange 2000 verwendet, sollten Sie versuchen, an jedem Standort einen globalen Katalogserver zu platzieren, an dem sich ein Exchange-Server befindet. Dies sollten Sie tun, da Exchange 2000 Active Directory als Verzeichnisdienst verwendet und alle Mailboxnamen durch Active Directory-Abfragen an den globalen Katalogserver aufgelöst werden. In einer umfangreichen Exchange-Umgebung müssen die globalen Katalogserver unter Umständen sehr viele Abfragen verarbeiten, daher wird durch einen globalen Katalogserver pro Standort mit Exchange-Server sichergestellt, dass alle Abfragen schnell verarbeitet werden.

Verwenden von Active Directory Sizer

Um die Anzahl der erforderlichen globalen Katalogserver zu bestimmen, können Sie Active Directory Sizer verwenden, ein Tool zum Einschätzen der zum Bereitstellen von Active Directory erforderlichen Hardware unter Berücksichtigung des Organisationsprofils, der Domäneninformationen und der Standorttopologie. Weitere Informationen zu Active Directory Sizer finden Sie unter *http://www.microsoft.com/windows2000/library/resources/reskit/tools/new/adsizero.asp*.

▶ **So platzieren Sie globale Katalogserver**

1. Weisen Sie im Standortdiagramm jeweils einem Domänencontroller pro Standort die Funktion des globalen Katalogservers zu. Kennzeichnen Sie die globalen Katalogserver durch einen Kreis mit den Buchstaben „GK".

2. Legen Sie fest, ob zusätzliche Domänencontroller als globale Katalogserver fungieren sollen, und kennzeichnen Sie auch diese im Standortdiagramm.

Festlegen der Position der Betriebsmaster

In einer kleinen Active Directory-Gesamtstruktur mit nur einer Domäne und einem Domänencontroller weisen Sie dem Domänencontroller alle Betriebsmasterfunktionen zu. Wenn Sie die erste Domäne in einer neuen Gesamtstruktur erstellen, werden alle Betriebsmasterfunktionen automatisch dem ersten Domänencontroller in der Domäne zugewiesen. Wenn Sie einen neue untergeordnete Domäne oder die Stammdomäne einer neuen Domänenstruktur in einer vorhanden Gesamtstruktur erstellen, werden dem ersten Domänencontroller in der neuen Domäne automatisch die folgenden Funktionen zugewiesen: RID-Master, PDC-Emulationsmaster und Infrastrukturmaster. Da nur ein Schemamaster und ein Domänennamenmaster in der Gesamtstruktur vorhanden sein dürfen, verbleiben diese Funktionen in der ersten Domäne der Gesamtstruktur.

Die standardmäßige Verteilung der Betriebsmasterfunktionen funktioniert besonders gut in Gesamtstrukturen, die sich an einem einzigen Standort befinden und nur wenige Domänencontroller aufweisen. In einer Gesamtstruktur mit vielen Domänencontrollern oder in einer Gesamtstruktur, die sich über mehrere Standorte erstreckt, muss die standardmäßige Verteilung der Betriebsmasterfunktionen möglicherweise geändert und auf andere Domänencontroller in der Domäne oder Gesamtstruktur übertragen werden.

Planen der Betriebsmasterfunktionenzuweisung nach Domäne

Berücksichtigen Sie bei der Zuweisung der Betriebsmasterfunktionen für eine Domäne die folgenden Richtlinien:

- Bei Domänen, die nur einen Domänencontroller besitzen, übernimmt dieser alle domänenbezogenen Funktionen.

- Verfügt eine Domäne über mehr als einen Domänencontroller, gehen Sie folgendermaßen vor:

    - Wählen Sie zwei Domänencontroller mit guter Verbindung, bei denen es sich um direkte Replikationspartner handelt. Machen Sie einen der Domänencontroller zum Betriebsmaster-DC. Der andere Domänencontroller wird als *Standby-Betriebsmaster* eingerichtet. Der Standby-Betriebsmaster wird eingesetzt, wenn der als Betriebsmaster fungierende Domänencontroller ausfallen sollte.

    - In kleineren Domänen weisen Sie dem Betriebsmaster-DC sowohl die Funktion des RID-Masters als auch die Funktion des PDC-Emulators zu. In einer sehr großen Domäne können Sie die Datenlast für den PDC-Emulator verringern, indem Sie RID-Master und PDC-Master auf getrennte Domänencontroller verteilen, die beide direkte Replikationspartner des Standby-Betriebsmaster-DCs sind. Da sich jedoch der Verwaltungsaufwand durch die Trennung dieser Funktionen erhöht, sollten Sie diese nur auf zwei Computer verteilen, wenn dies durch eine sehr große Datenlast für den Betriebsmaster-DC gerechtfertigt ist.

- Die Funktion des Infrastrukturmasters sollte nicht dem Domänencontroller zugewiesen werden, der den globalen Katalog speichert. Sie sollten die Infrastrukturmasterfunktion jedoch einem Domänencontroller zuweisen, der eine gute Verbindung zum globalen Katalog (einer beliebigen Domäne) am selben Standort hat. Wenn der Betriebsmaster-DC diese Anforderungen erfüllt, sollten Sie diesen verwenden – es sei denn, die Datenlast rechtfertig die zusätzliche Verwaltungslast einer Funktionenaufteilung. Wenn sich Infrastrukturmaster und globaler Katalog auf demselben Domänencontroller befinden, funktioniert der Infrastrukturmaster nicht. Der Infrastrukturmaster findet in diesem Fall keine veralteten Daten, d. h., es werden keine Änderungen auf den weiteren Domänencontrollern in der Domäne repliziert. Wenn alle Domänencontroller in einer Domäne einen globalen Katalog verwalten, verfügen alle Domänencontroller über aktuelle Daten, daher ist es unerheblich, welcher Domänencontroller die Funktion des Infrastrukturmasters innehat.

Planen der Betriebsmasterfunktionen für die Gesamtstruktur

Nachdem Sie alle Domänenfunktionen für die einzelnen Domänen festgelegt haben, müssen Sie die Funktionen in der Gesamtstruktur planen. Die Funktionen von Schemamaster und Domänennamenmaster sollten immer einem Domänencontroller zugewiesen werden, der als globaler Katalogserver eingesetzt wird. Auf diese Weise wird sichergestellt, dass bei der Erstellung eines neuen Domänenobjekts durch den Domänennamenmaster kein anderes Objekt über denselben Namen verfügt. Die Datenlast, die durch diese Betriebsmasterfunktionen entsteht, ist nur sehr gering, daher sollten diese Funktionen zur Vereinfachung der Verwaltung dem Betriebsmaster-DC einer der Domänen in der Gesamtstruktur zugewiesen werden.

Zuwachsplanung

Normalerweise ist es bei einem Anwachsen der Gesamtstruktur nicht erforderlich, die Zuweisungen der verschiedenen Betriebsmasterfunktionen zu ändern. Wenn Sie jedoch planen, einen Domänencontroller außer Betrieb zu nehmen, den Status eines Domänencontrollers mit globalem Katalog zu ändern oder die Konnektivität von Teilen Ihres Netzwerks zu verringern, sollten Sie die Zuweisung der Betriebsmasterfunktionen entsprechend anpassen.

▶ **So platzieren Sie die Betriebsmaster**

1. Kennzeichnen Sie im Standortdiagramm die Domänencontroller, die als RID-Master, PDC-Emulationsmaster und Infrastrukturmaster fungieren sollen. Verwenden Sie zur Kennzeichnung einen Stern mit den Buchstaben „RID", „PDC" und „IM".

2. Geben Sie im Standortdiagramm die als globale Katalogserver fungierenden Domänencontroller mit der Funktion des Schemamasters und des Domänennamenmasters an. Verwenden Sie zur Kennzeichnung einen Stern mit den Buchstaben „SM" und „DN".

> **Anmerkung** Nachdem Sie dem Standortdiagramm, in dem bereits alle Standorte, Domänencontroller und Standortverknüpfungen eingetragen sind, alle globalen Katalogserver und Betriebsmaster hinzugefügt haben, verfügen Sie über ein vollständiges Standorttopologiediagramm.

Designschritt – Beispiel: Platzieren von globalen Katalogservern und Betriebsmastern

In Abbildung 6.9 wurde das Standortdiagramm für die Margo Tea Company gezeigt. Abbildung 6.11 veranschaulicht die Standorte der globalen Katalogserver und Betriebsmaster für die Margo Tea Company. Folgende Gründe waren für diese Platzierung der globalen Katalogserver ausschlaggebend:

- Mit Ausnahme des Vertriebsbüros in Charleston wurde an jedem Standort mindestens ein globaler Katlaogserver platziert, um die minimalen Anforderungen zu erfüllen. Zusätzlich befinden sich Microsoft Exchange 2000-Server an den Standorten in Cincinnati, Pittsburgh und Louisville, daher kann der Abfrageverkehr durch die Platzierung eines globalen Katalogservers an jedem dieser Standorte umgehend verarbeitet werden.

- In Charleston wurde kein globaler Katalogserver platziert, da die Benutzerzahl an diesem Standort relativ gering ist und die Verbindung unterhalb der Kapazitätsgrenze gut funktioniert.

- Da die Platzierung zusätzlicher globaler Katalogserver an einem Standort zur Erhöhung des Replikationsverkehrs führt, wurde von der Platzierung weiterer globaler Katalogserver abgesehen.

Folgende Gründe waren für diese Platzierung der Betriebsmaster ausschlaggebend:

- Da die Domäne über mehr als einen Domänencontroller verfügt, wurde DC1 am Standort Cincinnati als Betriebsmaster-DC ausgewählt. Als Standby-Betriebsmaster fungiert DC2 am Standort Cincinnati.

- Da die Domäne nicht sehr groß ist, fungiert der Betriebsmaster-DC gleichzeitig auch als RID-Master und PDC-Emulator.

- Da die Funktion des Infrastrukturmasters nicht dem Domänencontroller zugewiesen werden sollte, der den globalen Katalog speichert, wurde diese Funktion DC2 zugewiesen.

- Die Rolle des Schemamasters und des Domänennamenmasters sollte immer ein Domänencontroller mit globalem Katalog erhalten. Aus diesem Grund und da die entstehende Datenlast nur gering ist, wurden diese gesamtstrukturweiten Funktionen DC1 zugewiesen.

Weitere Informationen Weitere Informationen zum Design einer Active Directory-Infrastruktur finden Sie im Onlineseminar „Designing the Active Directory Structure" (in englischer Sprache). Sie finden dieses Seminar auf der Kursmaterialien-CD (**\chapt06\OnlineSeminars\Designing**). Klicken Sie auf die Datei **Portal_ActiveDirectoryStructure**, um das Seminar zu starten.

Sie können auch das Onlineseminar „Comparative Active Directory Designs" als Informationsquelle heranziehen. Dieses Seminar befindet sich ebenfalls auf der Kursmaterialien-CD (**\chapt06\OnlineSeminars\Comparative**). Klicken Sie auf die Datei **Portal_ActiveDirectoryDesigns**, um das Seminar zu starten.

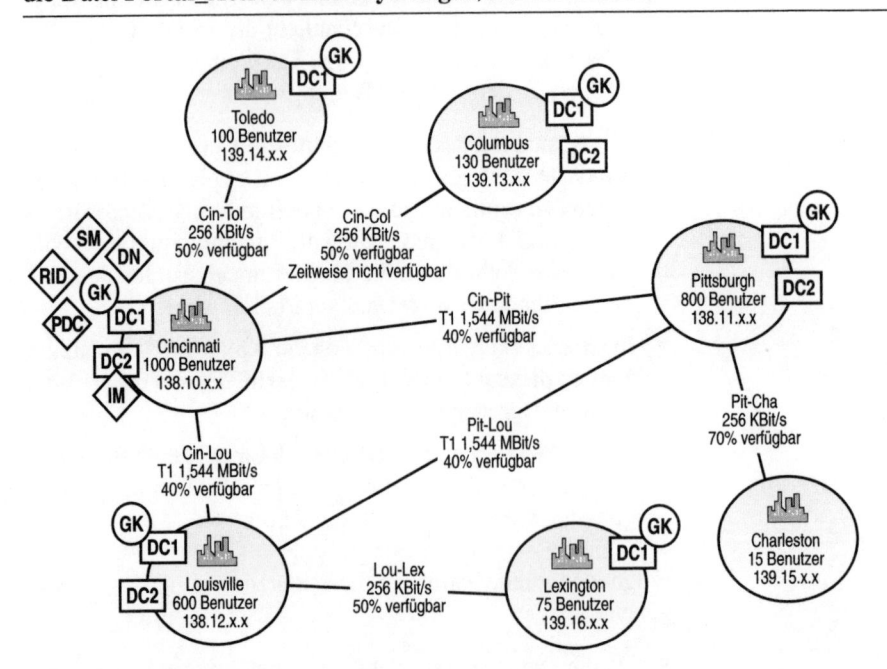

Abbildung 6.11 Positionen der globalen Katalogserver und Betriebsmaster für die Margo Tea Company

Zusammenfassung der Lektion

In dieser Lektion haben Sie gelernt, die globalen Katalogserver und Betriebsmaster für eine Organisation zu platzieren, indem Sie den Organisationsbedarf an globalen Katalogservern und Betriebsmastern ermitteln. Sie haben erfahren, dass zum Erreichen optimaler Netzwerkantwortzeiten und Anwendungsverfügbarkeit pro Standort mindestens ein Domänencontroller als globaler Katalogserver eingesetzt werden sollte. Ferner haben Sie gelernt, dass Sie vor der Zuweisung zusätzlicher globaler Katalogserver berücksichtigen müssen, dass diese Server zu einem erhöhten Replikationsverkehr führen. Sie haben Richtlinien für die Zuweisung domänenweiter Betriebsmasterfunktionen kennen gelernt, beispielsweise die, dass die Funktion des Infrastrukturmasters nicht dem Domänencontroller zugewiesen werden sollte, der den globalen Katalog verwaltet. Es wurden außerdem Richtlinien für die Zuweisung gesamtstrukturweiter Betriebsmasterfunktionen vorgestellt, u. a. die, dass Schemamaster- und Domänennamenmaster-Funktion immer dem Domänencontroller zugewiesen werden sollten, der als globaler Katalogserver fungiert. Abschließend haben Sie erfahren, wie Sie die Platzierung der globalen Katalogserver und Betriebsmaster im Standortdiagramm kennzeichnen, um so ein vollständiges Standorttopologiediagramm zu erhalten.

Übung 6.2: Verwenden von Active Directory Sizer

In dieser Übung verwenden Sie den Active Directory Sizer zum Ermitteln der Anzahl benötigter Domänencontroller und globaler Katalogserver für eine Organisation, die ihre Active Directory-Infrastruktur plant. Zur Bearbeitung dieser Übung müssen Sie den Active Directory Sizer von der Website *http://www.microsoft.com/windows2000/library/resources/reskit/tools/new/adsizero.asp* herunterladen und installieren.

Szenario: Margo Tea Company

Im Verlauf dieses Kapitels wurde das Szenario der Margo Tea Company als Beispiel zum Definieren von Standorten, zum Platzieren der Domänencontroller, zum Definieren einer Replikationsstrategie sowie zum Platzieren der globalen Katalogserver und Betriebsmaster innerhalb einer Gesamtstruktur herangezogen. Diese Aufgaben wurden manuell ausgeführt und führten zum Erhalt eines Standorttopologieplanes. Bei der Erstellung eines solchen Standorttopologieplanes können Sie auch das Tool Active Directory Sizer einsetzen, um eine etwas konservativere Einschätzung der für die Active Directory-Bereitstellung benötigten Hardware zu erhalten. Active Directory Sizer verwendet die eingegeben Daten zur Einschätzung der folgenden Komponenten:

- Anzahl der Domänencontroller pro Domäne und Standort
- Anzahl der globalen Katalogserver pro Domäne und Standort
- Anzahl der CPUs pro Rechner und CPU-Typ
- Anzahl der benötigten Festplatten für die Active Directory-Speicherung
- Menge des benötigten Arbeitsspeichers
- Netzwerkbandbreitennutzung
- Größe der Domänendatenbank
- Größe des globalen Katalogs
- Für die standortübergreifende Replikation benötigte Bandbreite

Nachfolgend werden Sie schrittweise durch die Verwendung von Active Directory Sizer geleitet, um die Anzahl und Platzierung der Domänencontroller und globalen Katalogserver für die Margo Tea Company zu ermitteln.

▶ **So ermitteln Sie die Anzahl der benötigten Domänencontroller und globalen Katalogserver**

1. Klicken Sie auf **Start**, zeigen Sie nacheinander auf **Programme** und **Active Directory Sizer**, und klicken Sie auf **Active Directory Sizer**.
2. Klicken Sie auf **File** und wählen Sie **New**.
3. Geben Sie auf der ersten Seite des nun geöffneten Active Directory Sizer Wizard als Domänenname **Margo Tea Co.** ein, und klicken Sie auf **Next**.

4. Geben Sie auf der Seite **User Accounts** für die Gesamtzahl Benutzer den Wert **2720** und für den Prozentsatz der während der Spitzenbelastungszeiten aktiven Benutzer den Wert **80%** ein. Geben Sie für die zusätzlichen Attribute den Wert **25** ein. Klicken Sie auf **Next**.

5. Geben Sie auf der zweiten Seite für die Benutzerkonten den Wert **7** für die durchschnittliche Anzahl an Gruppen ein, denen ein Benutzer angehört. Geben Sie für die Häufigkeit der Kennwortänderung den Wert **45** (Tage) ein. Geben Sie für die durchschnittliche Anmelderate pro Sekunde während der Spitzenbelastungszeiten die Werte **100** für **interactive**, **10** für **batch** und **10** für **network** ein. Klicken Sie dann auf **Next**.

6. Geben Sie auf der Seite **Computers and other objects** für die Anzahl der Windows 2000-Computer den Wert **2720**, für die Anzahl der weiteren Computer den Wert **270** und als Wert für die Anzahl weiterer in Active Directory zu veröffentlichender Objekte den Wert **300** ein. Klicken Sie anschließend auf **Next**.

7. Übernehmen Sie auf der zweiten Seite für Computer und weitere Objekte die Standardwerte für die gewünschte CPU-Nutzung und den bevorzugten CPU-Typ. Klicken Sie auf **Next**.

8. Geben Sie auf der Seite **Administration** als Zeitintervall die Option **Weekly** an. Geben Sie für die durchschnittliche Objektanzahl die folgenden Werte an: **55** für Objekte, die Sie hinzufügen möchten, **25** für Objekte, die Sie löschen werden und **500** für Objekte die geändert werden sollen. Klicken Sie dann auf **Next**.

9. Aktivieren Sie auf der Seite **Exchange 2000** die Option **Yes** für die Planung des Einsatzes von Microsoft Exchange 2000. Geben Sie als Wert für die durchschnittlich pro Tag gesendeten Nachrichten **25** an und übernehmen Sie den vorgegebenen Wert für die durchschnittliche Anzahl Empfänger pro Nachricht. Klicken Sie auf **Next**.

10. Aktivieren Sie auf der Seite **Services Using Active Directory** die Option **Yes**, um anzugeben, dass Sie den Active Directory DNS-Dienst verwenden möchten. Geben Sie für die Anzahl der DFÜ-Verbindungen den Wert **270** an und übernehmen Sie den Standardwert für DHCP-Lease (Dynamic Host Configuration Protocol) und **NoRefreshInterval**. Klicken Sie auf **Next**.

11. Übernehmen Sie auf der zweiten Seite für die Dienste, die Active Directory verwenden, die Standardwerte (alle Felder bleiben leer). Normalerweise müssten Sie zur Eingabe der Werte in diesem Abschnitt die Dokumentation zu den Active Directory-fähigen Anwendungen zu Rate ziehen, die bei der Sizer-Einschätzung berücksichtigt werden sollen. Klicken Sie auf **Next**.

12. Klicken Sie im Bildschirm **Conclusion** auf **Finish**.

Die Anzahl der für diese Domäne benötigten Domänencontroller und globalen Katalogserver wird im rechten Fensterausschnitt angezeigt.

> **Anmerkung** In Active Directory Sizer sind Bridgeheadserver ebenfalls Domänencontroller und globale Katalogserver.

Verwenden Sie das Tool Active Directory Sizer mit Vorsicht. Da Active Directory Sizer nur die Anzahl der benötigten Domänencontroller für Anmeldung, Authentifizierung und Replikation der Organisation berechnet, kann mit diesem Tool nicht die beste Platzierung redundanter Domänencontroller für jeden Standort ermittelt werden.

▶ **So ermitteln Sie die Platzierung der Domänencontroller und globalen Katalogserver zur Planung der Standorte**

1. Klicken Sie im linken Fensterbereich mit der rechten Maustaste auf **Site Configuration** und anschließend auf **Add Site**.

2. Geben Sie im Dialogfeld **New Site** als Standortname **Cincinnati** ein, und klicken Sie auf **Apply**. Wiederholen Sie diesen Schritt für die Standorte Toledo, Columbus, Pittsburgh, Charleston und Louisville. Geben Sie im Feld **Site Name** den Wert **Lexington** ein, und klicken Sie auf **OK**.

3. Klicken Sie im linken Fensterbereich mit der rechten Maustaste auf **Default-First Site** und anschließend auf **Distribute Users**.

4. Klicken Sie im Dialogfeld **Distribute Users** im Fenster **Source Site** auf **Default-First Site** und geben Sie im Feld **Users To Move** den Wert **1000** ein. Klicken Sie im Fenster **Destination Site** auf **Cincinnati** und anschließend auf **Apply**.

5. Wiederholen Sie diesen Schritt unter Verwendung der nachstehenden Tabelle für alle verbleibenden Standorte:

Zu verschiebende Benutzer	Zielstandort
100	Toledo
130	Columbus
800	Pittsburgh
15	Charleston
600	Louisville
75	Lexington

6. Klicken Sie auf **OK**.

Im rechten Fensterbereich wird die neue Serververteilung für alle Standorte angezeigt.

Workshop 6.1: Planen der Standorttopologie

Zielsetzungen des Workshops
Am Ende dieses Workshops werden Sie in der Lage sein, einen Plan für die Standorttopologie zu erstellen.

Über diesen Workshop
In diesem Workshop werden Sie die vorhandene Umgebung eines mittelständischen Unternehmens analysieren, um einen Plan für die Standorttopologie zu erstellen.

Bevor Sie beginnen
Für die Bearbeitung dieses Workshops gelten folgende Voraussetzungen:

- Sie können eine Analyse einer Organisationsumgebung zur Definition geeigneter Standorte durchführen
- Sie können eine Analyse einer Organisationsumgebung zur Platzierung der Domänencontroller an den Standorten durchführen
- Sie können eine Analyse einer Organisationsumgebung zur Definition einer Replikationsstrategie durchführen
- Sie können eine Analyse einer Organisationsumgebung zur Platzierung der globalen Katalogserver an den Standorten durchführen
- Sie können eine Analyse einer Organisationsumgebung zur Zuweisung der Betriebsmasterfunktionen durchführen

Übung: Planen der Standorttopologie
In dieser Übung werden Sie die vorhandene Umgebung eines mittelständischen Unternehmens analysieren, um einen Plan für die Standorttopologie zu erstellen. Lesen Sie das Szenario, und folgen Sie anschließend den Anweisungen zur Erstellung des Standorttopologieplans.

Szenario
Ihr Designteam plant die Active Directory-Infrastruktur für Fabrikam, Inc., einem japanischen Einzelhandelsunternehmen für Seidenstoffe. Fabrikam, Inc. verfügt über drei regionale Niederlassungen in Osaka, Tokyo und Nagoya. Die Niederlassung in Nagoya ist gleichzeitig der Hauptsitz des Unternehmens. An jede der regionalen Niederlassungen sind 150 in Japan ansässigge Einzelhandelsgeschäfte angeschlossen. Es gibt insgesamt fünf Vertriebsbüros in Sapporo, Kawasaki, Yokohama, Kyoto und Fukuoka.

Ihr Designteam hat das in Abbildung 6.12 gezeigte Netzwerkarchitekturdiagramm für Fabrikam, Inc. erstellt. Die Domänenpositionen wurden ebenfalls in das Diagramm eingetragen. Jeder Standort ist an eine Hochgeschwindigkeits-Backboneverbindung angeschlossen, die eine Gruppe von 10–100 MBit/s-LANs verbindet.

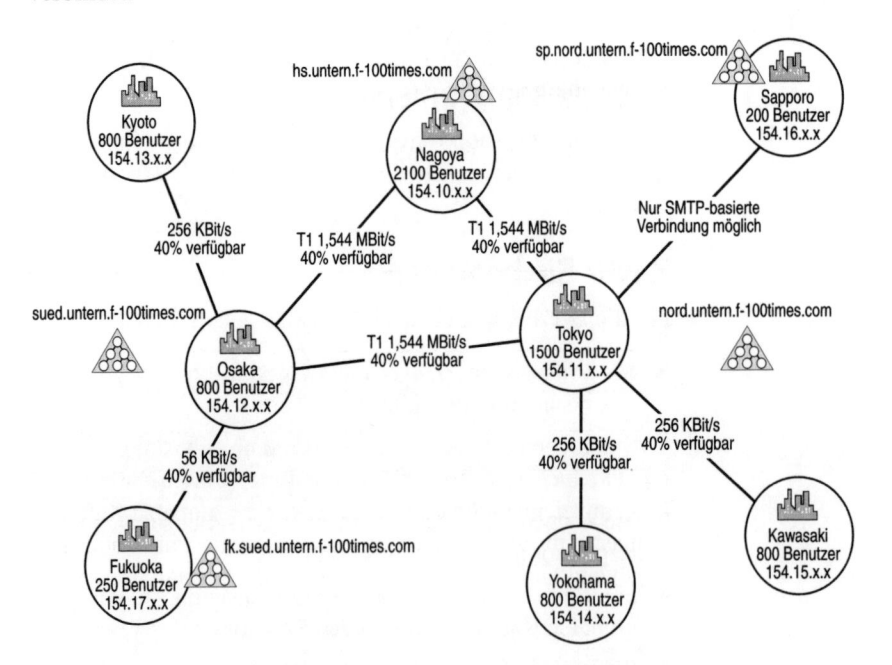

Abbildung 6.12 Netzwerkarchitekturdiagramm für Fabrikam, Inc.

Übungsfragen

Folgen Sie den nachstehenden Anweisungen zum Erstellen eines Standorttopologieplans.

1. Tragen Sie in das Diagramm zur Standorttopologie für Fabrikam, Inc. zunächst die benötigten Standorte ein. Geben Sie für jede Standorterstellung eine Begründung an.

2. Kennzeichnen Sie im Diagramm zur Standorttopologie die für Fabrikam, Inc. benötigten Domänencontroller. Nennen Sie die Gründe für die Platzierung jedes einzelnen Domänencontrollers.

3. Kennzeichnen Sie im Diagramm zur Standorttopologie die für Fabrikam, Inc. benötigten Standortverknüpfungen. Benennen Sie die Standortverknüpfungen jeweils mit den ersten zwei Buchstaben der angeschlossenen Standorte. Geben Sie in der nachstehenden Tabelle die Standortverknüpfungskonfiguration für jede Standortverknüpfung an.

Standort-verknüpfung	Transport	Kosten	Häufigkeit	Verfügbarkeit

4. Kennzeichnen Sie die Standorte für die globalen Katalogserver und Betriebsmaster im Standorttopologiediagramm für Fabrikam, Inc. Begründen Sie die gewählte Platzierung für jeden globalen Katalogserver und Betriebsmaster.

Lernzielkontrolle

Die folgenden Fragen dienen dazu, die wichtigsten Lehrinhalte dieses Kapitels zu vertiefen. Wenn Sie eine Frage nicht beantworten können, wiederholen Sie den entsprechenden Abschnitt und versuchen Sie dann erneut, die Frage zu beantworten. Die Antworten zu den Fragen finden Sie in Anhang A, „Fragen und Antworten".

1. Sie definieren Standorte für eine Organisation, die über drei Sätze LANs verfügt, die jeweils über eine T1-Leitung miteinander verbunden sind. Wie viele Standorte würden Sie definieren?

2. Sie haben an den Standorten Ihrer Organisation die mindestens erforderliche Anzahl Domänencontroller platziert. Welche Gründe sprechen für eine Platzierung zusätzlicher Domänencontroller an den Standorten?

3. Sie konfigurieren Standortverknüpfungen und möchten eine Standortverknüpfungstabelle für Ihren Standorttopologieplan erstellen. Welche Konfigurationsinformationen sollten in der Tabelle enthalten sein?

4. Beschreiben Sie, wie bei der standortübergreifenden Replikation Active Directory-Daten zwischen Bridgeheadservern repliziert werden. Beschreiben Sie außerdem, wie die Active Directory-Daten anschließend von den Bridgeheadservern auf die weiteren Domänencontroller innerhalb eines Standortes repliziert werden.

5. Sie weisen die Funktion des Infrastrukturmasters einem Domänencontroller zu, der als globaler Katalogserver fungiert. Erläutern Sie, warum Sie dies nur unter bestimmten Bedingungen tun sollten, und beschreiben Sie diese Bedingungen.

KAPITEL 7

Planen der Implementierung von Active Directory

Lektion 1: Planen einer Migration der Windows NT 4.0-Verzeichnisdienste auf Windows 2000 Active Directory ... 267

Lektion 2: Planen einer Verzeichnisdienstsynchronisierung mit Active Directory ... 289

Workshop 7.1: Planen einer Migration der Windows NT 4.0-Verzeichnisdienste auf Windows 2000 Active Directory ... 305

Lernzielkontrolle ... 308

Über dieses Kapitel

Nachdem Sie und Ihr Designteam einen Plan für die Standorttopologie erarbeitet haben, ist das Infrastrukturdesign für die Active Directory-Verzeichnisdienste vollständig. Damit können Sie nun mit der Planung der Active Directory-Implementierung beginnen. Bevor Sie jedoch die tatsächliche Implementierung von Active Directory vornehmen, müssen Sie einen Implementierungsplan erarbeiten, der alle Aspekte einer Migration der aktuell verwendeten Verzeichnisdienste auf Active Directory berücksichtigt. Wenn in Ihrer Organisation Microsoft Windows NT als primäres Netzwerkbetriebssystem eingesetzt wird und Sie die Windows NT-Verzeichnisdienste nutzen, müssen Sie Informationen zur aktuellen Konfiguration sammeln und die Migration auf Windows 2000 Active Directory planen. Wenn Sie einen anderen Verzeichnisdienst verwenden, müssen Sie ebenfalls Informationen zur aktuellen Konfiguration zusammentragen und einen Plan für die Migration auf Windows 2000 Active Directory erarbeiten. In diesem Kapitel lernen Sie die verschiedenen Aspekte der Migration und Synchronisierung kennen, die Ihren Implementierungsplan für Active Directory bestimmen.

Bevor Sie beginnen

Für die Bearbeitung der Lektionen in diesem Kapitel gelten folgende Voraussetzungen:

- Sie müssen die in Kapitel 1, „Einführung in Active Directory", vorgestellten Active Directory-Komponenten und -Konzepte kennen.
- Sie müssen die in Kapitel 2, „Einführung in das Design einer Active Directory-Infrastruktur", vorgestellten Komponenten der Analyse einer geschäftlichen und technischen Umgebung kennen.
- Sie müssen über die in Kapitel 3, „Planen der Gesamtstruktur", vermittelten Kenntnisse und Fertigkeiten verfügen.
- Sie müssen über die in Kapitel 4, „Planen der Domänen", vermittelten Kenntnisse und Fähigkeiten verfügen.
- Sie müssen über die in Kapitel 5, „Planen der Organisationseinheiten", vermittelten Kenntnisse und Fähigkeiten verfügen.
- Sie müssen über die in Kapitel 6, „Planen der Standorttopologie", vermittelten Kenntnisse und Fähigkeiten verfügen.

Lektion 1: Planen einer Migration der Windows NT 4.0-Verzeichnisdienste auf Windows 2000 Active Directory

Zur Implementierung von Windows 2000 Active Directory in einer Organisation, die als primäres Netzwerkbetriebssystem Microsoft Windows NT einsetzt und die Windows NT-Verzeichnisdienste nutzt, ist ein Plan für den angestrebten Übergang erforderlich. Zur Planung einer Migration der Windows NT 4.0-Verzeichnisdienste auf Windows 2000 Active Directory müssen die Ziele der Migration abgesteckt, die Migrationsmethode(n) festgelegt und die Migrationsschritte geplant werden. In dieser Lektion wird aufgezeigt, wie Sie eine Migration der Windows NT 4.0-Verzeichnisdienste auf Windows 2000 Active Directory planen.

Am Ende dieser Lektion werden Sie in der Lage sein, die folgenden Aufgaben auszuführen:

- Benennen der Faktoren der geschäftlichen und technischen Umgebung einer Organisation, die deren Migrationsstrategie beeinflussen
- Benennen der Gründe für eine Domänenaktualisierung
- Benennen der Gründe für eine Domänenumstrukturierung
- Erläutern der Planungsschritte bei einer Domänenaktualisierung
- Erläutern der Planungsschritte bei einer Domänenumstrukturierung
- Erläutern der Planungsschritte bei der Konsolidierung von Ressourcendomänen in Organisationseinheiten (OUs)
- Analyse einer Organisationsumgebung mit Windows NT 4.0-Verzeichnisdiensten zur Planung einer Migration auf Windows 2000 Active Directory

Veranschlagte Zeit für diese Lektion: 30 Minuten

Grundlegendes zur Migration

Als *Migration* wird der Prozess bezeichnet, in dessen Verlauf vorhandene Anwendungen und Daten für die Nutzung auf einem anderen Computer oder unter einem anderen Betriebssystem vorbereitet werden. Zur Migration auf die Active Directory-Verzeichnisdienste müssen Sie Windows NT Server 3.51 oder 4.0 auf Windows 2000 Server migrieren. Prä-Windows NT Server 3.51-Bereitstellungen oder Windows NT Server 4.0 Enterprise Editionen können nicht auf Windows 2000 Server migriert werden. Eine Windows NT Server 4.0 Enterprise Edition kann nur auf Windows 2000 Advanced Server migriert werden. In Tabelle 7.1 werden die unterstützten Migrationen auf Windows 2000 Server aufgeführt.

Tabelle 7.1 Unterstützte Migrationen auf Windows 2000 Server

Serverfunktion unter Windows NT Server 3.51 oder 4.0	Serverfunktion unter Windows 2000 Server
Primärer Domänencontroller (PDC)	Domänencontroller
Sicherungsdomänencontroller (BDC)	Domänencontroller oder Mitgliedsserver
Mitgliedsserver	Mitgliedsserver
Eigenständiger Server	Mitgliedsserver oder eigenständiger Server

Migrationsmethoden

Für die Migration auf Windows 2000 Server gibt es zwei Methoden:

- Domänenaktualisierung
- Domänenumstrukturierung

Domänenaktualisierung

Eine *Domänenaktualisierung* ist der Prozess, eine vorhandene Windows NT-Domänenstruktur sowie ihre Benutzer und Gruppen intakt in einer Windows 2000 DNS-basierten Domänenhierarchie zu installieren, wie dargestellt in Abbildung 7.1. Bei dieser Methode werden auch die meisten Windows NT-Systemeinstellungen, Voreinstellungen und Programminstallationen beibehalten. Eine Domänenaktualisierung ist die einfachste Form der Migration auf Windows 2000 Server und wird auch „ersetzende Aktualisierung" (In-Place Upgrade) oder nur „Aktualisierung" genannt.

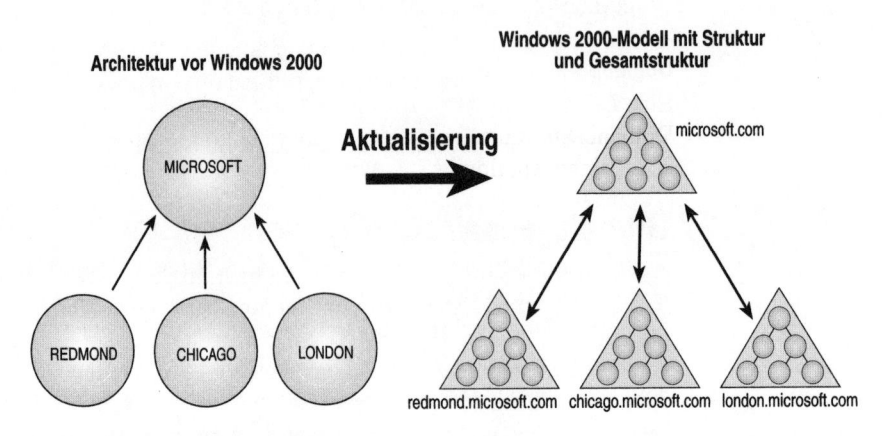

Abbildung 7.1 Domänenaktualisierung

Obwohl bei einer Domänenaktualisierung die PDCs und BDCs in einer Windows NT-Domäne von Windows NT Server auf Windows 2000 Server aktualisiert werden können, ist es zur Nutzung der Windows 2000-Funktionen nicht erforderlich, alle Server der Windows NT-Domäne zu aktualisieren. Ihre Organisation kann im gemischten Modus arbeiten, um die Interoperabilität zwischen den Windows 2000-Domänencontrollern und den Windows NT-BDCs zu gewährleisten.

Wenn Sie zur Migration einer vorhandenen Windows NT-Bereitstellung die Methode einer Domänenaktualisierung wählen, werden folgende Elemente beibehalten:

- Gruppen, Benutzerkonten und Kennwörter
- Der Zugriff auf Windows NT-Domänen mit Hilfe vorhandener Windows NT-Vertrauensbeziehungen
- Der Zugriff auf Windows NT-Server, Windows 95- und Windows 98-Clients

Eine Aktualisierung erfolgt in zwei Schritten. Zunächst werden der Windows NT-PDC und die BDCs auf Windows 2000 Server aktualisiert. Im zweiten Schritt werden die Windows 2000-Server unter Verwendung des Assistenten für die Installation von Active Directory auf Active Directory-Domänencontroller heraufgestuft, entweder als Stammdomänen der Gesamtstruktur, als Stammdomänen einer Struktur oder als untergeordnete Domänen in einer Struktur. Da Mitgliedsserver keine Domänencontroller sind, ist es nicht nötig, Active Directory auf allen diesen Servern zu installieren. Es ist lediglich eine Aktualisierung auf Windows 2000 Server erforderlich.

Domänenumstrukturierung

Eine *Domänenumstrukturierung* ist eine Umgestaltung der Windows NT-Domänenstruktur, die häufig zu einer kleineren Anzahl konsolidierter Domänen führt, siehe Abbildung 7.2. Mit Hilfe dieser Migrationsmethode können Organisationen die Struktur so ändern, dass die Vorteile der Windows 2000-Funktionen in vollem Umfang genutzt werden können. Eine Domänenumstrukturierung migriert die vorhandene Windows NT-Umgebung unter Verwendung einer unveränderten Kopie auf eine reine Windows 2000-Gesamtstruktur. Als *reine Gesamtstruktur* wird eine ideale Windows 2000-Gesamtstruktur bezeichnet, die von der Windows NT-Produktionsumgebung isoliert ist und im einheitlichen Modus betrieben wird. Domänenkonten können sowohl unter Windows NT als auch unter Windows 2000 eingesetzt werden, die Windows NT-Umgebung wird bis zu ihrer Außerbetriebnahme beibehalten. Diese Migrationsmethode führt zu einem höheren Verwaltungs- und Zeitaufwand und erfordert mehr Ressourcen. Eine Domänenumstrukturierung wird auch „Domänenkonsolidierung" oder einfach „Umstrukturierung" genannt.

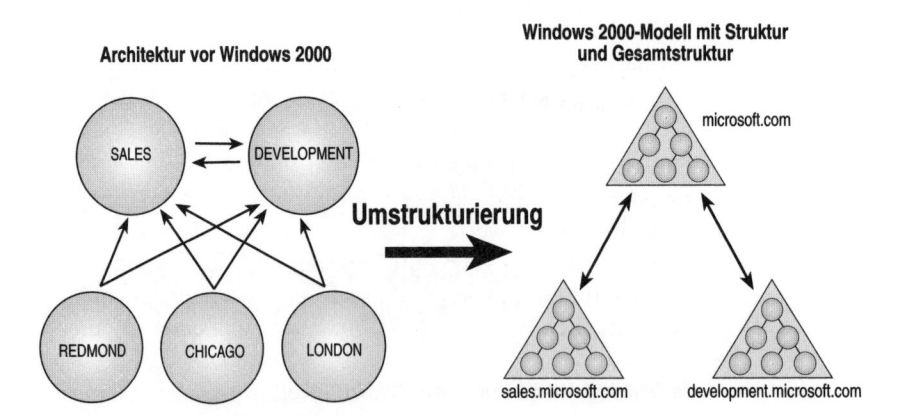

Abbildung 7.2 Domänenumstrukturierung

Windows 2000 unterstützt eine Domänenumstrukturierung durch die folgenden Funktionen:

- Die Fähigkeit zum Verschieben von Sicherheitsprincipals von einer Domäne in eine andere

    Da die Benutzer auch nach dem Verschieben zwischen zwei Domänen Ihr **SIDHistory**-Attribut behalten, können sie auch weiterhin auf alle Ressourcen zugreifen, für die sie zuvor Zugriffsrechte besaßen. **SIDHistory** ist ein Attribut der Active Directory-Sicherheitsprincipals, mit dem die frühere SID (Sicherheits-ID) verschobener Objekte (z. B. Benutzer und Gruppen) gespeichert wird.

- Die Fähigkeit zum Verschieben von Domänencontrollern von einer Domäne in eine andere

    Die Einstellungen, Anwendungen und Dienste für einen Windows 2000-Domänencontroller bleiben auch nach dem Verschieben zwischen Domänen erhalten, eine Neuinstallation des Betriebssystems ist nicht erforderlich.

Eine Domänenumstrukturierung umfasst verschiedene Schritte:

1. Erstellen einer reinen Gesamtstruktur.
2. Einrichten von Vertrauensstellungen zwischen der Windows 2000-Zieldomäne und den vorhandenen Windows NT-Ressourcendomänen. Auf diese Weise wird sichergestellt, dass auch während der Umstrukturierung auf die Ressourcen in den Ressourcendomänen zugegriffen werden kann.
3. Klonen von globalen und gemeinsamen lokalen Windows NT-Gruppen in die reine Gesamtstruktur.
4. Klonen von Benutzerkonten in die reine Gesamtstruktur.

5. Verschieben von Computerkonten in die reine Gesamtstruktur.
6. Nach ausführlichen Tests und eventuellen Umgestaltungen kann die Windows NT-Domäne aufgegeben werden.

Die Migrationsmethoden der Aktualisierung und Umstrukturierung können separat oder kombiniert eingesetzt werden, je nach Anforderungen der Organisation. So kann beispielsweise zunächst eine Aktualisierung und eine anschließende Umstrukturierung vorgenommen werden, oder Sie nehmen von Beginn an eine Umstrukturierung vor. Die Aktualisierungsstrategie richtet sich vorwiegend nach dem aktuellen Windows NT-Domänenmodell einer Organisation.

Migrieren von Ressourcendomänen

Wie bereits in Kapitel 4 besprochen wurde, stellen Domänen unter Windows NT die kleinste Einheit für das Delegieren von Verwaltungsaufgaben dar. Es werden daher gelegentlich zusätzliche Ressourcendomänen erstellt, deren Verwaltung ein Administrator übernimmt. In Kapitel 5 wurde dargelegt, dass die bei Windows 2000 verwendeten Organisationseinheiten (Organizational Units, OUs) eine Domänenpartitionierung zum Zweck der Verwaltungsdelegierung ermöglichen und damit das Definieren reiner Verwaltungsdomänen überflüssig machen. Sie können die Verwaltung der Inhalte eines OU-Containers (alle Benutzer, Computer oder Ressourcenobjekte in einer OU) delegieren, indem Sie verwaltungsspezifische Berechtigungen für eine OU erteilen. Dadurch, dass Sie während der Windows NT-Migration auf Windows 2000 Ressourcendomänen in OUs konsolidieren, können Sie die OU-Funktionen vollständig ausschöpfen. Ressourcendomänen können nach einer Domänenaktualisierung oder -umstrukturierung in OUs konsolidiert werden.

Migration und Produktionsumgebung

Da die Migration den Wechsel von Domänen, Gruppen und Benutzern von Windows NT auf die Windows 2000-Umgebung bedeutet, wirkt sich die Migration möglicherweise auf die so genannte *Produktionsumgebung* einer Organisation aus, die für die täglichen Aufgaben eingesetzte Computerumgebung. Zu den möglichen Auswirkungen gehören beispielsweise lange Antwortzeiten oder Ausfälle. Das IT-Management muss untersuchen, ob und in welchem Umfang während des Migrationsprozesses Ausfälle bzw. Störungen in der Produktionsumgebung toleriert werden können und gegebenenfalls Schritte zu deren Minimierung ergreifen. Während einer Aktualisierung können Sie mit Hilfe der folgenden Schritte mögliche Probleme minimieren:

- Führen Sie die geplante Aktualisierung in einer Testumgebung durch und überwachen Sie die Testergebnisse.
- Führen Sie Aktualisierungen nicht zu Spitzenbelastungszeiten durch.
- Aktualisieren Sie zunächst kleine Domänen, überwachen Sie die Auswirkungen der Aktualisierung und passen Sie die Prozesse anhand der erhaltenen Ergebnisse bei der Aktualisierung größerer Domänen an.

Selbst wenn Sie Maßnahmen zur Minimierung möglicher Probleme ergreifen, kann sich der Aktualisierungsprozess dennoch störend auf die Produktionsumgebung auswirken. Die sicherste Methode zur Migration auf Windows 2000 besteht darin, eine Umstrukturierung vorzunehmen und parallel dazu eine reine Windows 2000-Gesamtstruktur zu erstellen, die vor der tatsächlichen Aktualisierung getestet werden kann. Da die Umstrukturierungsmethode hohe Kosten in Bezug auf die Hardware erzeugt sowie einen erheblichen Test- und Verwaltungsaufwand bedeutet, muss das IT-Management die Kosten einer Umstrukturierungsplanung und die Nachteile abwägen, die eine Migration in Bezug auf die Produktionsumgebung hervorrufen kann.

Migration und Windows 2000-Domänenmodi

Bei der Migration eines Domänencontrollers auf Windows 2000 Server wird der Domänencontroller im gemischten Modus ausgeführt. Der gemischte Modus ermöglicht dem Domänencontroller eine Interaktion mit beliebigen anderen Domänencontrollern in Domänen, in denen frühere Versionen von Windows NT ausgeführt werden. Sie können für eine Domäne den gemischten Modus beibehalten oder in den einheitlichen Modus wechseln.

Werden alle Domänencontroller in der Domäne unter Windows 2000 Server ausgeführt und ist keine Implementierung von Windows NT Server-Domänencontrollern in der Domäne geplant, können Sie für die Domäne einen Wechsel vom gemischten Modus in den einheitlichen Modus vornehmen.

Durch den Wechsel vom gemischten in den einheitlichen Modus ergeben sich verschiedene Änderungen:

- Keine weitere Unterstützung der Prä-Windows 2000-Replikation. Da diese Unterstützung nicht länger gegeben ist, muss auf allen Domänencontrollern in der Domäne Windows 2000 ausgeführt werden.

- Das Hinzufügen von Prä-Windows 2000-Domänencontrollern zur Domäne ist nicht mehr möglich.

- Der Server, der während der Migration als primärer Domänencontroller eingesetzt wurde, fungiert nicht länger als Domänenmaster. Stattdessen arbeiten alle Domänencontroller als gleichberechtigte Peers.

Anmerkung Der Wechsel vom gemischten in den einheitlichen Modus kann nur in eine Richtung ausgeführt werden, ein Wechsel vom einheitlichen Modus zurück in den gemischten Modus ist nicht möglich.

Obwohl alle Domänencontroller in der Domäne auf Windows 2000 Server migriert werden müssen, um in den einheitlichen Modus wechseln zu können, ist eine Aktualisierung der Mitgliedsserver hierbei nicht erforderlich. Wenn alle Domänencontroller auf Windows 2000 migriert wurden, können Sie in den einheitlichen Modus wechseln und dennoch weiterhin Windows NT-, Windows 95- oder Windows 98-Computer in der Domäne einsetzen.

Active Directory-Migrationsprogramm

Das Active Directory-Migrationsprogramm (Active Directory Migration Tool, ADMT) dient der Migration vorhandener Windows NT 4.0- und früherer Domänen auf Windows 2000. Es kann auch zum Konsolidieren mehrerer Windows 2000-Domänen (aus derselben Gesamtstruktur oder verschiedenen Gesamtstrukturen) zu einer einzigen Domäne eingesetzt werden. ADMT ermöglicht Ihnen, die Migrationseinstellungen zu testen und die Wirkung der Migration durch vor und nach dem Migrationsprozess durchgeführte Analysen zu überprüfen.

Zur Unterstützung während des Migrationsprozesses stellt ADMT folgende Assistenten bereit:

- Mit dem Benutzermigrations-Assistenten können Sie Benutzerkonten ermitteln und migrieren sowie eine Migration servergespeicherter Profile durchführen

- Mit dem Gruppenmigrations-Assistenten können Sie globale und freigegebene lokale Gruppen ermitteln und migrieren

- Der Computermigrations-Assistent unterstützt Sie bei der Ermittlung und Migration von Arbeitsstationen und Mitgliedsservern

- Der Sicherheitskonvertierungs-Assistent wird zum Migrieren lokaler Profile und zum Aktualisieren von Benutzerrechten für Dienstkonten eingesetzt

- Mit dem Berichts-Assistenten können Sie Migrationsberichte erstellen

- Unter Verwendung des Assistenten zum Migrieren von Dienstkonten werden Dienstkonten migriert und Dienstkonten ermittelt, die nicht der lokalen Systemverwaltung unterliegen

- Der Assistent zum Migrieren von Exchange-Verzeichnissen wird nach der Benutzermigration zur Aktualisierung von Exchange eingesetzt

- Mit dem Assistenten zum Rückgängigmachen der Migration können Sie den letzten Migrationsvorgang rückgängig machen

- Der Aufgabenwiederholungs-Assistent kann zur Wiederholung einer Aufgabe eingesetzt werden, die den Einsatz eines Migrations-Agenten beinhaltet

- Über den Assistenten zum Migrieren der Vertrauensstellung können Sie Vertrauensstellungen zwischen Domänen einrichten

- Der Assistent zum Zuordnungen und Zusammenführen von Gruppen unterstützt Sie bei der Zuordnung einer Gruppe in der Quelldomäne zu einer abweichenden Gruppe in der Zieldomäne

Das Active Directory-Migrationsprogramm wird zusammen mit der Umstrukturierungsmethode eingesetzt. Zur Verwendung von ADMT entwerfen und erstellen Sie zunächst eine separat von Ihrer vorhandenen Domänenstruktur vorliegende, reine Windows 2000-Gesamtstruktur. Anschließend migrieren Sie mit Hilfe des Active Directory-Migrationsprogramms in mehreren Schritten die Benutzerkonten, Gruppen und Computerkonten Ihrer Produktionsumgebung auf die neue Windows 2000-Gesamtstruktur. Anschließend können Sie gegebenenfalls die alte Domänenstruktur außer Betrieb nehmen. ADMT wird nicht bei Einsatz der Aktualisierungsmethode eingesetzt, da in diesem Fall keine Umstrukturierung der Domänenarchitektur erforderlich ist. Nach der Aktualisierung der Windows NT-Domänen kann jedoch eine Umstrukturierung erforderlich sein. In diesem Fall können Sie eine neue Windows 2000-Gesamtstruktur erstellen und mit Hilfe des Active Directory-Migrationsprogramms eine Migration der aktualisierten Domänen auf die neue Gesamtstruktur vornehmen.

Funktionsweise von ADMT

Bei der Migration der Objekte von den Computern einer Quelldomäne auf eine Zieldomäne installiert ADMT Dienste, so genannte Agenten, auf den Quellcomputern. Diese Agenten werden von dem Computer bereitgestellt, auf dem ADMT ausgeführt wird, und unter Verwendung der Sicherheitsinformationen des Benutzerkontos zur Ausführung von ADMT auf weiteren Computern installiert. Nach der Installation werden die Agenten unter Verwendung der lokalen Systemsicherheitsinformationen als Dienste ausgeführt. Es ist nicht erforderlich, die Software vor der Migration auf den Quellcomputern zu laden.

Sie können das Active Directory-Migrationsprogramm von der Microsoft-Website herunterladen. Weitere Informationen zu ADMT finden Sie unter *http://www.microsoft.com/windows2000/library/planning/activedirectory/admt.asp*.

Anmerkung Eine ausführliche Erläuterung des Migrationsprozesses auf Active Directory ist im Rahmen dieses Trainings nicht möglich. In dieser Lektion werden die erforderlichen Planungsschritte für die Migration der Windows NT 4.0-Verzeichnisdienste auf Windows 2000 Active Directory behandelt. Weitere Informationen finden Sie in *Microsoft Windows 2000 Server – Die technische Referenz: Einsatzplanung*.

Weitere Informationen Weitere Informationen zur Durchführung einer Migration von Windows NT 4.0 auf Windows 2000 finden Sie im Onlineseminar „How to Migrate Your Windows NT 4.0 Directory Services to Windows 2000 Active Directory". Sie finden dieses Onlineseminar (in englischer Sprache) auf der Kursmaterialien-CD (**\chapt07\Migration**). Klicken Sie zum Starten des Seminars auf die Datei **Portal_Migration**. Zusätzliche Informationen bietet außerdem das Whitepaper „Planning Migration from Windows NT to Windows 2000". Dieses befindet sich ebenfalls auf der Kursmaterialien-CD (**\chapt07\PlanningDomainMigration**).

Designschritt: Planen einer Migration der Windows NT 4.0-Verzeichnisdienste auf Windows 2000 Active Directory

Bei der Planung einer Migration der Windows NT 4.0-Verzeichnisdienste auf Windows 2000 Active Directory sind folgende Schritte erforderlich:

1. Ermitteln Sie die Migrationsziele der Organisation.
2. Legen Sie die Migrationsmethode(n) fest.
3. Planen Sie die Migrationsschritte.
4. Planen Sie die Konsolidierung von Ressourcendomänen in OUs, falls anwendbar.

Ermitteln der Migrationsziele

Zur Ermittlung der Migrationsziele einer Organisation ziehen Sie zunächst die folgenden von Ihrem Designteam zusammengestellten Dokumente heran:

- Arbeitsblatt zur Windows NT-Domänenarchitektur. Untersuchen Sie die vorhandenen Windows NT-Domänen und Vertrauensstellungen und legen Sie fest, welche dieser in die Active Directory-Gesamtstruktur aufgenommen werden sollten. Untersuchen Sie die vorhandenen Windows NT-Domänencontroller und legen Sie Anzahl und Standort der zu aktualisierenden Domänencontroller fest.

- Arbeitsblatt zur DNS-Umgebung. Untersuchen Sie den vorhandenen DNS-Namespace und entscheiden Sie, ob dieser in Active Directory eingeschlossen werden sollte.

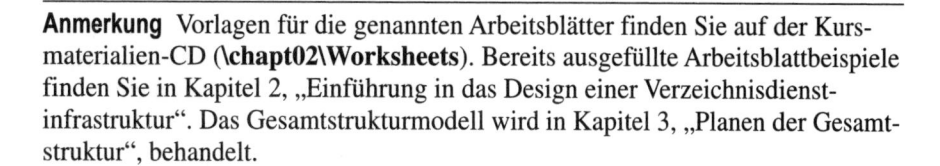

Anmerkung Vorlagen für die genannten Arbeitsblätter finden Sie auf der Kursmaterialien-CD (**\chapt02\Worksheets**). Bereits ausgefüllte Arbeitsblattbeispiele finden Sie in Kapitel 2, „Einführung in das Design einer Verzeichnisdienstinfrastruktur". Das Gesamtstrukturmodell wird in Kapitel 3, „Planen der Gesamtstruktur", behandelt.

Neben den Informationen dieses Arbeitsblattes müssen Sie unbedingt etwaige sonstige derzeit geplante Änderungen an der Domänenarchitektur berücksichtigen, die sich an Wachstum und Flexibilität der Organisation sowie idealen Designspezifikationen orientieren.

Festlegen der Migrationsmethode

Mit Hilfe einiger einfacher Fragen können Sie leicht ermitteln, ob Sie bei der Migration auf Windows 2000 die Methode der Domänenaktualisierung oder der Domänenumstrukturierung wählen bzw. zunächst eine Aktualisierung und eine anschließende Umstrukturierung der Domänen vornehmen sollten.

- Wählen Sie die Methode der Domänenaktualisierung, wenn beide der folgenden Aussagen zutreffen:
  - Die aktuelle Windows NT-Domänenstruktur funktioniert gut.
  - Die aktuelle Produktionsumgebung kann mögliche negative Auswirkungen des Migrationsprozesses auffangen.

- Wählen Sie die Methode der Domänenumstrukturierung, wenn eine der folgenden Aussagen zutrifft:
  - Die aktuelle Windows NT-Domänenstruktur funktioniert nicht optimal, auch einige einfache Änderungen würden keine Abhilfe schaffen.
  - Die aktuelle Produktionsumgebung kann mögliche negative Auswirkungen des Migrationsprozesses nicht auffangen.

- Wählen Sie die Methode der Domänenumstrukturierung, wenn beide der folgenden Aussagen zutreffen:
  - Die aktuelle Windows NT-Domänenstruktur würde nach einigen einfachen Änderungen optimal funktionieren.
  - Die aktuelle Produktionsumgebung kann mögliche negative Auswirkungen des Migrationsprozesses auffangen.

Planen der Migration

Je nach gewählter Migrationsmethode müssen Sie Folgendes planen:

- Die Domänenaktualisierung
- Die Domänenumstrukturierung
- Die Konsolidierung von Ressourcendomänen in OUs

Planen einer Domänenaktualisierung

Wichtig Vor der Planung einer Domänenaktualisierung müssen Sie das Design Ihrer Active Directory-Infrastruktur abschließen, d. h., Sie müssen über einen Gesamtstrukturplan, einen Domänen- und OU-Plan sowie einen Plan der Standorttopologie erarbeitet haben, wie in den Kapiteln 3 bis 6 beschrieben.

Zur Planung einer Domänenaktualisierung müssen Sie einen Plan für die Wiederherstellung erstellen, die Reihenfolge bei der Domänenaktualisierung festlegen, eine Strategie für die Aktualisierung der Domänencontroller erarbeiten und festlegen, wann ein Wechsel in den einheitlichen Modus vorgenommen werden kann.

Festlegen eines Plans für die Wiederherstellung Ein Plan für die Wiederherstellung verhindert unbeabsichtigte Datenverluste während des Aktualisierungsprozesses. Ein Wiederherstellungsplan beinhaltet folgende Schritte:

1. Stellen Sie sicher, dass jede Windows NT-Domäne über mindestens einen BDC (Backup Domain Controller, Sicherungsdomänencontroller) verfügt. Sollte die Aktualisierung des primären Domänencontrollers (PDC) fehlschlagen, kann der BDC heraufgestuft werden und anstelle des ursprünglichen PDC für die Domäne eingesetzt werden. Mit Hilfe eines Sicherungsdomänencontrollers können Sie außerdem sicherstellen, dass nach der Aktualisierung das ursprüngliche Windows NT-Domänensystem gegebenenfalls wiederhergestellt werden kann.

2. Erstellen Sie Sicherungen der Netzwerkdienste. Werden z. B. Datei- und Druckdienste wie DHCP oder WINS auf dem PDC oder den BDCs ausgeführt, erstellen Sie Sicherungen dieser Dienste und testen Sie die Sicherungen.

3. Richten Sie einen Ersatz-BDC ein. Richten Sie den Ersatz-BDC ein, synchronisieren Sie ihn mit dem PDC und nehmen Sie ihn während der Aktualisierung vom Netz. Auf diese Weise erhalten Sie ein Abbild (Image) der Windows NT-Domäneninformationen vor der PDC-Aktualisierung.

4. Synchronisieren Sie alle BDCs mit dem PDC. Erzwingen Sie eine Synchronisierung aller BDCs mit dem PDC. Dies gilt auch für den Ersatz-BDC. Vergewissern Sie sich, dass alle BDCs über aktuelle Domäneninformationen verfügen und dass alle Informationen repliziert wurden.

5. Nehmen Sie den Ersatz-BDC vom Netz und stellen Sie ihn einem gesicherten Bereich auf. Auf diese Weise wird gewährleistet, dass das Abbild der Windows-NT-Domäneninformationen an einem sicheren Ort gespeichert ist.

6. Führen Sie eine vollständige Sicherung durch. Sichern Sie die domänenbasierten Informationen unmittelbar vor der PDC-Aktualisierung.

Festlegen der Reihenfolge für die Domänenaktualisierung Aktualisieren Sie die Domänen möglichst in der folgenden Reihenfolge:

1. Stammdomäne der Gesamtstruktur. Wenn eine Windows NT-Domäne zur Stammdomäne der Gesamtstruktur werden soll, sollte diese Domäne als erste aktualisiert werden.

> **Anmerkung** Bei der Stammdomäne der Gesamtstruktur muss es sich nicht um eine aktualisierte Windows NT-Domäne handeln. Die aktualisierten Windows NT-Domänen können auch einer vorhandenen Windows 2000-Stammdomäne der Gesamtstruktur beitreten.

2. Kleine Kontendomänen. Durch das frühe Aktualisieren kleiner Kontendomänen können die Benutzer umgehend die Vorteile von Windows 2000 nutzen. Gleichzeitig können Sie anhand einer kleinen Benutzerzahl die Auswirkungen der Aktualisierung beobachten. Nach der Aktualisierung einer kleinen Kontendomäne können Sie die Auswirkungen der Aktualisierung auf die Benutzer einschätzen und eventuell den Aktualisierungsvorgang für die verbleibenden Domänen durch Korrekturmaßnahmen optimieren.

3. Größere Kontendomänen und übrige Kontendomänen. Durch eine Aktualisierung der größeren Kontendomänen nach denen kleinerer Domänen können die Benutzer die Funktionen von Windows 2000 bereits früh in vollem Umfang nutzen und Sie haben die Möglichkeit, die bei der Aktualisierung der kleineren Domänen gemachten Erfahrungen im weiteren Aktualisierungsprozess zu Ihrem Vorteil zu nutzen.

> **Anmerkung** Führen Sie die Schritte 4 und 5 aus, wenn Sie eine Aktualisierung der Ressourcendomänen vornehmen möchten. Wenn Sie die vorhandenen Ressourcendomänen in OUs konsolidieren möchten, finden Sie weitere Informationen im Abschnitt „Planen der Konsolidierung von Ressourcendomänen in OUs".

4. Ressourcendomänen, für die die Windows 2000-Plattform oder deren Funktionen erforderlich ist/sind. Durch das Aktualisieren der Ressourcendomänen können Sie die Vorteile neuer Anwendungen wie beispielsweise Microsoft IntelliMirror oder die Remoteinstallationsfunktion für Betriebssysteme nutzen.

5. Verbleibende Ressourcendomänen. Wenn die Ressourcendomänen konsolidiert werden sollen, aktualisieren Sie diejenigen Domänen, die Sie zuvor als Zieldomänen festgelegt haben. Zur Domänenkonsolidierung ist eine Zieldomäne erforderlich. Aktualisieren Sie anschließend die verbleibenden Ressourcendomänen, die in den Zieldomänen konsolidiert werden sollen.

> **Anmerkung** Es ist nicht erforderlich, vor der Aktualisierung der Ressourcendomänen *alle* Kontendomänen zu aktualisieren.

Festlegen einer Strategie für die Aktualisierung der Domänencontroller Aktualisieren Sie die Domänencontroller möglichst in der folgenden Reihenfolge:

1. Der PDC in der ersten zu aktualisierenden Domäne.

2. Die BDCs in der ersten zu aktualisierenden Domäne, ausgenommen der Reserve-BDC.

3. Der PDC in der zweiten zu aktualisierenden Domäne.

4. Die BDCs in der zweiten zu aktualisierenden Domäne, ausgenommen der Reserve-BDC.

5. Fahren Sie für alle weiteren zu aktualisierenden Domänen mit der Aktualisierung der PDCs und BDCs wie angegeben fort.

Festlegen des Zeitpunktes für einen Wechsel in den einheitlichen Modus Obwohl eine Domäne ohne weiteres dauerhaft im gemischten Modus betrieben werden kann, sollte ein Wechsel in den einheitlichen Modus möglichst bald vorgenommen werden, um die Vorteile von Windows 2000 in vollem Umfang nutzen zu können. Sobald jedoch für eine Domäne ein Wechsel in den einheitlichen Modus vorgenommen wurde, ist ein erneuter Wechsel in den gemischten Modus oder die Rückkehr zu einer Windows NT-Domäne nicht mehr möglich. Daher sollten Sie die Vorteile des einheitlichen Modus und die Gründe, die für die Beibehaltung des gemischten Modus sprechen, sorgfältig abwägen.

Der einheitliche Modus bietet folgende Vorteile:

- Es stehen universelle Gruppen und lokale Domänengruppen zur Verfügung; eine Gruppenverschachtelung ist ebenfalls möglich.

- Zwischen allen Domänencontrollern wird die Active Directory-Multimasterreplikation aktiviert, d. h. es fungiert nicht länger nur der Domänencontroller als PDC-Emulator.

Die Hauptgründe, die für eine Beibehaltung des gemischten Modus sprechen, sind folgende:

- Zur Erhaltung eines BDC in der Domäne. Einige Anwendungen können nur auf einem Windows NT-BDC ausgeführt werden, beispielsweise Anwendungen, die keine Durchsatzauthentifizierung unterstützen. Zur ordnungsgemäßen Funktion der Anwendung darf der BDC nicht aktualisiert und zu einem Mitgliedsserver herabgestuft und nur im gemischten Windows 2000-Modus ausgeführt werden.

- Unfähigkeit zur Bereitstellung einer sicheren physischen Umgebung für BDCs. Aufgrund der Multimaster-Verzeichnisaktualisierungsfähigkeit unter Windows 2000 ist für die Domänencontroller eine sichere physische Umgebung erforderlich. Die Singlemaster-Verzeichnisaktualisierung unter Windows NT erfordert keine besondere sichere physische Umgebung für BDCs. Kann die Sicherheit der BDCs nicht gewährleistet werden, sollte von einer Aktualisierung abgesehen und weiterhin der gemischte Modus verwendet werden.

- Möglichkeit zur Rückkehr zu Windows NT-Domänen. In einigen Organisationen muss die Möglichkeit gegeben sein, auf Windows NT zurückgreifen zu können, wenn dies technische, administrative oder unternehmenspolitische Gründe erfordern. Die Erhaltung mindestens eines Sicherungsdomänencontrollers in der Domäne und der Betrieb im gemischten Modus ermöglichen eine Rückkehr zu Windows NT.

▶ **So planen Sie eine Domänenaktualisierung**

1. Legen Sie die Schritte Ihres Wiederherstellungsplans fest.
2. Legen Sie die Reihenfolge für die Domänenaktualisierung fest.
3. Erarbeiten Sie die Strategie für die Aktualisierung der Domänencontroller in jeder Domäne.
4. Legen Sie den Zeitpunkt für einen Wechsel in den einheitlichen Modus fest.

Planen einer Domänenumstrukturierung

Zur Planungen einer Domänenumstrukturierung müssen Sie einen Zeitplan für die Umstrukturierung erstellen, eine reine Gesamtstruktur erstellen, die Vertrauensstellungen für die Ressourcendomänen ermitten und die zu migrierenden Gruppen und Benutzer zuordnen.

Anmerkung Da bei einer Domänenumstrukturierung die vorhandene Windows NT-Umgebung unter Verwendung einer unveränderlichen Kopie auf eine reine Windows 2000-Gesamtstruktur migriert wird, liegen anschließend sowohl unter Windows NT als auch unter Windows 2000 Domänenkonten vor. Die Windows NT-Umgebung kann beibehalten werden, bis sie endgültig außer Betrieb genommen wird. Daher ist eine Rückkehr zum Windows NT-System jederzeit möglich, ein Plan zur Wiederherstellung ist nicht erforderlich.

Erstellen eines Zeitplans für die Umstrukturierung Je nach Organisationsanforderungen können Sie eine Domänenumstrukturierung nach drei Mustern vornehmen:

- **Nach einer Domänenaktualisierung.** In Situationen, in denen die aktuelle Windows NT-Domänenstruktur mit ein paar einfachen Änderungen optimiert werden kann, sollten Sie nach der Domänenaktualisierung eine Domänenumstrukturierung planen. Die Domänenaktualisierung sorgt für die weniger komplexen Schritte bei der Migration, beispielsweise das Aktualisieren von Domänen, in denen die Vertrauensstruktur unverändert bleibt und keine Verwaltungsaspekte berücksichtigt werden müssen. Die Domänenumstrukturierung ist für die Handhabung der komplexeren Migrationsaspekte verantwortlich, beispielsweise für die Umstrukturierung der Domänen zur Strukturvereinfachung oder für die sichere Integration der Ressourcendomänen in die Gesamtstruktur. Der beste Zeitpunkt für eine Domänenumstrukturierung ist nach einer Domänenaktualisierung.

- **Anstelle einer Domänenaktualisierung.** In Situationen, in denen die aktuelle Windows NT-Domänenstruktur nicht optimal funktioniert und auch durch einige wenige Änderungen keine Abhilfe geschaffen werden bzw. die Produktionsumgebung eventuelle negative Auswirkungen einer Migration nicht auffangen kann, sollten Sie anstelle einer Domänenaktualisierung eine Domänenumstrukturierung planen. Eine Umstrukturierung dieser Art erfordert den Entwurf einer reinen Gesamtstruktur und eine anschließende, nach und nach vorgenommen Migration der Benutzer, Gruppen und Ressourcen in die Gesamtstruktur, um den normalen Betriebsablauf einer Organisation nicht zu stören. Nach dem erfolgreichen Abschluss der Migration wird die umstrukturierte Umgebung zur neuen Produktionsumgebung.

- **Nach einer Migration.** In Situationen, in denen die aktuelle Windows 2000-Domänenstruktur nicht mehr geeignet ist, beispielsweise nach Änderungen innerhalb der Organisation oder nach einer Unternehmensübernahme, ist möglicherweise eine Domänenumstrukturierung erforderlich. Derartige Situationen können Monate oder Jahre nach der eigentlichen Migration von Windows NT auftreten und erfordern möglicherweise eine Umstrukturierung der Domänen oder des kompletten Designs einer reinen Gesamtstruktur.

Erstellen einer reinen Gesamtstruktur   Für den Entwurf einer reinen Gesamtstruktur müssen Sie zunächst genauso vorgehen wie beim Entwurf einer Active Directory-Infrastruktur, d. h., Sie benötigen einen Gesamtstrukturplan, einen Domänen- und einen OU-Plan sowie einen Plan für die Standorttopologie, wie beschrieben in den Kapiteln 3 bis 6. Nach der Erstellung der reinen Gesamtstruktur wechseln Sie in den einheitlichen Domänenmodus.

Ermitteln der Vertrauensstellungen für die Ressourcendomänen   Um sicherzustellen, dass die Benutzer während der Umstrukturierung weiterhin auf die Ressourcen in den Ressourcendomänen zugreifen können, müssen Sie ermitteln, welche expliziten, einseitigen, nicht transitiven Vertrauensstellungen zwischen den Windows NT-Ressourcendomänen und den Windows 2000-Domänen eingerichtet werden müssen, in die Sie die Benutzer verschieben. Diese Vertrauensstellungen sind auch für die Verwaltung der Windows NT-Quelldomäne von der Windows 2000-Domäne aus notwendig.

Zuordnen der zu migrierenden Gruppen und Benutzer   Um sicherzustellen, dass die Benutzer sich an der Windows 2000-Domäne anmelden und auf Ressourcen in den Windows NT-Ressourcendomänen zugreifen können, müssen Sie unter Windows NT die zu verschiebenden globalen Gruppen und lokalen Domänengruppen ermitteln und deren neuen Standort in der reinen Gesamtstruktur festlegen. Da eine globale Gruppe nur Mitglieder der eigenen Domäne enthalten kann, werden beim Verschieben eines Benutzers aus der Windows NT-Domäne in die Windows 2000-Domäne auch die globalen Gruppen verschoben, in denen der Benutzer Mitglied ist. Genauso werden beim Verschieben einer globalen Gruppe von einer Windows NT-Domäne in die Windows 2000-Domäne auch die Mitglieder der globalen Gruppe verschoben.

▶ **So planen Sie eine Domänenumstrukturierung**

1. Legen Sie fest, wann die Umstrukturierung stattfinden soll.
2. Erstellen Sie einen Active Directory-Infrastrukturplan für die reine Gesamtstruktur.

3. Notieren Sie auf dem Arbeitsblatt zur Windows NT-Architektur die Vertrauensstellungen, die eingerichtet werden müssen, damit die Benutzer während des Migrationsprozesses weiterhin auf die Ressourcendomänen zugreifen können.

4. Halten Sie die derzeitigen Speicherorte der Windows NT-Benutzer und -Gruppen sowie deren neue Standorte in der reinen Gesamtstruktur fest.

Planen der Konsolidierung von Ressourcendomänen in OUs

Zur Planung der Konsolidierung von Ressourcendomänen in OUs müssen Sie die zu migrierenden Ressourcen und die Vertrauensstellungen ermitteln, die für Domänen außerhalb der Zielgesamtstruktur benötigt werden.

Um sicherzustellen, dass die Benutzer weiterhin auf die benötigten Ressourcen zugreifen können, müssen Sie die zu konsolidierenden Windows NT-Ressourcen und die OUs festlegen, in denen diese konsolidiert werden sollen. Befinden sich Windows NT- oder Windows 2000-Domänen außerhalb der Gesamtstruktur der Ziel-OUs und benötigen die Benutzer in diesen Domänen Zugriff auf die zu konsolidierenden Ressourcen, müssen Sie geeignete explizite, einseitige, nicht transitive Vertrauensstellungen mit diesen Domänen einrichten.

▶ **So planen Sie die Konsolidierung von Ressourcendomänen in OUs**

1. Notieren Sie die Standorte der Ressourcen unter Windows NT sowie die OUs, in denen die Ressourcen konsolidiert werden sollen.

2. Geben Sie die Vertrauensstellungen an, die eingerichtet werden müssen, damit Benutzer außerhalb der Gesamtstruktur weiterhin auf die Ressourcen zugreifen können, wenn diese in den Ziel-OUs konsolidiert wurden.

Designschritt – Beispiel: Planen einer Migration der Windows NT 4.0-Verzeichnisdienste auf Windows 2000 Active Directory

Wie Sie wissen, können Sie für Windows NT-Domänen – basierend auf den Verwaltungsanforderungen – eines der vier Domänenmodelle wählen:

- Einzeldomänenmodell
- Einzelmasterdomänenmodell
- Multimasterdomänenmodell
- Vollständig vertrauendes Domänenmodell

Jedes dieser Domänenmodelle erfordert für die Migration auf Windows 2000 eine andere Strategie.

Migrationsstrategie für das Einzeldomänenmodell

Im Einzeldomänenmodell sind alle Server, Benutzer und weitere Ressourcen in einer Domäne enthalten. Die Windows NT-Einzeldomäne wird mit Hilfe der Aktualisierungsmethode (In-Place Upgrade) migriert. Hierbei wird die Windows NT-Domäne in der neuen Windows 2000-Struktur einfach zur Stammdomäne der Gesamtstruktur umfunktioniert, wie dargestellt in Abbildung 7.3.

Windows NT-Einzeldomänenmodell   **Einzelne Windows 2000-Domäne**

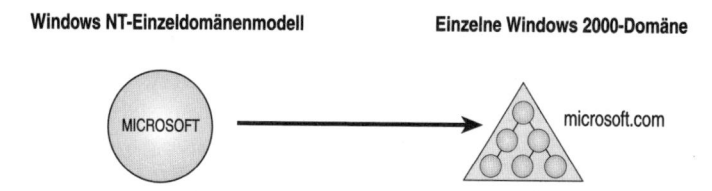

MICROSOFT → microsoft.com

Abbildung 7.3 Migration eines Windows NT-Einzeldomänenmodells

Migrationsplan

Da bei dieser Migrationsstrategie die Methode der Domänenaktualisierung gewählt wird, umfasst der Migrationsplan Folgendes:

- Einen Plan für die Wiederherstellung
- Eine Strategie für die Aktualisierung der Domänencontroller
- Einen Plan für den Wechsel in den einheitlichen Modus

Da in diesem Fall nur eine Domäne aktualisiert werden muss, ist die Erstellung einer Liste der zu aktualisierenden Domänen nicht erforderlich.

Migrationsstrategie für das Einzelmasterdomänenmodell

Beim Einzelmasterdomänenmodell werden alle Benutzerkonten und Gruppen zum Zweck einer zentralen Verwaltung in einer Masterdomäne platziert, der so genannten *Kontendomäne*. Alle Drucker und Server werden in weiteren Domänen platziert, den *Ressourcendomänen*. Benutzer mit Zugriffsrechten in der Kontendomäne (der vertrauten Domäne) können über einseitige, nicht transitive Vertrauensstellungen auf Ressourcen in den Ressourcendomänen (den vertrauenden Domänen) zugreifen.

Wenn die Domänen im Einzelmasterdomänenmodell mit Hilfe der Domänenaktualisierungsmethode migriert werden, wird die Masterkontendomäne in der neuen Windows 2000-Struktur zur Stammdomäne der Gesamtstruktur. Zu diesem Zeitpunkt wird die Stammdomäne der Gesamtstruktur im gemischten Windows 2000-Modus ausgeführt, die Ressourcendomänen werden weiterhin unter Windows NT betrieben, wie dargestellt in Abbildung 7.4. Funktionalität, Leistung und Sicherheit sind weiterhin gegeben:

- Die einseitigen, nicht transitiven Vertrauensstellungen zwischen der Masterdomäne und den Ressourcendomänen bleiben in Kraft.
- Die Clients im Netzwerk können sich unter Verwendung des Windows NT-Anmeldedienstes weiterhin an der Masterdomäne anmelden.
- Zwischen dem neuen Domänencontroller und den Windows NT 4.0-BDCs in der Stammdomäne der Gesamtstruktur findet eine Einzelmasterreplikation statt.
- Der neue Domänencontroller wird von den Prä-Windows 2000-Clients als Windows NT 4.0-BDC erkannt.

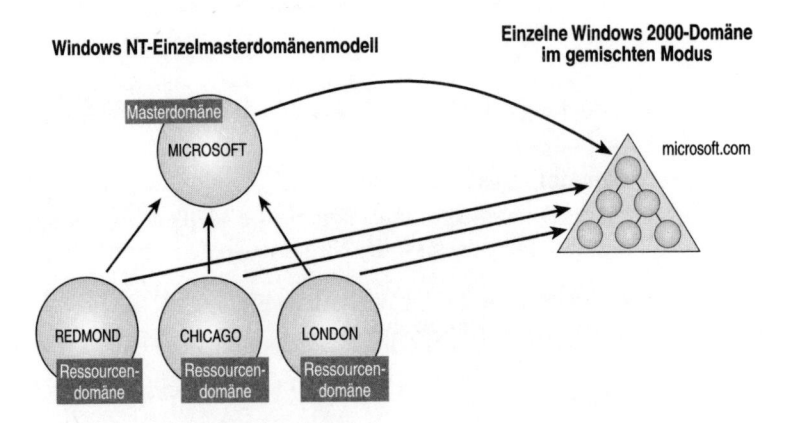

Abbildung 7.4 Teilweise Migration eines Windows NT-Einzelmasterdomänenmodells

Zur vollständigen Migration auf Windows 2000 können alle Ressourcendomänen mit Hilfe einer Aktualisierung migriert werden. Die Ressourcendomänen fungieren anschließend als untergeordnete Domänen der Stammdomäne der Gesamtstruktur, siehe Abbildung 7.5. Anschließend sollten die Ressourcendomänen in OUs konsolidiert werden, die dann dazu eingesetzt werden können, die Benutzer und Ressourcen innerhalb der Domänen zu organisieren.

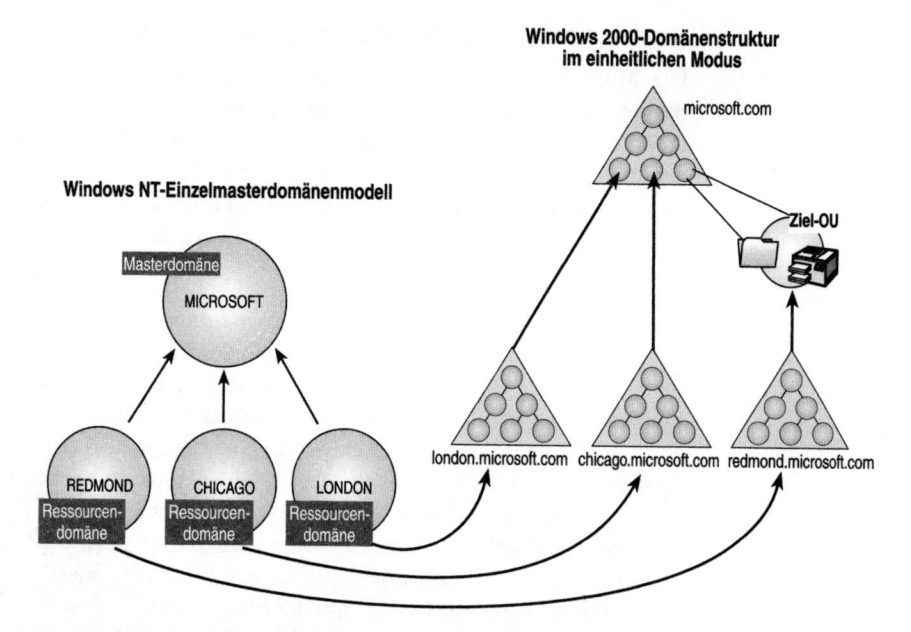

Abbildung 7.5 Vollständige Migration eines Windows NT-Einzelmasterdomänenmodells

Migrationsplan

Da bei dieser Migrationsstrategie zunächst eine Domänenaktualisierung und anschließend eine Konsolidierung der Ressourcendomänen in OUs vorgenommen wird, umfasst der Migrationsplan Folgendes:

- Einen Plan für die Wiederherstellung
- Eine Liste der zu aktualisierenden Domänen
- Eine Strategie für die Aktualisierung der Domänencontroller in jeder Domäne
- Eine Liste der Ressourcenstandorte unter Windows NT sowie eine Auflistung der OUs, in denen die Ressourcen konsolidiert werden sollen
- Eine Liste der Vertrauensstellungen an, die eingerichtet werden müssen, damit Benutzer außerhalb der Gesamtstruktur weiterhin auf die Ressourcen zugreifen können, wenn diese in den Ziel-OUs konsolidiert wurden
- Einen Plan für den Wechsel in den einheitlichen Modus

Migrationsstrategie für das Multimasterdomänenmodell

Das Multimasterdomänenmodell ähnelt dem Einzelmastermodell, nur dass hier die Benutzerkonten und Gruppen im Rahmen einer dezentralen Verwaltung in mehreren Masterkontendomänen angeordnet sind. Drucker und Server werden in Ressourcendomänen platziert. Wie beim Einzelmasterdomänenmodell können Benutzer mit Zugriffsrechten in den Kontendomänen über einseitige, nicht transitive Vertrauensstellungen auf die Ressourcen in den Ressourcendomänen zugreifen.

Wenn die Domänen im Multimasterdomänenmodell mit Hilfe der Aktualisierungsmethode migriert werden, kann eine der Masterkontendomänen oder eine neue, dedizierte Domäne zur Stammdomäne der Gesamtstruktur werden. Die verbleibenden Kontendomänen werden zu untergeordneten Domänen der Gesamtstruktur-Stammdomäne, die Ressourcendomänen werden zu Subdomänen der Kontendomänen. Anschließend sollten die Ressourcendomänen in OUs konsolidiert werden, um die Benutzer und Ressourcen innerhalb der Domänen zu organisieren. Abbildung 7.6 zeigt eine neue dedizierte Domäne als Stammdomäne der Gesamtstruktur, die Platzierung der Kontendomänen (**sales.microsoft.com** und **development.microsoft.com**) und die Platzierung der Ressourcendomänen (**london.microsoft.com**, **chicago.microsoft.com** und **redmond.microsoft.com**).

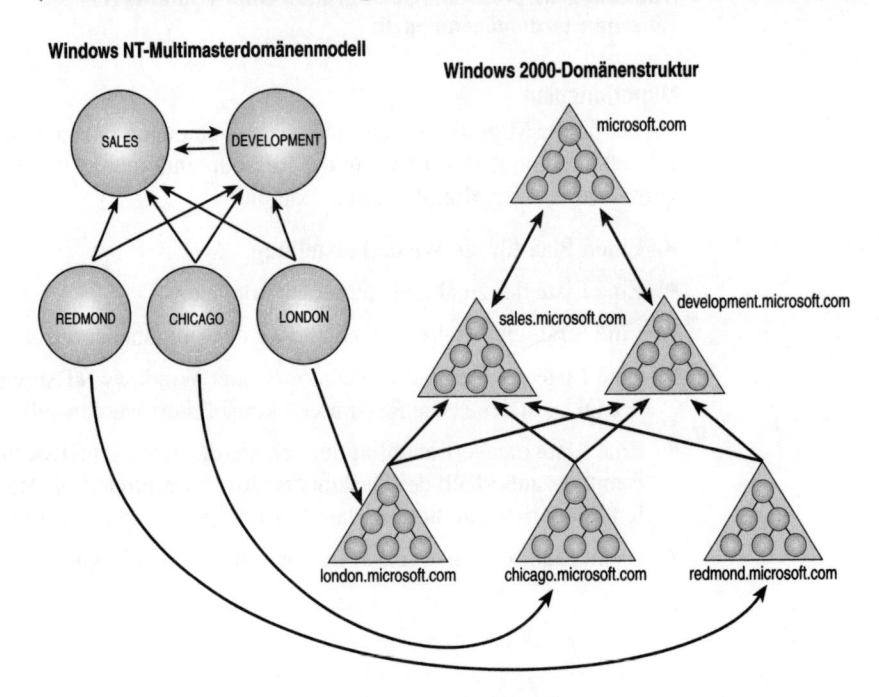

Abbildung 7.6 Migration eines Windows NT-Multimasterdomänenmodells

Migrationsplan

Da bei dieser Migrationsstrategie zunächst eine Domänenaktualisierung und dann eine Konsolidierung der Ressourcendomänen in OUs vorgenommen wird, stimmt der Migrationsplan mit dem für das Einzelmasterdomänenmodell überein.

Migrationsstrategie für das vollständig vertrauende Domänenmodell

Das aus verschiedenen, unabhängig verwalteten, sich einander vertrauenden Domänen bestehende vollständig vertrauende Domänenmodell wird im Rahmen eines dezentralen Administrationsmodells eingesetzt und ist äußerst schwierig zu verwalten. Wenn die Domänen im vollständig vertrauenden Domänenmodell mit Hilfe der Aktualisierungsmethode migriert werden, kann eine der vorhandenen Domänen oder eine neue, dedizierte Domäne zur Stammdomäne der Gesamtstruktur werden. Die verbleibenden Domänen werden zu untergeordneten Domänen der Gesamtstruktur-Stammdomäne. Anschließend sollten die Domänen in OUs konsolidiert werden, um die Benutzer und Ressourcen innerhalb der Domänen zu organisieren. Abbildung 7.7 zeigt die Domäne, die zukünftig als Gesamtstruktur-Stammdomäne eingesetzt werden soll, sowie die Platzierung der verbleibenden Domänen.

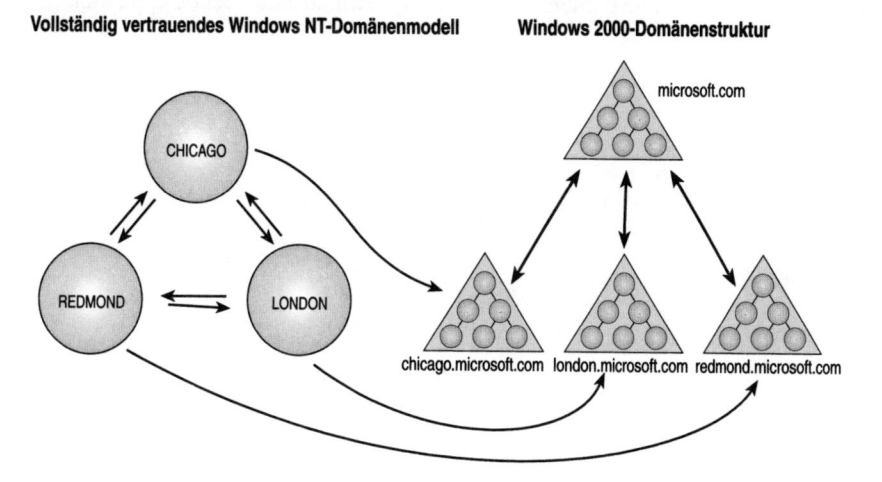

Abbildung 7.7 Migration eines vollständig vertrauenden Windows NT-Domänenmodells

Migrationsplan

Da bei dieser Migrationsstrategie zunächst eine Domänenaktualisierung und dann eine Konsolidierung der Ressourcendomänen in OUs vorgenommen wird, stimmt der Migrationsplan mit dem für das Einzelmasterdomänenmodell überein.

Zusammenfassung der Lektion

In dieser Lektion haben Sie gelernt, dass Sie eine Migration der Windows NT 4.0-Verzeichnisdienste auf Windows 2000 Active Directory planen, indem Sie die Ziele der Migration abstecken, die Migrationsmethode(n) festlegen und die Migrationsschritte planen. Darüber hinaus haben Sie erfahren, wie Sie anhand einer Analyse der aktuellen Windows NT-Domänenstruktur und durch das Untersuchen der Auswirkungen einer Migration auf die Produktionsumgebung die geeignete(n) Migrationsmethode(n) wählen. Sie haben ferner erfahren, dass Sie zur Planung einer Domänenaktualisierung einen Plan für die Wiederherstellung erstellen, die Reihenfolge der Domänenaktualisierung festlegen, eine Strategie für die Aktualisierung der Domänencontroller erarbeiten und festlegen, wann ein Wechsel in den einheitlichen Modus vorgenommen werden kann. Zur Planungen einer Domänenumstrukturierung müssen Sie einen Zeitplan für die Umstrukturierung erstellen, eine reine Gesamtstruktur erstellen, die Vertrauensstellungen für die Ressourcendomänen ermitten und die zu migrierenden Gruppen und Benutzer zuordnen. Abschließend haben Sie gelernt, dass zur Planung der Konsolidierung von Ressourcendomänen in OUs die zu migrierenden Ressourcen und die Vertrauensstellungen ermittelt werden müssen, die für Domänen außerhalb der Zielgesamtstruktur benötigt werden.

Lektion 2: Planen einer Verzeichnisdienstsynchronisierung mit Active Directory

Zur Implementierung von Windows 2000 Active Directory in einer Organisation, die derzeit einen anderen Verzeichnisdienst verwendet, müssen Sie den Wechsel planen. Active Directory wurde zur Erweiterung der Windows 2000-Interoperabilität entwickelt und ermöglicht Ihnen die Synchronisierung von Verzeichnisinformationen mit denen anderer Verzeichnisdienste. Sie können eine Active Directory-Synchronisierung für die Verzeichnisdienste Microsoft Exchange Server 5.5, Novell NetWare Bindery oder Novell Directory Services (NDS) und weitere LDAP-fähige Verzeichnisdienste durchführen. In dieser Lektion erfahren Sie, wie Sie Ihren vorhandenen Verzeichnisdienst mit Windows 2000 Active Directory synchronisieren.

Am Ende dieser Lektion werden Sie in der Lage sein, die folgenden Aufgaben auszuführen:

- Benennen der Tools, die zur Synchronisierung der Exchange Server 5.5-Verzeichnisdienste mit Active Directory erforderlich sind
- Benennen der Tools, die zur Synchronisierung von Novell NetWare Bindery oder NDS mit Active Directory erforderlich sind
- Benennen der Tools, die zur Synchronisierung von LDAP-fähigen Verzeichnisdiensten mit Active Directory erforderlich sind
- Erläutern der Planung einer Synchronisierung der Exchange Server 5.5-Verzeichnisdienste mit Active Directory
- Erläutern der Planung einer Synchronisierung von Novell NetWare Bindery oder NDS mit Active Directory

Veranschlagte Zeit für diese Lektion: 30 Minuten

Grundlegendes zur Verzeichnisdienstsynchronisierung

Wie Sie wissen, ist ein Verzeichnisdienst ist ein Netzwerkdienst, mit dem sämtliche Ressourcen in einem Netzwerk identifiziert und den Benutzern und Anwendungen zugänglich gemacht werden können. Es gibt viele Arten von Verzeichnisdiensten. Einige, z. B. Active Directory, wurden für den Netzwerkbetrieb entwickelt, andere werden zur Handhabung spezifischer Anwendungen eingesetzt, beispielsweise für E-Mail-Programme. Da Active Directory zur Erweiterung der Windows 2000-Interoperabilität entwickelt wurde, können Sie eine Synchronisierung von Verzeichnisinformationen mit denen anderer Verzeichnisdienste durchführen. Als Verzeichnissynchronisierung wird die gemeinsame Nutzung von Daten durch zwei Verzeichnisdienste bezeichnet, sodass Änderungen, die in einem Verzeichnis an Objekten vorgenommen werden, automatisch an das andere Verzeichnis übermittelt werden. Wenn Daten zwischen Verzeichnisdiensten synchronisiert werden, ist die Systemverwaltung effizienter, weil es nicht mehr erforderlich ist, mehrere Verzeichnisse zu verwalten.

Anmerkung Eine ausführliche Erläuterung des Synchronisierungsprozesses mit Active Directory ist im Rahmen dieses Trainings nicht möglich. In dieser Lektion werden die Aufgaben besprochen, die bei der Planung einer Active Directory-Synchronisierung mit Exchange Server 5.5, Novell Directory Services (NDS) und NetWare 3.x-Binderies ausgeführt werden müssen. Weitere Informationen finden Sie in *Microsoft Windows 2000 Server – Die technische Referenz: Einsatzplanung*.

Active Directory kann derzeit mit folgenden Verzeichnisdiensten synchronisiert werden:

- Microsoft Exchange Server 5.5
- Novell NetWare Bindery oder NDS
- Andere LDAP-fähige Verzeichnisdienste

Anmerkung Bei Exchange 2000 Server, der Nachfolgeversion von Exchange Server 5.5, wird der Exchange Server-Verzeichnisdienst nahtlos in Active Directory integriert, eine Synchronisierung ist nicht erforderlich.

Synchronisierung mit Microsoft Exchange Server 5.5

Wenn ein Exchange Server 5.5-Verzeichnis mit Active Directory synchronisiert wird, werden beide Verzeichnisse in eigenen Informationsspeichern verwaltet. Die Informationen werden ähnlich wie bei der Windows 2000-Replikation zwischen den Verzeichnisdiensten repliziert. Durch das Synchronisieren des Microsoft Exchange Server 5.5-Verzeichnisses mit Windows 2000 Server Active Directory können Sie Exchange Server zum anfänglichen Füllen eines neuen Active Directory-Verzeichnisses mit Benutzerattributen und Objekten verwenden. Da Exchange Server außerdem E-Mail-Verzeichnisdienste von Drittanbietern unterstützt, können Sie Benutzerattribute und Objekte von Drittanbieterverzeichnissen in Exchange Server kopieren und anschließend mit Active Directory synchronisieren.

Anmerkung Zur Synchronisierung von Daten zwischen Active Directory und Exchange Server 5.5 muss das Exchange Server 5.5 Service Pack 3 oder höher installiert werden.

Zur Durchführung einer Synchronisierung zwischen Active Directory und Exchange Server 5.5 müssen Sie den Active Directory Connector (ADC) installieren. Die Installationsdateien für ADC befinden sich auf der Windows 2000 Server-CD im Ordner **Valueadd\Msft\Mgmt\ADC**. Nach der Installation von ADC können Sie mit dem Active Directory Connector so genannte *Verbindungsvereinbarungen* definieren, über die festgelegt wird, wie die Synchronisierung verlaufen soll. Für jede Verbindungsvereinbarung können Sie Folgendes festlegen:

- Die Richtung der Replikation: wechselseitig, von Exchange nach Windows oder von Windows nach Exchange
- Die für die Replikation verwendete Authentifizierungsmethode
- Einen Zeitplan für die Replikation
- Die zu replizierenden Objekte
- Die Handhabung gelöschter Objekte bei der Replikation

Sie können auch eine so genannte *primäre Verbindungsvereinbarung* festlegen, mit der Sie neben der Replikation von Informationen zu vorhandenen Objekten auch neue Objekte im Zielverzeichnis erstellen können. Es wird empfohlen, nur eine primäre Verbindungsvereinbarung pro Synchronisierung zwischen Exchange Server und Active Directory einzurichten, um sicherzustellen, dass keine doppelten Objekte im Zielverzeichnis angelegt werden.

Synchronisierung mit Novell NetWare Bindery oder NDS

Für Organisationen, die Novell NetWare einsetzen, ist es unter Umständen bequemer und kosteneffektiver, bei der Einführung von Active Directory das vorhandene Novell-Verzeichnis weiterhin nutzen zu können. Wie bei der Synchronisierung mit Exchange Server werden auch bei der Synchronisierung von Novell NetWare Bindery oder einem NDS-Verzeichnis mit Active Directory beide Verzeichnisse in eigenen Informationsspeichern verwaltet, es findet keine Ersetzung des/der Verzeichnisse(s) statt. Die Informationen werden ähnlich wie bei der Windows 2000-Replikation zwischen den Verzeichnisdiensten repliziert.

Damit Benutzer von Novell-Verzeichnisdiensten eine Synchronisierung durchführen können, hat Microsoft den MSDSS-Dienst (Microsoft Directory Synchronization Services) entwickelt, der zum Lieferumfang der Services for NetWare, Version 5 (SFNW5) gehört. MSDSS wird unter Verwendung eines MMC-Snap-Ins (Microsoft Management Console) verwendet und unterstützt die Active Directory-Synchronisierung mit folgenden Novell-Verzeichnisdiensten:

- NDS für Novell NetWare 4, 4.1, 4.11, 4.2, 5, 5 mit NDS 8 und 5.1
- Bindery für Novell NetWare 3.1, 3.11, 3.12 und 3.2 sowie NetWare 4.*x*, konfiguriert im Bindery-Emulationsmodus

Bei Verwendung von MSDSS können Sie zwischen einer einseitigen oder einer wechselseitigen Synchronisierung wählen, nachdem Sie eine Synchronisierungssitzung für ein Containerpaar eingerichtet haben. Die einseitige Synchronisierung steht für Bindery oder NDS zur Verfügung und ermöglicht Ihnen das Verwalten von Objekten in beiden Verzeichnissen von Active Directory aus. Die wechselseitige Synchronisierung ist nur für NDS verfügbar und ermöglicht Ihnen das Verwalten freigegebener Daten, z. B. Benutzerkonteninformationen, von beiden Verzeichnissen aus.

Sowohl für Bindery als auch für NDS ordnet die MSDSS-Synchronisierung Novell-Benutzer, -Gruppen und -Verteilerlistenobjekte Active Directory-Benutzern, -Gruppen und -Verteilerlistenobjekten zu. Ausschließlich bei NDS ordnet der MSDSS-Dienst Novell-OUs und Strukturen Active Directory-OUs zu. Darüber hinaus bietet die MSDSS-Synchronisierung nur für NDS eine optionale benutzerdefinierte Objektzuordnung, mit denen Sie Objekte in sich nicht ähnlichen Verzeichnisstrukturen einander zugeordnet werden können.

Migration von Novell Bindery oder NDS-Verzeichnissen auf Windows 2000 Active Directory

Statt einer Synchronisierung mit Active Directory kann auch eine Migration der Novell Bindery oder NDS-Verzeichnisse auf Active Directory durchgeführt werden. MSDSS und das Microsoft-Dienstprogramm FMU (File Migration Utility, Dienstprogramm zur Dateimigration, ebenfalls im Lieferumfang von SFNW5 enthalten), ermöglichen eine Migration Ihrer Novell Bindery oder NDS-Verzeichnisse auf Active Directory sowie eine Migration des aktuellen Dateisystems auf das Windows 2000-NTFS 5-Dateisystem (NTFS5). Das Dienstprogramm FMU unterstützt die Migration der folgenden Novell-Verzeichnisdienste:

- NDS für Novell NetWare 4.2, 5 und 5.1
- Bindery für Novell NetWare 3.12

Bei Verwendung von MSDSS für die Migration können Sie NDS- oder Bindery-Objekte und -Dateien entweder sofort auf Active Directory migrieren oder eine stufenweise Migration vornehmen. Bei einer sofortigen Migration führen Sie in einem Arbeitsschritt eine schnelle und sichere Migration der NDS- oder Bindery-Objekte und -Dateien auf Active Directory durch. Bei einer stufenweisen Migration (häufig bei Organisationen eingesetzt, die über komplexe Verzeichnisstrukturen verfügen), führen Sie über einen Zeitraum von mehreren Wochen oder Monaten eine Synchronisierung durch, um bei der stufenweisen Migration der Benutzer, Computer, Dienste und Anwendungen beide Verzeichnisse verfügbar zu haben. Durch einen langsamen, kontinuierlichen Übergang von einem Novell-basierten Verzeichnis auf Active Directory minimieren Sie die möglichen negativen Auswirkungen auf die Benutzer.

Die Migration mit MSDSS ermöglicht Ihnen eine automatische Migration von Bindery- oder NDS-Verzeichnisobjekten, die große Mengen von Informationen speichern und die wichtigsten Informationen enthalten, z. B. Benutzerkonten, Gruppen, Verteilerlisten (sowohl für Bindery als auch für NDS) sowie OUs und Strukturen (nur NDS). Alle weiteren Objektklassen, beispielsweise Computerkonten, Druckerobjekte, Anwendungsobjekte und Objektsicherheitsberechtigungen, müssen manuell migriert werden.

Durch den gemeinsamen Einsatz von FMU (File Migration Utility) und MSDSS können Sie alle Bereiche der NetWare-Ordner und -Dateien auf einen oder mehrere Windows 2000-basierte Dateiserver migrieren. Die NetWare-Struktur sowie vorhandene Rechte und Berechtigungen werden im Windows 2000-Dateisystem, NTFS 5 (NTFS5), beibehalten.

Weitere Informationen Lesen Sie die Whitepapers „MSDSS Deployment: Understanding Synchronization and Migration" und „MSDSS Deployment: Implementing Synchronization and Migration", um einen genaueren Einblick in die über MSDSS bereitgestellte Interoperabilität zwischen Active Directory und den Verzeichnisdiensten NDS (Novell Directory Services) und NetWare 3.*x* Bineries von Novell NetWare zu erhalten. Sie finden diese Whitepapers auf der Kursmaterialien-CD (**\chapt07\MSDSS** und **\chapt07\MSDSSimp**).

Synchronisierung mit anderen LDAP-fähigen Verzeichnisdiensten

Einige Organisationen haben bezüglich Ihrer Verzeichnisverwaltung sehr spezielle Anforderungen. In diesem Rahmen kann beispielsweise die Synchronisierung von mehr als zwei Verzeichnisdiensten, eine auf Geschäftsregeln basierte Verarbeitung oder die Integration von Namespaces zur Verwaltung von Objekten und Attributen über mehrere isolierte Datenspeicher hinweg erforderlich sein. Für diese Organisationen gibt es die Microsoft Metadirectory Services (MMS), die im Rahmen eines Servicevertrages von den Microsoft Consulting Services (MCS) bereitgestellt werden.

MMS ermöglicht die Integration von Personen- und Verzeichnisdaten aus mehreren Datenbanken mit Active Directory. Auf diese Weise können große Datenmengen verwaltet und die Kosten für die Verzeichnisverwaltung gesenkt werden. MMS ermöglicht die Informationsintegration für Plattformen wie Microsoft Windows 2000, Microsoft Active Directory, Microsoft Windows NT, Microsoft Exchange, Lotus Notes, Domino, cc: Mail, Novell NDS, Bindery, GroupWise, Netscape Directory und MetaDirectory Server, ISOCOR MetaConnect und X.500, verschiedene ODBC/SQL-Datenbanken und weitere Systeme.

Zum Zeitpunkt der Entstehung dieses Buches handelte es sich bei MMS um ein relativ neues Synchronisierungstool, dass nur über die Microsoft Consulting Services oder einen MMS-Partner erhältlich war. Aktuelle Informationen zu diesem Produkt finden Sie auf der Microsoft-Website unter *www.microsoft.com*.

Weitere Informationen Weitere Informationen zum Einsatz von MMS finden Sie im Whitepaper „Microsoft Metadirectory Services" auf der Kursmaterialien-CD (**\chapt07\metadire**).

Designschritt: Planen einer Verzeichnisdienstsynchronisierung mit Active Directory

Die Planung einer Verzeichnisdienstsynchronisierung mit Active Directory wurde in zwei Bereiche gegliedert:

- Planen einer Synchronisierung von Microsoft Exchange Server 5.5 mit Active Directory
- Planen einer Synchronisierung von Novell NetWare Bindery oder NDS mit Active Directory

Designschritt: Planen einer Synchronisierung von Microsoft Exchange Server 5.5 mit Active Directory

Bei der Planung einer Synchronisierung von Microsoft Exchange Server 5.5 mit Active Directory führen Sie folgende Schritte aus:

1. Analysieren Sie die aktuelle Windows 2000-Domänenstruktur sowie die Exchange Server-Standorttopologie.
2. Ordnen Sie die Exchange Server-Container Active Directory-Domänen und OUs zu.
3. Definieren Sie die zu synchronisierenden Objekte.
4. Ordnen Sie die Exchange Server-Attribute Active Directory-Attributen zu.
5. Legen Sie die Active Directory Connector-Standorte fest.
6. Definieren Sie die Verbindungsvereinbarungen, die zur Synchronisierung der Verzeichnisse benötigt werden.
7. Konfigurieren Sie die Verbindungsvereinbarungen.

Analyse der aktuellen Domänenstruktur sowie der Exchange Server-Standorttopologie

Zur Synchronisierung der Exchange Server 5.5-Verzeichnisdienste mit Windows 2000 Server Active Directory müssen Sie sich zunächst mit den in Ihrer Organisation vorhandenen Exchange Server- und Windows 2000-Strukturen vertraut machen. Im Falle von Exchange Server müssen Sie die Anzahl der Standorte sowie die Verwaltungsform der Standorte ermitteln und entscheiden, ob der jeweilige Standort mit Active Directory synchronisiert werden soll. Für die zu synchronisierenden Exchange Server-Standorte müssen Sie außerdem die zu synchronisierenden Objekte sowie den Zielcontainer für die Synchronisierung festlegen.

Zuordnen von Exchange Server-Containern zu Active Directory-Domänen und OUs

Durch das Zuordnen der Exchange Server-Standorte und -Container zu Active Directory-Domänen und -OUs erstellen Sie einen logischen Pfad, über den die Objekte zwischen den Verzeichnissen „wandern" können. Jede erstellte Verbindungsvereinbarung basiert auf diesen Pfaden. Ein Exchange-Container kann mehreren Active Directory-OUs, eine Active Directory-OU kann mehreren Exchange-Containern zugeordnet werden.

Definieren der zu synchronisierenden Verzeichnisobjekte

Zur Definition der zu synchronisierenden Objekte müssen Sie ermitteln, welche Objekte und Container für eine Synchronisierung in Frage kommen. Anschließend legen Sie fest, wie diese Objekte im Zielcontainer gespeichert werden sollen.

Zuordnen von Exchange Server-Attributen zu Active Directory-Attributen

Sie können Exchange Server-Attribute vorhandenen Active Directory-Attributen oder neuen, benutzerdefinierten Attributen zuordnen. Die Attributzuordnung wird durch Einstellungen für das ADC-Gruppenrichtlinienobjekt in Active Directory gesteuert. Folgende Objektattribute können nicht synchronisiert werden: die erweiterten Sicherheitseinstellungen in Exchange und den Zugriffssteuerungslisten (Access Control Lists, ACLs) von Exchange und Active Directory.

Anmerkung Eine ausführliche Erläuterung der ADC-Gruppenrichtlinie ist im Rahmen dieses Trainings nicht möglich. Weitere Informationen zu diesem Thema finden Sie in *Microsoft Windows 2000 Server – Die technische Referenz: Einsatzplanung*.

Festlegen der Active Directory Connector-Standorte

Für die Installation von ADC müssen mindestens ein Windows 2000-Server, eine Active Directory-Domäne sowie ein Exchange Server-Standort und ein Exchange Server 5.5 mit Service Pack 3 oder höher vorhanden sein. Sie sollten außerdem einplanen, wie viele ADC-Server zur Datenreplikation erforderlich sind. Zur Vermeidung von ADC-Datenverkehr über das WAN sollte ein separater Active Directory Connector für jeden Standort in allen Active Directory-Domänen konfiguriert werden, der die synchronisierten Mailboxobjekte verwaltet. Der ADC-Server erfordert direkte IP-Konnektivität, da bei Schreibvorgängen in das Exchange-Verzeichnis LDAP- und RPC-Anforderungen verwendet werden.

ADC kann für folgende Server eingerichtet werden:

- Active Directory-Domänencontroller
- Active Directory-Domänencontroller mit Exchange Server
- Globaler Active Directory-Katalogserver
- Globaler Active Directory-Katalogserver mit Exchange Server

- Active Directory-Mitgliedsserver
- Active Directory-Mitgliedsserver mit Exchange Server
- Active Directory-Mitgliedsserver mit Exchange Server auf einem Active Directory-Domänencontroller
- Active Directory-Mitgliedsserver mit Exchange Server auf einem globalen Active Directory-Katalogserver

Definieren von Verbindungsvereinbarungen

Zum Erreichen optimaler Leistungsergebnisse müssen Sie die Mindestanzahl der Verbindungsvereinbarungen festlegen. Es ist nicht immer nötig, zwischen jedem Exchange Server-Standort und jeder Windows 2000-Domäne eine Verbindungsvereinbarung einzurichten. Sie müssen jedoch über genügend Verbindungsvereinbarungen zur Verarbeitung der Replikationsdaten verfügen. Beachten Sie bei der Festlegung der Anzahl der Verbindungsvereinbarungen für Ihre Organisation folgende Punkte:

- Geschwindigkeit, Anzahl der CPUs und RAM-Menge für alle Windows 2000-Server, Exchange-Server und ADC-Server. Wenn eine dieser Komponenten sich störend auf die Replikation auswirkt, sollten Sie die Einrichtung zusätzlicher Verbindungsvereinbarungen in Betracht ziehen.
- Netzwerkbandbreite. Wenn für die Replikation nicht genügend Netzwerkbandbreite zur Verfügung steht, sollten Sie die Einrichtung zusätzlicher Verbindungsvereinbarungen in Erwägung ziehen.
- Anzahl der Exchange Server-Mailboxen und Active Directory-Benutzer, Anzahl der Exchange Server-Mailempfänger und Active Directory-Kontakte, Anzahl der Exchange Server-Verteilerlisten, Active Directory-Gruppen und Active Directory-Server. Wenn mehr als 500 dieser Objekte vorhanden sind, sollten Sie diese auf mehrere Verbindungsvereinbarungen aufteilen.

Konfigurieren von Verbindungsvereinbarungen

Für jede Verbindungsvereinbarung müssen verschiedene Punkte festgelegt werden: Richtung der Replikation, Zeitplan für die Replikation, Authentifizierungsmethode, zu replizierende Attribute und Handhabung der gelöschten Objekte.

Zur Angabe der Replikationsrichtung müssen Sie ermitteln, in welcher Weise die zu synchronisierenden Informationen in Ihrer Organisation verwaltet werden. Sie können Informationen zu Sicherheitskonten, Verzeichnisidentität und Messaging von Active Directory aus verwalten. Mailempfängerobjekte können von Exchange Server aus, von Active Directory oder von beiden Verzeichnisdiensten verwaltet werden. Der Verzeichnisdienst, der die Objektidentität verwaltet, wird durch die in einer Verbindungsvereinbarung festgelegte Richtung der Replikation bestimmt.

Bei der Festlegung eines Replikationszeitplans müssen Sie die Anzahl der zu replizierenden Benutzer oder Mailboxen, die Änderungshäufigkeit und die Replikationszeitpläne für weitere Verbindungsvereinbarungen berücksichtigen.

Die Authentifizierungsmethode legt den Typ der Authentifizierung fest, die eine Verbindungsvereinbarung zum Aufbau einer Verbindung einsetzt. Es kann entweder keine Verschlüsselung oder eine SSL-Verschlüsselung gewählt werden. Die SSL-Verschlüsselung sollte verwendet werden, wenn die Replikation auf einem Server an einem anderen Standort erfolgt. Für jede Verbindungsvereinbarung muss ein Konto eingerichtet werden, das über Leseberechtigungen für die Exchange Server- und Active Directory-Verzeichnisse sowie über Schreibberechtigungen für das Zielverzeichnis verfügt.

Bei jeder Verbindungsvereinbarung können Sie die zu replizierenden Attribute festlegen, wie bereits im Abschnitt „Definieren der zu synchronisierenden Verzeichnisobjekte" angesprochen.

Darüber hinaus können Sie für jedes Verbindungsobjekt die Handhabung gelöschter Objekte festlegen. Wenn die Verbindungsvereinbarung für eine Replikation von Active Directory nach Exchange Server eingerichtet wurde, stehen für die Handhabung gelöschter Objekte die folgenden Optionen zur Verfügung:

- **Exchange-Postfach löschen** Wenn ein Benutzerkonto aus Active Directory entfernt wurde, werden die Exchange Server-Mailbox und der Benutzer von den Empfänger- und Verteilerlisten gelöscht.

- **Gelöschte Exchange-Objekte behalten und Liste der Löschvorgänge in temporärer CSV-Datei speichern** Die Liste der gelöschten Objekte wird in einer Protokolldatei mit Kommatrennung (CSV) gespeichert. Bei der Replikation werden weitere Informationen an die Datei angehängt. Die Protokolldatei wird unter
%SystemRoot%\MSADC*Name_der_Verbindungsvereinbarung*\ex55.csv
gespeichert.

Wenn die Verbindungsvereinbarung für eine Replikation von Exchange Server nach Active Directory eingerichtet wurde, stehen für die Handhabung gelöschter Objekte die folgenden Optionen zur Verfügung:

- **Windows-Konto löschen** Löscht alle Mailboxen aus Active Directory, die im Exchange Server-Verzeichnis gelöscht wurden.

- **Gelöschte Windows-Objekte behalten und Liste der Löschvorgänge in temporärer LDF-Datei speichern** Entfernt alle Mailattribute der Active Directory-Objekte, deren zugehörige Mailbox im Exchange Server-Verzeichnis gelöscht wurde. Die Liste der gelöschten Objekte wird in einer .ldf-Datei gespeichert. Bei der Replikation werden weitere Informationen an die Datei angehängt. Die Protokolldatei wird unter
%SystemRoot%\MSADC*Name_der_Verbindungsvereinbarung*\win2000.ldf
gespeichert.

Designschritt: Planen einer Synchronisierung von Novell NetWare Bindery oder NDS mit Active Directory

Bei der Planung einer Synchronisierung von Novell NetWare Bindery oder NDS mit Active Directory führen Sie folgende Schritte aus:

1. Führen Sie eine Analyse des aktuellen Novell-Netzwerks durch.
2. Wählen Sie die einseitige oder die wechselseitige Synchronisierung.
3. Ermitteln Sie die zu synchronisierenden Objekte und planen Sie die Synchronisierungssitzungen.
4. Legen Sie die Verwaltungsverantwortlichkeiten fest.
5. Planen Sie die Testphase und führen Sie eine Benutzerschulung durch.

Analyse des aktuellen Novell-Netzwerks

Die Analyse des aktuellen Novell-Netzwerks erfordert die folgenden Schritte:

- Stellen Sie fest, welche Informationen im Novell-Netzwerk gespeichert werden und ermitteln Sie die zugehörigen Besitzer, Benutzer und Standorte. Stellen Sie fest, welche Arten von Informationen im NetWare-Netzwerk gespeichert werden, ermitteln Sie die Speicherorte der Informationen, die für die Daten verantwortlichen Personen, die Benutzer, die Zugriffsrechte für die Informationen besitzen sowie die für die Informationen geltenden Sicherheitsanforderungen.

- Ermitteln Sie alle Hard- und Softwarekomponenten im Novell-Netzwerk und halten Sie fest, welche Komponenten nur mit NDS ausgeführt werden können. Erstellen Sie ein Diagramm des Netzwerks mit all seinen Komponenten. Ermitteln Sie Datei-, Druck-, Internet-, Mail-, Datenbank- und alle weiteren Server. Prüfen Sie, ob die NDS-abhängige Software ersetzt werden kann.

- Prüfen Sie, welche Hard- und Software für eine Umstellung benötigt wird. Ermitteln Sie, welche Hard- und Softwarekomponenten Ihre Organisation für die angestrebte Funktionalität benötigt. Erwerben Sie die benötigte Serverhardware. Erwerben Sie Windows 2000 Server (enthält Client Service for NetWare) und Services for NetWare, Version 5 (enthält MSDSS). Erwerben Sie jegliche Active Directory-fähige Software, die Sie zur Ersetzung von NDS-abhängiger Software benötigen. Laden Sie die aktuellste Version von Novell Client Access von der Novell-Website herunter.

- Skizzieren Sie den aktuellen Novell-Namespace. Entscheiden Sie, ob der neue Active Directory-Namespace mit dem vorhandenen Novell-Namespace identisch sein sollte oder nicht.

- Bearbeiten Sie den aktuellen Novell- oder Active Directory-Namespace. Verwenden Sie, falls erforderlich, die NetWare-Verwaltungstools zum Aktualisieren der NDS-Container, und erstellen Sie mit Hilfe des Active Directory-Snap-Ins **Active Directory-Benutzer und -Computer** Active Directory-OUs.

- Legen Sie die Objektzuordnung fest.
- Bestimmen Sie, ob eine direkte oder eine Remoteverwaltung eingesetzt werden soll. Legen Sie den Installationsort für MSDSS und Novell Client Access fest und entscheiden Sie, ob MSDSS-Sitzungen dezentral verwaltet werden sollen. Installieren Sie bei Auswahl der Remoteinstallation MSDSS und Novell Client Access auf einem Computer (kein Domänencontrollerserver), auf dem Windows 2000 Server oder Windows 2000 Professional ausgeführt wird.

Einseitige oder wechselseitige Synchronisierung?

Berücksichtigen Sie bei der Wahl zwischen einseitiger oder wechselseitiger Synchronisierung die folgenden Punkte:

- Gründe, die für eine einseitige Synchronisierung sprechen:
  - Sie möchten die Verzeichnisverwaltung zentral von Active Directory aus abwickeln
  - Ihr Netzwerk ist Windows-basiert oder Ihr Netzwerk ist derzeit NDS-basiert, aber Sie möchten die Anzahl der Verzeichnisse nach und nach verringern
  - Sie möchten die NDS-Benutzerkontenkennwörter so verwalten und aktualisieren, dass Sie einen einzigen Satz Anmeldeinformationen erhalten, über den sich die Benutezr sowohl an einem Windows-basierten als auch an einem Novell-basierten Netzwerk anmelden können
  - Sie bereiten eine Migration der NDS-basierten Verzeichnisumgebung auf Active Directory vor
- Gründe, die für eine wechselseitige Synchronisierung sprechen:
  - Active Directory und NDS werden durch unterschiedliche Netzwerkadministratoren verwaltet
  - Ihre Netzwerkumgebung enthält NDS als primäres Verzeichnis, Sie möchten die Anzahl der Verzeichnisplattformen nicht reduzieren
  - Sie möchten für längere Zeit beide Verzeichnisumgebungen erhalten und aktiv verwalten

Ermitteln der zu synchronisierenden Objekte und Planen der Synchronisierungssitzungen

Die Definition der zu synchronisierenden Objekte und die Planung der Synchronisierungssitzungen erfordert die folgenden Schritte:

- Legen Sie die zu synchronisierenden Objekte fest. Ermitteln Sie die Container, die synchronisiert werden sollen. Legen Sie fest, zwischen welche Active Directory- und NDS- oder Bindery-Server eine Synchronisierungsbeziehung eingerichtet werden soll.

- Legen Sie die Anzahl der Synchronisierungssitzungen fest. Berechnen Sie die Anzahl der Sitzungen, die zur Synchronisierung der gewünschten NDS- oder Bindery-Objekte erforderlich ist. Sie können nur einen NDS-Container oder Bindery-Server pro Sitzung angeben. Alle Objekte innerhalb dieser OU bzw. auf diesem Bindery-Server werden synchronisiert. Im Allgemeinen empfiehlt Microsoft seinen Kunden, Sitzungen für Container zu konfigurieren, die bis zu 10.000 Objekte (nicht mehr) enthalten. Sie können bis zu 50 parallele Sitzungen auf einem Domänencontroller ausführen, jede Sitzung kann auf eine andere NDS- oder Bindery-Serverquelle verweisen.

Festlegen der Verwaltungsverantwortlichkeiten

Bei der Festlegung der Verwaltungsverantwortlichkeiten müssen Sie folgende Schritte ausführen:

- Stellen Sie sicher, dass Sie über Administratorberechtigungen verfügen. Bei der einseitigen Synchronisierung muss gewährleistet sein, dass Sie die erforderlichen Berechtigungen zum Erweitern des Active Directory-Schemas besitzen. Obwohl dieser Arbeitsschritt von MSDSS automatisch ausgeführt wird, müssen Sie über Verwaltungsautorität zur Schemaerweiterung verfügen. Bei der wechselseitigen Synchronisierung muss sichergestellt sein, dass Sie die erforderlichen Berechtigungen zum Erweitern des NDS-Schemas besitzen.

> **Wichtig** Zur Einrichtung einer wechselseitigen Synchronisierungssitzung müssen Sie über alle Administratorrechte für den gesamten NDS-Container verfügen, in dem die Synchronisierungssitzung erstellt wird. Diese Rechte müssen für die gesamte Dauer der Sitzung gelten, andernfalls werden möglicherweise Objekte im NDS-Verzeichnis oder in Active Directory gelöscht.

- Delegieren Sie die Verwaltung. Bei der Installation von MSDSS wird eine spezielle Sicherheitsgruppe namens **MSDSS Admins** erstellt. Bei dieser Gruppe handelt es sich um eine lokale Domänensicherheitsgruppe, die für jede Domäne eindeutig ist. Mit dieser Gruppe können Sie die Verwaltung an spezifische Benutzer delegieren. Zur Verwaltungsdelegierung müssen Sie die Mitglieder der Gruppe der MSDSS-Admins festlegen und entscheiden, an wen MSDSS-Verwaltungsaufgaben delegiert werden sollen.

Planen von Testphase und Benutzerschulung

Die Planung von Testphase und Benutzerschulung umfasst die folgenden Schritte:

- Stellen Sie ein Testteam zusammen. Stellen Sie eine Gruppe von Benutzern zusammen, die über technische Kenntnisse verfügen und bereit sind, eine Testsynchronisierung durchzuführen sowie andere Benutzer zu unterstützen. Schulen Sie die Teammitglieder entsprechend ihren Aufgaben.

- Führen Sie Benutzerschulungen durch. Versorgen Sie die Organisationsmitarbeiter mit aktuellen Informationen. Stellen Sie sicher, dass jeder Benutzer weiß, welche Vorhaben geplant sind und führen Sie eventuell erforderliche Schulungen durch. Erläutern Sie die Anmeldevorgänge und die Handhabung der Kennwörter. Da die Kennwörter vorzugsweise nur von Active Directory aus verwaltet werden sollten, müssen Clientanmeldungen über Active Directory erfolgen. Die Kennwörter können sowohl für die einseitige als auch für die wechselseitige Synchronisierung von Active Directory aus verwaltet werden.

Designschritt – Beispiel: Planen einer Verzeichnisdienstintegration in Active Directory

Die Planung einer Verzeichnisdienstsynchronisierung mit Active Directory wurde in zwei Bereiche gegliedert:

- Synchronisierung von Microsoft Exchange Server 5.5 mit Active Directory
- Synchronisierung von Novell NetWare Bindery oder NDS mit Active Directory

Designschritt – Beispiel: Planen einer Synchronisierung von Microsoft Exchange Server 5.5 mit Active Directory

Das Unternehmen City Power and Light hat seinen Hauptsitz in Indianapolis. In Gary und Ft. Wayne befinden sich Zweigniederlassungen, in Evansville ist die firmeneigene Trainingsanlage ansässig. Die Standorte Indianapolis und Evansville werden durch die Hauptabteilung für das IT-Management in Indianapolis verwaltet. Die Niederlassungen in Gary und Ft. Wayne besitzen eigene kleine IT-Management-Abteilungen.

Das Unternehmen verwendet momentan Windows 2000; es befindet sich an jedem Standort ein Server, auf dem Exchange Server 5.5 (Service Pack 3) ausgeführt wird. Die Zweigniederlassungen sowie die Trainingsanlage sind mit dem Hauptsitz in Indianapolis über WAN-Verbindungen verbunden, der E-Mailverkehr wird zur Bereitstellung von Internetkonnektivität ebenfalls geroutet. Die Clientarbeitsstationen in Indianapolis arbeiten unter Windows 2000 Professional, die Zweigniederlassungen sowie die Trainingsanlage verfügen über Windows 98-basierte Arbeitsstationen. Die Zweigniederlassungen möchten Windows 98 solange einsetzen, bis eine Entscheidung darüber getroffen wird, ob eine Aktualisierung auf Windows 2000 Professional oder Windows ME durchgeführt werden soll. Aus Budgetgründen ist eine Aktualisierung auf Exchange 2000 Server derzeit nicht möglich, daher führen die Administratoren mit Hilfe von ADC eine Synchronisierung des Exchange Server-Verzeichnisses mit Active Directory durch.

Die Administratoren haben gemeinsam entschieden, dass die Zweigniederlassungen in Gary und Ft. Wayne eine Replikation von ihren Exchange Server-Computern nach Active Directory durchführen, damit die Verwaltung der Benutzerkonten weiterhin an den Zweigniederlassungen erfolgen kann. In Indianapolis und Evansville findet eine Replikation von Active Directory nach Exchange Server statt, um die Verwaltung der Benutzerkonten am Hauptsitz zu vereinfachen.

Die Administratoren haben zur Synchronisierung von Exchange Server 5.5 mit Active Directory die folgenden Schritte unternommen:

1. Auf einem der Windows 2000-Domänencontroller wurde ADC installiert.
2. Die Exchange Server-Struktur wurde so abgeändert, dass die Standorte und Container Active Directory-Domänen und OUs zugeordnet werden konnten.
3. Es wurden vier Verbindungsvereinbarungen definiert, eine zwischen jedem Exchange Server-Standort und Active Directory.
4. Die Verbindungsvereinbarungen wurden wie folgt konfiguriert:
   - Verbindungen 1 und 4: Einseitige Verbindung von Active Directory zu Exchange Server; Replikation der Benutzerkonteninformationen; Replikation einmal pro Tag und Nacht; Authentifizierung mit SSL-Verschlüsselung; Einrichtung als primäre Verbindungsvereinbarung, um neu hinzugefügte Active Directory-Benutzerkonten automatisch in Exchange Server replizieren zu können.
   - Verbindungen 2 und 3: Wechselseitige Verbindungen zwischen Active Directory und Exchange Server; Replikation der Benutzerkonteninformationen; Replikation auf Ereignisbasis; Authentifizierung mit SSL-Verschlüsselung.

Abbildung 7.8 veranschaulicht, wie City Power and Light die Synchronisierung von Exchange Server 5.5 mit Active Directory umgesetzt hat.

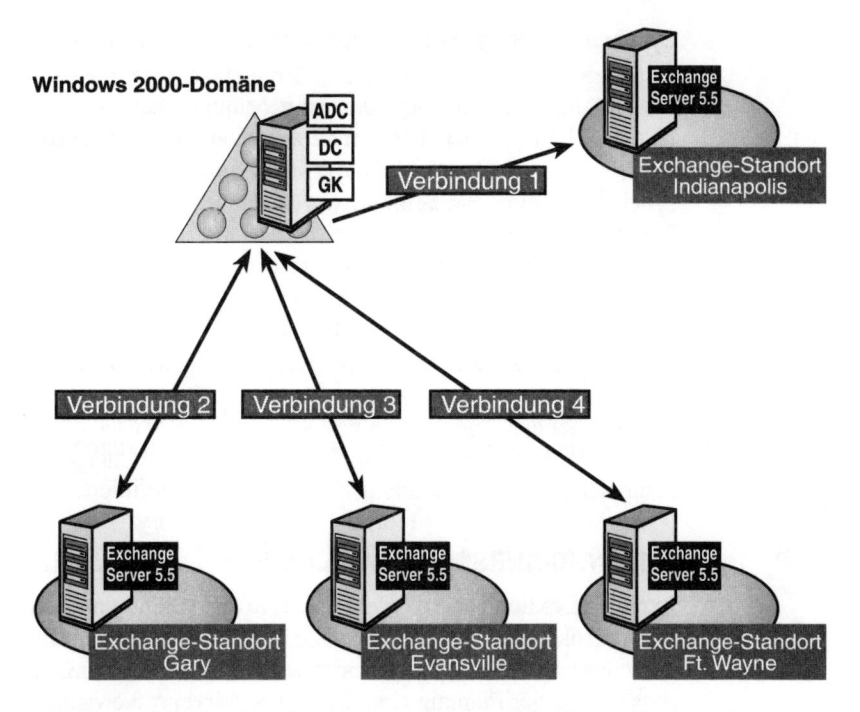

Abbildung 7.8 Synchronisierung von Microsoft Exchange Server 5.5 mit Active Directory

Designschritt – Beispiel: Planen einer Synchronisierung von Novell NetWare Bindery oder NDS mit Active Directory

In den folgenden Beispielen werden zwei Formen der Synchronisierung von Novell NetWare Bindery oder NDS mit Active Directory verdeutlicht.

Synchronisieren von NDS und Active Directory

Unternehmen A möchte das vorhandene NDS-Verzeichnis beibehalten und Active Directory erst dann hinzufügen, wenn das NDS-Verzeichnis außer Betrieb genommen werden kann. Die Administratoren analysieren das Novell-Netzwerk und untersuchen, wann eine Verzeichnissynchronisierung durchgeführt werden kann. Die zur Vorbereitung der Synchronisierung erforderlichen Anpassungen werden durchgeführt. Die Administratoren entscheiden sich für eine einseitige Synchronisierung und führen eine anfängliche Reverse-Synchronisierung für das gesamte NDS-Verzeichnis durch. Sie legen die zu synchronisierenden Daten fest und planen eine Forward-Synchronisierungssitzung, die alle fünfzehn Minuten von Active Directory zu NDS ausgeführt werden soll. Es werden Tests durchgeführt, um zu ermitteln, ob das System ordnungsgemäß arbeitet. Die Benutzer werden im Hinblick auf die anstehenden Änderungen geschult. Ab diesem Zeitpunkt können die Administratoren Active Directory zur Verwaltung der Netzwerkobjekte einsetzen.

Synchronisieren spezifischer NDS-Verzeichnisinformationen mit Active Directory
Unternehmen B möchte nur die in den NDS-basierten Personalabteilungsanwendungen gespeicherten Informationen mit Active Directory synchronisieren. Es sollen keine weiteren Informationen synchronisiert werden. Die Administratoren analysieren das Novell-Netzwerk und untersuchen, wann eine Verzeichnissynchronisierung durchgeführt werden kann. Die zur Vorbereitung der Synchronisierung erforderlichen Anpassungen werden durchgeführt. Die Administratoren entscheiden sich für die wechselseitige Synchronisierung und führen eine anfängliche Reverse-Synchronisierung durch. Sie geben die Objekte an (Novell-Container und Active Directory-OU), zwischen denen eine 1:1-Beziehung eingerichtet werden soll. Es werden Tests durchgeführt, um zu ermitteln, ob das System ordnungsgemäß arbeitet. Die Benutzer werden im Hinblick auf die anstehenden Änderungen geschult. Anschließend konfigurieren die Administratoren Forward- und Reverse-Synchronisierungssitzungen für die Verzeichnisdaten der Personalabteilung.

Zusammenfassung der Lektion

In dieser Lektion haben Sie gelernt, eine Active Directory-Synchronisierung mit Microsoft Exchange Server 5.5, Novell NetWare Bindery oder NDS sowie weiteren LDAP-fähigen Verzeichnisdiensten zu planen. Sie haben erfahren, dass Sie bei der Planung einer Exchange Server 5.5-Synchronisierung mit Active Directory folgende Aufgaben ausführen: Analyse der aktuellen Windows 2000-Domänenstruktur und der Exchange Server-Standorttopologie, Festlegen des Verzeichnisdienstes, der für die Objektidentitätsverwaltung zuständig ist, Zuordnen von Exchange Server-Standorten und -Containern zu Active Directory-Domänen und -OUs, Zuordnen von Exchange Server-Attributen zu Active Directory-Attributen, Festlegen der Standorte für den Active Directory Connector-Dienst, Definieren der Verbindungsvereinbarungen zur Synchronisierung der Verzeichnisse und Konfigurieren von Verbindungsvereinbarungen. Sie haben außerdem erfahren, dass zur Planung einer Novell NetWare Bindery- oder NDS-Synchronisierung mit Active Directory folgende Schritte erforderlich sind: Analyse des aktuellen Novell-Netzwerks, Wahl der einseitigen oder wechselseitigen Synchronisierung, Ermitteln der zu synchronisierenden Objekte und Planen der Synchronisierungssitzungen, Festlegen der Verwaltungsverantwortlichkeiten und Planen von Testphase sowie Benutzerschulung.

Workshop 7.1: Planen einer Migration der Windows NT 4.0-Verzeichnisdienste auf Windows 2000 Active Directory

Zielsetzungen des Workshops

Nach der Bearbeitung dieses Workshops werden Sie in der Lage sein, die Windows NT 4.0-Verzeichnisdienstumgebung einer Organisation zu analysieren, um deren Migration auf Windows 2000 Active Directory zu planen.

Über diesen Workshop

In diesem Workshop analysieren Sie die Windows NT 4.0-Verzeichnisdienstumgebung eines mittelständischen Unternehmens, um die Migration auf Windows 2000 Active Directory zu planen.

Bevor Sie beginnen

Für die Bearbeitung dieses Workshops gelten folgende Voraussetzungen:

- Sie können die Faktoren der geschäftlichen und technischen Umgebung einer Organisation benennen, die deren Migrationsstrategie beeinflussen
- Sie können die Gründe für eine Domänenaktualisierung benennen
- Sie können die Gründe für eine Domänenumstrukturierung benennen
- Sie können die Planungsschritte bei einer Domänenaktualisierung erläutern
- Sie können die Planungsschritte bei einer Domänenumstrukturierung erläutern
- Sie können die Planungsschritte bei der Konsolidierung von Ressourcendomänen in Organisationseinheiten (OUs) erläutern

Übung: Planen einer Migration der Windows NT 4.0-Verzeichnisdienste auf Windows 2000 Active Directory

In dieser Übung analysieren Sie die Windows NT 4.0-Verzeichnisdienstumgebung eines mittelständischen Unternehmens, um die Migration auf Windows 2000 Active Directory zu planen. Lesen Sie das folgende Szenario und folgen Sie dann den Anweisungen zur Planung der Windows NT 4.0-Verzeichnisdienstmigration auf Windows 2000 Active Directory.

Szenario

Southwest Financial Services ist ein Investmentunternehmen mit Standorten in Phoenix, Tucson und Albuquerque. Das Unternehmen plant eine Migration von Windows NT 4.0 auf Windows 2000. Die aktuelle Windows NT 4.0-Architektur wird in Abbildung 7.9 dargestellt.

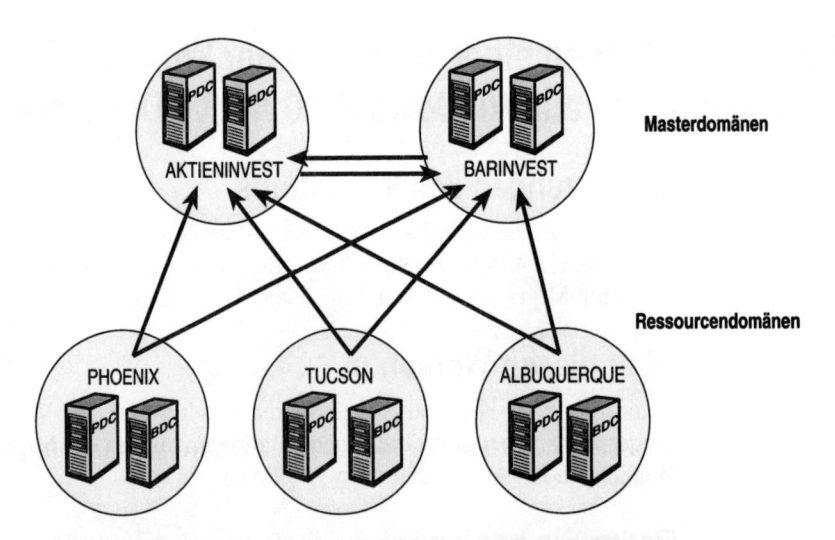

Abbildung 7.9 Windows NT 4.0-Architektur von Southwest Financial Services

Zwei Unternehmensbereiche, Aktieninvestment und Barinvestment, besitzen ein separates IT-Management. Der Bereich für das Aktieninvestment wickelt ausschließlich Geschäfte im Bereich des Aktieninvestments ab, der Bereich Barinvestment ist ausschließlich für Barinvestitionen verantwortlich; die Manager der beiden Bereiche tauschen keinerlei Informationen aus. Managementpersonal und Angestellte beider Bereiche arbeiten im Hinblick auf Unternehmensberichte und Trendanalysen jedoch zusammen. Aufgrund der sensiblen Natur von Investmentgeschäften steht die Sicherheit für Southwest Financial Services an erster Stelle.

Die Infrastrukturplaner haben vor kurzem den Active Directory-Implementierungsplan für die Migration fertiggestellt. Das Design bietet Southwest Financial einen gleich bleibenden Sicherheitsstandard, verringert jedoch die Anzahl der Domänen in der Domänenstruktur. Das neue Design wird in Abbildung 7.10 dargestellt.

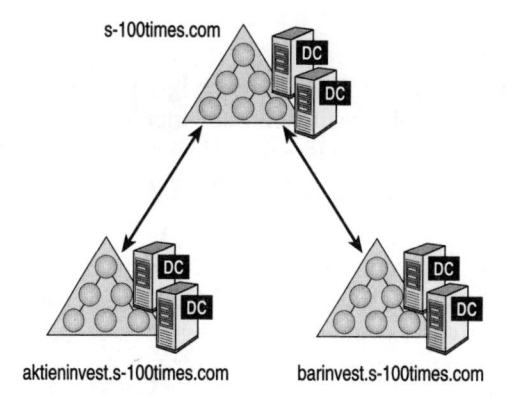

Abbildung 7.10 Neue Windows 2000 Active Directory-Architektur für Southwest Financial Services

Die Stammdomäne der Gesamtstruktur ist eine dedizierte Domäne, in der keine Ressourcen aus den Bereichen Aktien- oder Barinvestment platziert werden. Die Administratoren beider IT-Abteilungen verwalten die Gesamtstruktur-Stammdomäne gemeinsam. Beide Masterdomänen sind untergeordnete Domänen der Stammdomäne. Die Ressourcendomänen werden in Organisationseinheiten (OUs) konsolidiert.

Übungsfragen

1. Welche Migrationsmethode(n) würden Sie für die Migration auf Windows 2000 Active Directory wählen?

2. Listen Sie die Schritte bei der Migrationsplanung auf.

Lernzielkontrolle

Die folgenden Fragen dienen dazu, die wichtigsten Lehrinhalte dieses Kapitels zu vertiefen. Wenn Sie eine Frage nicht beantworten können, wiederholen Sie den entsprechenden Abschnitt und versuchen Sie dann erneut, die Frage zu beantworten. Die Antworten zu den Fragen finden Sie in Anhang A, „Fragen und Antworten".

1. Sie planen eine Migration der Windows NT 4.0-Verzeichnisdienste auf Windows 2000 Active Directory. Die aktuelle Produktionsumgebung kann mögliche negative Auswirkungen des Migrationsprozesses nicht auffangen. Welche Migrationsmethode setzen Sie ein?

2. Warum sollten Sie die Methode der Domänenumstrukturierung wählen, wenn die Produktionsumgebung mögliche negative Effekte des Migrationsprozesses nicht auffangen kann?

3. Ihre Organisation hat vor kurzem eine Migration auf Windows 2000 Server und Exchange Server 5.5 durchgeführt. Sie möchten die Benutzerinformationen im Exchange Server-Verzeichnisdienst in das neue Active Directory übertragen. Welches Tool sollten Sie zur Durchführung einer Synchronisierung installieren, und wo sollten sich die Installationsdateien für das Tool befinden?

4. Ihre Organisation verwendet Windows 2000 und hat vor kurzem ein kleines Unternehmen übernommen, in dem NDS eingesetzt wird. Sie möchten die Verzeichnisinformationen mit Active Directory synchronisieren. Welches Tool sollten Sie zur Durchführung einer Synchronisierung installieren, und wo sollten sich die Installationsdateien für das Tool befinden?

ANHANG A

Fragen und Antworten

Seite 1

Kapitel 1
Einführung in Active Directory

Lernzielkontrollfragen

Seite 34

1. Ihre Organisation möchte alle Sprachen in die Active Directory-Datenbank aufnehmen, die von den Angestellten gesprochen werden. Wie gehen Sie vor? Begründen Sie Ihre Antwort.

   Wenn Sie Informationen zu Benutzern bereitstellen müssen, die gegenwärtig nicht im Schema definiert sind, müssen Sie das Schema der Benutzerklasse erweitern. Das Schema enthält eine formale Definition von Inhalt und Struktur der Active Directory-Verzeichnisdienste. Hierzu zählen sämtliche Attribute, Klassen und Klasseneigenschaften.

2. Wie würden Sie die zwei OUs **Auftrag** und **Auslieferung** anordnen, damit die OU **Auftrag** Verwaltungsrechte für die OU **Auslieferung** erhält, die OU **Auslieferung** jedoch keine Verwaltungsrechte in Bezug auf die OU **Auftrag** besitzt?

   Durch das Hinzufügen von OUs zu anderen OUs, die so genannte Verschachtelung, können Sie die Verwaltung auf hierarchischer Ebene steuern. Durch ein Verschachteln der OU „Auslieferung" in der OU „Auftrag" besitzt die OU „Auftrag" Verwaltungsrechte für die OU „Auslieferung", die OU „Auslieferung" besitzt jedoch keinerlei Verwaltungsrechte für die OU „Auftrag".

3. Sie ziehen in Betracht, Ihrem Netzwerk einen globalen Katalogserver hinzuzufügen. Welche Vorteile bietet ein globaler Katalogserver? Welche Nachteile ergeben sich?

   Der Einsatz zusätzlicher Server kann zu kürzeren Antwortzeiten auf Benutzerabfragen führen und gleichzeitig die Fehlertoleranz erhöhen. Zusätzliche globale Katalogserver erfordern jedoch auch mehr Bandbreite zur Verarbeitung des Replikationsverkehrs.

4. Ein Kunde möchte auf allen Windows-Computern innerhalb seines Unternehmens das Firmenlogo als Hintergrundbild anzeigen. Wie gehen Sie vor?

Um eine spezielle Desktopkonfiguration zu erzielen, z. B. ein einheitliches Hintergrundbild für alle Windows-Computer in einer Organisation, erstellen Sie Gruppenrichtlinienobjekte (Group Policy Objects, GPOs) für Standorte, Domänen oder OUs. Wenn Sie das Firmenlogo auf jedem Organisationscomputer anzeigen möchten, müssen Sie ein globales GPO anwenden.

5. Ihr Netzwerk verfügt über die übergeordnete Domäne namens **hochschule.microsoft.com**. Sie möchten eine untergeordnete Domäne mit dem Namen **hochschule.expedia.com** hinzufügen, um eine Struktur zu bilden. Können diese Domänen in einer Struktur angeordnet werden? Begründen Sie Ihre Antwort.

Eine Struktur ist eine Gruppierung bzw. hierarchische Anordnung einer oder mehrerer Windows 2000-Domänen, die Sie erstellen, indem Sie einer vorhandenen Domäne mindestens eine untergeordnete Domäne hinzufügen. Die Domänen einer Struktur verwenden einen gemeinsamen zusammenhängenden Namespace und eine hierarchische Namensstruktur. Die übergeordnete Domäne „hochschule.microsoft.com" und die Domäne „hochschule.expedia.com" bilden keinen zusammenhängenden Namespace. Aus diesem Grund können diese Domänen nicht in einer Struktur angeordnet werden.

Seite 35

Kapitel 2
Einführung in das Design einer Active Directory-Infrastruktur

Workshop 2.1: Analyse der Geschäftsumgebung

Übung: Analyse der aktuellen Geschäftsstruktur

Arbeitsblatt zu den Geschäftsstrukturen

Seite 80

1. Skizzieren Sie die Verwaltungsstruktur Ihrer Organisation.

2. Benennen und beschreiben Sie kurz den Zweck aller Bereiche oder Abteilungen in der Verwaltungsstruktur. An wen berichten die Bereiche?

   Die Verwaltungsabteilung dient innerhalb der Organisation als Entscheidungsträger und führt Verwaltungsaufgaben aus. Die Wartungsabteilung ist für die Instandhaltung der Flugzeuge von Vigor Airlines verantwortlich. Die Betriebsabteilung ist für die Koordination der Dinge verantwortlich, die den Flugbetrieb aufrechterhalten, beispielsweise die Planung für das Catering, die Gepäckabfertigung, die Bereitstellung von Piloten und Flugbegleitern sowie den Einkauf von Treibstoff. Die Vertriebsabteilung ist für die Werbung und den Verkauf von Flugtickets verantwortlich. Die Wartungs-, Betriebs- und Vertriebsabteilungen berichten an die Verwaltungsabteilung.

3. Geben Sie die Anzahl der Netzwerkbenutzer in jedem Bereich der Verwaltungsstruktur sowie die Gesamtzahl der Netzwerkbenutzer innerhalb der Organisation an.

   Benutzer in jedem Bereich: Verwaltung (75), Wartung (40), Betrieb (100), Vertrieb (50). Gesamtzahl der Netzwerkbenutzer: 265.

4. Skizzieren Sie die geografische Struktur Ihrer Organisation.

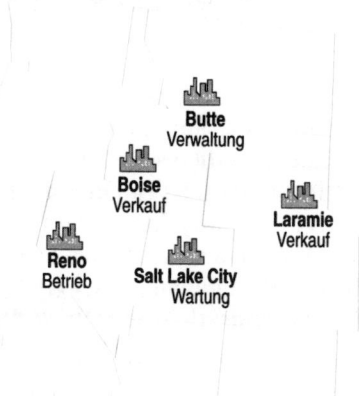

5. Listen Sie sämtliche Verwaltungsbereiche auf und beschreiben Sie deren Standort in der geografischen Struktur.

   Verwaltung: Butte, MT. Wartung: Salt Lake City, UT. Betrieb: Reno, NV. Vertrieb: Boise, ID, and Laramie, WY.

6. Listen Sie die Anzahl der Netzwerkbenutzer an den jeweiligen Standorten auf.

   Butte, MT: 75. Salt Lake City, UT: 40. Reno, NV: 100. Boise, ID: 30. Laramie, WY: 20.

7. Beschreiben Sie, wie die Netzwerkbenutzer der einzelnen Abteilungen momentan das Netzwerk nutzen.

   Die Verwaltungsabteilung verwendet das Netzwerk zu Marketing-, Buchhaltungs-, Trainings- und IT-Zwecken. Die Wartungsabteilung nutzt das Netzwerk zur Dokumentation der durchgeführten Wartungsaktivitäten und führt eine Datenbank zum Ersatzteilbestand. Die Betriebsabteilung setzt das Netzwerk zur Koordination der Zeitpläne für das Catering, die Gepackabfertigung, Piloten und Flugbegleiter sowie den Einkauf von Treibstoff ein. Die Vertriebsabteilung setzt das System zu Buchungszwecken und bei der Entwicklung von Werbekampagnen ein.

8. Fügen Sie dem Diagramm der Verwaltungsstruktur eventuell zu berücksichtigende Besonderheiten hinzu.

   Es gibt für Vigor Airlines keine zu berücksichtigenden Besonderheiten.

Lernzielkontrollfragen

Seite 84

1. Sie sind der Manager der IT-Abteilung in Ihrem Unternehmen. Sie stellen ein Designteam zusammen, dass aus einem Systemadministrator, einer Netzwerkadministratorin, einem Mitglied des Helpdesks, einer Systemtrainerin aus der Trainingsabteilung und Ihnen selbst besteht. Inwiefern kann sich die aktuelle Teamzusammensetzung negativ auf den Designprozess auswirken?

   Das Team ssetzt sich aus vier Mitgliedern der IT-Abteilung und nur einem Mitglied zusammen, das aus einer anderen Abteilung kommt. Es besteht daher die Gefahr, dass dieses Designteam keine exakte Analyse der gesamten Organsation erstellt. Es ist außerdem möglich, dass Ihr Team das entwickelte Active Directory-Infrastrukturdesign erneut überarbeiten muss, da in Ihr Designteam kein entscheidungsbefugter Manager aufgenommen wurde. Das Designteam leistet effektivere Arbeit, wenn Vertreter aus jedem Organisationsbereich vorhanden sind.

2. Sie sind Mitglied des Designteams und erhalten eine vollständige Dokumentation zur Geschäftsumgebung, die Sie durchsehen sollen. Während der Durchsicht der Dokumentation bemerken Sie, dass in diesem Teil der Analyse nur das nachfolgende Diagramm enthalten ist. Welche weiteren Diagramme sollten zu einer Analyse der Geschäftsstruktur gehören?

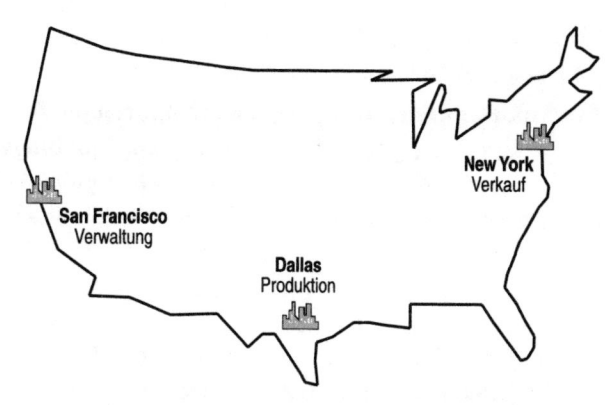

[Karte der USA mit Markierungen: San Francisco Verwaltung, Dallas Produktion, New York Verkauf]

Das der Geschäftsstrukturanalyse beigefügte Diagramm zeigt den geografischen Aufbau des Netzwerks. Die Analyse sollte jedoch auch ein Diagramm der Verwaltungsstruktur enthalten. Die Verwaltungsstruktur einer Organisation spiegelt die Funktionen, Unternehmensbereiche, Abteilungen oder Positionen innerhalb einer Organisation sowie deren Zusammenspiel wider, einschließlich Organisationshierarchie und Autoritätsverteilung.

3. Sie haben eine Inventur für alle in Ihrer Organisation verwendeten Hardwaregeräte durchgeführt. Wie lautet der nächste Schritt bei der Analyse der verwendeten Hardware?

   Vergleichen Sie die Inventurliste mit der Hardwarekompatibilitätsliste von Windows 2000 Server. Diese steht unter *http://www.microsoft.com/windows2000/upgrade/compat/default.asp* zur Verfügung.

Seite 85

Kapitel 3
Planen der Gesamtstruktur

Übung 3.1: Erstellen eines Gesamtstrukturmodells

Szenario: Adventure Works

Seite 94

1. Listen Sie die Vorteile auf, die ein Modell mit mehreren Gesamtstrukturen im Fall von Adventure Works bietet.

   Ein Modell mit mehreren Gesamtstrukturen bietet folgende Vorteile:

   - Sie können der Abteilung für IT-Management ermöglichen, sich weiter um die Verwaltung der Operationen im Bereich Verkauf zu kümmern.

   - Adventure Works kann auf diese Weise Benutzer im Verkaufsnetzwerk daran hindern, auf Unternehmensressourcen zuzugreifen, sofern keine expliziten, einseitigen Vertrauensstellungen erstellt wurden.

2. Listen Sie die Nachteile auf, die ein Modell mit mehreren Gesamtstrukturen im Fall von Adventure Works bietet.

Ein Modell mit mehreren Gesamtstrukturen hat folgende Nachteile:
- **Bei mehreren Gesamtstrukturen müssen auch das Unternehmens- und Verkaufsschema, die Konfiguration, globale Kataloge, Sicherheit, explizite Vertrauensstellungen und Domänen separat verwaltet werden.**
- **Mehrere Gesamtstrukturen verhindern das Erstellen eines einzelnen, unternehmensweiten Schemas und globalen Katalogs, mit dem das vom leitenden Management angestrebte Ziel einer einzigen Sicht auf alle Produkte und Systeme erreicht werden könnte.**
- **Durch mehrere Gesamtstrukturen können die Mitarbeiter im Verkauf nicht ohne weiteres auf die Ressouren im Unternehmensintranet und die E-Mail-Systeme zugreifen. Dieses Ziel wurde jedoch vom leitenden Management im Hinblick auf die Mitarbeitervorbereitung auf einen Wechsel in die Hauptgeschäftsstelle formuliert.**

3. Welches Modell würden Sie wählen? Begründen Sie Ihre Antwort.

Verwenden Sie ein Modell mit einer Gesamtstruktur. Die Vorteile der Verwendung von nur einer Gesamtstruktur (reduzierter Verwaltungsaufwand, Umsetzung der vom Management angestrebten Ziele) überwiegen gegenüber dem Argument, dass die IT-Abteilung für den Verkauf durch ein anderes Modell weiterhin die Operationen im Bereich Verkauf verwalten könnte.

Workshop 3.1: Erstellen eines Gesamtstrukturmodells und eines Plans zur Schemabearbeitung

Übung 1: Erstellen eines Gesamtstrukturmodells

Übungsfragen

Seite 108

1. Listen Sie die Vorteile auf, die ein Modell mit mehreren Gesamtstrukturen im Fall von LitWare, Inc. bietet.

Ein Modell mit mehreren Gesamtstrukturen bietet folgende Vorteile:
- **Die Abteilungen für das IT-Management können LitWare, Inc. und Lucerne Publishing weiterhin separat verwalten.**
- **Die Benutzer von LitWare, Inc. und die Benutzer von Lucerne Publishing können nicht auf die Ressourcen der jeweils anderen Organisation zugreifen, sofern keine expliziten, einseitigen Vertrauensstellungen eingerichtet werden.**

2. Listen Sie die Nachteile auf, die ein Modell mit mehreren Gesamtstrukturen im Fall von LitWare, Inc. bietet.

Ein Modell mit mehreren Gesamtstrukturen hat folgende Nachteile:

- Bei mehreren Gesamtstrukturen müssen auch Schema, Konfiguration, globale Kataloge, Sicherheit, explizite Vertrauensstellungen und Domänen separat verwaltet werden.

- Bei Einsatz mehrerer Gesamtstrukturen ist die Erstellung eines einzigen, unternehmensweiten Schemas und globalen Katalogs nicht möglich.

3. Würden Sie für LitWare, Inc. ein Modell mit einer oder mehreren Gesamtstrukturen wählen? Begründen Sie Ihre Antwort.

Verwenden Sie ein Modell mit mehreren Gesamtstrukturen. Da eine Integration der zwei Geschäftszweige geplant ist und wahrscheinlich verschiedene Schemas erforderlich sein werden, sollten die Geschäftsstrukturen separat verwaltet werden.

Übung 2: Erstellen eines Plans zur Schemabearbeitung

Übungsfragen

1. Welche Elemente sollte ein Plan zur Schemabearbeitung für LitWare, Inc. beinhalten?

Der Plan zur Schemabearbeitung für LitWare, Inc. sollte Folgendes beinhalten: Änderungsbeschreibung, Änderungsbegründung, Einschätzung der Auswirkungen, vollständige Beschreibung der neuen Schemaobjektklasse, schriftliche Genehmigung des Komitees für Schemaänderungen zum Testen der Änderung.

2. Sollte das Designteam einen Plan zur Schemabearbeitung erstellen? Begründen Sie Ihre Antwort.

Das Designteam sollte keinen Plan zur Schemabearbeitung erstellen, da dieser wahrscheinlich nicht erforderlich ist. Wenn die neue Bestandsanwendung verzeichnisfähig ist, kann das Schema möglicherweise automatisch bearbeitet werden und es ergeben sich andere Möglichkeiten zur Handhabung von Buchtiteln und ISBN-Nummern, die keine manuelle Schemaänderung erfordern. Sie sollten Alternativen in Betracht ziehen, bevor Sie das Schema bearbeiten. Außerdem sollten Sie verzeichnisfähige Anwendungen, die automatische Änderungen am Schema vornehmen, in jedem Fall vor deren Installation im Netzwerk testen.

Lernzielkontrollfragen

Seite 111

1. Wie viele Gesamtstrukturen sollten Sie im Allgemeinen anlegen? Begründen Sie Ihre Antwort.

   Da Windows 2000-Domänen innerhalb einer Gesamtstruktur ein gemeinsames Schema, einen gemeinsamen Konfigurationscontainer sowie einen gemeinsamen globalen Katalog verwenden und durch zweiseitige, transitive Vertrauensstellungen miteinander verbunden sind, sollten Sie für ihre Organisation nur eine Gesamtstruktur festlegen.

2. Ihre Organisation denkt darüber nach, 4 Gesamtstrukturen zu implementieren, um Geschäftseinheiten zu verwalten, die nicht zusammenarbeiten möchten. Die Entscheidungsträger sind sich der Auswirkungen mehrerer Gesamtstrukturen auf die Benutzer nicht bewusst. Wie können Sie vorgehen, um den Benutzerwünschen gerecht zu werden?

   Sie sollten die Entscheidungsträger darüber informieren, inwiefern sich mehrere Gesamtstrukturen bei Anmeldung und Abfragen auf die Benutzer auswirken. Meldet sich ein Benutzer in einem Szenario mit mehreren Gesamtstrukturen an einem Computer außerhalb seiner/ihrer Gesamtstruktur an, muss der Standard-UPN mit dem vollständigen Domänenpfad für das Benutzerkonto angegeben werden, die Verwendung des verkürzten UPNs (User Principal Name) ist nicht möglich. Der Standard-UPN ist erforderlich, da der globale Katalog des Domänencontrollers dieser Gesamtstruktur nicht die verkürzten UPNs enthält. Der verkürzte UPN ist nur im globalen Katalog der Gesamtstruktur gespeichert, der der Benutzer angehört. Sie sollten die Entscheidungsträger außerdem darüber informieren, dass die Benutzer im Hinblick auf die Durchführung von expliziten Abfragen innerhalb aller Gesamtstrukturen der Organisation geschult werden sollten, da unvollständige oder falsch ausgeführte Benutzerabfragen die Produktivität senken können.

3. Ihre Organisation hat 2 Gesamtstrukturen implementiert. Einem Benutzer in der Domäne **Buchhaltung** in Gesamtstruktur 1 soll der Zugriff auf Ressourcen in der Domäne **Finanzen** in Gesamtstruktur 2 ermöglicht werden. Allerdings dürfen die Benutzer der Domäne **Finanzen** in Gesamtstruktur 2 keinen Zugang zu den Ressourcen der Domäne **Buchhaltung** in Gesamtstruktur 1 erhalten. Wie gehen Sie vor?

Die Domänenadministratoren in beiden Domänen müssen eine explizite, einseitige, nicht transitive Vertrauensstellung zwischen den Domänen „Buchhaltung" und „Rechnungswesen" einrichten. Wenn die Domäne „Rechnungswesen" der Domäne „Buchhaltung" vertraut, können die Benutzer in der Domäne „Buchhaltung" auf die Ressourcen in der Domäne „Rechnungswesen" zugreifen, die Benutzer in der Domäne „Rechnungswesen" erhalten jedoch keinen Zugriff auf die Ressourcen in der Domäne „Buchhaltung". Anschließend muss ein Domänenadministrator mit entsprechenden Berechtigungen in beiden Gesamtstrukturen das Ressourcenobjekt mit Hilfe des Befehlszeilenprogramms LDIFDE in Gesamtstruktur 1 importieren. Das Ressourcenobjekt wird in den globalen Katalog von Gesamtstruktur 1 repliziert, anschließend kann der Benutzer das Objekt durch Abfrage des globalen Katalogs in Gesamtstruktur 1 auffinden. Jetzt kann der Benutzer auf die Ressource in Gesamtstruktur 2 zugreifen.

4. Warum sollten Sie eine Änderung des Active Directory-Schemas vermeiden?

   Sie sollten im Allgemeinen keine Schemaänderungen vornehmen, da das Active Directory-Schema bereits Hunderte der gängigsten Objektklassen und -attribute enthält, die ein Benutzer eines Serversystems benötigt. Daher sind Änderungen am Schema nur selten erforderlich.

5. Sie haben dem Schema Ihrer Organisation ein Schemaklassenobjekt und einen Satz Schemaattributobjekte hinzugefügt, um die in einer der Abteilungen der Organisation hergestellten Produkte darzustellen. Nach einem Jahr wird die Abteilung ausgegliedert und die Attribute werden nicht mehr benötigt. Was sollten Sie tun?

   Nach dem Hinzufügen von Schemaklassen oder Attributobjekten können diese nicht gelöscht werden, wenn sie nicht mehr benötigt werden. Es ist lediglich eine Deaktivierung möglich. Das Basisschema kann allerdings nicht deaktiviert werden; Sie können ausschließlich hinzugefügte Schemakomponenten deaktivieren.

6. Ihre Organisation hat Active Directory erst kürzlich implementiert und hat sich bisher noch nicht zu einer Schemabearbeitung entschlossen. Warum ist es sinnvoll, dass Sie sich mit den Basisschemaklassen und Attributobjekten vertraut machen?

   Wenn Sie wissen, welche Arten von Daten in Active Directory gespeichert werden, können Sie schneller entscheiden, ob Sie das Basisschema ändern müssen und welche Auswirkungen dies hat.

Seite 113

Kapitel 4
Planen der Domänen

Übung 4.1: Definieren von Domänen

Szenario 1: Friendship Vineyards

Seite 125

1. Kennzeichnen Sie die Domäne(n), die Sie für Friendship Vineyards definieren würden, im Netzwerkarchitekturdiagramm durch Dreiecke.

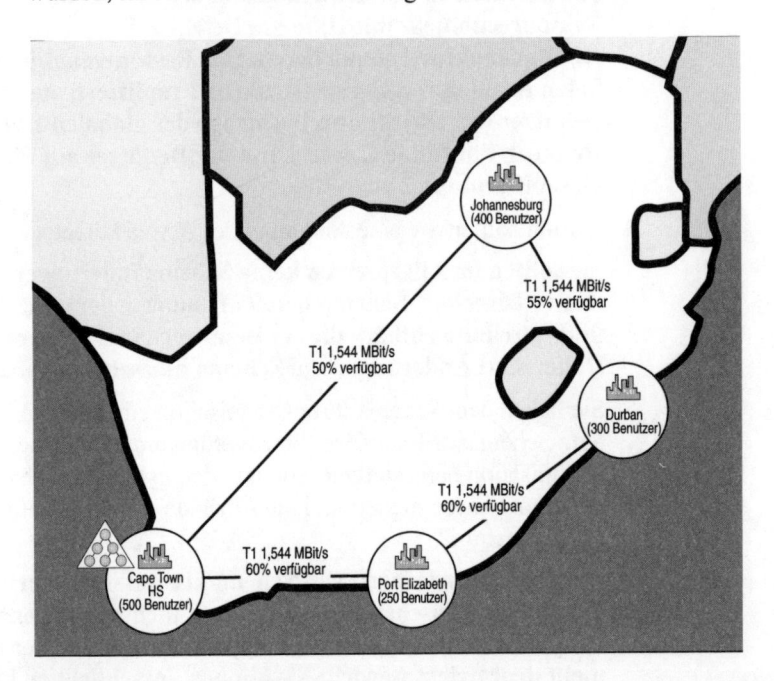

2. Begründen Sie die Definition der Domäne(n).

   Friendship Vineyards hat keine Sicherheitsanforderungen, die nicht innerhalb einer Domäne gehandhabt werden können. Obwohl die Administratoren des Unternehmens Gruppenrichtlinien auf das gesamte Vertriebspersonal an allen Standorten anwenden müssen, beziehen sich diese Richtlinien auf Anforderungen bezüglich der Benutzerschnittstelle, nicht auf spezielle Verwaltungsanforderungen. Zur Erfüllung der Anforderungen in Bezug auf die Benutzerschnittstelle können die Administratoren auf OU-Ebene Richtlinien auf das Vertriebspersonal anwenden. Eine Prüfung der Netzwerkarchitektur zeigt, dass alle Verbindungen einwandfrei funktionieren, eine Optimierung der Replikation ist nicht erforderlich. Da es nicht notwendig ist, die vorhandenen Windows NT-Domänen zu erhalten, ist für Friendship Vineyards nur eine Domäne erforderlich.

Szenario 2: Awesome Computers

Seite 127

1. Kennzeichnen Sie die Domäne(n), die Sie für Awesome Computers definieren würden, im Netzwerkarchitekturdiagramm durch Dreiecke.

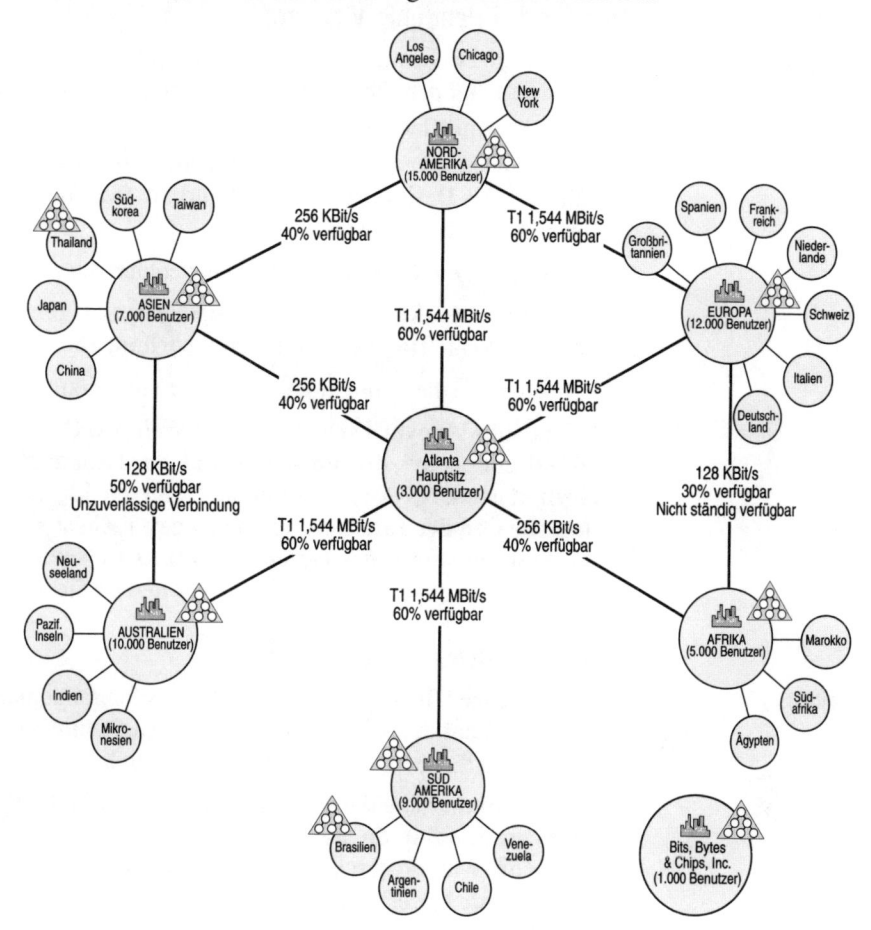

2. Begründen Sie die Definition der Domäne(n).

   Für Awesome Computers bestehen für jede regionale Niederlassung Kennwort- und Kontosperrungsanforderungen, die nicht innerhalb einer Domäne gehandhabt werden können. Daher muss für jede der regionalen Niederlassungen eine Domäne eingerichtet werden. Die Spracheinstellungen werden in Windows 2000 von den Clients geregelt, es ist demnach nicht erforderlich, domänenbasierte Spracheinstellungen zu definieren. Aufgrund der in den brasilianischen und thailändischen Vertriebsbüros benötigten Anwendungen muss für jedes dieser Büros eine eigene Domäne erstellt werden, die im gemischten Modus betrieben wird. Für Bits, Bytes & Chips, Inc. ist zur Beibehaltung der eigenen Internetpräsenz ebenfalls eine separate Domäne erforderlich. Für Awesome Computers müssen insgesamt zehn Domänen eingerichtet werden.

Übung 4.2: Definieren einer Stammdomäne, Definieren einer Domänenhierarchie und Benennen von Domänen

Szenario 1: Friendship Vineyards

1. Kennzeichnen Sie die Domäne, die Sie als Stammdomäne der Gesamtstruktur definieren, auf dem Netzwerkarchitekturdiagramm mit einem Rechteck. Begründen Sie die Definition der Stammdomäne der Gesamtstruktur.

   Da die Gesamtstruktur von Friendship Vineyards nur eine Domäne enthält, hat das Designteam die vorhandene Domäne als Stammdomäne der Gesamtstruktur eingesetzt.

2. Erstellen Sie ein Diagramm der Domänenhierarchie für Friendship Vineyards.

   Die Gesamtstruktur von Friendship Vineyards umfasst nur eine Domäne, daher ist keine Domänenhierarchie vorhanden.

3. Benennen Sie die Stammdomäne der Gesamtstruktur

   Friendship Vineyards verwendet im Web den DNS-Namen „f-100times.com", die Stammdomäne der Gesamtstruktur benötigt einen neuen DNS-Namen, um eine Unterscheidung zwischen der Stammdomäne und der Internetdomäne zu gewährleisten. Ihr Designteam weist der Stammdomäne der Gesamtstruktur den Namen „untern.f-100times.com" zu. Die Antworten können variieren.

Szenario 2: Awesome Computers

1. Kennzeichnen Sie die Domäne, die Sie als Stammdomäne der Gesamtstruktur definieren, auf dem Netzwerkarchitekturdiagramm mit einem Rechteck. Begründen Sie die Definition der Stammdomäne der Gesamtstruktur.

   Als Stammdomäne der Gesamtstruktur wurde die Domäne des Hauptsitzes ausgewählt, da diese für den Betriebsablauf innerhalb der Organisation am wichtigsten ist. Darüber hinaus werden IT-Entscheidungen, die das gesamte Unternehmen betreffen, von der Unternehmensabteilung für das IT-Management am Hauptsitz getroffen. Das Designteam hielt die Erstellung einer dedizierten Stammdomäne für die Gesamtstruktur nicht für notwendig, da der Hauptsitz bereits als separate Verwaltungseinheit fungiert. Das Team hat jedoch erkannt, dass die Zuweisung einer dedizierten Domäne zu einem späteren Zeitpunkt erforderlich sein kann und hat daher entschieden, diesen Punkt später im Designprozess wieder aufzugreifen. Das nachstehende Diagramm zeigt die für Awesome Computers definierte Stammdomäne der Gesamtstruktur.

Anhang A Fragen und Antworten

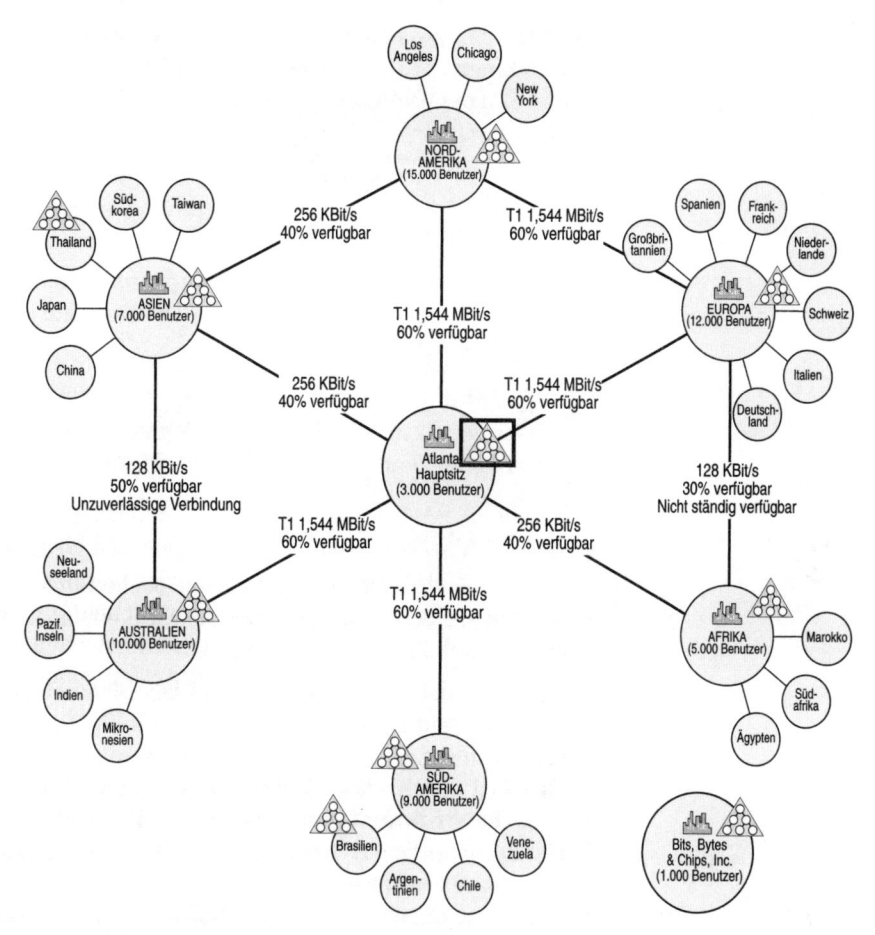

2. Erstellen Sie ein Diagramm der Domänenhierarchie für Awesome Computers, einschließlich der Stammdomäne der Gesamtstruktur, der Strukturstammdomäne und der verbleibenden Subdomänen. Kennzeichnen Sie alle erforderlichen Cross-Link-Vertrauensstellungen durch eine gestrichelte Linie.

Es gibt zwei Strukturen und zwei Strukturstammdomänen, eine für Awesome Computers, eine für Bits, Bytes & Chips, Inc. Die Strukturstammdomäne für die Struktur von Awesome Computers ist gleichzeitig die Stammdomäne der Gesamtstruktur. Zur Einbindung der regionalen Niederlassungen und zur Optimierung der Vertrauensbeziehungen werden die regionalen Büros zu untergeordneten Domänen der Stammdomäne der Gesamtstruktur, die Vertriebsbürodomänen in Thailand und Brasilien werden zu untergeordneten Subdomänen der jeweiligen regionalen Domänen. Zur Integration der brasilianischen Vertriebsbüros, die Zugriff auf die technischen Ressourcen an den europäischen Standorten benötigen, wurde eine Cross-Link-Vertrauensstellung (Querverbindung)

zwischen den zwei Domänen eingerichtet. Es gibt keine untergeordneten Subdomänen für Bits, Bytes & Chips, Inc. Nachfolgend sehen Sie das Diagramm der Domänenhierarchie.

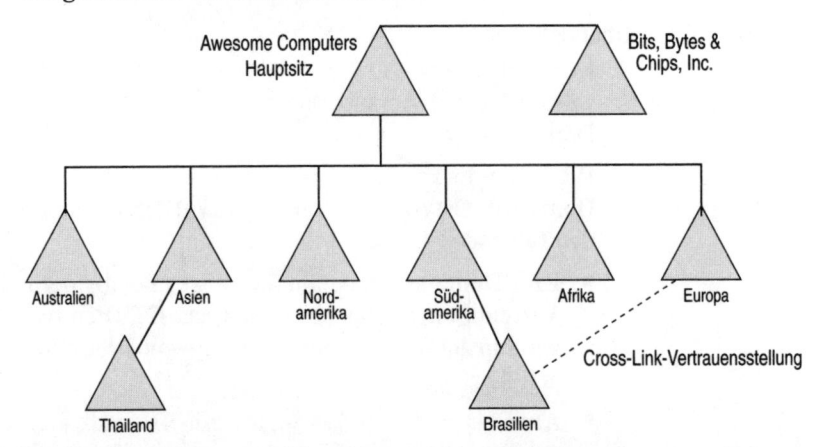

Diagramm: Awesome Computers Hauptsitz und Bits, Bytes & Chips, Inc. als Strukturstammdomänen. Unter Awesome Computers: Australien, Asien, Nordamerika, Südamerika, Afrika, Europa. Unter Asien: Thailand. Unter Südamerika: Brasilien. Cross-Link-Vertrauensstellung zwischen Europa und Brasilien.

3. Benennen Sie die Domänen in der Domänenhierarchie, einschließlich der Stammdomäne der Gesamtstruktur, der Strukturstammdomäne und der verbleibenden Subdomänen.

Da die Organisation bereits mit dem DNS-Namen „a-100times.com" im Internet präsent ist, erhält die Stammdomäne der Gesamtstruktur den Namen „untern.a-100times.com". Die Stammdomäne der Gesamtstruktur ist gleichzeitig die Strukturstammdomäne von Awesome Computers. Die Strukturstammdomäne für Bits, Bytes & Chips, Inc. erhält den Namen „untern.b-100times.com". Die untergeordneten Subdomänen für Awesome Computers werden nach den regionalen Niederlassungen benannt. Die darunter liegenden Subdomänen werden nach den Vertriebsbüros benannt. Die Antworten können variieren. Das folgende Diagramm zeigt die Domänenhierarchie und die Domänenbenennung für Awesome Computers.

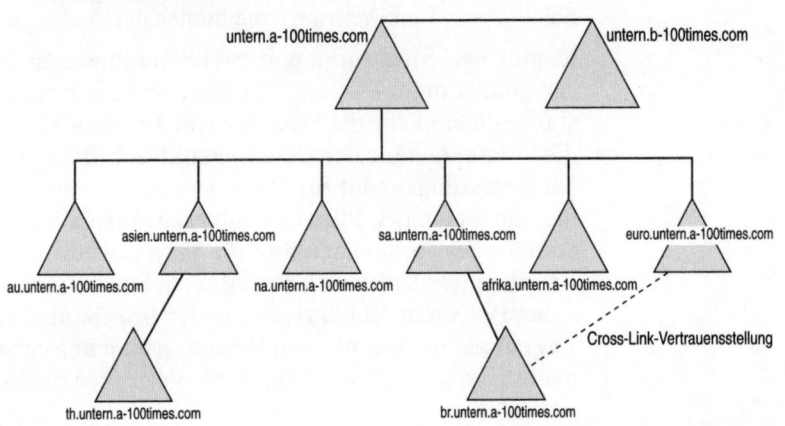

Diagramm: untern.a-100times.com und untern.b-100times.com als Strukturstammdomänen. Unter untern.a-100times.com: au.untern.a-100times.com, asien.untern.a-100times.com, na.untern.a-100times.com, sa.untern.a-100times.com, afrika.untern.a-100times.com, euro.untern.a-100times.com. Unter asien.untern.a-100times.com: th.untern.a-100times.com. Unter sa.untern.a-100times.com: br.untern.a-100times.com. Cross-Link-Vertrauensstellung zwischen euro.untern.a-100times.com und br.untern.a-100times.com.

Workshop 4.1: Planen der Domänen

Übung: Planen der Domänen

Übungsfragen

Seite 165

1. Kennzeichnen Sie die Domäne(n), die Sie für Parnell Aerospace definieren würden, im Netzwerkarchitekturdiagramm durch Dreiecke. Begründen Sie die Definition der Domäne(n).

   Die folgende Abbildung zeigt die für Parnell Aerospace definierten Domänen. Die Antworten können variieren. Die Domänen wurden aus den folgenden Gründen definiert:

   - Eine Domäne wurde am Standort Phoenix definiert, um die von den Verteidigungsministerien vorgeschriebenen rechtlichen Bestimmungen hinsichtlich der Speicherung von Produktentwicklungsdaten zu erfüllen.

   - Am Standort in Tokyo wurde eine Domäne definiert, um den besonderen Kennwort- und Kontosperrungsanforderungen gerecht zu werden.

   - Der Standort Berlin wurde mit einer eigenen Domäne versehen, um die in Deutschland geltenden Bestimmungen zu erfüllen.

   - Für den Standort Paris wurde eine eigene Domäne erstellt, um der französischen Gesetzgebung zu entsprechen.

   - Für den in Seattle befindlichen Standort von Lakes & Sons wurde eine Domäne eingerichtet, damit Lakes & Sons unabhängig agieren und seine Website beibehalten kann.

   - Der Standort Minneapolis von Lakes & Sons erhält eine Domäne, da er vom Standort Seattle aus nur über SMTP-Mail erreichbar ist.

   - An den Standorten New York, London und Rio de Janeiro wurden Domänen definiert, da die verschiedenen Verbindungen mit diesen Standorten keine effektive Verarbeitung des Replikationsverkehrs ermöglichten.

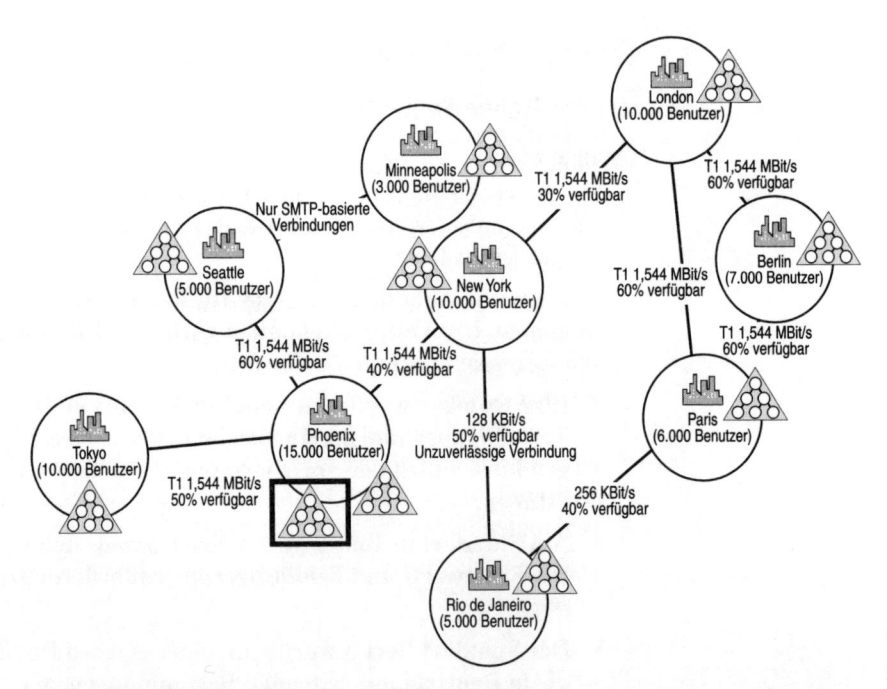

2. Kennzeichnen Sie die Domäne, die Sie als Stammdomäne der Gesamtstruktur definieren, auf dem Netzwerkarchitekturdiagramm mit einem Rechteck. Begründen Sie die Definition der Stammdomäne der Gesamtstruktur.

Die vorstehende Abbildung zeigt die für Parnell Aerospace definierte Stammdomäne der Gesamtstruktur. Am Hauptsitz in Phoenix sind zwei Abteilungen für das IT-Management zuständig. Eine Abteilung kümmert sich ausschließlich um das IT-Management für die Niederlassung in Phoenix, die andere ist für das IT-Management der gesamten Organisation verantwortlich. Das Designteam beschloss daraufhin, eine dezidierte Domäne als Stammdomäne der Gesamtstruktur hinzuzufügen, um die beiden IT-Abteilungen in Phoenix zu trennen und die Vorteile einer dezidierten Domäne zu nutzen. Die Antworten können variieren.

3. Erstellen Sie ein Diagramm der Domänenhierarchie für Parnell Aerospace. Benennen Sie die Domänen in der Domänenhierarchie.

Da Parnell Aerospace den DNS-Namen „p-100times.com" registriert hat und Lakes & Sons den registrierten DNS-Namen „l-100times.com" verwendet, benötigt die Organisation in seiner Active Directory-Infrastruktur zwei Strukturen. Die Stammdomäne der Gesamtstruktur dient gleichzeitig als Strukturstammdomäne für die Struktur von Parnell Aerospace, während die Domäne in Seattle als Strukturstammdomäne für die Struktur von Lakes & Sons fungiert.

Benutzer an allen Standorten greifen häufig auf technische Ressourcen am Standort Phoenix zu. Obwohl alle Niederlassungen bei dieser Lösung über die Stammdomäne auf Ressourcen im Hauptsitz in Phoenix zugreifen müssen, sind – ausgenommen eventuell die Domäne in Minneapolis – in diesem Szenario keine Cross-Link-Vertrauensstellungen erforderlich. Ihr Designteam muss entscheiden, ob der Datenverkehr zwischen Minneapolis und dem Hauptsitz die Einrichtung einer Cross-Link-Vertrauensstellung rechtfertigt.

Da die Organisation bereits mit den Namen „p-100times.com" und „l-100times.com" im Internet präsent ist, erhalten die Strukturstammdomäne und die Stammdomäne der Gesamtstruktur für Parnell Aerospace den Namen „untern.p-100times.com". Der Strukturstammdomäne von Lakes & Sons wird der Name „untern.l-100times.com" zugewiesen. Die untergeordneten Subdomänen werden unter Berücksichtigung der nach ISO 3166 definierten Codes nach den jeweiligen regionalen Niederlassungen benannt.

Das nachfolgende Diagramm zeigt Domänenhierarchie und Domänenbenennung für Parnell Aerospace. Die Antworten können variieren.

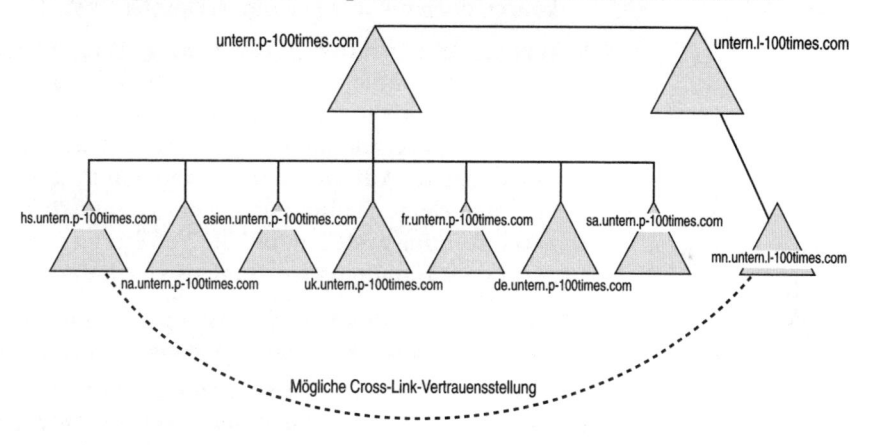

Lernzielkontrollfragen

Seite 169

1. Ihr Designteam definiert Domänen für eine Organisation. Welche vier Gründe sprechen für die Definition mehrerer Domänen?

   Die vier Gründe, die für das Definieren mehrerer Domänen sprechen sind: zur Erfüllung von Sicherheitsanforderungen, zur Erfüllung von Verwaltungsanforderungen, zur Optimierung des Replikationsverkehrs und zur Beibehaltung von Windows NT-Domänen.

2. Ihr Designteam definiert die Stammdomäne der Gesamtstruktur für eine Organisation. Welche Gründe sprechen für die Verwendung einer vorhandenen Domäne als Stammdomäne der Gesamtstruktur? Welche Gründe sprechen für die Verwendung einer dezidierten Domäne als Stammdomäne der Gesamtstruktur?

Die nachfolgenden Gründe sprechen für die Verwendung einer vorhandenen Domäne als Stammdomäne der Gesamtstruktur:

- Ihre Gesamtstruktur enthält nur eine Domäne.
- Ihre Gesamtstruktur enthält mehrere Domänen und Sie können die Domäne auswählen, die für den Betriebsablauf innerhalb Ihrer Organisation am wichtigsten ist. Sie möchten jedoch weder die Mitgliedschaft in den vordefinierten universellen Gruppen „Organisations-Admins" und „Schema-Admins" der Stammdomäne der Gesamtstruktur steuern, noch eine kleine Stammdomäne der Gesamtstruktur zur Replikationsvereinfachung erstellen noch die Veralterung des Strukturstammdomänen-Namens verhindern.

Die nachfolgenden Gründe sprechen für die Verwendung einer dezidierten Domäne als Stammdomäne der Gesamtstruktur:

- Die Gesamtstruktur enthält mehrere Domänen, aus denen Sie *nicht* die für den Betriebsablauf Ihrer Organisation wichtigste Domäne auswählen können. Die neue Domäne wird für Operationen des Organisationsmanagements reserviert und darf weder Benutzerkonten noch mehrere Computerkonten enthalten.
- Ihre Gesamtstruktur enthält mehrere Domänen und Sie *können* die Domäne auswählen, die für den Betriebsablauf innerhalb Ihrer Organisation am wichtigsten ist. Sie möchten jedoch die Mitgliedschaft in den vordefinierten universellen Gruppen „Organisations-Admins" und „Schema-Admins" der Stammdomäne der Gesamtstruktur steuern, eine kleine Stammdomäne der Gesamtstruktur zur Replikationsvereinfachung erstellen und die Veralterung des Strukturstammdomänen-Namens verhindern.

3. Ihr Designteam definiert die Domänenstruktur für eine Organisation. Welcher Grund spricht für die Verwendung mehrerer Domänenstrukturen?

   Ihr Team muss möglicherweise mehrere Domänenstrukturen erstellen, wenn Ihre Organisation über mehr als einen DNS-Namen verfügt.

4. Ihr Designteam bereitet die Erstellung einer Gesamtstruktur-Stammdomäne namens **w-100times.com** für Wingtip Toys vor. Welche Schritte sind vor dem Erstellen der Domäne erforderlich?

   Stellen Sie sicher, dass Sie die Domänennamen registrieren und eine Bestätigung der Namen erhalten, *bevor* Sie den Active Directory-Domänennamespace erstellen. Sie können den Namen einer Stammdomäne für die Gesamtstruktur nach seiner Erstellung nicht mehr ändern, und das Ändern anderer Domänennamen ist mit erheblichen Schwierigkeiten verbunden.

5. Ihr Designteam ermittelt den vorhandenen DNS-Dienst einer Organisation. Welche DNS-Dienste erfüllen die Anforderungen an DNS-Server zur Unterstützung von Active Directory? Welcher DNS-Dienst ermöglicht die Verwendung von Active Directory-integrierten Zonen?

DNS BIND, Version 8.1.2 oder höher und Windows NT 4.0 DNS erfüllen die DNS-Serveranforderungen für die Unterstützung von Active Directory.

Obwohl diese DNS-Dienste mit Active Directory kompatibel sind, stehen die Verwendung von Active Directory-integrierten Zonen, inkrementelle Zonenübertragungen und sichere dynamischen Aktualisierungen nur im Windows 2000 DNS-Dienst zur Verfügung.

Seite 171

Kapitel 5
Planen der Organisationseinheiten

Übung 5.1: Definieren von OU-Strukturen

Szenario: Arbor Shoes

Seite 191

1. Skizzieren Sie die OU-Strukturen zur Verwaltungsdelegierung, die für die Domäne **untern.a-100times.com** benötigt werden. Nennen Sie die Gründe für die Definition jeder einzelnen OU.

   Da jeder dieser drei Standorte über einen kleinen, separaten IT-Stab zur Bereitstellung von Supportaufgaben verfügt, wurden für San Francisco, Houston und Bosten OUs eingerichtet. Eine administrative Gruppe an jedem Standort erhält die vollständige Steuerung über die zugehörige OU erster Ebene. Da an jedem Standort separate administrative Gruppen zur grundlegenden Benutzerverwaltung, zur Verwaltung der Computer und der Ressourcen vorhanden sind, wurden für jede OU erster Ebene an allen Standorten drei OUs zweiter Ebene eingerichtet.

2. Skizzieren Sie die OU-Strukturen, die zum Verbergen von Objekten benötigt werden. Nennen Sie die Gründe für die Definition jeder einzelnen OU.

   Für Arbor Shoes müssen keine Objekte verborgen werden.

3. Skizzieren Sie die benötigten OU-Strukturen zur Verwaltung der Gruppenrichtlinien. Nennen Sie die Gründe für die Definition jeder einzelnen OU.

   Mit einem GPO, das auf die OU erster Ebene für jeden Standort angewendet wird, kann die Anforderung spezieller Anmelde- und Abmeldeskripts für alle Benutzer an sämtlichen Standorten erfüllt werden, ausgenommen die Benutzer in der Abteilung für das Rechnungswesen. Für die Abteilung „Rechnungswesen" an jedem Standort muss eine zusätzliche OU dritter Ebene definiert werden. Anschließend muss ein separates GPO mit den jeweiligen Abteilungen für das Rechnungswesen angewendet werden, um ein separates Anmeldeskript für die Benutzer

der Rechnungsabteilung aller Standorte bereitzustellen. Zusätzlich muss die Option „Richtlinienvererbung deaktivieren" auf die OUs für das Rechnungswesen angewendet werden, damit das Abmeldeskript für alle Benutzer an sämtlichen Standorten nicht an die Abteilungen für das Rechnungswesen vererbt wird.

Die nachfolgende Abbildung zeigt die für Arbor Shoes definierte OU-Struktur zur Verwaltungsdelegierung und zur Verwaltung der Gruppenrichtlinien.

Übung 5.2: Planen von Benutzerkonten

Szenario: Dearing School of Fine Art

Seite 210   Tragen Sie in der nachstehenden Tabelle die Kontennamen der neuen Studenten entsprechend der geeigneten OUs ein.

OU	Konten der neuen Studenten
VZBenutzer (Textilkunst)	joberry, mengphua
TZBenutzer (Textilkunst)	PT-sarahakh, PT-martawol
VZBenutzer (Malerei)	joshbarn, sherriha, karankha
TZBenutzer (Malerei)	PT-Christin
VZBenutzer (Zeichnen)	christob, robyoung
TZBenutzer (Zeichnen)	PT-micheald
Computerkunst	matthewd, lisajaco

Übung 5.3: Planen von Gruppen

Szenario: Das Ski Haus

Seite 213

1. Erläutern Sie, wie Ihr Designteam den Produktdesignern jeder Domäne mit Hilfe von Sicherheitsgruppen Vollzugriff auf die Entwurfsdatenbank für Skihosen in der eigenen Domäne gewährt.

   Sie richten eine globale Gruppe „DenverProduktdesign" ein und fügen dieser Gruppe die Benutzer der Gruppe „DenverProduktdesigner" hinzu. Sie richten eine globale Gruppe „GenfProduktdesign" ein und fügen dieser Gruppe die Benutzer der Gruppe „GenfProduktdesigner" hinzu. Anschließend fügen Sie die globale Gruppe „DenverProduktdesign" einer lokalen Domänengruppe namens „DenverProduktdesign" hinzu und fügen die globale Gruppe „GenfProduktdesign" einer lokalen Domänengruppe mit Namen „GenfProduktdesign" hinzu. Dann gewähren Sie jeder der lokalen Domänengruppen Vollzugriff auf die Entwurfsdatenbank für Skihosen.

2. Erläutern Sie, wie Ihr Designteam den Produktdesignern in beiden Domänen mit Hilfe von Sicherheitsgruppen Lesezugriff auf die Entwurfsdatenbanken für Skihosen in Denver und Genf erteilt.

   Sie richten eine lokale Domänengruppe „Denver" ein, die für die Entwurfsdatenbank für Skihosen über Leseberechtigungen verfügt. Dann fügen Sie der globalen Gruppe „GenfProduktdesign" der lokalen Domänengruppe „Denver" hinzu. Sie richten eine lokale Domänengruppe „Genf" ein, die über Leseberechtigungen für die Entwurfsdatenbank für Skihosen verfügt. Dann fügen Sie der globalen Gruppe „DenverProduktdesign" der lokalen Domänengruppe „Genf" hinzu.

3. Erläutern Sie, wie Ihr Designteam den Produktdesignern in beiden Domänen mit Hilfe von Sicherheitsgruppen Änderungsberechtigungen für die Entwurfsdatenbanken für Skipullover in Genf zuweist.

   Sie richten eine universelle Gruppe ein. Anschließend richten Sie eine lokale Domänengruppe in der Genfer Domäne ein, die über Änderungsberechtigungen für die Entwurfsdatenbank für Skipullover verfügt. Fügen Sie die globale Gruppe „GenfProduktdesign" und die globale Gruppe „DenverProduktdesign" der universellen Gruppe hinzu. Fügen Sie die universelle Gruppe einer lokalen Domänengruppe in Genf hinzu.

Workshop 5.1: Definieren von OU-Struktur und Sicherheitsgruppen

Übung 5.1: Definieren einer OU-Struktur

Übungsfragen

Seite 214

1. Erstellen Sie ein OU-Strukturdiagramm für Uncle Bob's Root Beer, das den im Szenario beschriebenen Anforderungen gerecht wird.

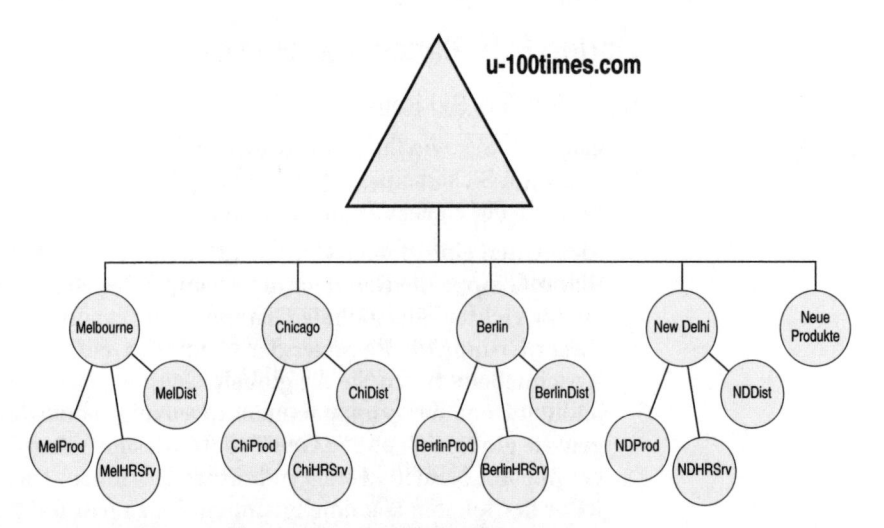

```
                        u-100times.com
                             △
        ┌──────────┬──────────┼──────────┬──────────┐
    Melbourne   Chicago     Berlin   New Delhi    Neue
       │           │           │          │      Produkte
    MelDist     ChiDist    BerlinDist   NDDist
    MelProd     ChiProd    BerlinProd   NDProd
    MelHRSrv    ChiHRSrv   BerlinHRSrv  NDHRSrv
```

Dieses Diagramm stellt eine mögliche Antwort dar. Sie können die OU-Struktur auch anders planen oder benennen.

2. Vervollständigen Sie die folgende Tabelle, um jede OU in Ihrem Design zu dokumentieren. Nennen Sie hierbei die Gründe für die Erstellung und die enthaltenen Benutzer und Computer.

Erstellte OU	Grund für Erstellung	In der OU enthaltene Benutzer und Computer
Melbourne	Ermöglicht eine Verwaltungsdelegierung an das IT-Management in Melbourne.	Benutzer- und Computerkonten der Niederlassung in Melbourne, ausgenommen die Server für Produktion und Personalwesen sowie die Benutzer der Vertriebsabteilung.
Chicago	Ermöglicht eine Verwaltungsdelegierung an das IT-Management in Chicago.	Benutzer- und Computerkonten der Niederlassung in Chicago, ausgenommen die Server für Produktion und Personalwesen sowie die Benutzer der Vertriebsabteilung.
Berlin	Ermöglicht eine Verwaltungsdelegierung an das IT-Management in Berlin.	Benutzer- und Computerkonten der Niederlassung in Berlin, ausgenommen die Server für Produktion und Personalwesen sowie die Benutzer der Vertriebsabteilung.
Neu-Delhi	Ermöglicht eine Verwaltungsdelegierung an das IT-Management in Neu-Delhi.	Benutzer- und Computer konten der Niederlassung in Neu-Delhi, ausgenommen die Server für Produktion und Personalwesen sowie die Benutzer der Vertriebsabteilung.

(Fortsetzung)

Erstellte OU	Grund für Erstellung	In der OU enthaltene Benutzer und Computer
Neue Produkte	Ermöglicht eine Verwaltungsdelegierung an das IT-Management für die Abteilung „Neue Produkte".	Benutzer- und Computerkonten der Abteilung für neue Produkte.
MelProd	Ermöglicht eine Delegierung der Serverressourcenverwaltung an die Produktionsabteilung in Melbourne.	Produktionsserver in Melbourne.
ChiProd	Ermöglicht eine Delegierung der Serverressourcenverwaltung an die Produktionsabteilung in Chicago.	Produktionsserver in Chicago.
BerlinProd	Ermöglicht eine Delegierung der Serverressourcenverwaltung an die Produktionsabteilung in Berlin.	Produktionsserver in Berlin.
NDProd	Ermöglicht eine Delegierung der Serverressourcenverwaltung an die Produktionsabteilung in Neu-Delhi.	Produktionsserver in Neu-Delhi.
MelPWSrv	Verbirgt die PW-Server in Melbourne.	PW-Server in Melbourne.
ChiPWSrv	Verbirgt die PW-Server in Chicago.	PW-Server in Chicago.
BerlinPWSrv	Verbirgt die PW-Server in Berlin.	PW-Server in Berlin.
NDHRSrv	Verbirgt die PW-Server in Neu-Delhi.	PW-Server in Neu-Delhi.
MelVertr	Wendet über ein GPO Tool zur Ablaufverfolgung an.	Vertriebsbenutzer in Melbourne.
ChiVertr	Wendet über ein GPO Tool zur Ablaufverfolgung an.	Vertriebsbenutzer in Chicago.
BerlinVertr	Wendet über ein GPO Tool zur Ablaufverfolgung an.	Vertriebsbenutzer in Berlin.
NDVertr	Wendet über ein GPO Tool zur Ablaufverfolgung an.	Vertriebsbenutzer in Neu-Delhi.

Diese Tabelle stellt eine mögliche Antwort dar. Sie können die OU-Struktur auch anders planen oder benennen.

Übung 5.2: Definieren von Gruppen

Übungsfragen

Seite 216

Vervollständigen Sie zur Dokumentation der Sicherheitsgruppen in Ihrem Design die nachstehende Tabelle. Notieren Sie für jede Sicherheitsgruppe den Namen, den Bereich und die enthaltenen Mitglieder. Notieren Sie außerdem, ob es sich um einzelne Mitglieder handelt bzw. nennen Sie die Gruppennamen, wenn es sich bei den Mitgliedern um Gruppen handelt.

Gruppe	Bereich	Mitglieder
Serveradministratoren Produktion Chicago	Global	Serveradministratoren der Produktionsabteilung in Chicago (Einzelbenutzer)
Produktionsmanager Chicago	Global	Manager der Produktionsabteilung in Chicago (Einzelbenutzer)
Vertriebsmanager Chicago	Global	Manager der Vertriebsabteilung in Chicago (Einzelbenutzer)
Produktionsmitarbeiter Chicago	Global	Mitarbeiter der Produktionsabteilung in Chicago (Einzelbenutzer)
Produktionsmanager weltweit	Global	Produktionsmanager Melbourne, Produktionsmanager Chicago, Produktionsmanager Berlin, Produktionsmanager Neu-Delhi
Vertriebsmanager weltweit	Global	Vertriebsmanager Melbourne, Vertriebsmanager Chicago, Vertriebsmanager Berlin, Vertriebsmanager Neu-Delhi
Formeln Vollzugriff	Domäne lokal	Serveradministratoren Produktion Chicago
Formeln Lesen	Domäne lokal	Produktionsmitarbeiter Chicago, Produktionsmanager weltweit
Formeln Ändern	Domäne lokal	Produktionsmanager Chicago
Produktions- und Abfüllprotokolle Vollzugriff	Domäne lokal	Serveradministratoren Produktion Chicago
Produktions- und Abfüllprotokolle Lesen	Domäne lokal	Produktionsmitarbeiter Chicago, Produktionsmanager weltweit, Vertriebsmanager Chicago
Produktions- und Abfüllprotokolle Ändern	Domäne lokal	Produktionsmanager Chicago
Kundendienstprotokolle Vollzugriff	Domäne lokal	Serveradministratoren Produktion Chicago

(Fortsetzung)

Gruppe	Bereich	Mitglieder
Kundendienstprotokolle Lesen	Domäne lokal	Produktionsmitarbeiter Chicago, Produktionsmanager weltweit, Vertriebsmanager weltweit
Kundendienstprotokolle Ändern	Domäne lokal	Produktionsmanager Chicago

Diese Tabelle stellt eine mögliche Antwort dar. Sie können die Gruppenstruktur auch anders planen oder benennen.

Lernzielkontrollfragen

1. Ihr Designteam plant die OU-Struktur für das Active Directory-Infrastrukturdesign Ihrer Organisation. Welche drei Gründe sprechen für das Definieren einer Organisationseinheit (Organizational Unit, OU)? Welcher ist der Hauptgrund?

   Es gibt drei Gründe für das Definieren einer Organisationseinheit: zur Verwaltungsdelegierung, zum Verbergen von Objekten und zum Verwalten von Gruppenrichtlinien. Der Hauptgrund bei der Definition einer OU besteht darin, Verwaltungsaufgaben zu delegieren.

2. Ihr Designteam hat eine OU definiert, mit der die Verwaltung von Benutzerobjekten delegiert wird. Sie haben die gewünschte OU skizziert, eine Sicherheitsgruppe geplant und die Administratoren aufgelistet, die Zugriff auf die Klasse der Benutzerobjekte in der Gruppe benötigen. Sie möchten der OU ermöglichen, die eigene Mitgliedschaft festzulegen. Wo sollte die Administratorgruppe platziert werden?

   Platzieren Sie die Administratorengruppe in der OU, wenn die OU ihre Mitgliedschaft selbst festlegen kann.

3. Ihr Designteam hat eine Gesamtstruktur, Domänen und OUs definiert. Wo sollten die Benutzerkonten platziert werden?

   Platzieren Sie die Benutzerkonten in der OU, die von den für das Konto verantwortlichen administrativen Gruppen verwaltet wird und auf die geeignete GPOs angewendet werden.

4. Ihr Designteam weist die Benutzer den verschiedenen Gruppen zu. Welcher Gruppenbereich wird bei der Zuweisung von Berechtigungen zu Ressourcen am häufigsten eingesetzt?

   Lokale Domänensicherheitsgruppen werden in der Regel dazu eingesetzt, Berechtigungen für Ressourcen zu erteilen.

5. Ihre Organisation verwendet Windows 2000 im einheitlichen Modus. Das Designteam weist die Benutzer den verschiedenen Gruppen zu. Warum sollte das Designteam es vermeiden, universellen Gruppen Einzelbenutzer hinzuzufügen?

Sie sollten es vermeiden, einer universellen Gruppe Einzelbenutzer hinzuzufügen, da bei der Aktualisierung der Mitgliedschaften für universelle Gruppen die vollständigen Mitgliedschaftsinformationen auf alle globalen Katalogserver in der Gesamtstruktur repliziert wird, d. h., der Netzwerkdatenverkehr wird erheblich erhöht. Um den Replikationsverkehr so gering wie möglich zu halten, sollten Sie einer universellen Gruppe keine Einzelbenutzer, sondern globale Gruppen hinzufügen und die Mitgliedschaft universeller Gruppen nur selten ändern.

Seite 221

Kapitel 6
Planen der Standorttopologie

Übung 6.1: Definieren von Standorten und Platzieren von Domänencontrollern an Standorten

Szenario: Ramona Publishing

Seite 234

1. Erfassen Sie die erforderlichen Standorte für Ramona Publishing in einem Diagramm. Nennen Sie die Gründe für die Definition jedes einzelnen Standortes.

   Die Standorte wurden aus den folgenden Gründen definiert:

   - **Jeder Standort ist an eine Hochgeschwindigkeits-Backboneverbindung angeschlossen, die eine Gruppe von 10–100 MBit/s-LANs verbindet.**
   - **Der Standort San Juan ist nur über SMTP-Mail an den Hauptsitz in Miami angeschlossen.**

Netzwerkdiagramm

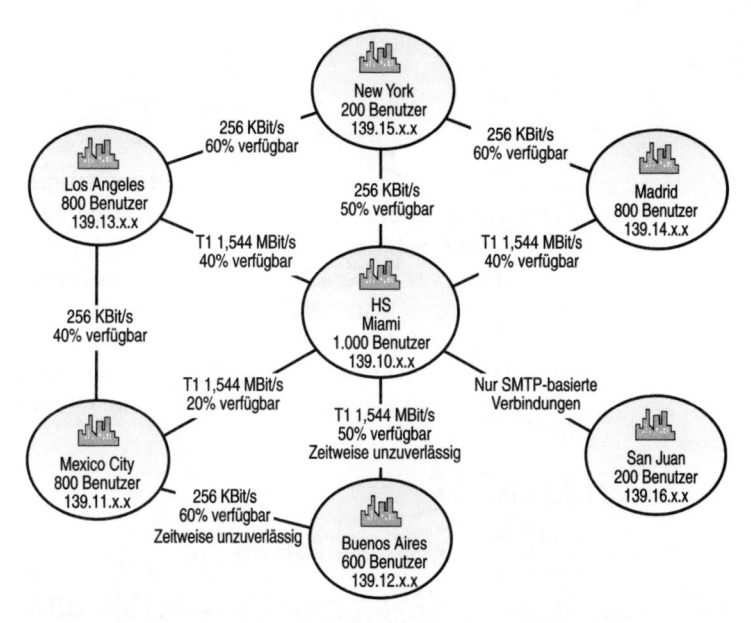

- **New York** – 200 Benutzer – 139.15.x.x
- **Los Angeles** – 800 Benutzer – 139.13.x.x
- **Madrid** – 800 Benutzer – 139.14.x.x
- **HS Miami** – 1.000 Benutzer – 139.10.x.x
- **Mexico City** – 800 Benutzer – 139.11.x.x
- **Buenos Aires** – 600 Benutzer – 139.12.x.x
- **San Juan** – 200 Benutzer – 139.16.x.x

Verbindungen:
- Los Angeles – New York: 256 KBit/s, 60% verfügbar
- New York – Madrid: 256 KBit/s, 60% verfügbar
- New York – Miami: 256 KBit/s, 50% verfügbar
- Los Angeles – Miami: T1 1,544 MBit/s, 40% verfügbar
- Madrid – Miami: T1 1,544 MBit/s, 40% verfügbar
- Los Angeles – Mexico City: 256 KBit/s, 40% verfügbar
- Mexico City – Miami: T1 1,544 MBit/s, 20% verfügbar
- Miami – Buenos Aires: T1 1,544 MBit/s, 50% verfügbar, Zeitweise unzuverlässig
- Mexico City – Buenos Aires: 256 KBit/s, 60% verfügbar, Zeitweise unzuverlässig
- Miami – San Juan: Nur SMTP-basierte Verbindungen

2. Platzieren Sie die für Ramona Publishing erforderlichen Domänencontroller. Nennen Sie die Gründe für die Platzierung jedes einzelnen Domänencontrollers.

   Folgende Gründe waren für diese Platzierung der Betriebsmaster ausschlaggebend:

   1. **Zwischen folgenden Standorten und Domänen besteht eine 1:1-Beziehung:**
      - Miami – hs.r-100times.com
      - Mexico City – mx.r-100times.com
      - Buenos Aires – sa.r-100times.com
      - San Juan – pr.r-100times.com
      - Madrid – eu.r-100times.com

      Aus diesem Grund wurden zwei Domänencontroller an jedem Standort platziert.

   2. **Die Standorte Los Angeles und New York befinden sich beide in der Domäne „us.r-100times.com". Zur Erfüllung der Mindestanforderungen wurde an jedem Standort ein Domänencontroller platziert. Zur Handhabung der relativ großen Benutzeranzahl in Los Angeles wurde an diesem Standort ein zusätzlicher Domänencontroller eingerichtet.**

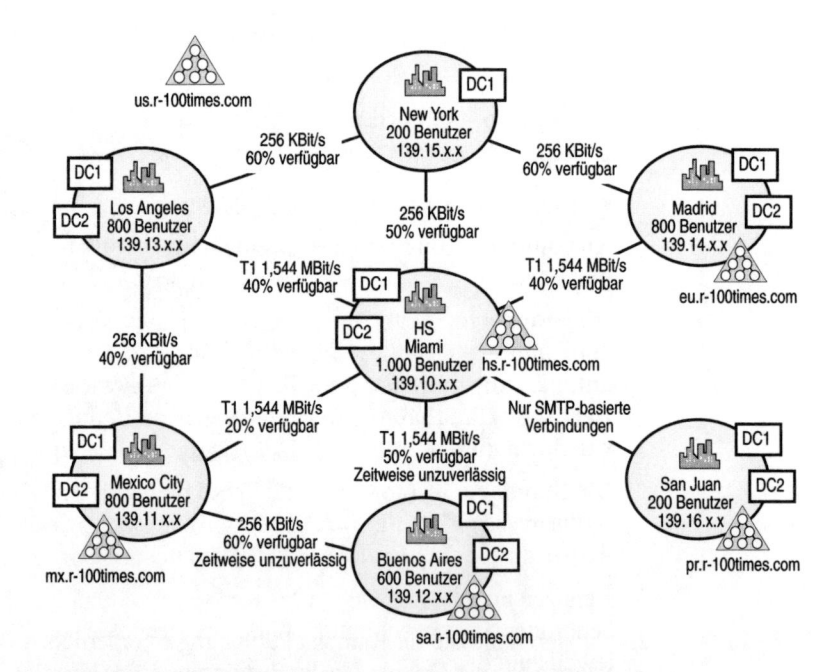

Workshop 6.1: Planen der Standorttopologie

Übung: Planen der Standorttopologie

Übungsfragen

Seite 261

1. Tragen Sie in das Diagramm zur Standorttopologie für Fabrikam, Inc. zunächst die benötigten Standorte ein. Geben Sie für jede Standorterstellung eine Begründung an.

   Die Standorte wurden aus den folgenden Gründen definiert:

   - **Jeder Standort ist an eine Hochgeschwindigkeits-Backboneverbindung angeschlossen, die eine Gruppe von 10–100 MBit/s-LANs verbindet.**

   - **Der Standort Sapporo ist nur über SMTP-Mail an den Standort in Tokyo angeschlossen.**

2. Kennzeichnen Sie im Diagramm zur Standorttopologie die für Fabrikam, Inc. benötigten Domänencontroller. Nennen Sie die Gründe für die Platzierung jedes einzelnen Domänencontrollers.

   Die nachfolgenden Gründe waren für diese Platzierung der Domänencontroller ausschlaggebend.

Zwischen folgenden Standorten und Domänen besteht eine 1:1-Beziehung:

- Sapporo – sp.nord.untern.f-100times.com
- Nagoya – hs.untern.f-100times.com
- Fukuoka – fk.sued.untern.f-100times.com

Aus diesem Grund wurden zwei Domänencontroller an jedem Standort platziert.

Die Standorte Tokyo, Yokohama und Kawasaki sind alle in der Domäne „nord.untern.f-100times.com" enthalten. Zur Erfüllung der Mindestanforderungen wurde an jedem Standort ein Domänencontroller platziert. Zur Handhabung der relativ großen Benutzeranzahl in Tokyo wurde an diesem Standort ein zusätzlicher Domänencontroller platziert.

Die Standorte Kyoto und Osaka sind beide in der Domäne „sued.untern.f-100times.com" enthalten. Zur Erfüllung der Mindestanforderungen wurde an jedem Standort ein Domänencontroller eingerichtet.

3. Kennzeichnen Sie im Diagramm zur Standorttopologie die für Fabrikam, Inc. benötigten Standortverknüpfungen. Benennen Sie die Standortverknüpfungen jeweils mit den ersten zwei Buchstaben der angeschlossenen Standorte. Geben Sie in der nachstehenden Tabelle die Standortverknüpfungskonfiguration für jede Standortverknüpfung an.

Standortverknüpfung	Transport	Kosten	Häufigkeit	Verfügbarkeit
Na-To	IP	25	15 min	immer
Na-Os	IP	25	15 min	immer
To-Os	IP	25	15 min	immer
To-Yo	IP	50	1 Std	Täglich 23.00 bis 05.00 Uhr
To-Ka	IP	50	1 Std	Täglich 23.00 bis 05.00 Uhr
Os-Ky	IP	50	1 Std	Täglich 23.00 bis 05.00 Uhr
Os-Fu	IP	100	2 Std	Täglich 23.00 bis 05.00 Uhr
To-Sa	SMTP	100	2 Std	Täglich 23.00 bis 05.00 Uhr

Die Antworten in Bezug auf Kosten, Häufigkeit und Verfügbarkeit können variieren. Da jedoch die Verbindungen zwischen den Standorten drei verschiedene Geschwindigkeiten aufweisen, sollte Ihre Standortverknüpfungstabelle drei unterschiedliche Kostenwerte aufweisen.

4. Kennzeichnen Sie die Standorte für die globalen Katalogserver und Betriebsmaster im Standorttopologiediagramm für Fabrikam, Inc. Begründen Sie die gewählte Platzierung für jeden globalen Katalogserver und Betriebsmaster.

Folgende Gründe waren für diese Platzierung der globalen Katalogserver ausschlaggebend:

- Zur Erfüllung der Mindestanforderungen wurde an allen Standorten ein globaler Katalogserver platziert.

- Da die Platzierung zusätzlicher globaler Katalogserver an einem Standort zur Erhöhung des Replikationsverkehrs führt, wurde von der Platzierung weiterer globaler Katalogserver abgesehen.

Folgende Gründe waren für diese Platzierung der Betriebsmaster ausschlaggebend:

- Da alle Domänen über mehrere Domänencontroller verfügen, wurde DC1 in jeder Domäne als Betriebsmaster-Domänencontroller ausgewählt. Als Standby-Betriebsmaster fungiert jeweils DC2 (sofern vorhanden).

- Da keine der Domänen sehr groß ist, fungiert der Betriebsmaster-DC gleichzeitig auch als RID-Master und PDC-Emulator.

- Da die Funktion des Infrastrukturmasters nicht dem Domänencontroller zugewiesen werden sollte, der den globalen Katalog speichert, wurde diese Funktion in jeder Domäne DC2 zugewiesen.

- Die Rolle des Schemamasters und des Domänennamenmasters sollte immer ein Domänencontroller mit globalem Katalog erhalten. Aus diesem Grund und da die entstehende Datenlast nur gering ist, wurden diese gesamtstrukturweiten Funktionen jeweils DC1 von hs.untern.f-100times.com zugewiesen.

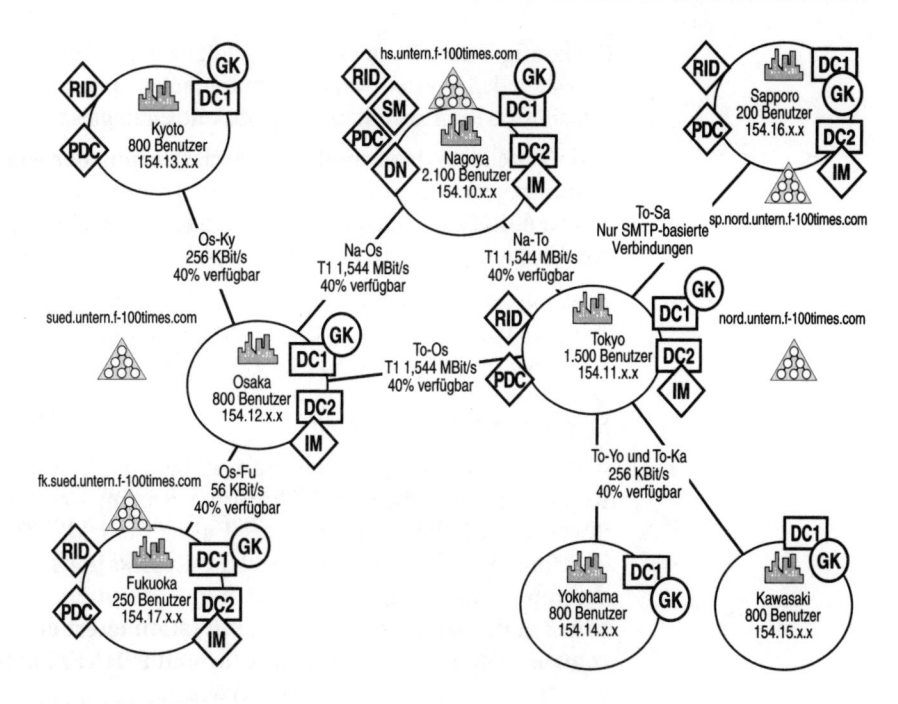

Lernzielkontrollfragen

Seite 264

1. Sie definieren Standorte für eine Organisation, die über drei Sätze LANs verfügt, die jeweils über eine T1-Leitung miteinander verbunden sind. Wie viele Standorte würden Sie definieren?

   Sie sollten je einen Standort für alle LANs oder Gruppen von LANs definieren, die über eine Hochgeschwindigkeits-Backboneverbindung verbunden sind und einen Standort für jede Niederlassung definieren, die nicht über die Fähigkeit zur direkten Verbindung mit dem übrigen Netzwerk verfügt, sondern nur über SMTP-Mail erreichbar ist. Da es sich bei einer T1-Leitung nicht um eine Hochgeschwindigkeits-Backboneverbindung handelt, sollten Sie drei Standorte definieren.

2. Sie haben an den Standorten Ihrer Organisation die mindestens erforderliche Anzahl Domänencontroller platziert. Welche Gründe sprechen für eine Platzierung zusätzlicher Domänencontroller an den Standorten?

   Folgende Gründe sprechen für eine Platzierung zusätzlicher Domänencontroller an den Standorten:

   - **Der Standort verfügt über viele Benutzer, und die Verbindung zum Standort ist langsam bzw. ihre Kapazität nahezu ausgeschöpft.**
   - **Die Verbindung zu dem Standort ist immer schon unzuverlässig gewesen oder nur zeitweise verfügbar.**

3. Sie konfigurieren Standortverknüpfungen und möchten eine Standortverknüpfungstabelle für Ihren Standorttopologieplan erstellen. Welche Konfigurationsinformationen sollten in der Tabelle enthalten sein?

   Eine Tabelle zu den Standortverknüpfungen sollte für jede Standortverknüpfung den Standortverknüpfungsnamen, die Methode des Replikationstransports, die Standortverknüpfungskosten, die Replikationshäufigkeit und die Replikationsverfügbarkeit angeben.

4. Beschreiben Sie, wie bei der standortübergreifenden Replikation Active Directory-Daten zwischen Bridgeheadservern repliziert werden. Beschreiben Sie außerdem, wie die Active Directory-Daten anschließend von den Bridgeheadservern auf die weiteren Domänencontroller innerhalb eines Standortes repliziert werden.

   Abfrage und Pullreplikation werden bei der standortübergreifenden Replikation zwischen Bridgeheadservern eingesetzt. Für die standortübergreifende Replikation ist die Pullmethode die effizienteste, da der Zieldomänencontroller weiß, welche Replikationsdaten angefordert werden müssen. Die Replikation per Benachrichtigung und Pushmethode wird bei der standortinternen Replikation eingesetzt, da die Domänencontroller über gute Verbindungen verfügen und keinen Zeitplänen für die Standortverknüpfungen unterliegen.

5. Sie weisen die Funktion des Infrastrukturmasters einem Domänencontroller zu, der als globaler Katalogserver fungiert. Erläutern Sie, warum Sie dies nur unter bestimmten Bedingungen tun sollten, und beschreiben Sie diese Bedingungen.

   Die Funktion des Infrastrukturmasters sollte nicht dem Domänencontroller zugewiesen werden, der den globalen Katalog speichert. Wenn sich Infrastrukturmaster und globaler Katalog auf demselben Domänencontroller befinden, funktioniert der Infrastrukturmaster nicht. Der Infrastrukturmaster findet in diesem Fall keine veralteten Daten, d. h., es werden keine Änderungen auf die weiteren Domänencontrollern in der Domäne repliziert. Wenn alle Domänencontroller in einer Domäne einen globalen Katalog verwalten, verfügen alle Domänencontroller über aktuelle Daten, daher ist es unerheblich, welcher Domänencontroller die Funktion des Infrastrukturmasters innehat.

Kapitel 7
Planen der Active Directory-Implementierung

Workshop 7.1: Planen einer Migration der Windows NT 4.0-Verzeichnisdienste auf Windows 2000 Active Directory

Übung: Planen einer Migration der Windows NT 4.0-Verzeichnisdienste auf Windows 2000 Active Directory

Übungsfragen

1. Welche Migrationsmethode(n) würden Sie für die Migration auf Windows 2000 Active Directory wählen?

   Da die aktuell verwendete Windows NT-Domänenstruktur relativ gut funktioniert und im Szenario keine besonderen Anforderungen zur Aufrechterhaltung der Produktionsumgebung während des Migrationsprozesses genannt werden, wird die Migration auf Windows 2000 über eine Domänenaktualisierung durchgeführt.

   Vor der Aktualisierung muss eine dedizierte Stammdomäne in der Active Directory-Gesamtstruktur erstellt werden. Nach der Aktualisierung ist eine Konsolidierung der Ressourcendomänen in OUs der untergeordneten Domänen erforderlich.

2. Listen Sie die Schritte bei der Migrationsplanung auf.

   Die Antworten können variieren, sollten jedoch folgende Punkte enthalten:

   1. Erstellen eines Wiederherstellungsplans.

   2. Auflisten der Domäne in ihrer Reihenfolge für die Aktualisierung. Zunächst muss die dedizierte Stammdomäne in der Windows 2000-Gesamtstruktur erstellt werden. Anschließend werden die Masterdomänen (AKTIENINVESTMENT und BARINVESTMENT) aktualisiert, gefolgt von den Ressourcendomänen PHOENIX, TUSCON und ALBUQUERQUE.

   3. Erarbeiten einer Strategie für die Aktualisierung der Domänencontroller in jeder Domäne. Für die Domänen AKTIENINVESTMENT, BARINVESTMENT, PHOENIX, TUSCON und ALBUQUERQUE (in dieser Reihenfolge) wird zunächst der PDC aktualisiert, gefolgt von den BDCs.

   4. Festlegen des Zeitpunktes für einen Wechsel in den einheitlichen Modus. Der Wechsel in den einheitlichen Modus wird vorgenommen, wenn die Ressourcendomänen in OUs konsolidiert wurden und die Administratoren mit dem Ergebnis der Migration zufrieden sind.

5. Notieren der Ressourcenstandorte unter Windows NT sowie der Standorte der OUs, in denen die Ressourcen konsolidiert werden sollen. Die Ressourcen in jeder Ressourcendomäne werden entsprechend den Benutzeranforderungen in den Domänen „aktieninvest.s-100times.com" und „barinvest.s-100times.com" konsolidiert.

6. Angeben der Vertrauensstellungen an, die eingerichtet werden müssen, damit Benutzer außerhalb der Gesamtstruktur weiterhin auf die Ressourcen zugreifen können, wenn diese in den Ziel-OUs konsolidiert wurden. Es befinden sich keine Benutzer außerhalb der Gesamtstruktur, die Zugriff auf die in den OUs konsolidierten Ressourcen benötigen.

Lernzielkontrollfragen

Seite 308

1. Sie planen eine Migration der Windows NT 4.0-Verzeichnisdienste auf Windows 2000 Active Directory. Die aktuelle Produktionsumgebung kann mögliche negative Auswirkungen des Migrationsprozesses nicht auffangen. Welche Migrationsmethode setzen Sie ein?

    Sie sollten die Methode der Domänenumstrukturierung wählen, wenn die Produktionsumgebung mögliche negative Effekte des Migrationsprozesses nicht auffangen kann.

2. Warum sollten Sie die Methode der Domänenumstrukturierung wählen, wenn die Produktionsumgebung mögliche negative Effekte des Migrationsprozesses nicht auffangen kann?

    Eine Domänenumstrukturierung migriert die vorhandene Windows NT-Umgebung unter Verwendung einer unveränderlichen Kopie auf eine reine Windows 2000-Gesamtstruktur. Als reine Gesamtstruktur wird eine ideale Windows 2000-Gesamtstruktur bezeichnet, die von der Windows NT-Produktionsumgebung isoliert ist und im einheitlichen Modus betrieben wird. Domänenkonten können sowohl unter Windows NT als auch unter Windows 2000 eingesetzt werden, die Windows NT-Umgebung wird bis zu ihrer Außerbetriebnahme beibehalten.

3. Ihre Organisation hat vor kurzem eine Migration auf Windows 2000 Server und Exchange Server 5.5 durchgeführt. Sie möchten die Benutzerinformationen im Exchange Server-Verzeichnisdienst in das neue Active Directory übertragen. Welches Tool sollten Sie zur Durchführung einer Synchronisierung installieren, und wo sollten sich die Installationsdateien für das Tool befinden?

    Zur Durchführung einer Synchronisierung zwischen Active Directory und Exchange Server 5.5 müssen Sie den Active Directory Connector (ADC) installieren. Die Installationsdateien für ADC befinden sich auf der Windows 2000 Server-CD im Ordner Valueadd\Msft\Mgmt\ADC.

4. Ihre Organisation verwendet Windows 2000 und hat vor kurzem ein kleines Unternehmen übernommen, in dem NDS eingesetzt wird. Sie möchten die Verzeichnisinformationen mit Active Directory synchronisieren. Welches Tool sollten Sie zur Durchführung einer Synchronisierung installieren, und wo sollten sich die Installationsdateien für das Tool befinden?

Damit Benutzer von Novell-Verzeichnisdiensten eine Synchronisierung durchführen können, hat Microsoft den MSDSS-Dienst (Microsoft Directory Synchronization Services) entwickelt, der zum Lieferumfang der Services for NetWare, Version 5 (SFNW5) gehört.

ANHANG B

Klassenobjekte des Basisschemas

Unter Schemaklassenobjekten versteht man die Active Directory-Objekte, die als Vorlage für neue Active Directory-Objekte eingesetzt werden können. Bei den Klassenobjekten des Basisschemas handelt es sich um den im Lieferumfang von Windows 2000 Server enthaltenen Basissatz an Schemaklassenobjekten. Entspricht das Basisschema nicht den Anforderungen Ihrer Organisation, müssen Sie die Erforderlichkeit einer Schemaänderung prüfen bzw. über die Erstellung zusätzlicher Schemaklassen- und/oder Attributobjekte entscheiden. Dieses Vorgehen wird als Schemaerweiterung bezeichnet. Um zu entscheiden, ob die Objekte des Basisschemas den Anforderungen Ihrer Organisation entsprechen, müssen Sie sich mit den in diesem Anhang aufgelisteten Klassenobjekten und den in Anhang C aufgeführten Attributobjekten des Basisschemas vertraut machen. Wenn Sie wissen, welche Arten von Daten in Active Directory gespeichert werden, können Sie schneller entscheiden, ob Sie das Basisschema ändern müssen und welche Personen von diesen Änderungen betroffen wären.

Name	Typ	Beschreibung
aCSPolicy	Structural	ACS-Policy
aCSResourceLimits	Structural	ACS-Resource-Limits
aCSSubnet	Structural	ACS-Subnet
addressBookContainer	Structural	Address-Book-Container
addressTemplate	Structural	Address-Template
applicationEntity	Structural	Application-Entity
applicationProcess	Structural	Application-Process
applicationSettings	Abstract	Application-Settings
applicationSiteSettings	Abstract	Application-Site-Settings
attributeSchema	Structural	Attribute-Schema
builtinDomain	Structural	Builtin-Domain

(Fortsetzung)

Name	Typ	Beschreibung
categoryRegistration	Structural	Category-Registration
certificationAuthority	Structural	Certification-Authority
classRegistration	Structural	Class-Registration
classSchema	Structural	Class-Schema
classStore	Structural	Class-Store
comConnectionPoint	Structural	Com-Connection-Point
computer	Structural	Computer
configuration	Structural	Configuration
connectionPoint	Abstract	Connection-Point
contact	Structural	Contact
container	Structural	Container
controlAccessRight	Structural	Control-Access-Right
country	Abstract	Country
cRLDistributionPoint	Structural	CRL-Distribution-Point
crossRef	Structural	Cross-Ref
crossRefContainer	Structural	Cross-Ref-Container
device	Abstract	Device
dfsConfiguration	Structural	Dfs-Configuration
dHCPClass	Structural	DHCP-Class
displaySpecifier	Structural	Display-Specifier
displayTemplate	Structural	Display-Template
dMD	Structural	DMD
dnsNode	Structural	Dns-Node
dnsZone	Structural	Dns-Zone
domain	Abstract	Domain
domainDNS	Structural	Domain-DNS
domainPolicy	Structural	Domain-Policy
dSA	Structural	DSA
dSUISettings	Structural	DS-UI-Settings
fileLinkTracking	Structural	File-Link-Tracking
fileLinkTrackingEntry	Structural	File-Link-Tracking-Entry
foreignSecurityPrincipal	Structural	Foreign-Security-Principal
fTDfs	Structural	FT-Dfs
group	Structural	Group

(Fortsetzung)

Name	Typ	Beschreibung
groupOfNames	Abstract	Group-Of-Names
groupPolicyContainer	Structural	Group-Policy-Container
indexServerCatalog	Structural	Index-Server-Catalog
infrastructureUpdate	Structural	Infrastructure-Update
intellimirrorGroup	Structural	Intellimirror-Group
intellimirrorSCP	Structural	Intellimirror-SCP
interSiteTransport	Structural	Inter-Site-Transport
interSiteTransportContainer	Structural	Inter-Site-Transport-Container
ipsecBase	Abstract	Ipsec-Base
ipsecFilter	Structural	Ipsec-Filter
ipsecISAKMPPolicy	Structural	Ipsec-ISAKMP-Policy
ipsecNegotiationPolicy	Structural	Ipsec-Negotiation-Policy
ipsecNFA	Structural	Ipsec-NFA
ipsecPolicy	Structural	Ipsec-Policy
leaf	Abstract	Leaf
licensingSiteSettings	Structural	Licensing-Site-Settings
linkTrackObjectMoveTable	Structural	Link-Track-Object-Move-Table
linkTrackOMTEntry	Structural	Link-Track-OMT-Entry
linkTrackVolEntry	Structural	Link-Track-Vol-Entry
linkTrackVolumeTable	Structural	Link-Track-Volume-Table
locality	Structural	Locality
lostAndFound	Structural	Lost-And-Found
mailRecipient	Auxiliary	Mail-Recipient
meeting	Structural	Meeting
msExchConfigurationContainer	Structural	ms-Exch-Configuration-Container
mSMQConfiguration	Structural	MSMQ-Configuration
mSMQEnterpriseSettings	Structural	MSMQ-Enterprise-Settings
mSMQMigratedUser	Structural	MSMQ-Migrated-User
mSMQQueue	Structural	MSMQ-Queue
mSMQSettings	Structural	MSMQ-Settings
mSMQSiteLink	Structural	MSMQ-Site-Link
mS-SQL-OLAPCube	Structural	MS-SQL-OLAPCube
mS-SQL-OLAPDatabase	Structural	MS-SQL-OLAPDatabase

(Fortsetzung)

Name	Typ	Beschreibung
mS-SQL-OLAPServer	Structural	MS-SQL-OLAPServer
mS-SQL-SQLDatabase	Structural	MS-SQL-SQLDatabase
mS-SQL-SQLPublication	Structural	MS-SQL-SQLPublication
mS-SQL-SQLRepository	Structural	MS-SQL-SQLRepository
mS-SQL-SQLServer	Structural	MS-SQL-SQLServer
nTDSConnection	Structural	NTDS-Connection
nTDSDSA	Structural	NTDS-DSA
nTDSService	Structural	NTDS-Service
nTDSSiteSettings	Structural	NTDS-Site-Settings
nTFRSMember	Structural	NTFRS-Member
nTFRSReplicaSet	Structural	NTFRS-Replica-Set
nTFRSSettings	Structural	NTFRS-Settings
nTFRSSubscriber	Structural	NTFRS-Subscriber
nTFRSSubscriptions	Structural	NTFRS-Subscriptions
organization	Structural	Organization
organizationalPerson	Abstract	Organizational-Person
organizationalRole	Structural	Organizational-Role
organizationalUnit	Structural	Organizational-Unit
packageRegistration	Structural	Package-Registration
person	Abstract	Person
physicalLocation	Structural	Physical-Location
pKICertificateTemplate	Structural	PKI-Certificate-Template
pKIEnrollmentService	Structural	PKI-Enrollment-Service
printQueue	Structural	Print-Queue
queryPolicy	Structural	Query-Policy
remoteMailRecipient	Structural	Remote-Mail-Recipient
remoteStorageServicePoint	Structural	Remote-Storage-Service-Point
residentialPerson	Structural	Residential-Person
rIDManager	Structural	RID-Manager
rIDSet	Structural	RID-Set
rpcContainer	Structural	Rpc-Container
rpcEntry	Abstract	rpc-Entry
rpcGroup	Structural	rpc-Group

(Fortsetzung)

Name	Typ	Beschreibung
rpcProfile	Structural	rpc-Profile
rpcProfileElement	Structural	rpc-Profile-Element
rpcServer	Structural	rpc-Server
rpcServerElement	Structural	rpc-Server-Element
rRASAdministrationConnectionPoint	Structural	RRAS-Administration-Connection-Point
rRASAdministrationDictionary	Structural	RRAS-Administration-Dictionary
samDomain	Auxiliary	Sam-Domain
samDomainBase	Auxiliary	Sam-Domain-Base
samServer	Structural	Sam-Server
secret	Structural	Secret
securityObject	Abstract	Security-Object
securityPrincipal	Auxiliary	Security-Principal
server	Structural	Server
serversContainer	Structural	Servers-Container
serviceAdministrationPoint	Structural	Service-Administration-Point
serviceClass	Structural	Service-Class
serviceConnectionPoint	Structural	Service-Connection-Point
serviceInstance	Structural	Service-Instance
site	Structural	Site
siteLink	Structural	Site-Link
siteLinkBridge	Structural	Site-Link-Bridge
sitesContainer	Structural	Sites-Container
storage	Structural	Storage
subnet	Structural	Subnet
subnetContainer	Structural	Subnet-Container
subSchema	Structural	SubSchema
top	Abstract	Top
trustedDomain	Structural	Trusted-Domain
typeLibrary	Structural	Type-Library
user	Structural	User
volume	Structural	Volume

ANHANG C

Attributobjekte des Basisschemas

Unter Schemaattributobjekten versteht man die Active Directory-Objekte, die als Vorlage für neue Active Directory-Objekte eingesetzt werden können. Bei den Attributobjekten des Basisschemas handelt es sich um den im Lieferumfang von Windows 2000 Server enthaltenen Basissatz an Schemaattributobjekten. Entspricht das Basisschema nicht den Anforderungen Ihrer Organisation, müssen Sie die Erforderlichkeit einer Schemaänderung prüfen bzw. über die Erstellung zusätzlicher Schemaklassen- und/oder Attributobjekte entscheiden. Dieses Vorgehen wird als Schemaerweiterung bezeichnet. Um zu entscheiden, ob die Objekte des Basisschemas den Anforderungen Ihrer Organisation entsprechen, müssen Sie sich mit den in diesem Anhang aufgelisteten Attributobjekten und den in Anhang B aufgeführten Klassenobjekten des Basisschemas vertraut machen. Wenn Sie wissen, welche Arten von Daten in Active Directory gespeichert werden, können Sie schneller entscheiden, ob Sie das Basisschema ändern müssen und welche Personen von diesen Änderungen betroffen wären.

Name	Syntax	Beschreibung
accountExpires	Large Integer	Account-Expires
accountNameHistory	Unicode String	Account-Name-History
aCSAggregateTokenRatePerUser	Large Integer	ACS-Aggregate-Token-Rate-Per-User
aCSAllocableRSVPBandwidth	Large Integer	ACS-Allocable-RSVP-Bandwidth
aCSCacheTimeout	Integer	ACS-Cache-Timeout
aCSDirection	Integer	ACS-Direction
aCSDSBMDeadTime	Integer	ACS-DSBM-DeadTime
aCSDSBMPriority	Integer	ACS-DSBM-Priority
aCSDSBMRefresh	Integer	ACS-DSBM-Refresh
aCSEnableACSService	Boolean	ACS-Enable-ACS-Service
aCSEnableRSVPAccounting	Boolean	ACS-Enable-RSVP-Accounting
aCSEnableRSVPMessageLogging	Boolean	ACS-Enable-RSVP-Message-Logging
aCSEventLogLevel	Integer	ACS-Event-Log-Level

(Fortsetzung)

Name	Syntax	Beschreibung
aCSIdentityName	Unicode String	ACS-Identity-Name
aCSMaxAggregatePeakRatePerUser	Large Integer	ACS-Max-Aggregate-Peak-Rate-Per-User
aCSMaxDurationPerFlow	Integer	ACS-Max-Duration-Per-Flow
aCSMaximumSDUSize	Large Integer	ACS-Maximum-SDU-Size
aCSMaxNoOfAccountFiles	Integer	ACS-Max-No-Of-Account-Files
aCSMaxNoOfLogFiles	Integer	ACS-Max-No-Of-Log-Files
aCSMaxPeakBandwidth	Large Integer	ACS-Max-Peak-Bandwidth
aCSMaxPeakBandwidthPerFlow	Large Integer	ACS-Max-Peak-Bandwidth-Per-Flow
aCSMaxSizeOfRSVPAccountFile	Integer	ACS-Max-Size-Of-RSVP-Account-File
aCSMaxSizeOfRSVPLogFile	Integer	ACS-Max-Size-Of-RSVP-Log-File
aCSMaxTokenBucketPerFlow	Large Integer	ACS-Max-Token-Bucket-Per-Flow
aCSMaxTokenRatePerFlow	Large Integer	ACS-Max-Token-Rate-Per-Flow
aCSMinimumDelayVariation	Large Integer	ACS-Minimum-Delay-Variation
aCSMinimumLatency	Large Integer	ACS-Minimum-Latency
aCSMinimumPolicedSize	Large Integer	ACS-Minimum-Policed-Size
aCSNonReservedMaxSDUSize	Large Integer	ACS-Non-Reserved-Max-SDU-Size
aCSNonReservedMinPolicedSize	Large Integer	ACS-Non-Reserved-Min-Policed-Size
aCSNonReservedPeakRate	Large Integer	ACS-Non-Reserved-Peak-Rate
aCSNonReservedTokenSize	Large Integer	ACS-Non-Reserved-Token-Size
aCSNonReservedTxLimit	Large Integer	ACS-Non-Reserved-Tx-Limit
aCSNonReservedTxSize	Large Integer	ACS-Non-Reserved-Tx-Size
aCSPermissionBits	Large Integer	ACS-Permission-Bits
aCSPolicyName	Unicode String	ACS-Policy-Name
aCSPriority	Integer	ACS-Priority
aCSRSVPAccountFilesLocation	Unicode String	ACS-RSVP-Account-Files-Location
aCSRSVPLogFilesLocation	Unicode String	ACS-RSVP-Log-Files-Location
aCSServerList	Unicode String	ACS-Server-List
aCSServiceType	Integer	ACS-Service-Type
aCSTimeOfDay	Unicode String	ACS-Time-Of-Day
aCSTotalNoOfFlows	Integer	ACS-Total-No-Of-Flows
additionalTrustedServiceNames	Unicode String	Additional-Trusted-Service-Names
addressBookRoots	Distinguished Name	Address-Book-Roots
addressEntryDisplayTable	Octet String	Address-Entry-Display-Table

(Fortsetzung)

Name	Syntax	Beschreibung
addressEntryDisplayTableMSDOS	Octet String	Address-Entry-Display-Table-MSDOS
addressSyntax	Octet String	Address-Syntax
addressType	Case Insensitive String	Address-Type
adminContextMenu	Unicode String	Admin-Context-Menu
adminCount	Integer	Admin-Count
adminDescription	Unicode String	Admin-Description
adminDisplayName	Unicode String	Admin-Display-Name
adminPropertyPages	Unicode String	Admin-Property-Pages
allowedAttributes	Object Identifier	Allowed-Attributes
allowedAttributesEffective	Object Identifier	Allowed-Attributes-Effective
allowedChildClasses	Object Identifier	Allowed-Child-Classes
allowedChildClassesEffective	Object Identifier	Allowed-Child-Classes-Effective
altSecurityIdentities	Unicode String	Alt-Security-Identities
aNR	Unicode String	ANR
applicationName	Unicode String	Application-Name
appliesTo	Unicode String	Applies-To
appSchemaVersion	Integer	App-Schema-Version
assetNumber	Unicode String	Asset-Number
assistant	Distinguished Name	Assistant
assocNTAccount	Octet String	Assoc-NT-Account
attributeDisplayNames	Unicode String	Attribute-Display-Names
attributeID	Object Identifier	Attribute-ID
attributeSecurityGUID	Octet String	Attribute-Security-GUID
attributeSyntax	Object Identifier	Attribute-Syntax
attributeTypes	Unicode String	Attribute-Types
auditingPolicy	Octet String	Auditing-Policy
authenticationOptions	Integer	Authentication-Options
authorityRevocationList	Octet String	Authority-Revocation-List
auxiliaryClass	Object Identifier	Auxiliary-Class
badPasswordTime	Large Integer	Bad-Password-Time
badPwdCount	Integer	Bad-Pwd-Count
birthLocation	Octet String	Birth-Location
bridgeheadServerListBL	Distinguished Name	Bridgehead-Server-List-BL
bridgeheadTransportList	Distinguished Name	Bridgehead-Transport-List

(Fortsetzung)

Name	Syntax	Beschreibung
builtinCreationTime	Large Integer	Builtin-Creation-Time
builtinModifiedCount	Large Integer	Builtin-Modified-Count
businessCategory	Unicode String	Business-Category
bytesPerMinute	Integer	Bytes-Per-Minute
c	Unicode String	Country-Name
cACertificate	Octet String	CA-Certificate
cACertificateDN	Unicode String	CA-Certificate-DN
cAConnect	Unicode String	CA-Connect
canonicalName	Unicode String	Canonical-Name
canUpgradeScript	Unicode String	Can-Upgrade-Script
catalogs	Unicode String	Catalogs
categories	Unicode String	Categories
categoryId	Octet String	Category-Id
cAUsages	Unicode String	CA-Usages
cAWEBURL	Unicode String	CA-WEB-URL
certificateAuthorityObject	Distinguished Name	Certificate-Authority-Object
certificateRevocationList	Octet String	Certificate-Revocation-List
certificateTemplates	Unicode String	Certificate-Templates
classDisplayName	Unicode String	Class-Display-Name
cn	Unicode String	Common-Name
co	Unicode String	Text-Country
codePage	Integer	Code-Page
cOMClassID	Unicode String	COM-ClassID
cOMCLSID	Unicode String	COM-CLSID
cOMInterfaceID	Unicode String	COM-InterfaceID
comment	Unicode String	User-Comment
cOMOtherProgId	Unicode String	COM-Other-Prog-Id
company	Unicode String	Company
cOMProgID	Unicode String	COM-ProgID
cOMTreatAsClassId	Unicode String	COM-Treat-As-Class-Id
cOMTypelibId	Unicode String	COM-Typelib-Id
cOMUniqueLIBID	Unicode String	COM-Unique-LIBID
contentIndexingAllowed	Boolean	Content-Indexing-Allowed
contextMenu	Unicode String	Context-Menu
controlAccessRights	Octet String	Control-Access-Rights

(Fortsetzung)

Name	Syntax	Beschreibung
cost	Integer	Cost
countryCode	Integer	Country-Code
createDialog	Unicode String	Create-Dialog
createTimeStamp	Generalized Time	Create-Time-Stamp
createWizardExt	Unicode String	Create-Wizard-Ext
creationTime	Large Integer	Creation-Time
creationWizard	Unicode String	Creation-Wizard
creator	Unicode String	Creator
cRLObject	Distinguished Name	CRL-Object
cRLPartitionedRevocationList	Octet String	CRL-Partitioned-Revocation-List
crossCertificatePair	Octet String	Cross-Certificate-Pair
currentLocation	Octet String	Current-Location
currentParentCA	Distinguished Name	Current-Parent-CA
currentValue	Octet String	Current-Value
currMachineId	Octet String	Curr-Machine-Id
dBCSPwd	Octet String	DBCS-Pwd
dc	Unicode String	Domain-Component
defaultClassStore	Distinguished Name	Default-Class-Store
defaultGroup	Distinguished Name	Default-Group
defaultHidingValue	Boolean	Default-Hiding-Value
defaultLocalPolicyObject	Distinguished Name	Default-Local-Policy-Object
defaultObjectCategory	Distinguished Name	Default-Object-Category
defaultPriority	Integer	Default-Priority
defaultSecurityDescriptor	Unicode String	Default-Security-Descriptor
deltaRevocationList	Octet String	Delta-Revocation-List
department	Unicode String	Department
description	Unicode String	Description
desktopProfile	Unicode String	Desktop-Profile
destinationIndicator	Print Case String	Destination-Indicator
dhcpClasses	Octet String	dhcp-Classes
dhcpFlags	Large Integer	dhcp-Flags
dhcpIdentification	Unicode String	dhcp-Identification
dhcpMask	Print Case String	dhcp-Mask
dhcpMaxKey	Large Integer	dhcp-MaxKey
dhcpObjDescription	Unicode String	dhcp-Obj-Description

(Fortsetzung)

Name	Syntax	Beschreibung
dhcpObjName	Unicode String	dhcp-Obj-Name
dhcpOptions	Octet String	dhcp-Options
dhcpProperties	Octet String	dhcp-Properties
dhcpRanges	Print Case String	dhcp-Ranges
dhcpReservations	Print Case String	dhcp-Reservations
dhcpServers	Print Case String	dhcp-Servers
dhcpSites	Print Case String	dhcp-Sites
dhcpState	Print Case String	dhcp-State
dhcpSubnets	Print Case String	dhcp-Subnets
dhcpType	Integer	dhcp-Type
dhcpUniqueKey	Large Integer	dhcp-Unique-Key
dhcpUpdateTime	Large Integer	dhcp-Update-Time
directReports	Distinguished Name	Reports
displayName	Unicode String	Display-Name
displayNamePrintable	Print Case String	Display-Name-Printable
distinguishedName	Distinguished Name	Obj-Dist-Name
dITContentRules	Unicode String	DIT-Content-Rules
division	Unicode String	Division
dMDLocation	Distinguished Name	DMD-Location
dmdName	Unicode String	DMD-Name
dNReferenceUpdate	Distinguished Name	DN-Reference-Update
dnsAllowDynamic	Boolean	Dns-Allow-Dynamic
dnsAllowXFR	Boolean	Dns-Allow-XFR
dNSHostName	Unicode String	DNS-Host-Name
dnsNotifySecondaries	Integer	Dns-Notify-Secondaries
dNSProperty	Octet String	DNS-Property
dnsRecord	Octet String	Dns-Record
dnsRoot	Unicode String	Dns-Root
dnsSecureSecondaries	Integer	Dns-Secure-Secondaries
dNSTombstoned	Boolean	DNS-Tombstoned
domainCAs	Distinguished Name	Domain-Certificate-Authorities
domainCrossRef	Distinguished Name	Domain-Cross-Ref
domainID	Distinguished Name	Domain-ID
domainIdentifier	Integer	Domain-Identifier
domainPolicyObject	Distinguished Name	Domain-Policy-Object

(Fortsetzung)

Name	Syntax	Beschreibung
domainPolicyReference	Distinguished Name	Domain-Policy-Reference
domainReplica	Unicode String	Domain-Replica
domainWidePolicy	Octet String	Domain-Wide-Policy
driverName	Unicode String	Driver-Name
driverVersion	Integer	Driver-Version
dSASignature	Octet String	DSA-Signature
dSCorePropagationData	Generalized Time	DS-Core-Propagation-Data
dSHeuristics	Unicode String	DS-Heuristics
dSUIAdminMaximum	Integer	DS-UI-Admin-Maximum
dSUIAdminNotification	Unicode String	DS-UI-Admin-Notification
dSUIShellMaximum	Integer	DS-UI-Shell-Maximum
dynamicLDAPServer	Distinguished Name	Dynamic-LDAP-Server
eFSPolicy	Octet String	EFSPolicy
employeeID	Unicode String	Employee-ID
employeeNumber	Unicode String	Employee-Number
employeeType	Unicode String	Employee-Type
Enabled	Boolean	Enabled
enabledConnection	Boolean	Enabled-Connection
enrollmentProviders	Unicode String	Enrollment-Providers
extendedAttributeInfo	Unicode String	Extended-Attribute-Info
extendedCharsAllowed	Boolean	Extended-Chars-Allowed
extendedClassInfo	Unicode String	Extended-Class-Info
extensionName	Unicode String	Extension-Name
facsimileTelephoneNumber	Unicode String	Facsimile-Telephone-Number
fileExtPriority	Unicode String	File-Ext-Priority
flags	Integer	Flags
flatName	Unicode String	Flat-Name
forceLogoff	Large Integer	Force-Logoff
foreignIdentifier	Octet String	Foreign-Identifier
friendlyNames	Unicode String	Friendly-Names
fromEntry	Boolean	From-Entry
fromServer	Distinguished Name	From-Server
frsComputerReference	Distinguished Name	Frs-Computer-Reference
frsComputerReferenceBL	Distinguished Name	Frs-Computer-Reference-BL
fRSControlDataCreation	Unicode String	FRS-Control-Data-Creation

(Fortsetzung)

Name	Syntax	Beschreibung
fRSControlInboundBacklog	Unicode String	FRS-Control-Inbound-Backlog
fRSControlOutboundBacklog	Unicode String	FRS-Control-Outbound-Backlog
fRSDirectoryFilter	Unicode String	FRS-Directory-Filter
fRSDSPoll	Integer	FRS-DS-Poll
fRSExtensions	Octet String	FRS-Extensions
fRSFaultCondition	Unicode String	FRS-Fault-Condition
fRSFileFilter	Unicode String	FRS-File-Filter
fRSFlags	Integer	FRS-Flags
fRSLevelLimit	Integer	FRS-Level-Limit
fRSMemberReference	Distinguished Name	FRS-Member-Reference
fRSMemberReferenceBL	Distinguished Name	FRS-Member-Reference-BL
fRSPartnerAuthLevel	Integer	FRS-Partner-Auth-Level
fRSPrimaryMember	Distinguished Name	FRS-Primary-Member
fRSReplicaSetGUID	Octet String	FRS-Replica-Set-GUID
fRSReplicaSetType	Integer	FRS-Replica-Set-Type
fRSRootPath	Unicode String	FRS-Root-Path
fRSRootSecurity	NT Security Descriptor	FRS-Root-Security
fRSServiceCommand	Unicode String	FRS-Service-Command
fRSServiceCommandStatus	Unicode String	FRS-Service-Command-Status
fRSStagingPath	Unicode String	FRS-Staging-Path
fRSTimeLastCommand	UTC Coded Time	FRS-Time-Last-Command
fRSTimeLastConfigChange	UTC Coded Time	FRS-Time-Last-Config-Change
fRSUpdateTimeout	Integer	FRS-Update-Timeout
fRSVersion	Unicode String	FRS-Version
fRSVersionGUID	Octet String	FRS-Version-GUID
fRSWorkingPath	Unicode String	FRS-Working-Path
fSMORoleOwner	Distinguished Name	FSMO-Role-Owner
garbageCollPeriod	Integer	Garbage-Coll-Period
generatedConnection	Boolean	Generated-Connection
generationQualifier	Unicode String	Generation-Qualifier
givenName	Unicode String	Given-Name
globalAddressList	Distinguished Name	Global-Address-List
governsID	Object Identifier	Governs-ID
gPCFileSysPath	Unicode String	GPC-File-Sys-Path
gPCFunctionalityVersion	Integer	GPC-Functionality-Version

(Fortsetzung)

Name	Syntax	Beschreibung
gPCMachineExtensionNames	Unicode String	GPC-Machine-Extension-Names
gPCUserExtensionNames	Unicode String	GPC-User-Extension-Names
gPLink	Unicode String	GP-Link
gPOptions	Integer	GP-Options
groupAttributes	Integer	Group-Attributes
groupMembershipSAM	Octet String	Group-Membership-SAM
groupPriority	Unicode String	Group-Priority
groupsToIgnore	Unicode String	Groups-to-Ignore
groupType	Integer	Group-Type
hasMasterNCs	Distinguished Name	Has-Master-NCs
hasPartialReplicaNCs	Distinguished Name	Has-Partial-Replica-NCs
helpData16	Octet String	Help-Data16
helpData32	Octet String	Help-Data32
helpFileName	Unicode String	Help-File-Name
homeDirectory	Unicode String	Home-Directory
homeDrive	Unicode String	Home-Drive
homePhone	Unicode String	Phone-Home-Primary
homePostalAddress	Unicode String	Address-Home
iconPath	Unicode String	Icon-Path
implementedCategories	Octet String	Implemented-Categories
indexedScopes	Unicode String	IndexedScopes
info	Unicode String	Comment
initialAuthIncoming	Unicode String	Initial-Auth-Incoming
initialAuthOutgoing	Unicode String	Initial-Auth-Outgoing
initials	Unicode String	Initials
installUiLevel	Integer	Install-Ui-Level
instanceType	Integer	Instance-Type
internationalISDNNumber	Numerical String	International-ISDN-Number
interSiteTopologyFailover	Integer	Inter-Site-Topology-Failover
interSiteTopologyGenerator	Distinguished Name	Inter-Site-Topology-Generator
interSiteTopologyRenew	Integer	Inter-Site-Topology-Renew
invocationId	Octet String	Invocation-Id
ipPhone	Unicode String	Phone-Ip-Primary
ipsecData	Octet String	Ipsec-Data
ipsecDataType	Integer	Ipsec-Data-Type

(Fortsetzung)

Name	Syntax	Beschreibung
ipsecFilterReference	Distinguished Name	Ipsec-Filter-Reference
ipsecID	Unicode String	Ipsec-ID
ipsecISAKMPReference	Distinguished Name	Ipsec-ISAKMP-Reference
ipsecName	Unicode String	Ipsec-Name
iPSECNegotiationPolicyAction	Unicode String	IPSEC-Negotiation-Policy-Action
ipsecNegotiationPolicyReference	Distinguished Name	Ipsec-Negotiation-Policy-Reference
iPSECNegotiationPolicyType	Unicode String	IPSEC-Negotiation-Policy-Type
ipsecNFAReference	Distinguished Name	Ipsec-NFA-Reference
ipsecOwnersReference	Distinguished Name	Ipsec-Owners-Reference
ipsecPolicyReference	Distinguished Name	Ipsec-Policy-Reference
isCriticalSystemObject	Boolean	Is-Critical-System-Object
isDefunct	Boolean	Is-Defunct
isDeleted	Boolean	Is-Deleted
isEphemeral	Boolean	Is-Ephemeral
isMemberOfPartialAttributeSet	Boolean	Is-Member-Of-Partial-Attribute-Set
isPrivilegeHolder	Distinguished Name	Is-Privilege-Holder
isSingleValued	Boolean	Is-Single-Valued
keywords	Unicode String	Keywords
knowledgeInformation	Case Insensitive String	Knowledge-Information
l	Unicode String	Locality-Name
lastBackupRestorationTime	Large Integer	Last-Backup-Restoration-Time
lastContentIndexed	Large Integer	Last-Content-Indexed
lastKnownParent	Distinguished Name	Last-Known-Parent
lastLogoff	Large Integer	Last-Logoff
lastLogon	Large Integer	Last-Logon
lastSetTime	Large Integer	Last-Set-Time
lastUpdateSequence	Unicode String	Last-Update-Sequence
lDAPAdminLimits	Unicode String	LDAP-Admin-Limits
lDAPDisplayName	Unicode String	LDAP-Display-Name
lDAPIPDenyList	Octet String	LDAP-IPDeny-List
legacyExchangeDN	Case Insensitive String	Legacy-Exchange-DN
linkID	Integer	Link-ID
linkTrackSecret	Octet String	Link-Track-Secret
lmPwdHistory	Octet String	Lm-Pwd-History
localeID	Integer	Locale-ID

(Fortsetzung)

Name	Syntax	Beschreibung
localizationDisplayId	Integer	Localization-Display-Id
localizedDescription	Unicode String	Localized-Description
localPolicyFlags	Integer	Local-Policy-Flags
localPolicyReference	Distinguished Name	Local-Policy-Reference
location	Unicode String	Location
lockoutDuration	Large Integer	Lockout-Duration
lockOutObservationWindow	Large Integer	Lock-Out-Observation-Window
lockoutThreshold	Integer	Lockout-Threshold
lockoutTime	Large Integer	Lockout-Time
logonCount	Integer	Logon-Count
logonHours	Octet String	Logon-Hours
logonWorkstation	Octet String	Logon-Workstation
lSACreationTime	Large Integer	LSA-Creation-Time
lSAModifiedCount	Large Integer	LSA-Modified-Count
machineArchitecture	Enumeration	Machine-Architecture
machinePasswordChangeInterval	Large Integer	Machine-Password-Change-Interval
machineRole	Enumeration	Machine-Role
machineWidePolicy	Octet String	Machine-Wide-Policy
mail	Unicode String	E-mail-Addresses
mailAddress	Unicode String	SMTP-Mail-Address
managedBy	Distinguished Name	Managed-By
managedObjects	Distinguished Name	Managed-Objects
manager	Distinguished Name	Manager
mAPIID	Integer	MAPI-ID
marshalledInterface	Octet String	Marshalled-Interface
masteredBy	Distinguished Name	Mastered-By
maxPwdAge	Large Integer	Max-Pwd-Age
maxRenewAge	Large Integer	Max-Renew-Age
maxStorage	Large Integer	Max-Storage
maxTicketAge	Large Integer	Max-Ticket-Age
mayContain	Object Identifier	May-Contain
meetingAdvertiseScope	Unicode String	meetingAdvertiseScope
meetingApplication	Unicode String	meetingApplication
meetingBandwidth	Integer	meetingBandwidth
meetingBlob	Octet String	meetingBlob

(Fortsetzung)

Name	Syntax	Beschreibung
meetingContactInfo	Unicode String	meetingContactInfo
meetingDescription	Unicode String	meetingDescription
meetingEndTime	UTC Coded Time	meetingEndTime
meetingID	Unicode String	meetingID
meetingIP	Unicode String	meetingIP
meetingIsEncrypted	Unicode String	meetingIsEncrypted
meetingKeyword	Unicode String	meetingKeyword
meetingLanguage	Unicode String	meetingLanguage
meetingLocation	Unicode String	meetingLocation
meetingMaxParticipants	Integer	meetingMaxParticipants
meetingName	Unicode String	meetingName
meetingOriginator	Unicode String	meetingOriginator
meetingOwner	Unicode String	meetingOwner
meetingProtocol	Unicode String	meetingProtocol
meetingRating	Unicode String	meetingRating
meetingRecurrence	Unicode String	meetingRecurrence
meetingScope	Unicode String	meetingScope
meetingStartTime	UTC Coded Time	meetingStartTime
meetingType	Unicode String	meetingType
meetingURL	Unicode String	meetingURL
member	Distinguished Name	Member
memberOf	Distinguished Name	Is-Member-Of-DL
mhsORAddress	Unicode String	MHS-OR-Address
middleName	Unicode String	Other-Name
minPwdAge	Large Integer	Min-Pwd-Age
minPwdLength	Integer	Min-Pwd-Length
minTicketAge	Large Integer	Min-Ticket-Age
mobile	Unicode String	Phone-Mobile-Primary
modifiedCount	Large Integer	Modified-Count
modifiedCountAtLastProm	Large Integer	Modified-Count-At-Last-Prom
modifyTimeStamp	Generalized Time	Modify-Time-Stamp
moniker	Octet String	Moniker
monikerDisplayName	Unicode String	Moniker-Display-Name
moveTreeState	Octet String	Move-Tree-State
mscopeId	Print Case String	Mscope-Id

(Fortsetzung)

Name	Syntax	Beschreibung
mS-DS-ConsistencyChildCount	Integer	MS-DS-Consistency-Child-Count
mS-DS-ConsistencyGuid	Octet String	MS-DS-Consistency-Guid
mS-DS-CreatorSID	SID	MS-DS-Creator-SID
ms-DS-MachineAccountQuota	Integer	MS-DS-Machine-Account-Quota
mS-DS-ReplicatesNCReason	DN Binary	MS-DS-Replicates-NC-Reason
msiFileList	Unicode String	Msi-File-List
msiScript	Octet String	Msi-Script
msiScriptName	Unicode String	Msi-Script-Name
msiScriptPath	Unicode String	Msi-Script-Path
msiScriptSize	Integer	Msi-Script-Size
mSMQAuthenticate	Boolean	MSMQ-Authenticate
mSMQBasePriority	Integer	MSMQ-Base-Priority
mSMQComputerType	Case Insensitive String	MSMQ-Computer-Type
mSMQComputerTypeEx	Unicode String	MSMQ-Computer-Type-Ex
mSMQCost	Integer	MSMQ-Cost
mSMQCSPName	Case Insensitive String	MSMQ-CSP-Name
mSMQDependentClientService	Boolean	MSMQ-Dependent-Client-Service
mSMQDependentClientServices	Boolean	MSMQ-Dependent-Client-Services
mSMQDigests	Octet String	MSMQ-Digests
mSMQDigestsMig	Octet String	MSMQ-Digests-Mig
mSMQDsService	Boolean	MSMQ-Ds-Service
mSMQDsServices	Boolean	MSMQ-Ds-Services
mSMQEncryptKey	Octet String	MSMQ-Encrypt-Key
mSMQForeign	Boolean	MSMQ-Foreign
mSMQInRoutingServers	Distinguished Name	MSMQ-In-Routing-Servers
mSMQInterval1	Integer	MSMQ-Interval1
mSMQInterval2	Integer	MSMQ-Interval2
mSMQJournal	Boolean	MSMQ-Journal
mSMQJournalQuota	Integer	MSMQ-Journal-Quota
mSMQLabel	Case Insensitive String	MSMQ-Label
mSMQLabelEx	Unicode String	MSMQ-Label-Ex
mSMQLongLived	Integer	MSMQ-Long-Lived
mSMQMigrated	Boolean	MSMQ-Migrated
mSMQNameStyle	Boolean	MSMQ-Name-Style
mSMQNt4Flags	Integer	MSMQ-Nt4-Flags

(Fortsetzung)

Name	Syntax	Beschreibung
mSMQNt4Stub	Integer	MSMQ-Nt4-Stub
mSMQOSType	Integer	MSMQ-OS-Type
mSMQOutRoutingServers	Distinguished Name	MSMQ-Out-Routing-Servers
mSMQOwnerID	Octet String	MSMQ-Owner-ID
mSMQPrevSiteGates	Distinguished Name	MSMQ-Prev-Site-Gates
mSMQPrivacyLevel	Enumeration	MSMQ-Privacy-Level
mSMQQMID	Octet String	MSMQ-QM-ID
mSMQQueueJournalQuota	Integer	MSMQ-Queue-Journal-Quota
mSMQQueueNameExt	Unicode String	MSMQ-Queue-Name-Ext
mSMQQueueQuota	Integer	MSMQ-Queue-Quota
mSMQQueueType	Octet String	MSMQ-Queue-Type
mSMQQuota	Integer	MSMQ-Quota
mSMQRoutingService	Boolean	MSMQ-Routing-Service
mSMQRoutingServices	Boolean	MSMQ-Routing-Services
mSMQServices	Integer	MSMQ-Services
mSMQServiceType	Integer	MSMQ-Service-Type
mSMQSignCertificates	Octet String	MSMQ-Sign-Certificates
mSMQSignCertificatesMig	Octet String	MSMQ-Sign-Certificates-Mig
mSMQSignKey	Octet String	MSMQ-Sign-Key
mSMQSite1	Distinguished Name	MSMQ-Site-1
mSMQSite2	Distinguished Name	MSMQ-Site-2
mSMQSiteForeign	Boolean	MSMQ-Site-Foreign
mSMQSiteGates	Distinguished Name	MSMQ-Site-Gates
mSMQSiteGatesMig	Distinguished Name	MSMQ-Site-Gates-Mig
mSMQSiteID	Octet String	MSMQ-Site-ID
mSMQSiteName	Case Insensitive String	MSMQ-Site-Name
mSMQSiteNameEx	Unicode String	MSMQ-Site-Name-Ex
mSMQSites	Octet String	MSMQ-Sites
mSMQTransactional	Boolean	MSMQ-Transactional
mSMQUserSid	Octet String	MSMQ-User-Sid
mSMQVersion	Integer	MSMQ-Version
msNPAllowDialin	Boolean	msNPAllowDialin
msNPCalledStationID	IA5-String	msNPCalledStationID
msNPCallingStationID	IA5-String	msNPCallingStationID
msNPSavedCallingStationID	IA5-String	msNPSavedCallingStationID

(Fortsetzung)

Name	Syntax	Beschreibung
msRADIUSCallbackNumber	IA5-String	msRADIUSCallbackNumber
msRADIUSFramedIPAddress	Integer	msRADIUSFramedIPAddress
msRADIUSFramedRoute	IA5-String	msRADIUSFramedRoute
msRADIUSServiceType	Integer	msRADIUSServiceType
msRASSavedCallbackNumber	IA5-String	msRASSavedCallbackNumber
msRASSavedFramedIPAddress	Integer	msRASSavedFramedIPAddress
msRASSavedFramedRoute	IA5-String	msRASSavedFramedRoute
msRRASAttribute	Unicode String	ms-RRAS-Attribute
msRRASVendorAttributeEntry	Unicode String	ms-RRAS-Vendor-Attribute-Entry
mS-SQL-Alias	Unicode String	MS-SQL-Alias
mS-SQL-AllowAnonymousSubscription	Boolean	MS-SQL-AllowAnonymousSubscription
mS-SQL-AllowImmediateUpdatingSubscription	Boolean	MS-SQL-AllowImmediateUpdatingSubscription
mS-SQL-AllowKnownPullSubscription	Boolean	MS-SQL-AllowKnownPullSubscription
mS-SQL-AllowQueuedUpdatingSubscription	Boolean	MS-SQL-AllowQueuedUpdatingSubscription
mS-SQL-AllowSnapshotFilesFTPDownloading	Boolean	MS-SQL-AllowSnapshotFilesFTPDownloading
mS-SQL-AppleTalk	Unicode String	MS-SQL-AppleTalk
mS-SQL-Applications	Unicode String	MS-SQL-Applications
mS-SQL-Build	Integer	MS-SQL-Build
mS-SQL-CharacterSet	Integer	MS-SQL-CharacterSet
mS-SQL-Clustered	Boolean	MS-SQL-Clustered
mS-SQL-ConnectionURL	Unicode String	MS-SQL-ConnectionURL
mS-SQL-Contact	Unicode String	MS-SQL-Contact
mS-SQL-CreationDate	Unicode String	MS-SQL-CreationDate
mS-SQL-Database	Unicode String	MS-SQL-Database
mS-SQL-Description	Unicode String	MS-SQL-Description
mS-SQL-GPSHeight	Unicode String	MS-SQL-GPSHeight
mS-SQL-GPSLatitude	Unicode String	MS-SQL-GPSLatitude
mS-SQL-GPSLongitude	Unicode String	MS-SQL-GPSLongitude
mS-SQL-InformationDirectory	Boolean	MS-SQL-InformationDirectory
mS-SQL-InformationURL	Unicode String	MS-SQL-InformationURL
mS-SQL-Keywords	Unicode String	MS-SQL-Keywords

(Fortsetzung)

Name	Syntax	Beschreibung
mS-SQL-Language	Unicode String	MS-SQL-Language
mS-SQL-LastBackupDate	Unicode String	MS-SQL-LastBackupDate
mS-SQL-LastDiagnosticDate	Unicode String	MS-SQL-LastDiagnosticDate
mS-SQL-LastUpdatedDate	Unicode String	MS-SQL-LastUpdatedDate
mS-SQL-Location	Unicode String	MS-SQL-Location
mS-SQL-Memory	Large Integer	MS-SQL-Memory
mS-SQL-MultiProtocol	Unicode String	MS-SQL-MultiProtocol
mS-SQL-Name	Unicode String	MS-SQL-Name
mS-SQL-NamedPipe	Unicode String	MS-SQL-NamedPipe
mS-SQL-PublicationURL	Unicode String	MS-SQL-PublicationURL
mS-SQL-Publisher	Unicode String	MS-SQL-Publisher
mS-SQL-RegisteredOwner	Unicode String	MS-SQL-RegisteredOwner
mS-SQL-ServiceAccount	Unicode String	MS-SQL-ServiceAccount
mS-SQL-Size	Large Integer	MS-SQL-Size
mS-SQL-SortOrder	Unicode String	MS-SQL-SortOrder
mS-SQL-SPX	Unicode String	MS-SQL-SPX
mS-SQL-Status	Large Integer	MS-SQL-Status
mS-SQL-TCPIP	Unicode String	MS-SQL-TCPIP
mS-SQL-ThirdParty	Boolean	MS-SQL-ThirdParty
mS-SQL-Type	Unicode String	MS-SQL-Type
mS-SQL-UnicodeSortOrder	Integer	MS-SQL-UnicodeSortOrder
mS-SQL-Version	Unicode String	MS-SQL-Version
mS-SQL-Vines	Unicode String	MS-SQL-Vines
mustContain	Object Identifier	Must-Contain
name	Unicode String	RDN
nameServiceFlags	Integer	Name-Service-Flags
nCName	Distinguished Name	NC-Name
nETBIOSName	Unicode String	NETBIOS-Name
netbootAllowNewClients	Boolean	netboot-Allow-New-Clients
netbootAnswerOnlyValidClients	Boolean	netboot-Answer-Only-Valid-Clients
netbootAnswerRequests	Boolean	netboot-Answer-Requests
netbootCurrentClientCount	Integer	netboot-Current-Client-Count
netbootGUID	Octet String	Netboot-GUID
netbootInitialization	Unicode String	Netboot-Initialization
netbootIntelliMirrorOSes	Unicode String	netboot-IntelliMirror-OSes

(Fortsetzung)

Name	Syntax	Beschreibung
netbootLimitClients	Boolean	netboot-Limit-Clients
netbootLocallyInstalledOSes	Unicode String	netboot-Locally-Installed-OSes
netbootMachineFilePath	Unicode String	Netboot-Machine-File-Path
netbootMaxClients	Integer	netboot-Max-Clients
netbootMirrorDataFile	Unicode String	Netboot-Mirror-Data-File
netbootNewMachineNamingPolicy	Unicode String	netboot-New-Machine-Naming-Policy
netbootNewMachineOU	Distinguished Name	netboot-New-Machine-OU
netbootSCPBL	Distinguished Name	netboot-SCP-BL
netbootServer	Distinguished Name	netboot-Server
netbootSIFFile	Unicode String	Netboot-SIF-File
netbootTools	Unicode String	netboot-Tools
networkAddress	Case Insensitive String	Network-Address
nextLevelStore	Distinguished Name	Next-Level-Store
nextRid	Integer	Next-Rid
nonSecurityMember	Distinguished Name	Non-Security-Member
nonSecurityMemberBL	Distinguished Name	Non-Security-Member-BL
notes	Unicode String	Additional-Information
notificationList	Distinguished Name	Notification-List
nTGroupMembers	Octet String	NT-Group-Members
nTMixedDomain	Integer	NT-Mixed-Domain
ntPwdHistory	Octet String	Nt-Pwd-History
nTSecurityDescriptor	NT Security Descriptor	NT-Security-Descriptor
o	Unicode String	Organization-Name
objectCategory	Distinguished Name	Object-Category
objectClass	Object Identifier	Object-Class
objectClassCategory	Enumeration	Object-Class-Category
objectClasses	Unicode String	Object-Classes
objectCount	Integer	Object-Count
objectGUID	Octet String	Object-Guid
objectSid	SID	Object-Sid
objectVersion	Integer	Object-Version
oEMInformation	Unicode String	OEM-Information
oMObjectClass	Octet String	OM-Object-Class
oMSyntax	Integer	OM-Syntax
oMTGuid	Octet String	OMT-Guid

(Fortsetzung)

Name	Syntax	Beschreibung
oMTIndxGuid	Octet String	OMT-Indx-Guid
operatingSystem	Unicode String	Operating-System
operatingSystemHotfix	Unicode String	Operating-System-Hotfix
operatingSystemServicePack	Unicode String	Operating-System-Service-Pack
operatingSystemVersion	Unicode String	Operating-System-Version
operatorCount	Integer	Operator-Count
optionDescription	Unicode String	Option-Description
options	Integer	Options
optionsLocation	Print Case String	Options-Location
originalDisplayTable	Octet String	Original-Display-Table
originalDisplayTableMSDOS	Octet String	Original-Display-Table-MSDOS
otherFacsimileTelephoneNumber	Unicode String	Phone-Fax-Other
otherHomePhone	Unicode String	Phone-Home-Other
otherIpPhone	Unicode String	Phone-Ip-Other
otherLoginWorkstations	Unicode String	Other-Login-Workstations
otherMailbox	Unicode String	Other-Mailbox
otherMobile	Unicode String	Phone-Mobile-Other
otherPager	Unicode String	Phone-Pager-Other
otherTelephone	Unicode String	Phone-Office-Other
otherWellKnownObjects	DN Binary	Other-Well-Known-Objects
ou	Unicode String	Organizational-Unit-Name
owner	Distinguished Name	Owner
packageFlags	Integer	Package-Flags
packageName	Unicode String	Package-Name
packageType	Integer	Package-Type
pager	Unicode String	Phone-Pager-Primary
parentCA	Distinguished Name	Parent-CA
parentCACertificateChain	Octet String	Parent-CA-Certificate-Chain
parentGUID	Octet String	Parent-GUID
partialAttributeDeletionList	Octet String	Partial-Attribute-Deletion-List
partialAttributeSet	Octet String	Partial-Attribute-Set
pekKeyChangeInterval	Large Integer	Pek-Key-Change-Interval
pekList	Octet String	Pek-List
pendingCACertificates	Octet String	Pending-CA-Certificates
pendingParentCA	Distinguished Name	Pending-Parent-CA

(Fortsetzung)

Name	Syntax	Beschreibung
perMsgDialogDisplayTable	Octet String	Per-Msg-Dialog-Display-Table
perRecipDialogDisplayTable	Octet String	Per-Recip-Dialog-Display-Table
personalTitle	Unicode String	Personal-Title
physicalDeliveryOfficeName	Unicode String	Physical-Delivery-Office-Name
physicalLocationObject	Distinguished Name	Physical-Location-Object
pKICriticalExtensions	Unicode String	PKI-Critical-Extensions
pKIDefaultCSPs	Unicode String	PKI-Default-CSPs
pKIDefaultKeySpec	Integer	PKI-Default-Key-Spec
pKIEnrollmentAccess	NT Security Descriptor	PKI-Enrollment-Access
pKIExpirationPeriod	Octet String	PKI-Expiration-Period
pKIExtendedKeyUsage	Unicode String	PKI-Extended-Key-Usage
pKIKeyUsage	Octet String	PKI-Key-Usage
pKIMaxIssuingDepth	Integer	PKI-Max-Issuing-Depth
pKIOverlapPeriod	Octet String	PKI-Overlap-Period
pKT	Octet String	PKT
pKTGuid	Octet String	PKT-Guid
policyReplicationFlags	Integer	Policy-Replication-Flags
portName	Unicode String	Port-Name
possibleInferiors	Object Identifier	Possible-Inferiors
possSuperiors	Object Identifier	Poss-Superiors
postalAddress	Unicode String	Postal-Address
postalCode	Unicode String	Postal-Code
postOfficeBox	Unicode String	Post-Office-Box
preferredDeliveryMethod	Enumeration	Preferred-Delivery-Method
preferredOU	Distinguished Name	Preferred-OU
prefixMap	Octet String	Prefix-Map
presentationAddress	Address	Presentation-Address
previousCACertificates	Octet String	Previous-CA-Certificates
previousParentCA	Distinguished Name	Previous-Parent-CA
primaryGroupID	Integer	Primary-Group-ID
primaryGroupToken	Integer	Primary-Group-Token
primaryInternationalISDNNumber	Unicode String	Phone-ISDN-Primary
primaryTelexNumber	Unicode String	Telex-Primary
printAttributes	Integer	Print-Attributes
printBinNames	Unicode String	Print-Bin-Names

(Fortsetzung)

Name	Syntax	Beschreibung
printCollate	Boolean	Print-Collate
printColor	Boolean	Print-Color
printDuplexSupported	Boolean	Print-Duplex-Supported
printEndTime	Integer	Print-End-Time
printerName	Unicode String	Printer-Name
printFormName	Unicode String	Print-Form-Name
printKeepPrintedJobs	Boolean	Print-Keep-Printed-Jobs
printLanguage	Unicode String	Print-Language
printMACAddress	Unicode String	Print-MAC-Address
printMaxCopies	Integer	Print-Max-Copies
printMaxResolutionSupported	Integer	Print-Max-Resolution-Supported
printMaxXExtent	Integer	Print-Max-X-Extent
printMaxYExtent	Integer	Print-Max-Y-Extent
printMediaReady	Unicode String	Print-Media-Ready
printMediaSupported	Unicode String	Print-Media-Supported
printMemory	Integer	Print-Memory
printMinXExtent	Integer	Print-Min-X-Extent
printMinYExtent	Integer	Print-Min-Y-Extent
printNetworkAddress	Unicode String	Print-Network-Address
printNotify	Unicode String	Print-Notify
printNumberUp	Integer	Print-Number-Up
printOrientationsSupported	Unicode String	Print-Orientations-Supported
printOwner	Unicode String	Print-Owner
printPagesPerMinute	Integer	Print-Pages-Per-Minute
printRate	Integer	Print-Rate
printRateUnit	Unicode String	Print-Rate-Unit
printSeparatorFile	Unicode String	Print-Separator-File
printShareName	Unicode String	Print-Share-Name
printSpooling	Unicode String	Print-Spooling
printStaplingSupported	Boolean	Print-Stapling-Supported
printStartTime	Integer	Print-Start-Time
printStatus	Unicode String	Print-Status
priority	Integer	Priority
priorSetTime	Large Integer	Prior-Set-Time
priorValue	Octet String	Prior-Value

(Fortsetzung)

Name	Syntax	Beschreibung
privateKey	Octet String	Private-Key
privilegeAttributes	Integer	Privilege-Attributes
privilegeDisplayName	Unicode String	Privilege-Display-Name
privilegeHolder	Distinguished Name	Privilege-Holder
privilegeValue	Large Integer	Privilege-Value
productCode	Octet String	Product-Code
profilePath	Unicode String	Profile-Path
proxiedObjectName	DN Binary	Proxied-Object-Name
proxyAddresses	Unicode String	Proxy-Addresses
proxyGenerationEnabled	Boolean	Proxy-Generation-Enabled
proxyLifetime	Large Integer	Proxy-Lifetime
publicKeyPolicy	Octet String	Public-Key-Policy
purportedSearch	Unicode String	Purported-Search
pwdHistoryLength	Integer	Pwd-History-Length
pwdLastSet	Large Integer	Pwd-Last-Set
pwdProperties	Integer	Pwd-Properties
qualityOfService	Integer	Quality-Of-Service
queryFilter	Unicode String	Query-Filter
queryPoint	Unicode String	QueryPoint
queryPolicyBL	Distinguished Name	Query-Policy-BL
queryPolicyObject	Distinguished Name	Query-Policy-Object
rangeLower	Integer	Range-Lower
rangeUpper	Integer	Range-Upper
rDNAttID	Object Identifier	RDN-Att-ID
registeredAddress	Octet String	Registered-Address
remoteServerName	Unicode String	Remote-Server-Name
remoteSource	Unicode String	Remote-Source
remoteSourceType	Integer	Remote-Source-Type
remoteStorageGUID	Unicode String	Remote-Storage-GUID
replicaSource	Unicode String	Replica-Source
replInterval	Integer	Repl-Interval
replPropertyMetaData	Octet String	Repl-Property-Meta-Data
replTopologyStayOfExecution	Integer	Repl-Topology-Stay-Of-Execution
replUpToDateVector	Octet String	Repl-UpToDate-Vector
repsFrom	Replica Link	Reps-From

(Fortsetzung)

Name	Syntax	Beschreibung
repsTo	Replica Link	Reps-To
requiredCategories	Octet String	Required-Categories
retiredReplDSASignatures	Octet String	Retired-Repl-DSA-Signatures
revision	Integer	Revision
rid	Integer	Rid
rIDAllocationPool	Large Integer	RID-Allocation-Pool
rIDAvailablePool	Large Integer	RID-Available-Pool
rIDManagerReference	Distinguished Name	RID-Manager-Reference
rIDNextRID	Integer	RID-Next-RID
rIDPreviousAllocationPool	Large Integer	RID-Previous-Allocation-Pool
rIDSetReferences	Distinguished Name	RID-Set-References
rIDUsedPool	Large Integer	RID-Used-Pool
rightsGuid	Unicode String	Rights-Guid
roleOccupant	Distinguished Name	Role-Occupant
rootTrust	Distinguished Name	Root-Trust
rpcNsAnnotation	Unicode String	rpc-Ns-Annotation
rpcNsBindings	Unicode String	rpc-Ns-Bindings
rpcNsCodeset	Unicode String	rpc-Ns-Codeset
rpcNsEntryFlags	Integer	rpc-Ns-Entry-Flags
rpcNsGroup	Unicode String	rpc-Ns-Group
rpcNsInterfaceID	Unicode String	rpc-Ns-Interface-ID
rpcNsObjectID	Unicode String	rpc-Ns-Object-ID
rpcNsPriority	Integer	rpc-Ns-Priority
rpcNsProfileEntry	Unicode String	rpc-Ns-Profile-Entry
rpcNsTransferSyntax	Unicode String	rpc-Ns-Transfer-Syntax
sAMAccountName	Unicode String	SAM-Account-Name
sAMAccountType	Integer	SAM-Account-Type
schedule	Octet String	Schedule
schemaFlagsEx	Integer	Schema-Flags-Ex
schemaIDGUID	Octet String	Schema-ID-GUID
schemaInfo	Octet String	Schema-Info
schemaUpdate	Generalized Time	Schema-Update
schemaVersion	Integer	Schema-Version
scopeFlags	Integer	Scope-Flags
scriptPath	Unicode String	Script-Path

(Fortsetzung)

Name	Syntax	Beschreibung
sDRightsEffective	Integer	SD-Rights-Effective
searchFlags	Enumeration	Search-Flags
searchGuide	Octet String	Search-Guide
securityIdentifier	SID	Security-Identifier
seeAlso	Distinguished Name	See-Also
seqNotification	Integer	Seq-Notification
serialNumber	Print Case String	Serial-Number
serverName	Unicode String	Server-Name
serverReference	Distinguished Name	Server-Reference
serverReferenceBL	Distinguished Name	Server-Reference-BL
serverRole	Integer	Server-Role
serverState	Integer	Server-State
serviceBindingInformation	Unicode String	Service-Binding-Information
serviceClassID	Octet String	Service-Class-ID
serviceClassInfo	Octet String	Service-Class-Info
serviceClassName	Unicode String	Service-Class-Name
serviceDNSName	Unicode String	Service-DNS-Name
serviceDNSNameType	Unicode String	Service-DNS-Name-Type
serviceInstanceVersion	Octet String	Service-Instance-Version
servicePrincipalName	Unicode String	Service-Principal-Name
setupCommand	Unicode String	Setup-Command
shellContextMenu	Unicode String	Shell-Context-Menu
shellPropertyPages	Unicode String	Shell-Property-Pages
shortServerName	Unicode String	Short-Server-Name
showInAddressBook	Distinguished Name	Show-In-Address-Book
showInAdvancedViewOnly	Boolean	Show-In-Advanced-View-Only
sIDHistory	SID	SID-History
signatureAlgorithms	Unicode String	Signature-Algorithms
siteGUID	Octet String	Site-GUID
siteLinkList	Distinguished Name	Site-Link-List
siteList	Distinguished Name	Site-List
siteObject	Distinguished Name	Site-Object
siteObjectBL	Distinguished Name	Site-Object-BL
siteServer	Distinguished Name	Site-Server
sn	Unicode String	Surname

(Fortsetzung)

Name	Syntax	Beschreibung
sPNMappings	Unicode String	SPN-Mappings
st	Unicode String	State-Or-Province-Name
street	Unicode String	Street-Address
streetAddress	Unicode String	Address
subClassOf	Object Identifier	Sub-Class-Of
subRefs	Distinguished Name	Sub-Refs
subSchemaSubEntry	Distinguished Name	SubSchemaSubEntry
superiorDNSRoot	Unicode String	Superior-DNS-Root
superScopeDescription	Unicode String	Super-Scope-Description
superScopes	Print Case String	Super-Scopes
supplementalCredentials	Octet String	Supplemental-Credentials
supportedApplicationContext	Octet String	Supported-Application-Context
syncAttributes	Integer	Sync-Attributes
syncMembership	Distinguished Name	Sync-Membership
syncWithObject	Distinguished Name	Sync-With-Object
syncWithSID	SID	Sync-With-SID
systemAuxiliaryClass	Object Identifier	System-Auxiliary-Class
systemFlags	Integer	System-Flags
systemMayContain	Object Identifier	System-May-Contain
systemMustContain	Object Identifier	System-Must-Contain
systemOnly	Boolean	System-Only
systemPossSuperiors	Object Identifier	System-Poss-Superiors
telephoneNumber	Unicode String	Telephone-Number
teletexTerminalIdentifier	Octet String	Teletex-Terminal-Identifier
telexNumber	Octet String	Telex-Number
templateRoots	Distinguished Name	Template-Roots
terminalServer	Octet String	Terminal-Server
textEncodedORAddress	Unicode String	Text-Encoded-OR-Address
thumbnailLogo	Octet String	Logo
thumbnailPhoto	Octet String	Picture
timeRefresh	Large Integer	Time-Refresh
timeVolChange	Large Integer	Time-Vol-Change
title	Unicode String	Title
tokenGroups	SID	Token-Groups
tokenGroupsGlobalAndUniversal	SID	Token-Groups-Global-And-Universal

(Fortsetzung)

Name	Syntax	Beschreibung
tokenGroupsNoGCAcceptable	SID	Token-Groups-No-GC-Acceptable
tombstoneLifetime	Integer	Tombstone-Lifetime
transportAddressAttribute	Object Identifier	Transport-Address-Attribute
transportDLLName	Unicode String	Transport-DLL-Name
transportType	Distinguished Name	Transport-Type
treatAsLeaf	Boolean	Treat-As-Leaf
treeName	Unicode String	Tree-Name
trustAttributes	Integer	Trust-Attributes
trustAuthIncoming	Octet String	Trust-Auth-Incoming
trustAuthOutgoing	Octet String	Trust-Auth-Outgoing
trustDirection	Integer	Trust-Direction
trustParent	Distinguished Name	Trust-Parent
trustPartner	Unicode String	Trust-Partner
trustPosixOffset	Integer	Trust-Posix-Offset
trustType	Integer	Trust-Type
uASCompat	Integer	UAS-Compat
uNCName	Unicode String	UNC-Name
unicodePwd	Octet String	Unicode-Pwd
upgradeProductCode	Octet String	Upgrade-Product-Code
uPNSuffixes	Unicode String	UPN-Suffixes
url	Unicode String	WWW-Page-Other
userAccountControl	Integer	User-Account-Control
userCert	Octet String	User-Cert
userCertificate	Octet String	X509-Cert
userParameters	Unicode String	User-Parameters
userPassword	Octet String	User-Password
userPrincipalName	Unicode String	User-Principal-Name
userSharedFolder	Unicode String	User-Shared-Folder
userSharedFolderOther	Unicode String	User-Shared-Folder-Other
userSMIMECertificate	Octet String	User-SMIME-Certificate
userWorkstations	Unicode String	User-Workstations
uSNChanged	Large Integer	USN-Changed
uSNCreated	Large Integer	USN-Created
uSNDSALastObjRemoved	Large Integer	USN-DSA-Last-Obj-Removed
USNIntersite	Integer	USN-Intersite

(Fortsetzung)

Name	Syntax	Beschreibung
uSNLastObjRem	Large Integer	USN-Last-Obj-Rem
uSNSource	Large Integer	USN-Source
validAccesses	Integer	Valid-Accesses
vendor	Unicode String	Vendor
versionNumber	Integer	Version-Number
versionNumberHi	Integer	Version-Number-Hi
versionNumberLo	Integer	Version-Number-Lo
volTableGUID	Octet String	Vol-Table-GUID
volTableIdxGUID	Octet String	Vol-Table-Idx-GUID
volumeCount	Integer	Volume-Count
wbemPath	Unicode String	Wbem-Path
wellKnownObjects	DN Binary	Well-Known-Objects
whenChanged	Generalized Time	When-Changed
whenCreated	Generalized Time	When-Created
winsockAddresses	Octet String	Winsock-Addresses
wWWHomePage	Unicode String	WWW-Home-Page
x121Address	Numerical String	X121-Address

Glossar

A

Abfrage Eine Anforderung zum Abruf, zur Änderung oder zum Löschen bestimmter Daten.

Abstrakte Klasse Typ eines Schemaklassenobjekts, der nur zum Bilden neuer struktureller Klassen als Vorlage verwendet wird. Eine abstrakte Klasse kann im Verzeichnis nicht über Instanzen verfügen. Eine neue abstrakte Klasse kann aus einer vorhandenen abstrakten Klasse abgeleitet werden.

Access Control Entry (ACE) Ein Eintrag in einer Zugriffssteuerungsliste (ACL), der eine Sicherheitskennung (Security Identifier, SID) sowie einen Satz Zugriffsrechte enthält. Einem Prozess mit übereinstimmender Sicherheitskennung werden in Abhängigkeit von der festgelegten Zugriffsberechtigung Zugriffsrechte gewährt, Rechte verweigert oder eingeschränkte Rechte gewährt.

ACE *Siehe* Access Control Entry.

ACL *Siehe* Zugriffssteuerungsliste.

Active Directory Connector (ADC) Ein Synchronisierungs-Agent in Windows 2000 Server, Windows 2000 Advanced Server und Windows 2000 Datacenter Server, der die Konsistenz der Verzeichnisinformationen zwischen den beiden Verzeichnissen automatisch aufrecht erhält. Ohne den ADC müssten Sie neue Daten und Aktualisierungen in beiden Verzeichnisdiensten manuell eingeben.

Active Directory Sizer Ein Tool zur Einschätzung der zur Bereitstellung des Active Directory erforderlichen Hardware, basierend auf einem Profil einer Organisation, Domäneninformationen und der Standorttopologie.

Active Directory Der in Windows 2000 Server enthaltene Verzeichnisdienst. Hier werden Informationen zu Objekten in einem Netzwerk gespeichert und den Benutzern und Administratoren zur Verfügung gestellt. Über Active Directory wird den Netzwerkbenutzern anhand eines einzigen Anmeldeprozesses Zugriff auf Ressourcen an beliebigen Standorten im Netzwerk erteilt, sofern die Benutzer zur Nutzung dieser Ressourcen berechtigt sind. Netzwerkadministratoren erhalten eine intuitive hierarchische Sicht auf das Netzwerk und können alle Netzwerkobjekte zentral verwalten. *Siehe auch* Verzeichnis; Verzeichnisdienst.

Active Directory-Migrationsprogramm (ADMT) Ein Tool, das die Migration vorhandener Windows NT 4.0- und früherer Domänen auf Windows 2000 ermöglicht. Es kann auch zum Konsolidieren mehrerer Windows 2000-Domänen (aus derselben Gesamtstruktur oder verschiedenen Gesamtstrukturen) zu einer einzigen Domäne eingesetzt werden. ADMT ermöglicht Ihnen, die Migrationseinstellungen zu testen und die Wirkung der Migration durch vor und nach dem Migrationsprozess durchgeführte Analysen zu überprüfen.

ADC *Siehe* Active Directory Connector.

Administrator Eine Person, die für die Einrichtung und Verwaltung von Domänencontrollern oder lokalen Computern sowie deren Benutzer- und Gruppenkonten verantwortlich ist. Des Weiteren weist der Administrator Kennwörter und Berechtigungen zu und unterstützt die Benutzer bei Netzwerkproblemen.

ADMT *Siehe* Active Directory-Migrationsprogramm.

Aktualisierung *Siehe* Domänenaktualisierung.

Anweisungsentscheidungen Entscheidungen, die von einer Person getroffen werden.

Arbeitsblatt zu den Einflüssen auf die Geschäftsstrategie Ein Arbeitsblatt, das zur Analyse der Faktoren verwendet werden kann, die Einfluss auf die Geschäftsstrategie in einer Organisation haben können.

Arbeitsblatt zu den Geschäftsstrukturen Ein Arbeitsblatt, das zur Analyse der administrativen und geografischen Strukturen einer Organisation verwendet werden kann.

Arbeitsblatt zu den technischen Standards Ein Arbeitsblatt, mit dessen Hilfe die derzeitigen Konventionen für die technische Umgebung analysiert werden können.

Arbeitsblatt zu Hard- und Software Ein Arbeitsblatt, mit dessen Hilfe eine Inventur der Hardware und installierten Software einer Organisation durchgeführt und das Inventurergebnis mit einer Liste der Hardware und Software verglichen werden kann, die mit Windows 2000 Server kompatibel ist.

Arbeitsblatt zu Produkten und Kunden Ein Arbeitsblatt, mit dessen Hilfe Produkte und Kunden einer Organisation analysiert werden können.

Arbeitsblatt zum Informationsfluss Ein Arbeitsblatt, mit dessen Hilfe der Prozess analysiert werden kann, in dessen Verlauf die Daten in einer Organisation ihr Ziel erreichen.

Arbeitsblatt zum IT-Management Ein Arbeitsblatt, mit dessen Hilfe das IT-Management einer Organisation und die Prozesse, die es einsetzt, analysiert werden können.

Arbeitsblatt zum Kommunikationsfluss Ein Arbeitsblatt, mit dessen Hilfe analysiert werden kann, wie Ideen, Mitteilungen oder Daten in einer Organisation ihr Ziel erreichen.

Arbeitsblatt zur DNS-Umgebung Ein Arbeitsblatt, das zur Analyse der vorhandenen DNS-Umgebung einer Organisation verwendet werden kann.

Arbeitsblatt zur Entscheidungsfindung Ein Arbeitsblatt, mit dessen Hilfe analysiert werden kann, wie in einer Organisation Optionen identifiziert und Aktionen ausgewählt werden.

Arbeitsblatt zur Netzwerkarchitektur Ein Arbeitsblatt, mit dessen Hilfe die physische Umgebung des Netzwerks einer Organisation dargestellt werden kann.

Arbeitsblatt zur Windows NT-Domänenarchitektur Ein Arbeitsblatt, mit dessen Hilfe die vorhandene Windows NT-Domänenarchitektur der Organisation analysiert werden kann.

Arbeitsgruppe Eine einfache Gruppierung von Computern mit dem ausschließlichen Zweck, den Benutzern die Suche nach Ressourcen wie Druckern und freigegebenen Ordnern in dieser Gruppe zu erleichtern. Arbeitsgruppen ermöglichen unter Windows 2000 nicht die zentralen Benutzerkonten und die zentrale Authentifizierung wie Domänen.

Assistent zum Installieren von Active Directory Ein Tool von Windows 2000 Server, das während der Ausführung des Setupprogramms folgende Schritte erleichtert: Installation von Active Directory, Erstellen von Strukturen in einer Gesamtstruktur, Replikation einer vorhandenen Domäne, Installation von Kerberos-Authentifizierungssoftware und Heraufstufen von Servern zu Domänencontrollern.

Attribut Information, die angibt, ob eine Datei schreibgeschützt, versteckt, bereit zur Archivierung (Sicherung), komprimiert oder verschlüsselt ist, und ob der Inhalt der Datei für schnelle Dateisuche indiziert werden sollte.

Authentifizierung Der Vorgang, mit dem das System die Benutzeranmeldeinformationen überprüft. Der Name und das Kennwort des Benutzers werden mit einer Liste autorisierter Benutzer verglichen. Stellt das System eine Übereinstimmung fest, wird dem Benutzer gemäß der in der Liste aufgeführten Berechtigungen der Zugriff gewährt. Meldet sich ein Benutzer bei einem Konto auf einem Computer an, auf dem Windows 2000 Professional ausgeführt wird, führt die Arbeitsstation die Authentifizierung durch. Wenn sich ein Benutzer bei einem Konto in einer Windows 2000 Server-Domäne anmeldet, kann die Authentifizierung von einem beliebigen Server in dieser Domäne durchgeführt werden. *Siehe auch* Server; Vertrauensstellung.

AXFR *Siehe* Vollständige Zonenübertragung.

B

Bandbreite Die Datenmenge, die innerhalb eines bestimmten Zeitraums über einen Kommunikationskanal übertragen werden kann. In Computernetzwerken weist eine größere Bandbreite auf eine höhere Datenübertragungsgeschwindigkeit hin und wird in Bits pro Sekunde (Bit/s) ausgedrückt.

Basissatz Ein im Lieferumfang von Windows 2000 Server enthaltener Standardsatz an Schemaklassen und Attributen. Im Basissatz sind etwa 200 Schemaklassenobjekte sowie mehr als 900 Schemaattributobjekte enthalten.

BDC (Backup Domain Controller) *Siehe* Sicherungsdomänencontroller.

Benutzerkonto Ein Eintrag, der alle Informationen umfasst, die einen Windows 2000-Benutzer definieren. Dies schließt den Benutzernamen und ein Kennwort für die Anmeldung, die Gruppenmitgliedschaften und die dem Benutzer für den Computer, das Netzwerk und den Ressourcenzugriff zugewiesenen Rechte und Berechtigungen ein. Unter Windows 2000 Professional und auf Mitgliedsservern werden Benutzerkonten in der Konsole **Lokale Benutzer und Gruppen** verwaltet. Auf Windows 2000 Server-Domänencontrollern werden Benutzerkonten mit der Konsole **Active Directory-Benutzer und -Computer** verwaltet.

Beratungsbasierte Entscheidungen Entscheidungen, die von einer Person getroffen werden, doch erst nachdem diese Person Fakten, Ideen und Meinungen von anderen Personen gesammelt hat. In diesen Prozess sind zwar mehrere Personen einbezogen, er ist jedoch immer noch von Analyse und Beurteilung einer Person abhängig.

Berechtigung Eine mit einem Objekt verknüpfte Regel, die steuert, welche Benutzer auf das Objekt zugreifen können und in welchem Umfang dieser Zugriff erfolgen kann. *Siehe auch* Objekt.

Berechtigungsvererbung Verfahren, mit dem Sie einen bestimmten Zugriffssteuerungseintrag (Access Control Entry, ACE) von einem Container kopieren können. Auf diese Weise werden die Berechtigungen an alle untergeordneten Elemente im Container weitergegeben. Die Vererbung kann zusammen mit der Delegierung der Objektverwaltung verwendet werden, um mit einer einzigen Aktualisierungsoperation administrative Rechte für eine gesamte Teilstruktur des Verzeichnisses zu gewähren.

Berkeley Internet Name Domain (BIND) Eine Implementierung des Domain Name System (DNS), das auf die meisten verfügbaren Versionen des Betriebssystems UNIX portiert wird. Die BIND-Software wird vom Internet Software Consortium verwaltet.

Betriebsmasterfunktion Ein Domänencontroller, dem eine oder mehrere bestimmte Funktionen in einer Active Directory-Domäne zugewiesen sind. Dem Domänencontroller wurden diese Funktionen zugewiesen, um Einzelmasteroperationen auszuführen (diese dürfen nicht gleichzeitig an verschiedenen Orten in einem Netzwerk auftreten). Beispiele für diese Operationen sind u. a. die Zuweisung von Ressourcen-IDs, Schemaänderungen, die Auswahl primärer Domänencontroller (PDC) sowie bestimmte Änderungen der Infrastruktur. Ein Domänencontroller, der eine bestimmte Operation steuert, besitzt die Betriebsmasterfunktion für diese Operation. Eine Betriebsmasterfunktion kann auf andere Domänencontroller übertragen werden.

Bevorzugter Bridgeheadserver Ein Computer mit geeigneter Bandbreite zum Senden und Empfangen von Daten, der als Bridgeheadserver angegeben wird. *Siehe auch* Bridgeheadserver.

BIND *Siehe* Berkeley Internet Name Domain.

Bindery Eine Datenbank in Novell NetWare 2.*x* und 3.*x*, die organisatorische Daten und Sicherheitsinformationen zu Benutzern und Gruppen enthält.

Bridgeheadserver Ein Domänencontroller an einem Standort, der von der Konsistenzprüfung automatisch als Verbindungspunkt für den Austausch von Verzeichnisinformationen zwischen diesem Standort und anderen Standorten ausgewiesen wird. *Siehe auch* Bevorzugter Bridgeheadserver.

C

Containerobjekt Ein Objekt, das andere Objekte enthalten kann. Bei einem Ordner handelt es sich beispielsweise um ein Containerobjekt.
Siehe auch Nichtcontainerobjekt; Objekt.

Cross-Link-Vertrauensstellung Eine zweiseitige Vertrauensstellung, die ausdrücklich zwischen zwei Windows 2000-Domänen eingerichtet wird, die in der Hierarchie einer Struktur bzw. einer Gesamtstruktur logisch voneinander entfernt sind. Die Crosss-Link-Vertrauensstellung (Querverbindung) hat den Zweck, den Authentifizierungsprozess zwischen Domänen zu optimieren. Eine Cross-Link-Vertrauensstellung kann nur zwischen Windows 2000-Domänen eingerichtet werden, die derselben Gesamtstruktur angehören. Alle Cross-Link-Vertrauensstellungen sind transitiv. Eine Cross-Link-Vertrauensstellung wird auch als Shortcutvertrauensstellung bezeichnet. *Siehe auch* Implizite, zweiseitige, transitive Vertrauensstellung.

D

DACL *Siehe* Discretionary Access Control List.

Datei Eine Sammlung von Daten, die einen bestimmten Namen trägt und auf einem Datenträger gespeichert ist. Bei diesen Daten kann es sich um ein Dokument oder ein Programm handeln.

Datenspeicher (Datenbankdatei Ntds.dit) Die Verzeichnisdatenbank.

Definierter Name (Distinguished Name, DN) Ein Name, der ein Objekt eindeutig identifiziert. Der definierte Name setzt sich aus dem relativ definierten Objektnamen und den Namen der Containerobjekte und Domänen zusammen, die das Objekt enthalten. Der definierte Name identifiziert sowohl das Objekt als auch dessen Position in einer Struktur. Jedes Active Directory-Objekt besitzt einen definierten Namen. Ein typischer definierter Name wäre z. B. CN=MeinName, CN=Benutzer,DC=Microsoft,DC=Com. Dieser definierte Name identifiziert „MeinName" als Benutzerobjekt in der Domäne **microsoft.com**.

Delegieren der Verwaltung Fähigkeit, die Verantwortung für die Verwaltung eines Namespacebereichs auf einen anderen Benutzer, eine Gruppe oder eine Organisation zu übertragen.

Delegierte Entscheidung Entscheidung, die in der Anweisungshierarchie einer Organisation nach unten verschoben wurde. Der Delegierte muss die Entscheidung treffen.

Designteam Die Personen in einer Organisation, die in den Entwurfsprozess für die Active Directory-Infrastruktur einbezogen sind.

Desktop Der Bildschirmarbeitsbereich, auf dem Fenster, Symbole, Menüs und Dialogfelder angezeigt werden.

Dienst Ein Programm oder Prozess, der eine spezifische Systemfunktion zur Unterstützung anderer Programme durchführt, insbesondere auf systemnaher Ebene (nahezu Hardwareebene). Wenn Dienste über ein Netzwerk zur Verfügung gestellt werden, können sie in Active Directory veröffentlicht werden und erleichtern somit die dienstgerichtete Verwaltung und Verwendung. Einige Beispiele für Windows 2000-Dienste sind der Sicherheitskontenverwaltungsdienst, der Dateireplikationsdienst und der Routing- und RAS-Dienst.

Dienstressourceneintrag (SRV) Ein Ressourceneintrag in einer Zone zur Registrierung und Suche von bekannten TCP/IP-Diensten. Der SRV-Ressourceneintrag ist in RFC 2052 definiert und wird in Microsoft Windows 2000 oder höher verwendet, um Domänencontroller für Active Directory-Dienste zu suchen.

Discretionary Access Control List (DACL) Der Teil einer Sicherheitsbeschreibung für ein Objekt, mit dem speziellen Benutzern oder Gruppen Berechtigungen für den Objektzugriff gewährt oder verweigert werden. Nur der Objektbesitzer kann die in einer DACL gewährten oder verweigerten Berechtigungen ändern, daher unterliegt der Objektzugriff den Festlegungen des Besitzers.

Siehe auch Access Control Entry (ACE); Objekt; System Access Control List (SACL); Sicherheitsbeschreibung.

DN *Siehe* Definierter Name.

DNS *Siehe* DNS (Domain Name System).

DNS-Benachrichtigungsliste Eine Liste, die vom primären Master für eine Zone anderer DNS-Server (Domain Name Server) verwaltet wird, die bei Zonenänderungen benachrichtigt werden sollten. Die Benachrichtigungsliste setzt sich aus IP-Adressen (Internet Protocol) für DNS-Server zusammen, die als sekundäre Master für die Zone konfiguriert sind. Wenn die aufgelisteten Server eine Benachrichtigung über eine Zonenänderung erhalten, initialisieren sie zusammen mit einem anderen DNS-Server eine Zonenübertragung und aktualisieren die Zone.

DNS-Server Ein Computer, auf dem DNS-Serverprogramme ausgeführt werden, die Zuordnungen von Namen zu IP-Adressen und IP-Adressen zu Namen sowie Informationen zur Domänengesamtstruktur usw. enthalten. DNS-Server versuchen darüber hinaus, Clientabfragen zu bearbeiten. Ein DNS-Server wird auch als DNS-Namensserver bezeichnet.

Dokumentation zur Analyse der Geschäftsumgebung Ein Dokument, das den aktuellen Status jeder Geschäftsumgebungskomponente beschreibt. Nach Fertigstellung kann diese Dokumentation an die einzelnen Mitglieder des Designerteams verteilt werden und als Ausgangspunkt für die Diskussion sowie zur Feststellung zukünftiger Anforderungen dienen.

Dokumentation zur Analyse der technischen Umgebung Ein Dokument, das den aktuellen Status jeder Komponente der technischen Umgebung beschreibt. Nach Fertigstellung kann diese Dokumentation an die einzelnen Mitglieder des Designteams verteilt werden und als Ausgangspunkt für die Diskussion sowie zur Feststellung zukünftiger Anforderungen dienen.

Domain Name System (DNS) Ein statischer, hierarchischer Namensdienst für TCP/IP-Hosts. Der Netzwerkadministrator konfiguriert DNS mit einer Liste von Hostnamen und IP-Adressen. Dadurch können Benutzer an Arbeitsstationen, die zum Abfragen von DNS konfiguriert sind, Remotesysteme durch Hostnamen angeben und brauchen keine IP-Adressen zu verwenden. DNS-Domänen dürfen nicht mit Windows 2000-Netzwerkdomänen verwechselt werden.
Siehe auch Domäne.

Domäne erster Ebene Eine Domäne, die hierarchisch auf der ersten Stufe des Domänennamespace aufgeführt ist, direkt unterhalb des Stamms (.) des DNS-Namespace. Im Internet werden Domänennamen erster Ebene wie z. B. **.com** und **.org** verwendet, um Domänennamen zweiter Ebene (z. B. **microsoft.com**) zu klassifizieren und einzelnen Organisationen und Unternehmen gemäß ihrer Zwecke zuzuweisen.

Domäne zweiter Ebene Domänenname, der hierarchisch auf der zweiten Stufe des Domänennamespace aufgeführt ist, direkt unterhalb des obersten Domänennamens wie z. B. **.com** und **.org**. Wenn DNS im Internet verwendet wird, sind Domänen zweiter Ebene Namen wie z. B. **microsoft.com**. Sie werden registriert und entsprechend der Klassifizierung erster Ebene einzelnen Organisationen oder Firmen zugewiesen. Die Organisation übernimmt dann die weitere Verantwortung für die übergeordnete Verwaltung und die Erweiterung des Namens in weitere untergeordnete Domänen.

Domäne Unter Windows 2000 und Active Directory eine vom Administrator eines Windows 2000 Server-Netzwerks definierte logische Anordnung von Computern und sonstigen Ressourcen mit gemeinsamer Verzeichnisdatenbank. Eine Domäne hat einen eindeutigen Namen und bietet Zugriff auf zentrale Benutzer- und Gruppenkonten, die vom Domänenadministrator verwaltet werden. Jede Domäne verfügt über ihre eigenen Sicherheitsrichtlinien und -beziehungen mit anderen Domänen und stellt eine einzelne Sicherheitsgrenze eines Windows 2000-Computernetzwerks dar. Active Directory umfasst eine oder mehrere Domänen, von denen sich jede einzelne über mehrere physische Speicherorte erstrecken kann. Im Rahmen von DNS bezeichnet eine Domäne eine Struktur oder Unterstruktur innerhalb des DNS-Namespace. Obwohl die Namen für DNS-Domänen häufig denen von Active Directory-Domänen entsprechen, sollten DNS-Domänen nicht mit Windows 2000- und Active Directory-Netzwerkdomänen verwechselt werden.

Domänenaktualisierung Der Prozess, eine vorhandene Windows NT-Domänenstruktur sowie ihre Benutzer und Gruppen intakt in der Windows 2000 DNS-basierten Domänenhierarchie zu installieren. Eine Domänenaktualisierung wird auch als ersetzende Aktualisierung oder einfach als Aktualisierung bezeichnet.

Domänencontroller In einer Windows 2000 Server-Domäne ein Computer mit Windows 2000 Server, der den Benutzerzugriff auf ein Netzwerk verwaltet. Dieser umfasst Anmeldung, Authentifizierung sowie den Zugriff auf das Verzeichnis und freigegebene Ressourcen.

Domänenhierarchie Eine Struktur über- und untergeordneter Domänen.

Domänenkonsolidierung *Siehe* Domänenumstrukturierung.

Domänenname In Windows 2000 und Active Directory der Name, den ein Administrator einer logischen Anordnung von Computern und sonstigen Ressourcen mit gemeinsamem Verzeichnis zuweist. In DNS stellen Domänennamen spezifische Knotennamen in der DNS-Namespacestruktur dar. DNS-Domänennamen verwenden einzelne Knotennamen, die jeweils durch Punkte (.) miteinander verbunden sind und jede Knotenebene im Namespace angeben. *Siehe auch* Domain Name System (DNS); Namespace.

Domänennamenmaster Der Domänencontroller, der das Hinzufügen oder Entfernen von Domänen in der Gesamtstruktur steuert. Es darf immer nur ein Domänennamenmaster in der Gesamtstruktur vorhanden sein.

Domänennamespace Die Datenbankstruktur, die von DNS (Domain Name System) verwendet wird. *Siehe auch* Domain Name System (DNS).

Domänenplan Eine Gruppe von Planungsdokumenten zur Darstellung der Domänenstruktur des Active Directory, die die Definition von Domänen, Definition der Stammdomäne der Gesamtstruktur, Definition einer Domänenhierarchie, Benennung von Domänen und Planung der DNS-Serverbereitstellung beinhaltet.

Domänenumstrukturierung Eine Migrationsmethode, die die Umgestaltung der Windows NT-Domänenstruktur einbezieht. Sie resultiert oft in einer geringeren Zahl konsolidierter Domänen. Mit Hilfe dieser Migrationsmethode können Organisationen die Struktur ändern und verbessern, um die Vorteile der Windows 2000-Funktionen in vollem Umfang zu nutzen. Eine Domänenumstrukturierung migriert die vorhandene Windows NT-Umgebung unter Verwendung einer unveränderlichen Kopie auf eine reine Windows 2000-Gesamtstruktur. Andere Bezeichnungen für eine Domänenumstrukturierung sind Domänenkonsolidierung oder einfach Umstrukturierung.

Durchschnittliche verfügbare Bandbreite Die durchschnittliche Bandbreite, die nach Abwicklung des normalen Netzwerkverkehrs tatsächlich zur Verfügung steht.

Dynamische Aktualisierung Eine aktualisierte Spezifikation des DNS-Standards (Domain Name System), die Hosts, die Namensinformationen im DNS speichern, berechtigt, ihre Einträge in Zonen zu registrieren und zu aktualisieren, die von DNS-Servern verwaltet werden, die Anforderungen dynamischer Aktualisierungen annehmen und verarbeiten können.

E

Eigenständiger Server Ein Computer, auf dem Microsoft Windows 2000 ausgeführt wird, der jedoch keiner Domäne angehört. Ein eigenständiger Server verfügt nur über eine eigene Datenbank für die Benutzer und verarbeitet Anmeldeanforderungen selbst. Er verwendet Konteninformationen nicht gemeinsam mit anderen Computern und kann keinen Zugriff auf Domänenkonten erteilen.

Einheitlicher Modus Der Zustand, der erreicht wird, wenn alle Domänencontroller in einer Domäne auf Windows 2000 aktualisiert wurden und ein Administrator den einheitlichen Modus aktiviert hat (über das Verwaltungstool **Active Directory-Benutzer und -Computer**). *Siehe auch* Gemischter Modus.

Entscheidungsmatrix Ein Vergleich der Kriterien, die verwendet werden, um mit den verfügbaren Optionen eine Entscheidung zu treffen.

Ersetzende Aktualisierung *Siehe* Domänenaktualisierung.

Erweiterungsklasse Ein Schemaklassentyp zur Gruppierung von Attributen, die als Gruppe auf eine strukturelle Klasse angewendet werden. Eine Erweiterungsklasse kann im Verzeichnis nicht über Instanzen verfügen. Eine neue Erweiterungsklasse kann aus einer vorhandenen Erweiterungsklasse abgeleitet werden.

Explizite, einseitige, nicht transitive Vertrauensstellung Eine Vertrauensbeziehung, bei der nur eine der beiden Domänen der anderen vertraut. Beispiel: Domäne A vertraut Domäne B, Domäne B hingegen vertraut nicht Domäne A. Bei allen einseitigen Vertrauensstellungen handelt es sich um nicht transitive Vertrauensbeziehungen.

F

Fehlertoleranz Die Fähigkeit eines Computers oder Betriebssystems, bei Auftreten eines Hardwarefehlers die Datenintegrität sicherzustellen.

Firewall Ein aus Hardware- und Softwarekomponenten bestehendes Sicherheitssystem, das den unberechtigten externen Zugriff auf ein internes Netzwerk bzw. Intranet verhindert. Eine Firewall verhindert die direkte Kommunikation zwischen dem Netzwerk und externen Computern, indem die Kommunikation über einen außerhalb des Netzwerks liegenden Proxyserver geleitet wird. Der Proxyserver bestimmt, ob eine Datei ohne Sicherheitsrisiko in das Netzwerk geleitet werden kann. Eine Firewall wird auch als Security-Edge-Gateway bezeichnet.

Fortlaufender Namespace In einem fortlaufenden Namespace enthält der Name des untergeordneten Objekts in einer Objekthierarchie stets den Namen der übergeordneten Domäne. Eine Struktur ist ein fortlaufender Namespace.

Forward-Lookup In DNS (Domain Name System) ein Abfragevorgang, bei dem nach dem angezeigten DNS-Domänenname eines Hostcomputers gesucht wird, um seine IP-Adresse zu finden.

FQDN *Siehe* Vollqualifizierter Domänenname.

Freigabe Für andere Benutzer bereitgestellte Ressourcen, z. B. Ordner und Drucker.

G

Gemischter Modus Die Standardeinstellung für den Domänenmodus von Microsoft Windows 2000-Domänencontrollern. Der gemischte Modus ermöglicht eine gemeinsame Verwendung von Windows NT- und Windows 2000-Sicherungsdomänencontrollern in einer Domäne. Der gemischte Modus unterstützt weder die universellen noch die verschachtelten Gruppenerweiterungen von Windows 2000. Die Domänenmoduseinstellung kann in den einheitlichen Windows 2000-Modus geändert werden, wenn alle Windows NT-Domänencontroller auf Windows 2000 Server aktualisiert oder aus einer Domäne entfernt werden. *Siehe auch* Einheitlicher Modus.

Geografische Struktur Eine Darstellung der physischen Standorte der Funktionen, Abteilungen, Unterabteilungen oder Positionen innerhalb einer Organisation. Sie spiegelt wider, wie eine Organisation geografisch gegliedert ist – auf regionaler, nationaler oder internationaler Ebene.

Gesamtstruktur Eine Zusammenstellung einer oder mehrerer Windows 2000-Domänen mit einem gemeinsamen Schema, einer gemeinsamen Konfiguration und einem globalen Katalog. Die Domänen sind durch zweiseitige transitive Vertrauensstellungen miteinander verbunden.

Gesamtstrukturmodell Eine Darstellung der Gesamtstruktur für eine Organisation.

Gesamtstrukturplan Eine Gruppe von Planungsdokumenten, die die Active Directory-Gesamtstruktur darstellen, inklusive eines Gesamtstrukturmodells und eines Plans zur Schemaänderung. Um ein Gesamtstrukturmodell zu entwerfen, stellen Sie die Gesamtstrukturanforderungen der Organisation fest und bestimmen die Anzahl der erforderlichen Gesamtstrukturen. Um einen Plan zur Schemaänderung zu entwerfen, erstellen Sie eine Richtlinie zur Schemaänderung, stellen die Schemaanforderungen der Organisation fest und bestimmen, ob das Schema geändert werden muss.

Geschäftsprozess Eine Reihe von Schritten, die unternommen werden müssen, um ein gewünschtes Ziel innerhalb der Organisation zu erreichen.

Geschäftsstrategie Ein langfristiger Plan, mit dessen Hilfe die Ziele einer Organisation erreicht werden sollen.

Geschäftsstruktur Eine Darstellung der täglichen Betriebsabläufe in einer Organisation.

Geschäftsumgebung Die Art, in der eine Organisation ihre nicht technischen Ressourcen strukturiert und verwaltet.

Global eindeutige Kennung (Global Unique Identifier, GUID) Ein 128-Bit-Wert, der garantiert eindeutig ist. Jedem Objekt wird bei dessen Erstellung eine GUID zugewiesen. Die GUID ändert sich niemals, auch wenn Sie das Objekt verschieben oder umbenennen. Anwendungen können die GUID eines Objekts speichern und diese zum Abrufen des Objekts ohne Berücksichtigung des aktuellen definierten Namens des Objekts verwenden.

Globale Gruppe Bei Windows 2000 Server eine Gruppe, die in der eigenen Domäne, für Mitgliedsserver und Arbeitsstationen dieser Domäne sowie für vertrauende Domänen definiert ist. In diesem Geltungsbereich ist es möglich, der globalen Gruppe Rechte und Berechtigungen sowie lokale Gruppenmitgliedschaften zuzuweisen. Der globalen Gruppe können jedoch nur Benutzerkonten der eigenen Domäne angehören.
Siehe auch Lokale Gruppe; Gruppe.

Globaler Katalog Ein Domänencontroller mit einem Teilreplikat von jeder Domäne in Active Directory. Ein globaler Katalog enthält ein Replikat von jedem Active Directory-Objekt, jedoch mit einer begrenzten Anzahl an Attributen für jedes Objekt. Der globale Katalog speichert die Attribute, die bei Suchvorgängen am häufigsten verwendet werden (wie z. B. Vor- und Nachnamen von Benutzern), und solche Attribute, die zur Ermittlung eines vollständigen Objektreplikats erforderlich sind. Der globale Katalog wird vom Active Directory-Replikationssystem automatisch erstellt. Die in den globalen Katalog replizierten Attribute umfassen einen durch Microsoft definierten Basissatz. Administratoren können zusätzliche Eigenschaften festlegen, um den Anforderungen der jeweiligen Installation zu entsprechen.

Globaler Katalogserver Ein Windows 2000-Domänencontroller mit einer Kopie des globalen Katalogs für die Gesamtstruktur.

GPO *Siehe* Gruppenrichtlinienobjekt.

Gruppe der Belegschaftsrepräsentanten Eine Gruppe, in der jede Geschäftseinheit bzw. Abteilung innerhalb einer Organisation durch ein Mitglied repräsentiert wird, das im Entwurfsprozess Rückmeldungen äußert.

Gruppe der Managementrepräsentanten Personen aus der Managementebene, die geschäftliche Entscheidungen innerhalb der Organisation treffen. Hier sollten ausgewählte Abteilungsmanager mit weit reichenden Befugnissen vertreten sein. Ein Managementrepräsentant muss in jeder Phase des Designprozesses über die Autorität und Fähigkeit zur Genehmigung und Unterstützung der von den Infrastrukturdesignern getroffenen Designentscheidungen verfügen.

Gruppe Eine Zusammenfassung von Benutzern, Computern, Kontakten und weiteren Gruppen. Gruppen können als Sicherheitsmechanismus oder für E-Mail-Verteilerfunktionen eingesetzt werden. Verteilergruppen werden ausschließlich für E-Mail-Funktionen verwendet. Sicherheitsgruppen können sowohl für die Zugriffserteilung für Ressourcen als auch als E-Mail-Verteilerlisten eingesetzt werden. *Siehe auch* Lokale Domänengruppe; Globale Gruppe; Einheitlicher Modus; Universelle Gruppe.

Gruppenbereiche Eine Kategorisierung von Gruppen, die es ermöglicht, Gruppen auf verschiedene Weise zur Zuweisung von Berechtigungen einzusetzen. Der Bereich einer Gruppe bestimmt, wo im Netzwerk der Gruppe Berechtigungen zugewiesen werden können. Die drei Gruppenbereiche sind **Global**, **Lokale Domäne** und **Universal**.

Gruppenrichtlinie Windows 2000-Komponente, die das Verhalten der Benutzerdesktops, Sicherheitseinstellungen, Softwareinstallation, Skripts für Start und Herunterfahren, Ordnerumleitungen usw. festlegt. Ein Gruppenrichtlinienobjekt, das von einem Administrator mit Hilfe des Snap-Ins **Gruppenrichtlinie** erstellt wird, dient den Konfigurationsoptionen, die diese Funktionen steuern.

Gruppenrichtlinienobjekt (Group Policy Object, GPO) Eine Zusammenstellung von Gruppenrichtlinieneinstellungen. Gruppenrichtlinienobjekte sind die Dokumente, die über das Snap-In **Gruppenrichtlinie** erstellt werden. GPOs werden auf Domänenebene gespeichert und betreffen Benutzer und Computer an Standorten, Domänen und Organisationseinheiten. Zusätzlich verfügt jeder Windows 2000-Computer über genau eine Gruppe an lokal gespeicherten Einstellungen, das lokale GPO.

GUID *Siehe* Globally Unique Identifier (Global eindeutige Kennung, GUID).

Gut verbunden Ausreichende Konnektivität, um Clients eine sinnvolle Nutzung von Netzwerk und Active Directory zu ermöglichen. Die genaue Bedeutung von „Gut verbunden" hängt von den jeweiligen individuellen Anforderungen ab.
Siehe auch Standort.

H

Hierarchischer Namespace Ein Namespace, beispielsweise der DNS-Namespace oder Active Directory-Namespace, der hierarchisch aufgebaut ist und Regeln zur Partitionierung des Namespace bereitstellt.

Host (H)-Ressourceneintrag Ein Ressourceneintrag, der in einer Forward-Lookupzone verwendet wird, um die Zuordnungen von Hostname und IP-Adresse aufzulisten.

Host-ID Eine Nummer, die zur Identifikation einer Schnittstelle in einem physischen, von Routern begrenzten Netzwerk verwendet wird. Die Host-ID muss im Netzwerk eindeutig sein.

Hostname Der Name eines Geräts in einem Netzwerk. Bei einem Windows NT- oder Windows 2000-Netzwerk kann dieser Name mit dem Computernamen identisch sein. Dies ist jedoch nicht zwingend erforderlich. Der Hostname muss in der Datei Hosts enthalten oder bei einem DNS-Server bekannt sein, damit dieser Host von einem anderen Computer gefunden werden kann, der versucht, mit ihm zu kommunizieren.

I

Implizite, zweiseitige, transitive Vertrauensstellung Ein Vertrauensstellungstyp, in dem beide beteiligten Domänen einander vertrauen. In einer zweiseitigen Vertrauensstellung hat jede Domäne eine einseitige Vertrauensbeziehung zur anderen Domäne aufgebaut. Beispiel: Domäne A vertraut Domäne B und Domäne B vertraut Domäne A. Zweiseitige Vertrauensstellungen können transitiv oder nicht transitiv sein. Alle zweiseitigen Vertrauensstellungen zwischen Windows 2000-Domänen in derselben Domänenstruktur oder -gesamtstruktur sind transitiv.

Informationsfluss Der Prozess, in dessen Verlauf die Daten ihr Ziel erreichen.

Informationstechnologie (Information Technology, IT) Technologie, die zur Verwaltung und Verarbeitung von Daten eingesetzt wird.

Infrastrukturdesign Ein Plan, der die Netzwerkinfrastruktur einer Organisation darstellt. Mit Hilfe dieses Plans wird festgelegt, wie in Active Directory Informationen zu den Objekten des Netzwerks einer Organisation gespeichert und den Benutzern und Netzwerkadministratoren zugänglich gemacht werden.

Infrastrukturdesigner Die Schlüsselpersonen beim Design einer Active Directory-Infrastruktur.

Infrastrukturmaster Der Domänencontroller zur Aktualisierung von Verweisen zwischen Gruppen und Benutzern, sobald eine Gruppenmitgliedschaft geändert wird. Weiterhin repliziert der Infrastrukturmaster diese Änderungen auf alle weiteren Domänencontroller in der Domäne. Es darf immer nur ein Infrastrukturmaster in einer bestimmten Domäne vorhanden sein.

Inkrementelle Zonenübertragung (IXFR) Ein alternativer Abfragetyp, der von einigen DNS-Servern zur Aktualisierung und Synchronisierung von Zonendaten unterstützt wird, wenn die Zone geändert wurde. Wenn IXFR zwischen DNS-Servern unterstützt wird, können Server nur die inkrementellen Ressourceneintragsänderungen zwischen den einzelnen Versionen der Zone verfolgen und übertragen.

Internetprotokoll (Internet Protocol, IP) Das für Adressierung und Senden von IP-Paketen über das Netzwerk verantwortliche Messenger-Protokoll von TCP/IP. IP bietet ein den jeweiligen Umständen entsprechend so gut wie möglich arbeitendes, verbindungsloses Übertragungssystem, das nicht dafür garantiert, dass Pakete ihr Ziel überhaupt bzw. in der Reihenfolge erreichen, in der sie gesendet wurden.

IP *Siehe* Internetprotokoll.

IP-Adresse Eine 32-Bit-Adresse, die der Identifizierung eines Knotens in einem IP-Verbundnetzwerk dient. Jedem Knoten des IP-Verbundnetzwerks muss eine eindeutige IP-Adresse zugewiesen werden, die sich aus einer Netzwerk- und einer Hostkennung zusammensetzt. Diese Adresse wird in der Regel in Dezimalpunktschreibweise geschrieben, wobei die Dezimalwerte der einzelnen Oktette durch Punkte getrennt sind, z. B. 192.168.7.27. In Windows 2000 können Sie die IP-Adresse statisch oder dynamisch über DHCP konfigurieren.

IT *Siehe* Informationstechnologie.

IT-Management Die Instanz in einer Organisation, die für die Verwaltung der Computerumgebung verantwortlich ist. Diese Aufgabe wird üblicherweise von der IT-, IS- (Information Services, Informationsdienste) oder MIS-Abteilung (Management Information Services, Management-Informationsdienste) wahrgenommen.

IXFR *Siehe* Inkrementelle Zonenübertragung.

K

Katalogdienst Ein Informationsspeicher, der ausgewählte Informationen über jedes Objekt in jeder Domäne des Verzeichnisses enthält und zur Durchführung unternehmensweiter Suchläufe verwendet wird. Der von Active Directory bereitgestellte Katalogdienst wird als globaler Katalog bezeichnet.

KCC *Siehe* Konsistenzprüfung.

Kerberos V5 Ein Standardinternetsicherheitsprotokoll zur Verarbeitung der Authentifizierungsanforderungen von Benutzern oder Systemidentitäten. Mit Kerberos V5 werden über Netzwerkverbindungen gesendete Kennwörter verschlüsselt, d. h. Kennwörter werden nicht als lesbarer Text versendet. Kerberos V5 bietet außerdem weitere Sicherheitsfunktionen.

Kommunikationsfluss Der Prozess, in dessen Verlauf Ideen, Mitteilungen oder Daten ihr Ziel erreichen.

Konfigurationscontainer Ein Namenskontext, der die Replikationstopologie und damit in Beziehung stehende Metadaten enthält, die auf allen Domänencontrollern der Gesamtstruktur repliziert werden. Verzeichnisfähige Anwendungen speichern Informationen in dem Konfigurationscontainer, der für die Gesamtstruktur gilt.

Konsensentscheidungen Entscheidungen, die durch Übereinkunft innerhalb der von der Entscheidung betroffenen Gruppe getroffen werden. Da diese Entscheidung erst getroffen werden kann, wenn alle Mitglieder der Gruppe zustimmen, ist dieses Verfahren sehr zeitaufwendig und bietet keine Garantie dafür, dass eine wirksame Entscheidung getroffen wird.

Konsistenzprüfung (Knowledge Consistency Checker, KCC) Ein vordefinierter Dienst, der auf allen Domänencontrollern ausgeführt wird und automatisch Verbindungen zwischen einzelnen Computern innerhalb eines Standortes einrichtet. Diese Verbindungen werden als Windows 2000 Directory Service-Verbindungsobjekte bezeichnet. Ein Administrator kann zusätzliche Verbindungsobjekte einrichten oder Verbindungsobjekte entfernen. Wenn die Replikation innerhalb eines Standortes an einem beliebigen Punkt unmöglich wird oder ein einzelner Ausfallpunkt auftritt, schreitet die KCC ein und richtet so viele neue Verbindungsobjekte ein, wie zur Wiederaufnahme der Active Directory-Replikation erforderlich sind.

L

LAN *Siehe* Lokales Netzwerk.

LDAP *Siehe* Lightweight Directory Access Protocol.

Lightweight Directory Access Protocol (LDAP) Das primäre Zugriffsprotokoll von Active Directory. LDAP Version 3 wird durch eine Reihe von Dokumenten zum vorgeschlagenen Standard im IETF-RFC 2251 (Internet Engineering Task Force) definiert.

Lokale Domänengruppe Eine Sicherheits- oder Verteilergruppe, die universelle Gruppen, globale Gruppen sowie Konten jeder Domäne in der Domänenstruktur oder der Gesamtstruktur enthalten kann. Eine lokale Domänengruppe kann auch andere lokale Domänengruppen aus der eigenen Domäne enthalten. Rechte und Berechtigungen können nur auf Ebene der Domäne erteilt werden, die die Gruppe enthält.

Lokale Gruppe Bei Windows NT Server eine Gruppe, der nur für die Domänencontroller ihrer eigenen Domäne Berechtigungen und Rechte gewährt werden können. Sie kann jedoch sowohl Benutzerkonten und globale Gruppen aus ihrer eigenen Domäne als auch vertrauten Domänen enthalten. Bei Windows 2000 Professional und Mitgliedsservern unter Windows 2000 Server eine Gruppe, der vom lokalen Computer aus nur Berechtigungen und Rechte für Ressourcen auf dem lokalen Computer gewährt werden, auf dem die Gruppe vorliegt. *Siehe auch* Globale Gruppe.

Lokales Gruppenrichtlinienobjekt Ein auf jedem Computer gespeichertes Gruppenrichtlinienobjekt (Group Policy Object, GPO), unabhängig davon, ob der Computer Teil einer Active Directory-Umgebung oder einer Netzwerkumgebung ist. Die lokalen GPO-Einstellungen können von nicht lokalen GPOs außer Kraft gesetzt werden und haben den geringsten Einfluss, wenn sich der Computer in einer Active Directory-Umgebung befindet. Befindet sich der Computer nicht in einer Netzwerkumgebung (oder in einer Netzwerkumgebung ohne einen Windows 2000-Domänencontroller), sind die Einstellungen des lokalen GPOs wichtiger, da sie nicht von nicht lokalen GPOs außer Kraft gesetzt werden.

Lokales Netzwerk (Local Area Network, LAN) Eine Gruppe von Computern und anderen Geräten, die über einen relativ begrenzten Bereich verteilt und über eine Kommunikationsverbindung verbunden sind, die einem Gerät ermöglicht, mit jedem anderen Gerät im Netzwerk zu kommunizieren. *Siehe auch* Weitbereichsnetzwerk.

M

Masterdomäne In Windows NT die Domäne, der alle anderen Domänen im Netzwerk vertrauen, und die als zentrale Verwaltungseinheit für Benutzer- und Gruppenkonten agiert.
Siehe auch Ressourcendomäne.

Masterserver Ein autorisierender DNS-Server für eine Zone. Es gibt zwei Typen von Masterservern, die primären und die sekundären Master. Der Typ richtet sich nach der Abrufmethode, die der Server für Zonendaten einsetzt.

Metadaten Informationen über die Eigenschaften von Daten, z. B. den Datentyp in einer Spalte (numerisch, Text usw.) oder die Länge einer Spalte. Informationen über die Struktur von Daten. Informationen, die das Aussehen von Objekten bestimmen, z. B. Würfelform oder Abmessungen.

Microsoft Directory Synchronization Services (MSDSS) Ein Dienst, der im Lieferumfang der Services for NetWare, Version 5 (SFNW5) enthalten ist, um Benutzern der Novell Directory Services zu ermöglichen, die Synchronisierung mit Windows 2000 Server zu implementieren.

Microsoft File Migration Utility (FMU) Ein Dienstprogramm, das im Lieferumfang der Services for NetWare, Version 5 (SFNW5) enthalten ist, um Benutzern von Novell Bindery oder NDS-Verzeichnissen zu ermöglichen, ihr Dateisystem auf das Windows 2000 NTFS 5-Dateisystems (NTFS5) zu migrieren.

Microsoft Management Console (MMC) Ein Framework zur Verwaltung von Verwaltungstools, auch Konsolen genannt. Eine Konsole kann Tools, Ordner oder andere Container, World Wide Web-Seiten und sonstige Verwaltungsobjekte enthalten. Diese Elemente werden im linken Bereich der Konsole, der Konsolenstruktur, angezeigt. Eine Konsole verfügt über eines oder mehrere Fenster, in denen die Konsolenstruktur angezeigt werden kann. Das MMC-Hauptfenster enthält Befehle und Tools für den Entwurf von Konsolen. Die Autorenfunktionen von MMC und Konsolenstruktur können ausgeblendet sein, wenn sich die Konsole im Benutzermodus befindet.

Microsoft Metadirectory Services (MMS) Dienste, die komplexe Anforderungen an die Verzeichnisverwaltung erfüllen, inklusive der Synchronisierung von mehr als zwei Verzeichnisdiensten, eine auf Geschäftsregeln basierte Verarbeitung oder der Verknüpfung von Funktionen. MMS ist im Rahmen einer Servicevereinbarung mit geschulten Anbietern verfügbar.

Migration Der Prozess, in dessen Verlauf vorhandene Anwendungen und Daten für die Nutzung auf einem anderen Computer oder unter einem anderen Betriebssystem vorbereitet werden.

Mitgliedsserver Ein Computer, auf dem Microsoft Windows 2000 Server ausgeführt wird, bei dem es sich jedoch nicht um einen Domänencontroller einer Windows 2000-Domäne handelt. Ein Mitgliedsserver gehört einer Domäne an, speichert jedoch keine Kopie der Verzeichnisdatenbank. Für einen Mitgliedsserver können Berechtigungen für Ressourcen eingerichtet werden, die Benutzern ermöglichen, sich mit dem Server zu verbinden und seine Ressourcen zu nutzen. Ressourcenberechtigungen können für globale Domänengruppen und -benutzer sowie für lokale Gruppen und Benutzer gewährt werden.
Siehe auch Domänencontroller; Globale Gruppe; Lokale Gruppe.

MMC *Siehe* Microsoft Management Console.

MMS *Siehe* Microsoft Metadirectory Services.

MSDSS *Siehe* Microsoft Directory Synchronization Services.

Multimasterreplikation Ein Replikationsmodell, bei dem jeder Domänencontroller die Verzeichnisänderungen akzeptiert und sie auf jeden beliebigen Domänencontroller repliziert. Bei anderen Replikationsmodellen hingegen speichert ein Computer die einzige änderbare Kopie des Verzeichnisses, die anderem Computer speichern lediglich Sicherungskopien.
Siehe auch Domänencontroller; Replikation.

N

Namensauflösung Bei der Namensauflösung wird ein Name in ein Objekt oder eine Information übersetzt, das/die der Name repräsentiert. Ein Telefonbuch bildet einen Namespace, in dem die Telefonnummern in Namen von Telefonkunden aufgelöst werden können. Das Windows NT-Dateisystem bildet einen Namespace, in dem der Name einer Datei in die Datei selbst aufgelöst werden kann. Das Active Directory bildet einen Namespace, in dem der Name eines Objekts im Verzeichnis in das Objekt selbst aufgelöst werden kann. *Siehe auch* Domain Name System (DNS).

Namenskontext Eine zusammenhängende Unterstruktur von Active Directory, die als Einheit auf anderen Domänencontrollern in der Gesamtstruktur repliziert wird, die ein Replikat derselben Unterstruktur enthalten. In Active Directory enthält ein einzelner Server immer mindestens drei Namenskontexte: Schema (Klassen- und Attributdefinitionen für das Verzeichnis), Konfiguration (Replikationstopologie und damit in Beziehung stehende Metadaten) sowie Domäne (die Unterstruktur, die die Domänenobjekte für eine Domäne enthält). Die Schema- und Konfigurationsverzeichnisnamenskontexte werden auf jedem Domänencontroller in einer Gesamtstruktur repliziert. Ein Domänennamenskontext wird nur auf den Domänencontrollern der betreffenden Domäne repliziert. Ein Namenskontext wird auch als Verzeichnispartition bezeichnet.

Namespace Ein Satz eindeutiger Namen für Ressourcen oder Elemente, die in einer gemeinsam genutzten Computerumgebung verwendet werden. Bei der MMC-Konsole wird der Namespace durch die Konsolenstruktur repräsentiert, die alle Snap-Ins und Ressourcen anzeigt, die von der Konsole aus zugänglich sind. In DNS (Domain Name System) stellt der Namespace die vertikale oder hierarchische Struktur der Domänennamensstruktur dar.

NetWare Das Netzwerkbetriebssystem von Novell.

Netzwerk-ID Eine Nummer, die zur Identifikation der Systeme verwendet wird, die sich in demselben, von Routern begrenzten Netzwerk befinden. Die Netzwerk-ID muss im Netzwerk eindeutig sein.

Nicht zusammenhängender Namespace Ein Namespace, in dem die Namen eines übergeordneten Objekts und eines zugehörigen untergeordneten Objekts auf verschiedenen DNS-Stammdomänennamen basieren. Bei einer Gesamtstruktur handelt es sich um einen nicht zusammenhängenden Namespace.

Nicht lokale Gruppenrichtlinienobjekte Mit Active Directory-Objekten (Standorten, Domänen oder OUs) verknüpfte GPOs, die entweder auf Benutzer oder Computer angewendet werden können. Zur Verwendung nicht lokaler GPOs muss ein Windows 2000-Domänencontroller installiert werden. Gemäß der Active Directory-Eigenschaften werden nicht lokale GPOs der Hierarchie folgend von der Gruppe mit den meisten Berechtigungen (Standort) bis hin zur Gruppe mit den wenigsten Berechtigungen (OU) angewendet und sind kumulativ.

Nicht transitive Vertrauensstellung *Siehe* Explizite, einseitige, nicht transitive Vertrauensstellung.

Nichtcontainerobjekt Ein Objekt, das keine anderen Objekte enthalten kann. Bei einer Datei handelt es sich beispielsweise um ein Nichtcontainerobjekt. *Siehe auch* Containerobjekt; Objekt.

NS-Ressourceneintrag (Namensserver) Ein Ressourceneintrag, der in einer Zone verwendet wird, um für die Zone die DNS-Domänennamen (Domain Name System) für autorisierende DNS-Server zu definieren.

O

Objekt Eine Einheit wie beispielsweise ein Ordner, ein freigegebener Ordner, ein Drucker oder ein Active Directory-Objekt, das durch einen eigenen, benannten Attributsatz beschrieben wird. Die Attribute eines Dateiobjekts umfassen beispielsweise den Namen der Datei, deren Standort und Größe. Die Attribute eines Active Directory-Benutzerobjekts können den Vor- und Nachnamen sowie die E-Mail-Adresse enthalten.
Siehe auch Attribut; Containerobjekt; Nichtcontainerobjekt; Übergeordnetes Objekt; Untergeordnetes Objekt.

Objektattribute Als Objektattribute werden die Eigenschaften der Verzeichnisobjekte bezeichnet.

Objektkennung Eine Bezeichnung, die eine Objektklasse bzw. ein Attribut eindeutig kennzeichnet. Eine Objektkennung wird als Dezimalzeichenfolge mit Punkten dargestellt (beispielsweise 1.2.3.4). Objektkennungen bilden eine Hierarchie mit der Stammobjektkennung, die von der nationalen Registrierungsinstanz vergeben wird, die für die Vergabe von Objektkennungen verantwortlich ist. In den USA ist diese Instanz das ANSI (American National Standards Institute), in Deutschland das Deutsche Institut für Normung (DIN). Organisationen oder Einzelpersonen erhalten von einer Vergabeinstanz eine Stammobjektkennung und verwenden sie zum Zuordnen zusätzlicher Objektkennungen, wenn sie neue Klassen und Attribute entwickeln. An Microsoft wurde z. B. die Stammobjektkennung 1.2.840.113556 vergeben. Einen der Zweige dieser Stammobjektkennung verwendet Microsoft zum Zuordnen von Objektkennungen für Active Directory-Klassen und einen anderen Zweig für Active Directory-Attribute.

Objektklasse Eine logische Gruppierung von Objekten.

Ordner Sowohl unter Windows 2000 als auch in der Macintosh-Umgebung kann ein Ordner Dateien oder weitere Ordner enthalten und wird grafisch durch ein Ordnersymbol dargestellt. Ein Ordner stellt ein Verzeichnis im Dateisystem des PCs dar.

Organisationseinheit (Organizational Unit, OU) Ein Containerobjekt in Active Directory, das innerhalb von Domänen verwendet wird. Eine Organisationseinheit ist ein logischer Container, in dem Benutzer, Gruppen, Computer und weitere OUs platziert werden können. Organisationseinheiten können nur Objekte aus der übergeordneten Domäne enthalten. Eine organisatorische Einheit ist der kleinste Bereich, auf den Sie eine Gruppenrichtlinie anwenden oder an den Sie Autorität delegieren können.

OU *Siehe* Organisationseinheit.

P

Partition Ein Bereich eines physischen Datenträgers, der sich wie eine physisch eigenständige Einheit verhält. Partitionen können ausschließlich auf Basisfestplatten erstellt werden.

PDC *Siehe* Primärer Domänencontroller (PDC).

PDC-Emulationsmaster Ein Domänencontroller unter Windows 2000 Server, der als primärer Microsoft Windows NT 4.0-Domänencontroller (PDC) für Netzwerkclients eingesetzt wird, auf denen nicht die Active Directory-Clientsoftware installiert ist, sowie zur Replikation von Verzeichnisänderungen auf allen Windows NT-Sicherungsdomänencontrollern (BDCs) in der Domäne verwendet wird. Bei einer Windows 2000-Domäne im einheitlichen Modus empfängt der PDC-Emulationsmaster bevorzugt Replikationen von Kennwortänderungen, die von anderen Domänencontrollern in der Domäne durchgeführt wurden, und bearbeitet jede auf dem lokalen Domänencontroller fehlgeschlagene Anfrage zur Kennwortauthentifizierung. Es darf immer nur ein PDC-Emulator in einer bestimmten Domäne vorhanden sein.

Peer In einem in Schichten aufgebauten Kommunikationsnetzwerk eines der Geräte, die derselben Protokollebene angehören.

Pfad Eine Reihenfolge von Verzeichnis- (oder Ordner-) Namen, die die Position eines Verzeichnisses, einer Datei oder eines Ordners in der Verzeichnisstruktur angibt. Jedem Verzeichnis- und Dateinamen im Pfad (mit Ausnahme des ersten) muss ein umgekehrter Schrägstrich (\) vorangestellt werden.

Plan der Organisationseinheiten Eine Gruppe von Planungsdokumenten, die die Active Directory-Organisationseinheitenstruktur darstellen, inklusive der Definition einer OU-Struktur und anschließender Planung von Benutzerkonten und -gruppen.

Plan zur Schemabearbeitung Eine Gruppe von Planungsdokumenten, die eine Richtlinie zur Schemabearbeitung und eine Feststellung der Schemaanforderungen einer Organisation enthalten.

Primäre Zonendatenbankdatei Die Datenbankdatei der Masterzone. Änderungen an einer Zone, wie z. B. das Hinzufügen von Domänen oder Hosts, werden auf dem Server vorgenommen, auf dem sich die primäre Zonendatenbankdatei befindet.

Primärer DNS-Server Der autorisierende Server für eine primäre Zone. Eine primäre Zonendatenbankdatei muss auf dem primären DNS-Server für die Zone verwaltet werden.

Primärer Domänencontroller (PDC) In einer Domäne unter Microsoft Windows NT Server 4.0 (oder früheren Versionen) der Computer mit Windows NT Server, der Domänenanmeldungen bestätigt und die Verzeichnisdatenbank für die Domäne verwaltet. Der PDC verfolgt auf allen Computern in einer Domäne Änderungen, die an Konten vorgenommen werden. Als einziger Computer empfängt er diese Änderungen direkt. Jede Domäne verfügt nur über einen (PDC). Unter Windows 2000 wird in jeder Domäne einer der Domänencontroller aus Kompatibilitätsgründen mit Windows NT 4.0 und früheren Versionen als PDC festgelegt. *Siehe auch* Sicherungsdomänencontroller.

Produktionsumgebung Die Computerumgebung für die täglichen Aufgaben einer Organisation.

PTR-Ressourceneintrag (Pointer) Ein in der Domäne **in-addr.arpa** erstellter Ressourceneintrag, der in einer Reverse-Lookupzone zum Definieren einer Reverse-Zuordnung einer Host-Internetprotokolladresse (IP) zu einem Host-DNS-Domänennamen verwendet wird.

R

RDN *Siehe* Relativ definierter Name.

Reine Gesamtstruktur Eine ideale Windows 2000-Gesamtstruktur, die von der Windows NT-Produktionsumgebung isoliert ist und im einheitlichen Modus betrieben wird. *Siehe auch* Domänenumstrukturierung.

Relativ definierter Name (Relative Distinguished Name, RDN) Der relativ definierte Name eines Objekts ist der Bestandteil des Namens, der ein Attribut des Objekts selbst darstellt. Bei den meisten Objekten handelt es sich dabei um das CN-Attribut (Common Name, allgemeiner Name). Bei Sicherheitsprincipals ist der standardmäßige allgemeine Name der Sicherheitsprincipalname, auch als SAM-Kontoname bezeichnet. Bei dem definierten Namen CN=MeinName, CN=Benutzer,DC=Microsoft,DC=Com ist der relativ definierte Name des „MyName"-Benutzerobjekts „CN= MeinName". Der RDN des übergeordneten Objekts lautet „CN=Benutzer".

Relativer ID-Master Der Domänencontroller, der für die Zuordnung von relativen Bezeichnern zu jedem Domänencontroller in der zugehörigen Domäne verantwortlich ist. Sobald ein Domänencontroller einen Sicherheitsprincipal erstellt (Benutzer-, Gruppen- oder Computerobjekt), weist der Domänencontroller diesem Objekt eine eindeutige Sicherheitskennung zu. Die Sicherheitskennung (Security Identifier, SID) enthält eine Domänenkennung, die für sämtliche SIDs einer bestimmten Domäne verwendet wird, sowie einen relativen Bezeichner, der für jede in der Domäne erstellte SID eindeutig ist. Es darf immer nur ein relativer ID-Master in einer bestimmten Domäne vorhanden sein.

Replikat Bei der Active Directory-Replikation eine Kopie einer logischen Active Directory-Partition, die mittels der Replikation zwischen den Domänencontrollern synchronisiert wird, die Kopien der gleichen Verzeichnispartition enthalten. „Replikat" kann sich auch auf den Verzeichnispartitionensatz beziehen, der durch einen beliebigen Domänencontroller gespeichert wird. Diese werden als Verzeichnispartitionsreplikat und Serverreplikat bezeichnet.

Replikation Der Prozess, Daten aus einem Datenspeicher oder einem Dateisystem zum Zweck der Datensynchronisierung auf mehrere Computer zu kopieren. Active Directory verwendet die Multimasterreplikation des Verzeichnisses zwischen den Domänencontrollern in einer bestimmten Domäne. Die Replikationen des Verzeichnisses auf jedem Domänencontroller weisen keinen Schreibschutz auf. So können Aktualisierungen für jedes Replikat in einer bestimmten Domäne durchgeführt werden. Der Replikationsdienst kopiert die Änderungen automatisch von einem bestimmten Replikat auf alle übrigen Replikate.

Replikationshäufigkeit Ein der Standortverknüpfung zugeordneter Wert, der die Wartezeit in Minuten angibt, bis Active Directory eine Verbindung verwenden kann, um auf mögliche Replikationsaktualisierungen zu prüfen.

Replikationstopologie Eine Beschreibung der physischen Verbindungen zwischen Replikaten und Standorten.

Replikationstransport Stellt die erforderlichen Übertragungsprotokolle für die Datenübertragung während der Replikation bereit. Zwei standardmäßige Transportverfahren werden in Windows 2000 unterstützt: Remoteprozeduraufruf (Remote Procedure Call, RPC) über TCP/IP (wird in Verwaltungstools als „IP" bezeichnet) und Simple Mail Transport Protocol (SMTP).

Replikationsverfügbarkeit Ein der Standortverknüpfung zugeordneter Plan, der anzeigt, wann die Verknüpfung zur Replikation zur Verfügung steht.

Request for Comments (RFC) Ein offizielles Dokument der IETF (Internet Engineering Task Force), in dem die Details für Protokolle der TCP/IP-Familie festgelegt sind.

Ressource Ein beliebiger Bestandteil eines Computersystems oder Netzwerks, z. B. Festplattenlaufwerk, Drucker oder Speicher, der während der Ausführung einem Programm oder Prozess zugeordnet werden oder über ein lokales Netzwerk gemeinsam genutzt werden kann.

Ressourcendomäne In Windows NT eine vertrauende Domäne, die eine einseitige Vertrauensstellung zur Master(konten)domäne einrichtet und Benutzern, die über Konten in der Masterdomäne verfügen, die Nutzung von Ressourcen in der Ressourcendomäne ermöglicht. *Siehe auch* Masterdomäne.

Ressourceneintrag Standardeintrag in einer Datenbank. Wird in einer Zone verwendet, um DNS-Domänennamen mit verwandten Daten für eine bestimmte Netzwerkressource zu verknüpfen, wie eine Host-IP-Adresse. Die meisten der grundlegenden Ressourceneintragstypen sind in RFC 1035 definiert. Weitere Ressourceneintragstypen wurden in anderen RFCs festgelegt und für den Einsatz mit DNS zugelassen.

Reverse-Lookup In Domain Name System (DNS) ein Abfragevorgang, bei dem die IP-Adresse eines Hostcomputers nach ihrem angezeigten DNS-Domänennamen durchsucht wird.

RFC *Siehe* Request for Comments.

Richtlinie zur Schemabearbeitung Ein schriftlich festgelegter Plan, der von einer Organisation erstellt wird, um Schemabearbeitungen zu verwalten, die sich auf alle Bereiche der Gesamtstruktur auswirken. Die Richtlinie zur Schemabearbeitung skizziert, wer das Schema steuert und wie Änderungen verwaltet und für jede Gesamtstruktur als Teil des Dokuments zur Planung der Gesamtstruktur erstellt werden sollten.

Richtlinie Mechanismus, mit dem die Desktopeinstellungen automatisch entsprechend der Vorgabe durch den Administrator konfiguriert werden. Je nach Kontext kann sich dies auf eine Windows 2000-Gruppenrichtlinie, eine Windows NT 4.0-Systemrichtlinie oder eine bestimmte Einstellung in einem Gruppenrichtlinienobjekt beziehen.

S

SAM *Siehe* Sicherheitskontenverwaltung (Security Accounts Manager, SAM).

Schema Eine Beschreibung von Objektklassen und Attributen, die in den Active Directory-Verzeichnisdiensten gespeichert sind. Für jede Objektklasse wird über das Schema definiert, welche Attribute sie aufweisen muss, welche zusätzlichen Attribute sie tragen kann und welche Objektklasse ihr übergeordnet werden können. Das Active Directory-Schema kann dynamisch aktualisiert werden. Beispielsweise kann eine Anwendung das Schema um neue Attribute und Klassen erweitern und sie anschließend sofort verwenden. Schemaaktualisierungen werden durch Erstellen oder Bearbeiten von Schemaobjekten durchgeführt, die im Active Directory gespeichert werden. Wie jedes Objekt in Active Directory besitzen auch Schemaobjekte eine Zugriffssteuerungsliste, damit nur autorisierte Benutzer das Schema ändern können.

Schemaattributobjekt In Active Directory eine einzelne Eigenschaft eines Objekts. Ein Objekt wird durch die Werte seiner Attribute beschrieben.

Schemaklassenobjekt Ein individueller, benannter Attributsatz, der ein konkretes Objekt wie z. B. einen Benutzer, Drucker oder eine Anwendung darstellt. Die Attribute enthalten Daten, mit denen das Element beschrieben wird, das durch das Verzeichnisobjekt identifiziert werden soll. Benutzerattribute können beispielsweise den Vornamen, den Nachnamen und die E-Mail-Adresse des Benutzers enthalten. Die Begriffe Objektklasse und Klasse werden als Synonyme verwendet. Die Attribute zur Beschreibung eines Objekts werden durch die Inhaltsregeln festgelegt. Das Schema jeder Objektklasse definiert, über welche Attribute eine Klasseninstanz verfügen muss und welche zusätzlichen Attribute sie tragen kann.

Schemamaster Der Domänencontroller, der alle Aktualisierungen und Änderungen am Schema in der Gesamtstruktur steuert. Es darf immer nur ein Schemamaster in der Gesamtstruktur vorhanden sein.

Sekundäre Zonendatenbankdatei Ein schreibgeschütztes Replikat einer vorhandenen standardmäßigen primären Zonendatenbankdatei, die in einer standardmäßigen Textdatei auf einem sekundären DNS-Server gespeichert ist.

Sekundärer DNS-Server Ein DNS-Sicherungsserver, der die primären Zonendatenbankdateien vom primären DNS-Server in einer Zonenübertragung empfängt.

Sekundärer Master Ein autorisierender DNS-Server für eine Zone, der als Quelle für die Replikation der Zone auf anderen Servern genutzt wird. Sekundäre Master aktualisieren ihre Zonendaten ausschließlich durch Übertragen der Zonendaten von anderen DNS-Servern. Sie können keine Zonenaktualisierungen durchführen.

Server Ein Computer, der den Netzwerkbenutzern Dienste und Ressourcen zur gemeinsamen Nutzung zur Verfügung stellt.

Shortcutvertrauensstellung *Siehe* Cross-Link-Vertrauensstellung.

Sicherheitsgruppe Eine Gruppe, die zur Verwaltung von Berechtigungen für Benutzer und sonstige Domänenobjekte verwendet werden kann.

Sicherheits-ID *Siehe* Sicherheitskennung.

Sicherheitskennung (Security Identifier, SID) Eine eindeutige Nummer, mit der Benutzer-, Gruppen- und Computerkonten identifiziert werden. Jedes Konto eines Netzwerks wird bei seiner Erstellung mit einer eindeutigen SID versehen. Interne Vorgänge in Windows 2000 verweisen eher auf die SID eines Kontos als auf den Benutzer- oder Gruppennamen. Wenn Sie ein Konto erstellen, anschließend löschen und dann ein neues Konto mit gleichem Benutzernamen erstellen, verfügt das neue Konto nicht über die zuvor dem ersten Konto erteilten Rechte oder Berechtigungen, da die Konten unterschiedliche SID-Nummern aufweisen.

Sicherheitskontenverwaltung (Security Accounts Manager, SAM) Ein Microsoft Windows 2000-Dienst, der während der Anmeldung verwendet wird. SAM verwaltet Benutzerkonteninformationen wie z. B. die Liste der Gruppen, denen ein Benutzer angehört.

Sicherungsdomänencontroller (Backup Domain Controller, BDC) Unter Microsoft Windows NT Server 4.0 (oder früheren Versionen) ein Windows NT Server-Computer, der eine Kopie der Verzeichnisdatenbank der Domäne erhält, die alle Konten- und Sicherheitsrichtlinieninformationen für die Domäne umfasst. Die Kopie wird automatisch regelmäßig mit der Masterkopie auf dem primären Domänencontroller (PDC) synchronisiert. Darüber hinaus bestätigen BDCs (Backup Domain Controllers) Benutzeranmeldungen und können bei Bedarf zum PDC heraufgestuft werden. In einer Domäne können mehrere BDCs vorhanden sein. Unter Windows NT 3.51 und 4.0 können BDCs einer Windows 2000-Domäne angehören, wenn die Domäne im gemischten Modus konfiguriert ist. *Siehe auch* Gemischter Modus; Primärer Domänencontroller.

SID *Siehe* Sicherheitskennung (SID).

Simple Mail Transfer Protocol (SMTP) Ein Protokoll, mit dessen Hilfe Mail im Internet zuverlässig und effizient übertragen wird. SMTP ist unabhängig vom jeweiligen Übertragungsteilsystem und erfordert lediglich einen zuverlässigen, geordneten Datenstromkanal.

SmartCard Ein Gerät im Kreditkartenformat, das zusammen mit einer PIN-Nummer zur Aktivierung einer zertifikatsbasierten Authentifizierung sowie zur Anmeldung am Unternehmen eingesetzt wird. SmartCards bieten eine sichere Speicherung für Zertifikate, öffentliche und private Schlüssel, Kennwörter und weitere Arten von persönlichen Informationen. Die SmartCard wird durch einen SmartCard-Lesegerät gelesen, der an den Computer angeschlossen wird. *Siehe auch* Authentifizierung.

SMTP *Siehe* Simple Mail Transfer Protocol.

SOA-Ressourceneintrag (Start of Authority, Autoritätsursprung) Ein Eintrag, der den Ausgangspunkt bzw. Autoritätsursprung von Informationen angibt, die in einer Zone gespeichert sind. Der SOA-Ressourceneintrag ist der erste Ressourceneintrag, der beim Hinzufügen einer neuen Zone erstellt wird. Er enthält auch mehrere Parameter, die von anderen Computern verwendet werden, die das Domain Name System (DNS) einsetzen, um zu bestimmen, wie lange sie Daten für die Zone benutzen werden und wie oft Aktualisierungen erforderlich sind.

Soziale Kompetenz Die Fähigkeit, Menschen zu verstehen und auf diplomatische Art und Weise mit ihnen zusammenzuarbeiten und zu kommunizieren.

Stammdomäne der Gesamtstruktur Die erste in einer Active Directory-Gesamtstruktur erstellte Domäne. Nach Erstellen der Stammdomäne der Gesamtstruktur können Sie weder eine neue Stammdomäne der Gesamtstruktur noch ein übergeordnetes Objekt für die vorhandene Stammdomäne der Gesamtstruktur erstellen und die Stammdomäne der Gesamtstruktur nicht umbenennen.

Stammdomäne Die oberste Domäne in der Hierarchie, dargestellt durch einen Punkt (.). Die Stammdomäne des Internets wird von mehreren Organisationen verwaltet, darunter Network Solutions, Inc.

Standort Ein oder mehrere gut (sehr zuverlässig und schnell) verbundene TCP/IP-Subnetze. An einem Standort können Administratoren Active Directory-Zugriff und Replikationstopologie schnell und mühelos konfigurieren, um den Vorteil des physischen Netzwerks zu nutzen. Wenn sich die Benutzer anmelden, können Active Directory-Clients innerhalb des gleichen Standortes befindliche Active Directory-Server auffinden. *Siehe auch* Subnet; Gut verbunden.

Standortinterne Replikation Replikationsverkehr innerhalb eines Standortes.

Standorttopologie Eine logische Darstellung eines physischen Netzwerks.

Standorttopologieplan Eine Reihe von Planungsdokumenten zur Darstellung der Active Directory-Standorttopologie. Darin sind Standortdefinitionen, Platzierung von Domänencontrollern, Definition einer Replikationsstrategie sowie die Platzierung von globalen Katalogservern und Betriebsmastern innerhalb einer Gesamtstruktur enthalten.

Standortübergreifende Replikation Replikationsverkehr zwischen Standorten.

Standortverknüpfung Eine Verknüpfung zwischen zwei Standorten, über die eine Replikation durchgeführt werden kann. Jede Standortverknüpfung enthält einen Zeitplan, der festlegt, wann die Replikation zwischen den durch sie verbundenen Standorten erfolgt.
Siehe auch Standortverknüpfungskosten; Replikationsverfügbarkeit; Replikationshäufigkeit; Replikationstransport.

Standortverknüpfungsbrücke Die Verknüpfung von mehr als zwei Standorten zur Replikation unter Verwendung desselben Transports. Wenn Standortverknüpfungen über eine Brücke verbunden sind, sind sie transitiv, d. h. alle Standortverknüpfungen für ein bestimmtes Transportprotokoll gehören implizit zu einer einzigen Standortverknüpfungsbrücke für das betreffenden Transportprotokoll. Eine Standortverknüpfungsbrücke entspricht einem getrennten Netzwerk. Alle Standortverknüpfungen innerhalb der Brücke können transitiv, jedoch nicht außerhalb der Brücke geroutet werden.

Standortverknüpfungskosten Ein der Standortverknüpfung zugeordneter Wert, der die Kosten der Verbindung im Verhältnis zur Geschwindigkeit der Verbindung angibt. Langsame Verbindungen verursachen höhere Kosten als schnelle Verbindungen.

Standortverknüpfungstabelle Eine Tabelle, mit deren Hilfe eine Standortverknüpfungskonfiguration geplant werden kann. Sie enthält für jede Standortverknüpfung einen Standortverknüpfungsnamen, eine Methode des Replikationstransports, Standortverknüpfungskosten, Replikationshäufigkeit und –verfügbarkeit.

Struktur Eine Reihe von Windows NT-Domänen, die über eine zweiseitige, transitive Vertrauensstellung miteinander verbunden sind und über ein gemeinsames Schema, eine gemeinsame Konfiguration und einen globalen Katalog verfügen. Die Domänen müssen einen zusammenhängenden hierarchischen Namespace bilden, sodass z. B. **a.com** den Strukturstamm bildet, **b.a.com** ein untergeordnetes Objekt von **a.com** und **c.b.a.com** ein untergeordnetes Objekt von **b.a.com** ist usw.

Strukturelle Klasse Der einzige Schemaklassenobjekttyp, der im Verzeichnis über Instanzen verfügen kann. Eine strukturelle Klasse kann entweder von einer abstrakten Klasse oder einer anderen strukturellen Klasse abgeleitet werden.

Strukturstammdomäne Die Domäne auf der höchsten Ebene einer Struktur.

Subdomäne Eine DNS-Domäne, die sich in der Namespacestruktur unmittelbar unterhalb einer weiteren Domäne (übergeordnete Domäne) befindet. Bei **beispiel.microsoft.com** handelt es sich beispielsweise um eine Subdomäne der Domäne **microsoft.com**. Subdomänen werden auch als untergeordnete Domänen bezeichnet.

Subnetz Der Teil eines Netzwerks, der ein physisch unabhängiges Netzwerksegment sein kann. Er verfügt über dieselbe Netzwerkadresse wie andere Teile des Netzwerks, wird von diesen jedoch durch eine Subnetznummer unterschieden. Ein Subnetz verhält sich zu einem Netzwerk wie ein Netzwerk zum Internet.

Subnetzmaske Ein 32-Bit-Wert, der mit vier durch Punkte getrennten Dezimalzahlen im Bereich von 0 bis 255 dargestellt wird (Beispiel: 255.255.0.0.). Mit Hilfe dieses Wertes kann TCP/IP den Netzwerk-ID-Teil der IP-Adresse vom Host-ID-Teil unterscheiden.

T

Tabelle der bevorzugten Bridgeheadserver Eine Tabelle, mit deren Hilfe der Einsatz bevorzugter Bridgeheadserver geplant wird, die für jeden Standort die Namen der Domänencontroller enthält, die als bevorzugte Bridgeheadserver in Frage kommen.

Tabelle der Standortverknüpfungsbrücken Eine Tabelle, mit deren Hilfe die Deaktivierung der transitiven Eigenschaft einer Standortverknüpfung geplant werden kann. Sie enthält den Namen jeder erforderlichen Standortverknüpfungsbrücke sowie die Namen der in der Standortverknüpfungsbrücke enthaltenen Standortverknüpfungen.

Technische Umgebung Die Art, in der eine Organisation ihre technischen Ressourcen strukturiert und verwaltet.

Testumgebung Eine Umgebung, die die Simulation der Produktionsumgebung einer Organisation darstellt und das Testen von Teilen der Windows 2000-Installation wie z. B. des Active Directory-Infrastrukturdesigns ohne Risiko für das Netzwerk der Organisation ermöglicht.

Topologie In Windows die Beziehungen zwischen einer Gruppe von Netzwerkkomponenten. Im Kontext der Active Directory-Replikation bezeichnet der Begriff Topologie den Satz von Verbindungen, den Domänencontroller zur Informationenreplikation untereinander verwenden. *Siehe auch* Domänencontroller; Replikation.

Transitive Vertrauensstellung *Siehe* Implizite, zweiseitige, transitive Vertrauensstellung.

U

Übergeordnete Domäne In DNS eine Domäne in der Namespacestruktur direkt oberhalb eines anderen, untergeordneten Domänennamens. Bei **microsoft.com** handelt es sich z. B. um die übergeordnete Domäne der untergeordneten Domäne **beispiel.microsoft.com**.

Übergeordnetes Objekt Das Objekt, in dem ein weiteres Objekt vorliegt. Ein übergeordnetes Objekt beinhaltet eine Beziehung. Beispielsweise stellt ein Ordner ein übergeordnetes Objekt dar, in dem eine Datei (oder untergeordnetes Objekt) vorliegt. Ein Objekt kann gleichzeitig ein übergeordnetes und ein untergeordnetes Objekt sein. So ist z. B. ein Unterordner, der Dateien enthält, im Verhältnis zum übergeordneten Ordner ein untergeordnetes Objekt und gleichzeitig im Verhältnis zu den Dateien, die er enthält, ein übergeordneter Ordner. *Siehe auch* Untergeordnetes Objekt; Objekt.

Überordnungs-Unterordnungs-Vertrauensstellung Eine implizite, zweiseitige, transitive Vertrauensstellung, die automatisch erstellt wird, wenn eine Domäne zur Hierarchie hinzugefügt wird.

Umstrukturieren *Siehe* Domänenumstrukturierung.

Unicode Ein standardmäßiges Kodierungsschema, das zur Darstellung textbasierter Daten verwendet wird. In Unicode wird jedes Zeichen mit 2 Byte (16 Bit) dargestellt, sodass 65 536 verschiedene Zeichen zugewiesen werden können. Dank dieser Zahl möglicher Zeichenwerte können nahezu sämtliche Schriftsprachen der Welt mit einem Zeichensatz dargestellt werden.

Universelle Gruppe Eine Windows 2000-Gruppe, die nur im einheitlichen Modus verfügbar ist und in der vollständigen Gesamtstruktur Gültigkeit besitzt. Eine universelle Gruppe erscheint im globalen Katalog, enthält jedoch primär globale Gruppen von Domänen der Gesamtstruktur. Der einfachste Typ einer Gruppe, die weitere universelle Gruppen, globale Gruppen und Benutzer von beliebigen Standorten innerhalb der Gesamtstruktur enthalten kann. *Siehe auch* Lokale Domänengruppe; Gesamtstruktur; Globaler Katalog.

Untergeordnete Domäne Im DNS handelt es sich dabei um eine Domäne, die sich in der Namespacestruktur direkt unterhalb einer anderen Domäne (der übergeordneten Domäne) befindet. Bei **beispiel.reskit.com** handelt es sich beispielsweise um eine untergeordnete Domäne der übergeordneten Domäne **reskit.com**. Untergeordnete Domänen werden auch als Subdomänen bezeichnet.

Untergeordnetes Objekt Ein Objekt, das in einem anderen Objekt enthalten ist. Eine Datei stellt beispielsweise ein untergeordnetes Objekt dar, wenn sie in einem Ordner vorliegt, der dieser Datei übergeordnet ist. *Siehe auch* Übergeordnetes Objekt; Objekt.

UPN *Siehe* User Principal Name (UPN).

User Principal Name (UPN) Besteht aus einem Benutzerkontennamen (manchmal auch Benutzeranmeldename genannt) und einem Domänennamen, der die Domäne angibt, in der das Benutzerkonto gespeichert ist. Er wird standardmäßig zur Anmeldung bei einer Windows 2000-Domäne eingesetzt. Das Format ist **Benutzer@Domäne.com** (wie bei einer E-Mail-Adresse).

V

Verbindungsobjekt Ein Active Directory-Objekt, das eine Replikationsverbindung zwischen zwei Domänencontrollern repräsentiert. Das Verbindungsobjekt ist ein untergeordnetes Objekt des NTDS-Einstellungsobjekts für das Replikationsziel und identifiziert den Replikationsquellserver. Das Verbindungsobjekt enthält einen Replikationszeitplan und gibt einen Replikationstransport an. Verbindungsobjekte werden automatisch durch die KCC (Knowledge Consistency Checker, Konsistenzprüfung) erstellt. Sie können jedoch auch manuell erstellt werden. Automatisch generierte Verbindungen müssen nicht durch den Benutzer bearbeitet werden, es sei denn, sie werden in manuelle Verbindungen konvertiert.

Verbindungsvereinbarung Ein konfigurierbarer Abschnitt in der Benutzeroberfläche von Active Directory Connector, der Informationen wie z. B. die Servernamen enthält, mit denen für die Synchronisierung Kontakt aufgenommen werden muss, Objektklassen für die Synchronisierung, Zielcontainer und den Synchronisierungszeitplan.

Verschachtelte Gruppen Eine nur im einheitlichen Modus verfügbare Windows 2000-Funktion, die das Erstellen von Gruppen innerhalb von Gruppen ermöglicht. *Siehe auch* Universelle Gruppe; Globale Gruppe; Lokale Domänengruppe; Gesamtstruktur.

Verschachtelte OUs Das Erstellen von Organisationseinheiten (Organizational Units, OUs) innerhalb von OUs.

Verteilergruppe Eine Gruppe, die ausschließlich zur E-Mail-Verteilung eingesetzt wird und nicht sicherheitsbezogen ist. Verteilergruppen können nicht in Discretionary Access Control Lists (DACLs) aufgeführt werden, die zur Definition von Berechtigungen bezüglich Ressourcen und Objekten verwendet werden. Verteilergruppen können nur in Verbindung mit E-Mail-Anwendungen (wie beispielsweise Microsoft Exchange) genutzt werden, um E-Mail-Nachrichten an mehrere Benutzer gleichzeitig zu senden. Falls Sie keine Gruppe für Sicherheitszwecke benötigen, sollten Sie statt einer Sicherheitsgruppe eine Verteilergruppe erstellen.

Vertrauenspfad Eine Reihe verknüpfter Vertrauensstellungen zwischen zwei Domänen, über die Authentifizierungsanforderungen gesendet werden.

Vertrauensstellung Eine logische Beziehung zwischen Domänen, die die Durchsatzauthentifizierung ermöglicht. Hierbei übernimmt eine vertrauende Domäne bei Anmeldungen die Echtheitsbestätigung einer vertrauten Domäne. Den in einer vertrauten Domäne definierten Benutzerkonten und globalen Gruppen können Rechte und Ressourcenberechtigungen in einer vertrauenden Domäne erteilt werden, auch wenn diese Konten nicht in der Verzeichnisdatenbank der vertrauenden Domäne vorhanden sind. *Siehe auch* Implizite, zweiseitige, transitive Vertrauensstellung; Explizite, einseitige, nicht transitive Vertrauensstellung; Authentifizierung; Domäne.

Verwaltungsstruktur Eine Darstellung der Funktionen, Bereiche, Abteilungen oder Positionen innerhalb einer Organisation und ihrer Beziehungen untereinander inklusive der Hierarchie- und Autoritätsstruktur der Organisation. Die Verwaltungsstruktur spiegelt wider, in welcher Weise eine Organisation verwaltet wird, und wie sie Verwaltungsoperationen durchführt.

Verzeichnis Eine Informationsquelle (z. B. ein Telefonverzeichnis), die Informationen zu Personen, Computerdateien oder sonstigen Objekten enthält. In einem Dateisystem speichert das Verzeichnis Informationen zu Dateien. In einer verteilten Computerumgebung (beispielsweise in einer Windows 2000-Domäne), speichert das Verzeichnis Informationen zu Objekten wie Druckern, Faxservern, Anwendungen, Datenbanken und sonstigen Benutzern.

Verzeichnisdatenbank Der physische Speicherplatz für jedes Active Directory-Replikat. Die Verzeichnisdatenbank wird auch als Speicher bezeichnet.

Verzeichnisdienst Sowohl die Verzeichnisinformationen als auch die Dienste, durch die diese Informationen verfügbar und nutzbar gemacht werden. Ein Verzeichnisdienst ermöglicht dem Benutzer das Auffinden von Objekten anhand eines Objektattributs.
Siehe auch Active Directory; Verzeichnis.

Verzeichnisfähige Anwendung Software, die über die Fähigkeit verfügt, Active Directory-Objekte (und ihre Attribute) zu lesen, oder über die Fähigkeit, Schemaklassen- oder Attributobjekte zu erstellen.

Verzeichnissynchronisierung Die gemeinsame Nutzung von Daten durch zwei Verzeichnisdienste, sodass Änderungen, die in einem Verzeichnis an Objekten vorgenommen werden, automatisch an das andere Verzeichnis übermittelt werden. Wenn Daten zwischen Verzeichnisdiensten synchronisiert werden, ist die Systemverwaltung effizienter, da es nicht mehr erforderlich ist, mehrere Verzeichnisse zu verwalten.

Vollqualifizierter Domänenname (Fully Qualified Domain Name, FQDN) Ein DNS-Domänenname, der als eindeutig eingestuft wurde und seinen Speicherort in der Struktur des Domänennamespace exakt angibt. Vollqualifizierte Domänennamen unterscheiden sich von relativen Namen darin, dass sie in der Regel mit einem nachgestellten Punkt (.) angegeben werden, z. B. **host.beispiel.microsoft.com.**, um ihre Position bis zum Stamm des Namespace genau angeben und verfolgen zu können.

Vollständige Zonenübertragung (AXFR) Standardabfragetyp, der von den DNS-Servern zur Aktualisierung und Synchronisierung von Zonendaten unterstützt wird, wenn die Zone geändert wurde. Wird bei einer DNS-Anfrage der Abfragetyp AXFR angegeben, wird die gesamte Zone als Antwort übertragen.

W

WAN *Siehe* Weitbereichsnetzwerk.

Weitbereichsnetzwerk (Wide Area Network, WAN) Die Erweiterung eines Datennetzwerks mit Hilfe von Telekommunikationsverknüpfungen zum Verbinden geografisch getrennter Bereiche.
Siehe auch Lokales Netzwerk.

Windows 2000 Professional Ein leistungsstarkes, sicheres Betriebssystem für Netzwerkclient- und Desktopcomputer, das die besten Funktionsmerkmale von Microsoft Windows 98 bietet und die Verwaltungsfreundlichkeit, Zuverlässigkeit, Sicherheit und Leistung von Windows NT Workstation 4.0 deutlich verbessert.
Windows 2000 Professional kann als eigenständiges Desktopbetriebssystem, im Netzwerk in einer Peer-to-Peer-Arbeitsgruppenumgebung oder als Arbeitsstation in einer Windows 2000 Server-Domänenumgebung eingesetzt werden.

Windows Internet Naming Service (WINS) Ein Softwaredienst, mit dessen Hilfe eine dynamische Zuordnung von IP-Adressen zu Computernamen (NetBIOS-Namen) vorgenommen wird. Somit ist der Benutzer in der Lage, auf Ressourcennamen zuzugreifen und muss keine IP-Adressen verwenden, die schwer zu erkennen und zu merken sind. WINS-Server unterstützen Clients, auf denen Windows NT 4.0 und frühere Microsoft-Betriebssystemversionen ausgeführt werden.
Siehe auch Domain Name System (DNS).

Windows 2000 Advanced Server Ein leistungsfähiger Abteilungs- und Anwendungsserver, der umfassende Netzwerkbetriebssystem- und Internetdienste bereitstellt. Advanced Server unterstützt große physische Arbeitsspeicher, die Bildung von Clustern und den Lastausgleich.

Windows 2000 Server Eine Datei-, Druck- und Anwendungsserverplattform sowie eine Webserverplattform, die alle Funktionsmerkmale von Windows 2000 Professional und viele neue serverspezifische Funktionen umfasst. Dieses Produkt eignet sich besonders für die Anwendungsbereitstellung in kleinen bis mittleren Unternehmen, für Webserver, Arbeitsgruppen und Niederlassungen.

WINS *Siehe* Windows Internet Naming Service (WINS).

Z

Zone In einer DNS-Datenbank stellt eine Zone einen zusammenhängenden Bereich der DNS-Struktur dar, der als einzelne, separate Einheit durch einen DNS-Server verwaltet wird. Die Zone enthält die Ressourceneinträge für alle Namen innerhalb der Zone. *Siehe auch* Domäne; Domain Name System (DNS); DNS-Server.

Zonendatenbankdatei Die Datei, in der die Zuordnungen von Namen zu IP-Adressen für eine Zone gespeichert sind.

Zonenreplikation Die Synchronisierung von DNS-Daten zwischen DNS-Servern in einer bestimmten Zone.

Zonenübertragung Der Vorgang, bei dem die DNS-Server (Domain Name System) interagieren, um Namensdaten zu verwalten und zu synchronisieren. Wenn ein DNS-Server als sekundärer Master für eine Zone konfiguriert ist, fragt er in regelmäßigen Abständen einen anderen DNS-Server ab, der für die Zone als Quelle konfiguriert ist. Weicht die Zonenversion der Quelle von der des sekundären Masters ab, ruft dieser die Zonendaten von seinem DNS-Quellserver ab, um die Zonendaten zu synchronisieren. *Siehe auch* Vollständige Zonenübertragung; Inkrementelle Zonenübertragung; Zone.

Zugriffssteuerungsliste (Access Control List, ACL) Der Mechanismus zur Einschränkung des Zugriffs auf bestimmte Informations- oder Steuerelemente, basierend auf der Identität der Benutzer oder ihrer Mitgliedschaft in verschiedenen vordefinierten Gruppen. Eine Zugriffssteuerungsliste wird in der Regel von Systemadministratoren zur Steuerung des Benutzerzugriffs auf Netzwerkressourcen wie Server, Verzeichnisse und Dateien verwendet. Sie wird implementiert, indem den Benutzern und Gruppen die Berechtigung für den Zugriff auf bestimmte Objekte erteilt wird.

Index

A

Abfrage und Pullreplikation 242
Abfragen
    bei mehreren Gesamtstrukturen 92
    globaler Katalog 13, 14
Abstimmungsentscheidungen 59
Abstrakte Schemaklassenobjekte 98
Access Control Entries (ACEs, Einträge für die Zugriffssteuerung) 174
ACEs (Access Control Entries, Einträge für die Zugriffssteuerung) 174
ACLs (Access Control List, Zugriffssteuerungsliste)
    Berechtigungen für Domänenobjekte 6
    Funktion 174
    OUs und Zugriffssteuerung 174
Active Directory. *Siehe auch* Design einer Active Directory-Infrastruktur; Implementieren von Active Directory, Plan
    Auswahl neuer bevorzugter Bridgeheadserver beim Failover 241
    automatische Schemabearbeitung 104
    DNS-Namespace 24, 26, 29
        DNS-Dienst, Voraussetzung für den Einsatz von Active Directory 25
        DNS-Dienst, Vorteile 24
        Domänen erster Ebene 27
        Domänen zweiter Ebene 27
        hierarchische Struktur 26
        Hostnamen 28
        Namenskonventionen 30
        RFCs zu Domänennamen und DNS 24
        Stammdomänen 27
        Zonen 28, 29
    Domänen 115
    globaler Katalog, Funktion 12, 14
    Gründe für die Schemabearbeitung 103
    Grundlegendes zu Verzeichnisdiensten 2
    Gruppenrichtlinien 21
    Infrastruktur 36
    Komponenten 5
    Lernzielkontrollfragen 34

Active Directory *(Fortsetzung)*
    logische Struktur 5
        Domänen 6
        Gesamtstrukturen 9
        Organisationseinheiten (Organizational Units, OUs) 6, 7
        Strukturen 8
    Migrieren der Windows NT 4.0-Verzeichnisdienste, Planungsschritte 275
    Namensserver 29
    Objekte und Attribute 3
    Onlineseminare zum Design 256
    physische Struktur 9
        Domänencontroller 10
        Standorte 10
    Replikation 16
        replizierte Elemente 16
        standortintern 17
        standortübergreifend 18
    Schema 3, 4
    Überblick 14, 32
    Verbindungsobjekte 238
    Vertrauensstellungen 19, 21
    Workshop, Übung zum Migrieren von Windows NT 4.0 305
    Zonenreplikation 156
Active Directory Connector. *Siehe* ADC
Active Directory Sizer
    Ermitteln der Anzahl benötigter Domänencontroller 231
    Platzieren der globalen Katalogserver und Betriebsmaster 252, 258
Active Directory, Schema-Snap-In 97
Active Directory-Migrationsprogramm (Active Directory Migration Tool, ADMT) 273
ADC (Active Directory Connector)
    Definieren von Verbindungsvereinbarungen 296
    Installieren und Einrichten einer Synchronisierung 291
    Konfigurieren von Exchange Server- und Windows 2000-Verbindungsvereinbarungen 296
ADC-Gruppenrichtlinien 295

Index

Administrative Gruppen
  Gruppe der Domänen-Admins 13, 119
  Gruppe der Schema-Admins 100
  Verwalten von Benutzerkonten 203, 204
ADMT (Active Directory Migration Tool, Active Directory-Migrationsprogramm) 273
Aktualisierungen. *Siehe auch* Domänenumstrukturierung; Domänenaktualisierung
  ersetzend 120
Analyse
  aktuelle Domänenstruktur und Exchange Server-Standorttopologie 294
  DNS-Umgebung 76
  Domänenarchitektur von Microsoft Windows NT 77
  Einflüsse auf die Geschäftsstrategie 61
  Geschäftsprozesse 54
    im Entscheidungsfindungsprozess 58
    im Informationsfluss 55
    im Kommunikationsfluss 57
  Geschäftsstruktur 50, 51
  Geschäftsumgebung 40, 46, 80
  Hardware und Software 71
  IT-Management, Aufbau 64, 65
  Microsoft Windows NT-Domänenarchitektur 77
  Netzwerkarchitektur 69
  Produkte und Kunden 47
  technische Standards 73
  technische Umgebung 40, 70
Anmeldung
  Anmeldenamen 194
  außerhalb der benutzereigenen Gesamtstruktur 91
  bei nicht verfügbarem globalen Katalog 13
  mit UPN (User Principal Name) 88
  über SmartCard an unterschiedlichen Gesamtstrukturen 90
Anweisungsentscheidungen 59
Anzeigen
  Attributobjekte für Schema 99
  Basisschema 97
  Klassenobjekte für Schema 98
Arbeitsblatt zu den Einflüssen auf die Geschäftsstrategie 61
Arbeitsblatt zu den Geschäftsstrukturen 51, 81, 88
Arbeitsblatt zu den technischen Standards 74, 88
Arbeitsblatt zu Hard- und Software 72
Arbeitsblatt zu Produkten und Kunden 48
Arbeitsblatt zum Informationsfluss 55
Arbeitsblatt zum IT-Management 65, 88
Arbeitsblatt zum Kommunikationsfluss 57
Arbeitsblatt zur Analyse der DNS-Umgebung 77
Arbeitsblatt zur Analyse der Geschäftsumgebung 47
Arbeitsblatt zur Entscheidungsfindung 60
Arbeitsblatt zur Netzwerkarchitektur 70
Arbeitsblatt zur Schemabearbeitungsrichtlinie 101
Arbeitsblatt zur Windows NT-Domänenarchitektur 78, 117

Arbeitsblätter
  zu den Geschäftsstrukturen 51, 81, 88
  zu den technischen Standards 74, 88
  zu Hardware und Software 72
  zu Produkten und Kunden 48
  zum Erstellen einer Richtlinie zur Schemabearbeitung 101
  zum Informationsflusses 55
  zum Kommunikationsfluss 57
  zur Analyse der die Geschäftsstrategie beeinflussenden Faktoren 61, 64
  zur Analyse der DNS-Umgebung 77
  zur Analyse der Entscheidungsfindungsprozesse 60
  zur Analyse des IT-Managements 65, 88
  zur Netzwerkarchitektur 70
  zur Windows NT-Domänenarchitektur 78, 117
Architektur. *Siehe* Netzwerkarchitektur
Attribute
  Active Directory 3
  Benutzerklassenobjekte, Vererbung 99
  Definition 3
  Zuordnung von Exchange Server zu Active Directory 295
Automatische Schemabearbeitung 104

B

Bandbreite
  Berechnen der durchschnittlich verfügbaren Bandbreite 69
  durchschnittlich verfügbare Bandbreite 223
Basisschema
  anzeigen 97
  Definition 97
Belegschaftsrepräsentanten 38
Benachrichtigung und Pushreplikation 242
Benennen
  Benutzerkonten 199
  Domänencontroller und Computer 229
  Gruppen 200, 202
  Standorte 224
  unter- und übergeordnete Domänen 8, 26
Benutzerkonten 193
  benennen und platzieren
    Aufgaben 197, 199
    Beispiele 203, 204, 206
  Grundlagen 193
  Namenskonventionen 200
  Platzieren in geeigneten OUs 199, 206
  Szenario zur Planung 210
  Zuordnen der bei der Domänenumstrukturierung zu migrierenden Gruppen 281
Beratungsbasierte Entscheidungen 59
Berechtigungen
  ACLs mit Domänenobjekt 6
  Definition 194
  vererben 174

Betriebsmasterfunktionen 248
    Festlegen der Position 253
        für Gesamtstrukturen 248, 254
        Planen der Zuweisung nach Domäne 253
        Zuwachsplanung 254
    Grundlagen 248, 249
    platzieren 254, 255
    Platzieren von Domänencontrollern 258
    Verwenden von Active Directory Sizer 258
Bindery. *Siehe* Novell NetWare Bindery
Bridgeheadserver
    Active Directory Sizer 260
    bevorzugte Bridgeheadserver festlegen 244
    festlegen 240
    standortübergreifende Replikation 241, 242

C

CD-ROM. *Siehe auch* Arbeitsblätter
    Arbeitsblattvorlagen 47
    Comparative Active Directory Designs
        (Onlineseminar, englisch) 256
    Designing in the Real World & Creating a Domain
        Plan (Interview mit Darron Inman) 114
    Designing in the Real World (Interview mit Dave
        Trulli) 41
    Designing in the Real World: Creating an
        Organizational Unit Plan (Interview mit Xavier
        Minet) 172
    Designing the Active Directory Structure
        (Onlineseminar, englisch) 256
    How to Migrate Your Windows NT 4.0 Directory
        Services to Windows 2000 Active Directory
        (Onlineseminar, englisch) 274
    Whitepaper zu MSS (Microsoft Metadirectory
        Services) 293
    Whitepapers zur Bereitstellung von MSDSS 293
    Windows 2000: Designing and Deploying Active
        Directory Service for the Microsoft Internal
        Corpnet (Designinformationen, englisch) 45
Container. *Siehe auch* OUs
    Definition 3
    Konfiguration 88, 90
    Zuordnen von Exchange Server-Containern zu Active
        Directory-Domänen und OUs 295
Cross-Link-Vertrauensstellungen 138, 141

D

Dateien
    NTDS.DIT 96
    Stammdomänen für Zonen 29
    Zonendatenbanken 155, 156
Deaktivieren der transitiven Eigenschaft einer
    Standortverknüpfung 239, 244
Dedizierte Domäne als Stammdomäne der
    Gesamtstruktur 131

Definierte Namen (DNs) 30
Delegierte Entscheidungen 59
Delegierte Subdomänen 162
Design. *Siehe auch* Design einer Active Directory-
    Infrastruktur; Designteams
    Active Directory, Phasen 41
    Gesamtstrukturmodell 92, 93, 108
    OU-Plan 43
    reine Gesamtstruktur 281
    Richtlinien für Infrastruktur 44
    Schemabearbeitung 96
    Standorttopologieplan 44
    weiterführende Literatur
        Comparative Active Directory Designs
            (Onlineseminar, englisch) 256
        Designing in the Real World & Creating a
            Domain Plan (Interview mit Darron
            Inman) 114
        Designing in the Real World (Interview mit Dave
            Trulli) 41
        Designing in the Real World: Creating an
            Organizational Unit Plan (Interview mit
            Xavier Minet) 172
        Designing the Active Directory Structure
            (Onlineseminar, englisch) 256
        Windows 2000: Designing and Deploying Active
            Directory Service for the Microsoft Internal
            Corpnet (Designinformationen, englisch) 45
    Zusammenstellen von Designteams zur Planung der
        Infrastruktur 37, 40
Design einer Active Directory-Infrastruktur 35
    Analyse
        DNS-Umgebung 76
        Einflüsse auf die Geschäftsstrategie 61
        Geschäftsprozesse 54
        Geschäftsstruktur 50, 51
        Geschäftsumgebung 40, 46, 80
        Hardware und Software 71
        IT-Management, Struktur 65
        Netzwerkarchitektur 69
        Produkte und Kunden 47, 48
        technische Standards 73, 88
        technische Umgebung 40, 68
        Windows NT-Domänenarchitektur 77
    Einrichten einer Testumgebung zur Erprobung der
        Infrastruktur 41
    grundlegende Richtlinien 44
    Grundlegendes zum Design einer Active Directory-
        Infrastruktur 36
    Lernzielkontrollfragen 84
    Phasen 41
        Planen der Domänen 43
        Planen der Gesamtstruktur 43
        Planen der Organisationseinheiten 43
        Planen der Standorttopologie 44
        Überblick 41, 42, 43

Design einer Active Directory-Infrastruktur *(Fortsetzung)*
    Workshop, Übung zur Analyse der
        Geschäftsumgebung 80
    Zusammenstellen von Designteams 37, 40
Designing in the Real World & Creating a Domain Plan
    (Interview mit Darron Inman) 114
Designing in the Real World: Creating an Organizational
    Unit Plan (Interview mit Xavier Minet) 172
Designing the Active Directory Structure (Onlineseminar,
    englisch) 256
Designteams 37, 40
    Belegschaftsrepräsentanten 38
    Designteam aus mehrere Gruppen, Beispiel 40
    Infrastrukturdesigner 37
    Managementrepräsentanten 39
DNS (Domain Name System). *Siehe auch* DNS-Server;
    Namespace
    Active Directory 24
    Analyse der aktuellen DNS-Umgebung 76
    gültige Standortnamen 224
    RFCs zu Domänennamen 24
    Vorteile 24
DNS BIND 161, 164
DNS-Benachrichtigungsvorgang 158
DNS-Namensserver. *Siehe* DNS-Server
DNS-Server 154. *Siehe auch* Domänen
    Bewerten der Umgebung 160
    Grundlagen 154, 156, 163
    platzieren 161
        Einsatzplanung 162
        Ermitteln vorhandener Dienste 161
        Planen zusätzlicher Zonen 161
    Zonen, Zonendatenbankdateien und
        Ressourceneinträge 155, 156
    Zonenreplikation 156
        Anforderungen für Active Directory 159
        Auswahl der Methode 162
Dokumente
    Analyse der Geschäftsumgebung 47
    Analyse der technischen Umgebung 68
Domain Name System. *Siehe* DNS
Domänen 113. *Siehe auch* Domänenumstrukturierung;
    Domänenaktualisierung
    als Komponente von Active Directory 6
    als Sicherheitsbarriere 6
    Analyse
        Exchange Server- und Domänenstruktur-
            Standorttopologie 294
        Windows NT-Domänenarchitektur 77
    Beibehalten von Windows NT 120
    benennen 144
        Übung 148
    definieren 122, 124
        Anzahl der Domänen pro Gesamtstruktur 118
        auf der geografischen Struktur basierend 116
        Bestimmen der Domänenanforderungen 117
        Erfüllen der administrativen Anforderungen 119

Domänen, definieren *(Fortsetzung)*
    mehrere 118, 120
    Mindestanzahl 116
    Optimierung des Replikationsverkehrs 119
    Sicherheitsanforderungen und -richtlinien 118
    Szenarios 125, 127
    Übung 148, 150, 153
Domänen und Standorte, Beziehung 223
Domänenhierarchien 135
    Cross-Link-Vertrauensstellungen 138, 141
    definieren 142, 143
    Ermitteln der Anforderungen 139
    Festlegen der Anzahl der
        Domänenstrukturen 140
    Festlegen der Strukturstammdomänen 140
    Grundlagen 135, 143
    Strukturieren einer Subdomänenhierarchie 141
    Erstellen eines Plans für 43, 165, 168
    erster Ebene 27
    Grundlagen 115
    Lernzielkontrollfragen 169
    Merkmale 6
    Stamm 27
    Vertrauensstellungen 19, 21
    Windows 2000 und DNS im Vergleich 27
    Zuweisen der Funktion des PDC-Emulators 253
    zweiter Ebene 27
Domänen erster Ebene 27
Domänen zweiter Ebene 27
Domänen-Admins, Gruppe
    Festlegen besonderer Anforderungen 119
    mehrere Domänen, Auswirkungen 120
    Netzwerkanmeldung bei nicht verfügbarem globalem
        Katalog 13
Domänenaktualisierung 276
    Erstellen eines Wiederherstellungsplans 277
    Festlegen einer Reihenfolge für die
        Domänenaktualisierung 277
    Grundlagen 268
    Strategie für die Aktualisierung der
        Domänencontroller 278
    Wechsel in den einheitlichen Modus 278
Domänencontroller. *Siehe auch* Globale Katalogserver;
    Betriebsmasterfunktionen
    Auswahl der Aktualisierungsstrategie 278
    Festlegen von Anzahl und Position der globalen
        Katalogserver und Domänencontroller 258
    Funktionen 10
    gemischter und einheitlicher Domänenmodus 272
    globaler Katalogserver 14, 258
    mehrere Domänen, Auswirkungen 121
    Planen der Betriebsmasterfunktion nach
        Domänen 253
    Platzieren an Standorten 228
        Beispiel 231, 232
        Benennen von Domänencontrollern und
            Computern 229

Index 407

Domänencontroller, Platzieren an Standorten *(Fortsetzung)*
    Ermitteln des Bedarfs 230
    Festlegen der Anzahl 231
    Festlegen der Position 230
    Grundlagen 228, 232
    Szenario 234
  Replikation 17
    auslösende Aktionen 236
    Prä-2000 (NT 3.x/4.0) 19
  Zuweisen der Infrastrukturmasterfunktion 254
Domänen-GPOs 22
Domänenhierarchien 135
  mehrere Strukturen, Auswirkungen 140
  Überordnungs-Unterordnungs-
    Vertrauensstellungen 135, 136, 137
  Abbildung 5
  benennen Auswählen von Domänennamen 145
    Beispiel 147
    Ermitteln der Anforderungen für
      Domänennamen 145
    Grundlegendes zu Domänennamen 147, 144
    Registrieren von Domänennamen 146
    Übung 148, 150, 153
  Betriebsmasterfunktionen 250
  Cross-Link-Vertrauensstellungen 138, 141
  definieren 142, 143, 148, 150, 153
  Einsatzplanung für DNS-Server 154
    DNS-Anforderungen für die Active Directory-
      Zonenreplikation 159
    Ermitteln der DNS-Serverumgebung 160
    Grundlegendes zu DNS-Servern 154, 156, 163
    Platzieren von DNS-Servern 161
    Zonenreplikation 156
  Ermitteln der Anforderungen 139
  Festlegen der Anzahl der Domänenstrukturen 140
  Festlegen der Strukturstammdomänen 140
  Grundlagen 135, 143
  mehrere Strukturen, Auswirkungen 140
  Migrieren von Ressourcen 271
  Planen der Betriebsmasterfunktionen 253
  Platzieren von Domänencontrollern 230
  Stammdomäne der Gesamtstruktur 129
    auswählen 130
    definieren 132, 133, 134
    Ermitteln des Bedarfs 130
    Grundlagen 129, 134
  Struktur 26
  Strukturieren einer Subdomänenhierarchie 147
  Überordnungs-Unterordnungs-
    Vertrauensstellungen 135, 136, 137
  Verschieben innerhalb mehrerer Gesamtstrukturen 90
  Zuordnen von Exchange Server-Standorten und
    -Containern zu Active Directory 295
Domänennamen 144, 148, 150, 153. *Siehe auch* Domänen
  auswählen 145
    Beispiel 147
  definieren 148, 150, 153

Domänennamen *(Fortsetzung)*
  Ermitteln der Anforderungen 145
  Grundlagen 144, 147
  registrieren 146
  RFCs zu DNS 24
  untergeordnete Domänen 8, 26
  vollqualifiziert 28
Domänennamenmaster 249, 254
Domänennamenskontext 237
Domänenstrukturen. *Siehe* Gesamtstrukturen; Strukturen
Domänenumstrukturierung 269, 280
  Bestimmen der Vertrauensstellungen für
    Ressourcendomänen 281
  Erstellen einer reinen Grundstruktur 281
  Erstellen eines Zeitplans 280
  Grundlagen 269
  Zuordnen der zu migrierenden Gruppen und
    Benutzer 281
DS-RPC (Verzeichnisdienst-Remoteprozedur-
  aufruf) 238, 243

E

Einheitlicher Domänenmodus
  Ausführen gemischter und einheitlicher
    Domänen 272
  Festlegen des Zeitpunktes für einen Moduswechsel
    bei der Domänenaktualisierung 278
  Vorteile 278
Einzeldomänenmodell für Migration 282, 283
Einzelmasterdomänenmodell für Migration 283
Entscheidungsmatrix 58
Ersetzende Aktualisierungen 120
Erweiterte Schemaklassenobjekte 98
Exchange 2000 Server 290
Exchange Server 5.5. *Siehe* Microsoft Exchange Server 5.5
Explizite, einseitige, nicht transitive
  Vertrauensstellungen 20, 90

F

Fehlertoleranz
  Funktion der Domänencontroller 11
  Sicherstellen über
    Standortverknüpfungskonfiguration 238
Festlegen einer Reihenfolge zur
  Domänenaktualisierung 277
File Migration Utility (FMU) 292
Firewalls 239
Fortlaufender Namespace 26

G

Gemischter Domänenmodus
  Ausführen gemischter und einheitlicher
    Domänen 272
  Gründe für Verwendung 279

Geografische Struktur von Domänen 116
Gesamtstrukturen. *Siehe auch* Betriebsmasterfunktionen; Schema
    Abbildung 5
    als Komponente von Active Directory 9
    Betriebsmasterfunktionen 249
        Gesamtstruktur, Zuwachsplanung 254
        Zuweisen von Schemamaster und Domänennamenmaster 254
    Erstellen eines Plans zur Schemabearbeitung 96
        Arten der Schemabearbeitung 103
        automatische Schemabearbeitung 104
        Beispiel 106
        Ermitteln von Schemaanforderungen 103
        Gründe für die Schemabearbeitung 103
        Grundlegendes zum Schema 96
        Richtlinie zur Schemabearbeitung 101
        Schemabearbeitung, Auswirkungen 105
        Vorgehensweise 105
    Festlegen der Anzahl der Domänenstrukturen 140
    Festlegen der Domänenanzahl 118
    Grundlagen 87
    Lernzielkontrollfragen 111
    Merkmale 9
    planen 43, 85
        Bestimmen der Anzahl 89
        Ermitteln der Strukturanforderungen der Organisation 88
        Erstellen eines Gesamtstrukturmodells 92, 93, 108
        Überblick 93
        Übung zum Erstellen eines Plans zur Schemabearbeitung 109
    reine Gesamtstruktur 269, 281
Gesamtstrukturmodell 92, 93, 108
Geschäftsprozesse 54
    Entscheidungsfindungsprozesse, Analyse 58
    Informationsfluss, Analyse 55
    Kommunikationsfluss, Analyse 57
Geschäftsumgebung, Analyse 40, 46, 80
Gesprächsführung 38
Global eindeutige Kennung (Globally Unique Identifier, GUID) 31
Globale Gruppen 195, 200
Globale Katalogserver 248. *Siehe auch* Standorttopologieplan
    Definition 13
    Grundlagen 248
    platzieren
        Beispiel 255
        Platzierung von Domänencontrollern und Einsatz als Server 258
        Vorgehensweise 253
    Verwenden von Active Directory Sizer 258
Globaler Katalog 12, 15. *Siehe auch* Globale Katalogserver
    Abfrageprozess 13

Globaler Katalog *(Fortsetzung)*
    Funktion 12
    Grundlagen 12, 88
    Replikation 17
    Schemaerweiterungen 17
Gruppe der Schema-Admins 100
Gruppen 194. *Siehe auch* Gruppenrichtlinien
    benennen und definieren 200
        Beispiele 207, 208
        Definieren globaler Gruppen und lokaler Domänengruppen 201
        Festlegen einer Namenskonvention für Gruppen 200
        universelle Gruppen 202
        Untersuchen der Namenskonventionen und der OU-Struktur 200
        Vorgehensweise 202
    Benutzer und 193
    Definition 194
    Gruppenbereiche 195
        Regeln für die Mitgliedschaft 196
    Richtlinien zum Definieren von OU-Strukturen 181
    Strukturdiagramm, Beispiel 205
    Strukturieren von OUs zum Verwalten von Richtlinien 177, 181, 185, 189
    Szenario zur Planung 213
    Typen 194
    Übung zum Definieren von Struktur und 214
    Übung zur Definition 214, 216
    universelle Sicherheitsgruppe 195
    verschachteln 196
    Verwalten der Richtlinien für 177, 181
    Zuordnen der bei der Domänenumstrukturierung zu migrierenden Gruppen 281
Gruppenbereiche 195
Gruppenrichtlinien 21, 22
    Anwenden der Einstellungen 22
    Auswirkungen mehrerer Domänen auf die Zugriffssteuerung 121
    Grundlagen 21, 177
    Kein Vorrang 23, 180
    Loopback 23, 180
    Richtlinienvererbung deaktivieren 23, 180
    Strukturieren von OUs zum Verwalten von 177, 181, 185, 189
    verwalten 177
        Ausnahmen in der Standardverarbeitungsreihenfolge 179
        Überblick 177
        Verarbeitungsreihenfolge der Einstellungen 178
        Vererbung 179
Gruppenrichtlinienobjekte (GPOs)
    Anwenden von Richtlinien 22
    Verknüpfen mit OUs 177
GUID (Globally Unique Identifier, global eindeutige Kennung) 31

H

Hierarchische Modelle für die OU-Verwaltungsdelegierung 175, 177, 175
Hostnamen 28
How to Migrate Your Windows NT 4.0 Directory Services to Windows 2000 Active Directory (Onlineseminar, englisch) 274

I

Implementieren von Active Directory, Plan 265
    Lernzielkontrollfragen 308
    Migrieren von Windows NT auf Active Directory 267
        Active Directory-Migrationsprogramm (ADMT) 273
        Domänenaktualisierung 268, 276
        Domänenumstrukturierung 269, 280
        Einzeldomänenmodell 282, 283
        Einzelmasterdomänenmodell 283
        Ermitteln der Migrationsziele 275
        Festlegen der Migrationsmethode 275
        gemischte und einheitliche Windows 2000-Domänen 272
        Grundlegendes zur Migration auf Active Directory 267, 268, 287
        Konsolidieren von Ressourcendomänen in OUs 282
        Migrieren von Ressourcendomänen 271
        Minimieren der Probleme innerhalb der Produktionsumgebung 271
        Multimasterdomänenmodell 286
        Planungsschritte 275
        vollständig vertrauendes Domänenmodell 287
        Workshop 305
    Synchronisieren von Verzeichnisdiensten mit Active Directory 289
        Grundlegendes zur Verzeichnisdienstsynchronisierung 268, 289
        mit anderen LDAP-fähigen Verzeichnisdiensten 293
        mit Exchange Server 5.5 290, 294, 301
        mit Novell NetWare Bindery oder NDS 291, 298, 303
Implizite, zweiseitige, transitive Vertrauensstellungen 20, 136
Infrastruktur. Siehe Erstellen einer Active Directory-Infrastruktur; Active Directory, Plan
Infrastrukturdesigner 37
Infrastrukturmasterfunktion
    Grundlagen 250
    Zuweisen zum Domänencontroller 254
Inkrementelle Zonenübertragung 158
Inman, Darron 114
Internetstandardzeichen 145
Inter-Site Messaging-Simple Mail Transport Protocol (ISM-SMTP) 239
IP-Adressen, Auflösung 154
ISM-SMTP (Inter-Site Messaging-Simple Mail Transport Protocol) 239
ISO-Ländercodes (International Standards Organization) 146
IT-Management, Arbeitsblatt zum 65, 88

K

Katalogdienste, Definition 12
KCC (Knowledge Consistency Checker, Konsistenzprüfung) 18
    Erstellen von Verbindungsobjekten zwischen Domänencontrollern 238
    Festlegen von Replikationspfaden zwischen Standorten 238
    Zuweisen von Bridgeheadservern 240
    Zuweisen von Domänencontrollern für konfigurierte Standortverknüpfungen 240
Kein Vorrang, Gruppenrichtlinieneinstellung 23, 180
Kennwörter
    Ändern und Aktualisieren mit dem PDC-Emulator 250
    Sicherheitsanforderungen für Domänen 119
Kerberos-Richtlinie 119
Konfigurationscontainer
    Definition 88
    für mehrere Gesamtstrukturen 90
Konfigurationsnamenskontext 237
Konfliktermittlung durch Domänencontroller 11
Konsensentscheidungen 59
Konsistenzprüfung (Knowledge Consistency Checker, KCC). Siehe KCC
Kontendomäne 283
Kontorichtlinien, Unterverzeichnis 118
Kontosperrungsrichtlinie 119
Kursmaterialien-CD-ROM. Siehe auch Arbeitsblätter
    Comparative Active Directory Designs (Onlineseminar, englisch) 256
    Designing in the Real World & Creating a Domain Plan (Interview mit Darron Inman) 114
    Designing in the Real World (Interview mit Dave Trulli) 41
    Designing in the Real World: Creating an Organizational Unit Plan (Interview mit Xavier Minet) 172
    Designing the Active Directory Structure (Onlineseminar, englisch) 256
    Gesprächsführung, Arbeitsblätter zur 47
    How to Migrate Your Windows NT 4.0 Directory Services to Windows 2000 Active Directory (Onlineseminar, englisch) 274
    Whitepaper zu den Microsoft Metadirectory Services 293
    Whitepapers zur MSDSS-Bereitstellung 293
    Windows 2000: Designing and Deploying Active Directory Service for the Microsoft Internal Corpnet (Designinformationen, englisch) 45

Index

L

LANs, Definieren von Standorten für 223, 224
LDAP-fähige Verzeichnisdienste 293. *Siehe auch* Synchronisieren von Verzeichnisdiensten mit Active Directory
Leistung
    Auswirkungen bei mehrere Domänen 120
    Auswirkungen bei Schemabearbeitung 105
    bei Migration eines Einzelmasterdomänenmodells 283
    mehrere Strukturen in einer Domänenhierarchie 140
    Minimieren von Problemen in der Produktionsumgebung während der Aktualisierung 271
    Optimieren durch Wahl der Domänencontrollerpositionen 230
Lernzielkontrollfragen
    zu Active Directory 34
    zu Domänen 169
    zu Gesamtstrukturen 111
    zu OUs 219
    zum Design einer Active Directory-Infrastruktur 84
    zur Implementierungsplanung von Active Directory 308
    zur Planung der Standorttopologie 264
Logische Struktur von Active Directory 5
    Domänen 6
    Gesamtstrukturen 9
    Organisationseinheiten (Organizational Units, OUs) 6
    Strukturen 8
Lokale Domänengruppen 195, 201
Lokale GPOs 22
Loopback, Gruppenrichtlinieneinstellung 23, 180

M

Managementrepräsentanten 39
Masternamensserver 30
Mehrere Domänen 118, 120, 230
Mehrere Gesamtstrukturen
    Auswirkungen 90
    explizite, einseitige, nicht transitive Vertrauensstellungen 90
    Gründe für Verwendung 89
Metadaten 3
Microsoft Directory-Synchronisierungsdienste. *Siehe* MSDSS
Microsoft Exchange 2000 Server 290
Microsoft Exchange Server 5.5 294
    Analysieren der Domänenstruktur und der Standorttopologie 294
    Definieren der zu synchronisierenden Verzeichnisobjekte 295
    Festlegen der Active Directory Connector-Standorte 295
    Synchronisieren mit Active Directory 290, 294, 301

Microsoft Exchange Server 5.5 *(Fortsetzung)*
    Verbindungsvereinbarungen
        definieren 296
        erstellen 291
        konfigurieren 296
    zuordnen
        Attribute zu Active Directory-Attributen 295
        Standorte und Container zu Active Directory-Domänen und OUs 295
Microsoft File Migration Utility (FMU) 292
Microsoft Metadirectory Services (MMS) 293
Microsoft Windows 2000. *Siehe auch* Active Directory
    Anzahl der Domänen 116
    Beibehalten von Windows NT-Domänen 120
    DNS- und Windows 2000-Domänen 27
    gemischter und einheitlicher Domänenmodus 272
    Konfigurieren von Verbindungsvereinbarungen für Exchange Server und 296
    Verzeichnisdienste
        Active Directory 2
        Domänen für 27
        Interoperabilität mit anderen Verzeichnisdiensten 289
Microsoft Windows NT
    Analysieren der Domänenarchitektur 77
    Beibehalten von Domänen 120
    inkrementelle Zonenübertragung, keine Unterstützung 158
    Migrieren auf Active Directory 267
        Domänenaktualisierung 268, 276
        Domänenumstrukturierung 269, 280
        Einzeldomänenmodell 282, 283
        Einzelmasterdomänenmodell 283
        Ermitteln der Ziele 275
        Festlegen der Migrationsmethode 275
        gemischter und einheitlicher Windows 2000-Domänenmodus 272
        Grundlagen 267, 268
        Konsolidieren von Ressourcendomänen in OUs 282
        Migrieren von Ressourcendomänen 271
        Minimieren der Probleme innerhalb der Produktionsumgebung 271
        mit dem Active Directory-Migrationsprogramm 273
        Multimasterdomänenmodell 286
        Planungsschritte 275
        vollständig vertrauendes Domänenmodell 287
    SAM-Größenbeschränkungen für die Anzahl der Domänen 116
Migrationsmethoden. *Siehe auch* Migrieren
    Domänenaktualisierung 276
        Bestimmen einer Strategie zur Aktualisierung der Domänencontroller 278
        Erstellen eines Wiederherstellungsplans 277
        Festlegen des Zeitpunktes für einen Wechsel in den einheitlichen Modus 278

Migrationsmethoden, Domänenaktualisierung
 (Fortsetzung)
  Festlegen einer Reihenfolge für die
   Domänenaktualisierung 277
  Grundlagen 268
 Domänenumstrukturierung 280
  Bestimmen der Vertrauensstellungen für
   Ressourcendomänen 281
  Erstellen eines Zeitplans für die
   Umstrukturierung 280
  Erstellen reiner Grundstrukturen 281
  Grundlagen 269
  Zuordnen der zu migrierenden Gruppen und
   Benutzer 281
 festlegen 275
 Konsolidieren von Ressourcendomänen in OUs
Migrieren. *Siehe auch* Migrationsmethoden
 Novell-basiertes Verzeichnis mit MSDSS 292
 Windows NT-Verzeichnisdienste 267
  Active Directory-Migrationsprogramm
   (ADMT) 273
  Auswählen einer Migrationsmethode 275
  Domänenaktualisierung 268, 276
  Domänenumstrukturierung 269, 280
  Einzeldomänenmodell 282, 283
  Einzelmasterdomänenmodell 283
  Ermitteln der Migrationsziele 275
  gemischter und einheitlicher Windows 2000-
   Domänenmodus 272
  Grundlagen 267, 268
  Konsolidieren von Ressourcendomänen in
   OUs 282
  Migrieren von Ressourcendomänen 271
  Minimieren von Problemen in der
   Produktionsumgebung 271
  Multimasterdomänenmodell 286
  Planungsschritte 275
  vollständig vertrauendes Domänenmodell 287
Minet, Xavier 172
MMS (Microsoft Metadirectory Services) 293
MSDSS (Microsoft Directory Synchronization Services)
 Migrieren eines Novell-basierten Verzeichnisses auf
  Active Directory 292
 Synchronisieren von Novell-Verzeichnisdiensten mit
  Active Directory 291
 Whitepapers zur Bereitstellung 293
Multimasterdomänenmodell, Migration 286

N

Namensauflösung 24
Namenskontext
 Definition 87
 Konfigurationscontainer 88
 Typen 237
Namensserver 29

Namespace 24
 Definition 24
 DNS-Dienst, Vorteile 24
 Domänen erster Ebene 27
 Domänen zweiter Ebene 27
 fortlaufend und nicht fortlaufend 26
 hierarchische Struktur eines Domänennamespaces 26
 Hostnamen 28
 intern und extern, Unterscheidung 145
 Namenskonventionen 30
  definierte Namen 30
  global eindeutige Kennung 31
  relativ definierter Name 31
  User Principal Name (UPN) 32
 Stammdomänen 27
 Zonen 28, 29
NDS (Novell Directory Services)
 Migrieren auf Active Directory 292
 Synchronisieren mit Active Directory
  Analysieren des aktuellen Novell-
   Netzwerks 298
  Auswählen der ein- oder wechselseitigen
   Synchronisierung 299
  Ermitteln der zu synchronisierenden Objekte und
   Planen der Synchronisierungssitzungen 299
  Festlegen der
   Verwaltungsverantwortlichkeiten 300
  Planen der Synchronisierung 303
  Planen von Testphase und
   Benutzerschulung 301
  Verwenden von MSDSS 291
Netzwerkarchitektur. *Siehe auch* Replikation;
 Standorttopologieplan
 Analysieren des aktuellen Novell-Netzwerks vor der
  Synchronisierung 298
 Arbeitsblätter zur Analyse 70
 Ermitteln der Migrationsziele 275
 für Standorttopologie 224
  Beispiel für das Definieren von Standorten 226
  Definieren der Standorte für eine
   Organisation 224
  Ermitteln der Anforderungen für Standorte 224
  Szenario zum Definieren von Standorten 234
 Platzieren der globalen Katalogserver und der
  Betriebsmasters 248
  Beispiel 255
  Betriebsmaster 249, 255
  Festlegen der Position der Betriebsmaster 253
  Grundlegendes zu globalen Katalogservern 248
  Konfigurieren von Domänencontrollern als
   globale Katalogserver 258
 Platzieren von Domänencontrollern an
  Standorten 228
  Beispiel 232
  Benennen von Domänencontrollern und
   Computern 229
  Ermitteln des Bedarfs 230

Netzwerkarchitektur, Platzieren von Domänencontrollern an Standorten *(Fortsetzung)*
    Festlegen der benötigten Anzahl 231
    Festlegen der Position 230
    Grundlagen 228, 232
    Szenario 234
  Replikationsstrategie 242
    Ermitteln der physischen Konnektivität 242
    Planen der Konfiguration für Standortverknüpfungen 243
Nicht transitive Vertrauensstellungen 20
Nicht zulässige Zeichen
  für Benutzerkonten 198
  für Gruppen 201
Novell Directory Services. *Siehe* NDS
Novell NetWare Bindery
  Migrieren auf Active Directory 292
  Synchronisieren mit Active Directory
    Analysieren des aktuellen Novell-Netzwerks 298
    Auswählen der ein- oder wechselseitigen Synchronisierung 299
    Ermitteln der zu synchronisierenden Objekte und Planen der Synchronisierungssitzungen 299
    Festlegen der Verwaltungsverantwortlichkeiten 300
    Planen von Testphase und Benutzerschulung 301
    Verwenden von MSDSS 291
NTDS.DIT, Datei 96

O

Objekte
  Active Directory 3
  Aktionen, die eine Replikation zwischen Domänencontrollern auslösen 236
  definieren
    zu synchronisierende Exchange Server-Objekte 295
    zu verbergende OU-Strukturen 177, 184, 188
  Gruppenrichtlinien 21, 22
  in Domänen gespeicherte Objekte 6
  Schema 3
  Schemaklassen und Attribute 4
  Standardname-des-ersten-Standortes, Objekt 228
  Verbindung 238
  Verschieben zwischen Gesamtstrukturen 90
Objektklassen 182, 187, 188
Objekttyp, OU-Struktur basierend auf 176
Onlineseminare (in englischer Sprache) 256
Organisationseinheiten. *Siehe* OUs
OU-GPOs 22
OUs (Organizational Units, Organisationseinheiten) 171.
  Siehe auch Gruppenkonten; Benutzerkonten
  Abbildung 5

OUs (Organizational Units, Organisationseinheiten) *(Fortsetzung)*
  als Komponente von Active Directory 6
  Definieren von Strukturen 173
    Aufgaben 182
    hierarchische Modelle für die Verwaltungsdelegierung 175, 176
    Richtlinien 192
    Szenario 191
    Übung 214
    zum Delegieren von Verwaltungsaufgaben 174, 182, 187
    zum Verbergen von Objekten 177, 184, 188
    zum Verwalten einer Gruppenrichtlinie 177, 181, 185, 189
  Designplan 43
  Grundlagen 173, 189
  Lernzielkontrollfragen 219
  mehrere Domänen und OUs im Vergleich 118
  Planen von Benutzerkonten und Gruppen 193
    Benennen und Definieren von Gruppen 200, 207, 208
    Benennen und Platzieren von Benutzerkonten 197, 203, 205, 206, 207
    Grundlegendes zu Benutzern und Gruppen 193
    Strukturdiagramm 205
    Szenario zur Gruppenplanung 213
    Szenario zur Planung von Benutzerkonten 210
    Übung zum Definieren von Gruppen 216
  Strukturieren von Objekten mit 6
  Übung zum Definieren von Struktur und Gruppen 214
  Zuordnen von Exchange Server-Standorten und -Containern zu Active Directory 295

P

PDC (Primärer Domänencontroller) 116
PDC-Emulator
  als Funktion in jeder Domäne der Gesamtstruktur 250
  Zuweisen zu Domänen 253
Physische Struktur von Active Directory 9
  Domänencontroller 10
  Standorte 10
Planen. *Siehe auch* Standorttopologieplan
  Benutzerkonten und Gruppen 193
    Benennen und Definieren von Gruppen 200, 207, 208
    Benennen und Platzieren von Benutzerkonten 197, 203, 205, 206, 207
    Grundlegendes zu Benutzern und Gruppen 193
    Strukturdiagramm 205
    Szenario zur Gruppenplanung 213
    Szenario zur Planung von Benutzerkonten 210
    Übung zum Definieren von Gruppen 216
  Betriebsmasterfunktion nach Domäne 253

Planen *(Fortsetzung)*
  DNS-Serverbereitstellung 154
    DNS-Serveranforderungen für Active Directory-Zonenreplikation 159
    Grundlegendes zu DNS-Servern 154, 156, 163
    Platzieren von DNS-Servern 161
    Untersuchen der DNS-Serverumgebung 160
    Zonenreplikation 156, 158, 156
  Exchange Server-Synchronisierung mit Active Directory 301
  Gesamtstrukturen 43
    Auswirkungen der Verwendung mehrerer Gesamtstrukturen 90
    Ermitteln der Strukturanforderungen einer Organisation 88
    Erstellen eines Gesamtstrukturmodells 92, 93, 108
    Festlegen der Anzahl 89
    Überblick 93
  Gruppen 213
  Konfigurieren von Standortverknüpfungen zur Replikation 243
  Migrieren von Windows NT-Verzeichnisdiensten auf Active Directory 275
  Synchronisieren von NDS mit Active Directory 303
  Testphase und Schulung für synchronisierte Novell-Netzwerke 301
  zusätzliche Zonen für DNS-Server 161
Primäre Verbindungsvereinbarung 291
Primärer DNS-Server 157
Primärer Domänencontroller (PDC) 116
Primärer Namensserver 30

R

RDN (relativ definierter Name) 31
Registrieren der Domänennamen 146
Reine Gesamtstruktur 269
Relativ definierter Name (RDN) 31
Relativer ID-Master 250
Replikation 16, 236
  Angabe der bevorzugten Bridgeheadserver 244
  auslösende Aktionen 236
  Auswählen einer Methode für den DNS-Dienst 162
  Definitionsbeispiel 245, 246
  Domänencontroller und 10
  Ermitteln der physischen Konnektivität eines Netzwerks 242
  Grundlagen 236
  Namenskontexte für Active Directory-Objekte 237
  Optimieren durch Domänendefinition 119
  Replizieren von Objekten zwischen Gesamtstrukturen 90
  replizierte Elemente 16
  Schemabearbeitung, Auswirkungen 105
  Schritte bei der Definition 245

Replikation *(Fortsetzung)*
  Standardzone 157
  standortintern 17, 237
  standortübergreifend 18, 237, 241, 242
  Standortverknüpfungen
    Deaktivieren der transitiven Eigenschaft 239, 244
    konfigurieren 238
    Planen der Konfiguration 243
    transitive Eigenschaft 239
  Standortverknüpfungsbrücken 239, 240
  Verzeichnispartitionen als Replikationseinheiten 16
  Zuweisen von Bridgeheadservern 240
Ressourcendomänen
  Definition 283
  Ermitteln von Vertrauensbeziehungen bei Domänenumstrukturierungen 281
  Konsolidieren in OUs 282
  migrieren 271
Ressourceneinträge 155, 156
RFCs (Request for Comments, Anforderung zur Kommentierung)
  zu Dienstressourceneinträgen 76
  zu Domänennamen 24
Richtlinien für das Infrastrukturdesign 44
Richtlinien zum Definieren von OU-Strukturen 181
Richtlinienvererbung deaktivieren, Gruppenrichtlinieneinstellung 23, 180

S

SAM (Security Accounts Manager) 116
Schema 3
  als in der Gesamtstruktur replizierter Namenskontext 87
  ändern 96
    Arten der Schemabearbeitung 103
    Auswirkungen 105
    automatisch 104
    Beispiel 106
    Ermitteln von Schemaanforderungen 103
    Festlegen einer Richtlinie 101
    Gründe für Änderung 103
    Vorgehensweise 105
    Workshop 108
  anzeigen
    Attributobjekte für 99
    Basisschema 97
    Klassenobjekte für 98
  Basisschema 97
  für mehrere Gesamtstrukturen 90
  Grundlagen 96
  Schema-Admins, Gruppe 100
Schemaattributobjekte 4, 96, 99
Schemaerweiterungen im globalen Katalog 17

Index

Schemaklassenobjekte
    anzeigen 98
    Definition 4, 96
    Schemabearbeitung 103
    Typen 98
Schemamaster
    Grundlagen 249
    Zuweisen zur Gesamtstruktur 254
Schemanamenskontext 87, 237
Sekundärer DNS-Server 157
Sekundärer Namensserver 30
Shortcutvertrauensstellungen 138
Sicherheit
    bei Migration eines
        Einzelmasterdomänenmodells 283
    Definieren für Domänen 118
    Domänen als Sicherheitsbarrieren 6
    Fehlertoleranz, Funktion der Domänencontroller 11
    Firewalls 239
    mehrere Domänen, Auswirkungen 121
    mehrere Gesamtstrukturen 90
    Sicherstellen der Fehlertoleranz mit Hilfe einer
        Standortverknüpfungskonfiguration 238
Sicherheitsgruppen. *Siehe* Gruppen
Sicherheitskontenverwaltung (Security Accounts Manager,
    SAM) 116
SmartCard-Anmeldung an verschiedenen
    Gesamtstrukturen 90
SMTP-Protokoll
    Auswählen als Methode des
        Replikationstransports 243
    Definieren der über SMTP verfügbaren Standorte 225
Stammdomäne der Gesamtstruktur
    auswählen 130
        dedizierte Domänen als Stammdomäne der
            Gesamtstruktur 131
        definieren 132
        vorhandene Domänen als Stammdomäne der
            Gesamtstruktur 131
    definieren 132, 133
    Ermitteln des Bedarfs 130
    Grundlagen 129, 134
    Strukturstammdomäne als Stammdomäne der
        Gesamtstruktur 140, 141
    vorhandenen Domäne als Stammdomäne der
        Gesamtstruktur, Gründe für Einsatz 131
Stammdomänen
    definieren 148, 150, 148, 153
    Grundlagen 27
    Zonendatei 29
Standardname-des-ersten-Standortes, Objekt 228
Standardzonenreplikation 157
Standortdiagramme
    erstellen 226
    Hinzufügen einer Standortverknüpfung 245
    Hinzufügen von Betriebsmastern 254
    Platzieren von Domänencontrollern 231

Standorte. *Siehe auch* Standortdiagramme;
    Standortverknüpfungen; Standorttopologieplan
    auf Standorten basierende OU-Struktur 175
    auswählen
        für Betriebsmasterfunktionen 253
        für Domänencontroller 230
        für Exchange Server, ADC 295
        für globale Katalogserver und Domänen 258
    benennen 224
    Beziehung zwischen Domänen und Standorten 223
    definieren
        Standorttopologieplan 223, 226
        über SMTP verfügbare Standorte 225
    Definieren der über SMTP verfügbaren
        Standorte 225
    Festlegen der Replikationspfade zwischen
        Standorten 238
    Grundlagen 10, 223
    Optimieren der Leistung mit Hilfe von
        Domänencontrollern 230
    Platzieren von Domänencontrollern 228
    Zuordnen von Exchange Server-Standorten zu Active
        Directory-Domänen und OUs 295
Standort-GPOs 22
Standortinterne Replikation
    Grundlagen 18
    im Vergleich zur standortübergreifenden
        Replikation 237
Standorttopologieplan 221
    Definieren von Standorten 223
        Beispiel 226
        Ermitteln der Anforderungen für Standorte 224
        Szenario 234
        zur Strukturierung 225, 226
    Domänencontroller 228
        Beispiel zum Platzieren 232
        Benennen von Domänencontrollern und
            Computern 229
        Bestimmen der Anzahl 231
        Ermitteln des Bedarfs 230
        Festlegen der Position 230
        Grundlagen 228, 232
        Szenario zum Platzieren 234
    erstellen 44
    Erstellen von Standortdiagrammen 226, 231,
        245, 254
    globale Katalogserver und Betriebsmaster 248
        Beispiel zum Platzieren 255
        Festlegen der Position der Betriebsmaster 254
        Grundlegendes zu Betriebsmastern 249
        Grundlegendes zu globalen Katalogservern 248
        Konfigurieren von Domänencontrollern als
            globale Katalogserver 258
        Platzieren mit Active Directory Sizer 258
    Grundlegendes zu Standorten 223
    Lernzielkontrollfragen 264

Standorttopologieplan *(Fortsetzung)*
  Replikationsstrategien 236
    Angabe der bevorzugten Bridgeheadserver 244
    Bridgeheadserver 240
    Deaktivieren der transitiven Eigenschaft einer Standortverknüpfung 244
    Definitionsbeispiel 245
    die Replikation auslösende Aktionen 236
    Ermitteln der physischen Konnektivität eines Netzwerks 242
    Grundlegendes zur Replikation 236
    Konfigurieren von Standortverknüpfungen 238
    Namenskontexte für Active Directory-Objekte 237
    Planen einer Standortkonfiguration 243
    Schritte bei der Definition 245
    standortinterne Replikation 237
    standortübergreifende Replikation 237, 241, 242
    Standortverknüpfungsbrücken 239, 240
    transitive Eigenschaft von Standortverknüpfungen 239
  Workshop zum Erstellen 261
Standortübergreifende Replikation
  Ablauf 241, 242
  Grundlagen 19
  im Vergleich zur standortinternen Replikation 237
Standortverknüpfungen
  Brücken 239, 240
  Deaktivieren der transitiven Eigenschaft 239, 244
  Definition 18, 238
  konfigurieren 238
  Planen der Konfiguration 243
  Platzieren zusätzlicher Domänencontroller, unzuverlässige Verbindung 230
  transitive Eigenschaft 239
Strukturelle Schemaklassenobjekte 98
Strukturen
  Abbildung 5
  als Komponente von Active Directory 8
  Auswirkungen mehrerer Strukturen in Domänenhierarchien 140
  Festlegen der Domänenanzahl 140
  Festlegen der Strukturstammdomänen 140
  Merkmale 8
Strukturstammdomänen 140
Subdomänen, delegiert 162
Subdomänenhierarchie 141
Subnetze, standardmäßig 225
Synchronisieren von Verzeichnisdiensten mit Active Directory 289
  Auswählen der ein- oder wechselseitigen Synchronisierung 299
  Grundlegendes zur Verzeichnisdienstsynchronisierung 289, 268
  mit anderen LDAP-fähigen Verzeichnisdiensten 293
  mit Exchange Server 5.5 290, 294, 301
  mit Novell NetWare Bindery oder NDS 291, 298, 303

Szenarios
  Definieren von Domänen 125, 127
  Definieren von OU-Strukturen 191
  Planen von Benutzerkonten 210
  Planen von Gruppen 213
  Platzieren von Domänencontrollern an Standorten 234
  Verwenden von Active Directory Sizer 258

T

Technische Umgebung
  Definition 68
  Komponenten der Analysedokumentation 40, 68
Testen
  Einrichten einer Testumgebung für das Infrastrukturdesign 41
  Planen der Synchronisierung von Novell NetWare Bindery oder NDS mit Active Directory 301
Topologie. *Siehe auch* Standorttopologieplan
  Replikation 18
Transitive Eigenschaft von Standortverknüpfungen 239, 244
Transitive Vertrauensstellungen 20
Trulli, Dave 41

U

Übergeordnete Domänen 8, 26
Übergeordnete OUs 174
Überordnungs-Unterordnungs-Vertrauensstellungen 135, 136, 137
Universelle Gruppen 195, 202
Untergeordnete Domänen 8, 26
Untergeordnete OUs 174
UPN (User Principal Name) 88
User Principal Name (UPN) 32, 88

V

Verarbeiten von Gruppenrichtlinien 178
  Ausnahmen in der Standardreihenfolge 179
Verbergen von Objekten mit Hilfe von OU-Strukturen 177, 184, 188
Verbindungsobjekt 238
Verbindungsvereinbarungen für Exchange Server 5.5 291
Vererbung
  deaktivieren 23, 180
  Definieren der zu verwaltenden OUs 174
  für Benutzerklassenobjektattribute 99
  verwalten 179
Verschachtelung
  Gruppen 196
  Organisationseinheiten (Organizational Units, OUs) 6
  OUs 173

Index

Vertrauensbeziehungen
    Cross-Link 138, 141
    Ermitteln der Vertrauensbeziehungen für die Ressourcendomänen bei der Domänenumstrukturierung 281
    explizite, einseitige, nicht transitive 20, 90
    implizite, zweiseitige, transitive 20, 136
    Typen 20
    Überordnung-Unterordnung 141, 136, 137
    zwischen Gesamtstrukturen 90
Vertrauenspfad 136, 137
Vertrauensstellungen 121
Verwaltung
    Verwaltungsdelegierung mit OU-Strukturen 174
        Ermitteln der IT-Verwaltungsanforderungen 182
Verwaltungsdelegierung mit OU-Strukturen
    Beispiele 187
    Vollzugriffsrechte oder Objektklassenverwaltung 183, 187, 188
    Vorgehensweise 182
Benutzerkonten 203, 205
Einschätzung der Anforderungen
    DNS-Serverumgebung 160
    Domänen 117
    Domänencontroller 230
    Domänenhierarchien 139
    Domänennamen 145
    Gesamtstrukturen 90
    Schemas 103
    Stammdomäne der Gesamtstruktur 130
    Erfüllen von Anforderungen bei der Definition von Domänen 118
Gruppenrichtlinien 177
    Ausnahmen in der Standardverarbeitungsreihenfolge 179
    Strukturieren von OUs 177, 185, 189
    Überblick 177
    Verarbeitungsreihenfolge der Einstellungen 178
    Vererbung 179
hierarchische Modelle für die OU-Delegierung 175, 176
Verantwortungsbereiche für das Synchronisieren von Novell NetWare Bindery- und NDS-Netzwerken 300
Vererbung 174, 179
Verzeichnisdienste. *Siehe auch* Active Directory; Design einer Active Directory-Infrastruktur; Implementieren von Active Directory, Plan
    Definition 2
    Domänen für Windows 2000 27
    Migrieren von Windows NT auf Active Directory 267
        Active Directory-Migrationsprogramm (ADMT) 273
        Domänenaktualisierung 268, 276
        Domänenumstrukturierung 269, 280
        Einzeldomänenmodell 282, 283
        Einzelmasterdomänenmodell 283

Verzeichnisdienste, Migrieren von Windows NT auf Active Directory *(Fortsetzung)*
    Ermitteln der Migrationsziele 275
    Festlegen der Migrationsmethode 275
    gemischte und einheitliche Windows 2000-Domänen 272
    Grundlegendes zur Migration auf Active Directory< 267, 268
    Konsolidieren von Ressourcendomänen in OUs 282
    Migrieren von Ressourcendomänen 271
    Minimieren der Probleme innerhalb der Produktionsumgebung 271
    Multimasterdomänenmodell 286
    Planungsschritte 275
    vollständig vertrauendes Domänenmodell 287
    Workshop 305
Synchronisieren mit Active Directory 289
    andere LDAP-fähige Verzeichnisdienste 293
    Auswählen der ein- oder wechselseitigen Synchronisierung 299
    Exchange Server 5.5 290, 294, 301
    Grundlagen 289, 268
    Novell NetWare Bindery oder NDS 291, 298, 303
Verzeichnisdienst-Informationsstruktur (VIS) 97
Verzeichnisdienst-Remoteprozeduraufruf (DS-RPC) 239, 243
Verzeichnisfähige Anwendung 104
Verzeichnispartition 16
Verzeichnissynchronisierung 290
VIS (Verzeichnisdienst-Informationsstruktur) 97
Vollqualifizierter Domänenname (Fully Qualified Domain Name, FQDN)
    Definition 28
    für Domänencontroller und Computer 229
Vollständig vertrauendes Domänenmodell 287
Vollständige Zonenübertragung 158
Vollzugriff für eine OU 183, 187, 188

W

Wiederherstellungsplan zur Domänenaktualisierung 277
Windows 2000. *Siehe* Microsoft Windows 2000
Windows 2000: Designing and Deploying Active Directory Service for the Microsoft Internal Corpnet (Designinformationen, englisch) 45
Windows NT. *Siehe* Microsoft Windows NT
Windows NT 4.0-DNS 161, 164
Workshop
    zum Definieren von Gruppen 214
    zum Definieren von OU-Strukturen 214
    zum Erstellen eines Gesamtstrukturmodells 108
    zum Erstellen eines Plans zur Schemabearbeitung 108
    zum Migrieren von Windows NT 4.0 auf Active Directory 305

Workshop *(Fortsetzung)*
    zur Analyse der Geschäftsumgebung 80
    zur Planung der Standorttopologie 261
    zur Schemabearbeitung 108

Z

Zeitpläne für die Domänenumstrukturierung 280
Zertifizierungsstelle (Certification Authority, CA) 243
Zonen
    Definition 28, 29, 154
    DNS-Benachrichtigungsvorgang 158
    DNS-Server 154, 156
    replizieren 156
        Active Directory-Zonen 159

Zonen, replizieren *(Fortsetzung)*
    Festlegen der Methode 162
    Standardzonenreplikation 157
    vollständige und inkrementelle
        Zonenübertragung 158
Zonendatenbankdatei 155
Zonenübertragungen 158
Zugriffssteuerungsliste. *Siehe* ACLs
Zuordnen
    der bei der Domänenumstrukturierung zu migrierende
        Gruppen und Benutzer 281
    Exchange Server-Attribute zu Active Directory-
        Attributen 295
    Exchange Server-Standorte und -Container zu Active
        Directory-Domänen und OUs 295

MICROSOFT-LIZENZVERTRAG

Begleit-CD zum Buch

WICHTIG - BITTE SORGFÄLTIG LESEN: Dieser Microsoft-Endbenutzer-Lizenzvertrag („EULA") ist ein rechtsgültiger Vertrag zwischen Ihnen (entweder als natürlicher oder als juristischer Person) und Microsoft Corporation für das oben bezeichnete Microsoft-Produkt, das Computersoftware sowie möglicherweise dazugehörige Medien, gedruckte Materialien und Dokumentation im „Online"- oder elektronischen Format umfasst („SOFTWAREPRODUKT"). Jede im SOFTWAREPRODUKT enthaltene Komponente, der ein separater Endbenutzer-Lizenzvertrag beiliegt, wird von einem solchen Vertrag und nicht durch die unten aufgeführten Bestimmungen geregelt. Indem Sie das SOFTWAREPRODUKT installieren, kopieren oder anderweitig verwenden, erklären Sie sich damit einverstanden, durch die Bestimmungen dieses EULAs gebunden zu sein. Falls Sie den Bestimmungen dieses EULAs nicht zustimmen, sind Sie nicht berechtigt, das SOFTWAREPRODUKT zu installieren, zu kopieren oder anderweitig zu verwenden. Sie können jedoch das SOFTWAREPRODUKT zusammen mit allen gedruckten Materialien und anderen Elementen, die Teil des Microsoft-Produkts sind, das das SOFTWAREPRODUKT enthält, gegen eine volle Rückerstattung des Kaufpreises der Stelle zurückgeben, von der Sie es erhalten haben.

SOFTWAREPRODUKTLIZENZ

Das SOFTWAREPRODUKT ist sowohl durch US-amerikanische Urheberrechtsgesetze und internationale Urheberrechtsverträge als auch durch andere Gesetze und Vereinbarungen über geistiges Eigentum geschützt. Das SOFTWAREPRODUKT wird lizenziert, nicht verkauft.

1. **LIZENZEINRÄUMUNG.** Durch dieses EULA werden Ihnen die folgenden Rechte eingeräumt:

    a. **Softwareprodukt.** Sie sind berechtigt, eine Kopie des SOFTWAREPRODUKTS auf einem einzigen Computer zu installieren und zu verwenden. Die Hauptbenutzerin oder der Hauptbenutzer des Computers, auf dem das SOFTWAREPRODUKT installiert ist, ist berechtigt, eine zweite Kopie für die ausschließliche Verwendung durch sie oder ihn selbst auf einem tragbaren Computer anzufertigen.

    b. **Speicherung/Netzwerkverwendung.** Sie sind außerdem berechtigt, eine Kopie des SOFTWAREPRODUKTS auf einer Speichervorrichtung, wie z.B. einem Netzwerkserver, zu speichern oder zu installieren, wenn diese Kopie ausschließlich dazu verwendet wird, das SOFTWAREPRODUKT über ein internes Netzwerk auf Ihren anderen Computern zu installieren oder auszuführen. Sie sind jedoch verpflichtet, für jeden einzelnen Computer, auf dem das SOFTWAREPRODUKT von der Speichervorrichtung aus installiert oder ausgeführt wird, eine Lizenz zu erwerben, die speziell für die Verwendung auf diesem Computer gilt. Eine Lizenz für das SOFTWAREPRODUKT darf nicht geteilt oder auf mehreren Computern gleichzeitig verwendet werden.

    c. **Lizenzpaket.** Wenn Sie dieses EULA in einem Lizenzpaket von Microsoft erworben haben, sind Sie berechtigt, die auf der gedruckten Kopie dieses EULAs angegebene Anzahl zusätzlicher Kopien des Computersoftwareanteils des SOFTWAREPRODUKTS anzufertigen und in der oben angegebenen Weise zu verwenden. Sie sind außerdem berechtigt, wie oben beschrieben eine entsprechende Anzahl zweiter Kopien für die Verwendung auf tragbaren Computern anzufertigen.

    d. **Beispielcode.** Einzig und allein in Bezug auf Teile des SOFTWAREPRODUKTS (sofern vorhanden), die innerhalb des SOFTWAREPRODUKTS als Beispielcode („BEISPIELCODE") gekennzeichnet sind:

    i. **Verwendung und Änderung.** Microsoft räumt Ihnen das Recht ein, die Quellcodeversion des BEISPIELCODES zu verwenden und zu ändern, *vorausgesetzt*, Sie halten Unterabschnitt (d)(iii) weiter unten ein. Sie dürfen den BEISPIELCODE oder eine geänderte Version davon nicht in Quellcodeform vertreiben.

    ii. **Weitervertreibbare Dateien.** Unter der Voraussetzung, dass Sie Unterabschnitt (d)(iii) weiter unten einhalten, räumt Ihnen Microsoft ein nicht ausschließliches, lizenzgebührenfreies Recht ein, die Objektcodeversion des BEISPIELCODES und von geändertem BEISPIELCODE zu vervielfältigen und zu vertreiben, sofern es sich nicht um BEISPIELCODE oder eine geänderte Version von BEISPIELCODE handelt, der in der Info.txt-Datei, die Teil des SOFTWAREPRODUKTS ist, als nicht für den Weitervertrieb bestimmt bezeichnet ist (der „Nicht weitervertreibbare Beispielcode"). Jeder andere BEISPIELCODE als der Nicht weitervertreibbare Beispielcode wird zusammengefasst als die „WEITERVERTREIBBAREN DATEIEN" bezeichnet.

    iii. **Weitervertriebsbedingungen.** Wenn Sie die Weitervertreibbaren Dateien weitervertreiben, erklären Sie sich mit Folgendem einverstanden: (i) Sie vertreiben die WEITERVERTREIBBAREN DATEIEN in Objektcodeform einzig und allein in Verbindung mit und als Teil Ihres Softwareanwendungsprodukts; (ii) Sie verwenden weder den Namen, noch das Logo oder die Marken von Microsoft, um Ihr Softwareanwendungsprodukt zu vermarkten; (iii) Sie nehmen einen gültigen Copyright-Vermerk in Ihr Softwareanwendungsprodukt auf; (iv) Sie stellen Microsoft frei und entschädigen und schützen Microsoft von und vor allen Ansprüchen oder Rechtsstreitigkeiten, inklusive Anwaltsgebühren, zu denen es aufgrund der Verwendung oder dem Vertrieb Ihres Softwareanwendungsprodukts kommt; (v) Sie lassen keinen weiteren Vertrieb der WEITERVERTREIBBAREN DATEIEN durch Ihre Endbenutzer/innen zu. Fragen Sie Microsoft nach den anwendbaren Lizenzgebühren und sonstigen Lizenzbedingungen, falls Sie die WEITERVERTREIBBAREN DATEIEN anders einsetzen und/oder vertreiben.

2. BESCHREIBUNG ANDERER RECHTE UND EINSCHRÄNKUNGEN.

- **Einschränkungen im Hinblick auf Zurückentwicklung (Reverse Engineering), Dekompilierung und Disassemblierung.** Sie sind nicht berechtigt, das SOFTWAREPRODUKT zurückzuentwickeln, zu dekompilieren oder zu disassemblieren, es sei denn, dass und nur insoweit, wie das anwendbare Recht, ungeachtet dieser Beschränkung, dies ausdrücklich gestattet.
- **Trennung von Komponenten.** Das SOFTWAREPRODUKT wird als einheitliches Produkt lizenziert. Sie sind nicht berechtigt, seine Komponenten für die Verwendung auf mehr als einem Computer zu trennen.
- **Vermietung.** Sie sind nicht berechtigt, das SOFTWAREPRODUKT zu vermieten, zu verleasen oder zu verleihen.
- **Supportleistungen.** Microsoft bietet Ihnen möglicherweise Supportleistungen in Verbindung mit dem SOFTWAREPRODUKT („Supportleistungen"), ist aber nicht dazu verpflichtet. Die Supportleistungen können entsprechend den Microsoft-Bestimmungen und -Programmen, die im Benutzerhandbuch, der Dokumentation im „Online"-Format und/oder anderen von Microsoft zur Verfügung gestellten Materialien beschrieben sind, genutzt werden. Jeder ergänzende Softwarecode, der Ihnen als Teil der Supportleistungen zur Verfügung gestellt wird, wird als Bestandteil des SOFTWAREPRODUKTS betrachtet und unterliegt den Bestimmungen dieses EULAs. Microsoft ist berechtigt, die technischen Daten, die Sie Microsoft als Teil der Supportleistungen zur Verfügung stellen, für geschäftliche Zwecke, einschließlich der Produktunterstützung und -entwicklung, zu verwenden. Microsoft verpflichtet sich, solche technischen Daten ausschließlich anonym zu verwenden.
- **Softwareübertragung.** Sie sind berechtigt, alle Ihre Rechte aus diesem EULA dauerhaft zu übertragen, vorausgesetzt, Sie behalten keine Kopien zurück, Sie übertragen das vollständige SOFTWAREPRODUKT (einschließlich aller Komponenten, der Medien und der gedruckten Materialien, aller Updates, dieses EULAs und, sofern anwendbar, des Certificates of Authenticity (Echtheitsbescheinigung)), **und** die/der Empfänger/in stimmt den Bedingungen dieses EULAs zu.
- **Kündigung.** Unbeschadet sonstiger Rechte ist Microsoft berechtigt, dieses EULA zu kündigen, sofern Sie gegen die Bestimmungen dieses EULAs verstoßen. In einem solchen Fall sind Sie verpflichtet, sämtliche Kopien des SOFTWAREPRODUKTS und alle seine Komponenten zu vernichten.

3. **URHEBERRECHT.** Alle Rechte und Urheberrechte an dem SOFTWAREPRODUKT (einschließlich, aber nicht beschränkt auf Bilder, Fotografien, Animationen, Video, Audio, Musik, Text, BEISPIELCODE, WEITERVERTREIBBARE DATEIEN und „Applets", die in dem SOFTWAREPRODUKT enthalten sind) und jeder Kopie des SOFTWAREPRODUKTS liegen bei Microsoft oder deren Lieferanten. Das SOFTWAREPRODUKT ist durch Urheberrechtsgesetze und Bestimmungen internationaler Verträge geschützt. Aus diesem Grund sind Sie verpflichtet, das SOFTWAREPRODUKT wie jedes andere durch das Urheberrecht geschützte Material zu behandeln, **mit der Ausnahme**, dass Sie berechtigt sind, das SOFTWAREPRODUKT auf einem einzigen Computer zu installieren, vorausgesetzt, Sie bewahren das Original ausschließlich für Sicherungs- und Archivierungszwecke auf. Sie sind nicht berechtigt, die das SOFTWAREPRODUKT begleitenden gedruckten Materialien zu vervielfältigen.

4. **AUSFUHRBESCHRÄNKUNGEN.** Hiermit versichern Sie, dass Sie das SOFTWAREPRODUKT, einen Teil davon oder einen Prozess oder Dienst, der das direkte Ergebnis des SOFTWAREPRODUKTS ist (Vorgenanntes zusammen als „beschränkte Komponenten" bezeichnet) in kein Land exportieren oder reexportieren und keiner Person, juristischen Person oder Endbenutzern durch Export oder Reexport zukommen lassen werden, das/die den US-Ausfuhrbeschränkungen unterliegt/unterliegen. Sie stimmen insbesondere zu, dass Sie keine der beschränkten Komponenten (i) in eines der Länder, die den US-Exportbeschränkungen und -Exportembargos für Waren oder Dienstleistungen unterliegen (zur Zeit einschließlich, aber nicht notwendigerweise beschränkt auf Kuba, Iran, Irak, Libyen, Nordkorea, Sudan und Syrien) oder einem wo auch immer sich aufhaltenden Bürger eines dieser Länder, der beabsichtigt, die Produkte in ein solches Land zurück zu übertragen oder zu befördern, (ii) an Endbenutzer, von denen Sie wissen oder vermuten, dass sie die beschränkten Komponenten zum Entwurf, zur Entwicklung oder zur Produktion nuklearer, chemischer oder biologischer Waffen verwenden, oder (iii) an Endbenutzer, denen von einer Bundesdienststelle der US-Regierung die Beteiligung an US-Ausfuhrtransaktionen verboten wurde, exportieren oder reexportieren werden. Sie sichern hiermit zu, dass weder das BXA noch eine andere US-Bundesbehörde Ihre Exportrechte ausgesetzt, widerrufen oder abgelehnt hat.

AUSSCHLUSS DER GEWÄHRLEISTUNG

KEINE GEWÄHRLEISTUNG ODER BEDINGUNGEN. MICROSOFT LEHNT AUSDRÜCKLICH JEDE GEWÄHRLEISTUNG ODER BEDINGUNG FÜR DAS SOFTWAREPRODUKT AB. DAS SOFTWAREPRODUKT UND DIE DAZUGEHÖRIGE DOKUMENTATION WIRD „WIE BESEHEN" ZUR VERFÜGUNG GESTELLT, OHNE GEWÄHRLEISTUNG ODER BEDINGUNG JEGLICHER ART, SEI SIE AUSDRÜCKLICH ODER KONKLUDENT, EINSCHLIESSLICH, OHNE EINSCHRÄNKUNG, JEDE KONKLUDENTE GEWÄHRLEISTUNG IM HINBLICK AUF HANDELSÜBLICHKEIT, EIGNUNG FÜR EINEN BESTIMMTEN ZWECK ODER NICHTVERLETZUNG DER RECHTE DRITTER. DAS GESAMTE RISIKO, DAS BEI DER VERWENDUNG ODER LEISTUNG DES SOFTWAREPRODUKTS ENTSTEHT, VERBLEIBT BEI IHNEN.

HAFTUNGSBESCHRÄNKUNG. IM GRÖSSTMÖGLICHEN DURCH DAS ANWENDBARE RECHT GESTATTETEN UMFANG SIND MICROSOFT ODER DEREN LIEFERANTEN IN KEINEM FALL HAFTBAR FÜR IRGENDWELCHE FOLGE-, ZUFÄLLIGEN, INDIREKTEN ODER ANDEREN SCHÄDEN WELCHER ART AUCH IMMER (EINSCHLIESSLICH, ABER NICHT BESCHRÄNKT AUF SCHÄDEN AUS ENTGANGENEN GEWINN, GESCHÄFTSUNTERBRECHUNG, VERLUST VON GESCHÄFTLICHEN INFORMATIONEN ODER SONSTIGE VERMÖGENSSCHÄDEN), DIE AUS DER VERWENDUNG DES SOFTWAREPRODUKTS ODER DER TATSACHE, DASS ES NICHT VERWENDET WERDEN KANN, ODER AUS DER BEREITSTELLUNG VON SUPPORTLEISTUNGEN ODER DER TATSACHE, DASS SIE NICHT BEREIT GESTELLT WURDEN, RESULTIEREN, SELBST WENN MICROSOFT AUF DIE MÖGLICHKEIT SOLCHER SCHÄDEN HINGEWIESEN WURDE. IN ALLEN FÄLLEN IST MICROSOFTS GESAMTE HAFTUNG UNTER ALLEN BESTIMMUNGEN DIESES EULAS BESCHRÄNKT AUF DEN HÖHEREN DER BEIDEN BETRÄGE: DEN TATSÄCHLICH FÜR DAS SOFTWAREPRODUKT GEZAHLTEN BETRAG ODER US-$ 5,00. FALLS SIE JEDOCH EINEN MICROSOFT-SUPPORTLEISTUNGSVERTRAG ABGESCHLOSSEN HABEN, WIRD MICROSOFTS GESAMTE HAFTUNG IN BEZUG AUF SUPPORTLEISTUNGEN DURCH DIE BESTIMMUNGEN DIESES VERTRAGS GEREGELT. WEIL IN EINIGEN STAATEN/RECHTSORDNUNGEN DER AUSSCHLUSS ODER DIE BEGRENZUNG DER HAFTUNG NICHT GESTATTET IST, GILT DIE OBIGE EINSCHRÄNKUNG MÖGLICHERWEISE NICHT FÜR SIE.

VERSCHIEDENES

Dieses EULA unterliegt den Gesetzen des Staates Washington, USA, es sei denn, dass und nur insoweit, wie anwendbares Recht die Anwendung von Gesetzen einer anderen Rechtsprechung verlangt.

Falls Sie Fragen zu diesem EULA haben oder aus irgendeinem sonstigen Grund mit Microsoft Kontakt aufnehmen möchten, wenden Sie sich bitte an eine Microsoft-Niederlassung in Ihrem Land, oder schreiben Sie an: Microsoft Sales Information Center, One Microsoft Way, Redmond, WA 98052-6399, USA.

Systemvoraussetzungen

Zur Verwendung der Onlinedokumentation auf der Kursmaterialien-CD wird ein Computer benötigt, der mindestens über die folgende Konfiguration verfügt:

- 133 MHz Pentium-kompatibler Prozessor oder schneller
- Microsoft Windows 95, 98, Windows NT oder höher
- 16 MB Arbeitsspeicher
- 500 MB Festplattenspeicher mit 15 MB freiem Speicherplatz
- 24fach-CD-ROM-Laufwerk
- Microsoft-Maus oder kompatibles Zeigegerät (empfohlen)
- Microsoft Internet Explorer 5

Zur Verwendung der mitgelieferten Evaluierungsedition von Microsoft Windows 2000 Advanced Server benötigen Sie einen Computer, der mindestens folgende Konfiguration aufweist:

- 133 MHz Pentium-kompatibler Prozessor oder schneller
- 256 MB Arbeitsspeicher
- 2 GB Festplattenspeicher mit mindestens 1 GB freiem Speicherplatz
- 12fach-CD-ROM-Laufwerk

Wissen aus erster Hand

Dieses Buch ist eine umfangreiche Anleitung für IT-Professionals, die mit der Einrichtung und Administration von Exchange 2000 Server betreut sind. Microsoft Exchange 2000 Server - Das Handbuch ist der umfassende, leicht verständliche Ratgeber, der Ihnen viel Zeit und Arbeit spart: Sie erhalten alle Informationen, um Exchange 2000 Server in kleinen, mittleren oder großen Unternehmen erfolgreich einzuführen, zu verwalten und zu unterstützen. Der praxisorientierte Ansatz des Buches bietet Ihnen unentbehrliche Unterstützung anhand einer Vielzahl von Beispielen und detaillierter Beschreibung der Arbeitsschritte. Sie erhalten Tipps zu Problemen wie sie auch in der Realität auftreten, und zwar direkt von den erfahrenen Microsoft Exchange Profis.

Autor	Walter Glenn, Rick Greenwald
Umfang	800 Seiten, 1 CD-ROM
Reihe	Das Handbuch
Preis	DM 98,00
ISBN	3-86063-152-7

Microsoft Press-Titel erhalten Sie im Buchhandel, PC-Fachhandel und in den Fachabteilungen der Warenhäuser

Microsoft Press

Wissen aus erster Hand

Erhöhen Sie die Leistung und Produktivität Ihres Microsoft Windows 2000-basierten Systems mit Tools und Informationen von Microsoft. Verteilen, verwalten und optimieren Sie dieses Betriebssystem der nächsten Generation mit der Erfahrung derjenigen, die die Technologie am besten kennen: dem Microsoft Windows 2000 Produktteam. Diese technische Referenz bündelt in sieben Bänden auf fast 7.000 Seiten detaillierte technische Information mit einer CD voller exklusiver Tools und Dienstprogramme. Hier finden Sie alles, was Sie brauchen, um die Produktivität Ihrer Unternehmensserversysteme zu steigern und die TCO (total cost of ownership) und die Supportkosten drastisch zu reduzieren.

Microsoft Windows 2000 Server
Technische Informationen und Tools für den Support-Spezialisten

Die technische Referenz

7 Bände im Schuber

Autor	Microsoft Corporation
Umfang	6.600 Seiten; 1 CD-ROM
Reihe	Die Technische Referenz
Preis	DM 649,00
ISBN	3-86063-273-6

Microsoft Press-Titel erhalten Sie im Buchhandel, PC-Fachhandel und in den Fachabteilungen der Warenhäuser

Microsoft Press

Wissen aus erster Hand

Microsoft Corporation

Microsoft Windows 2000 Active Directory planen und einführen

Erprobte Konzepte und Erfahrungsberichte der Microsoft Consulting Services

Fachbibliothek

Microsoft Press

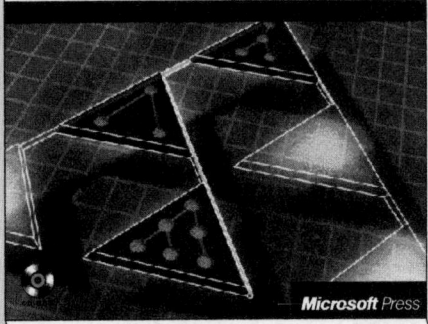

Der Microsoft Active Directory Verzeichnisdienst ist ein Quantensprung in der effizienteren Verwaltung der Unternehmensressourcen unter Windows 2000. Active Directory ist das zentrale Tool des Administrators zur Organisation von Netzwerkressourcen, Benutzer-, Computer- und Anwendungsverwaltung sowie zur Implementierung der verteilten Netzwerksicherheit. Die Microsoft Consulting Services haben durch umfangreiche Beta-Programme und -tests in Unternehmen verschiedenster Größe mehr Erfahrung auf dem Gebiet der Active Directory-Architektur und Implementierung als irgendjemand sonst. Diese Erfahrungen und Praxislösungen werden Ihnen in diesem Buch vorgestellt, so dass Sie das Know-how direkt von der Quelle für Ihre eigene Windows 2000 Implementierung nutzen können.

Autor	Microsoft Corporation
Umfang	600 Seiten, 1 CD-ROM
Reihe	Fachbibliothek
Preis	DM 89,00
ISBN	3-86063-621-9

Microsoft Press-Titel erhalten Sie im Buchhandel, PC-Fachhandel und in den Fachabteilungen der Warenhäuser

***Microsoft* Press**

Wissen aus erster Hand

Das Microsoft Certified Professional Examen 70-217 prüft Ihre Fähigkeiten, Active Directory Services unter Windows 2000 zu installieren, zu konfigurieren und zu verwalten. Mit der Microsoft Press MCSE-Prüfungsvorbereitung können Sie preiswert herausfinden, ob Sie die Prüfung heute bestehen würden. Die Prüfungssimulation auf CD-ROM liefert Ihnen zufällig zusammengestellte Fragen zu den verschiedenen Lernzielbereichen. Dabei können Sie sich immer wieder aufs Neue testen und erhalten jeweils ein anderes Set von Prüfungsfragen. Wie in der tatsächlichen Prüfung können Sie selbst entscheiden, ob Sie die Prüfung in englischer oder in deutscher Sprache absolvieren möchten. Automatische Bewertung und sofortige Rückmeldung über das Bestehen oder Nicht-Bestehen der Prüfung geben Ihnen Sicherheit über Ihren Kenntnisstand.

Autor	Jill Spealman
Umfang	320 Seiten, 1 CD-ROM
Reihe	Prüfungsvorbereitung
Preis	DM 59,00
ISBN	3-86063-940-4

Microsoft Press-Titel erhalten Sie im Buchhandel, PC-Fachhandel und in den Fachabteilungen der Warenhäuser

Microsoft Press

Wissen aus erster Hand

Das Microsoft Certified Professional Examen 70-215 prüft Ihre Fähigkeiten, das Betriebssystem Windows 2000 Server zu installieren, konfigurieren und zu verwalten. Mit der Microsoft Press MCSE-Prüfungsvorbereitung können Sie preiswert herausfinden, ob Sie die Prüfung heute bestehen würden. Die Prüfungssimulation auf CD-ROM liefert Ihnen zufällig zusammengestellte Fragen zu den verschiedenen Lernzielbereichen. Dabei können Sie sich immer wieder aufs Neue testen und erhalten jeweils ein anderes Set von Prüfungsfragen. Wie in der tatsächlichen Prüfung können Sie übrigens selbst entscheiden, ob Sie die Prüfung in englischer oder in deutscher Sprache absolvieren möchten. Automatische Bewertung und sofortige Rückmeldung über das Bestehen oder Nicht-Bestehen der Prüfung geben Ihnen Sicherheit über Ihren Kenntnisstand.

Autor	Robert Sheldon
Umfang	350 Seiten, 1 CD-ROM
Reihe	Prüfungsvorbereitung
Preis	DM 59,00
ISBN	3-86063-942-0

Microsoft Press-Titel erhalten Sie im Buchhandel, PC-Fachhandel und in den Fachabteilungen der Warenhäuser

Microsoft Press